1re HISTOIRE

Sous la direction de

Martin Ivernel
Professeur d'Histoire-Géographie
au lycée Hector Berlioz à Vincennes (94)

et

Matthieu Lecoutre
Professeur d'Histoire en classes préparatoires
au lycée Édouard Herriot à Lyon (69)

Jérôme Amichaud
Professeur d'Histoire-Géographie au lycée Jules Uhry à Creil (60)

Arnaud Donneger
Professeur d'Histoire-Géographie au lycée Paul Langevin à Beauvais (60)

Martin Ivernel
Professeur d'Histoire-Géographie au lycée Hector Berlioz à Vincennes (94)

Philippe Lacombrade
Professeur d'Histoire-Géographie au lycée Jean Mermoz à Montpellier (34)

Matthieu Lecoutre
Professeur d'Histoire en classes préparatoires au lycée Édouard Herriot à Lyon (69)

Perrine Maingault
Professeure d'Histoire-Géographie au lycée Galilée, Franqueville-Saint-Pierre (76)

Patrick Mougenet
Professeur d'Histoire-Géographie au lycée Le Verger, Sainte-Marie de La Réunion (974)

Stella Rollet
Professeure d'Histoire-Géographie au collège Le Racinay de Rambouillet (78)
Chercheuse associée au Centre d'Histoire culturelle des sociétés
contemporaines de l'université de Saint-Quentin-en-Yvelines UVSQ (78)

Jean Ruhlmann
Maître de conférence en Histoire à l'université Lille III-Charles de Gaulle (59)

Marie Trelat
Professeure d'Histoire-Géographie au lycée Camille Saint-Saëns de Rouen (76)

Hatier

THÈME 1 L'Europe face aux révolutions (11-13 heures)

Chapitre 1. La Révolution française et l'Empire : une nouvelle conception de la nation

Objectifs du chapitre	Ce chapitre vise à montrer l'ampleur de la rupture révolutionnaire avec « l'Ancien Régime » et les tentatives de reconstruction d'un ordre politique stable. On peut mettre en avant : – la formulation des grands principes de la modernité politique synthétisés dans la Déclaration des Droits de l'Homme et du Citoyen ; – la volonté d'unir la nation, désormais souveraine, autour de ces principes ; – les conflits et débats qui caractérisent la période ; l'affirmation de la souveraineté nationale, la mise en cause de la souveraineté royale, les journées révolutionnaires, la Révolution et l'Église, la France, la guerre et l'Europe, la Terreur, les représentants de la nation et les sans-culottes ; – l'établissement par Napoléon Bonaparte d'un ordre politique autoritaire qui conserve néanmoins certains principes de la Révolution ; – la diffusion de ces principes en Europe ; – la fragilité de l'empire napoléonien qui se heurte à la résistance des monarchies et des empires européens ainsi qu'à l'émergence des sentiments nationaux ; – de la nation en armes à la Grande Armée.	Points de passage et d'ouverture	• Madame Roland, une femme en révolution. • Décembre 1792 - janvier 1793 – Procès et mort de Louis XVI. • 1804 – Le Code civil permet l'égalité devant la loi et connaît un rayonnement européen.

Chapitre 2. L'Europe entre restauration et révolution (1814-1848)

Objectifs du chapitre	Ce chapitre vise à montrer la volonté de clore la Révolution, dont témoigne la restauration de l'ordre monarchique européen, ainsi que la fragilité de l'œuvre du congrès de Vienne. On peut mettre en avant : – les deux expériences de monarchie constitutionnelle en France (la charte de 1814 ; la charte révisée de 1830) ; – le projet de construire une paix durable par un renouvellement des règles de la diplomatie ; – l'essor du mouvement des nationalités qui remet en cause l'ordre du congrès de Vienne ; – la circulation des hommes et des idées politiques sous forme d'écrits, de discours, d'associations parfois secrètes (« Jeune-Italie » de G. Mazzini...) ; – les deux poussées révolutionnaires de 1830 et 1848 en France et en Europe.	Points de passage et d'ouverture	• 1815 – Metternich et le congrès de Vienne. • 1822 – Le massacre de Chios. • 1830 – Les Trois Glorieuses.

THÈME 2 La France dans l'Europe des nationalités : politique et société (1848-1871) (11-13 heures)

Chapitre 3. La difficile entrée dans l'âge démocratique : la Deuxième République et le Second Empire

Objectifs du chapitre	Ce chapitre vise à montrer que l'instauration du suffrage universel masculin en 1848 ne suffit pas à trancher la question du régime politique ouverte depuis 1789. On peut mettre en avant : – les idéaux démocratiques hérités de la Révolution française qui permettent en 1848 des affirmations fondamentales et fondatrices (suffrage universel masculin, abolition de l'esclavage...) ; – l'échec du projet républicain en raison des tensions qui s'expriment (entre conservateurs et républicains, villes et campagnes, bourgeois et ouvriers) ; – les traits caractéristiques du Second Empire, régime autoritaire qui s'appuie sur le suffrage universel masculin, le renforcement de l'État, la prospérité économique et qui entend mener une politique de grandeur nationale ; – les oppositions rencontrées par le Second Empire et la répression qu'il exerce (proscriptions de Victor Hugo, Edgar Quinet...).	Points de passage et d'ouverture	• Alphonse de Lamartine en 1848. • George Sand, femme de lettres engagée en politique. • Louis-Napoléon Bonaparte, premier président de la République.

Chapitre 4. L'industrialisation et l'accélération des transformations économiques et sociales en France

Objectifs du chapitre	Ce chapitre vise à montrer que la société française connaît des mutations profondes liées à l'industrialisation et à l'urbanisation. On peut mettre en avant : – les transformations des modes de production (mécanisation, essor du salariat...) et la modernisation encouragée par le Second Empire ; – l'importance du monde rural et les débuts de l'exode rural ; – l'importance politique de la question sociale.	Points de passage et d'ouverture	• Paris haussmannien : la transformation d'une ville. • Les frères Pereire, acteurs de la modernisation économique. • 25 mai 1864 – Le droit de grève répond à l'une des attentes du mouvement ouvrier.

Chapitre 5. La France et la construction de nouveaux États par la guerre et la diplomatie

Objectifs du chapitre	Ce chapitre vise à montrer le rôle de la France lors de la construction des unités italienne et allemande. Cette politique d'unification est menée par des régimes monarchiques qui s'appuient sur le mouvement des nationalités, la guerre et la diplomatie. On peut mettre en avant : – la participation du Second Empire à la marche vers l'unité italienne ; – la guerre de 1870 qui entraîne la chute du Second Empire et permet l'unité allemande.	Points de passage et d'ouverture	• Le rattachement de Nice et de la Savoie à la France. • 1871 – Bismarck et la proclamation du Reich.

ISBN 978-2-401-05392-2

THÈME 3 La Troisième République avant 1914 : un régime politique, un empire colonial (11-13 heures)

Chapitre 6. La mise en œuvre du projet républicain

Objectifs du chapitre	Ce chapitre vise à montrer la manière dont le régime républicain se met en place et s'enracine ainsi que les oppositions qu'il rencontre. On peut mettre en avant : – 1870-1875 : l'instauration de la République et de la démocratie parlementaire ; – l'affirmation des libertés fondamentales ; – le projet d'unification de la nation autour des valeurs de 1789 et ses modalités de mise en œuvre (symboles, lois scolaires...) ; – les oppositions qui s'expriment (courants révolutionnaires, refus de la politique laïque par l'Église catholique, structuration de l'antisémitisme autour de l'affaire Dreyfus, nationalisme...) ; – le refus du droit de vote des femmes.	POINTS DE PASSAGE ET D'OUVERTURE	• 1871 – Louise Michel pendant la Commune de Paris. • 1885 – Les funérailles nationales de Victor Hugo. • 1905 – La loi de séparation des Églises et de l'État : débats et mise en œuvre.

Chapitre 7. Permanences et mutations de la société française jusqu'en 1914

Objectifs du chapitre	Ce chapitre vise à montrer les spécificités de la société française qui connaît une révolution industrielle importante tout en demeurant majoritairement rurale. On peut mettre en avant : – l'industrialisation et les progrès techniques ; – la question ouvrière et le mouvement ouvrier ; – l'immigration et la place des étrangers ; – l'importance du monde rural et ses difficultés ; – l'évolution de la place des femmes.	POINTS DE PASSAGE ET D'OUVERTURE	• 1891 – La fusillade de Fourmies du 1er mai. • Les expositions universelles de 1889 et 1900. • Le Creusot et la famille Schneider

Chapitre 8. Métropole et colonies

Objectifs du chapitre	Ce chapitre vise à étudier la politique coloniale de la IIIe République, les raisons sur lesquelles elle s'est fondée, les causes invoquées par les républicains. Le contexte international de cette politique est également étudié, ainsi que ses effets dans les territoires colonisés. On peut mettre en avant : – l'expansion coloniale française : les acteurs, les motivations et les territoires de la colonisation ; – les débats suscités par cette politique ; – les chocs entre puissances occasionnés par cette expansion ; – le cas particulier de l'Algérie (conquise de 1830 à 1847) organisée en départements français en 1848 ; – le fonctionnement des sociétés coloniales (affrontements, résistances, violences, négociations, contacts et échanges).	POINTS DE PASSAGE ET D'OUVERTURE	• 1887 – Le code de l'indigénat algérien est généralisé à toutes les colonies françaises. • 1898 – Fachoda, le choc des impérialismes. • Saigon, ville coloniale.

THÈME 4 La Première Guerre mondiale : le « suicide de l'Europe » et la fin des empires européens (11-13 heures)

Chapitre 9. Un embrasement mondial et ses grandes étapes

Objectifs du chapitre	Ce chapitre vise à présenter les phases et les formes de la guerre (terrestre, navale et aérienne). On peut mettre en avant : – les motivations et les buts de guerre des belligérants ; – l'extension progressive du conflit et les grandes étapes de la guerre ; – l'échec de la guerre de mouvement et le passage à la guerre de position ; – l'implication des empires coloniaux britannique et français ; – la désintégration de l'empire russe.	POINTS DE PASSAGE ET D'OUVERTURE	• Août - septembre 1914 – Tannenberg et la Marne. • 1915 – L'offensive des Dardanelles. • 1916 – La bataille de la Somme. • Mars 1918 – La dernière offensive allemande.

Chapitre 10. Les sociétés en guerre : des civils acteurs et victimes de la guerre

Objectifs du chapitre	Ce chapitre vise à souligner l'implication des sociétés, des économies, des sciences et des techniques dans une guerre longue. On peut mettre en avant : – les dimensions économique, industrielle et scientifique de la guerre ; – les conséquences à court et long termes de la mobilisation des civils, notamment en ce qui concerne la place des femmes dans la société ; – le génocide des Arméniens, en articulant la situation des Arméniens depuis les massacres de 1894-1896 et l'évolution du conflit mondial.	POINTS DE PASSAGE ET D'OUVERTURE	• Marie Curie dans la guerre. • 24 mai 1915 – La déclaration de la Triple Entente à propos des « crimes contre l'humanité et la civilisation » perpétrés contre les Arméniens de l'Empire ottoman. • Les grèves de l'année 1917.

Chapitre 11. Sortir de la guerre : la tentative de construction d'un ordre des nations démocratiques

Objectifs du chapitre	Ce chapitre vise à étudier les différentes manières dont les belligérants sont sortis de la guerre et la difficile construction de la paix. On peut mettre en avant : – le bilan humain et matériel de la guerre ; – les principes formulés par le président Wilson et la fondation de la Société des Nations ; – les traités de paix et la fin des empires multinationaux européens ; – les interventions étrangères et la guerre civile en Russie jusqu'en 1922 ; – les enjeux de mémoire de la Grande Guerre tant pour les acteurs collectifs que pour les individus et leurs familles.	POINTS DE PASSAGE ET D'OUVERTURE	• 1919-1923 – Les traités de paix. • 1920 – Le soldat inconnu et les enjeux mémoriels. • 1922 – Le passeport Nansen et le statut des apatrides.

SOMMAIRE

THÈME 1
L'Europe face aux révolutions (1789-1848)

1 La Révolution française et l'Empire : une nouvelle conception de la nation

2 L'Europe entre restauration et révolution (1814-1848)

3 La difficile entrée dans l'âge démocratique : la Deuxième République et le Second Empire (1848-1870)

THÈME 2
La France dans l'Europe des nationalités : politique et société (1848-1871)

4 L'industrialisation et l'accélération des transformations économiques et sociales en France (1848-1870)

5 La France et la construction de l'Italie et de l'Allemagne

THÈME 3
La IIIe République avant 1914 : un régime politique, un empire colonial

6 La mise en œuvre du projet républicain (1870-1914)

7 Les permanences et les mutations de la société française jusqu'en 1914

8 Métropole et colonies

THÈME 4
La Première Guerre mondiale : le « suicide » de l'Europe et la fin des empires européens

9 La Première Guerre mondiale, un embrasement mondial

10 Les sociétés en guerre

11 Sortir de la guerre

LES FICHES MÉTHODES

LES TÂCHES COMPLEXES

LES CAPACITÉS MISES EN ŒUVRE DANS LES PARCOURS DIFFÉRENCIÉS

SE REPÉRER DANS LE MANUEL

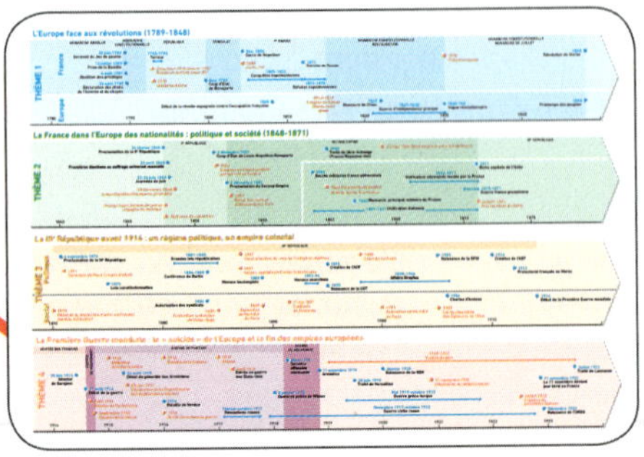

Une vue d'ensemble du programme de Première sur le verso de la couverture

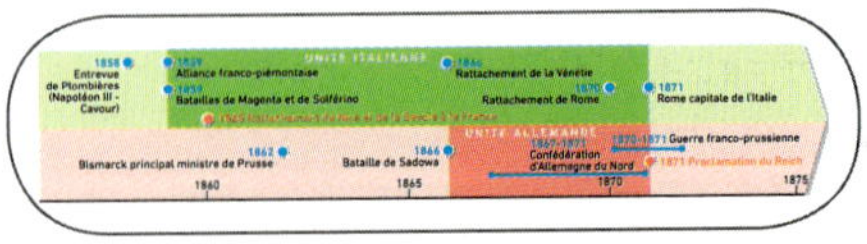

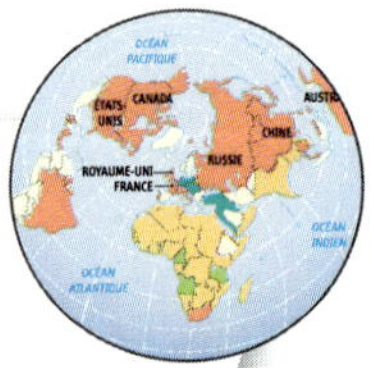

Les frises et les cartes de localisation des ouvertures de chapitre

Se repérer Contextualiser

Des chronologies en contexte

CHRONOLOGIE

1789-1791 Émigration des nobles qui rejoignent les cours européennes.

Juin 1791 Le roi quitte Paris avec sa famille, mais il est reconnu à Varennes et reconduit au palais des Tuileries.

Avril 1792 La France déclare la guerre à l'Autriche.

Juillet 1792 L'Assemblée nationale proclame « la patrie en danger ». Les fédérés arrivent à Paris.

25 juillet 1792 Manifeste du duc de Brunswick.

10 août 1792 Prise du palais des Tuileries.

13 août 1792 L'Assemblée fait conduire Louis XVI et sa famille à la prison du Temple.

Les dates clés à connaître dans les pages « Révisions »

DATES CLÉS

14 juillet 1789	Prise de la Bastille
4 août 1789	Abolition des privilèges
10 août 1792	Prise des Tuileries
Septembre 1792	Début de la République
Janvier 1793	Louis XVI guillotiné
Novembre 1799	Coup d'État de Napoléon Bonaparte

Connaître le vocabulaire de l'Histoire

ulent restaurer l'au
Concert européen
préserver l'équilibr

VOCABULAIRE

Concert européen : système diplomatique mis en place lors du congrès de Vienne et visant à garantir la stabilité de l'Europe en préservant l'entente et l'équilibre entre les grandes puissances.

Repérer les mots et découvrir leur sens en contexte dans les dossiers

NOTION

Nationalisme : idéologie qui fait de la nation la valeur centrale et la communauté de référence essentielle. Elle exige l'épanouissement intérieur et le rayonnement extérieur de la nation organisée dans le cadre d'un État-nation. Le nationalisme italien et allemand sont à l'origine des « nationalismes d'existence » : ils ont comme objectif initial la réunion de différentes populations dispersées dans plusieurs États.

VOCABULAIRE

Carbonari : p. 132.
« Chemises rouges » : p. 134.
Chancelier : p. 137.
Confédération d'Allemagne du Nord : p. 137.

Retrouver les mots importants dans le fil du récit en colonne du cours

Un lexique de référence en fin de manuel

Empire colonial : vaste unité politique expansionniste contenant plusieurs territoires colonisés par une métropole.

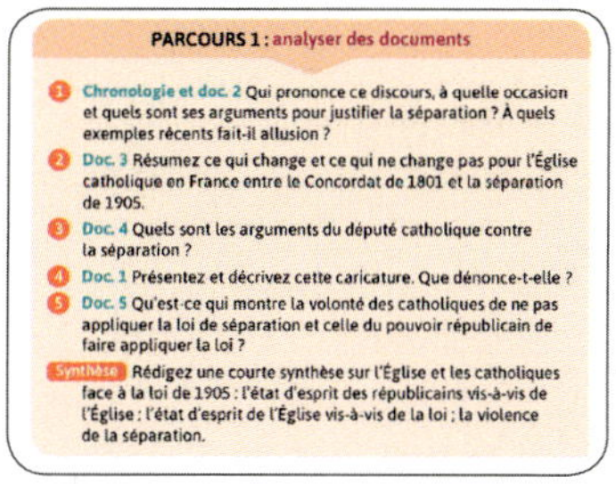
PARCOURS 1 : analyser des documents

1. Chronologie et doc. 2 Qui prononce ce discours, à quelle occasion et quels sont ses arguments pour justifier la séparation ? À quels exemples récents fait-il allusion ?
2. Doc. 3 Résumez ce qui change et ce qui ne change pas pour l'Église catholique en France entre le Concordat de 1801 et la séparation de 1905.
3. Doc. 4 Quels sont les arguments du député catholique contre la séparation ?
4. Doc. 1 Présentez et décrivez cette caricature. Que dénonce-t-elle ?
5. Doc. 5 Qu'est-ce qui montre la volonté des catholiques de ne pas appliquer la loi de séparation et celle du pouvoir républicain de faire appliquer la loi ?

Synthèse Rédigez une courte synthèse sur l'Église et les catholiques face à la loi de 1905 : l'état d'esprit des républicains vis-à-vis de l'Église ; l'état d'esprit de l'Église vis-à-vis de la loi ; la violence de la séparation.

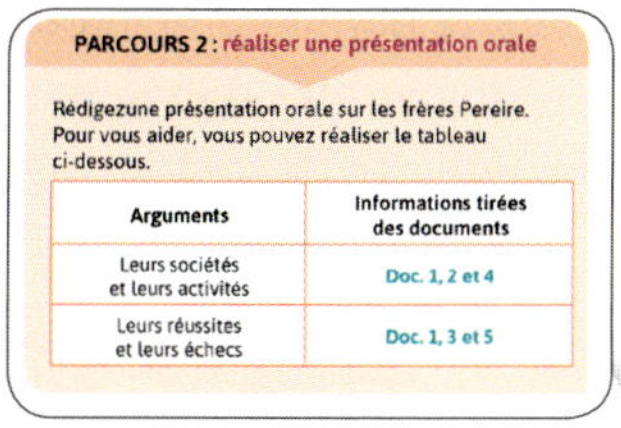
PARCOURS 2 : réaliser une présentation orale

Rédigez une présentation orale sur les frères Pereire. Pour vous aider, vous pouvez réaliser le tableau ci-dessous.

Arguments	Informations tirées des documents
Leurs sociétés et leurs activités	Doc. 1, 2 et 4
Leurs réussites et leurs échecs	Doc. 1, 3 et 5

Mettre en œuvre des capacités diverses en suivant des parcours différenciés

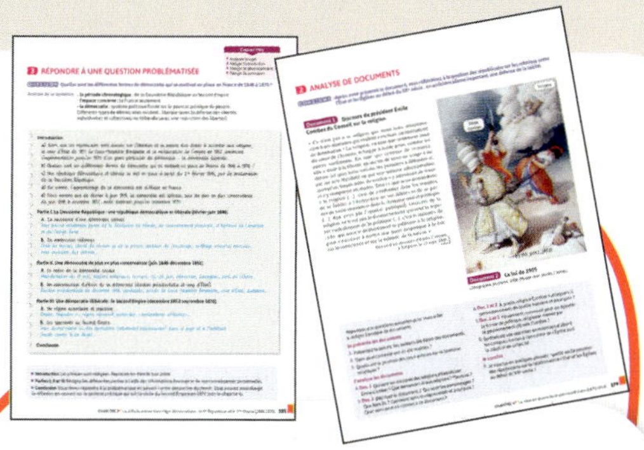

S'entraîner : analyse critique guidée de documents ; construire et rédiger une réponse à une question problématisée

Travailler la démarche historique

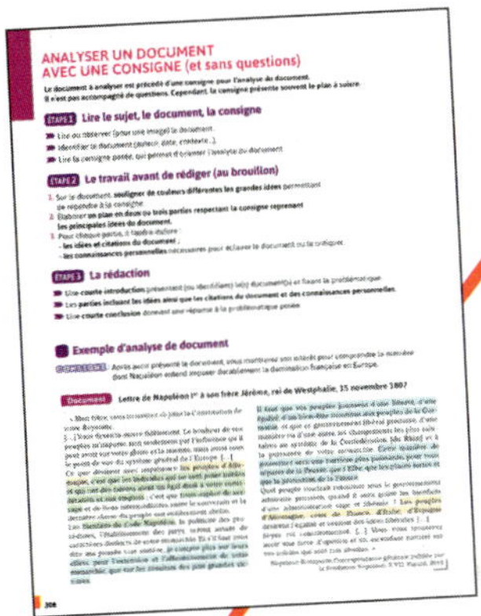

Des fiches méthodes visuelles pour maîtriser les savoir-faire et utiliser les bons outils

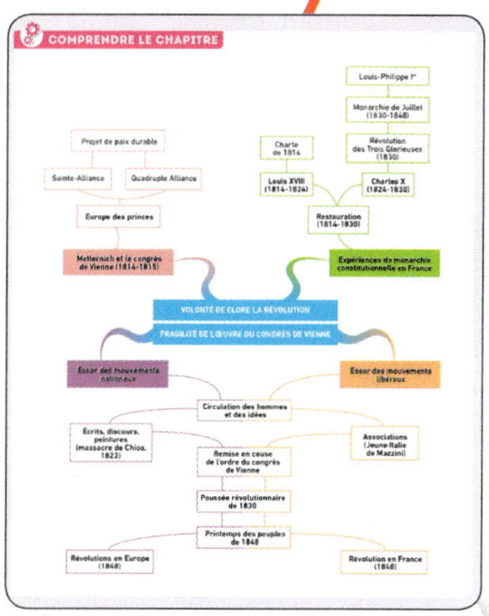

Un bilan visuel pour comprendre et mettre en relation

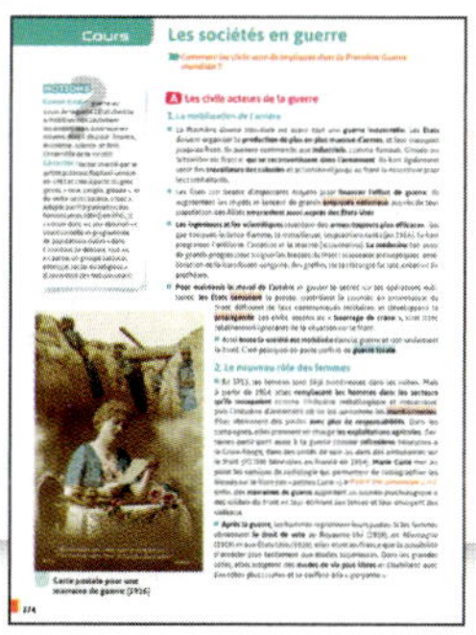

Le cours reprend le fil du récit et synthétise les connaissances acquises dans les dossiers

S'approprier les savoirs Mémoriser

Retrouver l'essentiel : personnages, dates, notions clés dans les pages "Révisions"

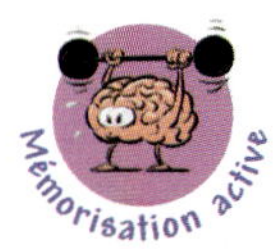

Mémocartes
hatier-clic.fr/19h003

Ancrer les connaissances par les outils de la mémorisation active : se poser des questions, y répondre ; les reprendre plusieurs fois dans l'année

LES RESSOURCES NUMÉRIQUES DU MANUEL

LE BAC EN PREMIÈRE AVEC LE MANUEL

Un nouveau rythme

Rentrée

1er trimestre | 2e trimestre | 3e trimestre

1re épreuve écrite — 2e épreuve écrite

La nouvelle épreuve du Bac d'Histoire-Géographie en première

Chaque **épreuve commune de contrôle continu** d'histoire-géographie se compose de deux parties :

1re partie Réponse à une ou deux questions problématisées

Il s'agit d'une réponse rédigée et construite. Le candidat doit montrer qu'il a acquis des capacités d'analyse, qu'il maîtrise des connaissances, sait les sélectionner et les organiser de manière à répondre à la problématique de la question.

L'intitulé de la question suggère des éléments de construction de la réponse.

2e partie Analyse de document(s) ou réalisation d'une production graphique

L'analyse de document(s) est accompagnée d'une consigne suggérant une problématique et des éléments de construction de l'analyse. Le ou les document(s), en histoire comme en géographie, comporte(nt) un titre et, si nécessaire, un nombre limité de notes explicatives.

Lorsque la production graphique est un croquis, ce croquis est réalisé à partir d'un texte élaboré pour l'exercice qui présente une situation géographique. Un fond de carte est fourni.

Le titre et l'organisation du texte indiquent de grandes orientations pour la réalisation du croquis.

Dans le cas d'une autre production graphique, les consignes et les données servant à l'élaboration de cette production sont fournies avec l'exercice.

À l'heure où nous imprimons ce spécimen, le texte officiel n'est pas encore paru au BO. Les exemplaires élèves imprimés durant l'été seront conformes aux textes officiels définitifs.

Doc imprimable
textes officiels et actualisations
hatier-clic.fr/19h1030

LES EXERCICES BAC POUR S'ENTRAÎNER

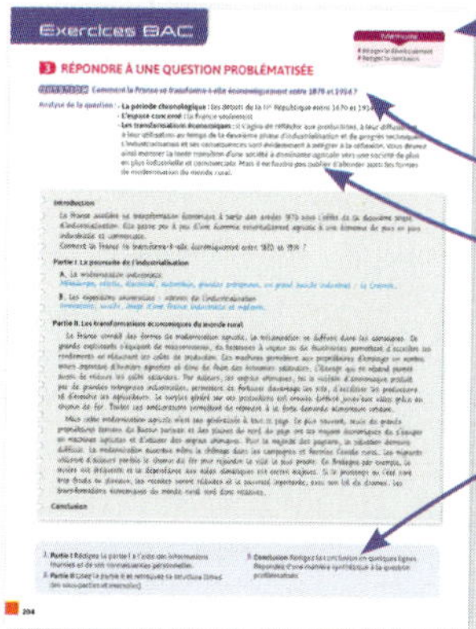

1re PARTIE

- Les capacités mobilisées
- La question
- Une analyse de la question
- Des activités

2e PARTIE

- La consigne
- Des questions pour guider le travail sur le(s) document(s)
- Des coups de pouce

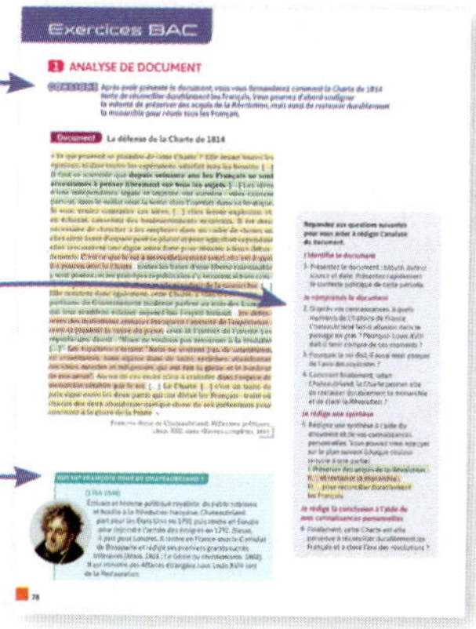

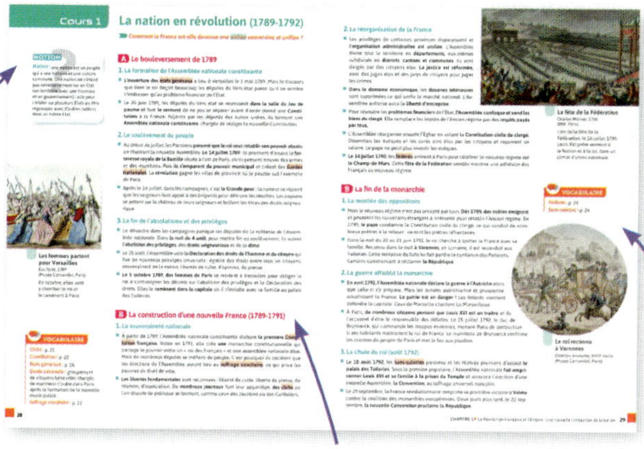

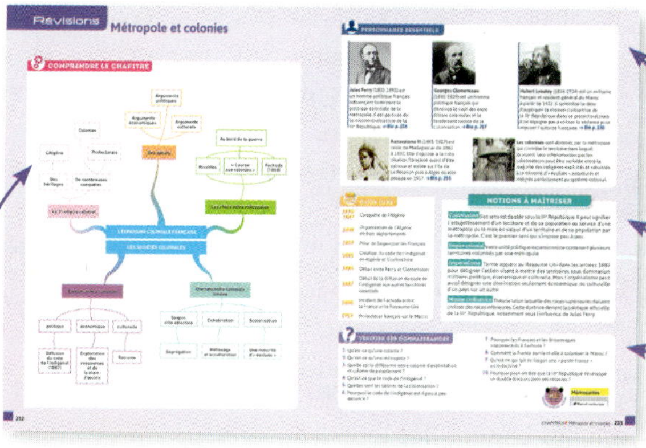

Les notions clés — Une leçon structurée — Les définitions — Une production graphique pour comprendre le chapitre — Des outils pour mémoriser les connaissances essentielles

1 La Révolution française et l'Empire : une nouvelle conception de la nation

Comment la Révolution française (1789-1799) et Napoléon Bonaparte (1799-1815) transforment-ils la France et l'Europe ?

1 La prise de la Bastille

Estampe anonyme, XVIIIe siècle (Muse Carnavalet, Paris).

Le 14 juillet 1789, le peuple de Paris s'empare de la forteresse royale de La Bastille, située à l'est de Paris. La Bastille, où le roi a longtemps fait emprisonner des personnes par lettres de cachet, est un symbole de l'absolutisme et de l'arbitraire royal.

MONARCHIE ABSOLUE	MONARCHIE CONSTITUTIONNELLE La nation et le roi	RÉPUBLIQUE Violence et instabilité politique	CONSULAT
Mai 1789 Ouverture des états généraux **Juin 1789** Serment du Jeu de paume	**Juillet 1789** Prise de la Bastille **Août 1789** Abolition des privilèges Déclaration des droits de l'homme **Août 1792** Prise des Tuileries Sept. 1792	**1793-1794** Terreur **1795-1799** Directoire **Janvier 1793** Mort de Louis XVI **1793** Madame Roland **Novembre 1799** Coup d'État de Bonaparte Nov. 1799	**Juillet 1801** Concordat

POINT DE PASSAGE p.28

POINT DE PASSAGE p.32

2 Napoléon écrit le Code civil

Jean-Baptiste Mauzaisse, *Napoléon, couronné par le Temps, écrit le Code civil*, 1,31 x 1,6 m, salon de 1833 (Musée des châteaux de Malmaison et de Bois-Préau).

Napoléon a maintenu les principales réalisations de la Révolution française, en particulier l'égalité devant la loi. Son Code civil, inspiré de ce principe, fixe le droit entre les personnes.

Doc interactif
Manuel numérique

Ier EMPIRE

Mars 1804 Code civil

Décembre 1804 Napoléon sacré empereur

Décembre 1805 Bataille d'Austerlitz

1808 Début de la révolte espagnole

1812 Retraite de Russie

Avril 1814 1re abdication de Napoléon

Juin 1815 Défaite de Waterloo 2e abdication de Napoléon

Conquêtes napoléoniennes

Défaites napoléoniennes

1804

1810

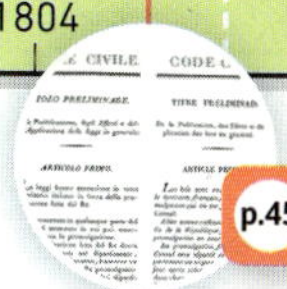

p.45 POINT DE PASSAGE

Étude La France en crise

À la fin du XVIIIe siècle, la France traverse une grave crise financière, économique et sociale. Au début de l'année 1789, Louis XVI décide de convoquer les états généraux du royaume pour sauver le royaume de la faillite et contenir la révolte qui gronde. Les Français se réunissent par ordre, élisent leurs représentants et rédigent leurs doléances.

Quelles crises et tensions la France traverse-t-elle dans les années 1780?

1 BIOGRAPHIE

Louis XVI (1774-1792)

Troisième petit-fils de Louis XV, il épouse Marie-Antoinette, la fille de l'empereur d'Autriche en 1770.
En 1774, il devient roi de France.
En 1778, il engage la France aux côtés des Américains dans la guerre d'Indépendance américaine. Mais la guerre renforce l'endettement de l'État. La paix revenue, son principal souci est de rétablir les finances du royaume, en essayant de trouver de nouvelles recettes fiscales. C'est l'impossibilité d'y parvenir qui le pousse à convoquer les états généraux du royaume en janvier 1789.

2 La société en effervescence

« 17 octobre 1787 : j'ai dîné aujourd'hui avec un groupe de personnes dont la conversation fut entièrement politique [...]. Une opinion prévalait, c'est qu'on était à l'aurore d'une grande révolution [...] ; que tout le montre : la grande confusion dans les finances, avec un déficit impossible à combler sans les états généraux du royaume [...].

Sur le trône, un prince animé d'excellentes intentions mais n'ayant pas les ressources d'intelligence suffisantes pour gouverner en un tel moment ; une cour ensevelie dans le plaisir et la dissipation [...].

Une grande agitation dans tous les rangs de la société désireuse de changement sans savoir que chercher ; un grand besoin de liberté croissant depuis la Révolution américaine[1] ; le tout forme une combinaison de circonstances qui annonce une grande fermentation et agitation [...]. Tous s'accordent à dire que les états généraux du royaume ne peuvent s'assembler sans qu'une plus grande liberté n'en soit la conséquence. »

Arthur Young, *Voyages en France, 1787,* traduction de Henri Sée.

1. Guerre d'Indépendance américaine (1775-1783).

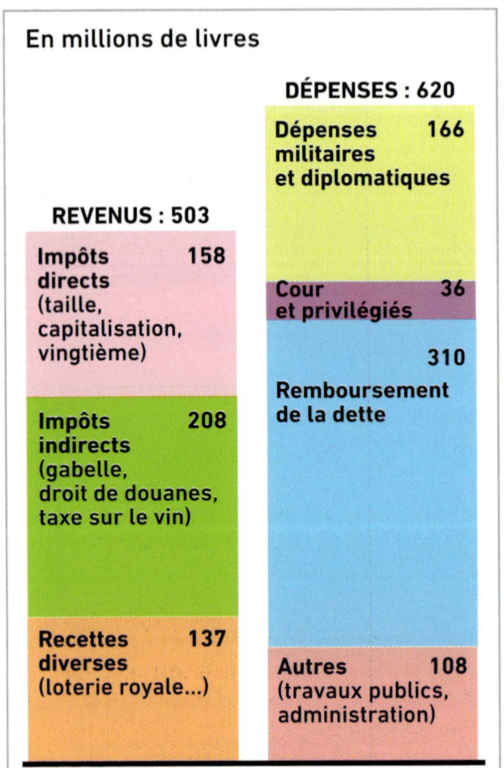

3 Le budget de l'État en 1788

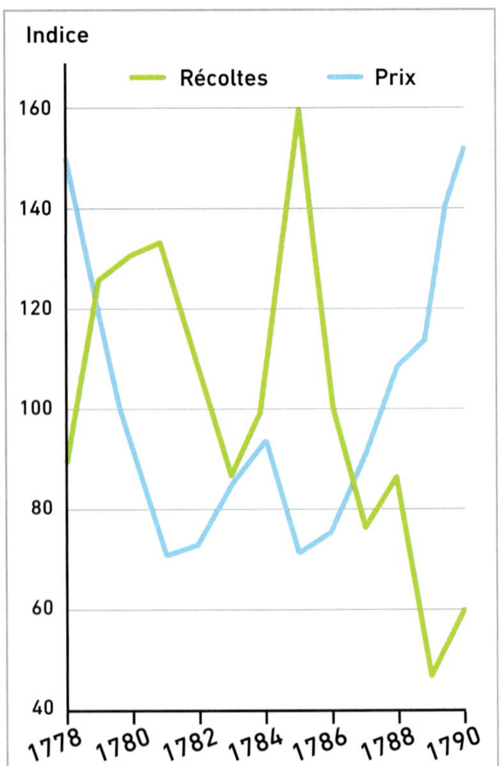

4 Les récoltes et le prix du blé dans le royaume de France

Vidéo
Manuel numérique

VOCABULAIRE

Cahier de doléances : registre dans lequel les représentants élus aux états généraux consignent les vœux et les réclamations des Français.

Déficit budgétaire : budget de l'État dans lequel les dépenses sont supérieures aux recettes.

États généraux : assemblée convoquée par le roi qui réunit les trois ordres du royaume (noblesse, clergé, tiers état).

5 Un cahier de doléances du tiers état (1789)

« **Art. 1** Que nul impôt ne puisse être établi sans le consentement des états généraux assemblés.
Art. 2 Que les états généraux aient lieu de cinq ans en cinq ans. […]
Art. 4 Les députés demanderont l'abolition de tous les privilèges des nobles, du clergé et des gens en place.
Art. 5 L'abolition de la gabelle[1], des tailles[2] et autres droits.
Art. 6 Que pour remplacer ces impôts et droits, il soit établi […] une capitation personnelle qui frappe indistinctement les citoyens des trois ordres. […]
Art. 8 Que la corvée soit totalement abolie.
Art. 9 Que soient abolies les justices et polices seigneuriales, les droits de chasse, de pêche et les banalités, les cens[3] ; qu'on ait le droit de tuer, chacun dans son champ, les lapins et autres animaux nuisibles à l'agriculture. […]
Art. 11 Que les charges et offices soient donnés comme récompense du mérite. […]
Art. 13 Que l'on puisse abolir les dîmes[4]. […]
Art. 16 Que les emplois civils, militaires, ecclésiastiques soient possédés de façon que la noblesse n'ait plus la préférence et le tiers état plus d'exclusion. »

Cahier du tiers état de la Chapelle-Craonnaise, paroisse rurale de la généralité de Tours, 1789.

1. Impôt royal sur le sel. 2. Impôt royal sur les personnes non privilégiées.
3. Diverses taxes dues par les paysans au seigneur. 4. Impôt dû au clergé.

6 Une représentation de la société d'Ancien Régime

Estampe de 1789 (Musée Carnavalet, Paris).

7 L'ouverture des états généraux à Versailles (5 mai 1789)

Isidore Stanislas Helman, gravure d'après un dessin de C. Monet, 1790 (BNF, Paris).

Installés au fond de la salle, les 578 députés du tiers état sont plus nombreux que les 291 députés du clergé et les 270 députés de la noblesse réunis. Mais le vote final doit avoir lieu par ordre et non par tête.

QUESTIONS

1. **Doc. 1 et 2** Quels sont les problèmes en France relevés par Arthur Young ? Pourquoi se sont-ils accentués avec la révolution américaine ?
2. **Doc. 6** Présentez et décrivez l'image. Quel est son message ?
3. **Doc. 5** Quelle est la catégorie de population concernée par ces doléances ? Quels sont les articles demandant : la fin de la monarchie absolue, l'abolition des privilèges, la suppression des droits seigneuriaux ?
4. **Doc. 4** Décrivez et expliquez l'évolution du prix du blé entre 1784 et 1789. Quelle peut en être la conséquence sociale ?
5. **Doc. 3 et 7** Pour quelle raison le roi convoque-t-il les états généraux ? Les Français y sont-ils équitablement représentés ? Justifiez votre réponse.
6. **Doc. 7** Situez le roi et les représentants de chaque ordre. Quelle est l'attitude des membres du tiers état ?

Synthèse Montrez que la France traverse une crise en 1789 :
– un État en difficulté ;
– des tensions dans la société ;
– la convocation des états généraux.

Étude La fin de l'Ancien Régime

À partir du 5 mai 1789, les députés réunis en états généraux siègent à Versailles. Mais ni le roi ni le ministre des Finances Jacques Necker n'annoncent les réformes attendues. C'est le début de la Révolution française.

Comment la monarchie absolue et la société d'ordres sont-elles renversées en 1789 ?

1 Le serment du Jeu de paume (20 juin 1789)

Jacques-Louis David, *Le Serment du Jeu de paume*, huile sur toile, 65 x 88,7 cm, 1791 (Musée Carnavalet, Paris).

Les députés du tiers état, estimant qu'ils représentent presque toute la nation, se proclament Assemblée nationale constituante le 17 juin 1789 et appellent les autres ordres à les rejoindre. Le 20 juin, réunis dans la salle du Jeu de paume, ils jurent de ne pas se séparer avant d'avoir rédigé une constitution.

1. Bailly lit le serment
2. Le père Gérard, seul paysan
3. Le comte de Mirabeau, député du tiers état
4. Un dominicain, un curé, un pasteur
5. Martin refusant de prêter serment
6. Maximilien de Robespierre

2 Le texte du serment du Jeu de paume (20 juin 1789)

« L'Assemblée nationale arrête que tous les membres de cette Assemblée prêteront à l'instant serment de ne jamais se séparer et de se rassembler partout où les circonstances l'exigeront, jusqu'à ce que la Constitution du royaume soit établie et affermie sur des fondements solides ; et que ce serment étant prêté, tous les membres et chacun d'eux en particulier, confirmeront par leur signature cette résolution inébranlable. »

Serment signé le 20 juin 1789.

VOCABULAIRE

Assemblée nationale : assemblée représentant la nation entière.

Assemblée nationale constituante : assemblée chargée de rédiger une constitution.

3 La prise de la Bastille (14 juillet 1789)

Le 13 juillet, une rumeur circule selon laquelle le roi s'apprêterait à disperser la nouvelle Assemblée par la force. Le 14 juillet, une foule de Parisiens s'empare de fusils et de canons aux Invalides, puis se rend à la Bastille censée y contenir de la poudre.

« On commença par sommer le Gouverneur, M. le marquis de Launay, de rendre cette forteresse ; les délégués furent introduits entre les deux ponts levis, et aussitôt le Gouverneur fit feu sur les délégués qui furent tous tués dans l'instant. Le peuple, alors furieux attaqua ce fort, plaça des canons en face des portes, cassa les chaînes du premier pont-levis, entra en foule dans la première cour malgré le feu de la place, répéta la même chose au second pont-levis, entra dans le fort. Les cinquante invalides ou plus qui défendaient ce fort étaient tués ou se rendirent. Les prisonniers furent conduits à l'Hôtel de ville à coups de bâtons à travers les insultes du peuple qui criaient "pendus".

En arrivant à l'Hôtel de ville, M. le marquis de Launay fut percé de mille coups […]. La nuit se passa dans les craintes ; les différents étages des maisons étaient pourvus de pierres pour lancer sur les troupes du roi. »

Mémoires de Barras, membre du directoire : Ancien régime-Révolution, 1895-1896.

4 La Grande Peur dans les campagnes (mi-juillet-début août 1789)

Gravure du XVIIIe siècle (Musée Carnavalet, Paris).

Après le 14 juillet, la rumeur se répand que les seigneurs font appel à des brigands pour détruire les récoltes. Les paysans se jettent alors sur le château de leurs seigneurs et brûlent les titres des droits seigneuriaux.

5 L'abolition des privilèges (nuit du 4 août 1789)

Dans la nuit du 4 août, l'Assemblée nationale constituante vote l'abolition des privilèges.

« La séance de la nuit du 4 août est la plus mémorable qui se soit jamais tenue chez aucune nation […]. Monsieur le vicomte de Noailles fit une motion et demanda que les droits exclusifs de chasse, redevances, dîmes, tous droits qui pèsent sur le peuple puissent être rachetés […]. Plusieurs membres de la haute noblesse se joignirent à lui. Les ducs d'Aiguillon et du Châtelet proposèrent que, dès cet instant, la noblesse et le clergé prononçassent le sacrifice de leurs privilèges pécuniaires[1].

Les circonstances malheureuses où se trouve la noblesse, l'insurrection générale élevée de toutes parts contre elles, plus de cent cinquante châteaux incendiés, les titres seigneuriaux recherchés avec fureur et brûlés, l'impossibilité de s'opposer au torrent de la révolution, tout nous prescrivait la conduite que nous devions tenir. Le clergé et la noblesse se levèrent et adoptèrent toutes les motions proposées […]. Il eut été inutile, dangereux même, de s'opposer au vœu général de la nation. C'eût été vous désigner, vous et vos possessions, pour victimes de la fureur de la multitude. »

Lettre du marquis de Ferrières (députés de la noblesse de l'Assemblée), correspondance inédite (1789-1791).

1. En matière d'impôt.

QUESTIONS

1. Rappelez les raisons de la convocation des états généraux à Versailles.
2. **Doc. 1 et 2** À quel régime politique le serment du Jeu de paume met-il fin ? Justifiez.
3. **Doc. 3 et 4** Relevez les éléments de la violence populaire. Comment peut-elle s'expliquer ?
4. **Doc. 4 et 5** Quelles sont les décisions prises par l'Assemblée nationale constituante ? Pourquoi le clergé et la noblesse adoptent-ils « toutes les motions proposées » ?

Synthèse Montrez comment l'Ancien Régime disparaît en 1789. Vous pouvez suivre le plan suivant :
1. La formation de l'Assemblée nationale constituante ;
2. Le soulèvement du peuple ;
3. L'abolition des privilèges.

Étude Des principes et des libertés

A La Déclaration des droits de l'homme et du citoyen

La Déclaration des droits de l'homme et du citoyen est adoptée par l'Assemblée nationale le 26 août 1789. Elle fixe de nouveaux principes à valeur universelle, c'est-à-dire valable pour tous les hommes et non pas seulement pour les Français.

Quels sont les nouveaux principes apportés par la Déclaration des droits de l'homme et du citoyen ?

1 La Déclaration des droits de l'homme et du citoyen (26 août 1789)

Préambule Les représentants du peuple français constitués en Assemblée nationale [...] ont résolu d'exposer dans une déclaration solennelle les droits inaliénables et sacrés de l'homme [...]. En conséquence, l'Assemblée nationale reconnaît et déclare :

Art. 1 Les hommes naissent et demeurent libres et égaux en droits. Les distinctions sociales ne peuvent être fondées que sur l'utilité commune.

Art. 2 Le but de toute association politique est la conservation des droits naturels et imprescriptibles[1] de l'Homme. Ces droits sont la liberté, la propriété, la sûreté[2] et la résistance à l'oppression.

Art. 3 Le principe de toute souveraineté réside essentiellement dans la nation. Nul corps, nul individu ne peut exercer d'autorité qui n'en émane[3] expressément.

Art. 4 La liberté consiste à pouvoir faire tout ce qui ne nuit pas à autrui [...].

Art. 5 La loi n'a le droit de défendre que les actions nuisibles à la société [...].

Art. 6 La loi est l'expression de la volonté générale. Tous les citoyens ont le droit de concourir personnellement ou par des représentants à sa formation. Elle doit être la même pour tous [...]. Tous les citoyens étant égaux à ses yeux sont également admissibles à toutes dignités, places et emplois publics, selon leur capacité. [...]

Art. 7 Nul homme ne peut être accusé, arrêté ou détenu que dans les cas déterminés par la loi et selon les formes qu'elle a prescrites[4] [...].

Art. 8 La loi ne doit établir que des peines strictement et évidemment nécessaires, et nul ne peut être puni qu'en vertu d'une loi établie et promulguée antérieurement au délit, et légalement appliquée.

Art. 9 Tout homme étant présumé innocent jusqu'à ce qu'il ait été déclaré coupable, s'il est jugé indispensable de l'arrêter, toute rigueur qui ne serait pas nécessaire pour s'assurer de sa personne doit être sévèrement réprimée par la loi.

Art. 10 Nul ne doit être inquiété pour ses opinions même religieuses. [...]

Art. 11 La libre communication des pensées et des opinions est un des droits les plus précieux de l'Homme : tout citoyen peut donc parler, écrire, imprimer librement [...].

Art. 12 La garantie des Droits de l'homme et du citoyen nécessite une force publique [...].

Art. 13 Pour l'entretien de la force publique et pour les dépenses d'administration, une contribution commune est indispensable ; elle doit être également répartie entre tous les citoyens, en raison de leurs facultés[5].

Art. 14 Tous les citoyens ont le droit de constater par eux-mêmes ou par leurs représentants la nécessité de la contribution publique, de la consentir librement, d'en suivre l'emploi [...].

Art. 15 La société a le droit de demander compte à tout agent public de son administration.

Art. 16 Toute société dans laquelle la garantie des droits n'est pas assurée, ni la séparation des pouvoirs déterminée, n'a point de Constitution.

Art. 17 La propriété étant un droit inviolable et sacré, nul ne peut en être privé, si ce n'est lorsque la nécessité publique l'exige et sous la condition d'une juste et préalable indemnité. »

Déclaration adoptée le 26 août 1789 par l'Assemblée nationale.

1. Permanents. 2. La sécurité. 3. N'en provienne.
4. Que la loi a indiqué. 5. En fonction de leur fortune.

QUESTIONS

1. Présentez le document.
2. **Art. 2** Quels sont les droits naturels et imprescriptibles de l'homme ?
3. **Art. 1, 6 et 13** Quels sont les privilèges supprimés par ces articles ?
4. **Art. 6 et 14** Quels sont les changements concernant la souveraineté sur le pays ?
5. **Art. 7, 8 et 9** Quelles sont les nouveautés dans le domaine judiciaire ?
6. **Art. 10 et 11** Quelles sont les libertés évoquées ?
7. À quelle condition la propriété peut-elle être confisquée ?

Synthèse Classez les nouveaux principes (et non pas les articles) dans un tableau.

Souveraineté Art. 6 et 14	**Libertés** Art. 10 et 11	**Égalité** Art. 1, 6, 13	**Justice** Art. 7, 8, 9	**Propriété** Art. 2 et 17

B L'explosion des libertés

En 1789, la parole se libère. Un esprit nouveau souffle sur le pays. On discute de politique à l'Assemblée mais aussi dans la rue ou dans les clubs comme ceux des Jacobins ou des Cordeliers à Paris. Les journaux de diverses tendances politiques se multiplient.

Comment la Déclaration des droits de l'homme et du citoyen favorise-t-elle l'explosion des libertés en 1789 ?

1 La vente des journaux à la criée
Estampe anonyme, vers 1797 (BNF, Paris).

À partir de 1789, de nombreux journaux politiques sont vendus sur des étals ou à la criée, dans la rue.

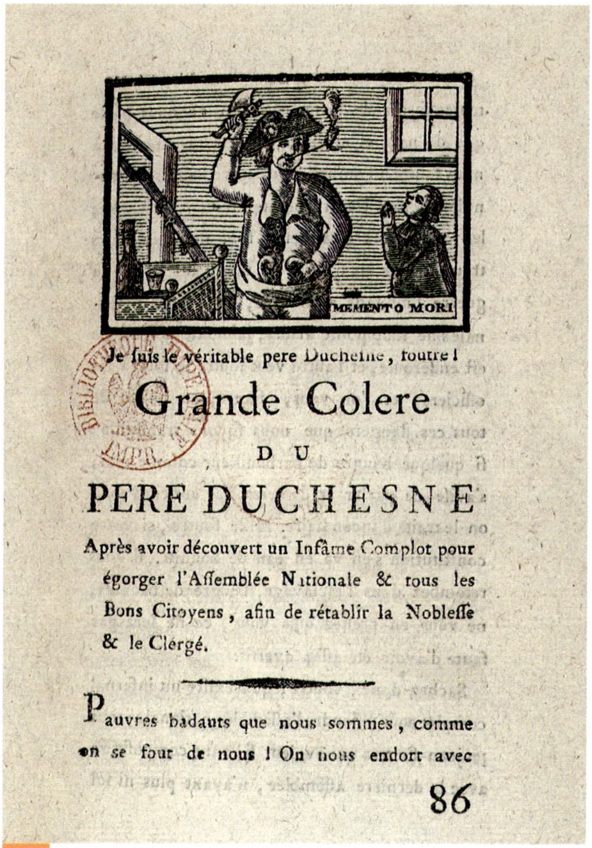

MEMENTO MORI

Je ſuis le véritable pere Duchesne, foutre !

Grande Colere
DU
PERE DUCHESNE

Après avoir découvert un Infâme Complot pour égorger l'Aſſemblée Nationale & tous les Bons Citoyens, afin de rétablir la Nobleſſe & le Clergé.

Pauvres badauts que nous sommes, comme on se fout de nous ! On nous endort avec

86

2 La Une du *Père Duchêne*
1791 (BNF, Paris).

3 Le club des Jacobins

« Le soir M. Decrétot et M. Blin m'ont mené à ce club des Jacobins […]. Il y avait plus de cent députés présents. […] Un me dit qu'à présent je puis toujours être admis en ma qualité d'étranger. On procéda ainsi à dix ou douze autres élections. On débat dans ce club toute question qui doit être portée à l'Assemblée nationale, on y lit les projets de lois, qui sont rejetés ou approuvés après correction. Quand ils ont obtenu l'assentiment général, tout le parti s'engage à les soutenir. On y arrête des plans de conduite, on y élit les personnes qui devront faire partie des comités, on y nomme des présidents pour l'assemblée. »

Arthur Young, *Voyages en France en 1787, 1788, 1789*, 1794, traduction d'Henri Sée.

VOCABULAIRE

Club : association dont les membres se réunissent régulièrement pour débattre de sujets politiques.

QUESTIONS

1. **Doc. 1 à 3 p. 19** Associez les documents aux articles de la Déclaration des droits de l'homme qui leur correspondent.
2. **Doc. 1 et 2 p. 19** Comment les journaux sont-ils vendus ? À quoi voit-on que le *Père Duchêne* est un journal politique ?
3. **Doc. 3** Quel rôle joue le club des Jacobins dans la vie politique ?

Synthèse Montrez que la Déclaration des droits de l'homme et du citoyen donne la parole aux Français.

Étude Une nouvelle France (1789-1791)

À partir de 1789, les députés de l'Assemblée nationale réorganisent la France en s'appuyant sur les principes de la Déclaration des droits de l'homme et du citoyen.

Comment l'Assemblée nationale constituante transforme-t-elle la France de 1789 à 1791 ?

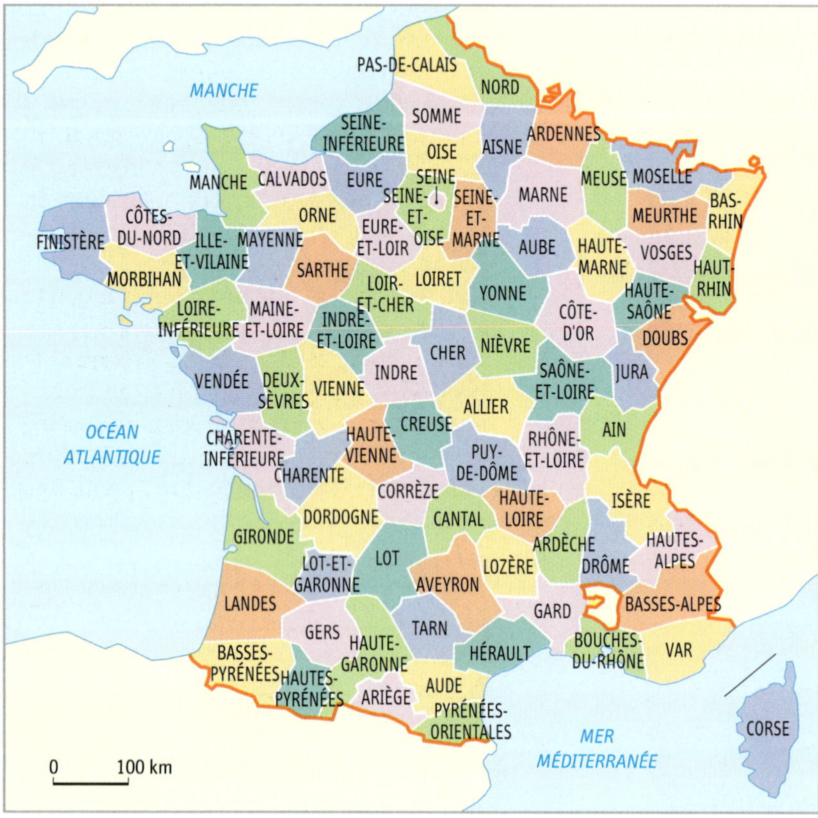

1 Les départements : de nouvelles circonscriptions administratives (1790)

Les départements sont dirigés par des Conseils départementaux élus qui siègent au chef-lieu du département. Chaque département est divisé en districts, cantons, et communes.

VOCABULAIRE

Constitution : texte qui définit et organise les pouvoirs au sein d'un régime politique.

Monarchie constitutionnelle : monarchie limitée par une constitution.

Suffrage censitaire : mode de suffrage selon lequel seuls les citoyens payant un certain niveau d'impôt (donc riches) peuvent voter.

2 La confiscation des biens du clergé

Eau forte coloriée, vers 1789-1790 (BNF, Paris).

Pour résoudre les problèmes financiers de l'État, l'Assemblée nationale vote la confiscation des biens du clergé, essentiellement leurs terres.

3 La Constitution civile du clergé (12 juillet 1790)

« **1. Des offices ecclésiastiques**

Art. 1 Chaque département formera un seul diocèse qui aura la même étendue et les mêmes limites que le département.

Art. 2 Les sièges des évêchés dans 83 départements du royaume seront fixés dans les villes suivantes [noms des villes].

2. Nomination aux bénéfices

Art. 1 À compter du jour de la publication du présent décret, on ne connaîtra qu'une seule manière de pourvoir aux évêchés et aux cures, par des élections.

Art. 2 Toutes les élections se feront par voie du scrutin et majorité absolue des suffrages.

3. Des traitements du clergé

Art. 1 Les ministres de la religion [...] seront défrayés par la Nation.

Art. 2 Il sera fourni à chaque évêque, à chaque curé un logement convenable. »

LA NATION

constituée de citoyens riches, âgés d'au moins 25 ans
suffrage censitaire

SOUVERAINE
délègue ses pouvoirs à

UNE ASSEMBLÉE LÉGISLATIVE

indissoluble,
745 membres élus
pour 2 ans

- établit le montant de l'impôt
- propose et vote la loi
- ratifie les déclarations de guerre et les traités de paix

POUVOIR LÉGISLATIF

UN ROI DES FRANÇAIS

héréditaire, inamovible,
lié par serment
à la Constitution

- nomme et révoque les ministres
- fait exécuter la loi mais possède un veto suspensif de 4 ans
- propose guerre et paix

POUVOIR EXÉCUTIF

4 La Constitution de 1791

Élaborée de 1789 à 1791, elle est promulguée en septembre 1791. Elle crée une monarchie constitutionnelle, avec un partage du pouvoir entre le roi et une assemblée élue.

5 La liberté d'entreprise

« Il sera libre à toute personne de faire tel négoce ou d'exercer telle profession, art ou métier qu'elle trouvera bon. »

Décret d'Allarde, 2 et 17 mars 1791.

« **Art. 2** Les citoyens d'un même état ou profession, les entrepreneurs, ceux qui ont boutique ouverte, les ouvriers et compagnons d'un métier quelconque ne pourront, lorsqu'ils se trouveront ensemble, se nommer ni président, ni secrétaires, ni tenir des registres, ni prendre des arrêtés ou délibérations, former des règlements sur leurs prétendus intérêts communs. [...]

Art. 8 Tous attroupements composés d'artisans, ouvriers, compagnons, journaliers ou excités par eux contre le libre exercice de l'industrie et du travail seront tenus pour attroupements séditieux et, comme tels, ils seront dissipés par la force publique et les dépositaires de la force publique et punis selon toute rigueur des lois. »

Loi Le Chapelier, 14 juin 1791.

6 La nouvelle devise sous la monarchie constitutionnelle (1791)

Système astronomique de la Révolution française, apologie de la Constitution de 1791 par Moullin (ingénieur géographe). Imprimé par Madame l'Esclapart (libraire rue du Roule à Paris), 1791 (BNF, Paris).

QUESTIONS

1. **Doc. 4** Qu'est-ce qui différencie le nouveau régime d'une monarchie absolue de droit divin ? Par qui l'Assemblée nationale est-elle élue ?
2. **Doc. 1** Citez quelques départements qui portent des noms de cours d'eau, des noms de montagnes. De votre point de vue, pourquoi les départements ont-ils un rayon de 40 kilomètres au maximum ?
3. **Doc. 2** Décrivez la caricature et expliquez-en le sens.
4. **Doc. 3** Comment les évêques sont-ils choisis et payés ? Quels sont les changements concernant les diocèses ?
5. **Doc. 5** Ces lois sur l'entreprise respectent-elles les principes des Droits de l'homme ? Justifiez.
6. **Doc. 6** À quelles valeurs le nouveau régime est-il associé ? Quels sont les dangers rattachés à la monarchie absolue (« royalistes ») ? à la république ?

Synthèse Montrez que l'Assemblée nationale met en application les principes de la Déclaration des droits de l'homme mais sans totalement les respecter.

Étude La prise des Tuileries (10 août 1792)

À partir de 1791, les Parisiens se méfient de plus en plus de Louis XVI qu'ils soupçonnent de vouloir rétablir son pouvoir absolu. Le 10 août 1792, avec les fédérés présents dans la capitale, les sans-culottes attaquent le palais des Tuileries où le roi vit avec sa famille depuis octobre 1789.

Comment et pourquoi la monarchie s'effondre-t-elle le 10 août 1792 ?

1 Un sans-culotte

Gravure anonyme, XVIIIe siècle (Musée Carnavalet, Paris).

Les sans-culottes sont les artisans et les commerçants des villes. Méfiants vis-à-vis du roi depuis sa tentative de fuite en juin 1791, craignant l'arrivée des troupes ennemies à Paris, ils jouent un rôle majeur dans la prise des Tuileries.

CHRONOLOGIE

1789-1791 Émigration des nobles qui rejoignent les cours européennes.

Juin 1791 Le roi s'enfuit de Paris avec sa famille, mais il est reconnu à Varennes et reconduit au palais des Tuileries.

Avril 1792 La France déclare la guerre à l'Autriche.

Juillet 1792 L'Assemblée nationale proclame « la patrie en danger ». Les fédérés arrivent à Paris.

25 juillet 1792 Manifeste du duc de Brunswick.

10 août 1792 Prise du palais des Tuileries.

13 août 1792 L'Assemblée fait conduire Louis XVI et sa famille à la prison du Temple.

2 Le manifeste de Brunswick

Le duc de Brunswick, commandant en chef des armées autrichienne et prussienne, menace la France révolutionnaire.

« Un but qui tient à cœur aux deux souverains[1], c'est de faire cesser l'anarchie dans l'intérieur de la France, d'arrêter les attaques portées au trône et à l'autel[2], de rétablir le pouvoir légal, de rendre au roi la sûreté et la liberté dont il est privé. […]

La ville de Paris et tous ses habitants seront tenus de se soumettre sur le champ et sans délai au roi, de le mettre en pleine et entière liberté, et de lui assurer, ainsi qu'à toutes les personnes royales, le respect que doivent les sujets à leur souverain. […] Si le château des Tuileries est attaqué, s'il est fait la moindre violence, le moindre outrage à leurs Majestés, le roi, la reine [Marie-Antoinette] et la famille royale, alors [leurs Majestés impériale et royale] en tireront une vengeance exemplaire et à jamais mémorable en livrant la ville de Paris à une exécution militaire, et les révoltés coupables d'attentats aux supplices qu'ils méritent. »

Déclaration attribuée au duc de Brunswick, 25 juillet 1792.

1. L'empereur d'Autriche et le roi de Prusse.
2. L'Église.

3 *La Carmagnole*

Ce chant révolutionnaire anonyme est composé après la prise des Tuileries en 1792. Il devient l'hymne des sans-culottes.

« *1er couplet* Monsieur Veto[1] avait promis / D'être fidèle à sa patrie
Mais il y a manqué / Ne faisons plus quartier
Refrain Dansons la carmagnole / Vive le son, vive le son
Dansons la carmagnole / Vive le son du canon !
2e couplet Antoinette avait résolu / De nous faire tomber sur le cul
Mais son coup a manqué / Elle a le nez cassé
3e couplet Son mari se croyant vainqueur *(bis)* / Connaissait peu notre valeur *(bis)*
Va, Louis, gros lourdaud / Du Temple dans la tour[2]
4e couplet Les Suisses avaient promis *(bis)* / Qu'ils feraient feu sur nos amis *(bis)*
Mais comme ils ont sauté / Comme ils ont tous dansé !
5e couplet Quand Antoinette vit la tour *(bis)* / Elle voulut faire demi-tour *(bis)*
Elle avait mal au cœur / De se voir sans bonheur
[…]
7e couplet Amis, restons toujours unis *(bis)* / Ne craignons pas nos ennemis *(bis)*
S'ils viennent nous attaquer / Nous les ferons sauter
8e couplet Oui je suis sans-culotte, moi *(bis)* / En dépit des amis du roi *(bis)*
Vivent les Marseillois / Les Bretons[3] et nos lois !
[…] »

1. Nom donné à Louis XVI (disposant d'un droit de veto sur les lois).
2. La tour du Temple où est enfermé Louis XVI après le 10 août.
3. Les fédérés ayant participé à la prise des Tuileries.

4 **La prise du palais des Tuileries, le 10 août 1792**

Jacques Bertaux, *La Prise du palais de Tuileries, cour du Carrousel, le 10 août 1792*, huile sur toile, 192 x 124 cm, 1793 (Musée national du château de Versailles).

❶ Le palais des Tuileries où habite le roi ❷ La cour du Carrousel ❸ Les gardes suisses qui défendent le château (en rouge) ❹ Les fédérés (uniforme bleu) ❺ Les sans-culottes parisiens

5 **La famille royale conduite au Temple**

Gravure coloriée, 1792 (musée Carnavalet, Paris).

Après la prise des Tuileries, sous la pression des sans-culottes, l'Assemblée dépose le roi. Le 13 août, la famille royale est conduite à la prison du Temple.

VOCABULAIRE

Fédérés : Gardes nationaux des villes de provinces.

Sans-culotte : habitant du petit peuple des villes. Il porte le pantalon et non la culotte, contrairement aux nobles et aux bourgeois.

QUESTIONS

1. **Doc. 1 et chronologie** Pourquoi le peuple se méfie-t-il du roi depuis juin 1791 ?
2. **Doc. 2** Quelle menace profère le duc de Brunswick ? Quel effet cette menace peut-elle avoir sur les Parisiens ?
3. **Doc. 4** Décrivez les combats lors de la prise des Tuileries.
4. **Doc. 3 et 5** Que reprochent les sans-culottes aux souverains ? D'après la chanson et l'image, comment ont-ils été punis ?

Synthèse Réalisez un schéma logique sur la prise des Tuileries : causes, faits, conséquences.

Étude Valmy, la nation en armes

La France déclare la guerre à l'Autriche en avril 1792. Elle est aussitôt envahie par l'Autriche et la Prusse. L'Assemblée nationale proclame alors la patrie en danger et des volontaires s'engagent dans l'armée. Les ennemis sont stoppés à Valmy dans la Marne.

En quoi la bataille de Valmy est-elle une victoire de « la nation en armes » ?

1 Les engagés volontaires de 1792

Gouache des frères Lesueur (Musée Carnavalet, Paris).

En 1792, de nombreux volontaires s'enrôlent au côté de l'armée de métier, surtout dans les zones de contact avec l'ennemi.

Doc interactif
Manuel numérique

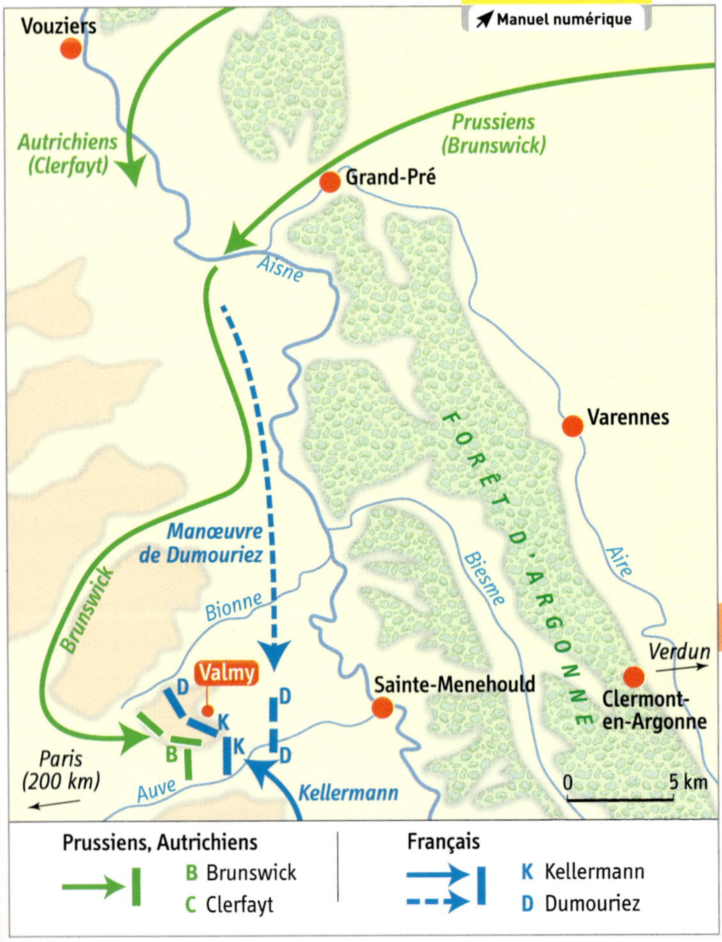

CHRONOLOGIE

20 avril 1792 Déclaration de guerre de l'Assemblée à l'Autriche à laquelle se rallie la Prusse.

2 septembre 1792 Capitulation de Verdun, la route vers Paris est ouverte aux armées autrichienne et prussienne.

20 septembre 1792 Victoire française à Valmy.

1er octobre 1792 Repli des troupes prussiennes du duc de Brunswick.

2 *La Marseillaise*

En garnison à Strasbourg, le capitaine Rouget de Lisle écrit un nouveau chant de guerre. Chanté par les fédérés marseillais arrivant à Paris en juillet 1792, La Marseillaise *se répand très vite parmi les soldats qui l'entonnent à Valmy. Le chant est décrété hymne national le 14 juillet 1795.*

« *Couplet 1* Allons enfants de la patrie,
Le jour de gloire est arrivé ;
Contre nous de la tyrannie
L'étendard sanglant est levé *(bis)* ;
Entendez-vous dans nos campagnes,
Mugir ces féroces soldats
Qui viennent jusque dans nos bras
Égorger nos fils et nos compagnes ?
Refrain
Aux armes citoyens / Formez vos bataillons
Marchons, marchons / Qu'un sang impur
Abreuve nos sillons.
[...] *Couplet 6* Amour sacré de la Patrie
Conduis, soutiens nos bras vengeurs
Liberté ! liberté chérie,
Combats avec tes défenseurs ! *(bis)*
Sous nos drapeaux, que la Victoire
Accoure à tes mâles accents !
Que tes ennemis expirants
Voient ton triomphe et notre gloire !
Refrain »

3 La bataille de Valmy

Les Prussiens, soutenus par les nobles émigrés de « l'armée de Condé », occupent Verdun le 2 septembre. Au lieu de se porter vers l'ouest pour protéger Paris, le général Dumouriez rassemble ses troupes sur le plateau de Valmy, rejoint par l'armée de Metz que commande le général Kellermann. Les Prussiens, conduits par le duc de Brunswick, jugent dangereux de marcher sur Paris en laissant les Français sur leurs arrières et se retournent contre les armées françaises à Valmy, où ils sont repoussés.

4 **La bataille de Valmy**

Horace Vernet, huile sur toile, 287 x 175 cm (détail), 1826 (National Gallery, Londres).

1 Le général Kellermann (sur son cheval blessé) 2 Les volontaires (en bleu) 3 Les soldats de métiers de l'armée royale française (en blanc) 4 L'artillerie prussienne 5 Les lignes et colonnes d'attaque prussiennes

5 « Vive la nation »

« Les mouvements se dessinaient à tous les yeux avec netteté et de la butte du moulin, on découvrait parfaitement les deux armées. Déjà l'inquiétude avait saisi quelques-uns de nos bataillons. Les soldats se troublaient en apercevant devant eux cette infanterie prussienne si célèbre[1] et si redoutée. Sauraient-ils résister à ces troupes si longtemps victorieuses, si bien disciplinées et animées d'un orgueil qu'excitait encore la présence de leur roi ?

Mais Kellermann, calme et imperturbable forme rapidement ses troupes en trois colonnes d'un bataillon de front ; il leur commande d'attendre les assaillants sans tirer un seul coup et de les charger à la baïonnette dès qu'ils auront gravi la hauteur ; il met son chapeau surmonté du panache tricolore au bout de son épée qu'il élève en l'air et s'écrie : ˝Vive la nation !˝. L'armée entière lui répond : ˝Vive la nation ! Vive la France ! Vive notre général !˝. Ce cri se fait entendre sur toute la ligne de bataille et se répète pendant plusieurs minutes ; il se mêle au bruit du canon et aux airs entrainants de la musique qui joue le *ça ira*. Il exalte les âmes. Les soldats, saisis d'enthousiasme, élèvent leurs chapeaux sur leurs baïonnettes et leurs sabres : ˝Qu'ils nous attaquent, ce sera le plus beau moment de notre vie !˝ »

Arthur Chuquet, *Les Guerres de la Révolution, Valmy*, Librairie Léopold Cerf, 1887.

1. Armée professionnelle considérée comme la meilleure du monde.

QUESTIONS

1. **Doc. 3** Pourquoi les Prussiens engagent-ils la bataille à Valmy plutôt que de marcher sur Paris ?
2. **Doc. 1, 4 et 5** Qu'est-ce qui oppose la composition de l'armée française à celle de l'armée prussienne ?
3. **Doc. 2** **a.** Comment les ennemis de la France sont-ils appelés ?
   b. De quelle tyrannie s'agit-il ?
   c. Au nom de quelles valeurs les soldats français entonnent-ils ce chant ?
   (▸ Exercice, p. 51)
4. **Doc. 5** Qu'est-ce qui montre l'attachement de l'armée française à la Révolution ?
5. **Doc. 4, 5 et chronologie** Quelles sont les formes du combat ? Quels sont ses résultats ?

Synthèse Présentez la bataille de Valmy et montrez qu'elle est une victoire de « la nation en armes ».

La nation en révolution (1789-1792)

Comment la France est-elle devenue une nation souveraine et unifiée ?

NOTIONS

Nation : peuple qui a la conscience d'être uni par une histoire, une langue et une culture communes. Une nation peut s'étendre sur plusieurs États ou un État comprendre plusieurs nations. Lorsqu'un État ne comprend qu'une nation, on parle d'État-nation.

Révolution : dans le domaine politique, changement brusque de régime par le soulèvement de la population ou d'une partie de celle-ci. Lorsque la population se soulève sans que cela entraîne de changement de régime, on parle de révolte ou d'émeute.

Les femmes partent pour Versailles
Eau forte, 1789 (Musée Carnavalet, Paris).
En octobre, elles vont y chercher le roi et le ramènent à Paris.

VOCABULAIRE

Clubs : p. 19.
Constitution : p. 20.
États généraux : p. 14.
Garde nationale : groupement de citoyens bénévoles chargés de maintenir l'ordre dans Paris après la formation de la nouvelle municipalité.
Suffrage censitaire : p. 20.

A Le bouleversement de 1789

1. La formation de l'Assemblée nationale constituante

- **L'ouverture des états généraux** a lieu à Versailles le 5 mai 1789. Mais le discours que tient le roi déçoit beaucoup les députés du tiers état parce qu'il ne semble s'intéresser qu'au problème financier de l'État.
- Le 20 juin 1789, les députés du tiers état se réunissent **dans la salle du Jeu de paume** et font **le serment** de ne pas se séparer avant d'avoir donné une **constitution** à la France. Rejoints par les députés des autres ordres, ils forment une **Assemblée nationale constituante**, chargée de rédiger la nouvelle Constitution.

2. Le soulèvement du peuple

- Au début de juillet, les Parisiens **pensent que le roi veut rétablir son pouvoir absolu** en chassant la nouvelle Assemblée. **Le 14 juillet 1789**, ils prennent d'assaut la **forteresse royale de la Bastille** située à l'est de Paris, où ils pensent trouver des armes et des munitions. Puis **ils s'emparent du pouvoir municipal** et créent des **Gardes nationales**. La **révolution** gagne les villes de province où le peuple suit l'exemple de Paris.
- Après le 14 juillet, dans les campagnes, c'est **la Grande Peur** : la rumeur se répand que les seigneurs font appel à des brigands pour détruire les récoltes. Les paysans se jettent sur le château de leurs seigneurs et brûlent les titres des droits seigneuriaux.

3. La fin de l'absolutisme et des privilèges

- Le désordre dans les campagnes panique les députés de la noblesse de l'Assemblée nationale. Dans **la nuit du 4 août**, pour mettre fin au soulèvement, ils votent **l'abolition des privilèges**, des **droits seigneuriaux** et de la **dîme**.
- Le 26 août, l'Assemblée vote **la Déclaration des droits de l'homme et du citoyen** qui fixe de nouveaux principes universels : égalité des droits entre tous les citoyens, souveraineté de la nation, libertés de culte, d'opinion, de presse.
- **Le 5 octobre 1789, des femmes de Paris** se rendent à Versailles pour obliger le roi à contresigner les décrets sur l'abolition des privilèges et la Déclaration des droits. Elles le **ramènent dans la capitale** où il s'installe avec sa famille au palais des Tuileries.

B La construction d'une nouvelle France (1789-1791)

1. La souveraineté nationale

- À partir de 1789, l'Assemblée nationale constituante élabore **la première Constitution française**. Votée en 1791, elle crée **une monarchie constitutionnelle** qui partage le pouvoir entre un « roi des Français » et une assemblée nationale élue. Mais de nombreux députés se méfient du peuple. C'est pourquoi ils décident que les élections de l'Assemblée auront lieu au **suffrage censitaire**, ce qui prive les pauvres du droit de vote.
- **Les libertés fondamentales** sont reconnues : liberté de culte, liberté de presse, de réunion, d'association. De **nombreux journaux** font leur apparition, **des clubs** où l'on discute de politique se forment, comme ceux des Jacobins ou des Cordeliers.

2. La réorganisation de la France

- Les privilèges de certaines provinces disparaissent et **l'organisation administrative est unifiée**. L'Assemblée divise tout le territoire en **départements**, eux-mêmes subdivisés en **districts**, **cantons et communes**. Ils sont dirigés par des citoyens élus. **La justice est réformée**, avec des juges élus et des jurys de citoyens pour juger les crimes.
- **Dans le domaine économique**, les **douanes intérieures** sont supprimées ce qui unifie le marché national. L'Assemblée autorise aussi la **liberté d'entreprise**.
- Pour résoudre les **problèmes financiers** de l'État, **l'Assemblée confisque et vend les biens du clergé**. Elle remplace les impôts de l'Ancien Régime par des **impôts payés par tous**.
- L'Assemblée réorganise ensuite l'Église en votant la **Constitution civile du clergé**. Désormais les évêques et les curés sont élus par les citoyens et reçoivent un salaire. Le pape ne peut plus investir les évêques.
- **Le 14 juillet 1790**, les **fédérés** arrivent à Paris pour célébrer le nouveau régime sur **le Champ-de-Mars**. Cette **fête de la Fédération** semble montrer une adhésion des Français au nouveau régime.

La fête de la Fédération

Charles Monnet, 1790 (BNF, Paris).

Lors de la fête de la Fédération, le 14 juillet 1790, Louis XVI prête serment à la Nation et à la loi, dans un climat d'union nationale.

C La fin de la monarchie

1. La montée des oppositions

- Mais le nouveau régime n'est pas accepté par tous. **Dès 1789, des nobles émigrent** et poussent les souverains étrangers à intervenir pour rétablir l'Ancien Régime. En 1790, **le pape** condamne la Constitution civile du clergé, ce qui conduit de nombreux prêtres à la refuser : ce sont les prêtres réfractaires.
- Dans la nuit du 20 au 21 juin 1791, le roi cherche à quitter la France avec sa famille. Reconnu dans la nuit **à Varennes**, en Lorraine, il est reconduit aux Tuileries. Cette tentative de fuite lui fait perdre la confiance des Parisiens. Certains commencent à réclamer **la République**.

2. La guerre affaiblit la monarchie

- **En avril 1792, l'Assemblée nationale déclare la guerre à l'Autriche** alors que celle-ci s'y prépare. Les armées autrichienne et prussienne envahissent la France. **La patrie est en danger !** Les fédérés viennent défendre la capitale. Ceux de Marseille chantent *La Marseillaise*.
- À Paris, **de nombreux citoyens pensent que Louis XVI est un traître** et ils l'accusent d'être le responsable des défaites. Le 25 juillet 1792, le duc de Brunswick, qui commande les troupes ennemies, menace Paris de destruction si ses habitants maltraitent le roi de France. Le manifeste de Brunswick confirme les craintes du peuple de Paris et met le feu aux poudres.

3. La chute du roi (août 1792)

- **Le 10 août 1792**, les **sans-culottes** parisiens et les fédérés prennent d'assaut **le palais des Tuileries**. Sous la pression populaire, l'Assemblée nationale **fait emprisonner Louis XVI et sa famille à la prison du Temple** et annonce l'élection d'une nouvelle Assemblée, **la Convention**, au suffrage universel masculin.
- Le 20 septembre, la France révolutionnaire remporte sa première victoire à **Valmy** contre la coalition des monarchies européennes. Deux jours plus tard, le 22 septembre, **la nouvelle Convention proclame la République**.

VOCABULAIRE

Fédérés : p. 22.
Sans-culottes : p. 22.

Le roi reconnu à Varennes, juin 1791

Estampe anonyme, XVIIIe siècle (Musée Carnavalet, Paris).

Point de passage

Le procès de Louis XVI

Peu après la proclamation de la République, le 22 septembre 1792, la Convention commence à enquêter sur Louis XVI. Accusé de trahison et de conspiration contre l'État, l'assemblée le juge du 10 au 26 décembre.

TÂCHE COMPLEXE

Une chaîne de télévision prépare une émission sur les grands procès de l'Histoire, parmi lesquels celui de Louis XVI. Vous êtes stagiaire et on vous demande de réaliser devant les journalistes de la chaîne une présentation du procès. Il s'agit de montrer que ce procès révèle le conflit en cours entre le roi et la nation.

Il est recommandé, mais non obligé, de proposer un diaporama.

CONSEILS

Pour réaliser votre présentation, vous pouvez successivement :

– présenter le nouveau contexte politique en septembre 1792 ;

– classer les motifs d'accusation en deux ou trois rubriques (par exemple la trahison de la France, le refus du nouveau régime, la violence faite au peuple) ;

– expliquer par qui Louis XVI est défendu, et quel chef d'accusation il repousse fermement dans son discours final ;

– montrer que les députés sont très partagés sur le sort de Louis XVI, avant le procès et à l'issue de celui-ci ;

– situer et décrire l'exécution de Louis XVI.

BOÎTE À OUTILS

Vous pouvez trouver des images et des informations complémentaires sur le site du ministère de la Justice :
www.justice.gouv.fr
> Histoire et patrimoine
> Procès historiques
> Le procès de Louis XVI

1 Le procès de Louis XVI

Doc interactif
Manuel numérique

L'instruction (septembre-décembre 1792)

- L'enquête par des commissaires de la Convention :
  – recherche d'informations ;
  – découverte de « l'armoire de fer » (novembre) et de documents compromettants.
- Débat à la Convention :
  – faut-il un procès ?
  – peut-on accorder au roi un sursis temporaire ?
  – doit-on l'exécuter immédiatement (Maximilien de Robespierre) ?

Le procès (10-26 décembre 1792)

- « Rapport sur les 33 crimes imputés à Louis XVI » (10 décembre).
- Le procès à la Convention : interrogatoire et défense de Louis XVI, avec ses avocats.

Le jugement (15 janvier 1793)

- « Les Capet sont-ils coupables de conspiration contre la liberté publique et d'attentats contre la sûreté générale de l'État ? »
  → Réponse : OUI (642 députés sur 718)
- « Le jugement sera-t-il soumis à l'appel du peuple ?
  → Réponse : NON (423 sur 721 députés)[1].
- « Quelle peine sera infligée à Louis ? »
  → Réponse : MORT SANS CONDITION (366 sur 721 députés).
- « Y aura-t-il un sursis à l'exécution ? »
  → Réponse : NON (380 sur 690 députés)

1. Les modérés étaient pour.

2 Discours de Robespierre à la Convention

« Il n'y a point de procès à faire. Louis n'est point un accusé. Vous n'êtes point des juges. Vous n'êtes, vous ne pouvez être que des hommes d'État et les représentants de la nation. Vous n'avez point une sentence à rendre pour ou contre un homme, mais une mesure de salut public à prendre, un acte de Providence nationale à exercer. *[On applaudit]* [...]

Louis fut roi et la République est fondée. [...] Louis a été détrôné par ses crimes. Louis dénonçait le peuple français comme rebelle : il a appelé, pour le châtier, les armes des tyrans, ses confrères. La victoire et le peuple ont décidé que lui seul était rebelle. Louis ne peut donc être jugé : il est déjà condamné ou la République n'est point absoute.

Mais un roi détrôné au sein d'une révolution [...], un roi dont le nom seul attire le fléau de la guerre sur la nation agitée, ni la prison, ni l'exil ne peut rendre son existence indifférente au bonheur public ; et cette cruelle exception aux lois ordinaires [...], ne peut être imputée qu'à la nature de ses crimes. Je prononce à regret cette fatale vérité... Mais Louis doit mourir, parce qu'il faut que la patrie vive. »

Maximilien de Robespierre, 3 décembre 1792.

3 Louis XVI durant son procès à la Convention

Estampe de G. Vendramini et D. Pellegrini, 1796 (BNF, Paris).

Au début de son procès, Louis XVI (1) est longuement interrogé par le président de la Convention sur les 33 chefs d'accusation qui lui sont imputés.
Il est ensuite défendu par ses avocats.

4 Les principaux chefs d'accusation

Le rapport sur les crimes imputés à Louis Capet *est présenté à la Convention le 10 décembre 1792 et énumère 33 chefs d'accusation.*

« **1.** Tentative de dissolution de la toute nouvelle Assemblée nationale constituante le 20 juin 1789. […]
4. Refus de contresigner l'abolition des privilèges votée le 4 août et la Déclaration des droits de l'homme et du citoyen le 23 août. […]
7. Fuite à Varennes, le 21 juin 1791, et massacre du peuple demandant la fin de la monarchie, réuni au Champ-de-Mars le 17 juillet.
8. Acceptation tacite par le silence de la Convention de Pillnitz[1] d'août 1791 prévoyant le retour de la monarchie absolue en France par intervention militaire des autres puissances européennes. […]
15. Acceptation tacite par silence et relation avec l'armée d'émigrés postés à Coblentz et destinée à marcher sur Paris. […]
17. Ordres multiples destinés à désorganiser l'armée française.
18. Double jeu diplomatique avec les puissances européennes et alliances secrètes avec elles. […]
24. Soutien aux prêtres réfractaires[2].
25. Veto royal sur le décret contre les prêtres réfractaires. […]
33. Ordre de tirer sur le peuple et d'avoir fait "couler le sang des Français" le 10 août 1792[3]. »

Rapport sur les crimes imputés à Louis Capet, 10 décembre 1792, ministère de la Justice.

1. Signée entre la Prusse et l'Autriche.
2. Prêtres ayant refusé de signer la Constitution civile du clergé.
3. Combats qui ont eu lieu lors de la prise des Tuileries (voir p. 22).

5 L'ultime déclaration de Louis XVI

« On vient de vous exposer mes moyens de défense, je ne les renouvellerai point. En vous parlant peut-être pour la dernière fois, je vous déclare que ma conscience ne me reproche rien, et que mes défenseurs[1] ne vous ont dit que la vérité.
Je n'ai jamais craint que ma conduite fût examinée publiquement. Mais mon cœur est déchiré de trouver dans l'acte d'accusation l'imputation d'avoir voulu faire répandre le sang du peuple, et surtout que les massacres du 10 août me soient attribués.
J'avoue que toutes les preuves multiples que j'avais données, dans tous les temps, de mon amour pour le peuple, et la manière dont je m'étais toujours conduit, me paraissaient devoir prouver que je craignais peu de m'exposer pour épargner son sang [du peuple] et éloigner à jamais de moi une pareille imputation.
Signé, Louis »

Discours de Louis XVI à la Convention lors de son procès, 26 décembre 1792.

1. Louis XVI était assisté de trois avocats (Lamoignon de Malesherbe, de Sèze, Tronchet).

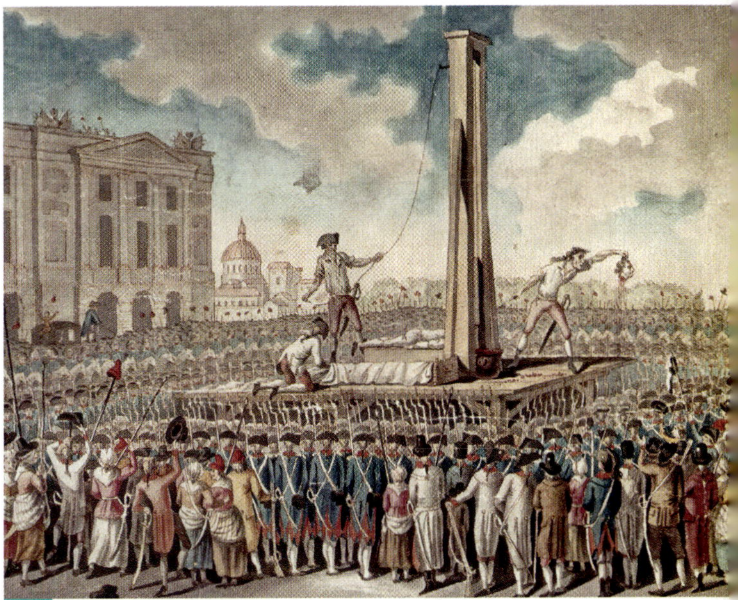

6 Louis XVI guillotiné sur la place de la Révolution à Paris (actuelle place de la Concorde), le 21 janvier 1793

Gravure, XVIIIe siècle (Musée Carnavalet, Paris).

Étude La Terreur (1793-1794)

En 1793, après l'exécution de Louis XVI, la France est envahie par les armées étrangères coalisées qui veulent rétablir la monarchie. Au même moment, la Vendée se soulève au nom du roi. En juin 1793, poussée par les sans-culottes, la Convention fait arrêter les dirigeants girondins et donne le pouvoir aux Montagnards.

Comment les Montagnards font-ils face aux dangers menaçant la République ?

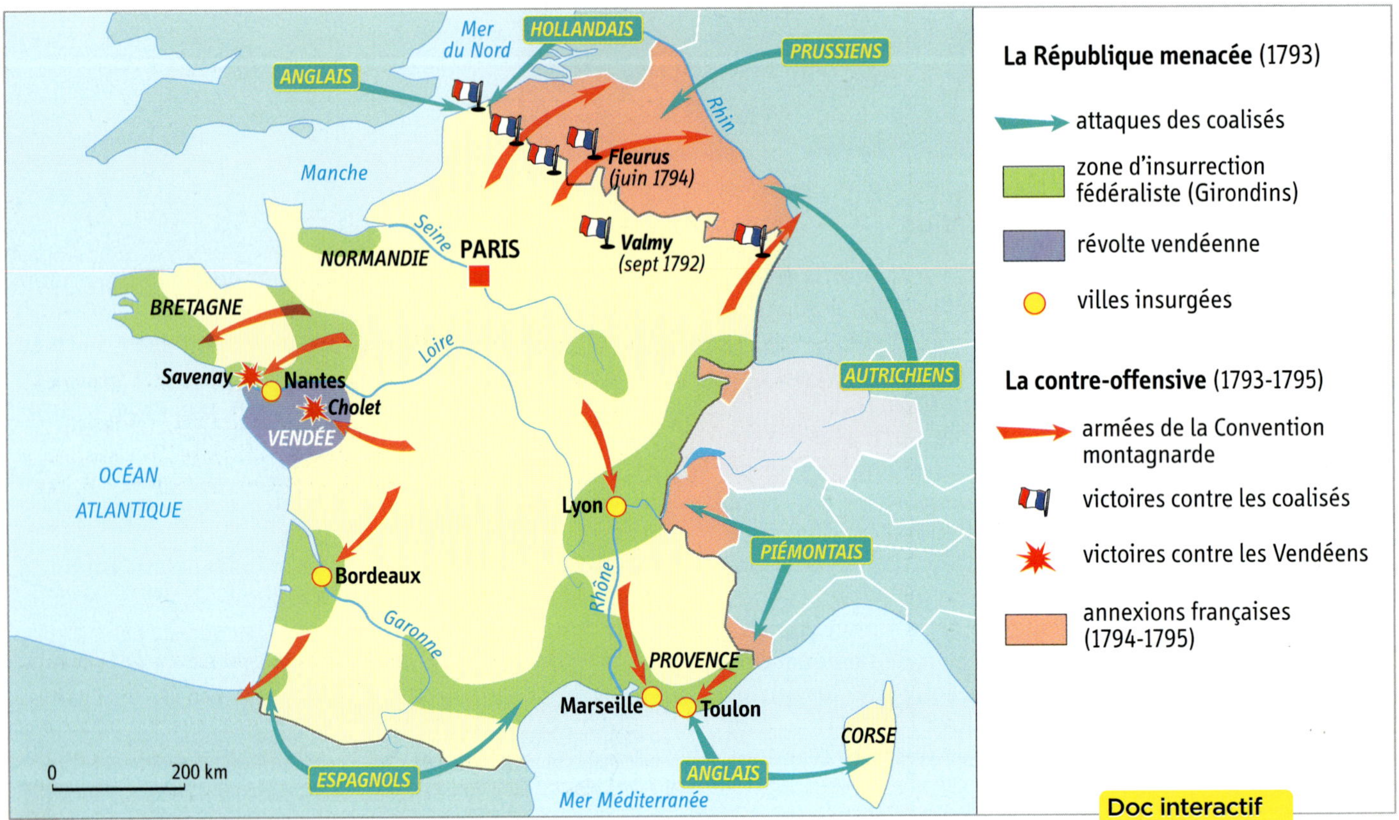

1 La France divisée et envahie

Doc interactif
Manuel numérique

VOCABULAIRE

Comité de salut public : gouvernement nommé par la Convention pour prendre des mesures rapides face aux dangers qui menacent la République.

Levée en masse : décret qui instaure une obligation militaire exceptionnelle pour tous les hommes célibataires de 18 à 25 ans.

Montagnards : groupe politique de la Convention favorable à la République et proche des sans-culottes, qui s'empare du pouvoir en avril 1793.

2 La loi des suspects

« **Art. 1** Immédiatement après la publication du présent décret, tous les gens suspects qui se trouvent dans le territoire de la République, et qui sont encore en liberté, seront mis en état d'arrestation.

Art. 2 Sont réputés gens suspects :

1. Ceux qui, soit par leur conduite, soit par leurs relations, soit par leurs propos ou leurs écrits, se sont montrés partisans de la tyrannie[1] ou du fédéralisme et ennemis de la liberté. […]
3. Ceux à qui il a été refusé des certificats de civisme.
4. Les fonctionnaires suspendus ou destitués[2] de leurs fonctions par la Convention nationale ou par ses commissaires […].
5. Ceux des ci-devant nobles, ensemble les maris, femmes, pères, mères, fils ou filles, frères ou sœurs, et agents d'émigrés, qui n'ont pas constamment manifesté leur attachement à la révolution.
6. Ceux qui ont émigré entre le 1er juillet 1789 et la loi du 8 avril 1792[3], même s'ils sont rentrés en France […]. »

Décret relatif aux gens suspects voté par la Convention, le 17 septembre 1793.

1. De la royauté.
2. Des Girondins.
3. Loi qui prévoit la confiscation des biens émigrés depuis le 1er juillet 1789.

3 La levée en masse

« **Art. 1er** Dès ce moment, jusqu'à celui où les ennemis auront été chassés du territoire de la République, tous les Français sont en état de réquisition permanente pour le service des armées. Les jeunes gens[1] iront au combat ; les hommes mariés forgeront les armes et transporteront les subsistances ; les femmes feront des tentes, des habits et serviront dans les hôpitaux ; les enfants mettront le vieux linge en charpie ; les vieillards se feront porter sur les places publiques pour exciter le courage des guerriers, prêcher la haine des rois et l'unité de la République. »

Décret sur la levée en masse, 23 août 1793.

1. Jeunes hommes célibataires de 18 à 25 ans.

4 Un comité de surveillance révolutionnaire

Estampe d'après Jean-Baptiste Huet, *Comité de l'an deuxième*, vers 1793-1794 (BNF, Paris).

Il fut un des innombrables comités qui reçurent tous les pouvoirs pour faire arrêter les « suspects », même sur simple dénonciation anonyme. Ce « suspect » vient montrer son certificat de civisme (de bon citoyen) qui permettait d'éviter les arrestations.

5 La guerre en Vendée

a) Les débuts de l'insurrection

« Le 13 mars 1793, il se présenta dans le bourg une quantité de gens armés de fusils, brocs, fourches, faux, ayant tous des cocardes blanches et décorées d'une petite médaille carrée en étoffe sur lesquelles sont brodées différentes figures telles que croix, cœurs percés de piques [...]. Tous ces gens criaient : "Nous voulons notre roi, notre prêtres et l'ancien régime" et qu'ils voulaient égorger tous les patriotes [...]. Cette troupe se jeta sur tous les patriotes qui s'étaient réunis pour s'opposer à leurs entreprises, en tua plusieurs, et dispersa les autres [...]. Ils s'emparèrent de la ville de Chemillé[1]. »

Déposition de deux témoins, mars 1793, Archives départementales du Maine-et-Loire.

1. Ville de Vendée, à l'est de Cholet.

b) La répression

« Tous les brigands qui seront trouvés les armes à la main, ou convaincus de les avoir prises pour se révolter contre leur patrie, seront passés au fil de la baïonnette. On en agira de même avec les filles, femmes et enfants qui seront dans ce cas. Les personnes seulement suspectes ne seront pas plus épargnées, mais aucune exécution ne pourra se faire sans que le général l'ait préalablement ordonné.

Tous les villages, métairies, bois, genêts et généralement, tout ce qui peut être brûlé sera livré aux flammes, après cependant que l'on aura distrait des lieux [...] toutes les denrées qui y existeront ; mais, on le répète, ces exécutions ne pourront avoir leur effet que quand le général l'aura ordonné. [...]

Il ne sera fait aucun mal aux hommes, femmes et enfants en qui le général reconnaîtra des sentiments civiques, et qui n'auront pas participé aux révoltes des brigands de la Vendée. »

Instructions données par Turreau, général en chef de l'armée de l'Ouest, à ses généraux, 19 janvier 1794.

QUESTIONS

1. **Doc. 1 et 5** Quelles sont les menaces extérieures et intérieures contre la République des Montagnards ?
2. **Doc. 2 et 4** Les suspects sont-ils tous des opposants à la Révolution ? Justifiez la réponse. Que leur advient-il ?
3. **Doc. 3** Qu'est-ce qui est nouveau dans cette loi ? Quelles sont les catégories de la population mobilisées ?
4. **Doc. 5** Quelles sont les motivations des Vendéens ? Montrez la violence du conflit.
5. **Doc. 1** Quels sont les succès du gouvernement montagnard ?

Synthèse Dans un tableau de synthèse, montrez comment les Montagnards ont fait face aux dangers menaçant la République.

La République menacée (par qui ?)	Mesures de la Terreur	Les résultats

Point de passage

Madame Roland, une femme en révolution

Manon Roland est une Girondine. Elle reçoit dans son salon de nombreuses personnalités politiques. Quand son mari Jean-Marie Roland devient ministre de l'Intérieur en 1792, elle travaille avec lui. Elle est arrêtée le 1er juin 1793, lors de la mise hors-la-loi des dirigeants girondins par les Montagnards. En prison, dans l'attente de son procès, elle écrit ses mémoires.

Quel regard porte madame Roland, une Girondine, sur la politique de la Terreur engagée par les Montagnards ?

Vidéo
Madame Roland
Manuel numérique

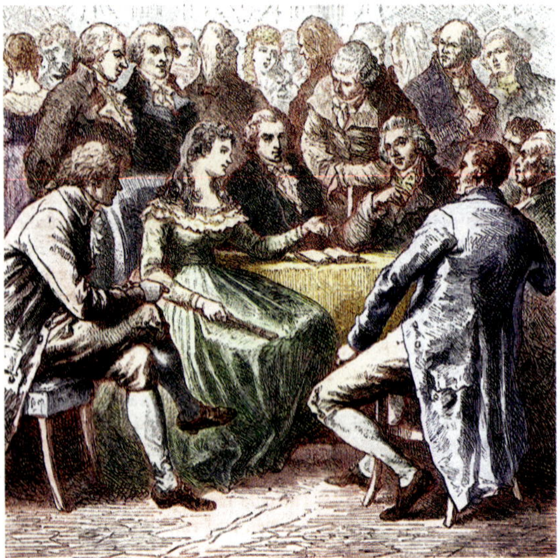

1 Les Girondins chez madame Roland
Dessin de Mme Gustave Demoulin, paru dans *Les Françaises illustres*, 1899.

2 BIOGRAPHIE

Manon Roland (1754-1793)

Jeanne-Marie (Manon) Philipon est la fille d'un maître graveur.
En 1780, elle épouse Jean-Marie Roland de la Platière, économiste réputé, de vingt ans son aîné.
En 1784, elle s'installe avec lui près de Lyon où il a obtenu un poste d'inspecteur des manufactures, l'aide dans son travail et, acquise aux idées des Lumières, écrit des articles au *Courrier de Lyon*.
En 1791, Jean-Marie Roland est élu à l'Assemblée nationale et le couple s'installe à Paris.
En mars 1792, il devient ministre de l'Intérieur. Manon Roland devient dès lors un membre influent du parti girondin, recevant Brissot, Louvet, Pétion dans des dîners qu'elle offre deux fois par semaine.
Elle assiste aussi son mari dans ses fonctions, rédige ses courriers et dirige de fait ses bureaux.
Entre le 31 mai et le 2 juin, les dirigeants girondins sont mis en état d'arrestation. Arrêtée le 1er juin, Manon Roland reste plusieurs mois en prison, où elle écrit ses mémoires. Jugée le 8 novembre par le Tribunal révolutionnaire, elle est exécutée le soir même.

3 Point de vue sur la loi des suspects

« 3 octobre 1793 - Quatre mois se sont écoulés sans qu'on ait pu dresser cet acte d'accusation dont a vainement décrété plusieurs fois la confection ; il fallait un surcroît de pouvoir et le règne complet de la terreur pour oser enfin immoler les fondateurs de la liberté. Mais après que l'on a déterminé, sous la dénomination de suspects, l'arrestation arbitraire du quart de la France[1] ; et après qu'on a fanatisé un peuple imbécile qui ruine Lyon[2] […] ; après qu'un sceptre de fer étendu sur la France y fait régner le crime et la peur ; après qu'on établit en loi pour les accusés qu'ils répondent oui ou non sans faire de discours de défense, on peut envoyer à la mort les victimes pures dont on craignait encore l'éloquence, tant la voix de la vérité paraît redoutable à ceux mêmes qui sont assez puissants pour ne pas l'écouter ! »

Mémoires de madame Roland, Collection « Les archives de la Révolution française ».

1. La loi des suspects date du 17 septembre.
2. La commune dirigée par les Girondins est reprise par l'armée envoyée de Paris le 9 octobre, soutenue par des éléments sans-culottes.

4 Les tigres s'entre-déchirent

« 22 août 1793 - Aujourd'hui la mésintelligence éclate entre les tyrans ; Hébert[1] mécontent de n'être pas ministre, dirige son *Père Duchesne* contre les faiseurs, attaque les patriotes enrichis, et s'achemine contre Danton. Celui-ci, plus scélérat qu'aucun, mais mieux avisé, cherchant à mettre quelque mesure dans la marche des affaires, est déjà traité de modéré ; le comité de salut public le rejette en son sein[2], Robespierre jaloux s'élève contre lui, les Cordeliers et les Jacobins[3] sont prêts à se diviser. Grand spectacle qui se prépare pour nous autres victimes ; les tigres vont s'entre-déchirer ; ils nous oublieront peut-être, à moins que la fureur de leurs derniers instants ne les porte à tout exterminer avant leur propre défaite.
Chabot[4] veut faire déporter tous les gens suspects ; ainsi la femme de Pétion et celle de Roland arrêtées à ce titre, sont menacées d'aller à Cayenne : plaisante destination ! »

Mémoires de madame Roland, Collection « Les archives de la Révolution française ».

1. Directeur du journal *Le Père Duchesne*, très influent auprès des sans-culottes.
2. Danton ne fait plus partie du Comité de salut public en septembre 1793.
3. Les deux grands clubs ralliés aux Montagnards.
4. Un député montagnard.

5 Madame Roland et les grandes figures de la Révolution

Maximilien de Robespierre (1758-1794)

Montagnard, très influent à la Convention, il devient le véritable maître du Comité de salut public en 1793 et met en œuvre la politique de la Terreur. Apprécié par Manon Roland pour sa discrétion, son honnêteté, elle le présente à partir de 1793 comme un homme complexé, jaloux des autres, et obsédé par le pouvoir.

Jacques Brissot (1754-1793)

Chef de file des Girondins pendant la Révolution. Il est régulièrement reçu dans les dîners de madame Roland en 1792-1793. Mis en arrestation avec 21 autres députés girondins le 2 juin 1793, il est guillotiné le 31 octobre.

Georges Danton (1759-1794)

Montagnard, ministre de la Justice après la chute du roi, initiateur de la politique de la Terreur. Il est détesté par Manon Roland qui l'estime responsable du massacre de près de 1 200 détenus dans les prisons par des sans-culottes en septembre 1792. Elle le présente comme laid, colérique, dangereux et corrompu (elle l'accuse de détournement de fonds publics).

Jean-Marie Roland (1734-1793)

Époux de Manon, de vingt ans son aîné, il est l'un des députés girondins influents. Ministre de l'Intérieur avant et après la mort du roi, il démissionne sous la pression des Montagnards. Menacé d'arrestation, il s'enfuit et se suicide après l'exécution de Manon.

6 Le procès

« Je sais qu'en révolution la loi, comme la justice, est souvent oubliée, et la preuve, c'est que je suis ici […]. Quand l'innocence marche au supplice où la condamnent l'erreur et la perversité, c'est à la gloire qu'elle arrive.

Puissé-je être la dernière victime immolée aux fureurs de l'esprit de parti ! Je quitterai avec joie cette terre infortunée qui dévore les gens de bien et s'abreuve du sang des justes.

Vérité ! patrie ! amitié ! objets sacrés, sentiments chers à mon cœur, recevez mon dernier sacrifice. Ma vie vous fut consacrée, vous rendrez ma mort également douce et glorieuse.

Juste ciel ! éclaire ce peuple malheureux pour lequel je désirai la liberté !… La liberté ! […] Elle est pour le peuple sage qui chérit l'humanité, pratique la justice, méprise ses flatteurs, connaît ses vrais amis et respecte la vérité. Tant que vous ne serez pas un tel peuple, ô mes concitoyens ! vous parlerez vainement de la liberté […].

C'est à vous de juger maintenant s'il convient à vos intérêts de me condamner, à défauts de preuves, sur de simples opinions et sans l'appui d'aucune loi. »

Texte de Manon Roland destiné à être lu lors de son procès, prison de la Conciergerie, 1er novembre 1793.

PARCOURS 1 : analyser des documents

1. **Doc. 1 et 2** À quel parti madame Roland appartient-elle en 1792 ? De quelle façon joue-t-elle un rôle politique ? Dans quel contexte est-elle arrêtée ?
2. **Doc. 4 et 5** Qui sont les Girondins et Montagnards cités par madame Roland ?
3. **Doc. 3** Rappelez ce qu'est la loi des suspects. Quel est le point de vue de madame Roland sur cette loi ?
4. **Doc. 4** Quelles divisions relève-t-elle parmi les Montagnards ?
5. **Doc. 3 et 6** Quels sont les principes et valeurs défendus par madame Roland ?

Synthèse Décrivez et expliquez le rôle joué par madame Roland pendant la Révolution : son implication, son point de vue sur les Montagnards et leur politique, les principes qu'elle défend.

PARCOURS 2 : réaliser un tableau de synthèse

À l'aide des documents, complétez ce tableau sur « Madame Roland, une femme en révolution ».

Madame Roland et son implication politique	Sa critique des Montagnards et de la Terreur	Ses principes et ses valeurs
Doc. 1 et 2	Doc. 3 à 6	Doc. 3 à 6

Étude L'échec du Directoire (1795-1799)

Après la chute de Robespierre (juillet 1794), les députés de la Convention mettent fin à la Terreur. En 1795, ils créent un nouveau régime républicain : le Directoire. Mais celui-ci est rapidement en difficulté, confronté aux oppositions politiques venues des royalistes et des Jacobins ainsi qu'à la misère du peuple. En 1799, le général Bonaparte s'empare du pouvoir par un coup d'État.

Comment s'explique l'échec du Directoire ?

CHRONOLOGIE

Septembre 1795 Nouvelle constitution donnant naissance au Directoire.

Octobre 1795 Insurrection royaliste. Elle est écrasée.

1796 Tentative de renversement du Directoire par Gracchus Babeuf.

1797 Victoire électorale des royalistes à l'Assemblée, mais les députés royalistes sont exclus.

1798 De nombreux Jacobins sont élus mais l'élection est invalidée.

9 novembre 1799 Le général Bonaparte renverse le Directoire, avec le soutien de l'armée de Paris.

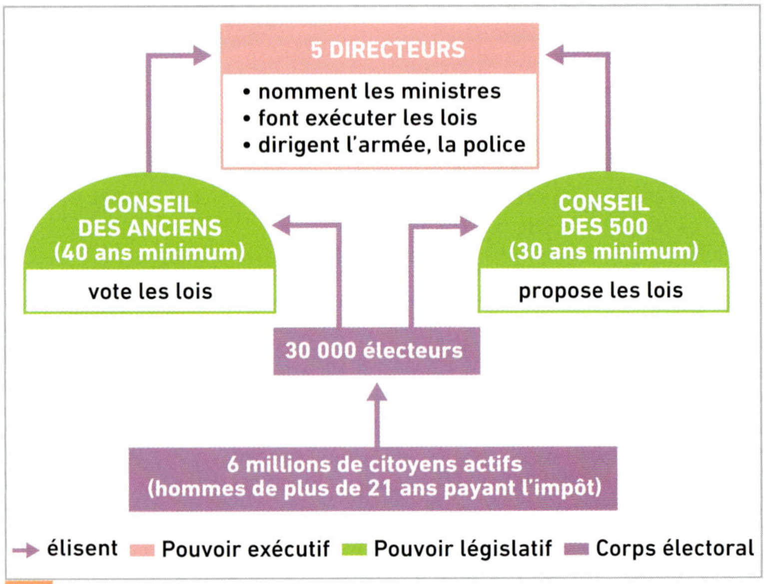

1 La Constitution de 1795

2 Le gouvernement des propriétaires

« Nous devons être gouvernés par les meilleurs : or vous ne trouverez pareils hommes que parmi ceux qui possèdent une propriété et qui sont attachés au pays qui la contient, aux lois qui la protègent, à la tranquillité qui la conserve ; en outre, ils doivent à l'aisance l'éducation nécessaire pour discuter avec justesse des lois qui fixent le sort de la patrie [...]. Si vous donnez à des hommes sans propriété des droits politiques et s'ils se trouvent sur les bancs de ceux qui font les lois, ils exciteront ou laisseront exciter des agitations, sans en craindre l'effet ; ils établiront des taxes néfastes au commerce et à l'agriculture parce qu'ils n'en auront ni redouté, ni prévu les conséquences ; ils nous précipiteront enfin dans ces convulsions violentes dont nous sortons à peine ! »

François-Antoine de Boissy d'Anglas, discours à la Convention pendant la discussion de la Constitution de l'an II, 23 juin 1795.

3 La soupe populaire sous le Directoire

Gouache de Jean-Baptiste Lesueur, XVIIIe siècle (Musée Carnavalet, Paris).

Le Directoire supprime la loi du Maximum qui stabilisait le prix du pain. Les prix s'envolent, aggravant la misère, en particulier à Paris et dans les grandes villes.

VOCABULAIRE

Jacobins : nom donné aux membres du club des Jacobins puis aux nostalgiques de la République de 1793.

4 **Un salon parisien sous le Directoire**

Jean-Baptiste François Bosio, *La Bouillote*, gravure, 1804 (Musée Carnavalet, Paris).

Sous le Directoire, les fournisseurs aux armées, les membres du gouvernement et les gros propriétaires, qui profitent de la hausse des prix, s'enrichissent. Ils s'habillent de façon extravagante et organisent de belles réceptions.

5 **Les idées de Gracchus Babeuf**

« La Révolution française n'est que l'avant-courrière d'une révolution bien plus grande, qui sera la dernière. Ce qu'il nous faut de plus que l'égalité des droits ? Il ne nous faut pas seulement cette égalité transcrite dans la Déclaration des droits de l'homme et du citoyen, nous la voulons au milieu de nous, sous le toit de nos maisons. Nous voulons le bien commun ou la communauté des biens ! Plus de propriété individuelle, la terre n'est à personne, les fruits sont à tout le monde. Disparaissez enfin, révoltantes distinctions de riches et de pauvres, de maîtres et de valets, de gouvernants et de gouvernés. L'instant est venu de fonder la République des Égaux. »

Manifeste des Égaux, 1795.

6 **Le coup d'État du 18 Brumaire**

François Bouchot, *Le général Bonaparte au Conseil des Cinq-Cents, à Saint Cloud. 10 novembre 1799*, huile sur toile, 401 x 421 cm, 1840 (Musée national du château de Versailles).

Le général Bonaparte est connu pour ses victoires en Autriche à la tête de l'armée d'Italie. Il s'empare du pouvoir par un coup d'État le 18 brumaire an VIII du calendrier révolutionnaire (9 novembre 1799).

QUESTIONS

1. **Doc. 2** Comment Boissy d'Anglas justifie-t-il la suppression des droits politiques pour les pauvres ?
2. **Doc. 1** La Constitution de 1795 est-elle en accord avec les idées de Boissy d'Anglas ? Justifiez.
3. **Doc. 3 et 4** Quelles catégories de personnes s'enrichissent sous le Directoire et de quelle façon ? Que montre la comparaison des deux images ?
4. **Doc. 5** En quoi l'égalité voulue par Gracchus Babeuf est-elle différente de l'égalité transcrite par la Déclaration des droits de l'homme de 1789 ?
5. **Chronologie** Quelles sont les oppositions politiques au Directoire ?
6. **Doc. 6** Comment s'achève le Directoire ?

Synthèse À l'écrit ou à l'oral, montrez en quoi le Directoire est un régime fragile et instable :
1. Une « République bourgeoise » ;
2. Le renforcement des inégalités ;
3. Des oppositions multiples et la fin du Directoire.

La nation déchirée (1792-1799)

Comment s'expliquent les violences et l'instabilité politique entre 1792 et 1799 ?

NOTION

République : du latin *res publica*, chose publique. Régime politique sans roi dans lequel le pouvoir appartient au peuple ou à une grande partie de celui-ci, qui exerce le pouvoir politique directement ou par l'intermédiaire de représentants élus. Une république a toujours une constitution.

Les sans-culottes menacent les députés girondins (31 mai 1793)

Estampe anonyme, sans date (Musée Carnavalet, Paris).

Le 31 mai, les sans-culottes réclament à l'Assemblée l'exclusion des chefs de la Gironde. Le 2 juin, ils encerclent la Convention, obligeant celle-ci à voter l'arrestation de 22 députés girondins.

VOCABULAIRE

Comité de salut public : p. 30.

Déchristianisation : politique qui, pendant la Terreur, a pour but de supprimer le christianisme de la vie quotidienne en France.

Levée en masse : p. 30.

A La République divisée (1792-1793)

1. Girondins et Montagnards, frères ennemis

- La Convention nationale élue en septembre 1792 comprend des **groupes politiques rivaux**. Regroupés derrière Jacques-Pierre Brissot et des élus du département de la Gironde, les **Girondins forment la droite de la nouvelle Assemblée**. Ces modérés sont très attachés aux principes de 1789, mais se méfient du peuple. Ce sont eux qui exercent le pouvoir aux premiers temps de la **République**.
- Les **Montagnards** regroupent de nombreux élus de Paris. Ils siègent en haut des tribunes (d'où leur nom). Ils sont plus proches des sans-culottes que les Girondins. Parmi eux se trouvent Georges Danton, Maximilien de Robespierre, Jean-Paul Marat.
- Pour obtenir la majorité absolue à la Convention, chacun des deux groupes a besoin des députés de **la Plaine**, qui siègent en bas de l'hémicycle.

2. Le procès et l'exécution de Louis XVI

- La Convention s'occupe d'abord du sort du roi, accusé de trahison et de conspiration contre l'État. Louis XVI est légalement jugé, comme le souhaitaient les Girondins, et condamné à mort à une courte majorité. Il est **guillotiné le 21 janvier 1793.** ▶ Point de passage, p. 28
- Lors de ce procès, les Girondins ont été indulgents vis-à-vis de Louis XVI et ont paru le protéger, ce qui renforce la méfiance des sans-culottes parisiens à leur égard.

3. La France envahie et déchirée

- L'exécution du roi suscite une grande émotion chez les souverains européens qui forment une **coalition armée** contre la France. En **Vendée**, les **paysans** refusent de rejoindre l'armée et se soulèvent contre la République au nom du roi et de la religion.
- À Paris, les sans-culottes exigent des mesures énergiques pour défendre la République. Le 2 juin 1793, ils obligent la Convention à faire **arrêter 22 députés girondins**, dont Brissot et Jean-Marie Roland. **Le pouvoir tombe alors aux mains des Montagnards.** Mais ce coup de force entraîne la révolte des départements fidèles aux Girondins (révolte fédéraliste).

B La Terreur (1793-1794)

1. La Terreur à l'ordre du jour

- Face aux dangers extérieur et intérieur, la Convention, désormais aux mains des Montagnards, désigne un **Comité de salut public** de douze membres, chargé d'assurer les tâches de gouvernement. Dominé par **Robespierre**, il met « la terreur à l'ordre du jour ».
- Les mesures sont radicales :
  – la Convention décrète la **levée en masse** qui permet de recruter plus d'un million de soldats (août) ;
  – elle vote la terrible **loi des suspects** qui permet d'arrêter toute personne ennemie de la République ou suspectée de l'être (septembre). Cette loi entraîne de nombreuses arrestations et des procès expéditifs devant le **Tribunal révolutionnaire**. Les suspects sont souvent exécutés : prêtres réfractaires, Girondins, nobles ;
  ▶ Point de passage, p. 32

– elle mène une politique de **déchristianisation** : le calendrier chrétien est remplacé par un **calendrier républicain** qui débute au premier jour de la nouvelle République. Dans de nombreuses municipalités, les Montagnards ferment les lieux de culte ;
– pour satisfaire les sans-culottes, la Convention vote enfin un **prix maximum** pour les produits de première nécessité.

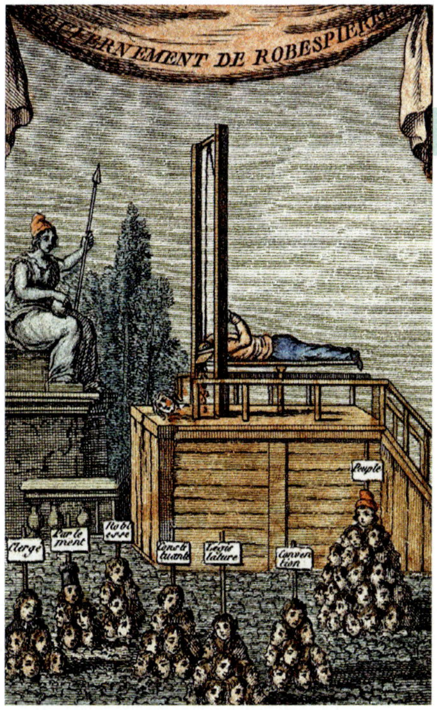

Le boureau exécuté par lui-même
Caricature anonyme, vers 1795.
Cette image de propagande fait de Robespierre l'unique responsable de la Terreur.

2. Les victoires de l'an II et la fin de la Terreur

- La politique de la Terreur a des résultats rapides. Dès 1794, la République est victorieuse sur tous les fronts. **Les armées ennemies sont repoussées hors des frontières.** L'ordre est rétabli dans les départements. Le **soulèvement des Vendéens est écrasé**.
- Mais face à ces victoires, les Montagnards éclatent en **tendances opposées**. Les **Indulgents**, derrière Danton et Desmoulins, demandent l'arrêt de la Terreur. Les **Enragés**, conduits par le journaliste Jacques-René Hébert, souhaitent au contraire son renforcement.
- Robespierre fait exécuter les uns et les autres (mars-avril 1794), puis établit une **dictature** personnelle. Mais les Conventionnels, qui craignent pour leur vie, **le font arrêter et guillotiner le 10 Thermidor an II** (28 juillet 1794).

C La fin de la République (1794-1799)

1. Le Directoire, un régime fragile et instable

- Après la mort de Robespierre, la Convention est dominée par **les députés modérés**, souvent issus de la Plaine, qu'on appelle **les Thermidoriens**. Ils mettent fin à la Terreur puis votent une **nouvelle constitution** qui donne naissance à un nouveau régime républicain, le Directoire (1795-1799). Comme ils se méfient du peuple, ils rétablissent **le suffrage censitaire**.
- Sous le Directoire, la population souffre de la hausse des prix et de l'insécurité. La **misère** grandit dans les villes alors que les fournisseurs aux armées et les Directeurs **bâtissent de grandes fortunes**. **Les inégalités** sociales se renforcent.
- Des oppositions apparaissent. Si une partie des Français **souhaite le retour de la monarchie**, les Jacobins **veulent rétablir la Terreur**. En 1796, l'État réprime le complot de **Gracchus Babeuf** qui voulait fonder une « République des Égaux ».

Paul Barras (1755-1829)
Huile sur toile, XIXe siècle.
Barras est l'un des cinq directeur du Directoire. Il étale un luxe tapageur.

2. Le coup d'État de Napoléon Bonaparte (9 novembre 1799)

- Sous le Directoire, la guerre continue et la France s'engage dans une politique de conquêtes. Le **général français Napoléon Bonaparte**, à la tête de l'armée d'Italie, devient très populaire après ses **victoires contre les Autrichiens** (1796-1797). Le gouvernement se sent alors menacé par Bonaparte. En 1798, il l'éloigne en l'envoyant en Égypte pour s'emparer du pays et couper l'Angleterre de ses relations avec l'Inde.
- En 1799, Bonaparte revient presque clandestinement en France au moment où le mécontentement contre le Directoire est à son comble. Avec le soutien de l'armée de Paris, **il s'empare du pouvoir par un coup d'État le 9 novembre 1799 (18 Brumaire)**.

VOCABULAIRE

Coup d'État : un coup de force pour s'emparer du pouvoir.

Dictature : régime politique dans lequel une personne ou un groupe de personnes exerce tous les pouvoirs de façon absolue.

Étude Le nouvel ordre politique

Après le coup d'État du 9 novembre 1799, le général Bonaparte crée un nouveau régime, le Consulat. Sacré empereur en décembre 1804 sous le nom de Napoléon Ier, il concentre dès lors le pouvoir entre ses mains et confisque les libertés.

Quel est le nouvel ordre politique mis en place par Napoléon Bonaparte en France ?

1 Les trois consuls : Bonaparte, Cambacérès et Lebrun

Louis-Charles-Auguste Couder, *Installation du Conseil d'État au palais du Petit Luxembourg, le 25 décembre 1799*, huile sur toile, 421 x 421 cm, 1856 (Musée national du château de Versailles).

CHRONOLOGIE

- **9-10 novembre 1799 (18 Brumaire)** Coup d'État de Bonaparte.
- **15 décembre 1799** Constitution de l'an VIII, début du Consulat.
- **Août 1802** Bonaparte consul à vie après un plébiscite.
- **2 décembre 1804** Napoléon sacré empereur, début de l'Empire.

2 BIOGRAPHIE

Napoléon Bonaparte (1769-1821)

Né en Corse dans une famille de la petite noblesse, il fait des études militaires. Il se fait connaître sous la République en reprenant la ville de Toulon aux Anglais en 1793. Nommé général de l'armée d'Italie en 1796, il remporte de nombreuses victoires contre l'Autriche (1796-1797) qui le rendent célèbre. En 1798, le Directoire l'envoie en Égypte pour porter un coup fatal aux Anglais en leur coupant la route des Indes. En 1799, il revient en France presque clandestinement et renverse le Directoire par un coup d'État le 9 novembre. Consul, il se consacre à la pacification de la France. Assuré de son pouvoir, il se fait sacrer empereur le 2 décembre 1804 et prend le nom de Napoléon Ier, installant un régime autoritaire. Dès lors, la guerre et les conquêtes deviennent ses principales préoccupations.

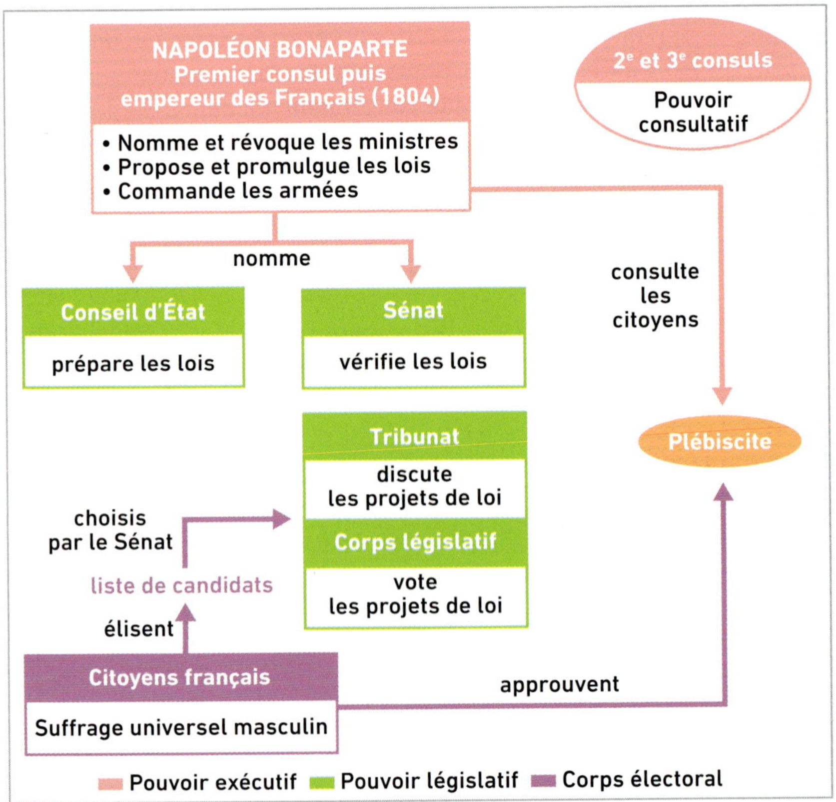

3 La Constitution de l'an VIII (Consulat) et de l'an XII (Empire)

4 Napoléon et la presse

« Réprimez un peu les journaux, faites-y mettre de bons articles, faites comprendre aux rédacteurs des *Débats* et du *Publiciste* que le temps n'est pas éloigné où je les supprimerai avec tous les autres et je n'en conserverai qu'un seul.

Mon intention est donc que vous fassiez appeler les rédacteurs du *Journal des Débats*, du *Publiciste*, et de la *Gazette de France*, qui sont, je crois, les journaux les plus en vogue, pour leur déclarer que s'ils continuent d'alarmer sans arrêt l'opinion, leur durée ne sera pas longue ; que le temps de la Révolution est fini, qu'il n'y a plus en France qu'un parti ; que je ne souffrirai jamais que les journaux disent ni fassent rien contre mes intérêts ; qu'ils pourront faire quelques petits articles, où ils pourront mettre un peu de venin, mais qu'un beau jour, on leur fermera la bouche. »

Lettre de Napoléon Ier à Joseph Fouché, ministre de la Police, 22 avril 1805.

5 La police et ses informateurs

« La police a pour espions des hommes et des femmes qui voient la meilleure compagnie de Paris, qui ont leurs carrosses. Ces espions de bonne compagnie reçoivent 2 000 francs par mois ; ils envoient leur rapport par écrit, signé d'un nom convenu entre le ministre et eux.
Les conversations des restaurants sont rapportées au ministre de la Police. Il y a aussi une police secrète pour les cafés, les cabarets ; elle emploie pour espions des mendiants, des marchands de vieux habits, des portiers de maison, des laquais de louage, des afficheurs, des cochers de fiacre, des vendeurs de chansons. Il y a aussi des espions dans les églises, dans les marchés.
Les espions de la police sont obligés de faire des dénonciations, vraies ou fausses, sous peine d'être renvoyés parce qu'il faut que la police travaille. »

Lewis Goldsmith, *The Secret History of the Cabinet of Bonaparte*, 1810.

VOCABULAIRE

Plébiscite : vote du peuple par oui ou par non à une question posée par un gouvernement.

Régime autoritaire : régime politique caractérisé par le refus de tolérer une opposition politique.

6 *Napoléon Ier en costume de sacre*

François Gérard, huile sur toile, 147 x 225 cm, vers 1810 (Musée national des châteaux de Malmaison et Bois-Préau).

Sacré empereur le 2 décembre 1804, Napoléon renforce sa dictature. Il ne convoque plus les Assemblées.

1. Manteau de velours brodé d'abeilles
2. Main de justice
3. Sceptre orné de l'aigle
4. Globe impérial
5. Collier de la légion d'honneur
6. Couronne de laurier
7. Épée du sacre
8. Trône

QUESTIONS

1. **Doc. 3** Montrez que la Constitution met tout le pouvoir aux mains du consul puis de l'empereur tout en maintenant l'apparence d'un régime démocratique.
2. **Doc. 1 et 6** Décrivez et comparez ces deux images. Que révèlent-elles ?
3. **Doc. 4 et 5** Comment s'exerce le contrôle de Napoléon sur la population ?

Synthèse Dans un texte argumenté, montrez que le régime politique sous Napoléon est autoritaire. Vous pouvez décrire le régime politique et son évolution, puis montrer comment Napoléon contrôle la population.

Étude

Le retour de la paix civile

Napoléon maintient les principaux acquis de la Révolution, tout en menant une politique de rapprochement avec les partisans de l'Ancien Régime. Il entend aussi, par un certain nombre de réformes, rétablir le lien entre les Français après les divisions de la période révolutionnaire.

Comment Napoléon cherche-t-il à réconcilier les Français après la période trouble de la Révolution ?

VOCABULAIRE

Code civil : recueil de règles qui déterminent les relations entre les individus.

Concordat : accord entre un État et le pape.

Préfet : fonctionnaire nommé à la tête du département (à la place des anciennes assemblées élues).

1 Napoléon Bonaparte remet une légion d'honneur

Jean-Baptiste Debret, *Première distribution des décorations de la Légion d'honneur, le 15 juillet 1804*, huile sur toile, 531 x 403 cm, 1812 (Musée national de la Légion d'honneur, Paris).

Instituée en 1802, la légion d'honneur récompense les militaires et les civils ayant rendu des services éminents à la Nation.

2 La mission pacificatrice des préfets

« Votre premier soin doit être de détruire sans retour dans votre département l'influence morale des événements qui nous ont trop longtemps dominés. Faites que les passions haineuses cessent, que les ressentiments s'éteignent, que les souvenirs douloureux s'effacent [...]. Dans vos actes publics et jusque dans votre conduite privée, soyez toujours le premier magistrat du département, jamais l'homme de la Révolution.

Je me borne à vous recommander de vous occuper sans délai de la levée de la conscription[1] [...]. À la tête de ces mesures, je place la prompte rentrée des contributions[2] : leur acquittement est aujourd'hui un devoir sacré [...]. Que l'agriculture, que le commerce, que les arts reprennent le rang qui leur convient. Aimez, honorez les agriculteurs. Protégez le commerce, sa liberté ne peut jamais avoir d'autres bornes que l'intérêt de l'État. Visitez les manufactures ; distinguez par des témoignages d'une haute estime les citoyens qui leur donnent de l'activité [...]. Occupez-vous de la génération qui commence ; donnez des soins à l'éducation publique. Formez des hommes, des citoyens, des Français.

Aidez donc le gouvernement à rendre à la France cette splendeur et surtout ce bonheur qu'elle n'aurait jamais dû perdre. »

Lucien Bonaparte (frère de Napoléon et ministre de l'Intérieur), circulaire adressée aux préfets, 12 mars 1800.

1. La réquisition de la population pour le service militaire.
2. Les impôts.

3 Le Concordat de 1801

Pour réconcilier l'État avec les catholiques, Napoléon signe un concordat avec le pape.

« Le Gouvernement de la République reconnaît que la religion catholique, apostolique et romaine est la religion de la grande majorité des citoyens français.

Art. 1er La religion catholique, apostolique et romaine sera librement exercée en France. Son culte sera public, en se conformant aux règlements de police [...].

Art. 4 Le premier consul de la République nommera [...] aux archevêchés et évêchés [...]. Sa sainteté confèrera l'investiture canonique [...].

Art. 6 Les évêques, avant d'entrer en fonctions, prêteront directement, entre les mains du premier consul, le serment de fidélité [...].

Art. 10 Les évêques nommeront les curés. Leur choix ne pourra tomber que sur des personnes agréées par le Gouvernement.

Art. 14 Le Gouvernement assurera un traitement convenable aux évêques et aux curés [...].

4 Les premiers lycées d'État

Gravure, XIXe siècle.

Créés par Napoléon Bonaparte en 1802, les lycées forment des fonctionnaires efficaces et obéissants.

Point de passage

5 Le Code civil (21 mars 1804)

Le Code civil est un recueil de plus de 2 000 articles qui réglementent les relations entre les individus : droit des personnes, propriété, transmission des biens, contrats. Il est applicable à tous les individus sur le territoire national.

Art. 9 Tout individu né en France d'un étranger pourra dans l'année qui suivra l'époque de sa majorité réclamer la qualité de français [...].

Art. 10 Tout enfant né d'un Français en pays étranger est français.

Art. 213 Le mari doit protection à sa femme, la femme obéissance à son mari.

Art. 229 Le mari pourra demander le divorce[1] pour cause d'adultère de la femme.

Art. 230 La femme pourra demander le divorce pour cause d'adultère de son mari, lorsqu'il aura tenu sa concubine dans la maison commune.

Art. 372 L'enfant reste sous l'autorité de ses parents jusqu'à sa majorité.

Art. 373 Le père seul exerce cette autorité durant le mariage.

Art. 376 Si l'enfant a moins de seize ans, le père peut le faire emprisonner pendant un temps qui ne pourra excéder un mois.

Art. 544 La propriété est le droit de jouir et de disposer des biens de la manière la plus absolue, pourvu qu'on n'en fasse pas un usage prohibé par les lois ou les règlements.

Art. 545 Nul ne peut être contraint de céder sa propriété si ce n'est pour cause d'utilité publique et moyennant une juste et préalable indemnité.

Art. 1 781 Le maître[2] est cru sur son affirmation pour le paiement du salaire. »

1. Avant la Révolution, le divorce était interdit.
2. Le patron.

QUESTIONS

1. **Doc. 3** Dans le Concordat, l'Église est-elle séparée de l'État ? Justifiez votre réponse. Quel rôle retrouve le pape ?
2. **Doc. 2** Montrez que la première mission du préfet est de rétablir la paix civile. Quelles sont ses autres missions ?
3. **Doc. 1 et 4** Quel intérêt représentent la légion d'honneur et le lycée pour l'État napoléonien ?
4. **Doc. 5** Montrez que le Code civil donne l'autorité au père de famille.

Synthèse Montrez comment l'État napoléonien rétablit les conditions de la paix civile.

ANALYSER UN TEXTE : un extrait du Code civil

1. Quelle est la nature de ce document ? Quand et par qui est-il promulgué ?
2. Sur la nationalité : à quel article correspond le droit du sang, le droit du sol ? Justifiez.
3. Sur la famille : montrez que le père de famille a une place prépondérante.
4. De quel article de la Déclaration des droits de l'homme et du citoyen s'inspirent les articles 544 et 545 ?
5. Quelle inégalité révèle l'article 1781 ? Justifiez votre réponse.
6. Montrez que le Code civil établit l'égalité de tous devant la loi mais pas l'égalité des droits entre tous.

Étude La Grande Armée et les conquêtes napoléoniennes

Dès le Directoire, la France commence une politique de conquête en Europe. De 1805 à 1811, à la tête de la Grande Armée, Napoléon Ier remporte de nombreuses victoires contre les grands pays européens coalisés (Angleterre, Prusse, Autriche, Russie), qui lui permettent de dominer l'Europe.

Comment Napoléon impose-t-il la domination française en Europe de 1805 à 1811 ?

1 Napoléon et la Garde impériale à Iéna (1806)

Horace Vernet, *Napoléon Ier passant devant les troupes à la bataille d'Iéna, le 14 octobre 1806*, huile sur toile, 543 x 465 cm, 1836 (Musée national du château de Versailles).

Unité d'élite chargée de protéger fidèlement l'empereur, la Garde impériale est utilisée par Napoléon comme troupe de choc dans les moments cruciaux.

2 Le service militaire obligatoire

Cette loi permet à Napoléon d'alimenter ses armées jusqu'en 1815.

« **Art. 1** Tout Français est soldat et se doit à la défense de la patrie. [...]

Art. 3 Sauf dans le cas où la patrie est en danger, l'armée se forme par enrôlement volontaire et par voie de la conscription militaire[1].

Art. 4 Le Corps législatif fixe, par une loi particulière, le nombre de défenseurs conscrits qui doivent être mis en activité de service[2].

Art. 15 La conscription militaire comprend tous les Français depuis l'âge de vingt ans accomplis jusqu'à celui de vingt-cinq ans révolus. »

Loi Jourdan du 5 septembre 1798 (extraits).

1. Réquisition par un État d'une partie de sa population afin de servir les forces armées.
2. Les citoyens sont plus ou moins nombreux à partir en fonction des besoins.

3 La victoire d'Austerlitz (1805)

« Soldats ! Je suis content de vous. Vous avez à la journée d'Austerlitz, justifié tout ce que j'attendais de votre intrépidité ; vous avez décoré vos aigles[1] d'une gloire immortelle. Une armée de cent mille hommes, commandée par les empereurs de Russie et d'Autriche, a été, en moins de quatre heures, ou dispersée ou coupée. Ce qui a échappé à votre fer s'est noyé dans les lacs. Quarante drapeaux, les étendards de la garde impériale de Russie, cent vingt pièces de canons, vingt généraux, plus de trente mille prisonniers, sont les résultats de cette journée à jamais célèbre. [...]

Soldats, lorsque tout ce qui est nécessaire pour assurer le bonheur et la prospérité de notre patrie sera accompli, je vous ramènerai en France : là, vous serez l'objet de mes plus tendres sollicitudes. Mon peuple vous reverra avec joie, et il vous suffira de dire : "J'étais à la bataille d'Austerlitz" pour que l'on réponde : "Voilà un brave" ».

Discours de Napoléon, 3 décembre 1805.

1. Une sculpture d'aigle était placée au sommet de chaque drapeau.

4 La composition de la Grande Armée en 1812[1]

Nationalité	Nombre
Français	300 000
Belges et Hollandais	50 000
Biélorusses, Polonais et Lituaniens	98 000
Autrichiens	35 000
Italiens	25 000
Bavarois	24 000
Saxons	20 000
Prussiens	20 000
Westphaliens	17 000
Suisses	15 000
Portugais	6 000
Croates	3 500
Total[2]	**613 500**

1. Au départ de la campagne de Russie.
2. Le total prend en compte d'autres nationalités.

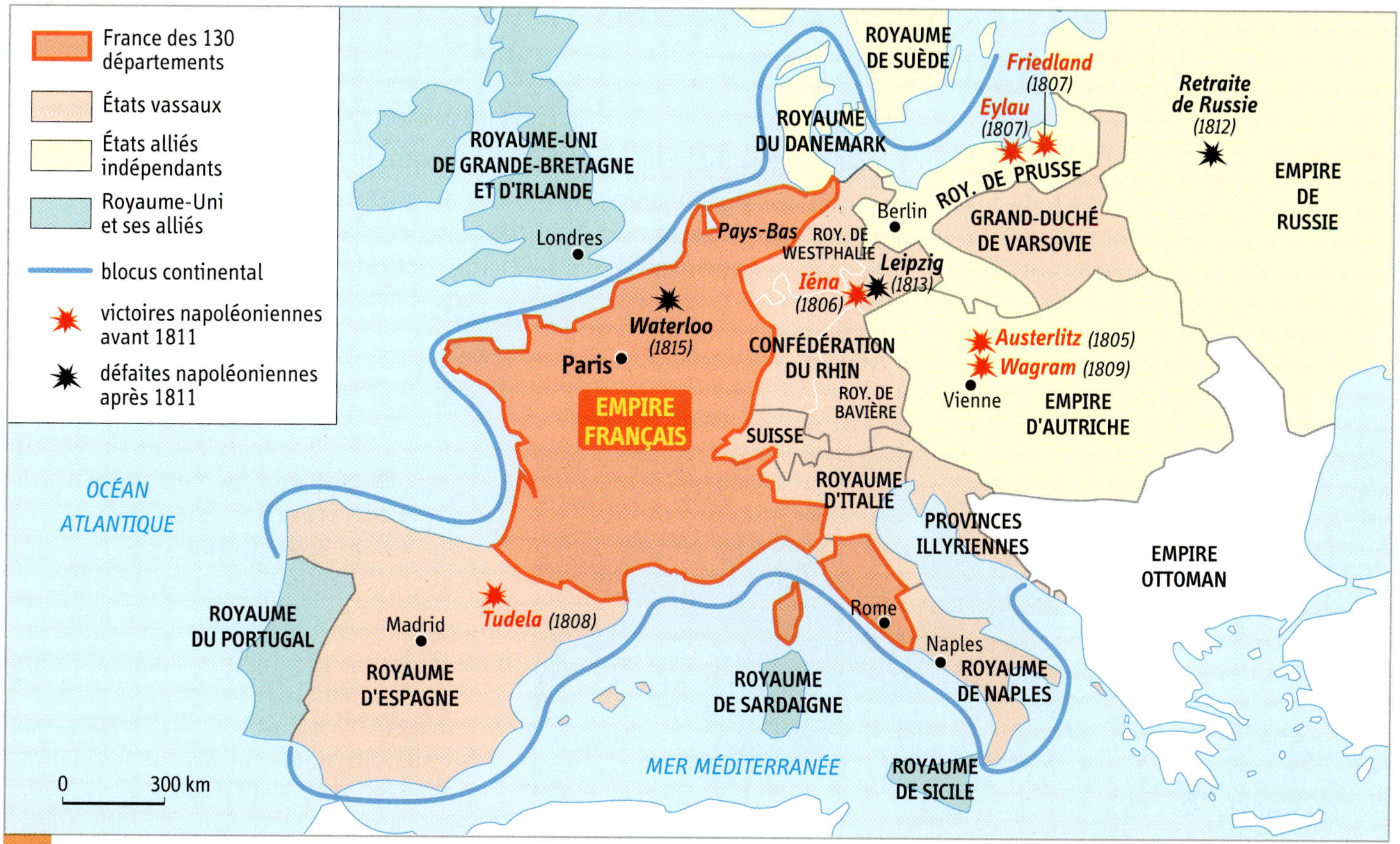

5 **L'empire napoléonien à son apogée (1811)**

Napoléon nomme à la tête des États vassaux, des membres de sa famille ou des fidèles qui lui doivent obéissance. L'échec de la campagne de Russie en 1812 marque le début des revers.

6 La bataille d'Eylau (8 février 1807)

La bataille d'Eylau, en Prusse orientale, oppose l'armée française à l'armée russe le 8 février 1807. Gagnée par les Français, elle est particulièrement meurtrière.

« **8 février**. Le régiment descendit la hauteur en colonne et se dirigea à la droite de l'église où il se déploya. Déjà plusieurs boulets avaient porté dans le régiment et enlevé bien des hommes. Une fois en bataille, et assez à découvert, le nombre en fut bien plus grand. Nous étions sous les coups d'une immense batterie d'artillerie, qui tirait sur nous à plein fouet et exerçait dans nos rangs un terrible ravage […]. **9 février**. Dans la journée, je fus envoyé en corvée à Eylau. Les endroits où avaient eu lieu les charges de cavalerie, les attaques à la baïonnette et l'emplacement des batteries étaient couverts d'hommes et de chevaux morts. Sur quelque point que la vue se portât, on ne voyait que des cadavres, que des malheureux qui se traînaient, on n'entendait que des cris déchirants. Je me retirai épouvanté. »

Capitaine Jean-Baptiste Barrès, *Souvenirs d'un officier de la Grande Armée*, publié par Maurice Barrès, son petit-fils, 1923.

VOCABULAIRE

Blocus continental : politique qui consiste à isoler l'Angleterre entre 1806 et 1814, en l'empêchant de commercer avec les États du continent européen.

Grande Armée : nom donné à l'armée de Napoléon Ier de 1804 à 1815.

QUESTIONS

1. **Doc. 5** Situez dans l'espace et le temps les grandes victoires napoléoniennes.
2. **Doc. 5** Quels sont les pays annexés à la France et transformés en départements ? Quels sont les États vassaux ?
3. **Doc. 2 et 4** Comment s'explique l'importance numérique de la Grande Armée ?
4. **Doc. 3** Quels éléments montrent l'ampleur de la victoire à Austerlitz ? Comment l'empereur motive-t-il ses soldats ?
5. **Doc. 6** Quelles sont les différentes formes de combat évoquées dans le texte ? Relevez les mots qui soulignent la violence des combats.

Synthèse Réalisez une carte mentale sur la domination française en 1811. Placez la domination française au centre avec trois branches : la Grande Armée ; les victoires napoléoniennes ; l'empire napoléonien.

Étude La diffusion des principes révolutionnaires

À partir de 1794, lorsqu'elles envahissent l'Europe, les armées françaises cherchent à y répandre les idées révolutionnaires. Dans les pays que Napoléon occupe, il fait placer des membres de sa famille ou des princes soumis qu'il charge d'y répandre à leur tour ces principes. Il attache une grande importance à la diffusion du Code civil de 1804 et du principe de l'égalité devant la loi.

Quels principes révolutionnaires Napoléon diffuse-t-il dans l'Europe occupée ?

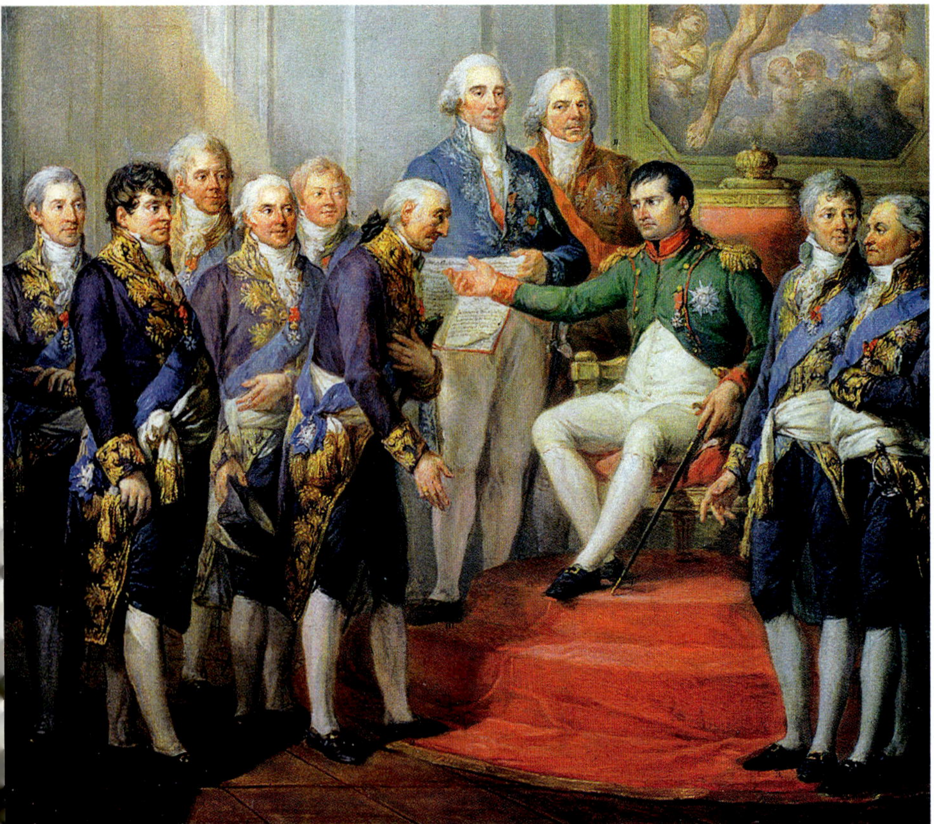

1 Napoléon crée le Grand-Duché de Varsovie (1807)

M. Bacciarelli, huile sur toile, XIXe siècle (Musée national, Varsovie).

Après sa victoire contre la Quatrième Coalition, Napoléon donne l'indépendance à la Pologne qui prend le nom de Grand-Duché de Varsovie. Il nomme son allié, le roi de Saxe, duc de Varsovie et dote le nouvel État d'une constitution.

2 Les conseils de Napoléon à son frère Jérôme, roi de Westphalie

« Avant le mois de janvier, vous devez avoir divisé votre royaume en départements [...]. Ce que désirent avec impatience les peuples d'Allemagne, c'est que les individus qui ne sont point nobles et qui ont des talents aient un droit égal à votre considération et aux emplois, c'est que toute espèce de servage soit entièrement abolie. Les bienfaits du Code Napoléon, l'établissement des jurys, seront autant de caractères distinctifs de votre monarchie [...]. Il faut que vos peuples jouissent d'une liberté, d'une égalité, d'un bien-être inconnus aux peuples de la Germanie. Quel peuple voudra retourner sous le gouvernement arbitraire prussien quand il aura goûté les bienfaits d'une administration sage et libérale ? Les peuples de France, d'Italie, d'Espagne désirent l'égalité et veulent les idées libérales. Les privilèges sont contraires à l'opinion générale. Soyez un roi constitutionnel [...]. Ce qui m'importe surtout, c'est que vous ne différiez en rien l'établissement du Code Napoléon. »

Napoléon, *Lettre à son frère Jérôme, roi de Westphalie*, 15 novembre 1807.

3 Les réformes en Bavière en 1808

« Nous, Maximilien Joseph, par la grâce de Dieu, roi de Bavière, nous arrêtons et ordonnons ce qui suit :

Art. 1 Le royaume de Bavière forme une partie de la Confédération du Rhin [...].

Art. 3 Le servage là où il existe encore est supprimé.

Art. 4 Tout le royaume sera divisé en cercles administratifs, autant que possible égaux et en suivant autant que possible les limites naturelles.

Art. 5 La noblesse conserve ses titres et ses droits fonciers mais pour le reste, en ce qui concerne les impôts, elle sera traitée exactement sur le même pied que les autres citoyens. Il ne lui est pas non plus reconnu de droit exclusif aux emplois et aux dignités d'État.

Art. 6 Les mêmes dispositions entrent en vigueur en ce qui concerne le clergé.

Art. 7 L'État garantit à tous les citoyens la sécurité de leur personne et de leurs biens, une totale liberté de conscience, la liberté de la presse. »

Extraits de l'ordonnance du 1er mai 1808, Archives d'État de Bavière.

Point de passage

4 La diffusion du Code civil en Europe

5 Les articles premiers des Codes civils italien et français

CODICE CIVILE.	CODE CIVIL.
TITOLO PRELIMINARE.	TITRE PRÉLIMINAIRE.
Della Pubblicazione, degli Effetti e dell'Applicazione delle leggi in generale.	De la Publication, des Effets et de l'Application des lois en général.
ARTICOLO PRIMO.	ARTICLE PREMIER.
Le leggi hanno esecuzione in tutto il territorio italiano in forza della promulgazione fatta dal Re.	*Les lois sont exécutoires dans tout le territoire français, en vertu de la promulgation qui en est faite par le Premier Consul.*
Sono osservate in qualunque parte del Regno dal momento in cui può esserne conosciuta la promulgazione.	*Elles seront exécutées dans chaque partie de la République, du moment où la promulgation en pourra être connue.*
La promulgazione fatta dal Re dovrà ritenersi conosciuta nel dipartimento, in cui risederà il Governo, trascorso un giorno dopo quello della promulgazione; ed in ciascuno degli altri dipartimenti dopo lo stesso termine coll'aggiunta di altrettanti giorni, quante decine di	*La promulgation faite par le Premier Consul sera réputée connue dans le département où siégera le Gouvernement, un jour après celui de la promulgation; et dans chacun des autres départemens, après l'expiration du même délai, augmenté d'autant de jours qu'il y aura de fois*

QUESTIONS

1. **Doc. 1 et 4** Quels changements Napoléon apporte-t-il à la Pologne ?
2. **Doc. 5 p. 43 et doc. 2** Après avoir présenté le royaume de Westphalie, faites la liste des réformes souhaitées par Napoléon. Selon Napoléon, quel intérêt trouvera la France à ces réformes ?
3. **Doc. 5 p. 43 et doc. 3** Présentez le royaume de Bavière. Classez les réformes de Maximilien en trois ou quatre domaines.

Synthèse quels sont les grands principes révolutionnaires diffusés par Napoléon dans l'Europe occupée, dans le domaine politique et administratif, dans le domaine social.

ANALYSER DES DOCUMENTS : La diffusion du Code civil en Europe

1. **Doc. 5 p. 41** Rappelez ce qu'est le Code civil.
2. **Doc. 4 et 5** Dans quels pays Napoléon diffuse-t-il le Code civil ? Dans quelle partie de l'Europe se trouvent la plupart ?
3. **Doc. 5** À part la langue, quels mots différencient les deux codes ?
4. D'après vos connaissances quelle forme d'égalité le Code civil apporte-t-il aux sociétés européennes ? En quoi cela remet-il en question la société d'ordres ?
5. Quelle peut-être la conséquence pour l'Europe de l'extension du Code civil français ?

Étude L'Europe contre Napoléon

Très vite, les nations d'Europe souffrent de l'occupation française : pillage de l'armée qui vit sur le pays, versement d'un tribut à la France, service militaire obligatoire dans des contrées parfois lointaines. L'occupation est de moins en moins bien supportée. Après l'échec de la campagne de Russie (1812), confronté aux soulèvements nationaux et à l'offensive d'une nouvelle coalition européenne, l'empire napoléonien s'effondre.

Comment expliquer le rapide effondrement de l'empire napoléonien ?

1 Le soulèvement espagnol du 2 mai 1808

Francisco Goya, *Dos de Mayo*, huile sur toile, 374 x 268 cm, 1814 (Musée du Prado, Madrid).

Le 30 avril 1802, Napoléon obtient l'abdication du roi d'Espagne en faveur de son frère Joseph Bonaparte. Le 2 mai, la population de Madrid se soulève contre l'occupation. Elle attaque la cavalerie française et les mamelouks (soldats musulmans de l'armée française).

2 La guerre d'Espagne

La guerre d'indépendance espagnole, qui commence en 1808, prend la forme d'une guérilla.

« Toutes ces populations étaient soulevées contre nous : des moines, des prêtres marchaient, le crucifix à la main, à la tête de bandes. Nuire d'une manière quelconque à nos armées était un acte méritoire ; assassiner un Français, une œuvre patriotique, un cas d'absolution des péchés. Ces principes étaient écrits dans les catéchismes mis entre les mains des femmes et des enfants ; l'empereur y était dénoncé comme un monstre, un envoyé de Satan. »

Sylvain Larréguy de Civrieux, *Souvenirs d'un cadet*, 1812-1823.

CHRONOLOGIE

1808 Début de la guerre d'indépendance espagnole.

1812 Campagne de Russie. Retraite de Russie.

1813 Sixième coalition européenne contre la France. Campagne d'Allemagne. Défaite française à Leipzig.

Janvier-mars 1814 Campagne de France. Autrichiens, Prussiens et Russes occupent la France.

6 avril 1814 Abdication de Napoléon à Fontainebleau, puis exil sur l'île d'Elbe.

3 Poème pour l'Allemagne (1813)

« Quelle est la patrie d'un Allemand ?
Est-ce la Prusse ? Est-ce la Souabe ?
Les bords du Rhin où fleurit le pampre ?
Ceux de la Baltique où vole le goéland ?
Non, non cent fois non !
C'est une patrie bien plus grande.
[...]
Quelle est la patrie d'un Allemand ?
Dis-moi quel est ce grand pays ?
Aussi loin que la langue allemande résonne,
et chante la gloire de Dieu dans les cieux,
C'est là qu'est ta patrie,
C'est là preux allemand qu'est ta patrie.
La patrie d'un Allemand, c'est le pays
Capable d'une colère qui anéantisse la futilité gauloise
Où tout Français est l'ennemi
Où tout Allemand est un ami
La voilà la patrie,
C'est l'Allemagne toute entière ! »

Ernst Moritz Arndt, *Cinq chants pour les soldats allemands*, Königsberg (extrait), 1813 (traduction de Maurice Girault).

VOCABULAIRE

Guérilla : forme de guerre marquée par des actions de harcèlement et d'embuscade.

Partisan : combattant n'appartenant pas à une armée régulière et luttant pour un idéal national, politique, religieux.

Sentiment national : sentiment d'appartenir à une nation.

4 **La retraite de Russie : le passage de la Berezina (26-29 novembre 1812)**

Gouache attribuée au général d'Empire Fournier-Sarvolèze, vers 1812 (Musée de l'armée, Paris).

Au retour de Russie, les restes de la Grande Armée parviennent à passer la Bérézina grâce aux sacrifices des pontonniers du général Eblé qui construisent des ponts de fortune en travaillant dans l'eau glacée.

5 Les partisans russes

« Les partisans, détruisant les transports de vivres et de munitions, portaient à l'ennemi les coups les plus sensibles, se battaient nuit et jour, rompaient les ponts, coupaient les défilés et, par des alertes continuelles, troublaient le repos si nécessaire des troupes déjà épuisées par la faim, le froid et les marches forcées [...].

Depuis Moscou jusqu'au Niemen[1], l'armée française fut constamment entourée de troupes légères, la resserrant tous les jours davantage. Aucun soldat français ne put s'écarter d'un seul pas de la grande route, pour aller chercher des vivres ou un abri contre le froid. »

Général Davidoff, poète et partisan russe, 1784-1839.

1. Fleuve d'Europe de l'Est qui traverse la Biélorussie, la Lituanie et la Russie.

6 Le bilan pour la France de la campagne de Russie (1812)

Au départ	Au retour
617 000 hommes dont : - 300 000 Français - 1 372 canons	75 000 hommes dont : - 20 000 Français - 60 canons

QUESTIONS

1. **Doc. 3** Quelle évolution Arndt souhaite-t-il pour l'Allemagne ? Qu'est-ce qui a réveillé le sentiment national allemand ?
2. **Doc. 1 et 2** Quelles sont les motivations de la révolte espagnole ? Comment combattent les Espagnols ?
3. **Doc. 4, 5 et 6** Qu'est-ce qui explique l'échec de l'armée française en Russie ? Calculez le nombre de disparus dans la Grande Armée au total et parmi les soldats français.
4. **Chronologie et doc. 6** Qu'est-ce qui amène l'empereur à abdiquer en avril 1814 ?

Synthèse Réalisez un schéma logique avec les mots :
- coalition européenne ;
- défaites militaires ;
- effondrement de l'empire ;
- abdication de l'empereur ;
- soulèvements nationaux ;
- campagne de Russie.

Vous pouvez compléter le schéma avec d'autres informations.

Cours 3

L'ordre napoléonien (1799-1815)

Quels changements Napoléon Bonaparte met-il en œuvre en France et en Europe ?

NOTION

Empire : un empire est un régime politique autoritaire, dans lequel le pouvoir est détenu par un empereur. Mais un empire est aussi un territoire qui comprend des peuples différents et qui est dirigé par un gouvernement unique.

A Le nouvel ordre politique en France

1. Napoléon Bonaparte, consul puis empereur

- Bonaparte, premier des trois consuls, s'impose très vite comme le véritable maître du pouvoir : en 1799, la **Constitution de l'an VIII** lui donne un rôle considérable au sein du Consulat.
- En 1802, Bonaparte se fait proclamer **consul à vie** par **plébiscite**. Puis, **en décembre 1804, il se fait sacrer empereur par le pape Pie VII**. Devenu Napoléon Ier, il se comporte désormais comme un roi, organise une cour impériale et reconstitue une noblesse d'**Empire** (sans privilèges). Les Assemblées perdent toute importance.
- Napoléon instaure rapidement une forme de **dictature** : arrestation des opposants politiques ; contrôle de la population par la police et ses nombreux informateurs ; surveillance de la correspondance privée ; censure des journaux et des livres.

2. L'ordre et la paix civile

- Dès le début du Consulat, **l'administration** est réorganisée de manière à renforcer l'autorité du gouvernement. Bonaparte **centralise** le pouvoir entre ses mains : il désigne un **préfet** à la tête de chaque département à la place des assemblées élues, et nomme les juges ainsi que les maires des grandes villes. Le préfet nomme quant à lui les maires des petites villes.
- Bonaparte maintient **les acquis de la Révolution** en confirmant l'égalité devant la loi ou la vente des biens du clergé. Il établit des règles juridiques claires entre les individus et communes à tous (**Code civil**, 1804). ▶ Point de passage, p. 41
- Les premiers **lycées publics**, créés en 1802, forment des fonctionnaires dociles et qualifiés. La **légion d'honneur** récompense les mérites militaires ou civils et permet à Bonaparte de s'attacher l'élite de la **nation**. Il crée aussi la **Banque de France** (1800) et une nouvelle monnaie stable, le franc germinal (1803).
- Bonaparte mène une **politique de réconciliation nationale**. Il rallie les catholiques à son régime en signant le **Concordat de 1801** avec le pape Pie VII. Il rappelle les **nobles** qui avaient émigré pendant la Révolution et leur offre des postes dans l'administration. Mais il s'entoure aussi **d'anciens révolutionnaires**.

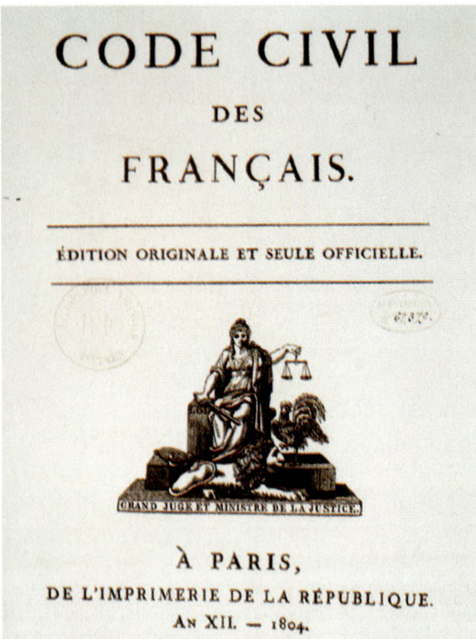
CODE CIVIL
DES
FRANÇAIS.
ÉDITION ORIGINALE ET SEULE OFFICIELLE.
GRAND JUGE ET MINISTRE DE LA JUSTICE.
À PARIS,
DE L'IMPRIMERIE DE LA RÉPUBLIQUE.
AN XII. — 1804.

Le Code civil
Frontispice d'une des douze éditions originales du Code civil des Français, 1804 (BNF, Paris).

B L'Europe conquise et transformée

1. La Grande Armée et les conquêtes

- Sur le continent, Napoléon poursuit la **politique de conquête** commencée sous le Directoire. Après une courte période de paix (Amiens, 1802), la guerre reprend en 1805 contre l'Angleterre et ses alliés. Le 21 octobre, la flotte française subit une grave défaite contre l'Angleterre à **Trafalgar**, lui laissant la maîtrise des mers.
- Mais, le 2 décembre 1805, Napoléon remporte une écrasante victoire contre les troupes austro-russes à Austerlitz. Il crée dès lors la Confédération du Rhin sur les ruines du Saint-Empire romain germanique. Puis il vole de **victoire en victoire** (Iéna en 1806 ; Eylau et Friedland en 1807 ; Wagram en 1809).
- Placée sous le commandement direct de l'empereur, la **Grande Armée** est le fer de lance des conquêtes. Composée de **conscrits** et de contingents étrangers de plus en plus importants, elle comprend près de 700 000 soldats en 1812. **Dévouée à l'empereur**, elle est commandée par des **officiers brillants**, **sortis du rang**, qui n'hésitent pas à s'engager physiquement dans les combats.

Le franc germinal
Pièce de 20 francs en or.

2. La diffusion des idées révolutionnaires

- **En 1811, la France domine le continent.** Le Grand Empire, qui s'étend de Hambourg à Rome, est composé de **130 départements**. Il est entouré **d'États vassaux** à la tête desquels Napoléon a placé des membres de sa famille ou des princes soumis. La Prusse, la Russie et l'Autriche sont devenues des puissances alliées. Seule l'Angleterre est encore en guerre, mais Napoléon espère la ruiner par le **blocus continental**.
- Les **régions annexées** à l'Empire, transformées en départements, sont soumises aux lois françaises. Dans les États vassaux, Napoléon Ier **exporte les grands principes révolutionnaires**. Il donne des constitutions, supprime les privilèges, abolit le servage et parfois les droits seigneuriaux. **Il tient surtout à imposer le Code civil**, diffusant ainsi à l'Europe le principe d'égalité devant la loi et les règles du droit civil français. ▶ Point de passage, p. 45

VOCABULAIRE

Blocus continental : p. 42.
Code civil : p. 40.
Concordat : p. 40.
Conscrit : personne qui fait un service militaire obligatoire.
Dictature : régime politique dans lequel tous les pouvoirs sont aux mains d'un individu, d'un groupe de personnes, d'un parti politique.
Guérilla : p. 46.
Partisan : p. 46.
Plébiscite : p. 38.

C L'effondrement de l'empire (1812-1815)

1. L'éveil des nations

- Malgré les réformes, **l'occupation française devient vite insupportable**. La **Grande Armée** vit sur les pays occupés. Les populations sont contraintes de payer de **lourds impôts** et doivent fournir des **soldats** pour l'armée.
- En **Espagne**, la population se soulève à partir de 1808 et mène une **guérilla** contre les occupants français. En **Allemagne**, les révoltes contre l'armée française sont fréquentes et, face à la France, des intellectuels comme Fichte *(Discours à la nation allemande)* et Arndt appellent à l'unité des Allemands, à cette époque séparés en de nombreux États. Les montagnards du **Tyrol** se soulèvent derrière Andreas Hofer contre l'occupation bavaroise, royaume allié de l'Empire français.

2. Les défaites militaires

- En 1812, Napoléon **entre en guerre contre la Russie** qui a ouvert ses portes aux produits anglais, et marche sur Moscou où il entre le 14 septembre 1812. Mais devant le refus du tsar de traiter avec lui et menacé d'encerclement, il décide de repartir. La Grande Armée, surprise par l'hiver et le froid, harcelée par les soldats et les **partisans** russes, perd plus de 450 000 hommes au cours de la **retraite de Russie**.
- Une **nouvelle coalition européenne** se dresse alors contre l'empereur affaibli. En 1813, la France subit une grave défaite à **Leipzig** face aux armées coalisées. Tout s'écroule : les États vassaux reprennent leur indépendance et les Anglais chassent les Français d'Espagne.

Une caricature allemande

« Celui-ci est mon Fils, mon bien-aimé, en qui je mets toute ma joie. », anonyme, 1814 (Université d'Oxford).

La caricature allemande antinapoléonienne couvre la période 1813-1815, après la campagne d'Allemagne. Le thème de la guerre et de ses horreurs est très utilisé. Napoléon y est même assimilé au fils du Diable.

3. La chute de Napoléon

- À la fin de 1813, les **armées** de la coalition (Russes, Prussiens, Autrichiens) passent le Rhin puis convergent vers Paris. **Le 6 avril 1814, Napoléon abdique à Fontainebleau**. Il est d'abord exilé sur l'île d'Elbe, en mer Méditerranée. Louis XVIII, le frère de Louis XVI, est placé sur le trône par les grandes puissances et s'apprête à gouverner en roi constitutionnel.
- Mais les Français craignent que le nouveau roi ne restaure l'Ancien Régime. **Napoléon débarque dans le sud** de la France le 1er mars 1815, fait une remontée triomphale vers Paris et reprend le pouvoir. Il ne règne que **cent jours** : de nouveau vaincu par les Anglais à **Waterloo** en 1815, il est cette fois exilé dans la lointaine île de Sainte-Hélène, où il meurt en 1821.

1 ANALYSE DE DOCUMENTS

CONSIGNE Après avoir présenté les documents, vous montrerez comment la souveraineté évolue en France avec la Révolution.

Coup de pouce !
La souveraineté est l'autorité supérieure et suprême. Celui qui la détient n'a pas d'autorité au-dessus de lui.

Document 1 Un discours du roi (1766)

« C'est en ma personne seule que réside la puissance souveraine dont le caractère propre est l'esprit de conseil, de justice et de raison.
C'est de moi seul que mes cours tiennent leur existence et leur autorité.
La plénitude de cette autorité qu'elles n'exercent qu'en mon nom demeure toujours en moi, et que l'usage n'en peut jamais être tourné contre moi.
C'est à moi seul qu'appartient le pouvoir législatif, sans dépendance et sans partage [...].
L'ordre public tout entier émane de moi : que j'en suis le gardien suprême.
Mon peuple n'est qu'un avec moi.
Les droits et intérêts de la nation, dont on ose faire un corps séparé du monarque sont nécessairement unis avec les miens, et ne reposent qu'en "mes mains" [...].
Enfin, ce spectacle scandaleux d'une opposition rivale de ma puissance souveraine, me réduirait à la triste nécessité d'employer tout le pouvoir que j'ai reçu de Dieu pour préserver mes peuples des suites funestes de telles entreprises. »

Extrait du discours prononcé par Louis XV devant le Parlement de Paris (haute cour de justice) alors en pleine contestation, 3 mars 1766.

Louis XV (1712-1774), un souverain du XVIIIe siècle
Louis-Michel Van Loo, huile sur toile, 1760 (Musée national du château de Versailles).

Document 2 La Constitution de 1791

La Constitution de 1791 est la première Constitution française. Elle est progressivement rédigée à partir de 1789 par l'Assemblée nationale constituante, qui la vote en 1791.
« **Article 1** La souveraineté est une, indivisible, inaliénable et imprescriptible. Elle appartient à la Nation, aucune section du peuple, ni aucun individu ne peut s'en attribuer l'exercice.
Article 2 La Nation, de qui seule émanent tous les pouvoirs, ne peut les exercer que par délégation. La Constitution française est représentative : les représentants sont le Corps législatif et le roi.
Article 3 Le pouvoir législatif est délégué à une Assemblée nationale, composée de représentants temporaires, librement élus par le peuple [...].
Article 4 Le gouvernement est monarchique : le pouvoir exécutif est délégué au roi, pour être exercé sous son autorité, par des ministres et autres agents responsables [...].
Article 5 Le pouvoir judiciaire est délégué à des juges élus à temps par le peuple. »

Constitution de 1791, Titre III, articles 1 à 5.

Répondez aux questions suivantes pour vous aider à rédiger l'analyse de documents.

Je présente les documents

1. Complétez le tableau ci-dessous à l'aide des documentset de vos connaissances.

	Document 1	Document 2
Nature		
Auteur		
Date		

J'analyse les documents

2. **Doc. 1** À quel type de régime politique correspond ce texte ? Expliquez.
3. **Doc. 1** Comment le roi justifie-t-il sa souveraineté ?
4. **Doc. 2** Dans la Constitution de 1791, comment les pouvoirs sont-ils séparés ?
5. **Doc. 2** Le roi partage-t-il le pouvoir avec la nation ? Justifiez.
6. **Doc. 2** Expliquez en quoi le système est « représentatif ».

Je conclus en répondant à la consigne

7. Rédigez un court texte pour répondre à la consigne.

2 ANALYSE DE DOCUMENT

CONSIGNE En vous appuyant sur le document, montrez en quoi *La Marseillaise* est un chant patriotique et révolutionnaire.

Coup de pouce !
Un chant patriotique défend la patrie, le pays ; un chant révolutionnaire défend les principes révolutionnaires, ici ceux de la Révolution française.

Document *La Marseillaise*, un chant patriotique et révolutionnaire

Couplet 1
Allons ! Enfants de la Patrie !
Le jour de gloire est arrivé !
Contre nous de la tyrannie,
L'étendard sanglant est levé ! *(bis)*
Entendez-vous dans nos campagnes
Mugir ces féroces soldats ?
Qui viennent jusque dans nos bras
Égorger vos fils et vos compagnes ?

Refrain
Aux armes, citoyens !
Formez vos bataillons !
Marchons, marchons !
Qu'un sang impur
Abreuve nos sillons !

Couplet 2
Que veut cette horde d'esclaves
De traîtres, de rois conjurés ?
Pour qui ces ignobles entraves,
Ces fers dès longtemps préparés ? *(bis)*
Français ! Pour nous, ah ! Quel outrage !
Quels transports, il doit exciter ;
C'est nous qu'on ose méditer
De rendre à l'antique esclavage !

Refrain […]

Couplet 6
Amour sacré de la Patrie
Conduis, soutiens nos bras vengeurs !
Liberté, liberté chérie.
Combats avec tes défenseurs ! *(bis)*
Sous nos drapeaux, que la Victoire
Accoure à nos mâles accents !
Que tes ennemis expirants
Voient ton triomphe et notre gloire !

Refrain […]

Gravure anglaise de Richard Newton, XVIIIe siècle (BNF, Paris).

La partition de la chanson est éditée à Londres le 10 novembre 1792.

QU'EST-CE QUE LA MARSEILLAISE ?

En garnison à Strasbourg, le capitaine Rouget de Lisle écrit *Le Chant de guerre pour l'armée du Rhin* en avril 1792. Celui-ci est appelé *La Marseillaise* parce que les fédérés de Marseille le chantent en arrivant à Paris en juillet 1792. Ils viennent défendre la capitale menacée par les armées d'Autriche et de Prusse. *La Marseillaise* est ensuite chantée à Valmy (septembre 1792) et sur les différents champs de bataille. Elle a été ensuite l'hymne national de 1795 jusqu'à l'Empire en 1804, puis de nouveau à partir de 1879.

Répondez aux questions suivantes pour vous aider à rédiger l'analyse du document.

Je présente le document

1. Présentez la nature, l'auteur et la date du texte.
2. Dans quel contexte *La Marseillaise* a-t-elle été chantée ?

Je comprends le document

3. Expliquez les mots soulignés.
4. Réécrivez dans l'ordre le vers suivant : « contre nous / de la tyrannie / l'étendard sanglant / est levé ! ». De quelle tyrannie s'agit-il ?
5. Dans le texte, comment les soldats français sont-ils appelés ? Qu'est-ce qui les soutient ?
6. Par quels mots pourrait-on remplacer « antique esclavage » ?

Je rédige un texte argumenté

7. Rédigez un texte court pour montrer en quoi *La Marseillaise* est un chant à la fois patriotique et révolutionnaire..

Méthode
- Analyser un plan
- Rédiger une partie
- Rédiger la conclusion

3 RÉPONDRE À UNE QUESTION PROBLÉMATISÉE

QUESTION Comment l'Ancien Régime a-t-il été remplacé par un nouvel ordre politique entre 1789 et 1791 ?

INTRODUCTION

L'Ancien Régime est le nom que l'on donne au régime politique des XVIIe et XVIIIe siècles en France. Il se caractérise par l'absolutisme royal et la division de la société en trois ordres : deux ordres privilégiés, la noblesse et le clergé, et le tiers état qui représente 97 % de la nation. À la veille de 1789, la frustration est grande au sein du tiers état qui souhaite des changements profonds.

Comment l'Ancien Régime s'est-il effondré pour laisser place à un nouvel ordre politique entre 1789 et 1791 ?

PREMIÈRE PARTIE

Durant l'été 1789, une révolution renverse l'Ancien Régime.

En 1789, Louis XVI décide de réunir les états généraux du royaume, le clergé, la noblesse et le tiers état, pour résoudre les problèmes financiers de l'État. La séance d'ouverture a lieu le 5 mai 1789 à Versailles.

Une sous-partie = une idée = un paragraphe

D'emblée, les députés du tiers état sont déçus par le discours du roi parce que celui-ci n'annonce aucune réforme de société. Estimant représenter presque toute la nation, ils se déclarent Assemblée nationale. Puis le 20 juin, réunis dans la salle du Jeu de paume à Versailles, ils jurent de ne pas se séparer avant d'avoir rédigé une constitution.

Le peuple de Paris s'inquiète lorsque Louis XVI regroupe des troupes autour de Paris et de Versailles parce qu'il pense que le roi veut disperser la nouvelle Assemblée. Le 14 juillet, il s'empare de la Bastille. Dès lors, le roi n'ose plus s'opposer à l'Assemblée et semble accepter le partage de son pouvoir.

En juillet et août, dans les campagnes, c'est la Grande Peur. Les paysans craignant l'arrivée de brigands s'arment et attaquent les châteaux de leurs seigneurs. Pour mettre fin à ce soulèvement, l'Assemblée vote l'abolition des privilèges dans la nuit du 4 août, mettant ainsi fin à la société d'ordres.

Ainsi, durant l'été 1789, la monarchie absolue et la société d'ordres de sont effondrées.

DEUXIÈME PARTIE

Après le renversement de l'Ancien Régime, l'Assemblée cherche à construire une France nouvelle.

Le 24 août, elle vote la Déclaration des droits de l'homme et du citoyen qui fixe les nouveaux principes : → *continuez le paragraphe sur la Déclaration des droits de l'homme*

Les députés élaborent ensuite une constitution qui est votée en 1791. → *continuez le paragraphe sur la Constitution*

L'Assemblée réorganise aussi la France. → *continuez le paragraphe sur la réorganisation de la France (quelques phrases)*

Le 14 juillet 1790, les Gardes nationaux de province arrivent à Paris pour célébrer le nouveau régime sur le Champ-de Mars. → *continuez le paragraphe sur la fête de la Fédération (deux ou trois phrases)*

CONCLUSION

→ *rédigez la conclusion*

1. Comment est composée l'introduction ?
2. Donnez un titre aux parties et aux sous-parties du développement.
3. Rédigez la deuxième partie en suivant les indications et en respectant la forme (une sous-partie = un paragraphe).
4. Rédigez la conclusion : elle doit répondre à la problématique en suivant l'ordre des parties. Elle peut proposer une ouverture.

4 RÉALISER UN EXPOSÉ

SUJET Napoléon Bonaparte et la Révolution française

Problématique : Napoléon a-t-il sauvé ou trahi la Révolution française ?

Réalisez un exposé oral sur le sujet donné. Vous pouvez vous appuyer sur le plan fourni.
Il vous est conseillé de projeter une image par partie et de l'exploiter. → Méthode p. 311

Introduction

La Révolution française a commencé en 1789. Elle a mis fin à l'Ancien Régime.

- De 1789 à 1799, la France connaît une période d'instabilité politique : la Terreur (1793-1794) puis le Directoire (1795-1799). Durant cette période, la France est en guerre. À partir de 1794, elle occupe une partie de l'Europe.
- En 1799, le général Bonaparte s empare du pouvoir en se présentant comme un « sauveur » de la Révolution.

Problématique Napoléon a-t-il sauvé ou trahi la Révolution française ?

Présentez les trois parties (sans les sous-parties).

Partie I. La France en 1799 et le coup d'État du 18 brumaire

A. Le Directoire, un régime trop fragile pour durer
- Le Directoire : une république en guerre
- Des inégalités sociales croissantes
- Une instabilité politique

B. Le coup d'État
- Le général Bonaparte devient populaire par ses victoires militaires
- Le 9 novembre 1799, il s'empare du pouvoir par un coup d'État. *→ projetez le tableau du coup d'État par François Bouchot p. 35*

Transition En s'emparant du pouvoir, Napoléon met fin au Directoire. Il installe rapidement un régime autoritaire qui va à l'encontre des idées de liberté portées par la Révolution.

Partie II. Un régime qui trahit les idéaux de liberté de 1789

A. Du consul à l'empereur : le pouvoir d'un seul homme
- Bonaparte met en place la Constitution de l'an VIII qui lui donne la réalité du pouvoir *→ projetez et commentez l'organigramme de la Constitution de l'an VIII p. 38*
- Son pouvoir se renforce : 1802 : consulat à vie ; puis 2 décembre 1804 : sacre de l'empereur.

B. Un régime qui ne tolère aucune opposition
- Les opposants sont exilés (Mme de Staël, Benjamin Constant) ou arrêtés (Cadoudal, général royaliste guillotiné en 1804).
- La police surveille la population (rôle de Fouché, ministre de la Police sous le Consulat et l'Empire) ; les livres et les journaux sont censurés...

C. Les guerres et l'occupation de l'Europe

→ projetez la carte de l'Empire napoléonien p. 43
- Les conquêtes napoléoniennes
- Le poids de l'occupation

Transition Le régime napoléonien est contraire aux idéaux de liberté de la Révolution française, surtout après l'établissement de l'Empire. Mais en même temps, Napoléon renforce certains acquis de la Révolution.

Partie III. Un régime qui renforce et élargit certains acquis de la Révolution

A. En France, une consolidation des acquis de la Révolution
- Égalité des droits, vente des biens du clergé, Code civil, création des lycées.
- Politique de réconciliation nationale (Concordat de 1801, retour des émigrés).

B. À l'étranger, Napoléon diffuse les principes révolutionnaires dans « l'Europe napoléonienne »

→ projetez une image du Code civil p. 48

Conclusion

La Révolution française et l'Empire

COMPRENDRE LE CHAPITRE

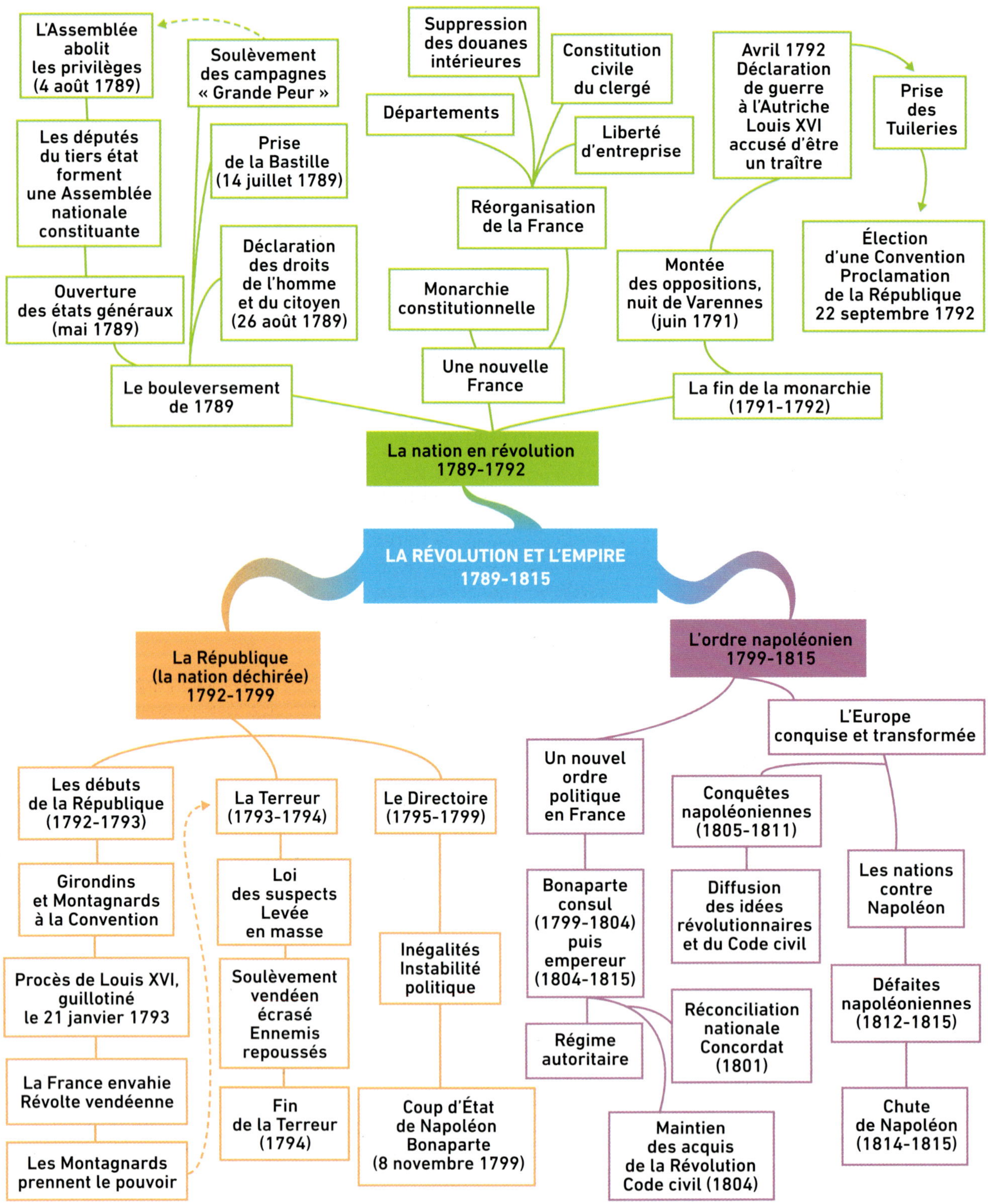

PERSONNAGES ESSENTIELS

Louis XVI (1754-1793), monarque constitutionnel à partir de l'été 1789, est renversé le 10 août 1792. → **Bio p. 14**

Maximilien de Robespierre (1758-1794), Montagnard, est le principal dirigeant durant la Terreur en 1793-1794. → **Bio p. 33**

Manon Roland (1754-1793) est un membre influent du parti girondin en 1792 et 1793. → **Bio p. 32**

Napoléon Bonaparte (1769-1821) dirige la France de 1799 à 1815 avec le titre de consul puis d'empereur. → **Bio p. 38**

DATES CLÉS

14 juillet 1789	Prise de la Bastille
4 août 1789	Abolition des privilèges
10 août 1792	Prise des Tuileries
Septembre 1792	Début de la République
Janvier 1793	Louis XVI guillotiné
Novembre 1799	Coup d'État de Napoléon Bonaparte
1804	Code civil
Décembre 1804	Napoléon sacré empereur
Décembre 1805	Victoire d'Austerlitz
1812	Retraite de Russie
1815	Fin de l'époque napoléonienne

NOTIONS À MAÎTRISER

Empire Un empire est un régime politique autoritaire, dans lequel le pouvoir est détenu par un empereur. Mais un empire est aussi un territoire qui comprend des peuples différents et qui est dirigé par un gouvernement unique.

Nation Peuple qui a la conscience d'être uni par une histoire, une langue et une culture communes. Une nation peut s'étendre sur plusieurs États ou un État comprendre plusieurs nations. Lorsqu'un État ne comprend qu'une nation, on parle d'État-nation.

République Du latin *res publica*, chose publique. Régime politique sans roi dans lequel le pouvoir appartient au peuple ou à une grande partie de celui-ci, qui exerce le pouvoir politique directement ou par l'intermédiaire de représentants élus. Une république a toujours une constitution.

Révolution Dans le domaine politique, changement brusque de régime par le soulèvement de la population ou d'une partie de celle-ci. Lorsque la population se soulève sans que cela entraîne de changement de régime, on parle de révolte ou d'émeute.

Souveraineté Autorité suprême qui prévaut sur les autres. Celui qui la détient n'a donc pas d'autorité au-dessus de lui. Si la souveraineté appartient au roi, on parle de « souveraineté royale » ; si elle appartient à la nation, on parle de « souveraineté nationale »

RÉPONDRE ET MÉMORISER

1. Quel grand changement a lieu dans la nuit du 4 août 1789 ?
2. Qu'est-ce qu'une monarchie constitutionnelle ?
3. Quand la monarchie française est-elle renversée ? le roi guillotiné ?
4. Quelles sont les années de la Terreur ?
5. Quel est le type de suffrage sous le Directoire (1795-1799) ?
6. En quelle année Napoléon Bonaparte s'empare-t-il du pouvoir ?
7. Qu'est-ce que le Code civil ?
8. Citez deux grandes batailles napoléoniennes et leurs dates.
9. Quels sont les principes révolutionnaires diffusés en Europe pendant l'occupation napoléonienne ?
10. Quel peuple se soulève contre l'occupation napoléonienne à partir de 1808 ?

Mémorisation active

Mémocartes
hatier-clic.fr/19h1002

2 L'Europe entre restauration et révolution (1814-1848)

Comment les relations entre les souverains et les peuples européens évoluent-elles de 1814 à 1848 ?

1 L'Europe des souverains

« La Restitution ou chacun son compte », caricature du partage lors du congrès de Vienne, estampe, 1815 (Musée Carnavalet, Paris).

1. Louis XVIII, nouveau roi de France
2. Alexandre Ier, tsar de Russie, qui marche sur la Pologne
3. Castlereagh, ministre britannique
4. Napoléon, qui n'a plus rien et vomit les territoires conquis
5. Ferdinand VII qui rétablit son pouvoir en Espagne
6. Frédéric-Guillaume III, roi de Prusse, qui étend son royaume
7. François Ier, empereur d'Autriche, qui remplit son sac
8. Murat, maréchal d'Empire, beau-frère de Napoléon et roi de Naples
9. Talleyrand, ministre des Affaires étrangères de Louis XVIII, entouré de la délégation française

MONARCHIE CONSTITUTIONNELLE

1814-1830 Restauration — **1830-1848** Monarchie de Juillet

Louis XVIII — Charles X — Louis-Philippe Ier

1815 Sainte-Alliance, Quadruple Alliance

Congrès de Vienne

Avril 1822 Massacre de Chios

1821-1830 Guerre d'indépendance grecque

1830-1831 Vague révolutionnaire

1830 Trois Glorieuses

Février 1848 Révolution de février

1848 Printemps des peuples

1814 — 1824 — 1830 — 1848

p.66 POINT DE PASSAGE

p.68 POINT DE PASSAGE

p.60 POINT DE PASSAGE

Doc interactif
Manuel numérique

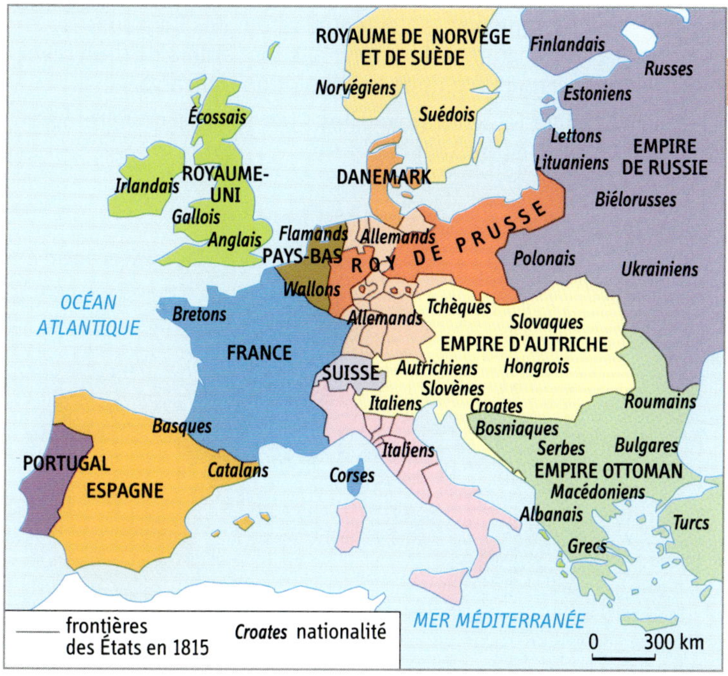

2 La question des nationalités en 1815

3 Le réveil des peuples

Baldassare Verazzi, *Un Épisode des cinq journées de Milan*, huile sur toile, vers 1848 (Musée du Risorgimento, Milan).

Du 18 au 22 mars 1848, la population de Milan se soulève contre l'autorité autrichienne.

Étude La Restauration (1814-1830)

Après la chute de Napoléon, les Bourbons reviennent au pouvoir en France : c'est la Restauration. Louis XVIII et Charles X, les deux frères de Louis XVI, se succèdent sur le trône et mettent en œuvre leur vision de la monarchie constitutionnelle.

Pourquoi la Restauration échoue-t-elle ?

CHRONOLOGIE

3 mai 1814 Entrée de Louis XVIII à Paris.

1er mars 1815 Napoléon s'évade de l'île d'Elbe.

19 mars 1815 Fuite de Louis XVIII en Belgique.

20 mars-22 juin 1815 Les Cent-Jours : Napoléon reprend le pouvoir.

18 juin 1815 Défaite de Napoléon à Waterloo.

8 juillet 1815 Entrée de Louis XVIII à Paris.

VOCABULAIRE

Charte : ce terme, utilisé sous l'Ancien Régime pour évoquer un privilège accordé par le roi, désigne la Constitution de 1814.

Monarchie constitutionnelle : monarchie limitée par une constitution.

Restauration : régime politique en France de 1814 à 1830 (en dehors des Cent-Jours) qui désigne non seulement le retour des Bourbons au pouvoir mais aussi la volonté de revenir à la monarchie de droit divin, tout en conservant certains acquis de la Révolution française.

Ultras : terme désignant les « ultraroyalistes » qui souhaitent un retour à la monarchie absolue et refusent la Charte.

A Louis XVIII (1814-1824) tente la réconciliation

1 Louis XVIII octroie la Charte (4 juin 1814)

« Bien que l'autorité tout entière résidât en France dans la personne du roi, […] nous avons dû […] apprécier les effets des progrès toujours croissants des Lumières, les rapports nouveaux que ces progrès ont introduits dans la société : nous avons reconnu que le vœu de nos sujets pour une Charte constitutionnelle était l'expression d'un besoin réel. Nous avons dû nous souvenir aussi que notre premier devoir envers nos peuples était de conserver, pour leur propre intérêt, les droits et les prérogatives de notre couronne […].

Lorsque la sagesse des rois s'accorde librement avec le vœu des peuples, une Charte constitutionnelle peut être de longue durée ; mais quand la violence arrache des concessions à la faiblesse du gouvernement, la liberté publique n'est pas moins en danger que le trône même […].

Art. 1 Les Français sont égaux devant la loi. […]

Art. 4 Leur liberté individuelle est également garantie, personne ne pouvant être poursuivi ni arrêté que dans les cas prévus par la loi, et dans la forme qu'elle prescrit. […]

Art. 6 Cependant, la religion catholique […] est la religion d'État. […]

Art. 8 Les Français ont le droit de publier et de faire imprimer leurs opinions. »

Doc interactif
Manuel numérique

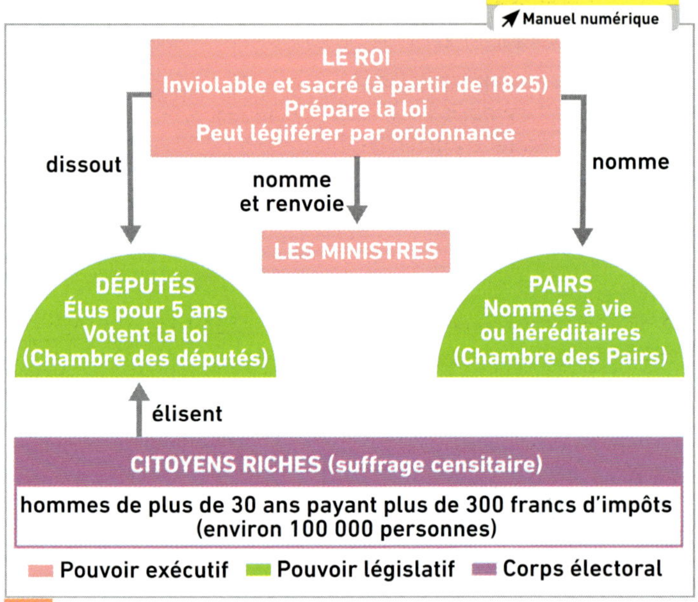

2 Le système politique de la Charte de 1814

3 L'assassinat du duc de Berry (1820)

Louis-Pierre Louvel, « Nuit funeste du 14 février 1820 » (BNF, Paris).

En 1820, le duc de Berry, fils du futur Charles X et espoir des Bourbons, est assassiné par le bonapartiste Louvel. À partir de cette date, les ultras arrivent au pouvoir, suspendent les libertés individuelles et restreignent le droit de vote.

B Charles X (1824-1830) ou le raidissement

4 Le sacre de Charles X à Reims, le 29 mai 1825

François Gérard, *Le Sacre de Charles X à Reims, le 29 mai 1825*, huile sur toile, 972 x 514 cm (Musée national du château de Versailles).

Alors que son frère Louis XVIII avait renoncé à la tradition du sacre, Charles X est acquis aux idées des ultras et renoue avec ce cérémonial d'Ancien Régime.

5 BIOGRAPHIE

Charles X (1757-1836)

Dernier frère de Louis XVI, Charles X succède à Louis XVIII à sa mort le 16 septembre 1824. Ce dernier roi de la dynastie des Bourbons tient aux symboles traditionnels. Au pouvoir de 1824 à 1830, il est le chef des ultras et renoue avec une tradition contre-révolutionnaire tout en maintenant la Charte. Il est favorable à ce que l'Église joue un plus grand rôle dans la société aux côtés de la monarchie. Certaines lois (notamment celle contre le sacrilège en 1825) et l'intransigeance royale, dans un contexte de crise économique, suscitent une opposition vive et croissante.

6 Les ordonnances de 1830

En juillet 1830, après l'élection d'une Chambre des députés où l'opposition est majoritaire, Charles X promulgue quatre ordonnances qui apparaissent comme une provocation pour les libéraux.

« **Première ordonnance**

Art. 1 La liberté de la presse […] est suspendue.

Art. 2 Nul journal […] ne pourra paraître […] qu'en vertu de l'autorisation […] obtenue [par] les auteurs et l'imprimeur. Cette autorisation devra être renouvelée tous les trois mois.

Deuxième ordonnance[1]

Art. 1 La chambre des députés […] est dissoute. »

Le Moniteur universel, 26 juillet 1830.

1. Les deux autres ordonnances réduisent le nombre d'électeurs par un nouveau calcul du cens et prévoient de nouvelles élections législatives pour septembre 1830.

QUESTIONS

1. **Doc. 1** Montrez que la Charte constitue un compromis entre l'Ancien Régime et la Révolution.
2. **Doc. 2** Quels sont les pouvoirs politiques du roi et du peuple sous la Restauration ?
3. **Chronologie et doc. 3** À quelles difficultés la Restauration est-elle confrontée sous Louis XVIII ?
4. **Doc. 4 et 5** Comment Charles X montre-t-il son attachement à l'Ancien Régime ?
5. **Doc. 6** Pourquoi les ordonnances royales de 1830 apparaissent-elles comme une provocation aux yeux des députés plus modérés ?

Synthèse Expliquez dans un texte argumenté pourquoi la Restauration échoue : une tentative de compromis ; de nombreuses difficultés ; un raidissement.

Point de passage

Les Trois Glorieuses (27-29 juillet 1830)

La politique autoritaire de Charles X pousse les Parisiens à se soulever. Du 27 au 29 juillet 1830, journées connues sous le nom des « Trois Glorieuses », environ 10 000 insurgés dressent des milliers de barricades. Les combats font un millier de victimes et obligent Charles X à abdiquer et à quitter le pays.

Pourquoi et comment la révolution des Trois Glorieuses a-t-elle lieu ?

CHRONOLOGIE

26 juillet 1830 Publication des quatre ordonnances de Charles X (rédigées le 25 juillet).

27 juillet 44 journalistes signent et publient une protestation officielle contre les ordonnances. Début des émeutes.

28 juillet Insurrection parisienne généralisée ; combats acharnés à l'Hôtel de Ville ; refus de Charles X de retirer les ordonnances.

29 juillet Les insurgés, républicains en tête, contrôlent le Louvre et les Tuileries ; La Fayette est nommé chef de la Garde nationale.

31 juillet À l'Hôtel de Ville, La Fayette s'enroule dans un drapeau tricolore avec Philippe d'Orléans, cousin de Charles X et premier prince du sang.

2 août Abdication de Charles X.

9 août Philippe d'Orléans est intronisé et devient Louis-Philippe Ier.

16 août Charles X quitte la France pour l'Angleterre.

1 Protestation des journalistes contre les ordonnances

Les ordonnances du 26 juillet 1830 menacent particulièrement la liberté de la presse. Les journaux d'opposition font paraître une protestation dès le lendemain. En réponse, le préfet de police de Paris fait démonter leurs presses.

« *Le Moniteur*[1] a publié enfin ces mémorables ordonnances qui sont la plus éclatante violation des lois. Le régime légal est donc interrompu, celui de la force est commencé. Dans la situation où nous sommes placés, l'obéissance cesse d'être un devoir. Les citoyens appelés les premiers à obéir sont les écrivains des journaux ; ils doivent donner les premiers l'exemple de la résistance à l'autorité qui s'est dépouillée du caractère de la loi. […] Nous n'avons pas à tracer ses devoirs à la Chambre illégalement dissoute, mais nous pouvons la supplier, au nom de la France, de s'appuyer sur son droit évident et de résister autant qu'il sera en elle à la violation des lois. »

Le National, 27 juillet 1830.

1. *Le Moniteur universel*, organe officiel du gouvernement.

2 Le témoignage de l'écrivain Alfred de Vigny sur 1830

« **Mardi 27 juillet.** Aujourd'hui commencent les soulèvements populaires. Les ordonnances du 25 en sont la cause. Le roi va à Compiègne et laisse les ministres faire feu sur le peuple. Dès l'avènement de Charles X, j'avais prédit qu'il tenterait d'arriver au gouvernement absolu.

Mercredi 28. Je ne puis traverser Paris. Les ouvriers sont lâchés […]. Ils tuent, sont fusillés, et poursuivis par la Garde royale […].

Jeudi 29. Attaque des casernes de la rue Verte et de la Pépinière. Bravoure incomparable des ouvriers serruriers. En vingt minutes, les deux casernes prises.

Vendredi 30. Pas un prince n'a paru. Les pauvres braves de la Garde sont abandonnés sans ordres, traqués partout, chassés partout. Paris est libre. Donc, en trois jours, ce vieux trône sapé ! »

Alfred de Vigny, *Journal d'un poète*, 1867.

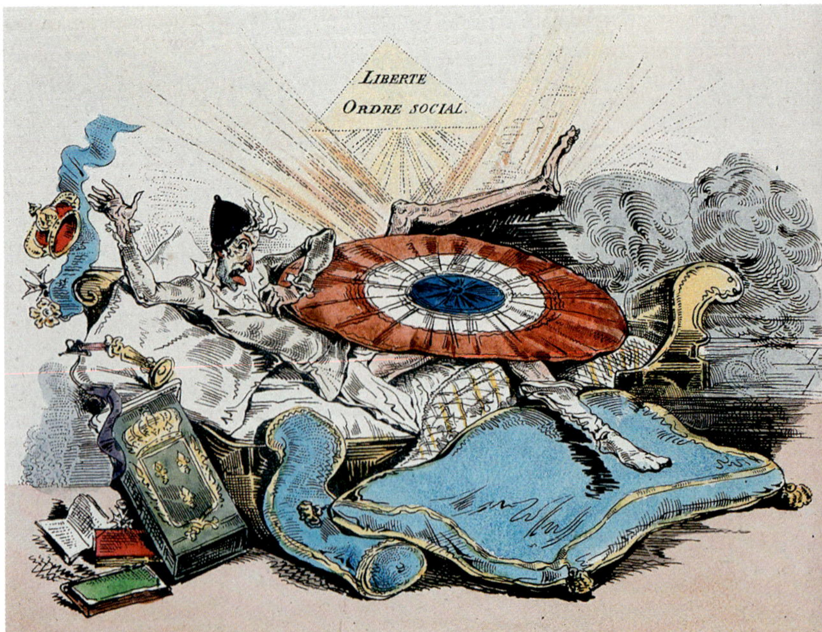

3 S'opposer à la Restauration

« Le cauchemar », dessin de Gérard H. Fontallard paru dans *La Silhouette*, 1830 (Musée Carnavalet, Paris).

4 ***La Liberté guidant le peuple***

Eugène Delacroix (1798-1863), huile sur toile, 325 x 260 cm, 1830-1831 (Musée du Louvre, Paris).

1 L'allégorie de la liberté 2 Le drapeau de la Révolution 3 Un ouvrier des manufactures 4 Un bourgeois ou un maître-artisan 5 Un étudiant polytechnicien (bicorne) 6 Un « gamin de Paris » avec le sac d'un soldat de Charles X et des pistolets de cavalerie 7 Un ouvrier récemment arrivé de la campagne, blessé 8 Des cadavres de soldats de Charles X 9 Les tours de la cathédrale Notre-Dame 10 La signature du peintre

5 Proclamation en faveur de Louis-Philippe

Après les Trois Glorieuses, les royalistes modérés, bientôt appelés orléanistes, craignent la mise en place d'une république. Ils favorisent l'accession au trône de Philippe d'Orléans, le cousin de Charles X, mais surtout le fils du révolutionnaire Philippe-Égalité.

« Charles X ne peut plus rentrer dans Paris : il a fait couler le sang du peuple. La République nous exposerait à d'affreuses divisions : elle nous brouillerait avec l'Europe. Le duc d'Orléans est un prince dévoué à la cause de la Révolution. Le duc d'Orléans ne s'est jamais battu contre nous. Le duc d'Orléans était à Jemmapes[1]. Le duc d'Orléans est un roi-citoyen. Le duc d'Orléans a porté au feu les couleurs tricolores. Le duc d'Orléans peut seul les porter encore. Nous n'en voulons point d'autres. Le duc d'Orléans ne se prononce pas. Il attend notre vœu, et il acceptera la Charte. C'est du peuple français qu'il tiendra sa couronne. »

Affiche rédigée par Adolphe Thiers et François-Auguste Mignet, journalistes au *National*, 30 juillet 1830.

1. Victoire des armées révolutionnaires françaises contre l'Autriche le 6 novembre 1792.

PARCOURS 1 : analyser des documents

1. **Chronologie, doc. 1 et 3** Quel rôle les journalistes jouent-ils dans le déclenchement des Trois Glorieuses ? Quels alliés semblent-ils rechercher dans cette lutte ?
2. **Chronologie, doc. 1 et 2** Comment se déroulent les journées de l'été 1830 et quelles en sont les causes ?
3. **Doc. 4** Présentez et décrivez l'œuvre. Déduisez-en l'opinion de Delacroix au sujet de la révolution.
4. **Doc. 4** Comment Delacroix montre-t-il l'union nationale lors des Trois Glorieuses ?
5. **Chronologie et doc. 5** Expliquez pourquoi Louis-Philippe est choisi comme roi.

Synthèse Rédigez un paragraphe argumenté expliquant la révolution des Trois Glorieuses : ses origines ; son déroulement ; son aboutissement.

PARCOURS 2 : réaliser une carte mentale

Réalisez une carte mentale permettant de comprendre les origines de la révolution des Trois Glorieuses, son déroulement et son aboutissement.

Étude La monarchie de Juillet (1830-1848)

Porté au pouvoir par les Trois Glorieuses, Louis-Philippe Ier prend, dès son avènement, des engagements qui annoncent un régime libéral. Si la monarchie de Juillet l'est effectivement par certains aspects, notamment économiques, elle se fige aussi dans un conservatisme politique. Les tensions entre orléanistes et républicains mènent le régime à sa perte.

Dans quelle mesure la monarchie de Juillet répond-elle aux attentes de la population ?

1 Louis-Philippe Ier prête serment sur la Charte

François Gérard, huile sur toile, 156 x 222 cm, 1834 (Musée national du château de Versailles).

Le roi est présenté au pied du trône, en uniforme de la Garde nationale.

VOCABULAIRE

Conservatisme : désigne une politique favorable au maintien de l'ordre existant.

Orléanistes : royalistes partisans de la monarchie de Juillet. Ils s'opposent aux « légitimistes » (nouveau nom des « ultras »), partisans de Charles X et de la branche aînée des Bourbons.

Suffrage censitaire : système électoral dans lequel le droit de vote est réservé aux citoyens les plus riches, en fonction du cens, c'est-à-dire du montant de leurs impôts.

2 La Charte révisée de 1830

En 1830, Louis-Philippe prête serment sur une Charte amendée.

« LOUIS-PHILIPPE, ROI DES FRANÇAIS, à tous présents et à venir, SALUT.
NOUS AVONS ORDONNÉ ET ORDONNONS que la Charte constitutionnelle de 1814, telle qu'elle a été amendée par les deux Chambres le 7 août et acceptée par nous le 9, sera de nouveau publiée dans les termes suivants :
Art. 1 Les Français sont égaux devant la loi, quels que soient d'ailleurs leurs titres et leurs rangs.
Art. 4 Leur liberté individuelle est également garantie […].
Art. 5 Chacun professe sa religion avec une égale liberté, et obtient pour son culte la même protection.
Art. 7 La censure ne pourra jamais être rétablie.
Art. 12 La personne du roi est inviolable et sacrée […]. Au roi seul appartient la puissance exécutive.
Art. 14 La puissance législative s'exerce collectivement par le roi, la Chambre des pairs et la Chambre des députés.
Art. 67 La France reprend ses couleurs. À l'avenir, il ne sera plus porté d'autre cocarde que la cocarde tricolore.
Art. 70 Toutes les lois et ordonnances, en ce qu'elles ont de contraire aux dispositions adoptées pour la réforme de la Charte, sont dès à présent et demeurent annulées et abrogées. »

3 L'évolution du suffrage en France

Pour gouverner, Louis-Philippe s'appuie sur la bourgeoisie, favorisée par le suffrage censitaire.

	Restauration (loi de 1817)	Monarchie de Juillet
Électeurs		
Âge	30 ans	25 ans
Cens	300 francs[1]	200 francs (100 francs dans certains cas)
Nombre d'électeurs	100 000	167 000 (1831) 243 000 (1846)[2]
Pourcentage de la population	0,2 %	0,68 % (1831) 2,3 % (1846)
Éligibles		
Âge	40 ans	30 ans
Cens	1 000 francs	500 francs

1. En 1820, la loi du « double vote » permet aux électeurs les plus riches de voter deux fois. 2. Cette augmentation du nombre d'électeurs est liée à une période de relative prospérité économique qui permet un enrichissement de la population.

4 Des espoirs déçus

Lithographie d'Honoré Daumier pour le dernier numéro du journal *La Caricature*, 27 août 1835 (Musée Carnavalet, Paris).

Après l'attentat commis par Fieschi contre Louis-Philippe à Paris le 28 juillet 1835, les « lois de septembre » sur la presse interdisent la caricature politique.

5 Un régime orléaniste en difficulté et critiqué

« Si nos industries, notre commerce, notre crédit financier, sont dans un état alarmant de souffrance, je pourrais dire de ruine imminente, à qui la faute ? À qui imputer la responsabilité ? Au système qui pèse si lourdement sur nous depuis seize ans ! C'est vainement que, pour se défendre, il invoque, comme cause de cette détresse, un accident calamiteux, mais passager : le peu d'abondance des céréales. À la veille de 1789, pour masquer d'autres plans, couvrir d'autres désordres, on l'invoquait aussi. Ce n'est là que la dernière goutte qui fait déborder le vase déjà trop plein. *Ledru-Rollin ajoute, en se rangeant au nombre de ceux qui prédisent la chute du gouvernement* : encore un coup, au lieu d'attendre des réformes d'un pareil régime, ce qu'il faudrait faire avant tout, c'est de cesser de le défendre et de le réformer lui-même. »

Discours d'Alexandre Ledru-Rollin (député républicain du Mans) à la Chambre des députés, le 8 février 1847.

6 La campagne des banquets (1847-1848)

« Banquet républicain dans la salle du Jeu de paume à Versailles », gravure tirée de *L'Illustration*, 1848.

Les réunions politiques étant interdites, les républicains contournent la loi et organisent en 1847-1848 des banquets qui permettent à l'opposition de s'exprimer. Les toasts portés au cours de ces banquets sont un moyen détourné de critiquer le gouvernement.

QUESTIONS

1. **Doc. 1** Qu'est-ce qui indique que Louis-Philippe Ier ne souhaite pas revenir à un pouvoir absolu ?
2. **Doc. 2 et 3** Quels éléments montrent une certaine libéralisation de la vie politique ?
3. **Doc. 3 et 4** En quoi la monarchie de Juillet est-elle un régime malgré tout conservateur ?
4. **Doc. 5 et 6** Comment l'opposition peut-elle exprimer son mécontentement à la fin de la monarchie de Juillet ? Qui sont les principaux opposants en 1847-1848 et que souhaitent-ils ?

Synthèse Rédigez une courte synthèse expliquant dans quelle mesure Louis-Philippe a répondu aux attentes de la population : les progrès réalisés par rapport à la Restauration ; les limites de son action politique ; les oppositions.

Cours 1

L'échec des monarchies constitutionnelles (1814-1848)

Pourquoi la Restauration et la monarchie de Juillet ne se maintiennent-elles pas ?

NOTIONS

Monarchie constitutionnelle : régime politique dans lequel le pouvoir du roi est limité par une constitution ou une charte.

Restauration : désigne la période allant de 1814 à 1830 (en dehors de l'intermède des Cent-Jours) qui a vu le rétablissement des Bourbons sur le trône de France. Cette appellation moralisatrice signifie que les Bourbons pensent « réparer » la France « abîmée » par la Révolution. Pour autant, beaucoup d'acquis de la Révolution sont intégrés dans la Charte de 1814.

A La Restauration (1814-1830)

1. Louis XVIII ou la recherche du compromis (1814-1824)

- En 1814, puis en 1815, après les Cent-Jours, **Louis XVIII est porté au pouvoir par les puissances européennes qui ont fait tomber Napoléon Ier**. Pour rallier l'opinion publique, qui ne voit pas cette restauration d'un œil très positif, il doit accepter une partie des acquis de la Révolution de 1789. Contrairement aux **ultras** et à son frère (le futur Charles X), Louis XVIII comprend qu'un retour pur et simple à la monarchie absolue est impossible.
- Certes il impose le remplacement du drapeau tricolore par le drapeau blanc de la monarchie, mais la **Charte de juin 1814** montre sa volonté de compromis : elle rend au catholicisme son statut de religion d'État, sans supprimer toutefois la liberté de culte. Le roi n'est pourtant pas prêt à transiger sur tout. La **Charte** est d'ailleurs datée de la 19e année de son règne que Louis XVIII fait commencer à la mort de son neveu, « Louis XVII », en 1795.
- Majoritaires à la Chambre au lendemain de la défaite de Waterloo (1815), **les ultras se déchaînent contre ceux que l'on suspecte d'être des républicains ou des partisans des idées révolutionnaires**. Cette « Terreur blanche » fait des milliers de victimes. De 1816 à 1820, les **modérés (ou constitutionnels)** reprennent le contrôle du gouvernement et font voter des **lois libérales**. Mais après l'assassinat du duc de Berry par un bonapartiste en 1820, **les ultras reprennent le pouvoir** (ministère Villèle, 1821-1828) et imposent un **programme réactionnaire**, dont la loi du « double vote » qui permet aux électeurs les plus riches de voter deux fois.

Louis XVIII (1755-1824)
François Gérard, huile sur toile, 44 x 40 cm, 1823 (Musée national du château de Versailles).

2. Charles X ou la raideur absolutiste (1824-1830)

- Louis XVIII meurt le 16 septembre 1824. Il est remplacé par son frère Charles X. Le roi impose d'emblée deux lois qui le font apparaître comme le **protecteur assumé de ces deux piliers de l'Ancien Régime que sont l'Église et l'aristocratie** : la « loi du sacrilège », qui punit de mort les profanateurs d'église (20 avril 1825), et la loi dite du « milliard des émigrés » (28 avril 1825), qui prévoit l'indemnisation des nobles ayant fui pendant la Révolution et dont les biens avaient été confisqués.
- **L'orientation absolutiste s'affirme.** Sacré à Reims le 29 mai 1825, Charles X veut apparaître pleinement comme un roi de droit divin. Le ministère ultra-royaliste dirigé par Polignac (1829-1830), le dernier de la Restauration, impose un **pouvoir très autoritaire**. La Chambre, où dominent les constitutionnels, proteste et Charles X la dissout le 16 mai 1830. Mais l'opposition l'emporte de nouveau aux élections législatives du 19 juillet 1830. Le roi signe alors des **ordonnances qui suspendent la liberté de la presse, dissolvent de nouveau la Chambre des députés et modifient le système électoral**. Le mécontentement est à son comble.

VOCABULAIRE

Cent-Jours : reprise temporaire du pouvoir par Napoléon Ier, du 20 mars au 22 juin 1815.

Charte : p. 58.

Ultras : p. 58.

B La monarchie de Juillet (1830-1848)

1. Les « Trois Glorieuses » (27-29 juillet 1830)

- La promulgation des quatre ordonnances du 26 juillet 1830 déclenche la **révolution des « Trois Glorieuses »**. Les **libéraux** et les **républicains** y participent car ils se rejoignent dans leur détestation du régime, même si les premiers ne souhaitent obtenir qu'une monarchie réellement parlementaire et les seconds la fin pure et simple de la monarchie. Le pays, encore trop marqué par le souvenir de la Terreur, n'est pas prêt pour la solution républicaine. Les libéraux et leur chef **Adolphe Thiers** parviennent donc à imposer la **solution orléaniste** et à y rallier une figure majeure de 1789, le **marquis de La Fayette**. Le 9 août 1830, Philippe d'Orléans devient **« Louis-Philippe Ier, roi des Français »**. ▶ Point de passage, p. 60

La Fayette et Louis-Philippe
Gravure de Labastide, après 1830 (Musée Carnavalet, Paris).

2. Des débuts difficiles (1830-1835)

- Les débuts de la monarchie de Juillet sont marqués par plusieurs changements : dès son avènement, Louis-Philippe prête serment sur une charte révisée et le **drapeau tricolore** est adopté. Très vite, les orléanistes se divisent en deux tendances : le **« parti du Mouvement »** (Odilon Barrot...), qui approuve les réformes, et celui de **« la Résistance »** (François Guizot...), qui estime que la Révolution est finie et qui les refuse. Dès mars 1831, le camp de la Résistance est aux affaires.
- Le régime est aussi contesté à la fois par ses opposants politiques (**légitimistes** favorables à un retour des Bourbons ou **bonapartistes**) et par des **émeutes populaires** qui se multiplient dans un contexte de misère et de mauvaises récoltes (Lyon en 1831 et 1834). En juillet 1835, **l'attentat** républicain de Giuseppe Fieschi contre Louis-Philippe conduit le régime à adopter une série de lois répressives, appelées **« lois de septembre »**, qui incluent le rétablissement de la censure.

VOCABULAIRE

Libéraux : monarchistes partisans de l'application stricte des principes de 1789 mais pas de la démocratie ou de la république.

Président du Conseil : Premier ministre.

3. Une politique de plus en plus conservatrice (1835-1848)

- Dans l'esprit de nombreux Français, le **« roi-citoyen »** a cédé la place au « roi-bourgeois », symbole de l'indifférence à la misère sociale de la bourgeoisie conservatrice et industrielle. Politiquement, **Thiers** et **Guizot** s'opposent sur à la nature parlementaire du régime. Le premier estime que « le roi règne mais ne gouverne pas » : il devrait donc choisir ses ministres en fonction de la majorité du Parlement. Le second est convaincu que « le trône n'est pas un fauteuil vide » : le roi peut donc décider sans prendre l'avis des députés.
- À partir de 1840, Guizot domine le ministère même si, officiellement, il ne détient qu'à partir de 1847 le titre de **président du Conseil** (« moment Guizot »). Son gouvernement **modernise le pays** et contribue à sa **prospérité économique** (loi de 1842 sur l'élargissement du réseau ferré, recul du chômage) mais mène aussi une **politique conservatrice**. Afin d'assurer la prépondérance de la bourgeoisie aisée, Guizot refuse obstinément l'abaissement du cens et s'affirme comme un « ennemi décidé du suffrage universel ».
- Face à cette **intransigeance** et à la **crise économique** qui aggrave les tensions à partir de 1846, l'opposition s'organise. **La « campagne des banquets »** (1847-1848) permet de contourner l'interdiction des réunions politiques. Conscient du danger, le gouvernement interdit le 14 janvier 1848 un banquet prévu à Paris. Les organisateurs sont prêts à s'incliner mais la situation leur échappe totalement. La répression de cette manifestation ouvre la **révolution de février 1848** et marque la **fin de la monarchie de Juillet**.

François Guizot (1787-1874)
Jehan Vibert, huile sur toile, 1878 (Musée national du château de Versailles).

Ministre de Louis-Philippe pendant toute la monarchie de Juillet, il joue un rôle fondamental entre 1840 et 1848.

Point de passage

Metternich et le congrès de Vienne (octobre 1814-juin 1815)

Après la chute de Napoléon Ier, ses vainqueurs (Autriche, Prusse, Russie, Royaume-Uni) veulent restaurer l'autorité des dynasties européennes traditionnelles. La nouvelle diplomatie du Concert européen repose sur deux préoccupations majeures : instaurer une paix durable et préserver l'équilibre entre les grandes puissances sans tenir compte des aspirations des minorités nationales.

Comment le congrès de Vienne réorganise-t-il l'Europe ?

VOCABULAIRE

Concert européen : système diplomatique mis en place lors du congrès de Vienne et visant à garantir la stabilité de l'Europe en préservant l'entente et l'équilibre entre les grandes puissances.

Doc interactif
Manuel numérique

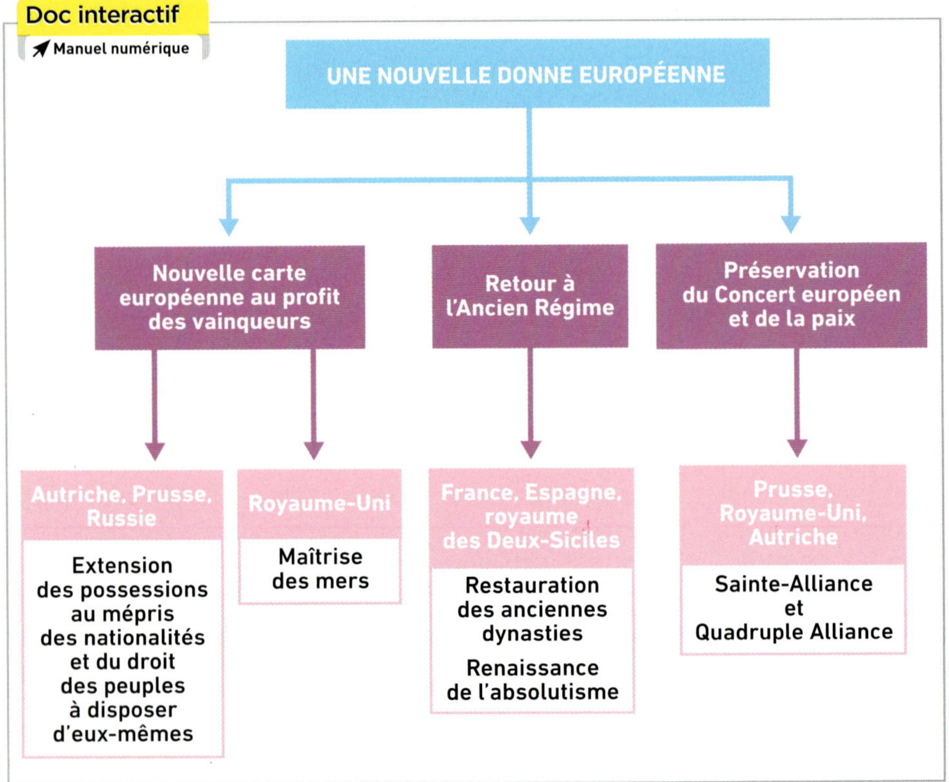

1 Les décisions du congrès de Vienne

L'Acte final du congrès de Vienne (9 juin 1815) présente les résultats de huit mois de discussions.

2 BIOGRAPHIE

Klemens Wenzel von Metternich (1773-1859)

Opposé aux idées de la Révolution française, il est ministre des Affaires étrangères de l'Autriche. Au congrès de Vienne, il parvient à imposer sa nouvelle vision de la diplomatie. Il encourage les principaux souverains à s'unir pour rétablir partout l'Ancien Régime : « Si dans cette crise effrayante, les principaux souverains de l'Europe étaient désunis, nous serions tous emportés dans un petit nombre d'années. » (*Mémoires*). Devenu chancelier en 1821, il symbolise le maintien de l'ordre établi. Il est chassé du pouvoir lors du Printemps des peuples de 1848.

3 Les conditions imposées à la France

À l'issue du congrès de Vienne, les vainqueurs imposent à la France des conditions de paix très dures (traité de Paris, 20 novembre 1815).

Pertes territoriales	La Savoie ainsi que plusieurs territoires et places-fortes le long de la frontière du nord-est.
Sanction financière	Indemnité de guerre de 700 millions de francs à verser. Frais d'entretien des troupes d'occupation (150 000 hommes).
Sanction militaire	Occupation partielle du territoire jusqu'au versement de l'indemnité de guerre[1].
Autre	Obligation de restituer les œuvres d'art « rapatriées » par Napoléon Ier.

1. Dès 1818, l'indemnité est versée et le territoire libéré.

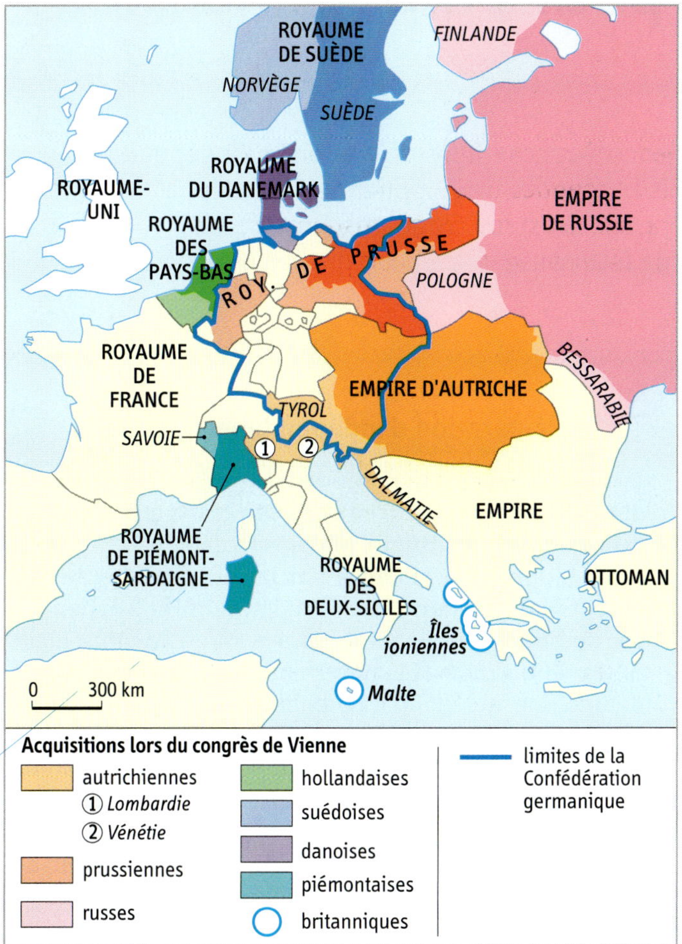

4 L'Europe en 1815

5 Le nouvel ordre européen

a. La Sainte-Alliance

« Les trois monarques contractants [empereurs d'Autriche et de Russie, roi de Prusse] demeureront unis par les liens d'une fraternité véritable et indissoluble et, se considérant comme compatriotes, ils se prêteront en toute occasion et en tout lieu assistance, aide et secours. »

Traité de la Sainte-Alliance, 26 septembre 1815.

b. La Quadruple Alliance

« L'empereur d'Autriche, le roi du Royaume-Uni [...], le roi de Prusse et l'empereur de toutes les Russies [...] ont résolu [...] de fixer [...] les principes qu'[ils] se proposent de suivre pour garantir l'Europe des dangers qui pourront encore la menacer [...].

Art. 2 [...] Comme les mêmes principes révolutionnaires qui ont soutenu la dernière usurpation criminelle, pourraient encore [...] déchirer la France, et menacer ainsi le repos des autres États, les Hautes Parties Contractantes reconnaissant solennellement le devoir de [...] veiller [...] à la tranquillité et aux intérêts de leurs peuples, s'engagent [...] à concerter [...] les mesures qu'elles jugeront nécessaires pour la sûreté de leurs États respectifs, et pour la tranquillité générale de l'Europe. »

Traité de la Quadruple Alliance, 20 novembre 1815.

6 La prise du Trocadéro (31 août 1823)

Illustration française, 1823.

Face à une tentative de soulèvement des libéraux en Espagne, les troupes françaises interviennent au nom de la Sainte-Alliance. La prise du fort du Trocadéro à Cadix leur permet de rétablir le pouvoir absolu du roi bourbon Ferdinand VII.

PARCOURS 1 : analyser des documents

1. **Doc. 1 et 2** Quels sont les objectifs recherchés par Metternich ? Sur quoi portent les décisions du congrès de Vienne ?
2. **Doc. 5** Comparez les deux traités de 1815, celui de la Sainte-Alliance et celui de la Quadruple-Alliance, en vous appuyant sur leur date, les participants et les objectifs.
3. **Doc. 1 p. 56, doc. 3 et 4** Quelle est la situation de la France face au reste de l'Europe en 1815 ?
4. **Doc. 3 et 6** Comment la place de la France évolue-t-elle dans les années suivantes ?

Synthèse Dans une courte synthèse, présentez le congrès de Vienne et la façon dont il réorganise l'Europe.

PARCOURS 2 : élaborer un plan et rédiger

Question problématisée : Comment le congrès de Vienne réorganise-t-il l'Europe ?

1. Je détermine les parties de mon plan.
2. Sur ma feuille, j'indique le titre de chaque partie et je classe les informations de façon logique dans chacune des parties.
3. À l'aide du plan, je rédige un texte argumenté sur l'Europe du congrès de Vienne.

Étude

La lutte des Grecs pour l'indépendance (1821-1830)

À l'Europe des monarques du congrès de Vienne s'opposent les aspirations à l'indépendance des peuples européens, tels les Grecs soumis à l'autorité de l'Empire ottoman depuis le XIVe siècle. Par leurs actes ou leurs œuvres, des artistes européens romantiques mobilisent l'opinion européenne en faveur de leur cause.

Comment la lutte des Grecs révèle-t-elle la volonté des peuples européens à disposer d'eux-mêmes ?

CHRONOLOGIE

Mars 1821 Début de la révolte grecque sur l'impulsion notamment de l'archevêque de Patras.

Janvier 1822 Déclaration unilatérale d'indépendance des Grecs.

Avril 1822 Massacre des habitants de Chios par les Ottomans.

Octobre 1827 Victoire navale anglo-franco-russe contre la flotte turco-égyptienne à Navarin.

14 septembre 1829 Traité d'Andrinople (le sultan signe l'indépendance de la Grèce).

3 février 1830 Indépendance de la Grèce.

VOCABULAIRE

Philhellénisme : mouvement d'opinion favorable à la lutte pour l'indépendance des Grecs dans les années 1820.

Romantisme : mouvement culturel fortement imprégné de christianisme qui s'épanouit dans la première moitié du XIXe siècle en cherchant à faire triompher les passions, la sensibilité, les libertés plutôt que la raison.

1 La déclaration d'indépendance grecque

« La nation grecque prend le ciel et la terre à témoin que, malgré le joug affreux des Ottomans qui la menaçait d'une ruine entière, elle existe encore […]. Après avoir repoussé la violence par le seul courage de ses enfants, elle déclare aujourd'hui devant Dieu et devant les hommes, par l'organe de ses représentants légitimes réunis dans le congrès national, convoqué par le peuple, son indépendance politique […]. Cette guerre est une entreprise nationale et sacrée ; elle n'a pour but que la restauration de la nation et sa réintégration dans les droits de propriété, d'honneur et de vie ; droits qui sont le partage des peuples policés […].

Sûrs de nos droits, nous ne voulons, nous ne réclamons que notre rétablissement dans l'association européenne, où notre religion, nos mœurs et notre position nous appellent à nous réunir à la grande famille des chrétiens et à reprendre, parmi les nations, le rang qu'une force usurpatrice nous a ravi injustement. »

Acte d'indépendance, Épidaure, janvier 1822.

Point de passage

2 Les massacres de Chios en peinture

Eugène Delacroix, *Scènes des massacres de Scio*, huile sur toile, 354 x 419 cm, 1824 (Musée du Louvre, Paris).

À Chios (Chio ou Scio), en 1822, les Turcs massacrent 23 000 Grecs et en vendent 50 000 autres comme esclaves. Delacroix représente des familles grecques attendant la mort ou l'esclavage.

3 Les massacres de Chios en poésie

« Les Turcs ont passé là. Tout est ruine et deuil.
Chio, l'île des vins, n'est plus qu'un sombre écueil,
Chio, qu'ombrageaient les charmilles,
Chio, qui dans les flots reflétait ses grands bois,
Ses coteaux, ses palais, et le soir quelquefois
Un chœur dansant de jeunes filles.
Tout est désert. Mais non ; seul près des murs noircis,
Un enfant aux yeux bleus, un enfant grec, assis,
Courbait sa tête humiliée ;
Il avait pour asile, il avait pour appui
Une blanche aubépine, une fleur, comme lui
Dans le grand ravage oubliée. »

Victor Hugo, « L'enfant », *Les Orientales*, 18, 8-10 juin 1828.

4 Le serment de Lord Byron à Missolonghi (1824)

Ludovico Lipparini, huile sur toile, 350 x 250 cm, XIXe siècle (Musée civique, Trévise).

Poète britannique romantique, Lord Byron s'engage militairement aux côtés des Grecs dans leur lutte pour l'indépendance. Missolonghi est prise par les Ottomans en 1826.

5 L'élan philhellénique français

À partir de 1825, un mouvement d'opinion passionnelle tente de pousser plusieurs grandes puissances européennes à intervenir en faveur des Grecs.

« Les Hellènes secouèrent le joug : il se forma [en 1825] à Paris un comité grec dont je fis partie [...]. Les dépêches de M. Fabvier[1] faisaient souffrir le comité ; [...] il nous rendait responsables de ce qui n'allait pas selon ses vues, nous qui n'avions pas gagné la bataille de Marathon. Je me dévouai à la liberté de la Grèce : il me semblait remplir un devoir filial envers une mère [...]. Je m'adressai aux successeurs de l'empereur de Russie, comme je m'étais adressé à lui-même à Vérone[2] [...]. Je travaillais dans le même sens à la Chambre des pairs, pour mettre en mouvement un corps politique. »

François-René de Chateaubriand, *Mémoires d'outre-tombe*, XXVIII, 9, 1840.

1. Colonel français engagé comme volontaire en Grèce.
2. Lieu du congrès de la Sainte-Alliance de 1822, auquel Chateaubriand assiste comme ministre des Affaires étrangères (1822-1824).

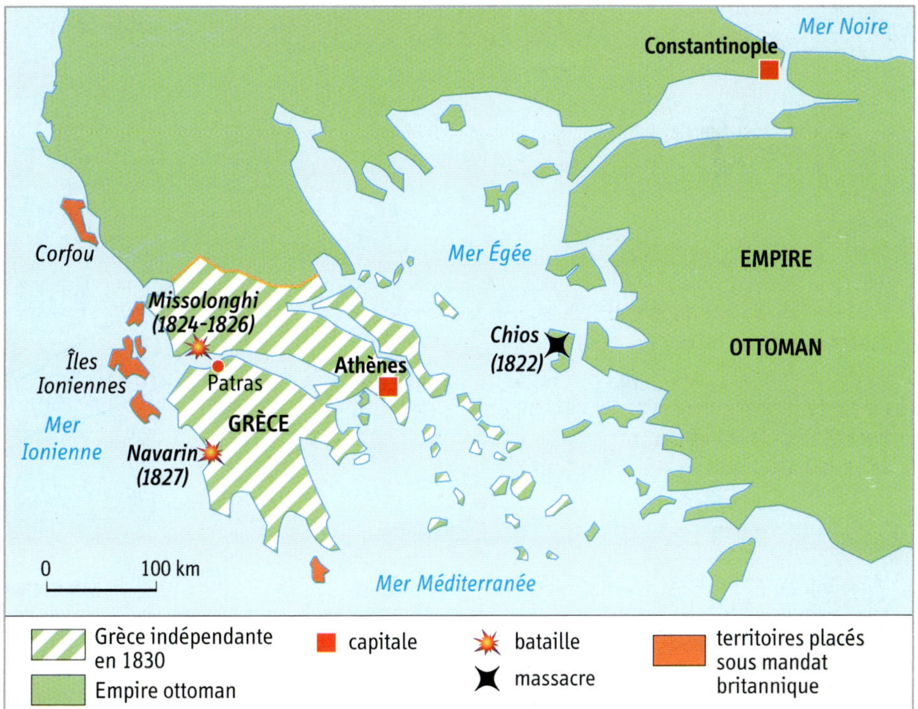

6 L'indépendance grecque (1821-1830)

Doc interactif
Manuel numérique

Les massacres de Chios

1. **Doc. 2 et 3** Présentez et analysez ces deux documents.
2. **Doc. 2 et 3** En quoi sont-ils révélateurs de l'exaltation des romantiques pour la cause grecque ?

QUESTIONS

1. **Doc. 1** Quels sont les arguments des Grecs pour justifier leur revendication d'indépendance ?
2. **Chronologie, doc. 4, 5 et 6** Selon quelles étapes se déroule la guerre d'indépendance grecque ?
3. **Doc. 2 à 5** Comment le philhellénisme parvient-il à mobiliser des soutiens européens à la cause grecque ?

Synthèse Rédigez une courte synthèse montrant comment la lutte des Grecs révèle la volonté des peuples européens à disposer d'eux-mêmes :
– confrontation entre les revendications grecques et les autorités ottomanes ;
– exaltation des soutiens et des volontaires ;
– intervention décisive de la Russie, du Royaume-Uni et de la France.

Étude La vague révolutionnaire de 1830 en Europe

À la suite de l'élan suscité par l'indépendance grecque, l'Europe se trouve confrontée à une vague révolutionnaire où les revendications libérales s'associent aux revendications nationales dans de nombreux États. Cependant, très vite, la réaction des pouvoirs en place s'organise et, le plus souvent, les révoltes sont durement réprimées.

Pourquoi la poussée révolutionnaire de 1830 n'a-t-elle que des résultats limités ?

1 Les révolutions de 1830-1832

Doc interactif — Manuel numérique

3 Une constitution pour la Belgique

Victor Lagye, gravure, 1851.

1 Paysan 2 Soldat 3 Magistrat 4 Garde civique 5 Ouvrier

La Belgique, indépendante en 1830, prend le lion pour emblème. Son roi, Léopold de Saxe-Cobourg, accepte une constitution en 1831.

2 Les Belges revendiquent l'indépendance

« Belges ! Nos compatriotes, nos amis, nos frères ! Nos représentants ont décrété l'indépendance de la Belgique [...].

Avec un chef imposé ou seulement indiqué par l'étranger, notre indépendance ne serait qu'une chimère, et notre révolution que du temps et du sang perdus. Soyons Belges et terminons la révolution comme nous l'avons commencée, par nous-mêmes. Mais, avant tout, soyons prêts à la guerre [...]. Les Polonais, comprimés entre trois États dont la politique combinée tend à l'asservissement de cette héroïque nation, repoussent les hordes innombrables et aguerries de l'autocrate[1]. Nous, c'est seulement au roi de Hollande [...] que nous avons affaire. Les différents intérêts qui divisent les puissances dont nous sommes entourés sont une sûre garantie de l'indépendance que nous saurons vouloir. Les soldats de l'Autriche et de la Prusse pourraient concourir à étouffer la liberté à Varsovie ; jamais les grands peuples de la France et de l'Angleterre ne prêteront leur appui aux prétentions du despote hollandais [...]. Belges, ne comptons que sur nous seuls ; la liberté se prend et ne se demande pas. »

Manifeste de l'Association nationale belge, 1831.

1. Le tsar Nicolas Ier de Russie.

4 **L'insurrection polonaise écrasée**

Horace Vernet, *Le Prométhée polonais*, huile sur toile, 45 x 35 mm, 1831 (Bibliothèque polonaise, Paris).

L'allégorie polonaise est représentée sous la forme d'un soldat mort attaqué par l'aigle russe. L'insurrection polonaise est écrasée par la Russie en septembre 1831. La Pologne est partagée entre la Russie, l'Autriche et la Prusse.

5 La Pologne abandonnée par l'Europe

« La révolution de Pologne est étouffée ; l'ordre règne à Varsovie [...]. Pauvre Pologne ! Elle a expiré, abandonnée par tous ceux qui lui témoignaient une amitié hypocrite ! Il est de bon ton dans les cours et dans les salons dorés de s'attendrir à l'idée de la Pologne [...]. La pauvre Pologne s'est dévouée comme une victime pour arrêter la Russie qui s'ébranlait contre la civilisation. Pour soutenir cette lutte inégale, elle avait fait appel à l'Europe occidentale : "Peuple indocile, avait-on dit tout bas dans les conseils des rois !" [...] Sous l'influence d'un vif sentiment de catholicisme, elle avait invoqué Marie, et les catholiques de France étaient restés muets dans leurs basiliques [...]. D'une voix déchirante, elle avait demandé de l'argent, elle n'avait pas trouvé de crédit ; les capitalistes n'avaient d'entrailles que pour Metternich et Ferdinand VII. Et quand elle a été écrasée, à peine quelques voix se sont élevées pour honorer son martyre. Les cabinets européens n'ont pas voulu pour elle célébrer de funérailles. Ce cadavre déposait contre leur égoïsme, ils ont eu hâte de l'enfouir. »

Le Globe (journal socialiste français), 20 octobre 1831.

6 L'agitation en Saxe

« La révolution de Juillet venait d'éclater à Paris [...]. Pour moi, l'histoire politique du monde a existé à partir de ce jour-là, et, bien entendu, je pris parti pour la révolution [...]. La Saxe ne demeura pas tranquille. À Dresde, il se livra dans les rues une véritable bataille, qui amena un changement immédiat de régime : le futur roi Frédéric fut institué régent du royaume et dût accorder une constitution [...].

La police était l'ennemi odieux sur lequel s'exerçait l'esprit libertaire de la jeunesse. Dans une bagarre quelconque, les agents avaient arrêté quelques étudiants ; il s'agissait de les délivrer [...]. La jeunesse universitaire [...] se réunit un soir sur la place du Marché. Les corporations des "Compatriotes" se rassemblèrent et firent cercle autour de leurs "anciens" [...]. Sérieux et décidés, ils se dirigèrent du marché vers l'université, où se trouvaient les cachots, afin d'en forcer les portes et de délivrer les étudiants prisonniers. Une agitation incroyable faisait battre mon cœur tandis que je marchais avec eux à l'assaut de cette nouvelle Bastille. »

Richard Wagner (1813-1883), *Ma Vie*, 1870.

QUESTIONS

1. **Doc. 1** Où a lieu la poussée révolutionnaire de 1830 et avec quels résultats ?
2. **Doc. 1 à 3** Quelles sont les principales revendications des Belges ?
3. **Doc. 1 à 3** Sur quoi et sur qui s'appuie la révolution belge pour réussir ?
4. **Doc. 1, 4 et 5** Contre qui les Polonais ont-ils lutté et comment expliquer leur défaite ?
5. **Doc. 1 et 6** Quel modèle inspire les révolutionnaires en Saxe ? Quelle forme prend leur agitation et qu'obtiennent-ils finalement ?

Synthèse Montrez que la poussée révolutionnaire de 1830 obtient des résultats limités : les revendications des peuples ; les atouts et réussites de certains révoltés ; les difficultés et échecs pour d'autres.

VOCABULAIRE

Mouvement libéral : mouvement de lutte des libéraux contre le pouvoir absolu, pour l'adoption d'une constitution et la conquête des libertés individuelles (presse, opinion, culte...).

Mouvement national : mouvement de lutte de patriotes pour l'indépendance vis-à-vis d'une domination étrangère ou pour l'unification d'une nation.

Étude La circulation des idées nouvelles

Comme au temps de la Révolution et de l'Empire, les idées nouvelles touchent toute l'Europe. Les idéaux républicains, libéraux, nationaux et bientôt socialistes se diffusent au mépris de la répression. Les groupes d'opposition s'organisent et se structurent.

Comment les idées nouvelles circulent-elles en Europe ?

1 La fête de la Wartburg et la destruction des actes du congrès de Vienne (Allemagne, 1817) Friedrich Hottenroth, gravure sur bois, vers 1880.

Les étudiants allemands des Burschenschaften profitent de fêtes pour organiser des manifestations de défense des idées libérales et de l'unité nationale. En Thuringe, ils détruisent, lors d'un grand autodafé, des livres antilibéraux à l'occasion du 300e anniversaire de la protestation de Luther et du 4e anniversaire de la bataille de Leipzig.

2 L'exil politique en France (fin 1832)

Chassés par la répression, certains révolutionnaires trouvent refuge à Paris, Bruxelles ou Londres qui deviennent ainsi des foyers de diffusion des idées nouvelles.

Nombre d'exilés politiques	Pays d'origine
15 000	Pologne (10 000 issus de la « Grande Émigration »)
	Espagne (2 800)
	Italie
	Portugal
	États allemands

Source : E. Monasse, « Les réfugiés politiques dans l'Hérault de 1814 à 1848 », *in Annales du Midi*, n° 214, 1996.

3 Mazzini et les associations libérales italiennes

a. La critique des *carbonari*

« Les uns avaient cru conspirer contre la monarchie, d'autres pour le fédéralisme, beaucoup étaient favorables à la Constitution française, d'autres à la Constitution espagnole, quelques-uns croyaient à la république ou, pour le moins, à plusieurs petites républiques […]. [La charbonnerie[1]] est un vaste et puissant corps mais dépourvu de tête. »

Giuseppe Mazzini, *Notes autobiographiques*, 1861.

b. La création de la « Jeune Italie »

« La Jeune Italie est républicaine et unitaire. Républicaine, parce que tous les hommes d'une nation sont appelés à être libres, égaux et frères, et que la forme républicaine est la seule qui assure ce destin. La Jeune Italie est unitaire parce que, sans unité, il n'y a pas vraiment de nation. Les moyens dont la Jeune Italie entend se servir pour atteindre son but sont l'éducation et l'insurrection. »

Giuseppe Mazzini, *Manifeste de la Jeune Italie*, 1831.

1. Terme français pour *carbonari*.

VOCABULAIRE

Burschenschaft : en Allemagne, association d'étudiants libéraux dont la première est créée en 1815 (elle adopte les couleurs noir, rouge et or).

Carbonari : membres de sociétés secrètes nées en Italie et luttant pour l'unité italienne en défendant des idéaux libéraux aux dépens des monarchies absolues (soulèvements notamment en 1820-1821 et 1830-1831).

Jeune Italie : journal et mouvement républicain italien, nationaliste et indépendantiste fondé en 1831 par Mazzini à Marseille (ses couleurs sont le blanc, le rouge et le vert)

4 Une réunion secrète de *carbonari*
Chromolithographie, XIXe siècle.

5 Le manifeste de la « Jeune Europe » de Mazzini

« Convaincus que tout homme et tout peuple a une mission particulière, qui, tandis qu'elle constitue l'individualité de cet homme et de ce peuple, concourt nécessairement à l'accomplissement de la mission générale de l'humanité [...].
Réunis en assemblée dans un but d'utilité générale, le 15 avril 1834, la main sur le cœur et nous portant garants de l'avenir, nous avons décidé ce qui suit :
1. La Jeune Allemagne, la Jeune Pologne et la Jeune Italie, associations républicaines, tendant à une fin identique qui embrasse l'humanité, et sous l'empire d'une même foi de liberté, d'égalité et de progrès, signent un acte de fraternité [...].
4. La ligue d'attaque et de défense solidaire des peuples qui se reconnaissent est constituée par les trois associations. Toutes les trois travailleront d'accord à s'émanciper. Chacune aura droit au secours des autres, pour toutes les manifestations solennelles et importantes qui auront lieu en sa faveur [...].
8. Tout peuple qui voudrait participer aux droits et aux devoirs de la fraternité établie entre les trois peuples fédérés par cet acte, adhérera formellement à l'acte même. »

Fait à Berne (Suisse), le 15 avril 1834.

6 Une musique engagée et patriotique

Le compositeur italien Giuseppe Verdi (1813-1901) est un patriote convaincu et ses œuvres exaltent les idéaux d'indépendance et d'unité des Italiens.

« Avec *Nabucco* [1841] et *Les Lombards à la première croisade* [1843], Verdi commence dès le début à faire de la politique avec sa musique. Les mélodies fougueuses et ardentes de Verdi rappelaient la condition malheureuse de l'Italie et ses espoirs. Le public découvrait des points de référence partout, et Verdi finissait souvent par soulever la révolution dans le théâtre. *Les Lombards* fut porté aux nues. Le fameux chœur "Ô Dieu de notre toit natal" provoqua le réveil des Lombards-Vénitiens. »

Notes de Jacopo Caponi Folchetto, ami de Verdi, Milan, 1881.

QUESTIONS

1. **Doc. 1, 3, 5 et 6** Dans un tableau, classez les critiques contre l'ordre établi et les idéaux qui apparaissent dans ces documents.

Critiquer l'ordre établi	Défendre de nouveaux idéaux

2. **Doc. 3** D'après les critiques qu'il formule contre les *carbonari*, quel objectif Mazzini veut-il atteindre en créant la « Jeune Italie » ?
3. **Doc. 3 et 5** En quoi la « Jeune Europe » poursuit-elle le processus lancé par Mazzini avec la « Jeune Italie » ?
4. **Doc. 1, 2 et 6** Dans les exemples abordés par ces documents, relevez ce qui permet d'affirmer que les moyens pour assurer la circulation des idées nouvelles sont relativement efficaces.
5. **Doc. 2 et 4** En quoi ces documents sont-ils révélateurs des menaces qui pèsent sur les révolutionnaires ?

Synthèse Rédigez une courte synthèse montrant la circulation des idées politiques nouvelles : le contenu de ces idées nouvelles ; leur diffusion ; les risques encourus.

Étude

Le Printemps des peuples (1848)

En janvier 1848, Milan puis la Sicile sont les premières à s'insurger. Mais c'est surtout la révolution de février, en France, qui a valeur de modèle. En mars, presque toute l'Europe s'embrase. Les revendications démocratiques, libérales ou nationales, révèlent un malaise profond au sein des peuples européens.

Dans quelle mesure le Printemps des peuples menace-t-il l'œuvre du congrès de Vienne ?

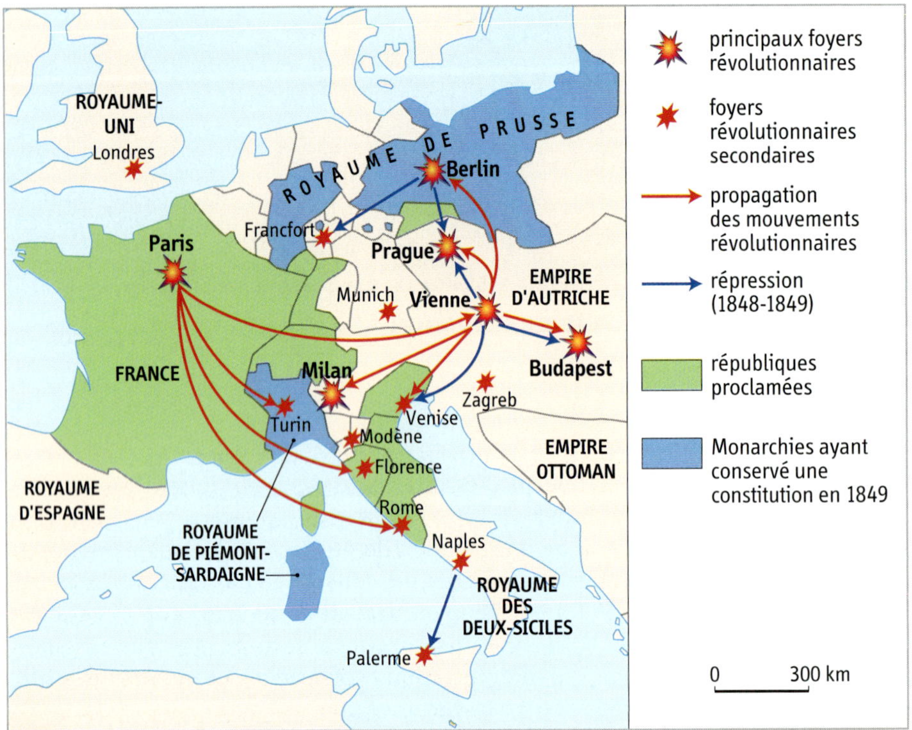

1 Le Printemps des peuples (1848)

Doc interactif
Manuel numérique

2 Revendications à Prague

« Dès le commencement de mars, le seul contrecoup des événements de Paris avait amené à Prague une agitation extraordinaire [...]. Le 11 mars, à la veille de la révolution de Vienne, il y eut [...] une assemblée publique qui était comme le premier symptôme de tout le mouvement et qui devait laisser de profonds souvenirs chez les habitants de Prague, naguère si paisibles [...]. La salle pleine, un certain Faster, un cafetier [...], donna lecture, en langue tchèque, des différents articles qu'il proposait de comprendre dans la pétition. Égalité des deux races[1] à l'école, devant la justice et devant l'autorité ; obligation pour tout employé de parler les deux langues [...] ; élargissement des bases de la représentation nationale [...] ; liberté de la presse absolue ; une chancellerie responsable siégeant à Prague ; [...] suppression des droits féodaux, des corvées [...] ; la liberté personnelle assurée ; l'égalité de toutes les confessions [...]. L'auditoire applaudissait à tout rompre, Allemands et Tchèques confondus dans le même enthousiasme. »

A. Thomas, « La praguerie de 1848 », *Revue des Deux-Mondes*, septembre 1848.

1. Peuples tchèque et autrichien.

3 Combats de barricades à Berlin

Combats de barricades sur Alexanderplatz dans la nuit du 18 au 19 mars 1848 (Kunstbibliothek, Berlin).

4 Des peuples unis pour une même cause

Frédéric Sorrieu, *La République universelle, démocratique et sociale – Le Pacte*, lithographie, 1848 (Musée Carnavalet, Paris).

Les peuples européens se rassemblent devant un arbre de la Liberté et la statue des Droits de l'homme.

5 La réaction dans les États pontificaux (1849)

Dans plusieurs régions d'Italie, le Printemps des peuples est l'occasion de proclamer la république. La République romaine est instituée le 9 février 1849, avec entre autres dirigeants, Giuseppe Mazzini. Grâce aux troupes françaises, le pape Pie IX reprend le contrôle de ses États en juillet 1849.

« Voulant rétablir l'ordre public dans les provinces qui nous ont été confiées, […] en vertu de nos pouvoirs, nous ordonnons ce qui suit :

Tout emblème de l'anarchie sera détruit ; les magistrats locaux seront chargés de relever sans retard les armes[1] et la bannière[2] du légitime gouvernement pontifical […].

Toute association politique est dissoute. […]

Depuis onze heures du soir, quiconque sera trouvé dans les rues, sans motif juste et grave, sera arrêté et condamné à cinq jours d'emprisonnement, et à un mois en cas de récidive.

La liberté de la presse est et demeure suspendue. On devra soumettre à l'autorité ecclésiastique ou à la police, suivant les matières, tout ce que l'on voudra publier. »

G. d'Andrea, archevêque de Mytilène, commissaire pontifical extraordinaire, août 1849.

1. Au sens d'armoiries.
2. Drapeau.

6 « À Naples : le meilleur des rois continuant à faire régner l'ordre dans ses États »

Caricature de Daumier de Ferdinand II roi de Sicile, parue dans *Le Charivari*, 1851 (National Gallery of Art, Washighton DC).

QUESTIONS

1. **Doc. 1** Montrez que le Printemps des peuples est une révolution de peuples européens.
2. **Doc. 2** Quelles sont les revendications tchèques ?
3. **Doc. 4** Décrivez le document et donnez-en le sens.
4. **Doc. 1, 3 et 6** Comment la répression du Printemps des peuples a-t-elle lieu et comment se diffuse-t-elle ?
5. **Doc. 5** Quelles sont les mesures prises pour « rétablir l'ordre public » dans les États pontificaux et les termes employés prouvant le caractère réactionnaire de ce texte ?
6. **Doc. 1** Quels États parviennent finalement à conserver une constitution en 1849 ?

Synthèse Proposez une courte synthèse expliquant dans quelle mesure le Printemps des peuples menace l'ordre européen établi lors du congrès de Vienne : le phénomène et son ampleur ; les revendications des peuples ; le résultat final.

Cours 2

L'ordre européen menacé (1814-1848)

Comment l'ordre européen du congrès de Vienne est-il fragilisé ?

NOTION

Mouvements nationaux : mouvements revendiquant le droit des nations à être reconnues en tant que peuples souverains à la tête de leur propre État. Chaque nation se reconnaît un territoire, une langue, des traditions, une histoire communs.

VOCABULAIRE

Burschenschaften : p. 73.

Carbonari : p. 72.

Concert européen : p. 66.

Jeune Italie : p. 72.

Mouvements libéraux : p. 71.

Patriotes : nom donné à ceux qui luttent pour l'indépendance ou l'unification de leur nation.

Giuseppe Mazzini (1805-1872)
Lithographie de F. Perrin, 1851.
Républicain italien, partisan de l'unité italienne qui symbolise la première génération du Risorgimento. Il participe au mouvement des *Carbonari* à partir de 1827 puis s'exile en France en 1831 où il fonde Jeune Italie qui cherche à unifier les révolutionnaires.

A L'ordre du congrès de Vienne : l'Europe des princes

1. Le congrès de Vienne

- Tenu dans la capitale autrichienne entre septembre 1814 et juin 1815, le **congrès de Vienne** réunit tous les dirigeants européens. Cependant, ce sont les grands vainqueurs de Napoléon Ier – l'Autriche, la Prusse, la Russie, le Royaume-Uni – qui décident des clauses de l'Acte final, largement inspirées par le prince de **Metternich**. Soucieux du retour à l'ordre ancien, **ils restaurent le pouvoir des anciennes dynasties** renversées sous la Révolution française ou l'Empire napoléonien. En France, les Bourbons sont rétablis sur le trône de France en la personne de Louis XVIII, frère de Louis XVI. ▶ Point de passage, p. 66
- **Les puissances victorieuses redessinent les frontières de l'Europe** à leur profit. L'Autriche, la Russie et la Prusse annexent de nombreux territoires **sans tenir compte des revendications nationales**, tandis que la France est ramenée à ses frontières de 1792 (la Savoie et Nice sont rattachées au Piémont-Sardaigne et la Belgique est intégrée au royaume des Pays-Bas).

2. La Sainte-Alliance et la Quadruple Alliance

- Le dispositif international repose avant tout sur la **Sainte-Alliance** scellée le 26 septembre 1815 entre l'Autriche, la Russie et la Prusse. Il s'agit d'un engagement de solidarité mutuelle permettant de réprimer par la force d'éventuels troubles révolutionnaires. Ces trois vainqueurs forment une union sacrée fondée sur le maintien de la tradition monarchique et chrétienne et opposée aux **mouvements nationaux**. **Le Royaume-Uni refuse d'y participer**, jugeant cette alliance réactionnaire.
- La **Quadruple Alliance** (20 novembre 1815), incluant cette fois le Royaume-Uni, prévoit l'organisation régulière de congrès internationaux (Vérone, 1822) destinés à empêcher tout mouvement national en Europe. Peu à peu, la France réintègre le **Concert européen** et retrouve la confiance des alliés après son intervention militaire en Espagne en 1823 contre un mouvement révolutionnaire libéral mettant en danger la monarchie de Ferdinand VII.

B L'essor du mouvement des nationalités

1. Les revendications et la circulation des idées

- **Les revendications des peuples ne sont pas prises en compte**. Ceux-ci aspirent à plus de libertés et de droits, en particulier politiques (**mouvements libéraux**). Ils s'inspirent notamment des Lumières et du fonctionnement politique du Royaume-Uni. L'unité ou l'indépendance de nations divisées ou dominées sont également des préoccupations de première importance (**mouvements nationaux**).
- Un peu partout en Europe (Allemagne, Italie, Pologne, France...), **libéraux** et **patriotes** s'organisent pour faire triompher les idées nouvelles (organisation des ***Burschenschaften***, ***Carbonari***, création de la **Jeune Italie** puis de la Jeune Europe) et pour échapper à la répression (réunions secrètes, exil...).

2. Les premières vagues révolutionnaires

- **L'insurrection** est le moyen le plus employé pour tenter d'obtenir des changements politiques. Les **Grecs**, en révolte à partir de 1821 contre l'Empire ottoman, parviennent à rallier l'opinion européenne à leur cause (**philhellénisme**), ce qui pousse les puissances occidentales à les aider dans leur marche vers l'indépendance (1830). Les **massacres de Chios en 1822** reçoivent un écho important au sein de la jeunesse romantique européenne (Lord Byron, Chateaubriand...).

▶ Point de passage, p. 68

- En revanche, si l'on plaint le malheur des **Polonais en 1830**, aucun État ne se mobilise en leur faveur pour empêcher la répression russe à Varsovie. De même, les révoltes allemande et italienne sont réprimées par l'Autriche en 1831-1832. La **Belgique**, également soulevée en 1830, gagne son indépendance en **1831** grâce au soutien de la France et du Royaume-Uni. **Le succès de la vague révolutionnaire de 1830 reste donc limité.**

« L'ordre règne à Varsovie »

Caricature de Grandville parue dans *Le Charivari*, 1832.

C Le Printemps des peuples (1848)

1. Un malaise européen

- Dans l'Europe de 1848, les frustrations politiques de 1830 restent d'actualité : d'abord celle de la **souveraineté** nationale et des **libertés** face à des gouvernements autoritaires, puis celle du **droit des peuples à disposer d'eux-mêmes** et à revendiquer, selon les cas, leur unité (Allemagne, Italie) ou leur indépendance (minorités sous domination autrichienne). **La crise économique** qui touche le continent à partir de 1846 accentue encore les tensions.
- Dans ce contexte, de nombreuses nations (Allemands, Tchèques, Hongrois, Italiens...) entrent de nouveau en rébellion dans le sillage de la France, soulevée dès février 1848.

VOCABULAIRE

Philhellénisme : p. 68.

***Risorgimento* :** « Renaissance » ou « résurrection ». Nom donné au mouvement national italien du XIXe siècle dont l'objectif est de réaliser l'unité de l'Italie.

2. L'Europe en révolution

- La **révolte viennoise** du 13 mars 1848 est un bouleversement, car l'Autriche apparaît jusqu'alors comme la principale garante de l'ordre du congrès de Vienne sur le continent. Ainsi, les foyers révolutionnaires se multiplient.
- Au cours des premiers mois, les insurgés remportent de nombreux succès. Plusieurs souverains concèdent **des constitutions libérales** (États allemands et italiens). Dans certains cas, les **républicains** parviennent même à prendre le pouvoir en chassant les Autrichiens (Venise) ou le pape (Rome). À Vienne, la révolution contraint Metternich à l'exil en 1848. Les principales minorités de l'Empire d'Autriche (Tchèques, Hongrois, Roumains...) cherchent à s'émanciper. Certaines libertés – de parole, de réunion, d'association, de la presse – sont accordées.

La révolution hongroise en 1848

Lithographie, XIXe siècle.

Le 15 mars 1848, le poète Petöfi récite « Debout Hongrois ! », qui devient par la suite un chant national. À sa droite, Kossuth, qui a proclamé l'indépendance de la Hongrie en avril 1849 (réprimée par l'Autriche en août 1849).

3. Le triomphe de la réaction

- **L'Autriche** donne l'exemple de la fermeté (écrasement de la révolution à Prague en juin 1848, à Vienne en octobre 1848) et obtient même l'aide de la Russie pour réprimer la **résistance hongroise** (1849). En Italie, son armée rétablit sur leur trône les souverains que les républicains avaient chassés tandis que la France restaure le pape à Rome (1849). Quant au **roi de Prusse**, il refuse la couronne d'Allemagne, parce qu'elle lui est offerte par un Parlement élu.
- L'échec des révolutionnaires n'est pourtant pas total. Outre le maintien de certaines réformes libérales (le Piémont-Sardaigne et la Prusse conservent leur Constitution : ils apparaissent comme de possibles candidats aux futures unifications italienne et allemande), le Printemps des peuples a prouvé la **fragilité de certains gouvernements**. Cette révolution est donc une étape qui permet de renforcer la détermination des insurgés.

1 ANALYSE DE DOCUMENT

CONSIGNE **Après avoir présenté le document, vous vous demanderez comment la Charte de 1814 tente de réconcilier durablement les Français. Vous pourrez d'abord souligner la volonté de préserver des acquis de la Révolution, mais aussi de restaurer durablement la monarchie pour réunir tous les Français.**

Document La défense de la Charte de 1814

« Et qui pourrait se plaindre de cette Charte ? Elle réunit toutes les opinions, réalise toutes les espérances, satisfait tous les besoins. [...] Il faut se souvenir que **depuis soixante ans les Français se sont accoutumés à penser librement sur tous les sujets**. [...] Les idées d'une indépendance légale et légitime ont survécu : elles existent partout, dans le soldat sous la tente, chez l'ouvrier dans sa boutique. Si vous voulez contrarier ces idées, [...] elles feront explosion, et, en éclatant, causeront des bouleversements nouveaux. Il est donc nécessaire de chercher à les employer dans un cadre de choses où elles aient assez d'espace pour se placer et pour agir, et où cependant elles rencontrent une digue assez forte pour résister à leurs débordements. C'est ce que le roi a merveilleusement senti, et c'est à quoi il a pourvu avec la Charte ; toutes les bases d'une liberté raisonnable y sont posées ; et les principes républicains s'y trouvent si bien combinés, qu'ils y servent à la force et à la grandeur de la monarchie. [...] Elle convient donc également, cette Charte, à tous les Français : les partisans du Gouvernement moderne parlent au nom des Lumières qui leur semblent éclairer aujourd'hui l'esprit humain ; les défenseurs des institutions antiques invoquent l'autorité de l'expérience : ceux-ci plaident la cause du passé, ceux-là l'intérêt de l'avenir. Les républicains disent : "Nous ne voulons pas retourner à la féodalité [...]". Les royalistes s'écrient "Nous ne voulons pas, de constitution en constitution, nous égarer dans de vains systèmes, abandonner ces idées morales et religieuses qui ont fait la gloire et le bonheur de nos aïeux". Aucun de ces excès n'est à craindre dans l'espèce de monarchie rétablie par le roi. [...] La Charte, [...] c'est un traité de paix signé entre les deux partis qui ont divisé les Français : traité où chacun des deux abandonne quelque chose de ses prétentions pour concourir à la gloire de la Patrie. »

François-René de Chateaubriand, *Journal des débats*, 4 octobre 1814.

Répondez aux questions suivantes pour vous aider à rédiger l'analyse du document.

J'identifie le document

1. Présentez le document : nature, auteur, source et date. Présentez rapidement le contexte politique de cette période.

Je comprends le document

2. D'après vos connaissances, à quels moments de l'histoire de France Chateaubriand fait-il allusion dans le passage en gras ? Pourquoi Louis XVIII doit-il tenir compte de ces moments ?
3. Pourquoi le roi doit-il aussi tenir compte de l'avis des royalistes ?
4. Comment finalement, selon Chateaubriand, la Charte permet-elle de restaurer durablement la monarchie et de clore la Révolution ?

Je rédige une synthèse

5. Rédigez une synthèse à l'aide du document et de vos connaissances personnelles. Vous pouvez vous appuyer sur le plan suivant (chaque couleur renvoie à une partie) :
I. Préserver des acquis de la Révolution...
II. ... et restaurer la monarchie...
III. ... pour réconcilier durablement les Français

Je rédige la conclusion à l'aide de mes connaissances personnelles

6. Finalement, cette Charte est-elle parvenue à réconcilier durablement les Français et à clore l'ère des révolutions ?

QUI EST FRANÇOIS-RENÉ DE CHATEAUBRIAND ?

(1768-1848)
Écrivain et homme politique royaliste, de petite noblesse et hostile à la Révolution française, Chateaubriand part pour les États-Unis en 1791 puis rentre en Europe pour rejoindre l'armée des émigrés en 1792. Blessé, il part pour Londres. Il rentre en France sous le Consulat de Bonaparte et rédige ses premiers grands succès littéraires (*Atala*, 1801 ; *Le Génie du christianisme*, 1802). Il est ministre des Affaires étrangères sous Louis XVIII lors de la Restauration.

2 ANALYSE DE DOCUMENTS

CONSIGNE **Après avoir présenté les documents, vous montrerez que l'on peut avoir des perceptions différentes du Printemps des peuples. Vous pourrez vous intéresser aux acteurs de ces mouvements révolutionnaires, à leurs revendications et aux différents sentiments suscités par ces événements.**

Document 1 L'avis d'un étudiant

À 19 ans, l'étudiant allemand de catégorie sociale modeste Carl Schurz (1829-1906) participe aux événements de 1848.

« Un matin vers la fin de février 1848, j'étais assis paisiblement dans le grenier qui me servait de chambre [...] quand soudain un ami se précipita hors d'haleine dans ma chambre et s'exclama : "Les Français ont renversé Louis-Philippe et proclamé la République !" [...]

Bientôt, le mot "démocratie" fut dans toutes les bouches, et beaucoup pensaient que si les princes refusaient d'accorder au peuple ses droits, les simples requêtes céderaient le pas à la force même si, bien sûr, chacun espérait que la régénération de la patrie s'accomplisse pacifiquement. [...] Comme beaucoup de mes amis, j'étais dominé par le sentiment qu'enfin était arrivé le moment de donner au peuple allemand la liberté qui était son droit naturel et à la patrie allemande son unité et sa grandeur. [...]

De grandes nouvelles arrivèrent de Vienne. Là-bas, les étudiants de l'université avaient été les premiers à défier l'empereur d'Autriche en réclamant la liberté et des droits pour le citoyen. Le sang avait coulé dans les rues et la chute de Metternich en avait été le résultat. Les étudiants en armes avaient formé une garde de la liberté. Les grandes villes de Prusse étaient également touchées par ce formidable mouvement. Cologne, Coblence et Trèves, mais aussi Breslau, Königsberg et Francfort-sur-l'Oder avaient envoyé des députations à Berlin pour porter leurs revendications au roi. Dans la capitale prussienne, les masses avaient envahi les rues, et chacun espérait des événements d'une grande importance. »

Carl Schurz, *Réminiscences*, 1906-1908, D. R.

Document 2 L'avis d'un membre de l'élite dirigeante

Bourgeois parisien, Prosper Mérimée (1803-1870) s'adresse à une amie noble espagnole.

« Chère comtesse,

Que dites-vous de cette tempête qui balaye les rois comme de la paille ? Chaque jour nous apporte la nouvelle d'une révolution et d'un trône renversé. Qui jamais se serait attendu à voir Vienne imiter Paris ? Je vous disais il y a quelques temps que la révolution avait un caractère d'épidémie et qu'elle remplaçait le choléra. Je ne me trompais guère. Nous sommes ici toujours dans la même position, tranquilles, mais vivant au jour le jour. [...]

Ils [les Allemands] veulent constituer un peuple germanique homogène [...]. On se demande ce que feront ces ouvriers toujours si menaçants quand il n'y aura plus rien à leur donner. Que vous êtes heureux en Espagne de n'avoir pas cette plaie de l'industrie. »

Prosper Mérimée, *Lettres à la comtesse de Montijo*, 25 mars 1848, « Le Temps retrouvé ».

QUI EST PROSPER MÉRIMÉE ?

(1803-1870)

Il est l'auteur de romans historiques et de nouvelles célèbres. Nommé inspecteur des Monuments historiques en 1834 sous la monarchie de Juillet, il engage la restauration de nombreux monuments particulièrement abimés par le temps et au cours de la Révolution française. Élu à l'Académie française en 1844, il devient sous le Second Empire un proche de Napoléon III et de la famille impériale.

Répondez aux questions suivantes pour vous aider à rédiger l'analyse de documents.

Je présente les documents

1. Présentez la nature, les auteurs, les dates de chaque document. Quel contexte politique évoquent-ils ?

J'analyse les documents pour rédiger le développement

2. D'après les deux textes, qui participe aux mouvements révolutionnaires ?
3. Quelles sont les revendications des révolutionnaires en 1848 et quels sont les moyens envisagés pour obtenir satisfaction ?
4. Les sentiments suscités par les événements de 1848 sont-ils les mêmes dans les deux textes ? Justifiez votre réponse.

Je conclus

5. Concluez en quelques phrases sur le sens général des documents.

Méthode
- Rédiger le développement
- Rédiger la conclusion

3 RÉPONDRE À UNE QUESTION PROBLÉMATISÉE

QUESTION **Dans quelle mesure la monarchie constitutionnelle est-elle acceptée par les Français de 1814 à 1848 ?**

Introduction

Avec la chute de l'Empire et l'abdication de Napoléon Ier, les Français sont à la merci des puissances étrangères victorieuses. La solution monarchique et la Restauration des Bourbons sur le trône sont retenues comme étant, aux yeux de Metternich, le meilleur moyen de garantir la paix et la stabilité en Europe. Pourtant, cette Restauration ne va pas de soi et sa réussite dépend tout autant de la capacité des souverains à faire des concessions que de celle des Français à se contenter de ce que leur octroie le pouvoir. Ce compromis, qui semble acceptable pendant le règne de Louis XVIII, devient presque impossible avec Charles X. Quant à la « solution » orléaniste, elle ne met fin à la crise qu'en apparence et de façon provisoire.

Dans quelle mesure la monarchie constitutionnelle est-elle acceptée par les Français de 1814 à 1848 ?

Partie I. Les Français et la mise en place de la Restauration : le règne de Louis XVIII (1814-1824)

L'arrivée au pouvoir de Louis XVIII n'est pas le résultat de l'attente des Français mais celui d'un choix stratégique des puissances européennes. Le nouveau souverain, conscient de ce handicap mais également soucieux de ses prérogatives, « octroie » au peuple une Charte qui se veut un texte de compromis. Elle se présente comme un double héritage de l'Ancien Régime d'une part, des Lumières et de la Révolution d'autre part. Par ses concessions, Louis XVIII parvient à établir une monarchie constitutionnelle. Il maintient les libertés acquises en 1789 de même que certains progrès politiques. Il accorde aux Français le suffrage censitaire et le droit d'avoir des députés élus. De plus, même si le roi reste inviolable et sacré et s'il détient des pouvoirs importants, comme celui de dissoudre la Chambre des députés et de légiférer par ordonnances, c'est-à-dire sans consulter les représentants de la nation, il respecte le principe de la séparation des pouvoirs.

Mais le roi n'est pas prêt à transiger sur tout. Il rend donc à la religion catholique son statut de religion d'État, revient au drapeau blanc de la monarchie et considère d'ailleurs 1814 comme la 19e année de son règne, commencé selon la tradition, à la mort de son prédécesseur et neveu, « Louis XVII », en 1795. De plus les tensions ont du mal à s'apaiser dans le pays. Dès 1815, les ultras (majoritaires à la Chambre) déchaînent la Terreur blanche contre tous ceux qu'ils soupçonnent d'être des partisans de la Révolution, sans que Louis XVIII puisse l'empêcher. L'assassinat du duc de Berry (1820) par le bonapartiste Louvel, qui souhaite anéantir la souche des Bourbons, radicalise Louis XVIII. Les ultras imposent la loi du « double vote » qui permet aux électeurs les plus riches de voter deux fois. Ils relancent également la répression contre les bonapartistes et les républicains.

Partie II
Partie III
Conclusion

1. **Parties II et III.** Rédigez les parties II et III en suivant cette démarche en deux temps.

• Choisissez les titres de vos parties et de sous-parties (IIA et IIB puis IIIA et IIIB) parmi les propositions suivantes :
un roi absolu chassé, un nouveau compromis orléaniste, les Français et la monarchie de Charles X, l'échec de Louis-Philippe, un absolutisme assumé, les Français et la monarchie de Juillet

• Répartissez ces mots-clés, présentés ici dans le désordre, dans vos différentes sous-parties puis rédigez les parties II et III (vous pouvez aussi en utiliser d'autres en mobilisant vos connaissances personnelles) :

Partie II	Partie III
1824 ; monarchie absolue ; « loi du sacrilège » ; loi sur les émigrés ; députés constitutionnels ; les quatre ordonnances ; Charles X ; sacre à Reims (1825) ; ultras ; révolution des « Trois Glorieuses »	*roi des Français ; « campagne des banquets » ; La Fayette ; Charte révisée (1830) ; suppression de la censure ; drapeau tricolore ; lois de septembre 1835 ; Guizot ; monarchie de Juillet ; révolution de 1848*

2. **Conclusion** Rédigez une conclusion en quelques phrases :
– rappelez les trois règnes de la monarchie constitutionnelle en France de 1814 à 1848 ;
– puis expliquez rapidement pourquoi la monarchie constitutionnelle a échoué.

4 RÉPONDRE À UNE QUESTION PROBLÉMATISÉE

Méthode

▸ Rédiger le développement

QUESTION **Comment les souverains européens cherchent-ils à s'opposer aux revendications des peuples entre 1814 et 1848 ?**

Introduction

Entre 1814 et 1848, du congrès de Vienne au Printemps des peuples, l'Europe des princes oppose, dans l'ensemble, un front uni face aux revendications des peuples, qu'il s'agisse de revendications libérales ou de revendications nationales. Le risque de révolte est d'ailleurs envisagé par les souverains qui se dotent préventivement des moyens d'une réponse solidaire. Conscients, par ailleurs, de ne pouvoir rejeter en bloc toutes les requêtes, ils acceptent certaines concessions. Mais, chaque fois que cela est possible, ils optent pour la fermeté face aux exigences des peuples et n'hésitent pas recourir à la violence pour écraser les révoltes.

Comment les souverains européens cherchent-ils à s'opposer aux revendications des peuples entre 1814 et 1848 ?

Partie I.

Les Princes prennent des mesures préventives dès 1814. Ces mesures touchent particulièrement la France car ils ont été marqués par l'expérience de la Révolution et de l'Empire. Restaurer l'ancienne monarchie française constitue pour eux une garantie de stabilité mais les Cent-Jours ont prouvé que cela ne suffisait pas à écarter tout danger. C'est pourquoi le traité de Paris du 20 novembre 1815 impose des conditions de paix strictes, en particulier en matière financière. L'indemnité de guerre fixée à 700 millions de francs est également associée à une occupation partielle du territoire qui a non seulement pour but d'humilier le vaincu mais aussi et surtout de placer cette nation rebelle sous surveillance. Si la tutelle est officiellement levée en 1818, la méfiance reste de mise jusqu'en 1823. À cette époque, l'intervention des troupes françaises en Espagne en faveur d'un monarque absolu, Ferdinand VII, apparaît comme un gage suffisant : la France peut désormais participer aux décisions prises par le « concert européen » des principales monarchies.

Si les craintes que suscite la France s'estompent, les princes doivent aussi se soucier de leurs propres peuples. Le sentiment national et les revendications libérales nés de la période révolutionnaire ne s'éteignent pas avec le retour à l'ordre ancien. Pour y faire face, Metternich et les autres diplomates du congrès de Vienne comptent sur l'équilibre et la solidarité entre les grandes puissances. Les traités de la Sainte-Alliance (26 septembre 1815) et de la Quadruple Alliance (20 novembre 1815) sont très clairs sur ce point. Les membres (Autriche, Russie et Prusse auxquels s'ajoutent, pour le second traité, le Royaume-Uni) s'engagent à intervenir et à empêcher tout mouvement révolutionnaire qui mettrait les monarchies européennes en péril. Ces traités donnent aux souverains le droit et les moyens d'intervenir militairement sur l'ensemble du continent pour réprimer d'éventuelles révoltes. Le traité de la Quadruple Alliance rappelle au passage la vigilance dont il faut faire preuve à l'égard de la France, épicentre le plus probable du séisme européen tant redouté.

Partie II. Les souverains font quelques concessions

A. La Charte en France : 1814 et 1830

B. Le soutien à l'indépendance grecque

Partie III. Mais ils répriment aussi la majorité des oppositions

A. Les révolutions de 1830 et le succès en Belgique

B. Le Printemps des peuples et la répression en 1848

Conclusion

Comme le craignaient les grandes puissances représentées au congrès de Vienne, la France est, en 1830 comme en 1848, le point d'origine de l'incendie, l'étincelle de cette Europe prête à s'embraser pour faire entendre la voix des peuples. Face à une telle détermination, les souverains font le choix de l'unité. Ils n'empêchent certes pas les soulèvements mais aident à les réduire. Après l'échec du Printemps des peuples, nombreux sont les patriotes et les libéraux à prendre conscience que la victoire passera par d'autres moyens.

1. **Partie I.** Identifiez les différents éléments de la première partie rédigée (idée générale de la partie / idée générale de chaque sous-partie / arguments et exemples utilisés).
2. **Partie II et III.** Rédigez les parties II et III à l'aide du plan fourni et de vos connaissances personnelles.

L'Europe entre restauration et révolution (1814-1848)

COMPRENDRE LE CHAPITRE

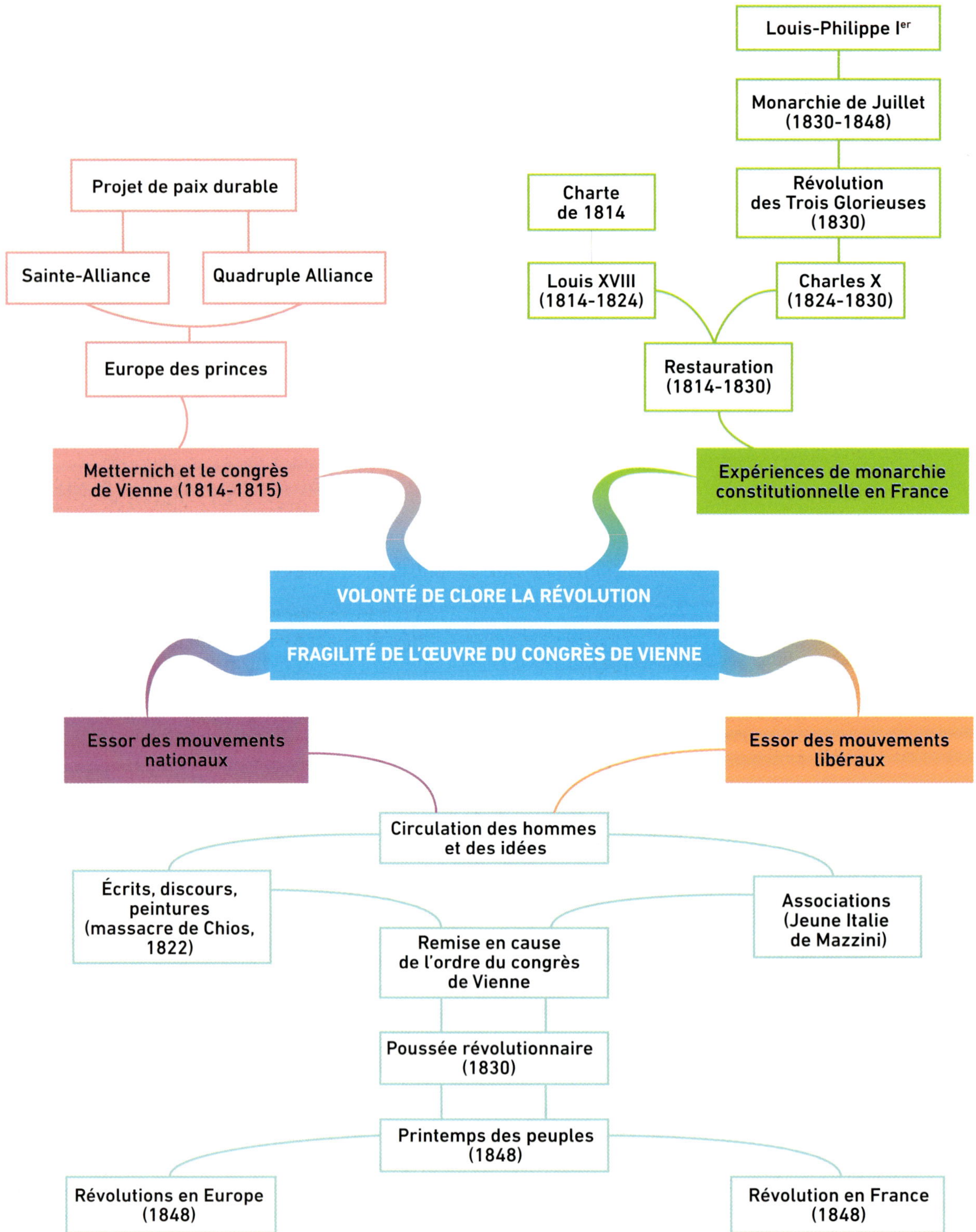

PERSONNAGES ESSENTIELS

Louis XVIII (1755-1824), frère de Louis XVI et de Charles X, est roi de France au début de la Restauration de 1814 à 1824 (en dehors des Cent-Jours du 20 mars au 22 juin 1815). → p. 58

Charles X (1757-1836), frère de Louis XVI et de Louis XVIII, succède à ce dernier en 1824 avant d'être renversé par la révolution de 1830. → Bio p. 59

Louis-Philippe (1773-1850), cousin de Louis XVIII et de Charles X, est roi des Français de 1830 à 1848. Il dirige la monarchie de Juillet avant d'être renversé par la révolution de 1848. → p. 62

Profondément choqué par la Révolution française, **Klemens von Metternich** (1773-1859) dirige la diplomatie autrichienne de 1809 à 1848, imposant notamment ses idées conservatrices lors du congrès de Vienne de 1815. → Bio p. 66

Giuseppe Mazzini (1805-1872) est un nationaliste italien, fondateur en 1831 de l'organisation « Jeune Italie ». Il imagine l'unification italienne à partir de l'insurrection du peuple afin de former une république. → Bio p. 76

DATES CLÉS

1814-1830	Restauration
1814	Charte accordée par Louis XVIII
1814-1815	Metternich et le congrès de Vienne
1822	Massacre de Chios
27-29 juillet 1830	Révolution des « Trois Glorieuses »
1830-1848	Monarchie de Juillet
1830	Vague révolutionnaire européenne
1848	Printemps des peuples en Europe

NOTIONS À MAÎTRISER

Monarchie constitutionnelle Régime dans lequel le pouvoir du roi est limité par une constitution ou une charte.

Mouvements nationaux Mouvements revendiquant le droit des nations à être reconnues en tant que peuples souverains à la tête de leur propre État.

Restauration Désigne la période allant de 1814 à 1830 (en dehors de l'intermède des Cent-Jours du 20 mars au 22 juin 1815) qui a vu le rétablissement des Bourbons sur le trône de France. Cette appellation moralisatrice choisie par les Bourbons signifie qu'ils pensent « réparer » la France « abîmée » par la Révolution. Pour autant, beaucoup d'acquis de la Révolution sont intégrés dans la Charte de 1814.

RÉPONDRE ET MÉMORISER

1. Quel texte « octroyé » par Louis XVIII limite le pouvoir royal en 1814 ?
2. Quel événement amène Louis XVIII à suspendre les libertés ?
3. Quelle cérémonie monarchique traditionnelle est restaurée par Charles X en 1825 ?
4. Quelle décision de Charles X déclenche la révolution des « Trois Glorieuses » ?
5. Quel diplomate impose sa vision de l'Europe lors du congrès de Vienne ?
6. Quels sont les objectifs respectifs de la Sainte-Alliance et de Quadruple Alliance ?
7. Quand et contre qui les Grecs veulent-ils prendre leur indépendance ?
8. Qu'est-ce que le philhellénisme ?
9. Qu'est-ce que le *Risorgimento* ?
10. Quels pays européens sont touchés par des mouvements révolutionnaires en 1848 ?

Mémorisation active

Mémocartes
hatier-clic.fr/19h1003

3 La difficile entrée dans l'âge démocratique : la IIe République et le IInd Empire (1848-1870)

Pourquoi l'entrée dans l'âge démocratique est-elle difficile ?

1 **Le trône de Louis-Philippe brûlé place de la Bastille, à Paris le 24 février 1848**

Lithographie, 1848 (BNF, Paris).

En 1847, l'opposition républicaine à la monarchie de Juillet demande une réforme électorale permettant d'instaurer le suffrage universel. Les républicains organisent la « campagne des banquets » afin de contourner l'interdiction de manifester. Lors d'un de ces banquets, le poète Alphonse de Lamartine annonce l'imminence de la « révolution du mépris ».

IIe RÉPUBLIQUE | **SECOND EMPIRE**

24 février 1848 Proclamation de la IIe République

23 avril 1848 Premières élections au suffrage universel masculin

22-26 juin 1848 Journées de juin

10 décembre 1848 Louis-Napoléon Bonaparte, premier président de la République

2 décembre 1851 Coup d'État de Louis-Napoléon Bonaparte

2 décembre 1852 Proclamation du Second Empire (Napoléon III)

8 mai 1870 Plébiscite sur les réformes libérales

4 septembre 1870 Proclamation de la IIIe République

1850 — 1860 — 1870

Alphonse de Lamartine (1790-1869)

George Sand (1804-1876)

Louis-Napoléon Bonaparte (1808-1873)

POINT DE PASSAGE p.86

p.88 POINT DE PASSAGE

p.91 POINT DE PASSAGE

Doc interactif
Manuel numérique

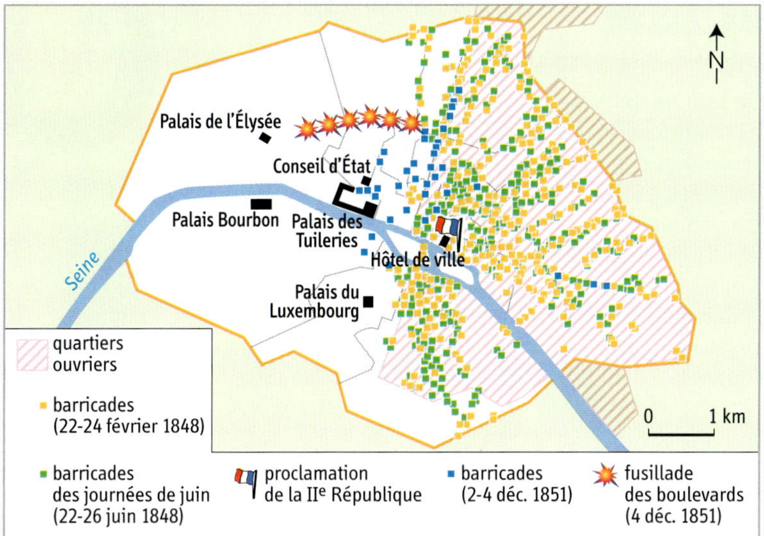

2 Paris au cœur des oppositions

Le 22 février 1848 à Paris, la foule manifeste pour demander au roi Louis-Philippe l'élargissement du droit de vote. Lors des journées de juin, les ouvriers demandent en vain une république plus sociale. En décembre 1851, les défenseurs de la République ne parviennent pas à empêcher le coup d'État du président Louis-Napoléon Bonaparte.

3 Napoléon III, empereur des Français

Charles Porion, *Les Souverains venus à Paris pour l'Exposition universelle* (détail), huile sur toile, 3,945 x 1,656 m, XIXe siècle (Château de Compiègne).

Le 10 décembre 1848, les Français élisent au suffrage universel masculin Louis-Napoléon Bonaparte, neveu de Napoléon Ier, président de la IIe République. Après son coup d'État le 2 décembre 1851, Napoléon restaure l'Empire le 2 décembre 1852. Il dirige la France jusqu'en 1870 tout en maintenant le suffrage universel masculin.

Point de passage

1848 : les débuts de la IIe République au temps d'Alphonse de Lamartine

Du 22 au 24 février 1848, à Paris, une révolution entraîne la chute de Louis-Philippe et de la monarchie de Juillet. Une république démocratique est proclamée le 24 février et un gouvernement provisoire est institué. Poète romantique, Alphonse de Lamartine s'impose rapidement comme l'un des acteurs clés de la IIe République.

Comment se déroulent les débuts de la IIe République ?

VOCABULAIRE

Ateliers nationaux : organisation destinée à fournir du travail aux chômeurs. L'État organise, fournit et paie le travail dans de grands chantiers.

République démocratique : gouvernement du peuple par le peuple et sans souverain.

Suffrage universel masculin : vote accessible à tous les hommes sans condition de fortune ou autres restrictions. En 1848, il concerne tous les hommes à partir de 21 ans.

1 BIOGRAPHIE

Alphonse de Lamartine (1790-1869)

Né dans une famille de la petite noblesse, il publie en 1820 *Méditations poétiques*, manifeste de la poésie romantique. Il s'engage en politique et est élu député monarchiste en 1833 au suffrage censitaire. En 1847, il s'essaie à l'histoire politique en écrivant *Histoire des Girondins*, se montrant favorable à une révolution républicaine modérée. Grand acteur de la révolution de février 1848, il devient ministre des Affaires étrangères et véritable chef du Gouvernement provisoire. Il est aussi élu député au suffrage universel masculin en avril 1848 puis en juillet 1849. Candidat à l'élection présidentielle, il échoue le 10 décembre en obtenant seulement 17 940 voix contre 5,4 millions à Louis-Napoléon Bonaparte.

2 ***Lamartine repoussant le drapeau rouge devant l'Hôtel de Ville, le 25 février 1848***

Henri Felix Philippoteaux, huile sur toile, 63 x 27,5 cm, vers 1848 (Petit Palais, Paris).

« Je repousserai jusqu'à la mort ce drapeau de sang, et vous devez le répudier plus que moi, car le drapeau rouge que vous rapportez n'a jamais fait que le tour du Champ-de-Mars, traîné dans le sang du peuple en 91 et en 93, et le drapeau tricolore a fait le tour du monde, avec le nom, la gloire et la liberté de la patrie. »

Discours prononcé par Lamartine devant l'Hôtel de Ville de Paris, le 25 février 1848, alors qu'une colonne d'insurgés vient exiger du nouveau gouvernement d'adopter le drapeau rouge, symbole d'une république sociale et de la souveraineté du peuple.

3 *L'Abolition de l'esclavage (27 avril 1848)*

François Biard, huile sur toile, 391 x 261 cm, 1849 (Musée national du château de Versailles).

La loi donne deux mois pour libérer tous les esclaves. En Martinique, 250 000 esclaves se révoltent pour accélérer leur libération.
Le soulèvement est écrasé dans le sang. Par ailleurs, les « nouveaux libres » ont l'obligation de se déplacer avec un passeport intérieur.

4 Les principales réformes du Gouvernement provisoire

25 février	Proclamation du droit au travail.
26 février	Abolition de la peine de mort en matière politique. Création des Ateliers nationaux.
2 mars	Limitation de la journée de travail à 10 heures à Paris et à 11 heures en province.
4 mars	Liberté totale de presse et de réunion.
5 mars	Suffrage universel masculin : le corps électoral passe de 246 000 électeurs à plus de 9 millions.
27 avril	Abolition de l'esclavage sous l'impulsion de Victor Schœlcher.

5 Le premier vote au suffrage universel masculin (23 avril 1848) à Tocqueville

Le vicomte Alexis de Tocqueville, candidat conservateur, relate le déroulé dans sa circonscription normande de la première élection législative organisée par la IIe République. À la Chambre, les républicains modérés et les conservateurs l'emportent sur les révolutionnaires les plus radicaux.

« Nous devions aller voter ensemble au bourg de Saint-Pierre, éloigné d'une lieue de notre village. Le matin de l'élection, tous les électeurs, c'est-à-dire toute la population mâle au-dessus de vingt ans, se réunirent devant l'église. Tous ces hommes se mirent à la file deux par deux, suivant l'ordre alphabétique ; je voulus marcher au rang que m'assignait mon nom, car je savais que dans les pays et dans les temps démocratiques, il faut se faire mettre à la tête du peuple [...]. Je rappelai à ces braves gens la gravité et l'importance de l'acte qu'ils allaient faire ; je leur recommandai de ne point se laisser accoster ni détourner par des gens, qui, à notre arrivée au bourg, pourraient chercher à les tromper [...]. Ils crièrent qu'ainsi ils feraient et ainsi ils firent. Tous les votes furent donnés en même temps, et j'ai lieu de penser qu'ils le furent presque tous au même candidat [...]. Ce ne fut qu'à Paris, que j'appris que j'avais eu 110 704 suffrages sur 120 000 votants à peu près. »

Alexis de Tocqueville, *Souvenirs*, partie IV, 1893.

PARCOURS 1 : analyser des documents

1. **Doc. 1** Quels rôles Lamartine joue-t-il au début de la IIe République ?
2. **Doc. 2** Présentez et décrivez le document. Quelle image le peintre souhaite-t-il donner de Lamartine ?
3. **Doc. 3 à 5** Classez les premières lois de la IIe République selon leur nature : politiques, en faveur des libertés, celles portant sur le travail.
4. **Doc. 1 à 4** Pourquoi peut-on dire que l'engagement de Lamartine et les premières mesures du Gouvernement provisoire sont marqués par un idéal démocratique ?
5. **Doc. 3** En quoi est-ce une vision simplifiée de la réalité ?
6. **Doc. 5** Que montre le document sur la pratique du suffrage universel masculin au début de la IIe République ?

Synthèse Montrez comment se déroulent les débuts de la IIe République : l'enthousiasme initial à travers la personne de Lamartine ; les réalisations concrètes ; la fragilité de la culture démocratique des Français.

PARCOURS 2 : réaliser une présentation orale

À l'issue d'une recherche documentaire, réalisez une présentation orale avec un diaporama sur un sujet de votre choix :
a) les deux principales mesures du Gouvernement provisoire de la IIe République : le suffrage universel masculin et l'abolition de l'esclavage (en évoquant aussi les limites et les difficultés) ;
b) l'engagement politique d'Alphonse de Lamartine au début de la IIe République.

Point de passage

George Sand, une femme de lettres engagée en politique

Femme libre et romancière reconnue, George Sand devient républicaine dans les années 1830 puis se réclame du socialisme au début des années 1840. Au lendemain de la révolution de février 1848, elle met son talent littéraire au service de l'idéal républicain.

Quel est l'engagement de George Sand au début de la IIe République ?

1 BIOGRAPHIE

George Sand (1804-1876)

Aurore Dupin naît à Paris le 1er juillet 1804. Dans le château familial de Nohant (dans le Berry), elle accueille de nombreux artistes tels le compositeur Frédéric Chopin, le peintre Eugène Delacroix ou l'écrivain Alfred de Musset. En 1832, elle débute sa carrière littéraire en signant sous le pseudonyme de George Sand. Elle choque avec son prénom d'emprunt masculin, son habitude de s'habiller en homme, ses fréquentations socialistes (Louis Blanc). Elle quitte Nohant pour Paris dès le mois de mars 1848 et y retrouve ses amis du Gouvernement provisoire. De mars à avril, elle publie beaucoup dans la presse, rédige anonymement une partie des articles des *Bulletins de la République*, organe du Gouvernement provisoire, et fonde le journal *La Cause du peuple* (qui disparaît faute de moyens). Déçue par l'évolution conservatrice de la IIe République, elle se retire de la vie politique parisienne après la répression menée par le gouvernement contre les ouvriers lors des journées de juin 1848.

VOCABULAIRE

République démocratique et sociale : forme de république fondée sur le suffrage universel et sur l'octroi à la population d'un certain nombre de droits sociaux, tel que le droit au travail.

Socialisme : ensemble des doctrines critiquant les inégalités sociales nées des transformations industrielles.

2 George Sand et la république

George Sand défend avec conviction le pouvoir du peuple et une forme de république démocratique et sociale qu'elle estime inévitable après les journées de février 1848.

« La révolution est accomplie ; la république est conquise […]. La république est la plus belle et la meilleure forme des sociétés modernes […]. La république que nous inaugurons n'aura que des hommes libres, égaux en droits […].

Le peuple, investi d'une puissance dont il n'a jamais fait usage et dont il ne comprendra la portée que dans quelques jours, est disposé à accorder toute sa confiance à la bourgeoisie. La bourgeoisie n'en abusera pas. Elle ne se laissera point égarer par de perfides conseils, par des alarmes vaines, par de faux bruits, par des calomnies contre le peuple. Le peuple sera juste, calme, sage et bon, tant que la classe moyenne lui en donnera l'exemple […]. Pour que les élections satisfassent le peuple, il est de toute nécessité que le peuple soit personnellement représenté à l'assemblée de la nation ; ce serait une faute que de ne pas admettre en principe et de ne pas encourager en fait l'élection de deux citoyens au moins par département choisis dans le sein même du peuple : un ouvrier des villes et un paysan. »

George Sand, article paru dans *La Vraie République*, 8 mars 1848.

3 L'art au service de la république

Joué gratuitement à Paris le 6 avril 1848 devant le Gouvernement provisoire et une foule nombreuse, la pièce de George Sand Le Roi attend *met en scène Molière. Accompagné de son valet Laforêt, Molière s'efforce d'achever l'écriture d'une pièce. Soudain, il voit émerger un nouveau souverain.*

« **Scène XI**

MOLIÈRE : Tu dis que le roi crie après moi ? Est-ce qu'il y a encore des rois ? Je m'éveille d'un vrai chaos où il m'a semblé que tout avait changé de nom, de mode et de langage sur terre […].

MOLIÈRE, *absorbé* : Laisse-moi, Laforêt, ne m'éveille pas, je rêve encore ; mais, tout en rêvant, mon esprit se dégage de sa pesanteur et je sens enfler mon courage. Je vois bien un roi, mais il ne s'appelle plus Louis XIV ; il s'appelle le peuple ! le peuple souverain ! C'est un mot que je ne connaissais point, un mot grand comme l'éternité ! Ce souverain-là est grand aussi, plus grand que tous les rois, parce qu'il est bon, parce qu'il n'a pas d'intérêt à tromper, parce qu'au lieu de courtisans il a des frères […]. Ah ! oui, je le reconnais maintenant, car j'en suis aussi, moi, de cette forte race, où le génie et le cœur vont de compagnie. »

George Sand, *Le Roi attend*, 1848.

4 George Sand en représentante des femmes en 1848

Lithographie d'Alcide-Joseph Lorentz, 1848 (Musée Carnavalet, Paris).

Indiana ou *Valentine* sont des romans à succès de George Sand. Même si la loi ne consacre que le suffrage universel masculin, des femmes républicaines comme Eugénie Niboyet (directrice du journal féministe *La Voix des Femmes*) proposent la candidature de George Sand aux élections législatives.

5 George Sand contre le droit de vote des femmes

« Les femmes doivent-elles participer un jour à la vie politique ? Oui, un jour, je le crois avec vous, mais ce jour est-il proche ? Non, je ne le crois pas, et pour que la condition des femmes soit ainsi transformée, il faut que la société soit transformée radicalement […].
Quelques femmes ont soulevé cette question : pour que la société soit transformée ne faut-il pas que la femme intervienne politiquement dès aujourd'hui dans les affaires publiques ? J'ose répondre qu'il ne le faut pas, parce que les conditions sociales sont telles que les femmes ne pourraient pas remplir honorablement et loyalement un mandat politique. La femme étant sous la tutelle et dans la dépendance de l'homme par le mariage[1], il est absolument impossible qu'elle présente des garanties d'indépendance politique, à moins de briser individuellement et au mépris des lois et des mœurs, cette tutelle que les mœurs et les lois consacrent. Il me paraît donc insensé […] de commencer par où l'on doit finir. »

George Sand, *Lettre aux membres du Comité central*, avril 1848.

1. Selon le Code civil napoléonien de 1804.

PARCOURS 1 : analyser des documents

1. **Doc. 1 et 4** Montrez que George Sand est une femme de lettres reconnue et qui fait scandale en son temps.
2. **Doc. 1 et 3** Quels liens George Sand entretient-elle avec le gouvernement au début de la IIe République ?
3. **Doc. 1 à 3** Selon George Sand, que doit être la république et comment s'établira-t-elle de manière durable ?
4. **Doc. 1 à 3** Quels moyens George Sand utilise-t-elle pour populariser la nouvelle république ?
5. **Doc. 5** Pourquoi George Sand ne souhaite-t-elle pas que les femmes obtiennent le droit de vote ?

Synthèse Montrez que George Sand est une femme de lettres engagée en politique en 1848 : son parcours et sa proximité avec les révolutionnaires de février ; sa conception de la république ; ses engagements au début de la IIe République.

PARCOURS 2 : remplir un tableau de synthèse

Classez dans chaque partie du tableau les informations tirées des documents permettant de répondre au sujet : « George Sand, une femme de lettres engagée en politique ».

	I. Une femme de lettres proche des révolutionnaires de février	II. Une républicaine convaincue	III. Ses engagements au début de la IIe République
Doc. 1			
Doc. 2			
Doc. 3			
Doc. 4			
Doc. 5			

Étude La IIe République contre les ouvriers

L'Assemblée constituante, née des élections d'avril 1848, représente une France majoritairement rurale et beaucoup plus modérée que ne l'espéraient certains révolutionnaires parisiens de février, proches du monde ouvrier. Lors des journées de juin 1848, plus de 40 000 partisans d'une république sociale se révoltent à Paris et font face au parti de l'Ordre.

Pourquoi le projet social de la IIe République a-t-il échoué ?

1 La IIe République ne sera pas sociale

25 février 1848	Proclamation du droit au travail.
15 mai 1848	Invasion de l'Assemblée par des milliers de partisans d'une république sociale et arrestation des socialistes Auguste Blanqui et Armand Barbès.
22 juin 1848	Suppression par le parti de l'Ordre des Ateliers nationaux, considérés comme coûteux et peu utiles.
22-26 juin 1848	Journées de juin : révolte parisienne et répression (plus de 3 000 morts et 11 000 emprisonnés par les troupes du général Cavaignac).
28 juin 1848	Cavaignac est nommé président du Conseil des ministres par l'Assemblée.

2 Les journées de juin 1848 vues par un journal ouvrier

Le 24 juin 1848, l'Assemblée vote l'état de siège et demande au général Eugène Cavaignac, ministre de la Guerre, de réprimer les révoltes avec 50 000 soldats.

« Pour la première fois, depuis le 24 février, des barricades ont été refaites à Paris, des Français ont fait feu les uns sur les autres, le sang a coulé. À cette heure encore, le sang rougit le pavé. Qu'on ne cherche point les coupables parmi les combattants de cette journée déplorable. Le crime quand la guerre civile éclate, n'est pas dans la nation ; il est plus haut, il est dans le pouvoir […]. Et à qui la faute ? N'est-ce pas au pouvoir qui avait accepté la mission de réorganiser le travail, et n'a su ni occuper les bras des travailleurs, ni mériter leur confiance […] ? La révolution de février s'est faite aux cris de "Vive la réforme !" ; l'émeute de ce jour a eu pour cri : "Vive la République démocratique et sociale !". Non, cette espérance ne périt pas, elle croît énergiquement dans le sang, et le peuple ne cessera de demander au pouvoir de la réaliser. »

« Le sang », *Le Tocsin des travailleurs*, première année, n° 24, 24 juin 1848, cité dans *1848 : la révolution oubliée*, © Éditions La Découverte, 2009.

3 *La Barricade rue Soufflot à Paris, le 25 juin 1848*

Horace Vernet, huile sur toile, 46 x 36 cm, 1848-1849 (Deutsches Historisches Museum, Berlin).

Le 22 juin 1848, les ouvriers parisiens se soulèvent contre la décision du Gouvernement provisoire de fermer les Ateliers nationaux. Des barricades sont érigées et des heurts éclatent avec la Garde nationale.

VOCABULAIRE

Ateliers nationaux : voir p. 86.

Parti de l'Ordre : députés et partisans d'une politique conservatrice et répressive contre les défenseurs d'une république sociale.

QUESTIONS

1. **Doc. 1, 2 et 3** Quel événement déclenche l'insurrection des ouvriers parisiens en juin 1848 ?
2. **Doc. 1** Pourquoi peut-on dire que l'approche sociale de la IIe République est contradictoire ?
3. **Doc. 1, 2 et 3** Mettez en évidence la violence des affrontements.
4. **Doc. 1, 2 et 3** Pourquoi ces journées sont-elles vues comme le premier échec de la IIe République ?

Synthèse Expliquez pourquoi le projet social de la IIe République a échoué :
- le projet initial ;
- l'affirmation de tensions ;
- la violence de l'affrontement.

Point de passage

Louis-Napoléon Bonaparte, premier président de la République

Neveu de Napoléon Ier, Louis-Napoléon Bonaparte est éduqué dans le culte de l'épopée impériale et des idées de libération des peuples ; il souhaite restaurer l'Empire. La proclamation de la IIe République en février 1848 lui donne l'occasion d'accéder légalement au pouvoir.

Pourquoi l'élection de Louis-Napoléon Bonaparte à la présidence a-t-elle contribué à l'échec de la IIe République ?

1 BIOGRAPHIE

Louis-Napoléon Bonaparte (1808-1873)

À la chute de l'Empire, il connaît une longue période d'exil et passe l'essentiel de sa jeunesse en Suisse. Par deux fois (1836 à Strasbourg et 1840 à Boulogne), il échoue à restaurer l'Empire. Il est alors condamné à la prison à vie. Il y rédige *L'Extinction du paupérisme* (1844), œuvre imprégnée de socialisme utopique qui lui apporte le soutien d'une partie du monde ouvrier. En 1846, il parvient à s'enfuir en Angleterre. Il ne rentre en France qu'en septembre 1848, à la suite de son élection comme député conservateur de l'Assemblée constituante. Le 10 décembre 1848, il est élu président de la République, comme candidat du parti de l'Ordre. L'historien et politicien François Guizot dit de lui dans ses *Mémoires* (1858-1867) : « C'est beaucoup d'être à la fois une gloire nationale, une garantie révolutionnaire et un principe d'autorité. »

2 L'élection à la présidence de la République

« Le 10 décembre 1848 fut le jour de l'insurrection des paysans. C'est de ce jour seulement que data le février des paysans [...]. Napoléon était le seul homme représentant jusqu'au bout les intérêts et l'imagination de la nouvelle classe paysanne que 1789 avait créée [...]. Napoléon, pour les paysans, ce n'était pas un homme, mais un programme. C'est avec des drapeaux et aux sons de la musique qu'ils allèrent aux urnes, aux cris de : plus d'impôts, à bas les riches, à bas la République, vive l'empereur ! Derrière l'empereur se cachait la jacquerie. La république qu'ils abattaient de leurs votes, c'était la république des riches. Le 10 décembre fut le coup d'État des paysans qui renversaient le gouvernement existant. »

Karl Marx, *Les Luttes de classes en France*, 1848-1850.

VOCABULAIRE

Coup d'État : renversement par la violence et de manière illégale d'un pouvoir légitime.

Présidence de la République : institution créée par la IIe République. Le président de la République possède le pouvoir exécutif et son mandat de 4 ans n'est pas renouvelable.

3 De l'élection présidentielle au coup d'État

10 décembre 1848	Louis-Napoléon Bonaparte, président de la République (74,5 % des suffrages exprimés).
31 mai 1850	L'Assemblée restreint le suffrage universel (réduction d'un tiers du corps électoral). Contestation de cette loi par le président de la République.
19 juillet 1851	L'Assemblée repousse la révision constitutionnelle : Louis-Napoléon Bonaparte ne peut pas prolonger son mandat présidentiel au-delà de 4 ans.
2 décembre 1851	Coup d'État du président Louis-Napoléon Bonaparte : l'opposition est écrasée (plus de 26 000 personnes arrêtées).

PARCOURS 1 : analyser des documents

1. **Doc. 1 et 2** Quelles sont les idées politiques de Louis-Napoléon Bonaparte ?
2. **Doc. 1 et 2** Comment François Guizot et Karl Marx expliquent-t-ils la victoire de Louis-Napoléon Bonaparte lors de l'élection présidentielle du 10 décembre 1848 ?
3. **Doc. 3** Pourquoi le président est-il en tension avec l'Assemblée nationale ? Comment Louis-Napoléon Bonaparte décide-t-il de résoudre ces tensions ?

Synthèse Expliquez pourquoi l'élection de Louis-Napoléon Bonaparte contribue à l'échec de la IIe République : un héritier de Napoléon Ier ; les tensions entre le président de la République et l'Assemblée nationale ; le coup d'État final.

PARCOURS 2 : réaliser un schéma

Expliquez par un schéma que l'élection présidentielle de Louis-Napoléon Bonaparte favorise l'échec de la IIe République : ses soutiens en 1848 **(doc. 1)** ; l'élection présidentielle **(doc. 1 et 2)** ; les tensions avec l'Assemblée nationale **(doc. 3)** ; le coup d'État **(doc. 3)**.

La Deuxième République (1848-1852)

Quels sont les réussites et les échecs de la Deuxième République ?

NOTIONS

République : du latin *res publica*, chose publique. Régime politique sans roi dans lequel le pouvoir appartient au peuple ou à une grande partie de celui-ci, qui exerce le pouvoir politique directement ou par l'intermédiaire de représentants élus. Une république a toujours une constitution.

Démocratie : gouvernement du peuple par le peuple, la démocratie est fondée sur le principe d'élections libres destinées à désigner les représentants chargés de gérer les affaires publiques.

A Les premiers succès

1. Une révolution populaire

- Il suffit de trois jours de révolution avec plus de 1 500 barricades dans Paris les 22, 23 et 24 février 1848 pour que la monarchie de Juillet s'effondre. **Le 24 février, le roi Louis-Philippe abdique : la Deuxième République est proclamée à Paris.** La mise en place du nouveau régime s'opère dans un climat d'enthousiasme collectif et d'unité populaire. ▶ Point de passage, p. 86
- Des intellectuels, artistes, écrivains ou poètes, comme Charles Baudelaire, s'engagent aux côtés du nouveau régime. **Alphonse de Lamartine**, pourtant de tradition **légitimiste**, est nommé ministre des Affaires étrangères et devient l'un des acteurs clés du Gouvernement provisoire composé de 11 membres (dont le **socialiste** **Louis Blanc** ou le républicain radical **Alexandre Ledru-Rollin**). Très proche des milieux républicains et socialistes, l'écrivain **George Sand** apporte un soutien sans faille au Gouvernement provisoire par ses articles et ses prises de paroles. ▶ Point de passage, p. 88

2. De nombreuses réformes : droit du travail et libertés

- En près de deux mois, le Gouvernement provisoire change le visage de la France. Des réformes concernent le monde du travail : donnant satisfaction à Louis Blanc, le gouvernement proclame le **droit au travail** le 25 février et met progressivement en place des **Ateliers nationaux**. Le 2 mars, la durée de travail est limitée à 10 heures à Paris et à 11 heures en province.
- D'autres réformes offrent plus de liberté. **L'abolition de l'esclavage** dans les colonies est décrétée le 27 avril 1848 grâce à l'action de Victor Schœlcher. Les esclaves sont peu à peu libérés en Guadeloupe, à la Martinique, sur l'île de La Réunion, en Guyane et au Sénégal. Le 4 mars, le gouvernement établit **la liberté de réunion et de presse**, stimulant la création de clubs et de journaux. Enfin, l'instauration du **suffrage universel masculin** le 5 mars est une rupture décisive.

3. Le premier vote au suffrage universel masculin (23 avril 1848)

- La mesure constitue une innovation majeure puisqu'elle fait passer le corps électoral de 240 000 électeurs à **plus de 9 millions**. **L'exclusion des femmes de la citoyenneté politique** est largement acceptée dans le pays et ne suscite que des réactions limitées.
- Le premier scrutin, qui a pour but de **désigner les membres de l'Assemblée constituante**, a lieu le **23 avril 1848**. La participation est massive (83 %) lors d'un vote qui revêt un aspect communautaire marqué : encadrés par les notables locaux, les Français se rendent ensemble sur les lieux de vote où leurs suffrages se portent généralement sur le même candidat.
- Le scrutin est favorable aux **républicains modérés** (Lamartine) : ils emportent environ 500 sièges contre quelque 300 aux **monarchistes** et seulement une soixantaine pour les radicaux et les socialistes qui sont les grands perdants du scrutin. Finalement, l'unité de février 1848 se révèle illusoire. Les désirs politiques des républicains et des conservateurs, des ouvriers et des paysans, des Parisiens et des ruraux s'avèrent contradictoires.

L'urne ou le fusil

Gravure imprimée de Bosredon, 1848 (BNF, Paris).

« Ça, c'est pour l'ennemi du dehors ; pour le dedans, voici comment l'on combat loyalement les adversaires. »

B Les échecs de la Deuxième République

1. La rupture entre la Deuxième République et le monde ouvrier

- Le faible score des radicaux et **socialistes** aux élections d'avril 1848 est une profonde déception pour les ouvriers parisiens. Le **15 mai 1848, l'Assemblée nationale est envahie** par des manifestants socialistes dont certains veulent former un nouveau gouvernement : la Garde nationale disperse la foule et arrête les meneurs tels Auguste **Blanqui** et Armand **Barbès**. Mais une révolte de plus grande ampleur éclate lorsque le gouvernement, dominé par les républicains modérés, annonce la **fermeture des Ateliers nationaux** : le droit au travail pour tous n'est plus garanti. Dès le 22 juin, les quartiers de l'Est parisien se couvrent de barricades : ce sont les **journées de juin**.
- L'Assemblée demande au ministre de la Guerre, le général **Cavaignac**, de mener la répression. Celui-ci rétablit l'ordre le 26 juin à la tête d'une armée de 50 000 hommes : plus de 3 000 insurgés sont tués, 11 000 sont emprisonnés et 4 348 d'entre eux sont déportés en Algérie. Le rêve d'une **République démocratique et sociale** disparaît : la rupture entre les ouvriers et la Deuxième République est définitivement consommée.

VOCABULAIRE

Ateliers nationaux : p. 86.
Coup d'État : p. 91.
Légitimistes : partisans de la restauration de la dynastie des Bourbons à la tête du pays.
Orléanistes : partisans d'une restauration de la dynastie de Louis-Philippe d'Orléans à la tête du pays.
Parti de l'Ordre : p. 90.
Présidence de la République : p. 91.
Socialisme : p. 88.
Suffrage universel masculin : p. 86.

2. Louis-Napoléon Bonaparte, premier président de la République

- La Constitution du 4 novembre 1848 confie le pouvoir exécutif à un **président de la République** élu pour 4 ans, sans possibilité de renouvellement de son mandat. Le jour de l'élection présidentielle, les candidats de gauche se présentent en ordre dispersé. À droite, les **orléanistes**, comme Adolphe **Thiers**, et les **légitimistes** forment le **parti de l'Ordre** qui soutient la candidature de **Louis-Napoléon Bonaparte**, neveu de Napoléon Ier.
- **Le 10 décembre 1848, Louis-Napoléon Bonaparte devient le premier président de la République.** ▶ Point de passage, p. 91
Il est élu avec plus de 5,4 millions de voix (soit 74,5 % des votants) contre seulement 1,4 million au candidat républicain **Cavaignac** et 17 400 pour **Lamartine**. Le peuple, majoritairement rural, a voté massivement pour Louis-Napoléon Bonaparte, candidat auréolé de la gloire napoléonienne de son oncle et partisan de la restauration de l'ordre. Les ouvriers, notamment parisiens, ont pour leur part sanctionné le général Cavaignac pour son rôle dans la répression des journées de juin 1848.

3. Le divorce entre le président de la République et l'Assemblée nationale

- L'**Assemblée nationale** possède l'essentiel du pouvoir dans la Deuxième République. Les députés du parti de l'Ordre mènent une **politique conservatrice** : ils réduisent le **suffrage universel en 1850**, enlevant à près de 30 % du corps électoral le droit de vote, afin d'empêcher au maximum les ouvriers de voter.
- Le président Louis-Napoléon Bonaparte désapprouve cette dérive conservatrice et anti-démocratique. Prenant ses distances, il cherche à faire réviser la Constitution afin d'obtenir la prolongation de son mandat présidentiel. C'est un échec : la proposition est repoussée par l'Assemblée le 19 juillet 1851. Le **coup d'État** devient pour lui la seule alternative pour conserver le pouvoir.
- Le coup d'État se déroule le 2 décembre 1851, date anniversaire du sacre de Napoléon en 1804 et de la victoire d'Austerlitz en 1805 : les opposants sont arrêtés, l'Assemblée nationale est dissoute et le suffrage universel masculin est pleinement rétabli.

Doc interactif
Manuel numérique

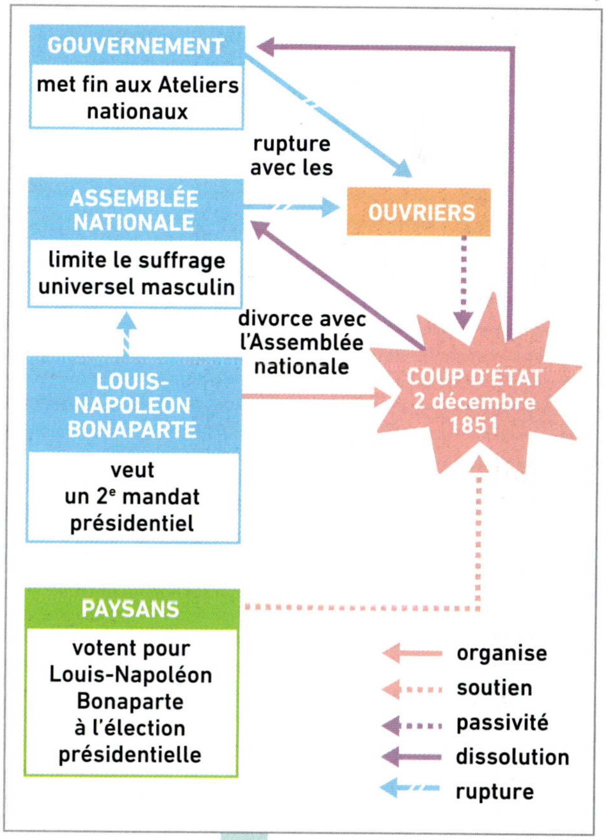

L'échec de la IIe République

Étude Le Second Empire (1852-1870) : un régime autoritaire et populiste

Après le coup d'État, Louis-Napoléon Bonaparte met en place un système politique autoritaire. Plus de 20 000 opposants sont condamnés. L'Empire est restauré le 2 décembre 1852 à la suite d'un plébiscite. Le nouveau régime, accordant peu de libertés mais restaurant le suffrage universel masculin, s'apparente à ce que les historiens appellent une « démocratie illibérale ».

Comment le Second Empire fonctionne-t-il ?

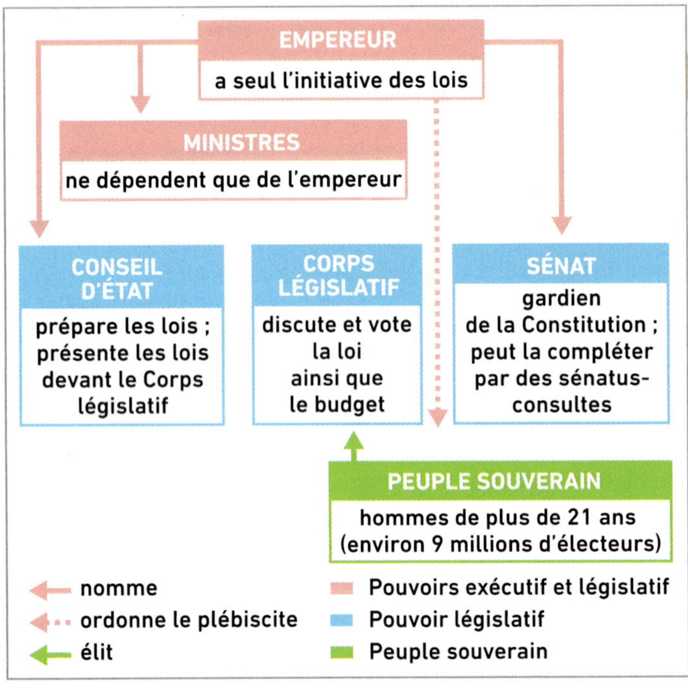

1 La Constitution de 1852

Cette constitution est très inspirée de celle de l'an VIII (1799) qui a permis l'affirmation du pouvoir personnel de Napoléon Bonaparte lors du Consulat.

2 Le Second Empire : une démocratie illibérale

20-21 décembre 1851	Plébiscite : 7,5 millions d'électeurs approuvent le coup d'État contre 646 000.
17 février 1852	Décret qui restreint la liberté de la presse.
21-22 novembre 1852	Plébiscite : 7,8 millions d'électeurs approuvent le retour à l'Empire.
30 mai 1854	Création de bagnes dans les colonies (Guyane, Nouvelle-Calédonie).
19 février 1858	Loi de sûreté générale.
15 août 1859	Amnistie générale des condamnés politiques et début de la libéralisation du régime.
9 mars 1868	Décret assouplissant la liberté de la presse.
8 septembre 1869	Sénatus-consulte sur les réformes libérales (les ministres peuvent désormais être choisis parmi les députés et ils sont responsables devant le Corps législatif).
2 janvier 1870	L'ancien républicain Émile Ollivier devient le chef du gouvernement : accélération des réformes libérales.
8 mai 1870	Plébiscite approuvant les réformes libérales (7,3 millions de « oui »).

3 Napoléon III, empereur des Français

Franz Xaver Winterhalter, huile sur toile, 421 x 156 cm, 1855 (Musée napoléonien, Rome).

4 Le système de la candidature officielle

Avant les élections, les candidats officiels peuvent utiliser des affiches électorales blanches collées dans les lieux les plus passants tandis que celles, noires, des autres candidats sont régulièrement lacérées par les garde-champêtres.

« Monsieur le préfet,

S'il n'y avait en France, comme en Angleterre, que des partis divisés sur la conduite des affaires, mais tous également attachés à nos institutions fondamentales, le gouvernement pourrait se borner, dans les élections, à assister à la lutte des opinions diverses ; mais dans un pays comme le nôtre qui, après tant de convulsions, n'est sérieusement constitué que depuis dix ans, ce jeu régulier des partis qui chez nos voisins féconde si heureusement les libertés publiques, ne pourrait dès aujourd'hui se reproduire qu'en prolongeant la révolution et en compromettant la liberté ; car chez nous il y a des partis qui ne sont encore que des factions. Formés des débris des gouvernements déchus, et bien qu'affaiblis chaque jour par le temps, qui seul peut les faire disparaître, ils ne cherchent à pénétrer au cœur de nos institutions que pour en vicier le principe, et n'invoquent la liberté que pour la tourner contre l'État. [...]

Le suffrage est libre. Mais, afin que la bonne foi des populations ne puisse être trompée par les habiletés de langage ou des professions de foi équivoques, désignez hautement, comme dans les élections précédentes, les candidats qui inspirent le plus de confiance au gouvernement, que les populations sachent quels sont les amis ou les adversaires plus ou moins déguisés de l'Empire, et qu'elles se prononcent, en toute liberté, mais en parfaite connaissance de cause. »

Circulaire du ministre de l'Intérieur aux préfets, 8 mai 1863.

5 Gendarme vérifiant le livret d'un ouvrier tailleur de pierre

Gravure tirée de Taxile Delord, *Histoire illustrée du Second Empire*, 1892-1895.

À partir de 1854, tout ouvrier doit désormais se déplacer en France avec son « livret ouvrier » signé de son patron, sous peine de subir une contravention. Les ouvriers sont considérés comme de potentiels révolutionnaires.

VOCABULAIRE

Candidature officielle : pratique politique consistant pour le gouvernement, dans le cadre d'élections libres, à favoriser la campagne électorale de certains candidats jugés fidèles à la politique gouvernementale.

Démocratie illibérale : régime politique associant suffrage universel et restriction des libertés.

Loi de sûreté générale : loi qui permet de condamner sans procès toute personne ayant déjà fait l'objet d'une condamnation politique depuis 1848.

Plébiscite : vote par « oui » ou par « non » à une question posée par le pouvoir. Il s'agit d'une forme de démocratie directe.

Populisme : pratique politique qui privilégie la relation directe entre le dirigeant et le peuple tandis qu'il réduit les pouvoirs des corps intermédiaires et de la presse.

Sénatus-consulte : loi émanant du Sénat.

QUESTIONS

1. **Doc. 1, 2 et 3** Quels éléments montrent l'affirmation du pouvoir personnel et populiste de Napoléon III ?
2. **Doc. 2 et 5** Pourquoi peut-on parler de régime répressif ?
3. **Doc. 2** D'après les résultats des plébiscites, le Second Empire est-il soutenu par le peuple français ?
4. **Doc. 2 et 4** Montrez que l'exercice du suffrage universel masculin est manipulé par le régime.
5. **Doc. 2** Pourquoi peut-on parler d'une progressive évolution libérale du régime impérial ?

Synthèse Montrez le fonctionnement du Second Empire :
- un pouvoir personnel et populiste ;
- un fonctionnement fondamentalement autoritaire ;
- une libéralisation du régime progressive et limitée.

Étude Les oppositions au Second Empire

À la suite du coup d'État, de nombreux opposants politiques sont proscrits ou emprisonnés. Nombre d'entre eux, tels l'écrivain Victor Hugo ou l'historien et homme politique Edgar Quinet, passent près de vingt ans en exil et ne rentrent qu'en 1870, une fois le Second Empire effondré. En France, l'opposition s'affirme surtout dans les grandes villes, mais reste minoritaire.

Comment se sont exprimées les oppositions au pouvoir impérial ?

1 « Napoléon le Petit »

« Sa grandeur éblouit l'histoire.
Quinze ans, il fut
Le dieu que traînait la victoire
Sur un affût ;
L'Europe sous sa loi guerrière
Se débattit. –
Toi, son singe, marche derrière,
Petit, petit.

Napoléon dans la bataille,
Grave et serein,
Guidait à travers la mitraille
L'aigle d'airain.
Il entra sur le pont d'Arcole,
Il en sortit. –
Voici de l'or, viens, pille et vole,
Petit, petit.
[...]

Victor Hugo, *Les Châtiments*, Chanson (VII, 6), 1853.

Cette photographie de Victor Hugo est prise en 1852 par son fils, Charles Hugo, sur la grève d'Azette sur l'île anglaise de Jersey. Les photographies et textes de l'écrivain sont diffusés en France malgré la censure, mais ils ne touchent qu'une minorité de Français.

2 Une presse d'opposition

La libéralisation partielle de la presse en 1868 permet l'éclosion de journaux d'opposition peu nombreux mais virulents. Le plus véhément et le plus lu est l'hebdomadaire La Lanterne *d'Henri Rochefort. Rapidement censurée dès août 1868,* La Lanterne *poursuit sa publication depuis Bruxelles.*

« Je suis profondément bonapartiste [...]. Comme bonapartiste, je préfère Napoléon II, c'est mon droit. J'ajoute même qu'il représente pour moi l'idéal du souverain. Personne ne niera qu'il ait occupé le trône puisque son successeur s'appelle Napoléon III. Quel règne, mes amis, quel règne ! Pas de contributions, pas de guerre, pas de liste civile[1]. Oh oui ! Napoléon II, je t'aime et t'admire sans réserve. »

Henri Rochefort, *La Lanterne*, 30 mai 1868.

1. Allocation annuelle de 30 millions de francs accordée à l'empereur par le Sénat pour faire fonctionner la cour et la Maison de l'empereur.

3 Les résultats des élections législatives (1852-1869)

	Candidats officiels	Candidats non officiels
1852	253 élus	8 élus
1857	253 élus	14 élus dont 5 à Paris
1863	251 élus	32 élus dont 9 à Paris sur 9 sièges[1]
1869	221 élus	71 élus dont 30 républicains[2]

1. Dont Adolphe Thiers. 2. Dont Léon Gambetta et Jules Ferry.

Source : Éric Anceau, *Napoléon III. Un Saint-Simon à cheval*, Tallandier, 2012.

VOCABULAIRE

Loi de sûreté générale : voir p. 94.

Proscription : mesure de bannissement prise à l'encontre d'opposants politiques.

4 ***L'Attentat d'Orsini, le 14 janvier 1858***

H. Vittori Romano, huile sur toile, 171 x 110 cm, 1862 (Musée Carnavalet, Paris).

Le 14 janvier 1858, aux abords de l'Opéra de Paris, Felice Orsini lance trois bombes sur le cortège impérial. Si l'empereur est indemne, une cinquantaine de personnes sont blessées et 8 tuées. Orsini est condamné à mort. Cet attentat est à l'origine de la proclamation de la loi de sûreté générale du 19 février 1858.

5 Le programme républicain de Belleville

En 1869, le candidat républicain Léon Gambetta écrit un programme à partir de « cahiers de doléances » rédigés sur la demande des républicains par les électeurs de la circonscription de Belleville, au nord de Paris. Ce texte devient par la suite la référence des républicains.

« Citoyens,

Au nom du suffrage universel, base de toute organisation politique et sociale, donnons mandat à notre député d'affirmer les principes de la démocratie radicale et de revendiquer énergiquement :

– l'application la plus radicale du suffrage universel tant pour l'élection des maires et des conseillers municipaux [...] que pour l'élection des députés [...] ;

– la liberté individuelle désormais placée sous l'égide des lois et non soumise au bon plaisir et à l'arbitraire administratifs ;

– l'abrogation de la loi de sûreté générale [...] ;

– la liberté de la presse dans toute sa plénitude, débarrassée du timbre de cautionnement [...] ;

– la liberté de réunion sans entraves et sans pièges avec la faculté de discuter toute matière religieuse, philosophique, politique ou sociale [...] ;

– la liberté d'association pleine et entière ;

– la suppression du budget des cultes et la séparation de l'Église et de l'État ;

– l'instruction primaire laïque, gratuite et obligatoire avec concours entre les intelligences d'élite, pour l'admission aux cours supérieurs, également gratuits [...] ;

– la suppression des armées permanentes cause de ruine pour les finances et les affaires de la nation, source de haine entre les peuples et de défiance à l'intérieur [...].

LIBERTÉ, ÉGALITÉ, FRATERNITÉ »

Programme publié dans *L'Avenir national*, 15 mai 1869.

QUESTIONS

1. **Doc. 1** De quelle manière Victor Hugo tente-t-il de s'opposer à Napoléon III ?
2. **Doc. 2 à 5** Comment se manifestent les différentes oppositions au pouvoir impérial à l'intérieur du pays ?
3. **Doc. 5** Mettez en évidence les grands principes défendus par Léon Gambetta.
4. **Doc. 1 à 5** Quels sont les résultats concrets obtenus par tous les opposants au Second Empire de 1852 à 1869 ?

Synthèse Remplissez le tableau de synthèse.

	Opposition extérieure (doc. 1 et 2)	Opposition intérieure (doc. 2, 3, 4, 5)
Acteurs		
Actions		
Résultats		

Étude Une politique de grandeur nationale

Au lendemain de sa prise de pouvoir, Louis-Napoléon Bonaparte affiche sa volonté de paix afin de rassurer les souverains européens. Il multiplie pourtant les interventions diplomatiques et militaires extérieures, avec des résultats contrastés.

Quel bilan peut-on établir de la politique de grandeur nationale mise en œuvre par Napoléon III ?

CHRONOLOGIE

1854-1856 Guerre de Crimée (sur les bords de la mer Noire) : alliance avec le Royaume-Uni, le Piémont-Sardaigne et l'Empire ottoman contre la Russie.

Février 1859 Prise de Saigon (Cochinchine).

Mai-juillet 1859 Guerre en Italie aux côtés du Piémont-Sardaigne contre l'Autriche.

Octobre 1860 Français et Britanniques incendient le Palais d'été de l'empereur de Chine.

1860-1861 Expédition humanitaire pour protéger les chrétiens en Syrie (premier « droit d'ingérence »).

1861-1867 Guerre au Mexique.

Juillet-septembre 1870 Guerre contre la Prusse et ses alliés.

1 Les guerres du Second Empire

« Les Gloires de l'Empire », image d'Épinal de la maison Pellerin, 1865 (BNF, Paris).

2 Le discours de Bordeaux

« Aujourd'hui, la France m'entoure de ses sympathies, parce que je ne suis pas de la famille des idéologues. Pour faire le bien du pays, il n'est pas besoin d'appliquer de nouveaux systèmes ; mais de donner, avant tout, confiance dans le présent, sécurité dans l'avenir [...].
Certaines personnes se disent : "L'empire, c'est la guerre." Moi, je dis : "L'empire, c'est la paix." C'est la paix car la France la désire, et lorsque la France est satisfaite, le monde est tranquille. La gloire se lègue bien à titre d'héritage, mais non la guerre. [...].
J'en conviens cependant, j'ai comme l'empereur, bien des conquêtes à faire [...]. Nous avons d'immenses territoires incultes à défricher, des routes à ouvrir, des ports à creuser, des rivières à rendre navigables, des canaux à terminer, notre réseau de chemin de fer à compléter. Nous avons, en face de Marseille, un vaste royaume à assimiler à la France. Nous avons tous nos grands ports de l'Ouest à rapprocher du continent américain par la rapidité de ces communications qui nous manquent encore [...]. Voilà comment je comprendrai l'empire, si l'empire doit se rétablir. Telles sont les conquêtes que je médite, et vous tous qui m'entourez, qui voulez, comme moi, le bien de notre patrie, vous êtes mes soldats. »

Discours prononcé par Louis-Napoléon Bonaparte président de la République, le 9 octobre 1852 devant la Chambre de commerce de Bordeaux, *Le Moniteur universel*, 12 octobre 1852.

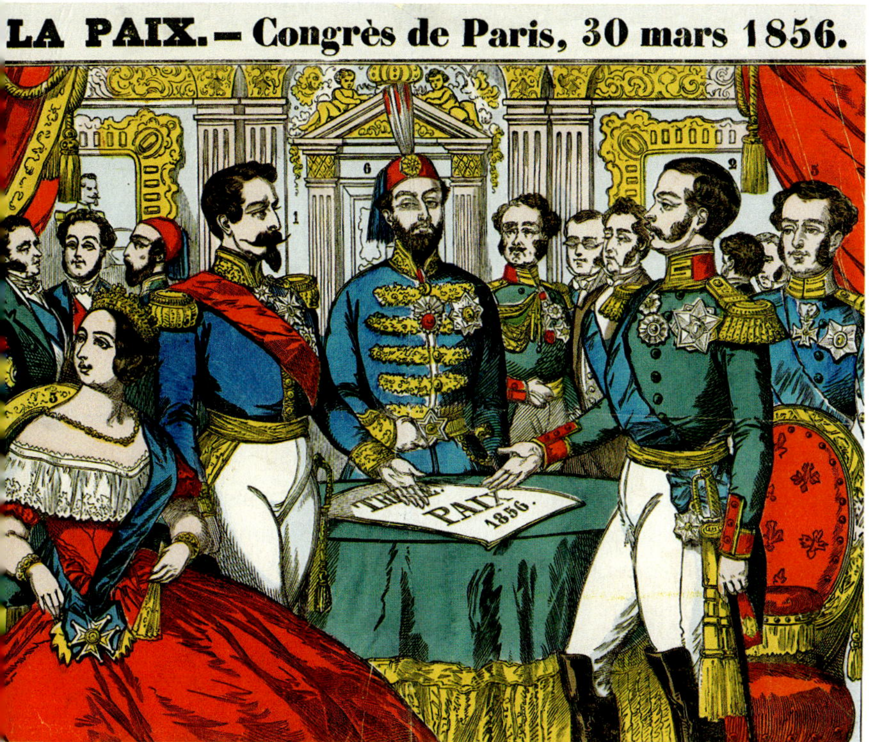

3 **Le traité de Paris (1856)**

Image d'Épinal de la maison Pellerin, 1856 (BNF, Paris).

En 1856, le traité de Paris est signé entre la France, le Royaume-Uni, le Piémont-Sardaigne, la Russie, l'Empire ottoman, la Prusse et l'Autriche. Il met fin à la guerre de Crimée (1854-1856) et voit, pour la première fois depuis Napoléon Ier, la France jouer un rôle diplomatique et militaire majeur en Europe. Le soutien populaire à l'empereur est alors important.

4 Une politique critiquée

« L'empire nouveau sentait le besoin de se produire devant l'Europe comme un pouvoir fort et national, capable de porter haut le drapeau de la France [...]. À l'époque de la conclusion du traité de Paris et de la naissance du prince impérial (mars 1856), c'est là véritablement l'apogée du Second Empire. Pendant ce temps-là, ni tribune, ni presse, ni esprit public. [...] Napoléon n'en était pas moins considéré comme l'arbitre de l'Europe. Les grands services rendus par lui à la contre-révolution l'avaient fait l'ami de tous les souverains et Paris commença de voir ce défilé de princes et de rois qui a tant de fois satisfait l'orgueil de l'empereur [...]. Veut-on parler de la gloire acquise par nos soldats ? Hélas ! Nous savons trop ce qu'elle nous coûte. Cent cinquante mille hommes en Crimée, soixante mille en Italie, cinquante mille au Mexique, sans parler de ceux qui ont laissé leurs os en Afrique, en Syrie, en Chine, en Cochinchine, partout où il a plu à la fantaisie d'un seul homme de les conduire [...]. Si nous avons eu la gloire, nous l'avons payée bien cher [...]. En quel temps la France a-t-elle été moins redoutée au dehors qu'aujourd'hui [...], moins écoutée par les gouvernements étrangers ? »

Jacques-Eugène Spuller (républicain), *Petite Histoire du Second Empire, utile avant le vote du plébicite*, 1870.

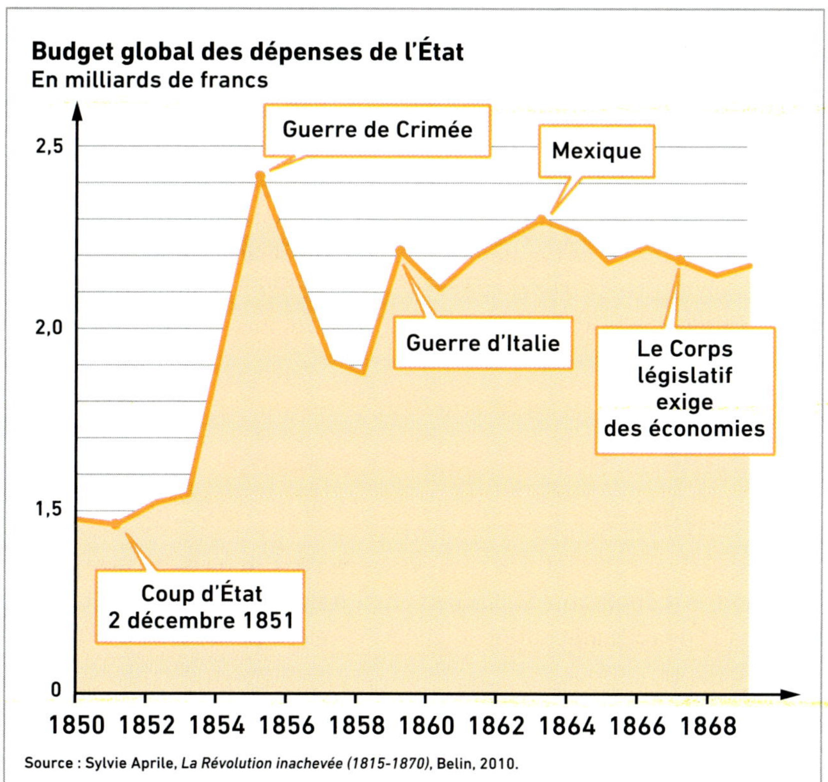

5 Une politique de grandeur nationale qui coûte cher

QUESTIONS

1. **Doc. 2** Que veut montrer Louis-Napoléon Bonaparte dans ce discours de 1852 ?
2. **Chronologie, doc. 1, 2 et 3** La politique étrangère de Napoléon III a-t-elle respecté les principes définis lors du discours de Bordeaux ? Justifiez votre réponse.
3. **Doc. 3 et 4** Pourquoi peut-on dire que l'apogée du Second Empire se situe en 1856 ?
4. **Doc. 4 et 5** Quelles sont les limites de cette politique de grandeur nationale ?

Synthèse Dressez le bilan de la politique de grandeur nationale initiée par Napoléon III en développant les trois thèmes suivants : « L'empire, c'est la paix » ; la multiplication des interventions extérieures ; un bilan contrasté.

Cours 2

Le Second Empire (1852-1870)

Quelles sont les caractéristiques du Second Empire ?

NOTIONS

Démocratie illibérale : régime politique associant suffrage universel et restriction des libertés. Selon Napoléon III, la démocratie doit s'incarner en un individu qui demande aux citoyens de valider ses choix à travers des plébiscites, mais la presse doit par exemple voir sa liberté limitée car elle ne représente qu'un groupe et pas tous les Français.

Dictature : concentration de tous les pouvoirs dans les mains d'un seul homme.

L'usage du plébiscite

Caricature de Daumier parue dans *Le Charivari*, 30 avril 1870 (BNF, Paris).

« M'sieur l'maire quoi donc que c'est qu'un bibiscite ?
– C'est un mot latin qui veut dire oui. »

A Une démocratie illibérale

1. Un seul homme au pouvoir

- Quelques semaines après le coup d'État du 2 décembre 1851, la **Constitution du 14 janvier 1852** est promulguée. Sous une apparence démocratique, elle instaure une **dictature** au bénéfice du « prince-président » Louis-Napoléon Bonaparte. Nommé pour dix ans, il concentre tous les pouvoirs : il détient seul le pouvoir exécutif ; il a l'initative des lois, nomme les membres du Conseil d'État (qui rédige les lois) et du Sénat ; la justice est rendue en son nom et il possède le droit de grâce.
- Les 20 et 21 décembre 1851, un **plébiscite** montre que 7,4 millions d'électeurs, soit une écrasante majorité, approuvent le **coup d'État** et acceptent que le « prince-président » devienne **empereur** le 2 décembre 1852.

2. Un régime répressif

- Dès les lendemains du coup d'État, la répression s'abat sur les opposants. Près de 20 000 personnes sont condamnées, dont près de 10 000 à la déportation en Guyane ou en Algérie. **Les libertés publiques sont supprimées** et la presse est étroitement contrôlée par le décret du 17 février 1852. **L'attentat perpétré par Orsini**, le 14 janvier 1858, donne une nouvelle occasion de renforcer l'arsenal répressif avec **la loi de sûreté générale** (19 février 1858).
- L'administration est un instrument important de cette répression. Les effectifs de la police doublent et les pouvoirs des **préfets** dans les départements sont accrus.

3. Le suffrage universel détourné

- L'empereur rétablit le **suffrage universel masculin**. Mais son usage est réduit à l'élection du Corps législatif (dont les pouvoirs sont limités) et à la participation à des plébiscites. Il est, de plus, manipulé par la pratique de la **candidature officielle**. Les candidats soutenus par le régime bénéficient de l'engagement total des pouvoirs publics : affiches blanches, menaces sur les autres candidats, corruption de fonctionnaires et d'électeurs, bourrage des urnes. C'est ainsi que, lors des élections de février 1852, les candidats officiels remportent la quasi-totalité des sièges.
- L'usage du plébiscite est un moyen pour l'empereur d'établir un lien direct avec les Français et de renforcer sa légitimité : c'est du **populisme**. Le Second Empire présente ainsi bien des traits d'une « **démocratie illibérale** ». Il combine en effet une quasi-disparition des libertés publiques avec une volonté, affichée, de respecter le pouvoir du peuple et la démocratie.

B Des oppositions intérieures et extérieures

1. L'opposition extérieure

- Fuyant la répression ou refusant, par leur présence dans le pays, de légitimer le coup d'État, nombre d'opposants au Second Empire s'exilent. C'est le cas de l'historien républicain **Edgar Quinet** qui se réfugie à Bruxelles puis en Suisse, où il multiplie les écrits hostiles.
- C'est aussi le cas de **Victor Hugo** qui passe l'essentiel de ses années d'exil dans les îles anglo-normandes de Jersey et Guernesey. Publié en 1852, son pamphlet *Napoléon le Petit* s'attaque frontalement à l'image de Napoléon III et contribue à forger **la « légende noire » du Second Empire**.

VOCABULAIRE

Coup d'État : p. 91.
Loi de sûreté générale : p. 94.
Plébiscite : p. 95.
Populisme : p. 95.
Sénatus-consulte : p. 95.

2. L'opposition à l'intérieur du pays

- Muselée dans les années 1850, l'opposition interne profite des premières réformes libérales. En mai 1863, le renouvellement du Corps législatif enregistre une forte poussée des opposants, notamment des républicains. Majoritaires dans toutes les grandes villes, ces derniers recueillent les deux tiers des suffrages et l'intégralité des neuf sièges à Paris. Chef de l'opposition libérale, **Adolphe Thiers** demande au pouvoir d'accorder les « libertés nécessaires » (11 janvier 1864). Les élections de 1869 confirment la progression de l'opposition. Ses candidats, qu'ils soient libéraux ou radicaux, comme **Léon Gambetta**, gagnent plus d'1,4 million de voix par rapport à 1863 et obtiennent 71 sièges.
- Sous la pression de ses opposants, et afin de calmer l'opinion publique parisienne, Napoléon III libéralise le Second Empire et le fait évoluer vers un régime parlementaire (**sénatus-consultes** du 8 septembre 1869 et du 20 avril 1870). Il confie le gouvernement à l'ex-républicain Émile Ollivier le 2 janvier 1870 et fait ratifier l'ensemble de ces mesures libérales par le plébiscite du 8 mai 1870.

Edgar Quinet (1803-1875)

Sébastien-Melchior Cornu, huile sur toile, 50,5 x 61,5 cm, vers 1835 (Musée Carnavalet, Paris).

Historien et député d'extrême gauche en 1848, Quinet est proscrit à la suite du coup d'État du 2 décembre 1851. En exil, il publie de nombreux ouvrages sur la Révolution française. Il ne rentre en France qu'en 1870, à la chute du Second Empire.

C Une politique de grandeur nationale

1. Les succès militaires et diplomatiques

- Malgré la volonté affichée lors du discours de Bordeaux (1852) de favoriser la paix, **Napoléon III multiplie les interventions extérieures**. Le difficile succès remporté lors de la **guerre de Crimée** (1854-1856), avec notamment la victoire de **Sébastopol (1855),** et l'organisation du **congrès de la paix à Paris (1856)** marquent le grand retour de la France sur la scène européenne. Suivent des réussites en **Italie (1859)** contre l'Autriche ou en **Syrie (1860)** pour défendre les chrétiens.
- **Le Second Empire agrandit le domaine colonial de la France.** Il annexe la **Nouvelle-Calédonie en 1853**, étend l'influence de la France en Afrique de l'Ouest, commence à imposer sa souveraineté en **Cochinchine (1859)** et au **Cambodge (1863)**. L'Algérie est pacifiée. Mais, face à l'opposition des colons, Napoléon III n'arrive pas à mettre en œuvre son projet de « royaume arabe ».

2. Les échecs

- **L'expédition au Mexique (1861-1867)**, où Napoléon III tente d'installer un empereur allié, l'archiduc Maximilien d'Autriche, est un échec cinglant. Son but est de se réconcilier avec l'Autriche, de contrebalancer la puissance des États-Unis en Amérique en faisant du Mexique une puissance économique dynamique et alliée, et d'édifier un canal transocéanique entre l'Atlantique et le Pacifique. Cette guerre longue et coûteuse se termine par un fiasco : Maximilien d'Autriche est fusillé par les Mexicains en 1867.
- Enfin, Napoléon III est incapable de freiner la **montée en puissance de la Prusse** en Europe dans les années 1860. La défaite militaire du Second Empire contre la Prusse et ses alliés entraîne la chute du régime et la proclamation de la IIIe République le 4 septembre 1870.

L'Exécution de Maximilien

Édouard Manet, huile sur toile, 305 x 252 cm, 1868-1869 (Kunsthalle de Mannheim, Allemagne).

1 ANALYSE DE DOCUMENT

CONSIGNE **Après avoir présenté le document en insistant sur l'auteur et le contexte, vous montrerez comment Louis-Napoléon Bonaparte justifie sa candidature à la présidence de la République : il désigne sa candidature comme étant en accord avec les souhaits des Français, en défendant l'ordre et la sécurité, en proposant une République tournée vers l'avenir.**

Document **Manifeste du prince Louis-Napoléon Bonaparte, 27 novembre 1848**

« Pour me rappeler de l'exil, vous m'avez nommé représentant du peuple. À la veille d'élire le premier magistrat de la République, mon nom se présente à vous comme symbole d'ordre et de sécurité. Ces témoignages d'une confiance si honorable s'adressent, je le sais, bien plus à ce nom qu'à moi-même, qui n'ai rien fait encore pour mon pays ; mais, plus la mémoire de l'empereur me protège et inspire vos suffrages, plus je me sens obligé de vous faire connaître mes sentiments et mes principes. Il ne faut pas qu'il y ait d'équivoque entre vous et moi. Je ne suis pas un ambitieux qui rêve tantôt l'empire et la guerre, tantôt l'application de théories subversives [...]. Si j'étais nommé président, [...] je mettrais honneur à laisser, au bout de quatre ans, à mon successeur, le pouvoir affermi, la liberté intacte, un progrès réel accompli. Quel que soit le résultat de l'élection, je m'inclinerai devant la volonté du peuple, et mon concours est acquis d'avance à tout gouvernement juste et ferme qui rétablisse l'ordre dans les esprits comme dans les choses ; qui protège efficacement la religion, la famille, la propriété, bases éternelles de tout état social ; qui provoque les réformes possibles, calme les haines, réconcilie les partis, et permette ainsi à la patrie inquiète de compter sur un lendemain. Rétablir l'ordre, c'est ramener la confiance, pourvoir par le crédit à l'insuffisance passagère des ressources, restaurer les finances. Protéger la religion et la famille, c'est assurer la liberté des cultes et la liberté de l'enseignement. Protéger la propriété, c'est maintenir l'inviolabilité des produits de tous les travaux ; c'est garantir l'indépendance et la sécurité de la possession, fondements indispensables de la liberté civile.

Quant aux réformes possibles, voici celles qui me paraissent les plus urgentes : admettre toutes les économies qui, sans désorganiser les services publics, permettent la diminution des impôts les plus onéreux au peuple ; encourager les entreprises qui, en développant les richesses de l'agriculture, peuvent [...] donner du travail aux bras inoccupés ; pourvoir à la vieillesse des travailleurs par des institutions de prévoyance ; introduire dans nos lois industrielles les améliorations qui tendent, non à ruiner le riche au profit du pauvre, mais à fonder le bien-être de chacun sur la prospérité de tous [...]. Éviter cette tendance funeste qui entraîne l'État à exécuter lui-même ce que des particuliers peuvent faire aussi bien et mieux que lui. [...]

Avec la guerre, point de soulagement à nos maux. La paix serait donc le plus cher de mes désirs. La France, lors de sa première révolution, a été guerrière, parce qu'on l'avait forcée de l'être. À l'invasion, elle répondit par la conquête. Aujourd'hui qu'elle n'est pas provoquée, elle peut consacrer ses ressources aux améliorations pacifiques, sans renoncer à une politique loyale et résolue [...]. La République doit être généreuse et avoir foi dans son avenir ; aussi, moi qui ai connu l'exil de la captivité, j'appelle de tous mes vœux le jour où la patrie pourra sans danger [...] effacer les dernières traces de nos discordes civiles. Telles sont, mes chers concitoyens, les idées que j'apporterais dans l'exercice du pouvoir, si vous m'appeliez à la présidence de la République [...].

Louis-Napoléon Bonaparte. »

Coup de pouce !

Suffrages obtenus à l'élection présidentielle de 1848 (en %)

Louis-Napoléon Bonaparte	74,20
Louis-Eugène Cavaignac (républicain ayant dirigé la répression en 1848)	19,50
Alexandre Ledru-Rollin (socialiste)	5
Alphonse de Lamartine (sans étiquette)	0,40
François-Vincent Raspail (socialiste)	0,40
Nicolas Changarnier (monarchiste)	0,06

Répondez aux questions suivantes pour vous aider à rédiger l'analyse du document.

Introduction

1. Rédigez l'introduction en répondant aux questions.
   - Présentez le document :
     - quelle est sa nature ?
     - quel est son titre ?
     - quelle est sa date ?
     - qui est son auteur (présentez-le rapidement ici car sa vie doit aussi être évoquée dans le développement) ?
     - à qui ce document est-il destiné ?
   - Présentez le contexte.
   - Posez la problématique.
   - Annoncez votre plan en une phrase.

Développement

2. Rédigez le développement en suivant le plan détaillé proposé :

   I. Une candidature attendue par le peuple français

   A. L'héritier de Napoléon Ier

   B. Un futur président respectueux des institutions de la République

   II. Défendre l'ordre et la sécurité

   A. Protéger la religion et la famille

   B. Protéger la propriété et l'économie

   III. Vouloir une République tournée vers l'avenir

   A. Réformer le pays

   B. Défendre la paix à l'intérieur et à l'extérieur du pays

   - La première phrase annonce l'idée de la partie.
   - Chaque sous-partie correspond à un paragraphe et à une idée.
   - L'idée de la sous-partie doit apparaître au début du paragraphe (1re ou 2e phrase).
   - Le code couleur vous indique quels passages du texte vous devez expliquer dans chaque partie. N'oubliez pas de mobiliser des connaissances personnelles pour donner du sens au document.

Conclusion

3. Rédigez la conclusion en suivant cette démarche.
   - Répondez d'abord à votre problématique.
   - Est-ce que cette candidature à l'élection présidentielle est un succès pour Louis-Napoléon Bonaparte ?
   - Que commet-il le 2 décembre 1851 et pourquoi ?

2 ANALYSE DE DOCUMENT

CONSIGNE Après avoir présenté le document, vous montrerez en quoi cette lettre révèle les divisions qui traversent le camp républicain au lendemain de la révolution de février 1848. Vous indiquerez comment George Sand reproche le positionnement d'Alphonse de Lamartine puis tente de le rallier à son point de vue.

Document **George Sand et Alphonse de Lamartine face à la révolution de février 1848**

« À M. de Lamartine, Paris, avril 1848.
Monsieur, je vous comprends bien. Vous ne songez qu'à éviter une révolution, l'effusion, du sang, les violences, un avènement trop prompt de la démocratie aveugle et encore barbare sous bien des rapports. Je crois que vous vous exagérez, d'une part, l'état d'enfance de cette démocratie, et que, de l'autre, vous doutez des rapides et divins progrès que ses convulsions lui feraient faire...
Vous vous trompez d'heure, grand poète, et grand homme ! Vous croyez vivre dans ces temps où le devoir de l'homme de bien et de l'homme de génie sont identiques et tendent également à retarder la ruine de sociétés encore bonnes et durables ! Vous croyez que la ruine commence, tandis qu'elle est consommée, et qu'une dernière pierre la retient encore ! Voulez-vous donc être cette dernière pierre, la clef de cette voûte impure, vous qui haïssez les impuretés dans le fond de votre cœur […] ?
Si cette société d'hommes d'affaires à laquelle vous vous abaissez s'occupait franchement de l'émancipation de la famille humaine, je vous admirerais comme un saint […]. Mais vous savez bien que vous n'amènerez pas de pareils résultats. Ce miracle de convertir et de toucher les âmes corrompues ou abruties n'est que dans la main de l'Éternel, et il paraît que ce n'est point par là qu'il veut entamer la régénération, puisqu'il n'éclaire et n'attendrit aucune de ces âmes ; c'est par-dessous qu'il travaille, et tout le dessus semble devoir être écarté comme une vaine écume. Pourquoi êtes-vous avec ceux que Dieu ne veut pas éclairer et non avec ceux qu'il éclaire ? Pourquoi vous placez-vous entre la bourgeoisie et le prolétariat[1] pour prêcher à l'un la résignation, c'est-à-dire la continuation de ses maux […], à l'autre des sacrifices qui n'aboutiront qu'à de petites concessions […] ? Vous êtes un homme d'intelligence et un homme de bien. Il vous reste à être un homme vertueux.
George Sand, avril 1848. »

1. Les ouvriers.

Répondez aux questions suivantes pour vous aider à rédiger l'analyse du document.

Introduction

1. Rédigez l'introduction à l'aide des questions.
   - Qui est l'auteur ?
   - Quelle est la nature du document et sa date ?
   - Qui est le destinataire ?
   - Quel est le contexte au début de la Deuxième République ?
   - Comment les artistes, écrivains ou poètes perçoivent-ils la proclamation de la Deuxième République ?
   - Que cherche à faire l'auteur en rédigeant ce document ?
   - Quel plan allez-vous suivre pour analyser ce document ? Annoncez-le en une phrase à la fin de votre introduction.

Plan à suivre pour rédiger le développement

2. Rédigez la première et la deuxième partie de l'analyse de document à l'aide des informations fournies et de vos connaissances.

   I. Les reproches de George Sand à Alphonse de Lamartine
   - Quels reproches George Sand adresse-t-elle à Alphonse de Lamartine ? Relevez ces reproches dans le texte et expliquez-les à l'aide de vos connaissances personnelles.

   II. George Sand tente de rallier Alphonse de Lamartine à son point de vue
   - Quels arguments utilise George Sand pour convaincre Alphonse de Lamartine de changer de point de vue ? Relevez-les dans le texte et expliquez-les à l'aide de vos connaissances personnelles.

Conclusion permettant de répondre à la problématique

Les tensions qui apparaissent dans cette lettre mettent bien en évidence les divisions du camp républicain au sujet de la place à accorder au peuple. Comme le montre cet extrait, la socialiste George Sand regrette le conservatisme d'Alphonse de Lamartine. Elle met en cause ainsi l'orientation de la politique du Gouvernement provisoire. Ces tensions éclatent deux mois plus tard, lors des journées de juin 1848. La répression menée par le gouvernement brise définitivement les espérances sociales nées en février 1848.

Méthode
- Analyser le sujet
- Rédiger l'introduction
- Rédiger le développement
- Rédiger la conclusion

3 RÉPONDRE À UNE QUESTION PROBLÉMATISÉE

QUESTION Quelles sont les différentes formes de démocratie qui se mettent en place en France de 1848 à 1870 ?

Analyse de la question : - **la période chronologique :** de la Deuxième République au Second Empire.
- **l'espace concerné :** la France seulement.
- **la démocratie :** système politique fondé sur le pouvoir politique du peuple.
Différents types de démocraties existent : libérale (avec la défense des libertés individuelles et collectives) ou illibérale (avec une restriction des libertés).

Introduction

a) Alors que les républicains sont divisés sur l'étendue et la nature des droits à accorder aux citoyens, le coup d'État de 1851 de Louis-Napoléon Bonaparte et la restauration de l'empire en 1852 annoncent l'expérimentation jusqu'en 1870 d'un genre particulier de démocratie : la démocratie illibérale.

b) Quelles sont les différentes formes de démocratie qui se mettent en place en France de 1848 à 1870 ?

c) Une république démocratique et libérale se met en place à partir du 24 février 1848, jour de proclamation de la Deuxième République.

d) En somme, l'apprentissage de la démocratie est difficile en France.

e) Nous verrons que de février à juin 1848, la démocratie est libérale, puis de plus en plus conservatrice de juin 1848 à décembre 1852, enfin illibérale jusqu'en septembre 1870.

Partie I. La Deuxième République : une république démocratique et libérale (février-juin 1848)

A. La naissance d'une démocratie libérale

Vous pouvez notamment parler de la Révolution de février, du Gouvernement provisoire, d'Alphonse de Lamartine et de George Sand

B. De nombreuses réformes

Droit au travail, liberté de réunion et de la presse, abolition de l'esclavage, suffrage universel masculin, mais exclusion des femmes...

Partie II. Une démocratie de plus en plus conservatrice (juin 1848-décembre 1852)

A. Le refus de la démocratie sociale

Manifestation du 15 mai, Ateliers nationaux, ouvriers, 22-26 juin, répression, Cavaignac, parti de l'Ordre...

B. Un apprentissage difficile de la démocratie (élection présidentielle et coup d'État)

Élection présidentielle de décembre 1848, candidats, succès de Louis-Napoléon Bonaparte, coup d'État, dictature...

Partie III. Une démocratie illibérale : le Second Empire (décembre 1852-septembre 1870)

A. Un régime autoritaire et populiste

Empire, Napoléon III, régime répressif, plébiscites, candidatures officielles...

B. Les opposants au Second Empire

Vous devrez parler ici des oppositions (notamment républicaines) dans le pays et à l'extérieur (exilés comme Victor Hugo)...

Conclusion

1. **Introduction** Les phrases sont rédigées. Replacez-les dans le bon ordre.
2. **Parties I, II et III** Rédigez les différentes parties à l'aide des informations fournies et de vos connaissances personnelles.
3. **Conclusion** Vous devez répondre à la problématique en suivant l'ordre des parties du devoir. Vous pouvez aussi élargir la réflexion en ouvrant sur le système politique qui suit la chute du Second Empire en 1870 (voir le chapitre 6).

La difficile entrée dans l'âge démocratique : la IIe République et le IInd Empire (1848-1870)

COMPRENDRE LE CHAPITRE

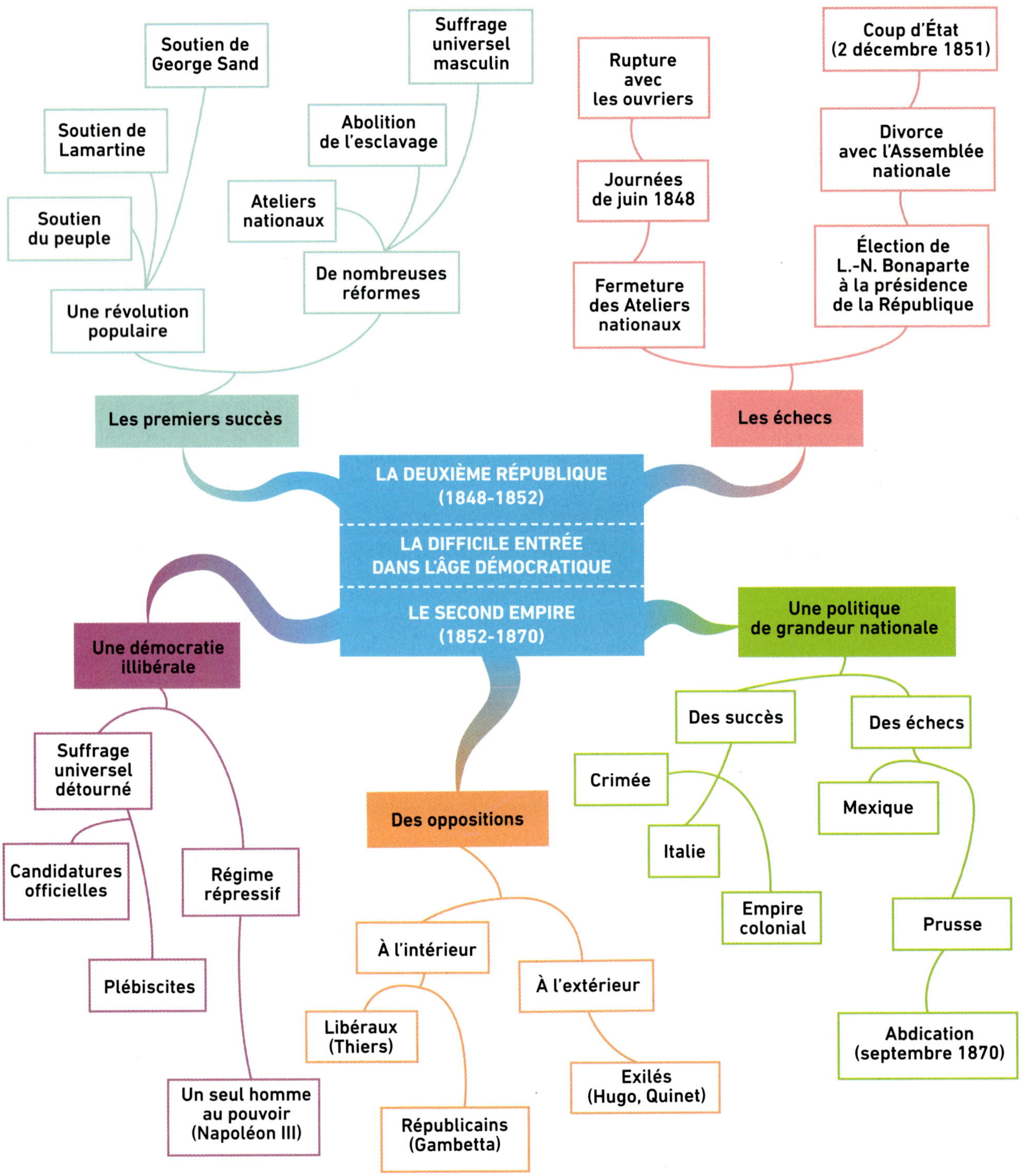

PERSONNAGES ESSENTIELS

Alphonse de Lamartine (1790-1869) est un poète romantique. Il est l'homme fort du Gouvernement provisoire à partir de février 1848 mais échoue à se faire élire président de la IIe République. → **Bio p. 86**

Louis-Napoléon Bonaparte (1808-1873) est élu président de la République le 10 décembre 1848. Le 2 décembre 1851, il renverse la IIe République par un coup d'État et met en place le Second Empire. → **Bio p. 91**

Femme de lettres reconnue, **George Sand** (1804-1876) se rallie d'abord avec enthousiasme à la IIe République. Déçue par l'évolution conservatrice de la République, elle se détache progressivement de la vie politique après les journées de juin 1848. → **Bio p. 88**

Romancier et poète renommé, **Victor Hugo** (1802-1885) condamne le coup d'État du 2 décembre 1851. Symbole de l'opposition au Second Empire, il se voit offrir des obsèques nationales par la IIIe République en 1885. → **p. 96**

DATES CLÉS

24 février 1848	Proclamation de la Deuxième République
5 mars 1848	Suffrage universel masculin
27 avril 1848	Abolition de l'esclavage
22-26 juin 1848	Journées de juin
10 décembre 1848	Louis-Napoléon Bonaparte, premier président de la République
2 décembre 1851	Coup d'État de Louis-Napoléon Bonaparte
2 décembre 1852	Proclamation du Second Empire de Napoléon III
4 septembre 1870	Fin du Second Empire, proclamation de la IIIe République

NOTIONS À MAÎTRISER

Démocratie illibérale Système politique associant suffrage universel et restriction des libertés. Dans le Second Empire, la souveraineté populaire est sollicitée dans une forme de démocratie directe par le biais d'élections encadrées et de plébiscites destinés à valider *a posteriori* la politique menée par Napoléon III.

Dictature Système politique dans lequel un seul homme concentre tous les pouvoirs entre ses mains. Les pouvoirs exécutif, législatif et judiciaire sont contrôlés par Louis-Napoléon Bonaparte à partir du coup d'État de décembre 1851.

République démocratique Gouvernement du peuple (à travers les élections) par le peuple (à travers ses représentants élus) et sans souverain (avec un président). C'est le système politique libéral proposé par les fondateurs de la IIe République.

RÉPONDRE ET MÉMORISER

1. Que se passe-t-il à Paris du 22 au 24 février 1848 ?
2. Citez trois grandes réformes du Gouvernement provisoire de la IIe République.
3. Qu'est-ce que le suffrage universel masculin ?
4. Que sont les journées de juin 1848 ?
5. Quel type de république George Sand souhaite-t-elle ?
6. Que se passe-t-il le 2 décembre 1851 ?
7. Pourquoi peut-on dire que Napoléon III met en place une démocratie illibérale ?
8. Citez deux grandes figures de l'opposition extérieure et deux grandes figures de l'opposition intérieure à Napoléon III.
9. Qu'est-ce qu'un plébiscite ?
10. Pourquoi peut-on dire que le bilan de la politique de grandeur nationale de Napoléon III est contrasté ?

Mémorisation active

Mémocartes
hatier-clic.fr/19h1004

4 L'industrialisation et l'accélération des transformations économiques et sociales en France

Quelles mutations profondes la France connaît-elle entre 1848 et 1870 ?

1 La modernisation de Nantes au XIXᵉ siècle

T. Foy, *Passage du chemin de fer à Nantes*, lithographie, 1851 (Musée de la voiture, Compiègne).

À Nantes, le chemin de fer arrive au début des années 1850 et permet de connecter plus rapidement la ville portuaire à Paris. À l'arrière-plan, la bourse de Nantes, à la façade néo-classique, est un pôle du capitalisme modernisateur dans la ville.

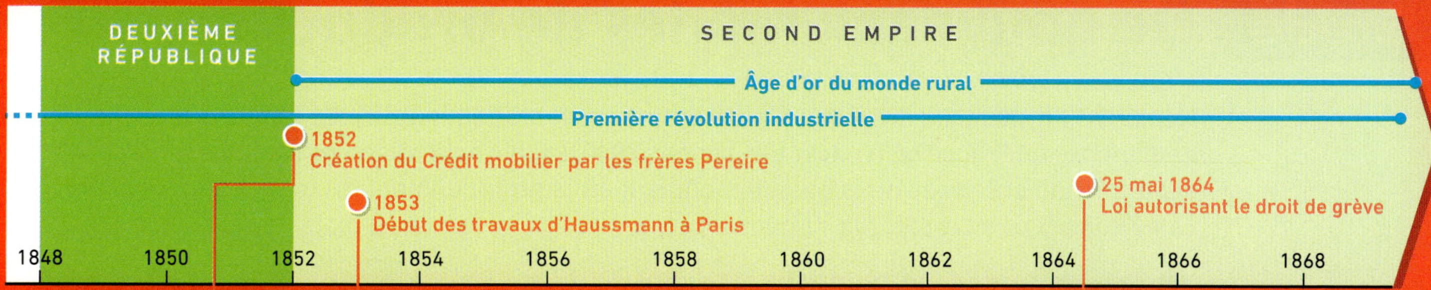

POINT DE PASSAGE p.114

POINT DE PASSAGE p.118

POINT DE PASSAGE p.121

Doc interactif
Manuel numérique

2 La France industrielle et urbaine en 1870

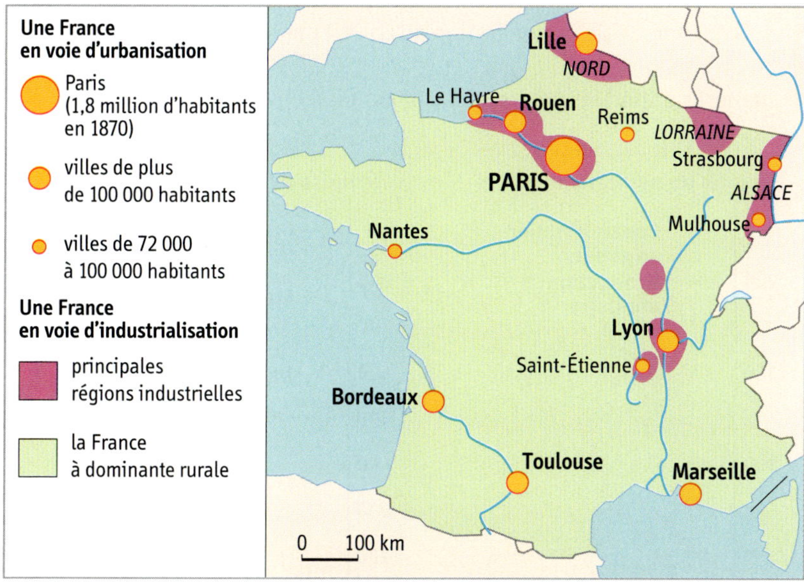

3 Les mineurs abattant le charbon

Dessin de A. de Neuville, 1865 (Bibliothèque et pinacothèque ambrosienne, Milan).

L'industrialisation et la consommation de charbon, qui double sous le Second Empire, multiplient le nombre d'ouvriers et de mineurs. Les conditions de travail sont extrêmement difficiles et la mortalité est élevée.

Étude De nouveaux modes de production

Née au XVIIIe siècle au Royaume-Uni, la première révolution industrielle fondée sur le charbon ne s'impose en France qu'à partir des années 1840. La multiplication des machines à vapeur et l'exploitation accélérée de la houille modifient alors profondément les modes de production. La mécanisation et le salariat s'imposent.

Comment de nouvelles manières de produire transforment-elles peu à peu l'industrie ?

1 La première révolution industrielle : houille, vapeur et mécanisation

« Quand le houilleur a défriché le noir domaine souterrain, arraché le combustible aux entrailles de la terre, qu'il l'a extrait au jour, purifié, chargé enfin sur les voies de transport, l'utile minéral se répand en mille lieux divers, et va partout distribuer la lumière, la chaleur, la force, le mouvement. C'est un aliment aujourd'hui indispensable à la vie des nations civilisées [...]. Les fabriques, les manufactures, presque tous les ateliers, presque toutes les machines, bon nombre de navires, privés de l'aliment essentiel, se verraient aussi condamnés au repos. La vie matérielle, une partie de la vie intellectuelle s'éteindraient, comme s'éteint, faute de nourriture, la vie du corps. La houille a paré aussi à l'impuissance et au nombre limité des travailleurs. Le cheval-vapeur a remplacé l'esclave, la bête de trait. Et comme il ne se fatigue jamais, qu'il est en activité jour et nuit, ne prend aucun repos, tous les moteurs animés du globe auraient peine à suffire aujourd'hui au travail qu'accomplit la vapeur. »

Louis-Laurent Simonin, *La Vie souterraine ou les mines et les mineurs*, 1867.

VOCABULAIRE

Houille : type de charbon particulièrement efficace comme combustible.

Mécanisation : remplacement du travail manuel par des machines.

Salariat : mode de rémunération du travail par le paiement d'un salaire.

Usine : établissement industriel où s'effectue la transformation de matières premières en produits industriels à l'aide de machines.

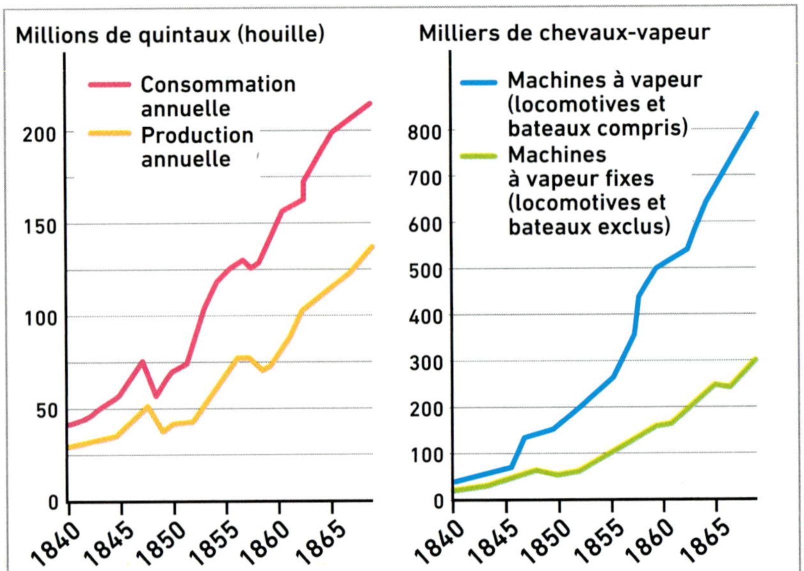

Source : Sylvie Aprile, *La Révolution inachevée (1815-1870)*, Belin, 2010.

2 Énergie et production

3 La filature de lin « La Foudre »

Gravure tirée du *Monde illustré*, 1864 (Archives municipales du Petit-Quevilly).

Cette usine normande est, au milieu du XIXe siècle, la plus grande filature de lin de France (plus de 147 mètres de long sur 25 mètres de haut). Vers 1860, près de 700 personnes y travaillent.

4 Forgeage au marteau-pilon

Ignace-François Bonhommé, *Forgeage*, huile sur toile, 220 x 125 cm, vers 1865 (Écomusée du Creusot).

Le marteau-pilon à vapeur a été inventé au Creusot. Au milieu du siècle, les usines Schneider du Creusot possèdent 13 hauts-fourneaux, 41 laminoirs et emploient plus de 10 000 ouvriers pour produire de la fonte, du fer, de l'acier et plus particulièrement plus de 50 locomotives par an.

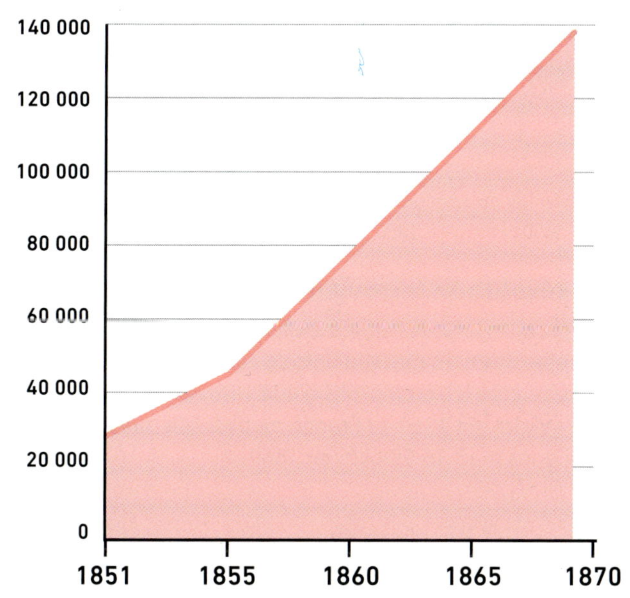

5 Les salariés des compagnies de chemin de fer en France

6 Le règlement de l'usine Hutchinson de Montargis (1855)

Introduit en mai 1855, le règlement de l'usine de fabrication de caoutchouc Hutchinson compte 47 articles.

« **Art. 2** La journée commence à 5 heures et demi du matin et se termine à 7 heures du soir. […]

Art. 14 Quiconque troublera le bon ordre qui doit régner dans les ateliers ou refusera de se soumettre aux ordres de son contremaître […] sera passible d'une amende égale à la valeur d'une journée de travail. […]

Art. 30 Les ouvriers ou ouvrières qui causeront pendant les heures de travail, sauf cas où le travail l'exigerait, seront passibles d'une amende de 50 centimes. […]

Art. 37 Tout ouvrier qui sera absent les lundis ou lendemains de fêtes, hors les cas de maladie constatée ou de force majeure reconnue, sera passible d'une amende de 5 francs. »

Cité dans Jacques Warschnitter, *À la rencontre d'Hiram Hutchinson*, Chotard, 1980.

QUESTIONS

1. **Doc. 1 et 2** Montrez l'importance de la houille dans la première révolution industrielle.
2. **Doc. 3, 4 et 6** Décrivez une usine en mettant en évidence ses caractères principaux.
3. **Doc. 3, 4 et 6** Quels sont les changements apportés par les nouveaux modes de production dans le travail des ouvriers ? Montrez la difficulté de ce travail.
4. **Doc. 5** Comment évolue le salariat en France ? Pourquoi d'après vous ?

Synthèse Montrez que de nouvelles manières de produire s'imposent peu à peu dans l'industrie :
- de nouvelles sources d'énergie ;
- les conséquences sur la production ;
- le travail dans les usines.

Étude L'État, acteur de l'économie

Le Second Empire est le premier régime en France à nettement privilégier les objectifs d'ordre économique. Séduit par le saint-simonisme, Napoléon III entend favoriser le développement de la production et des échanges pour améliorer le sort des travailleurs. Dans le cadre de ce projet de modernisation, l'empereur attribue un rôle central à l'action de l'État tout en favorisant le capitalisme.

Comment l'État intervient-il dans l'économie du Second Empire ?

1 Le libéralisme économique de Napoléon III

Quelques jours après cette lettre, le 23 janvier 1860, Napoléon III signe un traité de libre-échange avec le Royaume-Uni : le traité Cobden-Chevalier.

« Monsieur le ministre,

[…] Le moment est donc venu de nous occuper des moyens d'imprimer un grand essor aux diverses branches de la richesse nationale […].

Depuis longtemps on proclame cette vérité qu'il faut multiplier les moyens d'échanges pour rendre le commerce florissant ; que sans concurrence l'industrie reste stationnaire […].

Pour encourager la production industrielle, il faut affranchir de tout droit les matières premières indispensables à l'industrie et lui prêter, exceptionnellement et à un taux modéré, […] les capitaux qui l'aideront à perfectionner son matériel.

Un des plus grands services à rendre au pays est de faciliter le transport des matières premières de première nécessité pour l'agriculture et l'industrie ; à cet effet, le ministère des Travaux publics fera exécuter le plus promptement possible les voies de communication, canaux, routes et chemins de fer, qui auront surtout pour but d'amener la houille et les engrais sur les lieux où les besoins de la production les réclament. »

Lettre de Napoléon III au ministre d'État, 5 janvier 1860, parue dans *Le Moniteur universel* le 15 janvier 1860.

Doc interactif
Manuel numérique

2 La révolution ferroviaire

En garantissant des concessions de 99 ans et en favorisant la répartition du marché entre 6 compagnies, le Second Empire crée les conditions d'une véritable révolution ferroviaire. En 1850, la France ne possède que 3 358 km de lignes mais 16 994 km en 1869.

3 La révolution bancaire

Napoléon III stimule la création des banques pour prêter des fonds aux investisseurs industriels et favoriser la croissance économique.

1852	Fondation du Crédit foncier. Fondation du Crédit mobilier.
1853	Réorganisation du Comptoir d'escompte de Paris.
1859	Fondation du Crédit industriel et commercial.
1863	Fondation du Crédit lyonnais. Fondation de la Banque impériale ottomane (fonds français et britanniques).
1864	Fondation de la Société générale. Fondation de la Banque des Pays-Bas.
1869	Fondation de la Banque de Paris.

VOCABULAIRE

Capitalisme : organisation de l'économie qui repose sur la propriété privée des moyens de production et d'échange, la recherche du profit et la libre concurrence.

Libéralisme économique : système économique fondé sur la faiblesse ou l'absence de droits de douane aux frontières et sur la limitation des règles imposées aux entrepreneurs sur le marché national.

Saint-simonisme : mouvement de pensée qui préconise l'avènement d'une société industrielle en favorisant le développement de la production, de la circulation des hommes ou des marchandises et en confiant une place politique importante aux forces productives du pays.

4 L'inauguration de l'Exposition universelle de 1855 par Napoléon III (14 mai 1855)

Lithographie colorée de Jules Arnout (BNF, Paris).

Organisée en réponse à l'Exposition universelle de Londres de 1851, l'Exposition de Paris sert de vitrine du savoir-faire national et de la modernité du régime. Inaugurée par l'empereur dans le Palais de l'Industrie, construit en verre et en fer sur plus de 250 mètres de long, elle connaît un immense succès : elle reçoit plus de 5 millions de visiteurs du monde entier qui peuvent découvrir plus de 24 000 exposants.

5 La création des sociétés anonymes

Cette nouvelle forme d'entreprise donne plus de souplesse à la création des entreprises et permet de réunir davantage de capital.

« **TITRE II** Des sociétés anonymes.

Art. 21 À l'avenir les sociétés anonymes pourront se former sans l'autorisation du gouvernement. Elles pourront, quel que soit le nombre d'associés, être formées par un acte sous seing privé fait en double original. [...]

Art. 22 Les sociétés anonymes sont administrées par un ou plusieurs mandataires à temps, révocables, salariés ou gratuits, pris parmi les associés. [...]

Art. 27 Il est tenu, chaque année au moins, une assemblée générale à l'époque fixée par les statuts [...].

Art. 28 Dans toutes les assemblées générales, les délibérations sont prises à la majorité des voix. [...]

Art. 32 L'assemblée générale annuelle désigne un ou plusieurs commissaires, associés ou non, chargés de faire un rapport à l'assemblée générale de l'année suivante sur la situation de la société, sur le bilan et comptes présentés par les administrateurs. [...]

Art. 34 Toute société anonyme doit dresser, chaque semestre, un état sommaire de sa situation active et passive. Cet état est mis à la disposition des commissaires [...]. »

Loi du 24 juillet 1867 sur les sociétés.

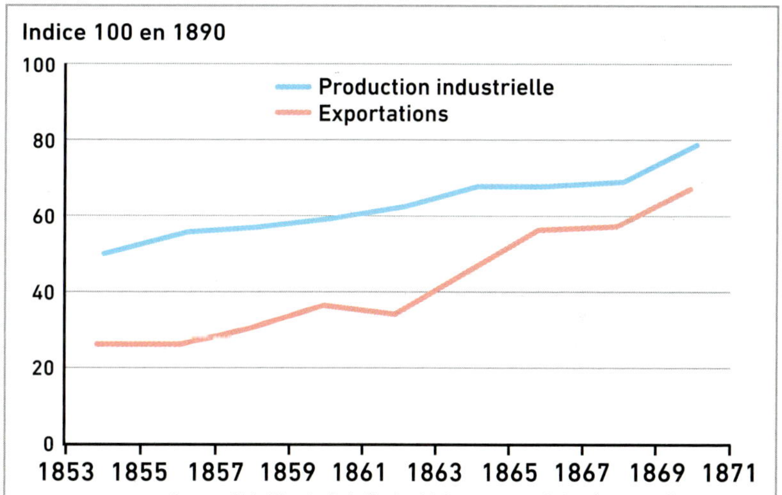

Source : Alain Plessis, *De la fête impériale au mur des fédérés (1852-1871)*, Seuil, 1979.

6 Le dynamisme économique

QUESTIONS

1. **Doc. 1** Quelles sont les priorités mises en avant par Napoléon III ?
2. **Doc. 3 et 5** Pourquoi peut-on dire que l'économie nationale est stimulée par l'État ?
3. **Doc. 2** Comment évolue le réseau ferroviaire entre 1850 et 1870 ? De quelle façon l'État a-t-il pu favoriser cette expansion ?
4. **Doc. 4** Décrivez l'image et expliquez quel est l'intérêt économique pour la France d'organiser une exposition universelle.
5. **Doc. 6** Quel est le résultat des réformes économiques du IInd Empire ?

Synthèse Montrez le rôle joué par l'État dans l'économie sous le Second Empire : les objectifs poursuivis par Napoléon III ; les domaines d'intervention de l'État ; les résultats.

Point de passage

Les frères Pereire, des acteurs de la modernisation économique

Proches de Napoléon III, Émile et Isaac Pereire créent en 1852 une banque de dépôt, le Crédit mobilier, qui révolutionne le système de crédit en France. Capitalistes et spéculateurs, les deux frères investissent dans de nombreux secteurs et changent le visage de l'économie nationale malgré la faillite du Crédit mobilier en 1867.

Comment les frères Pereire participent-ils à la modernisation de l'économie française ?

1 BIOGRAPHIE

Émile (1800-1875) et Isaac (1806-1880) Pereire

Nés à Bordeaux dans une famille de courtiers et d'assureurs maritimes, Émile et Isaac Pereire sont deux figures de la bourgeoisie conquérante du Second Empire. En 1835, Émile participe à la fondation de la Compagnie du chemin de fer de Paris à Saint-Germain aux côtés du banquier James Rothschild. Saint-simoniens et proches de l'empereur, Émile et Isaac créent en 1852 le Crédit mobilier, une banque d'investissement destinée aux grandes entreprises. Son capital de 60 millions de francs est divisé en 120 000 actions de 500 francs pour s'adresser à tous les épargnants. Le succès est là : en 1863, les deux frères sont élus au Corps législatif, Émile comme député de la Gironde et Isaac comme député des Pyrénées-Orientales. Les deux frères créent de nombreuses entreprises mais, malgré des débuts encourageants, le Crédit mobilier fait faillite en 1867 par manque de capitaux suffisants.

2 Quelques sociétés créées par les frères Pereire

En 1863, les frères Pereire contrôlent 19 compagnies pour un capital de 3,5 milliards de francs.

1852	Crédit Mobilier ; les frères Pereire exportent le modèle en Espagne et en Italie. Compagnie des chemins de fer du Midi.
1853	Compagnie des chemins de fer de l'Est. Compagnie des chemins de fer du Grand Central.
1854	Société autrichienne des chemins de fer de l'État. Société hôtelière de l'Immobilière Rivoli.
1855	Compagnie des chemins de fer de l'Ouest. Compagnie générale maritime, qui devient en 1861 la Transatlantique. Compagnie générale des omnibus (Paris). Grand Hôtel Saint-Honoré. Compagnie parisienne d'éclairage et de chauffage par le gaz.
1856	Grande Compagnie du chemin de fer russe.
1857 **1859**	Société du Nouveau Louvre (galeries marchandes et hôtel). Entrée dans le capital des compagnies d'assurance La Confiance et La Paternelle.
1860	Compagnie des entrepôts et magasins généraux de Paris. Chantiers maritimes de Penhoët à Saint-Nazaire.

3 Le Crédit mobilier, une banque de type nouveau

« [Les frères Pereire] ont regroupé dans leurs mains l'épargne des bourgeois et des masses populaires, pour en diriger les flots tumultueux vers l'industrie et le commerce. Les chemins de fer et les organisations économiques modernes sont des entreprises si vastes qu'il est impossible de les construire et de les faire marcher à l'aide des capitaux d'un individu. Il fallait les capitaux de la masse, leur concentration gigantesque. Les Pereire ont entrepris cette tâche, et ils peuvent se vanter d'avoir accompli un miracle : ils ont réussi à persuader les petits bourgeois et les paysans de se séparer de leur argent bien-aimé, et de le leur confier. Ainsi, ils ont pu trouver les capitaux dont avait besoin à ses débuts la grande industrie en plein essor. »

Paul Lafargue (socialiste), *Die Neue Zeit*, 1892.

VOCABULAIRE

Action : titre représentant une fraction du capital d'une société anonyme, cessible et négociable.

Bourgeoisie : catégorie sociale possédant une certaine fortune et ne travaillant pas de ses mains. Elle s'étend de la grande bourgeoisie conquérante (grands patrons, banquiers...) à la moyenne et petite bourgeoisie (petits patrons, boutiquiers, fonctionnaires...).

Capitalisme : voir p. 112.

Saint-simonisme : voir p. 112.

4 **L'arrivée du paquebot transatlantique à New York**

Illustration de Louis Le Breton, 1866 (Musée franco-américain de Blérancourt).

Les frères Pereire mettent en place les premières liaisons régulières avec l'Amérique à partir du Havre dont la population triple et dont le trafic portuaire double sous le Second Empire. En 1870, la flotte française est la deuxième du monde et représente 8 % du tonnage mondial.

5 **La naissance du tourisme balnéaire : la création d'Arcachon**

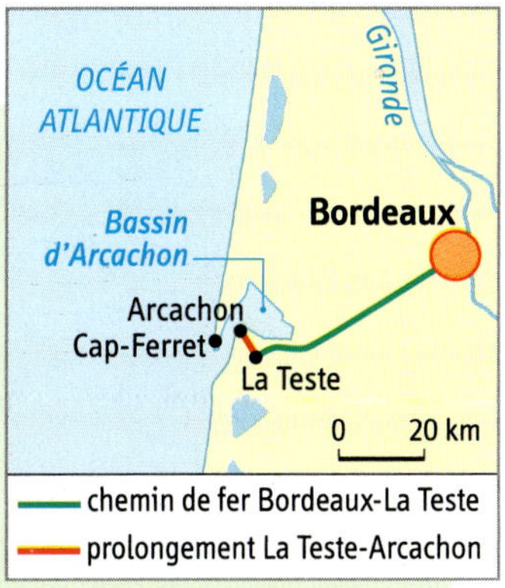

Alors que la compagnie des chemins de fer du Midi est propriétaire de la concession de chemin de fer Bordeaux-La Teste, Émile Pereire propose aux actionnaires de prolonger la ligne pour assurer le développement d'Arcachon.

« Nous avons fait étudier un prolongement du chemin de fer de La Teste aboutissant au centre des habitations qui, depuis l'établissement de cette ligne, se sont élevées comme par enchantement à Eyrac près des bains et de la Chapelle d'Arcachon. Là où il y a 15 ans il n'existait pas même une simple cabane de pêcheurs, il s'est établi une ville dont l'importance s'accroît chaque année, qui, pendant la saison des bains de mer, sert de rendez-vous à la population de Bordeaux et des départements voisins, et qui, dans les dernières années, a reçu de nombreux visiteurs de Paris, d'Angleterre et d'Allemagne. Cette agglomération nouvelle est éloignée de la gare terminus du chemin de fer de La Teste d'environ six kilomètres. En été, les omnibus sont insuffisants pour combler cette lacune ; en hiver, l'isolement empêche l'établissement des familles sédentaires. Pour obvier à cet inconvénient, on a réclamé de nous un prolongement. »

Discours d'Émile Pereire devant l'Assemblée générale des actionnaires de la Compagnie des chemins de fer du Midi, 30 mai 1855.

PARCOURS 1 : analyser des documents

1. **Doc. 1** Quelles sont les activités des deux frères ?
2. **Doc. 3** En quoi le Crédit mobilier révolutionne-t-il le crédit et l'économie française ?
3. **Doc. 1, 2, 4 et 5** Montrez que les frères Pereire sont des entrepreneurs dynamiques.
4. **Doc. 4** Montrez que ce bateau symbolise la modernité technologique et économique.
5. **Doc. 5** Comment les frères Pereire ont-ils fait pour créer et développer la station balnéaire d'Arcachon ?

Synthèse Montrez comment les frères Pereire participent à la modernisation de l'économie française sous le Second Empire : des banquiers novateurs ; deux entrepreneurs dynamiques.

PARCOURS 2 : réaliser une présentation orale

Rédigez une présentation orale sur les frères Pereire. Pour vous aider, vous pouvez réaliser le tableau ci-dessous.

Arguments	Informations tirées des documents
Leurs sociétés et leurs activités	**Doc. 1, 2 et 4**
Leurs réussites et leurs échecs	**Doc. 1, 3 et 5**

Étude La lente modernisation du monde rural

Dans un pays entré tardivement dans la révolution industrielle, l'agriculture occupe longtemps une place centrale dans la vie économique et sociale. Favorisé par l'intérêt que lui porte Napoléon III, le monde rural connaît ainsi une forme d'âge d'or sous le Second Empire.

Dans quelle mesure le monde rural se modernise-t-il sous le Second Empire ?

1 Le poids du monde rural

	Population totale (milliers)	**Population rurale** (milliers)	**Population rurale** (%)	**Population active agricole** (%)	**Population active industrielle** (%)	**Population active tertiaire** (%)
1846	35 203	26 764	76	57,9	24,6	17,5
1851	35 783	26 647	74,4	55,8	26,1	18
1856	36 039	26 190	72,6	53,8	27,7	18,5
1861	37 386	26 597	71,1	52,2	29,4	18,5
1866	38 067	26 470	69,5	50,5	28,6	20,9
1872	36 103	24 870	68,8	50	28,4	21,6

Source : O. Marchand et C. Thélot, *Deux siècles de travail en France*, « Études », INSEE, 1995.

2 Les transformations d'une exploitation à Créteil vues par un propriétaire-cultivateur

« Les terres du terroir de Créteil[1] sont, pour la plupart, d'une nature ingrate. D'un autre côté, le grand morcellement du sol rendait la culture difficile et très onéreuse. La récolte de cette époque (1835) était de 14 à 15 hectolitres de blé à l'hectare, et de 10 000 à 12 000 kilogrammes de betteraves aussi à l'hectare. Aujourd'hui, je récolte, à l'hectare, de 23 à 25 hectolitres de blé et de 16 000 à 23 000 kilogrammes de betteraves. Le cheptel comprenait 13 chevaux, 5 vaches, 300 moutons et 2 porcs. Aujourd'hui j'ai, en moyenne, 27 chevaux et juments poulinières, 3 étalons [...], 30 vaches et bœufs, 500 moutons et 40 porcs. Le matériel était semblable à celui des fermes de cette époque, il était peu nombreux et ne se composait que d'instruments aratoires bien inférieurs à ceux dont on se sert aujourd'hui.
Quant au personnel, il se composait de 5 domestiques, de 2 femmes et de 8 à 10 journaliers. C'était, en moyenne, un personnel de 17 personnes. Aujourd'hui, mon personnel se compose de 8 domestiques, 3 femmes, et de 30 à 40 journaliers. Au moment de la moisson et de l'arrachage et du transport des betteraves, le nombre des travailleurs s'élève à près de 80. »

J.-C. Potel-Lecouteux, *Quarante ans de travaux agricoles de 1822 à 1833. À Longpont et à la Ferté-Milon (Aisne) et à Créteil (Seine)*, 1863.

1. Commune située en région parisienne.

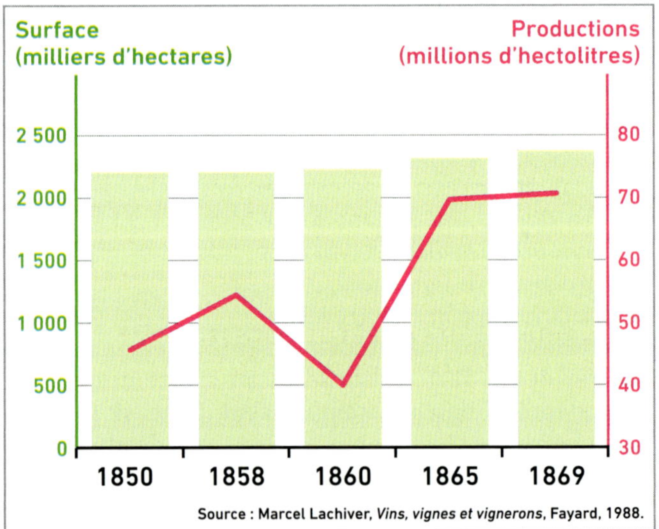

Source : Marcel Lachiver, *Vins, vignes et vignerons*, Fayard, 1988.

3 La viticulture française

VOCABULAIRE

Exode rural : mouvement de départ définitif d'habitants des campagnes vers les villes.

Population active : partie de la population d'un pays qui travaille dans un secteur d'activité ou qui recherche un emploi.

Population rurale : population qui vit à la campagne ou dans des villages de moins de 2 000 habitants agglomérés.

4 Le maintien de gestes traditionnels

Jean-François Millet, *Les Glaneuses*, huile sur toile, 112 x 84 cm, 1857 (Musée d'Orsay, Paris).

Le peintre met au premier plan les glaneuses, incarnations de la pauvreté rurale. Celles-ci sont autorisées à passer rapidement, avant le coucher du soleil, dans les champs moissonnés pour ramasser un à un les épis négligés. Au second plan, on devine l'abondance de la moisson : meules, gerbes, charrette et moissonneurs qui s'agitent.

5 Les débuts de l'exode rural

Dans la première moitié du XIXe siècle, 90 000 migrants en moyenne quittent chaque année la campagne pour la ville. Ils sont plus de 130 000 par an dans les années 1860.

« Il y a quelques années, nous avions très peu de tissages mécaniques et nous n'avions, pour ainsi dire, pas de filatures mécaniques ; aujourd'hui, la France a pris définitivement et glorieusement sa place parmi les pays de grande industrie [...]. La vapeur dès son apparition dans le monde de l'industrie a brisé tous les rouets, toutes les quenouilles, et il a bien fallu que fileuses et tisseuses, privées de leur antique gagne-pain, s'en vinssent réclamer une place à l'ombre du haut fourneau de l'usine [...]. Des villages entiers où naguère retentissaient le bruit du marteau, le ronflement des bobines, les cris joyeux de l'enfance, sont aujourd'hui déserts et silencieux tandis que de vastes édifices de briques rouges, surmontés d'une immense cheminée au panache ondoyant, engloutissent dans leurs flancs, depuis l'aube du jour jusqu'à la tombée de la nuit, des milliers de créatures vivantes. La vapeur fait tout dans le tissage [...]. Chaque matin avant le lever du soleil, père, mère et enfants partent pour la fabrique. »

Jules Simon, *L'Ouvrière*, 1861.

6 L'aménagement et l'assainissement des Landes de Gascogne

« Dans les départements des Landes et de Gironde, les terrains communaux seront assainis et ensemencés en bois aux frais des communes qui en seront propriétaires. Au cas où elles ne pourraient ou ne voudraient le faire, l'État y pourvoirait. Pour récupérer leurs biens, les communes devraient rembourser le capital avancé ainsi que les intérêts, sur le produit des coupes et exploitations. L'ensemencement pourra s'étaler sur 12 ans et les parcelles assainies dont le sol pourrait être mis en culture, seront vendues ou affermées par des communes. Pour desservir ces forêts, des routes dites agricoles seront construites et entretenues par l'État. Les communes fourniront gratuitement les terrains nécessaires. »

Loi du 19 juin 1857.

QUESTIONS

1. **Doc. 1** Montrez l'importance du monde rural sous le Second Empire.
2. **Doc. 2 et 3** Comment se manifestent les transformations et la prospérité du monde rural ?
3. **Doc. 6** Quel rôle l'État joue-t-il dans les transformations du monde rural ?
4. **Doc. 1, 4 et 5** Comment ces documents permettent-ils de relativiser la modernisation du monde rural sous le Second Empire ?

Synthèse Rédigez un court paragraphe sur la modernisation du monde rural en mettant en évidence :
- l'importance du monde rural sous le Second Empire ;
- les transformations et la prospérité de ce monde rural ;
- les limites de cette modernisation.

Point de passage

Paris haussmannien, la transformation d'une ville

Les fréquents séjours à Londres du futur empereur alors en exil l'ont précocement sensibilisé aux enjeux de l'urbanisme. En 1853, Napoléon III charge le préfet de la Seine, Georges Eugène Haussmann, de transformer Paris.

TÂCHE COMPLEXE

La ville de Paris organise une exposition à l'Hôtel de Ville sur les transformations de la ville sous le Second Empire. Vous êtes nommé directeur de l'exposition. À vous de préparer un discours inaugural présentant le Paris haussmannien à l'aide d'un diaporama !

CONSEILS

Pour réaliser votre présentation, vous pouvez montrer :

– la physionomie de Paris au début du Second Empire ;
– les transformations opérées dans la ville ;
– leurs conséquences sociales.

BOÎTE À OUTILS

- **Un site Internet**

Site web
Site du musée Carnavalet
hatier-clic.fr/19h1005

- **Des articles**

– « La Révolution haussmannienne : une ville pour les riches ? », *L'Histoire* n° 211, juin 1997.
– « Paris, la traversée des siècles », *Les Collections de L'Histoire* n° 9, 2000.

- **Un extrait d'émission télé**

– Des Racines et des Ailes : www.youtube.com/watch?v=nHfsnDlp13Y

Vidéo
Des Racines et des Ailes
hatier-clic.fr/19h1006

- **Une émission de radio (podcast)**

Audio
Georges Eugène Haussmann, le préfet qui inventa Paris
hatier-clic.fr/19h1007

1 BIOGRAPHIE

Georges Eugène Haussmann (1809-1891)

En décembre 1851, alors préfet de Gironde, il soutient immédiatement le coup d'État du président Louis-Napoléon Bonaparte. Homme de confiance de l'empereur, il est nommé préfet de la Seine par Napoléon III en juin 1853 et est chargé, jusqu'en janvier 1870, de mener la rénovation de Paris avec comme objectifs premiers la salubrité et le maintien de l'ordre public. Les travaux durent jusqu'en 1870. Nommé sénateur en 1857, il obtient en 1862 la Grand-Croix de la Légion d'honneur en échange des services rendus au Second Empire.

VOCABULAIRE

Urbanisme : science de l'organisation spatiale des villes.

Doc interactif
Manuel numérique

2 Le plan des transformations de Paris

3 L'agrandissement de la ville

Adoplhe Yon, *Napoléon III remet au Baron Haussmann le décret d'annexion de communes limitrophes le 16 février 1859*, huile sur toile, 230 x 327 cm, 1865 (Musée Carnavalet, Paris).

À la suite de l'annexion de 1860, la ville de Paris passe de 12 à 20 arrondissements, de 3 288 à 7 088 hectares, et de 1,2 à 1,6 million d'habitants.

4 Le boulevard Henri IV pendant les travaux et aujourd'hui

Pendant le Second Empire, la ville de Paris connaît d'impressionnants travaux : 20 000 bâtiments sont rasés et 40 000 sortent de terre tandis que de grands axes sont percés. L'esthétisme de ces boulevards, bordés d'immeubles uniformisés, et la lutte contre l'insalubrité ne doivent pas faire oublier que ces grandes artères limitent la possibilité de construire des barricades en cas d'insurrection.

5 Le nouveau Paris d'Haussmann

« De profondes tranchées dont plusieurs sont déjà de magnifiques rues, sillonnent la ville en tout sens, les îlots des maisons disparaissent comme par enchantement, des perspectives nouvelles s'ouvrent. La physionomie de Paris est à beaucoup d'endroits changée de fond en comble. Des monuments, dégagés des hideuses masures qui les masquaient, se montrent pour la première fois dans leur beauté complète ; d'autres sortent de leur ruine, inachevés et se terminent enfin. Dans cette ville, centre de l'univers, le genre humain, apporté et remporté par les veines et les artères des railways, comme le sang dans le cœur, circulera désormais sans embarras et sans confusion ; la ville aussi s'aère, se nettoie, s'assainit : plus de quartiers lépreux, plus de ruelles miasmatiques, plus de masures humides où la misère s'accouple avec l'épidémie. Les murailles pourries s'effondrent pour laisser surgir de leurs décombres des habitations dignes de l'homme, dans lesquelles la santé descend avec l'air, et la pensée sereine avec la lumière et le soleil. »

Théophile Gautier, préface de *Paris démoli* d'Émile Fournier, Aubry, 1855.

6 La transformation sociale de Paris

« Le premier et inévitable effet de vos percements a été de jeter la plus profonde perturbation, souvent la ruine et la misère, dans l'existence de milliers et de milliers de petits fabricants, d'artisans, d'ouvriers, chassés sans retour […]. L'immense majorité de ces expulsés était installée de père en fils dans ces quartiers ; […] le fabricant s'y trouvait au milieu des ouvriers qu'il occupe, […] des marchands qui débitent ses produits. Un beau matin, le marteau des démolisseurs abat et disperse tout cela. […]
Les terrains et, partant, les loyers ayant partout renchéri, l'on voit se rebâtir dans les parties les plus reculées de la capitale, les ruelles, les passages, les cours, les masures que vous abattez si impitoyablement au centre. […]
Tandis que nos édiles font pénétrer l'air et la lumière dans le vieux Paris en ouvrant de larges boulevards, […] on voit se former, aux extrémités de la ville, des groupes de maisons étroites et malsaines, dans lesquelles une déplorable spéculation entasse nos ouvriers. […]
Voilà comment M. Haussmann "prodigue l'air et la lumière" dans les quartiers excentriques à ces centaines de milliers d'ouvriers qu'il expulse du centre sous prétexte de salubrité ! »

J. Édouard Horn, *Les Finances de l'hôtel de ville*, 1868-1869.

Étude La question sociale et le droit de grève

Avec l'industrialisation, le monde ouvrier connaît un essor important. Dès 1844, Louis-Napoléon Bonaparte consacrait un ouvrage, *L'Extinction du paupérisme*, aux travailleurs de l'industrie. Après sa prise du pouvoir, Napoléon III continue de manifester une grande sensibilité à la question sociale et en fait, tout au long du Second Empire, une question politique de premier plan.

Pourquoi la question sociale est-elle importante sous le Second Empire ?

VOCABULAIRE

Coalition : réunion momentanée de personnes dans l'intérêt commun.

Grève : cessation volontaire et collective du travail par des salariés.

Paupérisme : état de grande pauvreté.

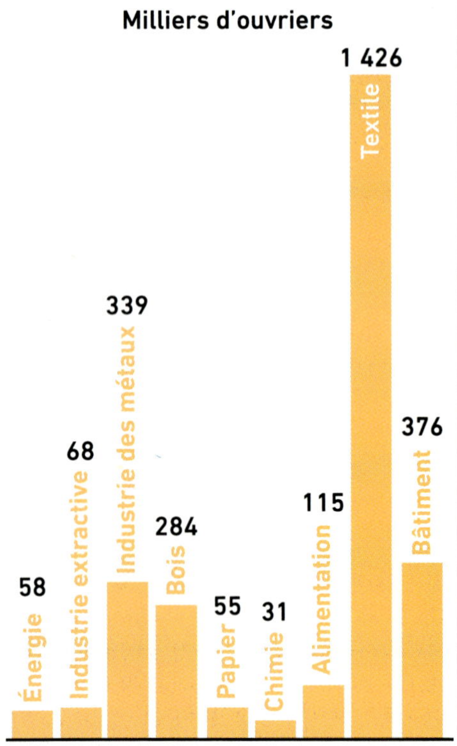

Source : J.-C. Tourain, « La population de la France de 1840 à 1959 », *Cahier de l'Institut de science économique appliquée*, n° 3, 1963.

1 Les ouvriers dans les branches industrielles (1866)

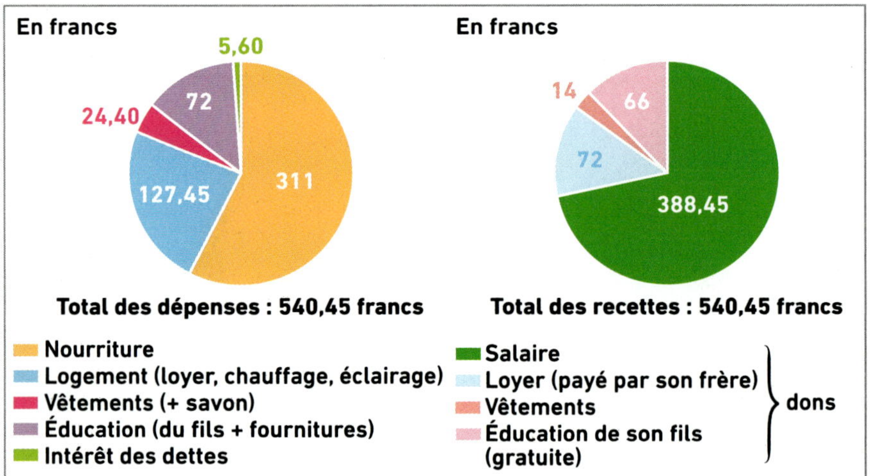

Source : Jacques Marseille, « Une vie de lingère », *L'Histoire* n° 349, janvier 2010.

2 Le budget d'une lingère en 1858

3 Un empereur socialiste ?

« L'industrie, cette source de richesse, n'a aujourd'hui ni règle, ni organisation, ni but. Broyant également dans ses rouages les hommes comme la matière, elle dépeuple les campagnes, agglomère la population dans des espaces sans air, affaiblit l'esprit comme le corps et jette ensuite sur le pavé quand elle n'en sait plus que faire, les hommes qui ont sacrifié pour l'enrichir leur force, leur jeunesse, leur existence. Véritable saturne du travail, l'industrie dévore ses enfants et ne vit que de leur mort.

La classe ouvrière ne possède rien, il faut la rendre propriétaire. Elle n'a de richesse que ses bras, il faut donner à ces bras un emploi utile pour tous. Elle est comme un peuple d'ilotes[1] au milieu d'un peuple de sybarites[2]. Il faut lui donner une place dans la société, et attacher ses intérêts à ceux du sol. Enfin, elle est sans organisation et sans liens, sans droits et sans avenir, il faut lui donner des droits et un avenir, et la relever à ses propres yeux par l'association, l'éducation, la discipline. »

Louis-Napoléon Bonaparte, *L'Extinction du paupérisme*, 1844.

1. Population asservie pendant l'Antiquité grecque.
2. Personnes vivant dans le luxe et les plaisirs.

QUESTIONS

1. **Doc. 1, 2, 3 et 4** Caractérisez la condition ouvrière sous le Second Empire.
2. **Doc. 4** Que dénoncent les auteurs du *Manifeste des Soixante* et que souhaitent-ils, en accord avec l'empereur ?
3. **Doc. 3 et 5** Montrez l'intérêt de Napoléon III pour la question sociale.
4. **Doc. 4 et 6** Pourquoi peut-on dire que la question sociale n'est pas encore résolue à la fin du Second Empire ?

Synthèse Montrez en quoi la question ouvrière est une question politique importante sous le Second Empire :
- la situation du monde ouvrier et ses revendications ;
- la politique du régime en direction des ouvriers ;
- le bilan de cette politique.

4 Le *Manifeste des Soixante* (17 février 1864)

Rédigé par l'ouvrier ciseleur parisien Henri Tolain et signé par soixante ouvriers, ce manifeste est publié dans le journal L'Opinion nationale *le 17 février 1864 avec l'autorisation de l'empereur avant les élections législatives de 1864. Tolain se présente aux élections mais ne parvient pas à être élu.*

« OUVRIERS DE LA SEINE
Le suffrage universel nous a rendus majeurs politiquement, mais il nous reste encore à nous émanciper socialement. La liberté que le tiers état sut conquérir avec tant de vigueur et de persévérance doit s'étendre en France, pays démocratique, à tous les citoyens [...]. Nous dont les enfants passent souvent leurs plus jeunes ans dans le milieu démoralisant et malsain des fabriques[1], ou dans l'apprentissage, qui n'est guère encore aujourd'hui qu'un état voisin de la domesticité ; nous dont les femmes désertent forcément le foyer pour un travail excessif, contraire à leur nature, et détruisant la famille ; nous qui n'avons pas le droit de nous entendre pour défendre pacifiquement notre salaire, pour nous assurer contre le chômage, nous affirmons que l'égalité écrite dans la loi n'est pas dans les mœurs, et qu'elle est encore à réaliser dans les faits [...]. Le tiers état disait : Qu'est-ce que le tiers état ? rien ! Que doit-il être ? tout ! Nous ne dirons pas : Qu'est-ce que l'ouvrier ? rien ! Que doit-il être ? tout ! Mais nous dirons : la bourgeoisie, notre aînée en émancipation, sut en 89, absorber la noblesse et détruire d'injustes privilèges. Il s'agit pour nous, non de détruire les droits dont jouissent justement les classes moyennes, mais de conquérir la même liberté d'action... Nous ne sommes pas représentés, et voilà pourquoi nous posons cette question des candidatures ouvrières. »

1. La loi du 22 mars 1841 interdisant le travail des enfants de moins de 8 ans est rarement appliquée.

Point de passage

5 Le droit de grève du 25 mai 1864

La loi du 25 mai 1864 autorise le droit de coalition, et donc de grève, que la Révolution française avait interdit (1791). Émile Ollivier, républicain rallié au Second Empire et rapporteur du texte de loi, justifie la mesure.

« Osons le dire, la certitude des rudes épreuves réservées à ceux qui entreront dans des grèves est un des motifs principaux en faveur de la liberté des coalitions [...]. La grève, c'est la guerre avec ses nécessités, avec son caractère destructeur, ses duretés, ses violences, ses emportements, ses colères, avec son accompagnement obligé de deuils, de dévastations. Comme à la guerre, dans les grèves, les innocents sont atteints pour les coupables ; les femmes, les enfants, les vieillards supportent les maux qu'ils n'ont point causés [...]. Seulement, de même que la guerre ne sera vaincue qu'à force de civilisation et de lumière, la grève aussi ne sera vaincue qu'à force de liberté et d'instruction [...]. Avec le temps, la liberté des coalitions tuera la grève. Quand les ouvriers auront touché de leurs propres mains les limites infranchissables de la volonté humaine [...] ; quand, de leur côté, les patrons avertis des épreuves auxquelles ils sont exposés auront redoublé de bienveillance et de sagesse, les grèves deviendront plus rares, et d'un antagonisme passager naîtra, sinon l'accord sans nuages, du moins l'habitude des discussions loyales et conciliantes. »

Émile Ollivier, *Commentaire sur la loi du 25 mai 1864 sur les coalitions*, Maresq Ainé, 1864.

6 La grève au Creusot en janvier 1870

Gravure de 1870.

Le 19 janvier 1870, Eugène Schneider licencie trois ouvriers de ses usines du Creusot, provoquant l'arrêt de travail des métallurgistes rapidement rejoints par les mineurs. Les grévistes revendiquent un salaire de 5 francs la journée de 8 heures pour les mineurs et de 2,25 francs la journée de 8 heures pour les enfants. Schneider (aussi maire du Creusot et président du Corps législatif) fait appel à 3 000 hommes de la troupe pour restaurer l'ordre et un procès de 25 grévistes est organisé. Le travail reprend après 23 jours de grève sans amélioration des conditions de travail.

Le droit de grève du 25 mai 1864

1. Pourquoi le droit de grève ou de coalition est-il une nouveauté importante pour les ouvriers ?
2. Comment Émile Ollivier explique-t-il que le droit de coalition n'est pas un danger pour l'économie et la société ?
3. Selon Émile Ollivier, comment se transformeront peu à peu les relations entre les patrons et les ouvriers grâce au droit de coalition ?

Les transformations économiques et sociales entre 1848 et 1870

Quelles mutations profondes la France connaît-elle entre 1848 et 1870 ?

NOTION

Industrialisation : passage d'une société à dominante agricole à une société de plus en plus industrielle et commerciale. Cette mutation s'accompagne de modifications économiques et sociales profondes.

A Les transformations économiques

1. L'industrialisation

- Dans les **années 1840**, avec près de cinq décennies de retard sur le Royaume-Uni, **la France entame sa révolution industrielle**. Même si l'eau et le bois restent longtemps des sources d'énergie très utilisées, **le développement des mines de charbon et l'essor de la production de houille** permettent l'implantation massive de **machines à vapeur**.
- Les **usines** se multiplient dans le nord et l'est du pays. **Le travail à domicile décline, le salariat et la mécanisation s'imposent.** Les travailleurs sont désormais soumis au rythme des machines et à la discipline imposée dans les ateliers par les règlements et les contremaîtres.
- Dans le **textile**, secteur qui emploie le plus d'ouvriers, le coton est à la pointe du mouvement de mécanisation. Dans la **sidérurgie**, la famille de Wendel développe son activité à Hayange en Moselle, concentrant mines, **hauts-fourneaux** et ateliers de laminage, tandis qu'Eugène Schneider fait du **Creusot** un centre de construction mécanique et d'armement qui utilise les **techniques les plus modernes** comme les aciers spéciaux ou le marteau-pilon.

2. Un État modernisateur

- **Ces mutations sont encadrées et encouragées par l'État.** Séduit par les **idées saint-simoniennes**, Napoléon III entend accompagner la modernisation du pays par une action volontariste. L'État facilite ainsi le **développement du réseau ferroviaire**, **encourage les opérations d'aménagement des villes** et des campagnes, et met en place un **environnement juridique favorable** à la croissance des entreprises.
- Sous sa direction, **les expositions universelles**, comme celles de 1855 et de 1867, sont l'occasion **d'exalter le progrès et la modernité et de promouvoir le savoir-faire des entrepreneurs nationaux**. Le **traité de libre-échange, signé en janvier 1860 avec le Royaume-Uni**, première puissance économique mondiale, est perçu par l'empereur comme un moyen d'accélérer la modernisation de l'économie en libéralisant partiellement les échanges.

3. Une nouvelle génération d'entrepreneurs

- Si nombre d'entreprises sont encore dirigées par des « héritiers » et assises sur des capitaux familiaux, le Second Empire voit émerger une **nouvelle génération d'entrepreneurs** qui transforment en profondeur le **capitalisme** national. Avec le Crédit mobilier fondé en 1852, les **frères Pereire** révolutionnent le **système de crédit** et donnent le signal de la **création de nombreuses banques de dépôt** : le Crédit lyonnais d'Henri Germain en 1863 ou la Société générale d'Eugène Schneider en 1864.
- **Émile et Isaac Pereire** investissent dans de nombreux secteurs, tels les transports, l'immobilier, les assurances ou encore l'énergie. Mais cette multiplication d'investissements et de spéculations est parfois à l'origine de scandales retentissants. Ainsi en est-il de la faillite spectaculaire du Crédit mobilier en 1867.

▶ Point de passage, p. 114

Doc interactif
Manuel numérique

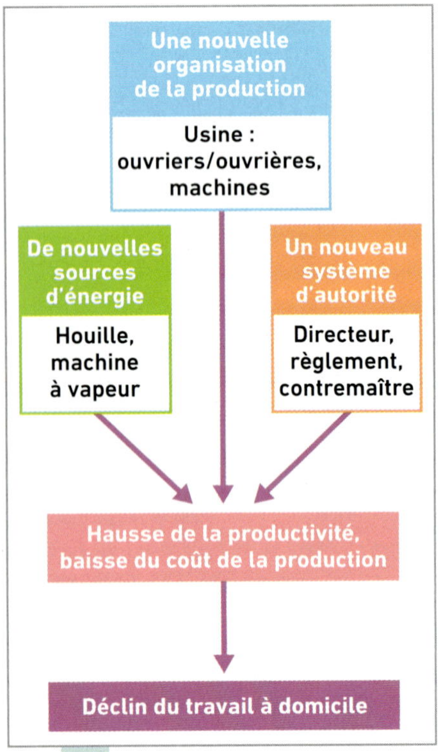

Le nouveau système industriel

VOCABULAIRE

- **Capitalisme :** p. 112.
- **Houille :** p. 110.
- **Mécanisation :** p. 110.
- **Saint-simonisme :** p. 112.
- **Salariat :** p. 110.
- **Usine :** p. 110.

B Les transformations sociales

1. L'âge d'or du monde rural

- Malgré l'entrée dans la première révolution industrielle, **les campagnes occupent encore une place considérable** dans l'économie et la société du Second Empire (plus de 70 % de la population française est encore rurale dans les années 1850). Le monde rural connaît alors un véritable âge d'or. **L'État favorise son désenclavement et soutient l'assainissement et l'aménagement** de nombreux terroirs, dans les Landes ou en Sologne. Napoléon III soutient le **développement de la viticulture**, notamment bordelaise. Nombre de propriétaires-exploitants voient leurs productions, leurs exportations et leurs revenus fortement progresser. La production agricole est quasi multipliée par deux sous le Second Empire.
- Mais **cette prospérité ne profite pas à la masse des ouvriers agricoles**. Une partie de ces travailleurs de la terre décide de tenter sa chance en ville : le Second Empire est ainsi marqué par le début de l'**exode rural** (130 000 départs par an en moyenne) et le reflux de l'emploi agricole.

2. Un pays en voie d'urbanisation

- L'urbanisation s'accélère mais **le phénomène reste secondaire** : la France passe de 9 millions de citadins en 1851 à 11,6 millions en 1866. L'essor des villes est d'abord favorisé par le **développement industriel**, comme celui de Saint-Étienne où la population passe de 56 000 à 110 000 habitants entre 1851 et 1872.
- À **Paris**, Napoléon III charge le baron **Georges Eugène Haussmann**, préfet de la Seine, de modifier en profondeur l'urbanisme de la cité à partir de 1853. Pendant près de 20 ans, **la capitale est en chantier au nom de l'hygiène, de l'esthétisme et de la sécurité**. De grands boulevards sont percés, des places sont dégagées, des perspectives sont créées, des espaces verts sont aménagés, des ponts, des gares ou des halles sont édifiés. **Ces travaux modifient totalement la physionomie de la « ville-lumière »**. De nombreux habitats malsains sont détruits (30 000 en 1860), le nombre de rues étroites et sinueuses est réduit, les quartiers insalubres sont rasés, et les ouvriers sont chassés du centre-ville par les loyers élevés.

▶ Point de passage, p. 118

- Modèle de rénovation urbaine, **l'haussmannisation touche les grandes villes de province** comme Lyon, Marseille, Bordeaux ou Lille.

3. La politisation de la question sociale

- À l'âge industriel, **les conditions de vie du monde ouvrier sont de plus en plus difficiles**. À l'enfermement qu'occasionne le travail à l'usine s'ajoute **la précarité de la vie quotidienne**. Les revenus, étroitement dépendants de la conjoncture, restent faibles et la capacité d'épargne très limitée. Alors que le monde ouvrier s'organise et revendique sa participation pleine et entière à la vie politique (***Manifeste des Soixante*** en 1864), **Napoléon III engage des réformes sociales**.
- L'auteur de *L'Extinction du paupérisme* (1844) encourage le **développement des mutuelles** et **autorise la grève par la loi du 25 mai 1864.** ▶ Point de passage, p. 121
- Mais, à l'image des **grèves** violentes qui éclatent à la Ricamarie (près de Saint-Étienne) en juin 1869 et au Creusot en janvier 1870, cette politique en direction du monde du travail **ne parvient pas à pacifier les relations sociales**.

Henri Germain (1824-1905)

Médaille en bronze, 1876 (BNF, Paris).

Saint-simonien, Henri Germain fonde en 1863 le Crédit lyonnais destiné à attirer la moyenne et la petite épargne afin de financer l'industrie. La banque de dépôt s'implante en 1867 à Paris et devient rapidement une banque de premier plan.

VOCABULAIRE

Exode rural : p. 116.
Grève : p. 120.

Le Creusot en grève

Une du *Monde illustré*, 29 janvier 1870 (BNF, Paris).

1 ANALYSE DE DOCUMENTS

CONSIGNE Après avoir présenté les documents, vous mettrez en évidence le regard porté par l'opposition républicaine sur le baron Haussmann et sur les travaux qu'il fait réaliser à Paris sous le Second Empire. Vous pourrez évoquer les aspects positifs puis négatifs de cette haussmannisation.

Document 1 **Lettre adressée par Jules Ferry à MM. les membres de la commission du Corps législatif chargés d'examiner le nouveau projet d'emprunt de la ville de Paris**

« Avant d'entrer en matière, permettez-moi, Messieurs, de bien poser la question qui s'agite, à cette heure, entre M. le préfet de la Seine et la population qu'il régente, impose, endette, triture depuis quinze ans, sans mesure et sans contrôle. Les Parisiens ne disent pas qu'il n'y eût rien à faire dans l'ancien Paris, au moment où M. le préfet a commencé son office destructeur ; ils ne disent pas non plus que M. le préfet n'ait rien accompli d'utile ou de nécessaire. Nous reconnaissons qu'on a fait du nouveau Paris la plus belle auberge de la terre et que les parasites des deux mondes ne trouvent rien de comparable. Nous tenons compte de ce qu'exigeait l'aménagement indispensable d'une grande ville, qui est la tête de ligne de tous les chemins de fer. Nous n'avons garde de dire que tout soit absolument mauvais dans ces innombrables trouées qui, dépeçant obliquement et dans tous les sens la vieille capitale, donnent à la nouvelle l'aspect déplaisant d'un casse-tête chinois. Nous le trouvons laid, pour notre compte, mais nous convenons que le mauvais goût de M. le préfet a ici pour complice le mauvais goût des architectes et d'une portion notable du public de ce temps-ci.
Nous sentons aussi que c'est peine perdue de regretter l'ancien Paris, le Paris historique et penseur, dont nous recueillons aujourd'hui les derniers soupirs ; le Paris artiste et philosophe, où tant de gens modestes, appliqués aux travaux d'esprit, pouvaient vivre [...] ; où il existait des groupes, des voisinages, des quartiers, des traditions ; où l'expropriation ne troublait pas à tout instant les relations anciennes, les plus chères habitudes ; où l'artisan, qu'un système impitoyable chasse aujourd'hui du centre, habitait côte à côte avec le financier ; où l'esprit était prisé plus haut que la richesse ; où l'étranger, brutal et prodigue, ne donnait pas encore le ton aux théâtres et aux mœurs. Ce vieux Paris, le Paris de Voltaire, de Diderot et de Desmoulins, le Paris de 1830 et de 1848, nous le pleurons de toutes les larmes de nos yeux, en voyant la magnifique et intolérable hôtellerie, la coûteuse cohue, la triomphante vulgarité, le matérialisme épouvantable que nous léguons à nos neveux... »

Jules Ferry, *Les comptes fantastiques d'Haussmann*, Guy Durier, 1868-1869.

Document 2 **« Haussmann le castor » (1870)**
Dessin de Paul Hadot, paru dans *La Ménagerie impériale*, octobre 1870 (BNF, Paris).

QU'EST-CE QUE *LA MÉNAGERIE IMPÉRIALE* ?

La Ménagerie impériale est un recueil de caricatures de Paul Hadot dit White (1835-1875). Composé selon les propres termes de l'auteur « des ruminants, carnivores et autres budgétivores qui ont dévoré la France pendant 20 ans », le recueil est formé d'une trentaine de caricatures des principales personnalités du régime, chaque portrait étant bâti sur le même modèle : la tête aux traits fortement accentués est greffée sur un corps animal ; chaque personnage est affublé d'un nom d'animal suivi de deux caractéristiques qui stigmatisent des vices réels ou supposés.
Le recueil est publié au lendemain de la chute du Second Empire et se présente comme une critique sans concessions du régime.

Répondez aux questions suivantes pour vous aider à rédiger l'analyse de documents.

J'identifie et je questionne les documents

1. Présentez les documents : nature, auteur, source et date. Présentez rapidement le contexte politique de cette période.
2. Quelle problématique pourra permettre de questionner ces documents ?

Je comprends les documents

3. Décrivez le document 2 (Nérac est la ville de Gironde où Haussmann a débuté sa carrière en tant que sous-préfet, de 1832 à 1840).
4. Relevez les termes, passages ou notions du document 1 qui méritent une explication (« préfet de la Seine », « innombrables trouées »...) et essayez de les expliquer à l'aide des pages 118-119 du manuel.
5. Essayez de trouver les points communs et les différences entre la description d'Haussmann par Jules Ferry et celle proposée par Paul Hadot.

Je rédige une synthèse

6. Qu'est-ce que Jules Ferry et Paul Hadot reconnaissent de positif dans l'œuvre d'Haussmann à Paris ? *(Première partie du développement)*
7. Que reprochent-ils à Haussmann et aux travaux qu'il a dirigés ? *(Deuxième partie du développement)*.
8. Votre plan pourra ainsi être le suivant :
   I. Les aspects positifs de l'œuvre d'Haussmann à Paris
   II. Les critiques de l'action d'Haussmann

Je conclus

9. Comment répondre à votre problématique ?
10. À l'aide de vos connaissances personnelles, dites si, finalement, cette description de l'action d'Haussmann à Paris par l'opposition républicaine peut être perçue différemment.

Coup de pouce !
Jules Ferry est né en 1832. Après ses études de droit, il devient journaliste et pamphlétaire. Lorsqu'il rédige sa lettre aux membres du Corps législatif, il exprime le point de vue de l'opposition républicaine.

Coup de pouce !
Un avis positif d'un républicain sur l'œuvre d'Haussmann
« Peu nous importe aujourd'hui que les comptes de M. Haussmann aient été fantastiques. Il avait entrepris de faire de Paris une ville magnifique et il y a complètement réussi. M. Haussmann fit en dix ans plus qu'on en avait fait en un demi-siècle. On criait qu'il nous donnait la peste, il laissait crier et nous donnait, au contraire, par ses intelligentes percées, l'air, la santé et la vie. Son œuvre était au moins aussi fantastique que ses comptes. »
Jules Simon (républicain et président du Conseil de 1876 à 1877), extrait d'un article paru dans *Le Gaulois*, mai 1882.

Méthode
- Analyser le sujet
- Rédiger l'introduction
- Rédiger le développement

2 RÉPONDRE À UNE QUESTION PROBLÉMATISÉE

QUESTION Quelles sont les conséquences de l'industrialisation sur l'organisation économique et sociale en France entre 1848 et 1870 ?

Analyse de la question :
- **la période chronologique :** de la Deuxième République au Second Empire.
- **l'espace concerné :** la France.
- **« industrialisation » :** vous devrez montrer le passage progressif d'une société très agricole à une société de plus en plus industrielle et commerciale.
- **économie :** vous devrez réfléchir aux productions, à leur diffusion et à leur utilisation.
- **société :** il s'agit d'un groupe humain organisé en catégories sociales hiérarchisées.
- **le sens du sujet :** l'objectif est de réfléchir aux conséquences de l'industrialisation sur l'économie et la société en France.

Introduction

a) Après avoir dessiné le nouveau paysage économique du pays, nous mettrons en évidence les contours de la nouvelle société industrielle.

b) Quelles sont les conséquences de l'industrialisation sur l'organisation économique et sociale en France entre 1848 et 1870 ?

c) Des années 1840 jusqu'à la fin du Second Empire, la France est le théâtre d'une diffusion progressive des procédés industriels et d'une transformation de la société.

d) Nous traiterons la question en deux temps.

e) Ces mutations sont encouragées par l'État qui mène une politique de modernisation de l'économie nationale.

Partie I. Une industrialisation qui transforme l'économie française

A. De nouvelles techniques au service d'un nouveau système de production

Évoquez la houille, les mines, les machines à vapeur, les usines, la mécanisation, les conditions de travail...

B. Industrialisation et capitalisme

Expliquez ce qu'est le capitalisme, nommez de grands entrepreneurs ainsi que leurs activités, les grandes régions industrielles...

Partie II. Vers une société industrielle

A. Ouvriers et question sociale

Développez sur la multiplication des ouvriers, leurs activités, les grands industriels, la question sociale, le droit de grève...

B. Industrialisation et urbanisation

Soulignez l'importance du monde rural, l'exode rural et ses causes, le développement des villes, l'haussmannisation...

Conclusion

L'industrialisation en France modifie en profondeur l'économie et la société entre 1848 et 1870, même si le processus est moins brutal qu'au Royaume-Uni et que le monde rural conserve une place importante. L'effet conjugué du charbon, de la vapeur, de la mécanisation, du capitalisme, mais aussi de la révolution ferroviaire et de la révolution du crédit transforme le système productif. L'industrialisation entraîne aussi la multiplication du nombre d'ouvriers : l'amélioration de leurs conditions de vie et de travail devient une nécessité. Mais leurs grèves sont souvent réprimées avec violence.

1. **Introduction** Les phrases sont rédigées mais présentées dans le désordre. Rédigez l'introduction en les remettant dans l'ordre.

2. **Parties I et II** Rédigez les différentes parties à l'aide des informations fournies et de vos connaissances personnelles. La première phrase doit annoncer l'idée de la partie. Chaque sous-partie doit correspondre à un paragraphe et à une idée prouvée par au moins un exemple.

Méthode

- Analyser le sujet
- Rédiger le développement
- Rédiger la conclusion

3 RÉPONDRE À UNE QUESTION PROBLÉMATISÉE

QUESTION **Comment évolue la société française de 1848 à 1870 ?**

Analyse de la question :
- **la période chronologique :** du début de la IIe République à la fin du Second Empire.
- **l'espace concerné :** la France.
- **« société » :** il s'agit d'un groupe humain organisé en catégories sociales hiérarchisées (grands industriels, ouvriers…)
- **le sens du sujet :** l'objectif est de réfléchir aux éléments de continuité et de transformation de la société française de 1848 à 1870. Il faudra notamment souligner le rôle essentiel joué par l'industrialisation et l'urbanisation dans la transformation d'une société française encore majoritairement rurale.

Introduction

En 1848, la France reste un pays profondément rural dans lequel l'activité agricole demeure encore la principale source de production des richesses. Une vingtaine d'années plus tard, nous observons toutefois une société partiellement transformée par le processus d'industrialisation. L'émergence progressive d'une société industrielle contribue à modifier de manière significative les équilibres sociaux hérités du vieux monde rural.

Comment évolue donc la société française entre 1848 et 1870 ?

Nous soulignerons, dans une première partie, la force persistante du monde rural avant de mettre en valeur les changements qui contribuent à modifier les équilibres sociaux traditionnels.

Partie I. Une société qui reste dominée par le monde rural

A. Le poids du monde rural
B. Un monde rural modernisé
C. Maintien d'un monde rural en difficulté

Partie II. Mais qui se transforme peu à peu en société industrielle

A. De nouvelles élites
B. L'essor du monde ouvrier
C. Une société en voie d'urbanisation

Conclusion

1. **Parties I et II** Rédigez les parties I et II en suivant le plan proposé et en utilisant vos connaissances personnelles. La première phrase doit annoncer l'idée de la partie. Chaque sous-partie doit correspondre à un paragraphe et à une idée prouvée par au moins un exemple. Vous pouvez utiliser les pages 116-117 pour vous aider à rédiger la partie I. Les pages 110-111, 114-116, 118-119 et 120-122 peuvent vous aider à rédiger la partie II.

2. **Conclusion** Rédigez la conclusion en suivant les consignes ci-dessous :
   – répondez à la problématique posée en introduction (« Comment évolue donc la société française entre 1848 et 1870 ? ») ;
   – synthétisez vos grandes idées en deux ou trois phrases ;
   – ouvrez la réflexion sur un sujet proche (par exemple l'existence d'un livret ouvrier sous le Second Empire permettant de surveiller cette catégorie sociale de plus en plus nombreuse et souvent vue comme dangereuse pour l'ordre établi…).

Révisions

L'industrialisation et l'accélération des transformations économiques et sociales en France

COMPRENDRE LE CHAPITRE

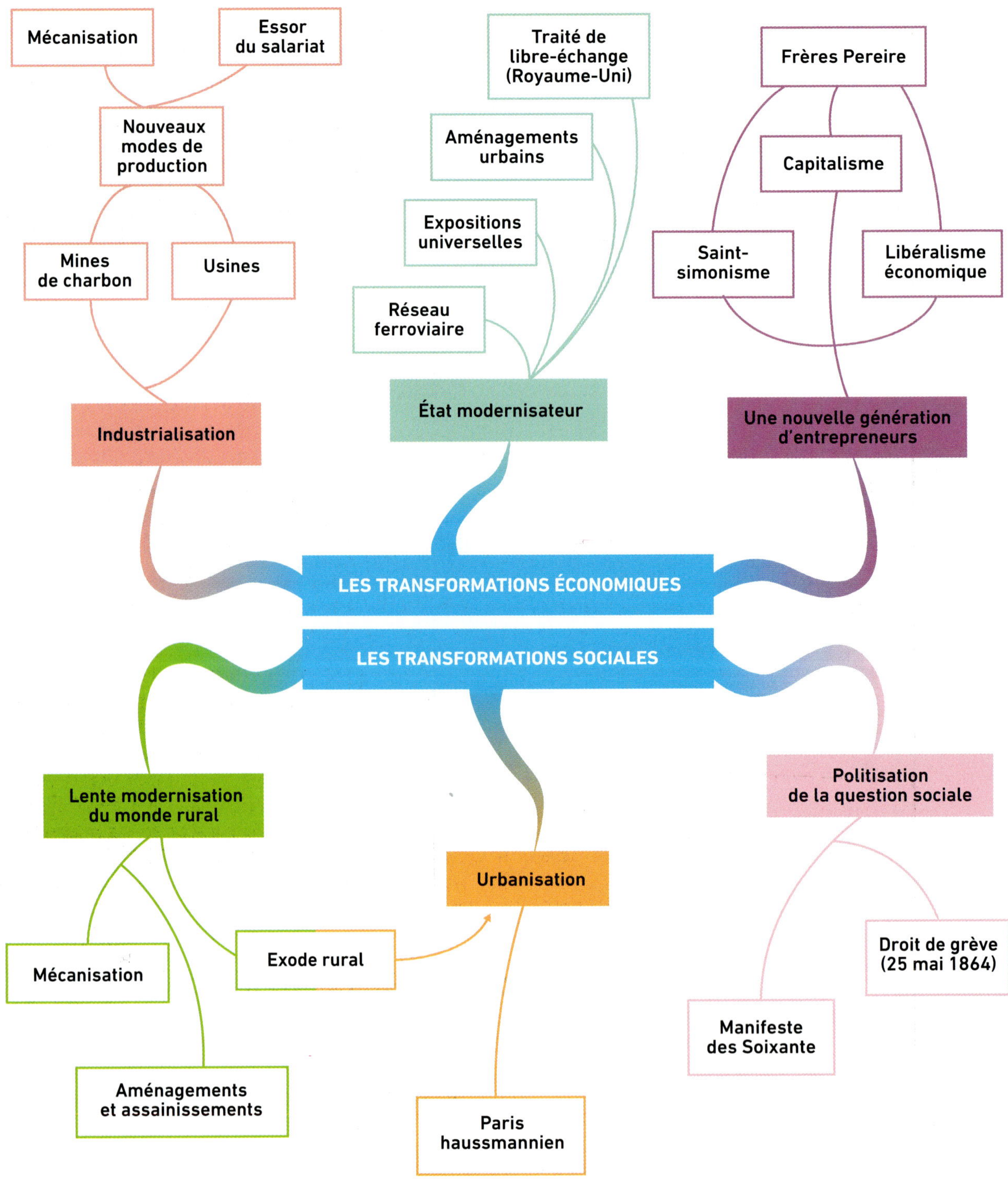

PERSONNAGES ESSENTIELS

Préfet de la Seine à partir de 1853, **Georges Eugène Haussmann** (1809-1882) est chargé de mener à bien la rénovation de Paris qui transforme profondément le visage de la capitale.

→ Bio p. 118

Saint-simoniens proches de Napoléon III, **Émile** (1800-1875) et **Isaac Pereire** (1806-1880) multiplient les investissements (banques, voies ferrées, tourisme...). Ils connaissent une brillante réussite professionnelle avant la faillite du Crédit mobilier en 1867. → Bio p. 114

Avec son frère, **Eugène Schneider** (1805-1867) rachète en 1836 les forges du Creusot fondées en 1788 par Ignace Wendel. Proche de Napoléon III, il est président du Corps législatif à partir de 1867.

Les ouvriers, membres d'une catégorie sociale réunissant ceux qui travaillent de leurs mains dans le secteur industriel en échange d'un salaire. Leurs conditions de vie et de travail sont souvent difficiles.

Les bourgeois, membres d'une catégorie sociale possédant une certaine fortune et ne travaillant pas de leurs mains, de la grande bourgeoisie conquérante (grands patrons, banquiers...) à la moyenne et petite bourgeoisie (petits patrons, boutiquiers, fonctionnaires...).

DATES CLÉS

1852	Fondation du Crédit mobilier par les frères Pereire
1853	Début des travaux d'Haussmann à Paris
1855	Première Exposition universelle organisée en France
1860	Traité de libre-échange entre la France et le Royaume-Uni
25 mai 1864	Loi autorisant le droit de grève
1867	Loi permettant la création des sociétés anonymes
1870	Grandes grèves aux usines Schneider du Creusot

NOTIONS À MAÎTRISER

Capitalisme Organisation de l'économie qui repose sur la propriété privée des moyens de production et d'échange, la recherche du profit, la libre concurrence.

Industrialisation Passage progressif d'une société à dominante agricole à une société à dominante industrielle et commerciale. Cette mutation s'accompagne de modifications économiques et sociales profondes. **Ne pas confondre avec révolution industrielle**, notion en débat et qui suppose une rupture brutale et un changement rapide des structures économiques et sociales.

Libéralisme économique Système économique fondé sur les libertés économiques (limitation des règles imposées aux entrepreneurs sur le marché national et faiblesse ou absence de droits de douane sur les produits importés aux frontières).

Urbanisation Concentration croissante de la population en ville.

RÉPONDRE ET MÉMORISER

1. Qu'est-ce que la houille ?
2. Pourquoi l'usine introduit-elle un changement majeur dans le monde du travail ?
3. Où se trouvent en France les territoires particulièrement touchés par l'industrialisation ?
4. Comment l'État encourage-t-il la modernisation économique ?
5. Citez des acteurs de la modernisation économique du pays sous le Second Empire.
6. Pour quelles raisons l'exode rural est-il de plus en plus important entre 1848 et 1870 ?
7. Comment Haussmann transforme-t-il le visage de la capitale ?
8. Quelles sont les conditions de vie des ouvriers ?
9. Quelle rupture introduit la loi du 25 mai 1864 pour le monde du travail ?
10. Quel bilan peut-on dresser de la politique sociale de Napoléon III ?

Mémorisation active

Mémocartes hatier-clic.fr/19h1008

5 La France et la construction de l'Italie et de l'Allemagne

Quel rôle la France joue-t-elle dans les unifications italienne et allemande entre 1850 et 1871 ?

1 Charge de cavalerie prussienne menée par Henri XVII, prince de Reuss (en Thuringe), contre l'armée française, le 16 août 1870

Emil Hünten, *Bataille de Mars-la-Tour, le 16 août 1870*, huile sur toile, 1902 (Bismarck-Museum Friedrichsruh, Allemagne).

Délibérément recherchée par la Prusse, la guerre franco-prussienne est un fiasco pour le Second Empire mais une réussite militaire et politique pour la Prusse, puisque la victoire lui permet d'achever l'unité allemande (l'Empire allemand est proclamé le 18 janvier 1871).

UNITÉ ITALIENNE

- 1858 Entrevue de Plombières (Napoléon III - Cavour)
- 1859 Alliance franco-piémontaise
- 1859 Batailles de Magenta et de Solférino
- 1860 Rattachement de Nice et de la Savoie à la France
- 1866 Rattachement de la Vénétie
- 1870 Rattachement de Rome
- 1871 Rome capitale de l'Italie

UNITÉ ALLEMANDE

- 1862 Bismarck principal ministre de Prusse
- 1866 Bataille de Sadowa
- 1867-1871 Confédération d'Allemagne du Nord
- 1870-1871 Guerre franco-prussienne
- 1871 Proclamation du Reich

1860 — 1865 — 1870 — 1875

p.133 POINT DE PASSAGE

POINT DE PASSAGE p.140

Doc interactif
Manuel numérique

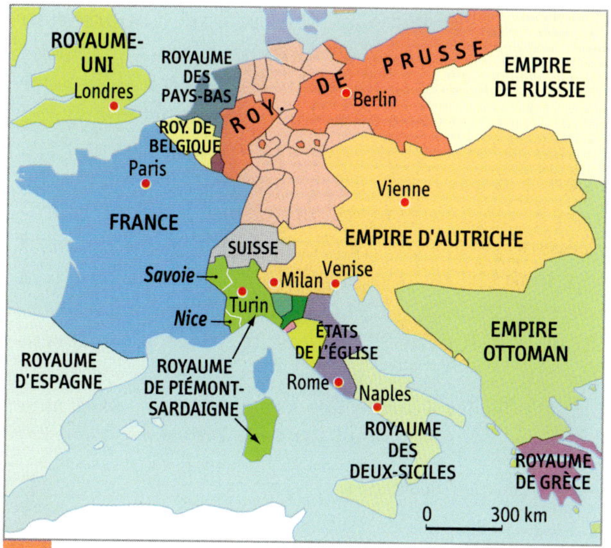

2 **L'Europe en 1848**

3 ***L'Italie reconnaissante***

Vincenzo Vela, marbre, 1862 (Château de Compiègne).

Cette sculpture souligne le rôle joué par la France du Second Empire en 1859 en faveur de l'unité italienne.

Étude La France au service de l'unité italienne (1859-1860)

En 1858, la péninsule italienne compte 8 États indépendants. Des considérations de politique intérieure (attentat du patriote italien Felice Orsini en 1858) et extérieure, ainsi que son passé aux côtés des *carbonari* poussent Napoléon III à intervenir en faveur de l'unification politique de la nation italienne. L'empereur s'allie donc au Piémont-Sardaigne qui, en échange, lui promet plusieurs territoires.

Pourquoi et comment la France participe-t-elle aux débuts de l'unification italienne ?

VOCABULAIRE

***Carbonari* :** membres d'une société secrète combattant pour la liberté et l'unité italienne.

Nation : groupe humain qui revendique une identité commune caractérisée par l'attachement à un territoire, une histoire, une langue ou une religion.

Patriote : celui ou celle qui se bat pour sa patrie.

2 L'entrevue de Plombières

Il Fischietto (journal piémontais), 18 septembre 1858 (Archives départementales de Haute-Savoie).

Lors de l'entrevue de Plombières, le 21 juillet 1858, Napoléon III s'engage auprès de Cavour à l'aider à reprendre la Lombardie et la Vénétie aux Autrichiens en échange de la Savoie et du comté de Nice, des territoires conquis lors de la Révolution française et rendus au Piémont-Sardaigne par le congrès de Vienne en 1815.

1 L'aide militaire française

« L'Autriche est décidée à persister dans son système d'oppression et de violence envers l'Italie[1] […]. Il n'y a que deux partis à prendre : ou se réconcilier avec l'Autriche et le pape ou se préparer à déclarer la guerre à l'Autriche dans un avenir peu éloigné. Si le premier parti était préférable, je devrais à mon retour à Turin conseiller au roi d'appeler au pouvoir des amis de l'Autriche et du pape. Si, au contraire, la seconde hypothèse est la meilleure, mes amis et moi nous ne craindrons pas de nous préparer à une guerre terrible, à une guerre à mort […]. L'empereur [Napoléon III] ne peut pas être contre la guerre. Il la désire dans le fond de son cœur […]. Les dernières entrevues que j'ai eues avec lui et ses ministres étaient de nature à frayer le chemin vers une déclaration de guerre. »

Camillo Cavour, Premier ministre du Piémont-Sardaigne, lettre à son ministre de la Justice, 12 avril 1856.

1. L'Autriche contrôle une partie de l'Italie du Nord.

3 Les débuts de l'unification italienne (1859)

Doc interactif
Manuel numérique

4 Les arguments de Napoléon III

En novembre 1859, la France signe la paix avec l'Autriche. En décembre, le Français Arthur de La Guéronnière rédige, pour le compte de Napoléon III, une brochure destinée à justifier la politique française en Italie.

« Quant à contraindre les peuples, la France n'y est pas habituée. Lorsqu'elle s'est mêlée de leurs affaires, c'est pour les affranchir et non pour les opprimer [...]. Le territoire des États de l'Église n'est [...] pas plus indivisible que l'étendue de ce territoire n'est invariable. Comme toutes les possessions, celle-ci subit l'influence des événements : elle s'étend ou se restreint selon que ses intérêts et les nécessités générales de la politique le lui imposent. À cet égard, rien n'est absolu. Seule, l'autorité spirituelle du pape est immuable. [Mais] il faut que la ville de Rome et le patrimoine de saint Pierre soient garantis au souverain pontife par les grandes puissances [...]. Quand la France s'est prononcée pour l'Italie, ce grand intérêt du salut de la papauté a été certainement une des préoccupations les plus sérieuses de la politique de son souverain [...]. Dieu a béni son dessein et lui a donné la victoire. Mais sa gloire serait stérile si, en rendant à un peuple les titres de sa nationalité, elle n'assurait pas à l'Église sa sécurité et son indépendance. »

Arthur de La Guéronnière, *Le Pape et le congrès*, 1859.

Point de passage

5 Proclamation de Victor-Emmanuel II, roi du Piémont-Sardaigne, aux habitants de la Savoie et de Nice

« Quelque pénible qu'il me soit de me séparer des provinces qui ont fait si longtemps partie des États de mes ancêtres [...], j'ai dû considérer [...] la demande que mon auguste allié l'empereur Napoléon m'a adressée pour obtenir cette réunion. J'ai dû en outre tenir compte des services immenses que la France a rendus à l'Italie, [...] des liens que les traités ont formés entre les deux pays. Je ne pouvais méconnaître d'ailleurs que le développement du commerce, la rapidité et la facilité des communications augmentent chaque jour davantage l'importance et le nombre des rapports de la Savoie et de Nice avec la France. Je n'ai pu oublier enfin que des grandes affinités de race, de langage et de mœurs rendent ces rapports de plus en plus intimes et naturels. Toutefois ce grand changement dans le sort de ces provinces ne saurait vous être imposé. Il doit être le résultat de votre libre consentement. »

Victor-Emmanuel II, Turin, 1er avril 1860.

6 Un libre consentement[1] ?

a. Les résultats des plébiscites

Question : Le comté de Nice veut-il être réuni à la France ? (15-16 avril 1860)	
Oui	25 743
Non	160
Abstention	4 779
Question : La Savoie veut-elle être réunie à la France ? (22-23 avril 1860)	
Oui	130 533
Non	235
Abstention	4 610

1. Le vote n'est pas secret et s'effectue sous la surveillance de militaires français.

b. Favoriser le « oui »

Un fonctionnaire savoyard favorable au rattachement écrit :

« Si par hasard quelques-uns des inscrits ne se présentaient pas à la votation dimanche 22, faites-les prévenir à domicile que l'honneur aussi bien que l'intérêt de leur pays exige qu'ils s'y présentent lundi 23. »

Lettre aux syndics de la vallée de la Tarentaise, 18 avril 1860.

QUESTIONS

1. **Doc. 1 et 3** Pourquoi Cavour a-t-il besoin de la France ?
2. **Doc. 2 et 4** Que souhaite Napoléon III en Italie ?
3. **Doc. 3** Comment se déroule la campagne d'Italie ?

Synthèse Pourquoi et comment la France participe-t-elle aux débuts de l'unification italienne ?
Vous pourrez évoquer les enjeux diplomatiques, les aspects militaires et les enjeux de nationalité pour la France ainsi que pour l'Italie.

Le rattachement de Nice et de la Savoie à la France

1. **Doc. 2, 3, 5 et 6** Qu'apporte l'accord entre la France et le Piémont aux deux États ? Qu'en pensent les Piémontais ?
2. **Doc. 5** Comment Victor-Emmanuel II justifie-t-il aux yeux des habitants de Nice et de la Savoie le rattachement de leurs territoires à la France ?
3. **Doc. 5 et 6** À quoi Victor-Emmanuel II fait-il allusion lorsqu'il évoque un « libre consentement » ? Ce consentement est-il réel ?

Étude La construction italienne de 1860 à 1871

Commencée grâce à l'aide de la France en 1859, l'unification italienne est menée principalement par le roi de Piémont-Sardaigne Victor-Emmanuel II et son premier ministre Camillo Cavour. Afin de poursuivre le processus, les deux hommes doivent désormais rallier à eux toutes les forces patriotiques de la nation et du *Risorgimento*.

Comment l'Italie a-t-elle réalisé son unité entre 1860 et 1871 ?

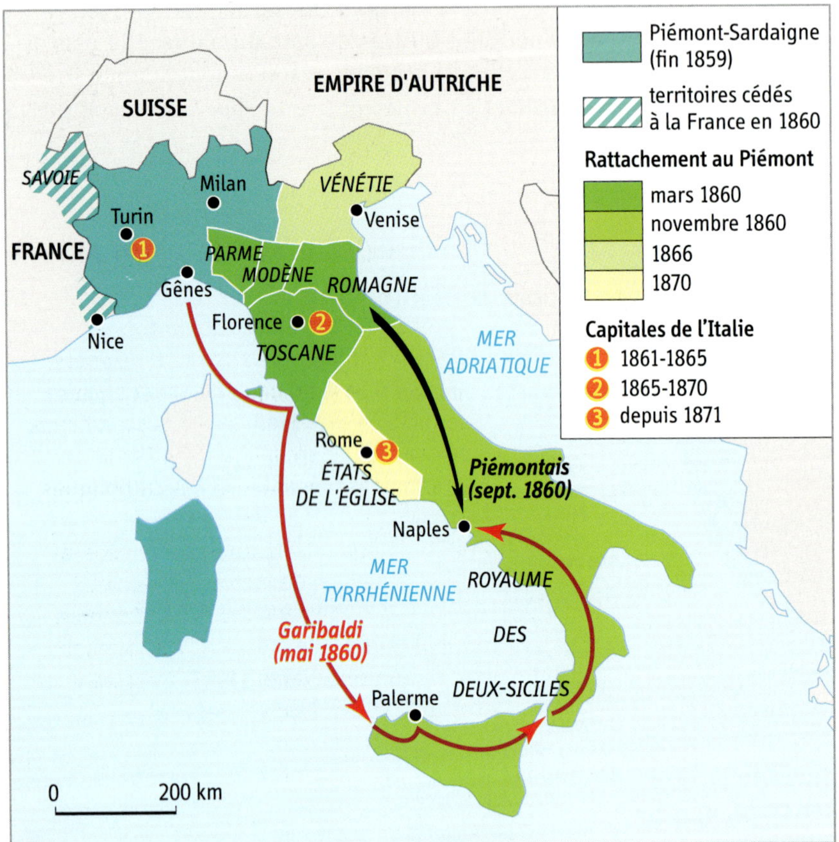

1 La construction italienne (1860-1871)

Doc interactif
Manuel numérique

VOCABULAIRE

« Chemises rouges » : nom donné aux volontaires qui s'engagent sous la conduite de Garibaldi pour l'unité et la libération du territoire italien.

***Risorgimento* :** « renaissance » ou « résurrection », nom donné au mouvement national italien du XIXe siècle dont l'objectif est de réaliser l'unité de l'Italie.

CHRONOLOGIE

Mars 1860 Après avoir renversé leurs souverains, les patriotes des États d'Italie centrale votent le rattachement au Piémont.

Novembre 1860 Après l'expédition des « chemises rouges » de Giuseppe Garibaldi, les Napolitains votent le rattachement du royaume des Deux-Siciles au Piémont.

1861 Victor-Emmanuel II devient roi d'Italie. Mort de Cavour.

1866 Affaiblie par sa défaite à Sadowa contre l'armée prussienne en 1866, l'Autriche accepte le rattachement de la Vénétie à l'Italie.

1870 Conquête du Latium et rattachement de Rome qui devient officiellement la capitale du royaume en 1871.

2 L'entrée de Garibaldi à Palerme le 27 mai 1860

(Musée du Risorgimento, Brescia, Italie).

1 Garibaldi, chef des « chemises rouges ».
2 Drapeau italien. Directement inspiré du drapeau tricolore français, ce drapeau vert-blanc-rouge est employé pour la première fois en 1797. Il devient ensuite le signe de ralliement des partisans du *Risorgimento*. Garibaldi, qui est pourtant républicain, accepte de se rallier à Victor-Emmanuel II dans l'intérêt de l'unité italienne. À la tête de son millier de volontaires, il se lance à la conquête de Naples et de la Sicile qu'il livre ensuite au roi de Piémont.

3 Inscriptions sur les murs de Naples avant le rattachement

Dessin anonyme, 1859.

Le compositeur Giuseppe Verdi soutient le processus d'unité en Italie. Plusieurs de ses compositions sont à la gloire de la patrie, d'autres des appels à l'insurrection. Son engagement est aussi politique puisqu'il est élu à l'Assemblée des provinces de Parme en 1859. Son nom devient un cri de ralliement pour les patriotes, VERDI signifiant alors pour eux « *Vittorio Emanuele Re d'Italia* » (« Victor-Emmanuel, roi d'Italie »).

4 La France entravant l'unité italienne

Lithographie, XIXe siècle.

Après 1861, Napoléon III se retourne contre l'unification italienne. Il s'oppose, par la présence d'une garnison française à Rome, à l'annexion des États pontificaux et à l'affaiblissement du pape Pie IX pour ne pas mécontenter les catholiques français.

❶ Napoléon III ❷ L'Italie ❸ Le général Caldini, envoyé de Victor-Emmanuel II à Naples ❹ Le pape Pie IX ❺ Un noble napolitain ❻ Un prêtre ❼ Des brigands ❽ Garibaldi en laboureur (« Caprera » évoque l'île qui est son refuge.)

5 Rome, capitale incontournable

« Rome fut toujours pour moi une sorte de talisman : tout jeune homme, j'étudiais l'histoire de l'Italie, et je trouvais que dans les autres histoires toutes les nations naissaient, croissaient, […] chutaient pour ne plus réapparaître au premier rang. Une seule ville tenait de Dieu le privilège de mourir et de ressusciter plus grande qu'avant […]. Je me disais : il est impossible qu'une ville qui a été la seule au monde à vivre deux vies[1], l'une plus grande que l'autre, n'en ait pas une troisième. Après la Rome qui agit en conquérant par les armes, après la Rome qui agit en conquérant par la parole, viendra, me disais-je, viendra la Rome qui agira par la vertu de l'exemple, après la Rome des empereurs, après la Rome des papes, viendra la Rome du peuple. »

Discours de Giuseppe Mazzini, l'un des grands penseurs du *Risorgimento*, 6 mars 1849.

1. La première vie de Rome est celle de l'Empire romain et finit avec la chute de l'Empire romain d'Occident (476). La seconde commence au Moyen Âge avec l'importance croissante prise par la Rome des papes.

QUESTIONS

1. **Chronologie et doc. 1** Listez et datez les territoires italiens successivement rattachés d'abord au royaume de Piémont-Sardaigne puis au royaume d'Italie entre 1860 et 1870.
2. **Doc. 2, 3 et 4** De quels soutiens bénéficient Victor-Emmanuel II et Cavour dans leur entreprise ?
3. **Doc. 2, 3 et 4** Pourquoi ces soutiens peuvent-ils paraître surprenants ? Quelles formes prennent-ils ?
4. **Doc. 4** Présentez, décrivez et expliquez le document.
5. **Doc. 5** Pourquoi, selon Mazzini, l'Italie ne peut-elle avoir d'autre capitale que Rome ? Relevez les éléments de vocabulaire qui évoquent son patriotisme.

Synthèse Expliquez comment l'Italie s'est construite entre 1860 et 1871 : progressive unification ; aides extérieure et intérieures ; mais aussi entraves.

Étude Les débuts de l'unification allemande

Le processus d'unification de l'Allemagne est un enjeu stratégique à la fois pour l'Autriche et pour la Prusse. Après l'échec de la révolte souhaitant unifier l'Allemagne par l'initiative populaire en 1848, Guillaume Ier de Prusse reprend l'initiative en proposant une unification « par le haut ». Son ministre des Affaires étrangères, Otto von Bismarck, l'aide à réaliser une « petite Allemagne » autour de la Prusse.

Comment la Prusse parvient-elle à réaliser l'unité allemande à son profit ?

CHRONOLOGIE

1815 Création de la Confédération germanique (union d'États allemands formée en 1815 sous la tutelle de l'Autriche).

1834 Création du *Zollverein*.

1862 Bismarck devient principal ministre de Prusse et lance le processus d'unification.

1864 Réunion des duchés du Schleswig et du Holstein à la Prusse (avec l'aide de l'Autriche) aux dépens du Danemark.

1866 Victoire prussienne contre l'Autriche à Sadowa.

1867 Création de la Confédération d'Allemagne du Nord qui supplante la Confédération germanique.

Juillet 1870-janvier 1871 Guerre franco-prussienne et achèvement de l'unité.

1 L'unité allemande selon Bismarck

« C'est sur la force et la puissance de la Prusse que l'Allemagne a les yeux fixés. La Prusse doit rassembler ses forces pour le moment propice [...]. Les frontières données à la Prusse par le congrès de Vienne ne sont pas bonnes [...]. Ce n'est point par des discours, des associations et des votes de majorité que les grandes questions de notre temps seront résolues – ce fut là l'erreur et la faute de 1848 et 1849 – mais par le fer et par le sang. »

Discours du 30 septembre 1862.

« Il n'y a pas de place pour deux en Allemagne. C'est pourquoi je veux abattre l'Autriche. Je veux relever la Prusse et lui donner en Allemagne la situation prépondérante qui lui revient de droit. La monarchie autrichienne est fort peu allemande. Elle ferait beaucoup mieux [...] de s'appuyer sur sa véritable force qui consiste dans le faisceau des races nombreuses qui la composent, plutôt que de courir après le rêve d'une supériorité allemande [...] qui ne lui appartient à aucun titre. »

Discours de 1864.

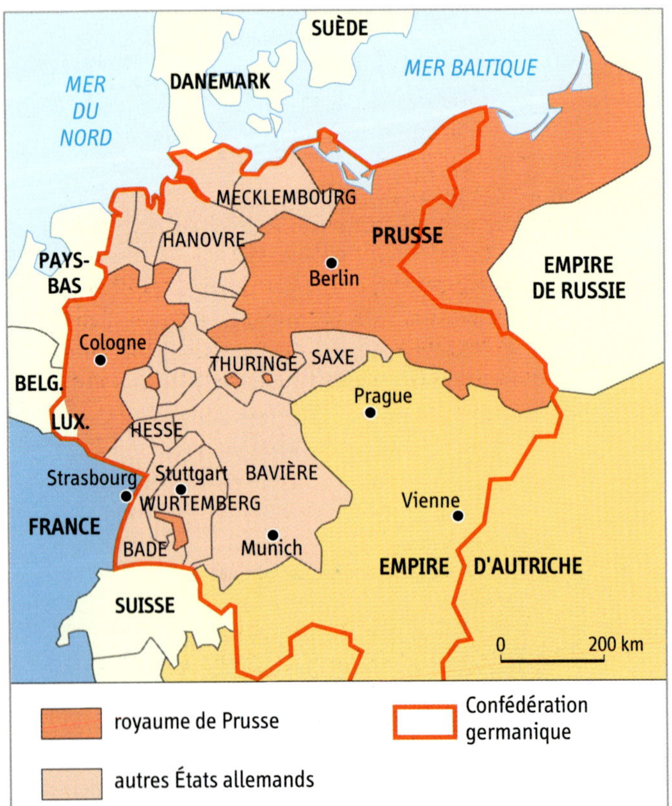

2 L'Allemagne en 1850

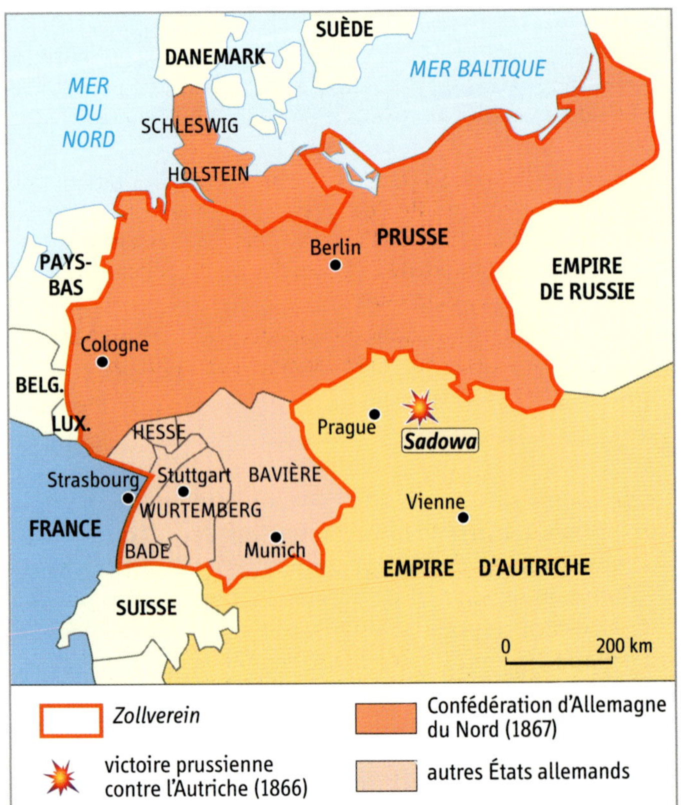

3 L'unification allemande (1862-1867)

4 La bataille de Sadowa (1866)

Georg Bleibtreu, *La Bataille de Sadowa*, 200 x 100 cm, huile sur toile, 1869 (Sammlung Archiv für Kunst und Geschichte, Berlin).

❶ Guillaume Ier ❷ Bismarck ❸ Le comte von Moltke, commandant de l'armée prussienne à Sadowa.
Vaincue par la Prusse à Sadowa, l'Autriche est exclue du processus de l'unification allemande qui se met en place autour de la Prusse dans la Confédération d'Allemagne du Nord en 1867.

VOCABULAIRE

Confédération d'Allemagne du Nord : remplace la Confédération germanique en 1867. Placée sous la présidence du roi de Prusse, elle réunit cet État au royaume de Saxe et à 21 autres États plus petits.

Petite Allemagne : projet d'union des populations allemandes autour de la Prusse. Elle s'oppose à la Grande Allemagne, projet d'union élargie autour de l'Autriche, ajoutant aux territoires allemands l'ensemble de l'Empire d'Autriche, y compris les populations non allemandes.

***Zollverein* :** « union douanière » en allemand. Union économique initiée par la Prusse qui regroupe peu à peu tous les États allemands.

5 BIOGRAPHIE

Guillaume Ier (1797-1888)

Roi de Prusse en 1861, il nomme Bismarck ministre des Affaires étrangères en 1862. C'est un souverain autoritaire qui renforce la puissance de son armée, mais il se fait forcer la main par Bismarck pour déclarer la guerre à l'Autriche en 1866. En 1870, il suit de nouveau les choix diplomatiques de Bismarck qui souhaite la guerre contre la France. La victoire contre l'ennemi héréditaire français convainc les autres princes allemands d'accepter qu'il soit proclamé empereur d'Allemagne en 1871.

QUESTIONS

1. **Chronologie, doc. 1 et 2** Après avoir rappelé la situation politique de l'Allemagne en 1850, indiquez quels sont les États susceptibles de réunir les peuples d'Allemagne.
2. **Chronologie, doc. 1, 2 et 3** Quelles décisions politiques prouvent les ambitions de ces États ?
3. **Doc. 1** Selon Bismarck, lequel d'entre eux est le plus légitime et pourquoi ?
4. **Doc. 1 à 5** De quelles manières Bismarck entend-il réaliser l'unité allemande ? Montrez qu'il réalise son programme.

Synthèse Montrez comment la Prusse réalise l'unification allemande à son profit. Vous expliquerez qu'il s'agit à la fois d'une unification « par le haut » (c'est-à-dire à l'initiative du pouvoir politique) et d'une unification par la guerre.

Étude La guerre franco-allemande de 1870

Après la victoire de Sadowa (1866) contre l'Autriche, Bismarck poursuit l'unification allemande. La France est prête à accepter l'unité allemande, en échange de compensations, mais l'accord ne se fait pas. Bismarck tente alors d'unir toutes les populations allemandes face à un ennemi commun : la France. La victoire de la Prusse et de ses alliés en 1870 entraîne l'effondrement du Second Empire et permet l'unité allemande.

Comment la guerre de 1870 permet-elle d'achever l'unification allemande ?

CHRONOLOGIE

2 juillet 1870 Les Espagnols acceptent qu'un Prussien accède au trône d'Espagne.

12 juillet 1870 La France obtient le retrait du candidat prussien au trône d'Espagne.

13 juillet 1870 Scandale diplomatique de la dépêche d'Ems.

19 juillet 1870 La France déclare la guerre à la Prusse.

2 septembre 1870 Capitulation de la France : Napoléon III prisonnier.

18 janvier 1871 Proclamation de l'Empire allemand.

1 Une guerre nécessaire

« Il n'était pas possible de dénouer pacifiquement, par le système dualiste, le nœud gordien[1] de la situation allemande, on ne pouvait que le trancher par l'épée. Il s'agissait de gagner au service de la cause nationale le roi de Prusse […]. Le patriotisme allemand, en règle générale, a besoin, pour agir et produire des effets, d'être aidé par l'attachement à la dynastie […]. Après Sadowa, l'unification de l'Allemagne n'était plus, selon moi, qu'une question de temps. Pour la résoudre, la Confédération de l'Allemagne du Nord était la première étape […]. J'étais convaincu que l'abîme creusé au cours de l'histoire entre le nord et le sud de l'Allemagne ne pouvait être comblé que par une guerre nationale contre le peuple voisin, notre séculaire agresseur. Il fallait une guerre franco-allemande. »

Otto von Bismarck, *Pensées et souvenirs*, traduit par Joseph Rovan, 1899, D. R.

1. Problème complexe qu'on ne peut résoudre que par la force.

2 De l'humiliation de la dépêche d'Ems à la déclaration de guerre française

Le risque de voir un prince prussien accéder au trône d'Espagne provoque en juillet 1870 une crise diplomatique. Paris exige – et obtient de la Prusse – le retrait de cette candidature mais Bismarck exploite l'événement en prétendant que l'ambassadeur français a été humilié et congédié par un simple aide de camp.

« La nouvelle du renoncement du prince héritier de Hohenzollern[1] a été officiellement communiquée au gouvernement impérial français […]. Depuis, l'ambassadeur français a encore adressé à Ems[2], à Sa Majesté le Roi, la demande de l'autoriser à télégraphier à Paris, que Sa Majesté le Roi, à tout jamais, s'engageait à ne plus donner son consentement si les Hohenzollern devaient revenir sur leur candidature. Sa Majesté le Roi là-dessus a refusé de recevoir encore l'ambassadeur français et lui a fait dire par l'aide de camp de service que Sa Majesté n'avait plus rien à communiquer à l'ambassadeur. »

Otto von Bismarck, 13 juillet 1870 (dépêche falsifiée transmise à la presse et aux ambassadeurs européens), cité dans F. Roth, *La Guerre de 1870*, © Arthème Fayard, 1990.

1. Dynastie des souverains régnant sur la Prusse.
2. Ville thermale prussienne.

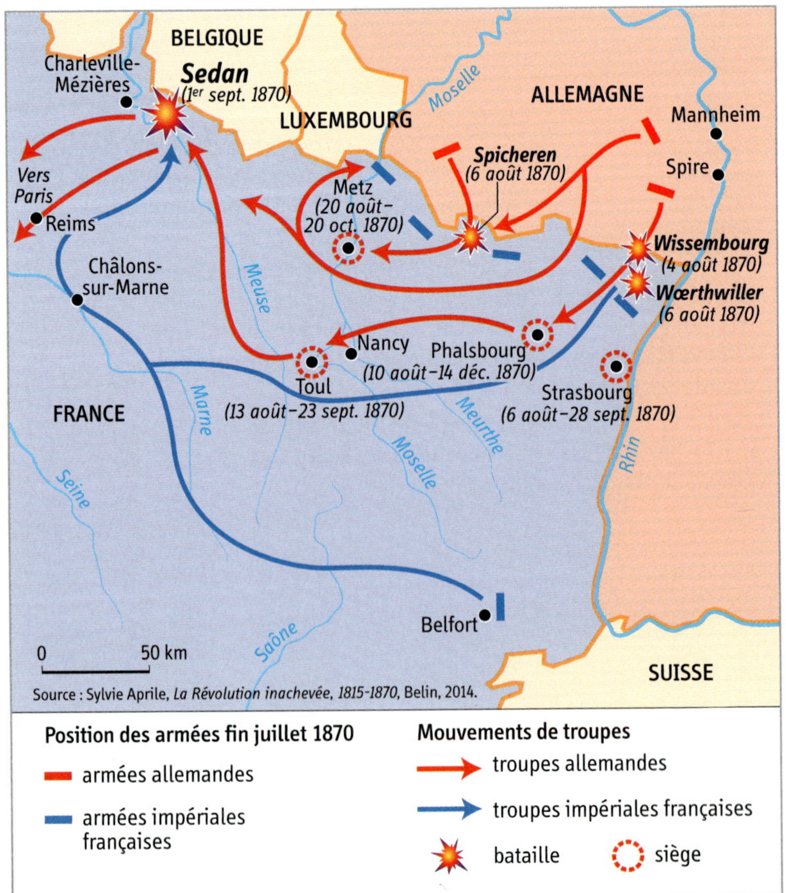

3 Un triomphe militaire

Doc interactif
Manuel numérique

4 La puissance de la Prusse et de ses alliés

	Prusse	France
Troupes	500 000 hommes	250 000 hommes
Service militaire	De 3 ans pour toute une classe d'âge	De 5 ans pour 100 000 hommes d'une classe d'âge (loi Niel)
Alliés	États allemands du Sud Russie (neutralité bienveillante)	Aucun
Moyens matériels	Réorganisation efficace de l'armée et officiers bien formés à la guerre « savante ». Utilisation de moyens militaires (canons Krupp en acier, nouveaux fusils) et de communication (télégraphe, chemin de fer) modernes.	Échec de la réforme de l'armée. Officiers surtout formés aux guerres coloniales. Matériel moins moderne et moins résistant (canons de bronze, inférieurs en cadence, en portée et en précision).

Source : D. Delpech et S. Rollet, *La France dans l'Europe du XIXe siècle, 1802-1914*, A. Colin, 2017.

5 Les conséquences de la défaite française

« Les nouvelles arrivèrent enfin de l'armée et de Paris. C'était Sedan et le 4 septembre[1] [...]. Ayant reçu du pauvre empereur une lettre pleine d'effusion, de regret sur mon renversement et de gratitude pour mes services, je lui écrivis : "Sire, je n'essayerai pas de vous exprimer les sentiments que me fait éprouver votre infortune : il est des malheurs auxquels aucune parole ne peut égaler [...]. J'emploie mes douloureux loisirs à préparer un écrit dans lequel j'établis :
1° Que Votre Majesté ni moi n'avons voulu la guerre pour prendre le Rhin ou mettre obstacle à l'unité allemande.
2° Que nous ne l'avons déclarée que forcés par le procédé du roi de Prusse, par la réponse d'Ems [...]."
Sans espérance d'être écouté, suivant un de ces élans de cœur auxquels on ne résiste pas en certaines heures de détresse, j'écrivis aussi au roi de Prusse : "1er octobre 1870, Sire, vous avez été heureux, soyez grand ! [...] Si vous respectez notre territoire, vous contentant de la gloire immense que vous venez d'acquérir et de la facilité désormais assurée pour vous de faire en Allemagne ce que vous voudrez, vous assurerez au monde une longue et belle paix. Si vous touchez à notre territoire[2], vous commencez une nouvelle guerre de Trente Ans." »

Émile Ollivier (ancien chef du gouvernement sous le Second Empire en 1870), *L'Empire libéral : études, récits, souvenirs*, tome 17, 1915.

1. La nouvelle de la capitulation française arrive à Paris le 4 septembre 1870 : le Second Empire est déchu et la République est proclamée.
2. L'Alsace et une partie de la Moselle, germanophones, sont annexées par l'Empire allemand en 1871.

6 La capitulation de Napoléon III à Sedan (2 septembre 1870)

Lithographie au crayon, coloriée par W. Loeillot (Sammlung Archiv für Kunst und Geschichte, Berlin).

Napoléon III tend son épée à Bismarck et à Guillaume Ier. La France est vaincue et l'union militaire des États allemands derrière la Prusse est un triomphe.

QUESTIONS

1. **Doc. 1 et 4** Pour quelles raisons Bismarck souhaite-t-il une guerre contre la France ?
2. **Chronologie, doc. 1 et 5** Pourquoi la dépêche d'Ems pousse-t-elle la France à déclarer la guerre à la Prusse ?
3. **Doc. 3 et 6** Comment se déroule cette guerre de 1870 ?
4. **Doc. 5** Quelles sont les multiples conséquences de la défaite française en France et en Allemagne ?

Synthèse Rédigez une courte synthèse montrant comment la guerre de 1870 permet d'achever l'unité allemande : l'habileté politique de Bismarck ; le déroulement de la guerre ; ses conséquences.

Point de passage

Bismarck et la proclamation du Reich (1871)

Fort de sa victoire sur la France, Bismarck réalise ses ambitions pangermanistes pour la Prusse : faire de l'Allemagne un État-nation dirigé par le roi de Prusse et proclamer le IIe Reich. La proclamation de l'Empire allemand dans la galerie des Glaces du château de Versailles en 1871 marque le triomphe de la politique menée par le chancelier de Guillaume Ier.

TÂCHE COMPLEXE

Le musée du château de Versailles prépare une exposition internationale afin de rappeler que la proclamation de l'Empire allemand a eu lieu entre ses murs le 18 janvier 1871. Il demande à cette occasion aux meilleurs historiens de se mettre au travail : à vous de préparer une conférence pour expliquer comment se déroule la naissance de l'Empire allemand !

CONSEILS

Vous pouvez :
- réfléchir au rôle joué par Bismarck ;
- décrire et expliquer ce qui se passe le 18 janvier 1871 ;
- expliquer la vision allemande de la nation et ses conséquences.

BOÎTE À OUTILS

- **Un site**
  Château de Versailles
  Site web
  Proclamation de l'Empire allemande, 18 janvier 1871
  hatier-clic.fr/19h1009
- **Un article**
  « De la Prusse au Reich. La longue marche vers l'unité », *L'Histoire*, « Les collections », n° 65, décembre 2014, p. 36-45.
- **Un documentaire**
  Vidéo
  La Guerre franco-allemande de 1870, la bataille de Sedan
  hatier-clic.fr/19h1010

1 Bismarck, forgeron de l'unité allemande
Lithographie de 1880, d'après Guido Philipp Schmitt, *Le Forgeron de l'unité allemande*, estampe, vers 1866 (BPK, Berlin).

VOCABULAIRE

IIe Reich : nom donné à l'Empire allemand proclamé en 1871.

Chancelier : Premier ministre de la Prusse puis de l'Allemagne unifiée.

État-nation : État indépendant dont les habitants appartiennent à la même nation.

Pangermanisme : projet visant à regrouper toutes les populations d'origine germanique et de langue allemande dans un seul État, d'abord la Prusse puis l'Allemagne.

2 BIOGRAPHIE

Otto von Bismarck (1815-1898)

Prussien, issu de la noblesse protestante, Bismarck est un conservateur qui veut se mettre au service de la grandeur de son pays. D'abord diplomate, il est élu député en 1847 puis nommé ministre des Affaires étrangères de Prusse par Guillaume Ier en 1862. Depuis l'échec des mouvements nationaux allemands en 1848, il est convaincu que l'unité allemande ne peut venir que d'un pouvoir monarchique fort et non du peuple. En 1866 puis en 1870-1871, il écarte successivement l'Autriche et la France qui font obstacle à l'unité. Après la proclamation de l'Empire allemand le 18 janvier 1871, il devient le chancelier du Reich, fonction qu'il occupe jusqu'à sa démission en 1890.

3 La proclamation de l'Empire allemand le 18 janvier 1871, dans la galerie des Glaces du château de Versailles

Anton von Werner, huile sur toile, 1885 (Bismarck-Museum, Friedrichsruh, Allemagne).

1 Guillaume Ier, nouvel empereur
2 Frédéric, le prince héritier
3 Le Grand-Duc Frédéric Ier de Bade
4 Otto von Bismarck
5 Les souverains allemands qui acceptent Guillaume comme empereur, avec des sous-officiers portant leurs drapeaux
6 Les officiers de l'armée allemande
7 L'écharpe orange (haute distinction prussienne)
8 Le décor : la galerie des Glaces de Versailles où Louis XIV donnait ses réceptions.

4 Deux conceptions de la nation

Alors que l'historien Theodor Mommsen (1817-1903) cherche à justifier les vues de la Prusse sur l'Alsace, son collègue français Fustel de Coulanges (1830-1889) lui répond.

« L'Alsace, à vous en croire, est un pays allemand ; [...] elle en faisait partie autrefois ; [...] elle parle allemand [...]. En vertu de ces raisons [...] vous voulez qu'elle vous soit "restituée" [...]. Vous appelez cela le principe de nationalité [...]. Suivant vous, ce principe autoriserait un État puissant à s'emparer d'une province par la force, à la seule condition d'affirmer que cette province est occupée par la même race que cet État. Suivant l'Europe et le bon sens, il autorise simplement [...] une population à ne pas obéir malgré elle à un maître étranger [...]. Le principe de nationalité ne permettait pas au Piémont de conquérir par la force Milan et Venise ; mais il permettait à Milan et à Venise de s'affranchir de l'Autriche et de se joindre volontairement au Piémont.

Vous croyez avoir prouvé que l'Alsace est de nationalité allemande [...]. Mais [...] ce n'est ni la race ni la langue qui fait la nationalité [...]. Si les nations correspondaient aux races, la Belgique serait à la France, le Portugal à l'Espagne [...]. On parle cinq langues en France, et pourtant personne ne s'avise de douter de notre unité nationale. »

Fustel de Coulanges, *L'Alsace est-elle allemande ou française ?*, réponse à T. Mommsen, 27 octobre 1870.

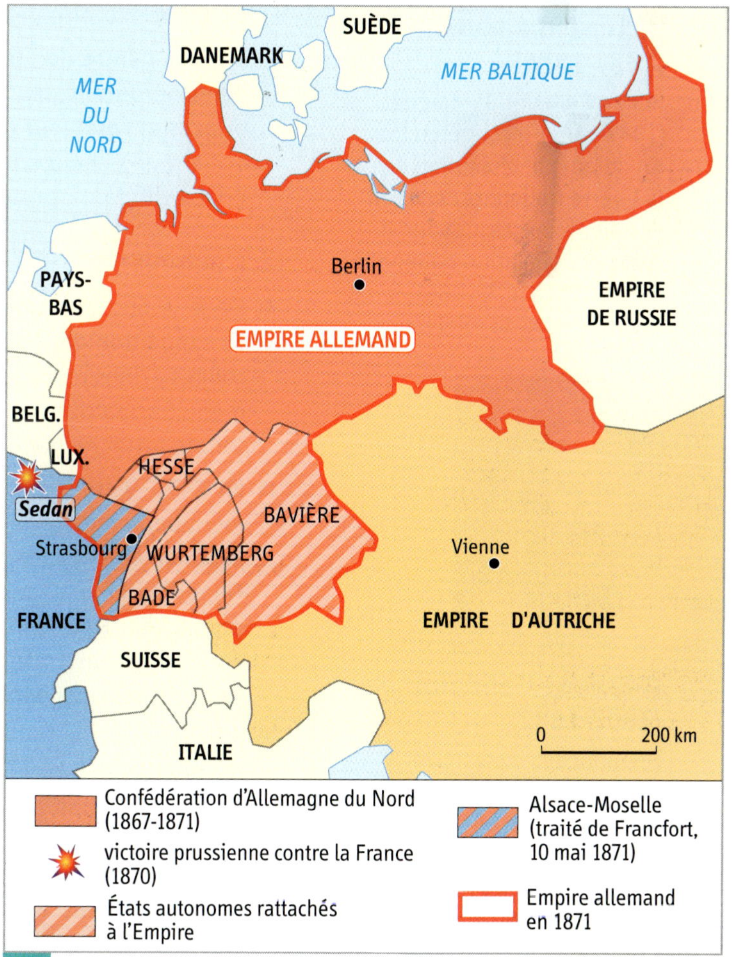

5 L'Empire allemand en 1871

Doc interactif
Manuel numérique

La France et la construction de l'Italie et de l'Allemagne

Quel rôle la France joue-t-elle dans les unifications italienne et allemande entre 1850 et 1871 ?

NOTION

Nationalisme : idéologie qui fait de la nation la valeur centrale et la communauté de référence essentielle. Elle exige l'épanouissement intérieur et le rayonnement extérieur de la nation organisée dans le cadre d'un État-nation. Le nationalisme italien et allemand sont à l'origine des « nationalismes d'existence » : ils ont comme objectif initial la réunion de différentes populations dispersées dans plusieurs États.

Victor-Emmanuel II (1820-1878)

Roi de Piémont-Sardaigne (1849-1861), il est perçu très tôt comme le champion de la liberté italienne. Avec son Premier ministre, Cavour, il réalise l'unification italienne de 1859 à 1870. En 1861, il prend le nom de roi d'Italie.

Giuseppe Garibaldi (1807-1882)

Républicain, il participe sans succès au Printemps des peuples en 1848 puis collabore à l'unification italienne avec Cavour. Son action en 1860 permet le rattachement du royaume des Deux-Siciles.

A La France et la construction de l'État italien

1. Le Piémont-Sardaigne et la France à la manœuvre (1859-1860)

- Au milieu du XIXe siècle, la péninsule italienne contient **huit États**, dont deux, la Lombardie et la Vénétie, sont sous domination autrichienne. Les **patriotes** italiens souhaitent le ***Risorgimento*** mais sont divisés : les uns voudraient une république, d'autres une **monarchie libérale**, certains une unification sous l'autorité du pape. Mais en 1859, beaucoup sont prêts à se rallier au **Piémont-Sardaigne**, qui offre les plus grandes garanties pour faire l'unité de la **nation** italienne. **Camillo Cavour**, Premier ministre piémontais de **Victor-Emmanuel II**, recherche l'alliance française pour chasser l'Autriche du nord de la péninsule. **L'attentat** commis par le patriote italien Felice Orsini à Paris en 1858 contre Napoléon III, à qui il reproche d'avoir oublié les idéaux ***carbonari*** de sa jeunesse, accélère les négociations (**entrevue de Plombières, 1858**).
- En 1859, la France et le Piémont-Sardaigne déclarent la guerre à l'Autriche : les **victoires de Magenta le 4 juin et de Solférino le 24 juin 1859** permettent l'annexion de la Lombardie par le Piémont-Sardaigne. Mais face au mécontentement de l'opinion publique catholique française, Napoléon III signe prématurément l'armistice avec l'Autriche le 11 juillet 1859 (traité de paix signé en novembre) et décide de protéger militairement Rome et le pape.
- Dans le centre de l'Italie (Parme, Modène, Toscane), les partisans de l'unité italienne profitent des succès piémontais pour se soulever en 1859 contre leurs princes et **voter leur rattachement au Piémont-Sardaigne**. La France laisse faire et obtient en échange **le comté de Nice et la Savoie (1860)**. Deux plébiscites triomphaux valident ce retour au sein de la France. ▶ Point de passage, p. 133

2. L'achèvement de l'unité italienne (1860-1871)

- Dans le Sud, Cavour ne peut agir directement. Il encourage donc secrètement **l'« expédition des Mille »** du républicain Giuseppe **Garibaldi** et de ses « **chemises rouges** » dans le royaume des Deux-Siciles (1860), tout en la désavouant officiellement. Garibaldi conquiert la Sicile puis Naples, et les régions du Sud votent à leur tour le rattachement au Piémont-Sardaigne.
- **En 1861, Victor-Emmanuel II est proclamé roi d'Italie** et **Turin**, capitale du Piémont-Sardaigne, devient celle de l'Italie. Excentrée et peu prestigieuse, la ville ne peut être qu'une capitale provisoire. Or, les partisans du pape, notamment Napoléon III, craignent que Victor-Emmanuel II n'envahisse ce qui reste des États pontificaux. En 1865, afin de les rassurer, le roi d'Italie fait de **Florence** sa capitale. En **1866**, la Prusse est en guerre contre l'Autriche et remporte la bataille de Sadowa. L'Italie profite de l'affaiblissement autrichien pour prendre le contrôle de la **Vénétie**.
- À Rome, des troupes françaises protègent les États du pape. Mais l'entrée en guerre de la France contre la Prusse en 1870 l'oblige à rappeler ses soldats. L'armée italienne occupe alors **Rome** qui devient officiellement la **capitale du royaume d'Italie** en 1871. Ne manquent plus désormais aux Italiens que les **terres irrédentes** qui demeurent une pomme de discorde avec l'Autriche jusqu'à la Première Guerre mondiale.

B La France et la construction de l'Empire allemand

1. Petite ou Grande Allemagne ?

- En 1850, l'Allemagne est encore plus morcelée que l'Italie et ne compte pas moins de **39 États**. **L'Autriche** et **la Prusse**, les deux plus vastes et les plus peuplés, ambitionnent de réaliser l'unité de la **nation** allemande à leur profit. Ces deux projets concurrents sont appelés **Grande Allemagne** (autour de l'Autriche) et **Petite Allemagne** (autour de la Prusse). Une partie des États allemands du Sud, catholiques, refusent toute alliance politique avec la Prusse protestante.
- Si, après 1815, la position de l'Autriche est la plus solide (**Confédération germanique**), la Prusse prend progressivement en main le **nationalisme** allemand. Elle dispose, dès le départ, d'un atout essentiel : son territoire est presque entièrement peuplé d'Allemands, contrairement à l'Autriche qui est un **État multinational**. Pour accroître son influence, la Prusse se modernise et s'enrichit grâce à l'industrie. Elle tire enfin profit de l'union douanière (***Zollverein***) créée dès 1834 et qui s'étend progressivement, sans que l'Autriche n'en fasse partie.

2. L'unification derrière la Prusse (1848-1871)

- En dépit des atouts de la Prusse, c'est seulement après 1848 que le rapport de force lui devient réellement favorable. Affaiblie par le **Printemps des peuples**, l'Autriche n'est plus en mesure de s'opposer à son ascension.
- En 1862, le roi de Prusse **Guillaume Ier** nomme **Otto von Bismarck** **chancelier**. Son programme consiste à réaliser **l'unité allemande tant « par le haut »**, c'est-à-dire à l'initiative d'un souverain et sans que les populations soient consultées, que « par le fer et par le sang », c'est-à-dire **par la diplomatie** mais surtout **par la guerre**.
- Bismarck veut d'abord isoler et **éliminer l'Autriche**. Il cherche et finit par trouver l'incident diplomatique menant à une guerre qui laisse l'Europe abasourdie. Le colosse autrichien est abattu en trois semaines (**Sadowa, 1866**). En 1867, une **Confédération d'Allemagne du Nord** se substitue à l'ancienne Confédération germanique.
- Pour rallier les États allemands catholiques du Sud, Bismarck sait que la France, qui soutient leur indépendance, constitue un obstacle. La déclaration de guerre française contre la Prusse le 19 juillet 1870 permet à Bismarck et à Guillaume Ier d'obtenir l'alliance des États allemands : le **sentiment national** allemand l'emporte sur les divisions religieuses. La France est vaincue et l'unité allemande peut être achevée.
- **La proclamation officielle de l'Empire allemand a lieu le 18 janvier 1871** dans la galerie des Glaces du château de Versailles. Le **traité de Francfort** signé le 10 mai 1871 (annexion de l'Alsace-Moselle) achève d'humilier la France et d'affirmer la nouvelle puissance allemande.

▶ Point de passage, p. 140

« Soyez unis »
Gravure patriotique allemande, 1870 (Musée Carnavalet, Paris).

VOCABULAIRE

Carbonari : p. 132.
« Chemises rouges » : p. 134.
Chancelier : p. 140.
Confédération d'Allemagne du Nord : p. 137.
État multinational : État regroupant à l'intérieur de ses frontières des peuples de différentes nationalités.
Monarchie libérale : système politique dans lequel le souverain respecte les libertés individuelles. Il s'agit généralement d'une monarchie constitutionnelle et parlementaire.
Petite Allemagne : p. 137.
Risorgimento : p. 134.
Terres irrédentes : l'Istrie, la Dalmatie et le Trentin, peuplés d'Italiens.
Zollverein : p. 137.

1 ANALYSE DE DOCUMENTS

CONSIGNE **Après avoir présenté les documents, vous montrerez en quoi consiste l'action de la France aux côtés du Piémont-Sardaigne au début de l'unification italienne.**

Document 1 Convention secrète entre Victor-Emmanuel II et Napoléon III (1858)

« L'état critique de l'Italie étant de nature à faire prévaloir des complications qui pourraient donner au Piémont des raisons légitimes d'invoquer l'appui de la France, l'empereur des Français et le roi de Sardaigne ont résolu de se concerter d'avance en prévision des dites éventualités, et après en avoir délibéré, sont convenus des articles suivants :

Art. 1er Dans le cas où par la suite d'un acte agressif de l'Autriche la guerre viendrait à éclater entre S.M. le Roi de Sardaigne et S.M. l'Empereur d'Autriche, une alliance offensive et défensive sera conclue entre S.M. l'Empereur des Français et S.M. le Roi de Sardaigne.

Art. 2 Le but de l'alliance sera d'affranchir l'Italie de l'occupation autrichienne, de satisfaire aux vœux des populations et de prévenir le retour des complications qui auraient donné lieu à la guerre et qui mettent sans cesse en danger le repos de l'Europe, en constituant, si l'issue de la guerre le permet, un Royaume de Haute-Italie de onze millions d'habitants environ.

Art. 3 Au nom du même principe, le duché de Savoie et la province de Nice seront réunis à la France.

Art. 4 Quel que soit le recours des événements auxquels la guerre pourrait donner lieu, il est expressément stipulé, dans l'intérêt de la religion catholique, que la souveraineté du pape sera maintenue […]. »

Fait en double original à Turin et à Paris en décembre 1858.

Document 2 Déclaration de Napoléon III aux députés de Savoie (1860)

« Messieurs,

Je vous remercie des sentiments que vous venez de m'exprimer, et je vous reçois avec plaisir. Le roi de Sardaigne ayant accédé au principe de la réunion de la Savoie et du comté de Nice à la France, je puis, sans manquer à aucun devoir international, vous témoigner ma sympathie et agréer l'expression de vos vœux. Les circonstances dans lesquelles se produit cette rectification de frontières sont si exceptionnelles que, tout en répondant à des intérêts légitimes, elles ne blessent aucun principe et par conséquent n'établissent aucun précédent dangereux.

En effet, ce n'est ni par la conquête ni par l'insurrection que la Savoie et Nice sont réunies à la France, mais par le libre consentement du souverain légitime, appuyé de l'adhésion populaire […]. J'espère donc, Messieurs, pouvoir bientôt vous considérer comme membres de la grande famille française. Je tiendrai à honneur de réaliser toutes vos espérances, et l'annexion d'un pays que tant de liens rattachent à la France deviendra pour lui une nouvelle cause de prospérité et de progrès. »

Déclaration prononcée aux Tuileries le 21 mars 1860, Archives départementales de Savoie.

Répondez aux questions suivantes pour vous aider à rédiger l'analyse de documents.

Je présente les documents

1. Présentez la nature, les auteurs, les dates de chaque document. Dans quel contexte ont-ils été réalisés ?

J'analyse les documents

Répondez aux questions à l'aide des couleurs et de vos connaissances personnelles.

2. Quels sont les objectifs de la France (doc. 1) ?
3. Comment la France participe-t-elle diplomatiquement et militairement à l'unification italienne (doc. 1 et 2) ?
4. Comment et pourquoi la France récupère-t-elle le comté de Nice et la Savoie (doc. 1 et 2) ?

Je synthétise mes connaissances en conclusion

5. Concluez en quelques phrases : finalement, comment la France a-t-elle participé à l'unification italienne ?

2 ANALYSE DE DOCUMENTS

CONSIGNE Après avoir présenté les documents, vous expliquerez la proclamation de l'Empire allemand.

Document 1 « Le successeur de Charlemagne » (1871)
Caricature d'Honoré Daumier parue dans *Le Charivari*, 6 avril 1871.

Coup de pouce !
Cette caricature est l'œuvre d'Honoré Daumier (1808-1879), un grand caricaturiste français qui connaît le succès depuis l'époque de la monarchie de Juillet. En 1871, il travaille dans le journal satirique *Le Charivari*, à la rubrique « actualité ».

Document 2 Proclamation de Guillaume Ier au peuple allemand (1871)

« Au peuple allemand.
Nous Guillaume, par la grâce de Dieu, roi de Prusse, après l'appel unanime qui nous est adressé par les princes allemands et les villes libres de reprendre et d'accepter, à la suite de la restauration de l'Empire allemand, la dignité impériale allemande. Nous déclarons que nous avons considéré comme un devoir envers la patrie commune de donner suite à cet appel des villes et des princes allemands et d'accepter la dignité impériale allemande. En conséquence, nous et nos successeurs à la couronne de Prusse porterons à l'avenir le titre impérial dans nos relations extérieures et dans les affaires concernant l'Empire allemand. »

Donné au quartier général de Versailles, le 18 janvier 1871.

Répondez aux questions suivantes pour vous aider à rédiger l'analyse de documents.

Je présente les documents

1. Présentez la nature, les auteurs, les dates de chaque document. Dans quel contexte ont-ils été réalisés ?

J'analyse les documents

Pour vous aider à rédiger, répondez aux questions à l'aide des documents et de vos connaissances personnelles.

2. Quelle vision les Français ont-ils de Guillaume Ier et de l'Empire allemand ? Pourquoi (doc. 1) ?

Coup de pouce !
Les pendules font référence à une critique régulièrement formulée à l'époque contre les Allemands. Ils sont qualifiés de « voleurs de pendules » et accusés d'avoir orchestré, après la défaite française, le pillage d'objets de valeur appartenant aux vaincus. Les pendules qui, en 1871 restent très coûteuses et rares, sont le symbole de ces pillages. Cette image de pillards née avec la guerre franco-prussienne reste régulièrement attachée au peuple allemand jusqu'aux deux guerres mondiales.

3. Au contraire, pour quelles raisons Guillaume Ier annonce-t-il devenir empereur d'Allemagne (doc. 2) ?
4. Finalement, comment s'est déroulée la proclamation du Reich en 1871 ?

Je synthétise mes connaissances en conclusion

5. Concluez en quelques phrases : comment Français et Allemands perçoivent-ils la proclamation du Reich en 1871 ?

Méthode
- Rédiger le développement
- Rédiger la conclusion

3 RÉPONDRE À UNE QUESTION PROBLÉMATISÉE

QUESTION **Quelle influence la politique de Napoléon III a-t-elle eu sur le processus d'unification italienne ?**

Introduction

Entre le milieu du XIXe siècle et 1870, la nation italienne réalise son unité autour d'un royaume, le Piémont-Sardaigne, et de deux hommes, le roi Victor-Emmanuel II et son président du Conseil, Camillo Cavour. Alors que le père de Victor-Emmanuel, Charles-Albert (1831-1849), rejetait toute aide extérieure par crainte de l'ingérence de puissances étrangères dans les affaires italiennes, son fils est conscient de la nécessité de l'alliance française, en particulier face à l'occupant autrichien. Pour Napoléon III, les enjeux multiples et complexes, ont pour effet une politique en deux temps : le souverain français soutient d'abord militairement l'unification de l'Italie du Nord. Mais, lorsque les ambitions du Piémont-Sardaigne se portent vers le sud, il se montre selon les circonstances, prudent voire ouvertement hostile.
Quelle influence la politique de Napoléon III a-t-elle eu sur le processus d'unification italienne ?

Partie I. Comment Napoléon III perçoit-il le projet d'unification italienne ?

Pour Napoléon III, l'unification italienne constitue un enjeu majeur et cela d'abord pour des raisons personnelles. Il est très attaché au principe des nationalités et rejoint en cela les revendications nationales des différents peuples qui, comme les Italiens, aspirent à l'unité et à l'indépendance. Les liens qui l'unissent à l'Italie remontent à sa jeunesse. Il soutient alors de jeunes patriotes de la péninsule *(carbonari)*. Exalté par le succès de la révolution des Trois Glorieuses en France, il participe à plusieurs soulèvements italiens en 1830 et 1831. Enfin, et cela explique qu'il privilégie la négociation chaque fois que cela est possible, il défend l'idéal d'une Europe unie et pacifique.
Il tente d'associer les intérêts italiens et les intérêts français. En Italie, la combinaison qui a sa préférence est celle d'une confédération de quatre États : un royaume de Haute-Italie an nord (sous la direction du Piémont-Sardaigne), un royaume d'Italie centrale, des États de l'Église préservés et un royaume d'Italie du Sud. Il est prêt à contribuer diplomatiquement et militairement à ce projet, qui présenterait l'avantage de permettre à la France de négocier des compensations territoriales en échange de son aide et de renforcer sa position d'arbitre en Europe après l'humiliation du congrès de Vienne de 1815.
Aux intérêts internationaux s'ajoutent les questions de politique intérieure, tout aussi fondamentales. L'Empire est le résultat d'un coup d'État : le pouvoir de Napoléon III souffre donc d'un certain déficit de légitimité. Cette dernière repose avant tout sur le soutien qu'il est en mesure d'obtenir de la part des Français lors des plébiscites. Or, l'influence des conservateurs catholiques est telle en France qu'il ne peut se permettre de s'en faire des adversaires. Il lui faut les ménager et, pour cela, ménager le pape en Italie et essayer de concilier son attachement au principe des nationalités en Italie et les nécessités de la politique intérieure française.

Partie II. Le soutien à l'unification de l'Italie du Nord et les premiers succès (1858-1860)

A. Comment Napoléon III s'entend-il avec Cavour ?
Entrevue de Plombières en 1858, promesses des deux côtés.

B. Comment se déroule l'intervention militaire conjointe ?
Avril-juillet 1859, Magenta et Solferino en juin, récupération de la Lombardie mais pas de la Vénétie.

C. Quelles sont les compensations en faveur de la France ?
1860 : Nice et la Savoie.

Partie III. Napoléon III et l'achèvement de l'unification italienne (1860-1871)

A. Pourquoi la position française est-elle difficile ?

Garnison à Rome pour protéger les États du pape tout en ménageant le Piémont-Sardaigne et les patriotes italiens ; acceptation de fait de l'unification italienne en cours : Garibaldi et le sud de l'Italie, royaume d'Italie en 1861...

B. Comment les patriotes italiens profitent-ils de l'immobilisme français ?

Royaume d'Italie en 1861, Florence capitale en 1865, Vénétie en 1866.

C. Comment la guerre franco-prussienne permet-elle l'achèvement de l'unification italienne ?

1870-1871 : Rome intégrée en 1870 puis capitale en 1871, le pape au Vatican.

Conclusion

1. **Partie I** Retrouvez le plan détaillé de cette première partie en donnant un titre à chaque sous-partie.
2. **Parties II et III** Rédigez les parties II et III à l'aide du plan, des informations fournies et de vos connaissances personnelles. La première phrase doit annoncer l'idée de la partie. Chaque sous-partie doit correspondre à un paragraphe et à une idée prouvée par au moins un exemple.
3. **Conclusion** Rédigez la conclusion en quelques phrases en suivant les consignes suivantes :
   – répondez à la question problématisée en une ou deux phrases : finalement, quelle influence la politique de Napoléon III a-t-elle eu sur le processus d'unification italienne ?
   – proposez une courte ouverture sur le rôle de la France dans l'unification allemande.

4 RÉPONDRE À UNE QUESTION PROBLÉMATISÉE

QUESTION **Comment l'Allemagne construit-elle son unification ?**

Méthode

- Rédiger l'introduction
- Rédiger une réponse à partir d'un plan
- Rédiger la conclusion

Introduction

Partie I. Les deux projets concurrents autrichien et prussien

Partie II. Une victoire de la Prusse contre l'Autriche et la France

Partie III. La proclamation du Reich à Versailles

Conclusion

Répondez à la question problématisée à l'aide du plan détaillé et de vos connaissances personnelles.

Coup de pouce !
N'hésitez pas à utiliser les informations contenues dans les pages 138 à 141, 143 et 145 pour répondre à cette question problématisée.

La France et la construction de l'Italie et de l'Allemagne

COMPRENDRE LE CHAPITRE

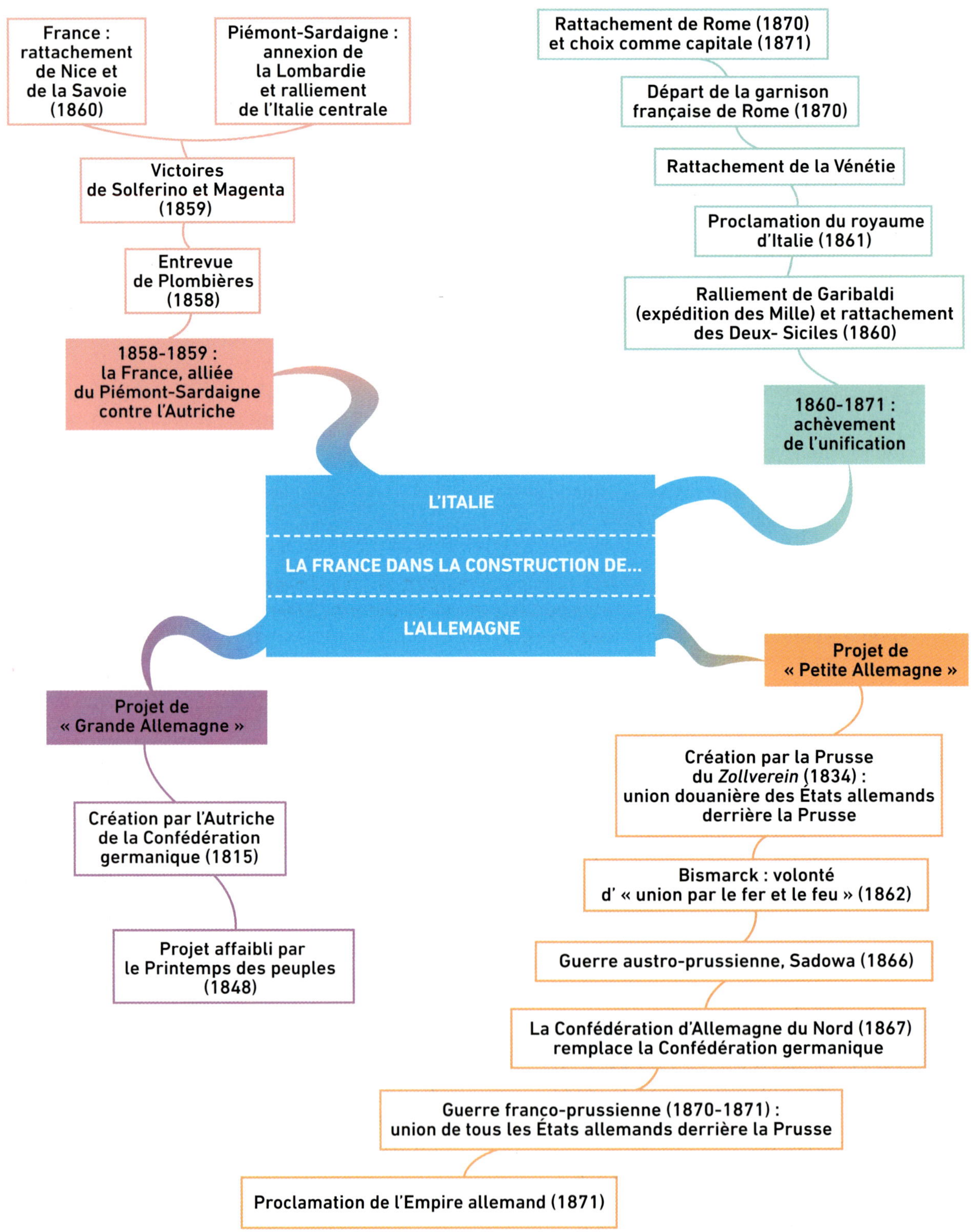

PERSONNAGES ESSENTIELS

Victor-Emmanuel II (1820-1878) est roi de Piémont-Sardaigne (1849-1861) puis roi d'Italie (1861-1878). → Bio p. 142

Camillo Cavour (1810-1861) est président du Conseil de Victor-Emmanuel II dès 1852. Il joue un rôle essentiel dans la politique d'unification italienne jusqu'à sa mort, en 1861.

Napoléon III (1808-1873) est empereur des Français en 1852. Il contribue à l'unification italienne mais s'oppose à l'unité allemande en 1870. → Bio p. 91

Guillaume Ier (1797-1888) est roi de Prusse (1861-1871) puis empereur d'Allemagne (1871-1888). → Bio p. 137

Otto von Bismarck (1815-1898) est ministre des Affaires étrangères de Prusse dès 1862 puis chancelier d'Allemagne (1871-1890). Il est un grand artisan de l'unité allemande. → Bio p. 140

DATES CLÉS

1859	Batailles de Magenta et de Solferino
1860	Cession de Nice et de la Savoie à la France
1861	Proclamation du royaume d'Italie
1866	Bataille de Sadowa et annexion de la Vénétie par l'Italie
1870	Achèvement de l'unité italienne
1870-1871	Guerre franco-prussienne
1871	Proclamation de l'Empire allemand à Versailles
1871	Rome, capitale de l'Italie

NOTIONS À MAÎTRISER

État-nation État dont les membres partagent un sentiment commun d'appartenance et se reconnaissent dans un gouvernement qui les représente.

Minorités nationales Populations minoritaires numériquement au sein d'un État dominé par une autre nation majoritaire.

Nationalisme Idéologie qui fait de la nation la valeur centrale et la communauté de référence essentielle. Entre le milieu du XIXe siècle et 1871, les nationalismes italiens et allemands se présentent comme des « nationalismes d'existence » : ils ont comme objectif initial la réunion de populations culturellement proches mais dispersées dans plusieurs États.

RÉPONDRE ET MÉMORISER

1. Quand a lieu l'entrevue de Plombières, entre quels pays (et quels représentants) et quel accord en est ressorti ?
2. Que signifie « VERDI » ?
3. Que sont les Chemises rouges ?
4. Pourquoi la France s'oppose-t-elle à l'unité italienne après 1861 ?
5. Quand Rome devient-elle officiellement la capitale de l'Italie ?
6. Qu'est-ce que le *Zollverein* ?
7. Que sont la Petite et la Grande Allemagne ?
8. En quelle année Bismarck devient-il un proche conseiller de Guillaume Ier ?
9. Quel rôle important joue la dépêche d'Ems ? Entre quels pays ?
10. Où et quand l'Empire allemand est-il proclamé ?

Mémorisation active

Mémocartes
hatier-clic.fr/19h1011

6 La mise en œuvre du projet républicain

Comment la République s'enracine-t-elle entre 1870 et 1914 ?

1 La célébration du 14 juillet

Estampe anonyme, fin XIXe siècle (BNF, Paris).

La fête nationale du 14 juillet est instituée à partir de 1880. En 1883, les bataillons scolaires défilent sur la place de la République à Paris, devant la statue de la République inaugurée la veille.

SECOND EMPIRE

IIIe RÉPUBLIQUE

- 1870
- 4 septembre 1870 Proclamation de la République
- 1er septembre 1871 Défaite de Sedan contre la Prusse
- 24 mai 1871 Arrestation de Louise Michel
- 18 mars-28 mai 1871 Commune de Paris
- 1875 Lois constitutionnelles
- 1881-1901 Grandes lois républicaines
- 1er juin 1885 Funérailles nationales de Victor Hugo
- 1889 Boulanger, député de Paris
- 1890
- 1894 Attentat contre Sadi Carnot
- 1898 Affaire Dreyfus
- 1900
- 5 décembre 1905 Loi de séparation des Églises et de l'État
- 1910

p.154 POINT DE PASSAGE

p.164 POINT DE PASSAGE

POINT DE PASSAGE p.174

Doc interactif
Manuel numérique

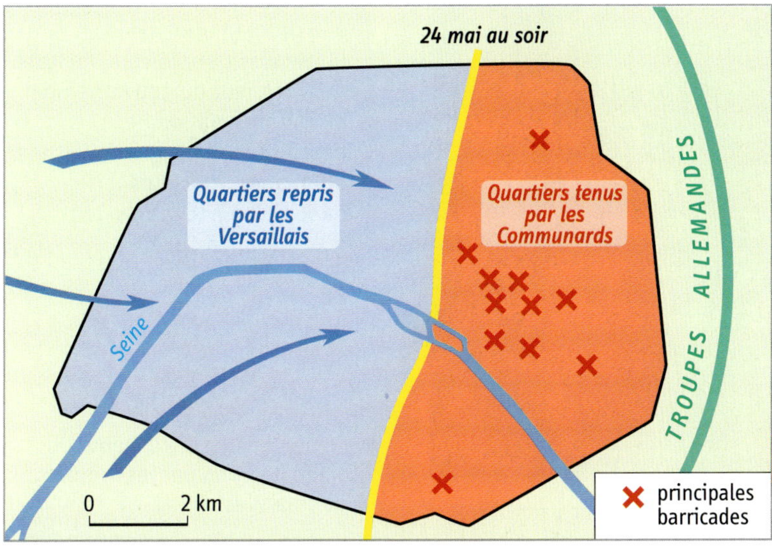

2 Paris pendant la Semaine sanglante (21-28 mai 1871)

3 Un régime parlementaire : la Chambre des députés lors de la séance du 18 juin 1877

Jules-Arsène Garnier, *Thiers proclamé « Libérateur du territoire » lors de la séance de l'Assemblée nationale* (détail), huile sur toile, 99,5 x 63 cm, 1877 (Assemblée nationale, Paris).

❶ Georges Clemenceau, ❷ Jules Ferry, ❸ Léon Gambetta et ❹ Adolphe Thiers sont les grands artisans de l'installation du régime de la IIIe République.

Étude 1870-1871, années terribles

La défaite militaire de Napoléon III face à la Prusse alliée au reste de l'Allemagne met fin au Second Empire le 4 septembre 1870. À peine proclamée, la République, qui se dote d'un gouvernement de Défense nationale composé de républicains, est menacée.

Quelles difficultés fragilisent la IIIe République en 1870-1871 ?

1 La proclamation de la République Gravure coloriée, 1870 (Collection particulière).
Le 4 septembre, les chefs républicains tels que Léon Gambetta (1) viennent de proclamer la République sur les marches du Palais-Bourbon et vont le faire à nouveau à l'Hôtel de Ville de Paris.

2 BIOGRAPHIE

Léon Gambetta (1838-1882)

Avocat républicain opposé au Second Empire, il participe à la proclamation de la IIIe République. Devenu ministre de l'Intérieur du gouvernement de Défense nationale, il organise la résistance à l'armée allemande. Plusieurs fois député, il devient président du Conseil en 1881.

CHRONOLOGIE

20 septembre 1870 Début du siège de Paris par les armées allemandes.

28 janvier 1871 Armistice entre la France et la Prusse.

Février 1871 Élection d'une Assemblée nationale à majorité monarchiste, qui désigne Adolphe Thiers chef du nouveau gouvernement et le charge de négocier la paix avec la Prusse.

18-26 mars 1871 Début de la Commune de Paris.

10 mai 1871 Signature du traité de Francfort.

3 Gambetta quitte Paris en ballon (octobre 1870)
(BNF, Paris).
Gambetta quitte Paris assiégée par les Allemands dans l'intention de poursuivre le combat depuis Tours.

VOCABULAIRE

Commune de Paris : gouvernement révolutionnaire et populaire dirigeant de manière autonome la ville de Paris de mars à mai 1871, et guidé par un idéal de république sociale, anticléricale et libertaire.

Gouvernement de Défense nationale : gouvernement provisoire composé de républicains (Ferry, Gambetta...) déterminés à poursuivre la guerre contre la Prusse et ses alliés allemands.

Légitimisme : courant politique royaliste partisan de la dynastie des Bourbons, hostile aux droits et libertés hérités de la Révolution.

Orléanisme : courant politique royaliste plus modéré, partisan de la dynastie des Orléans et du maintien des droits et libertés accordés sous la Révolution.

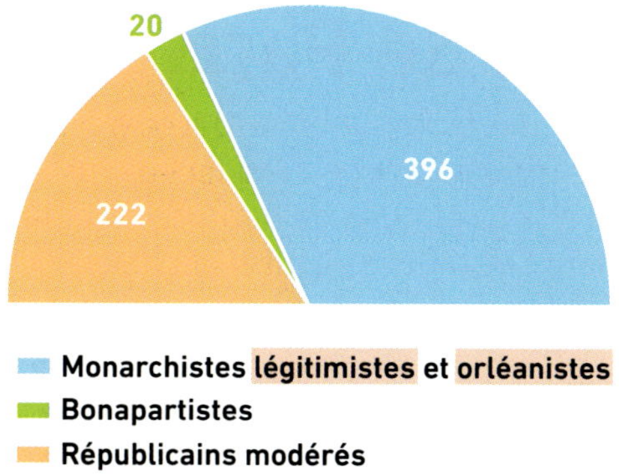

4 Une Assemblée nationale monarchiste (février 1871)

Les premières élections de la IIIe République donnent une large majorité parlementaire aux monarchistes qui se sont prononcés nettement pour la paix et qui se préparent à rétablir la royauté en France.

5 Le programme de la Commune de Paris

Hostiles aux armées allemandes, dont le siège affame Paris, et au gouvernement de Thiers soutenu par une assemblée conservatrice favorable à la paix, les Parisiens se révoltent et élisent un gouvernement insurrectionnel : la Commune de Paris.

« La Commune est la base de tout État politique[1] comme la famille est l'embryon de la société. Elle implique comme force politique la République, seule compatible avec la liberté et la souveraineté populaire. La liberté la plus complète de parler, d'écrire, de se réunir et de s'associer, la souveraineté du suffrage universel. Le principe de l'élection appliqué à tous les fonctionnaires et magistrats […].

Propagation de l'enseignement laïque intégral, professionnel. Organisation d'un système d'assurance communal contre tous les risques sociaux, y compris le chômage et la faillite. Recherche incessante et assidue de tous les moyens les plus propres à fournir au producteur le capital, l'instrument de travail, les débouchés et le crédit, afin d'en finir pour toujours avec le salariat et l'horrible paupérisme. »

Manifeste du Comité central des vingt arrondissements de Paris, 26 mars 1871.

1. Les Communards proclament une large autonomie pour la Commune de Paris qu'ils souhaitent étendre à toutes les communes de France.

6 La France en guerre civile

« La France, librement consultée par le suffrage universel, a élu un gouvernement qui est le seul légal […]. Ce gouvernement vous a donné les mêmes droits que ceux dont jouissent Lyon, Marseille, Toulouse, Bordeaux, et […] vous ne pouvez demander plus de droits que n'en ont toutes les autres villes du territoire.

En présence de ce gouvernement, la Commune, c'est-à-dire la minorité qui vous opprime et qui ose se couvrir de l'infâme drapeau rouge, a la prétention d'imposer à la France ses volontés. […]

Elle viole les propriétés, emprisonne les citoyens pour en faire des otages, transforme en désert vos rues et vos places publiques, où s'étalait le commerce du monde, suspend le travail dans Paris, le paralyse dans toute la France, […] retarde l'évacuation du territoire par les Allemands et vous expose à une nouvelle attaque de leur part, qu'ils se déclarent prêts à exécuter sans merci, si nous ne venons pas nous-mêmes comprimer l'insurrection.

[…] Le gouvernement qui vous parle aurait désiré que vous puissiez vous affranchir vous-mêmes des quelques tyrans qui se jouent de votre liberté et de votre vie. Puisque vous ne le pouvez pas, […] il a réuni une armée sous vos murs. […]

La France veut en finir avec la guerre civile. »

Proclamation d'Adolphe Thiers, chef du pouvoir exécutif désigné par l'Assemblée à Versailles, aux Parisiens, 8 mai 1871, retranscrite dans *Le Petit Journal* du 11 mai 1871.

« Un bon père », illustration de Job parue en couverture de *L'Éclipse*, 15 décembre 1872.

QUESTIONS

1. **Doc. 1, 2 et 3** Quel personnage joue un rôle de premier plan ? Que fait-il et que veut-il ?
2. **Doc. 3, 4 et 5** Quels obstacles se dressent face aux républicains modérés ?
3. **Doc. 5** Définissez la « République sociale » voulue par la Commune de Paris en classant les réformes réclamées par la Commune en lien avec les libertés, les élections, l'éducation, les mesures sociales.
4. **Doc. 6** Qu'est-ce qui montre l'opposition totale entre le pouvoir qui soutient Thiers à Versailles et celui de la Commune établi à Paris ?

Synthèse Réalisez un tableau de synthèse montrant que la IIIe République est fragile en 1870-1871.

Conséquences immédiates de la défaite de 1870	Tensions politiques	Projets politiques opposés

Point de passage

1871 : Louise Michel pendant la Commune de Paris

Affamés par le siège allemand, les Parisiens sont hostiles au pouvoir installé à Versailles. Ils se révoltent et élisent la Commune de Paris. Les femmes y jouent un rôle très actif, notamment l'institutrice Louise Michel.

TÂCHE COMPLEXE

1905 : Louise Michel vient de décéder à Marseille. Vous êtes un(e) historien(ne) chargé(e) de rendre compte pour une revue historique de l'engagement politique de cette femme.

CONSEILS

Dans votre présentation, après une introduction résumant les premières années de sa vie, vous pouvez souligner :

– son rôle de témoin engagé de la Commune de Paris ;

– ses actions (non violentes et violentes) ;

– son échec final.

BOÎTE À OUTILS

- **Un site**

Site web
L'Histoire par l'image
hatier-clic.fr/19h1012

- **Des extraits de film**
Louise Michel la rebelle de Solveigh Anspach, 2009.
- **Une bande dessinée**
Mary M. Talbot et Bryan Talbot, *Louise Michel. La Vierge rouge*, Vuibert, 2016.
- **Un article**
« Le cas Louise Michel » dans la revue *L'Histoire*, n° 243, 2000.
- **Ses mémoires**
Louise Michel, *Mémoires de Louise Michel écrits par elle-même* (1886), édition Ligaran, 2014 (disponible sur le site Gallica).
- **Un extrait de son procès**
Vive la Commune ! : extraits du procès de Louise Michel, audience du 16 décembre 1871, Le Seuil, 2011.

CHRONOLOGIE

1er mars 1871 Défilé des troupes allemandes dans Paris, en vertu des conditions d'armistice.

18 mars 1871 Insurrection parisienne : la capitale échappe au contrôle des autorités qui s'installent à Versailles.

26 mars 1871 Les Parisiens élisent la Commune de Paris qui se proclame gouvernement insurrectionnel.

21-28 mai 1871 L'armée aux ordres des autorités à Versailles reprend Paris et écrase la Commune lors de la Semaine sanglante.

VOCABULAIRE

Fédéré : synonyme de Communard, partisan et défenseur de la Commune de Paris.

Semaine sanglante : nom donné à la semaine du 21 au 28 au mai 1871, au cours de laquelle les troupes versaillaises reprennent Paris et répriment les Communards, exécutés ou jugés sommairement.

1 Une barricade pendant la Commune de Paris

Les Communards édifient des barricades dans les rues et sur les grandes artères de Paris, par crainte d'une attaque de l'armée républicaine versaillaise placée sous l'autorité de Thiers et commandée par le maréchal Mac Mahon (voir doc. 2 p. 151).

2 BIOGRAPHIE

Louise Michel (1830-1905)

Institutrice, elle enseigne à Montmartre, un quartier populaire du nord de Paris. Engagée politiquement contre le Second Empire, elle participe activement à l'insurrection parisienne contre Thiers et les « Versaillais », dirige un Comité de vigilance des femmes dans son quartier, anime le club de la révolution. Ambulancière, elle combat, en uniforme de Garde nationale[1] aux côtés des Communards, ce qui lui vaut le surnom de « Vierge rouge ».

1. Milice de défense créée sous la Révolution française.

3 L'insurrection du 18 mars 1871

Adolphe Thiers veut faire retirer les canons installés sur la Butte Montmartre. Une insurrection éclate à laquelle participe Louise Michel.

« Je descends la Butte [Montmartre], la carabine sous mon manteau en criant : "Trahison !". Une colonne se formait, tout le Comité de vigilance était là [...]. Nous montions [la butte Montmartre] au pas de charge, sachant qu'au sommet il y avait une armée rangée en ordre de bataille [...]. Ce n'était pas la mort qui nous attendait sur les Buttes où déjà l'armée attelait les canons, pour les rejoindre à ceux enlevés pendant la nuit, mais la surprise d'une victoire populaire. Entre nous et l'armée, les femmes se jettent sur les canons, les mitrailleuses ; les soldats restent immobiles. Tandis que le général Lecomte commande le feu sur la foule, un sous-officier sortant des rangs se place devant sa compagnie et plus haut que Lecomte, crie : "Crosse en l'air !". Les soldats obéissent [...]. La révolution était faite. »

Louise Michel, *La Commune*, 1898, Éditions La Découverte.

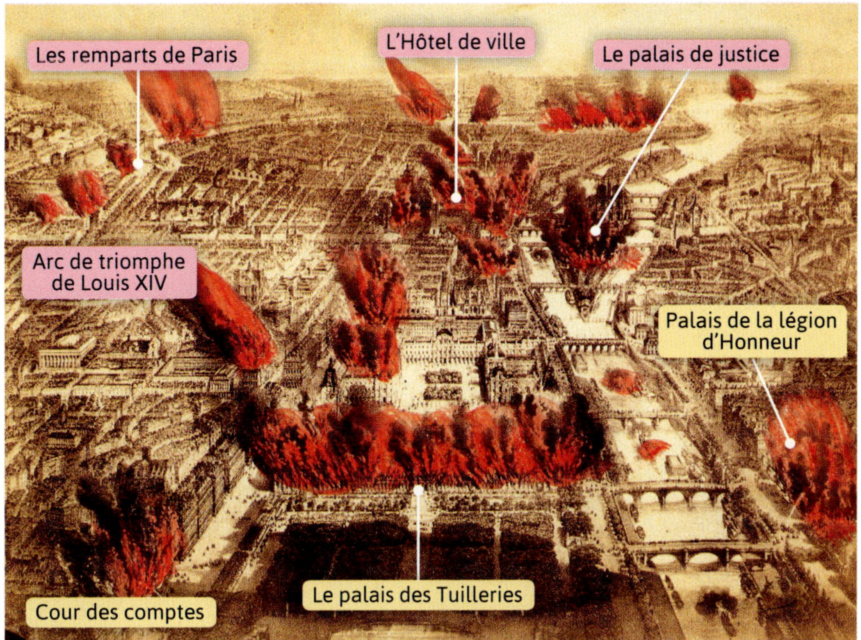

4 Paris incendié lors de la Semaine sanglante

Gravure photographiée et retouchée par Numa fils, 1871 (Musée d'Art et d'Histoire, Saint-Denis).

L'armée versaillaise entre le 21 mai dans Paris par l'ouest, et ses bombardements déclenchent les premiers incendies. Les Communards en allument d'autres pour entraver l'avancée adverse et abattre des symboles de régimes détestés (bâtiments impériaux et monarchiques).

5 La Semaine sanglante

Louise Michel décrit les combats dans les quartiers populaires du nord de Paris, entre soldats versaillais, aux ordres de Thiers et Mac Mahon, et fédérés.

« Sur la porte de la mairie [de Montmartre], des fédérés du 61e bataillon nous rejoignent : "Venez, me disent-ils, nous allons mourir, vous étiez avec nous le premier jour, il faut y être le dernier" [...]. Nous avions par places, crénelé les murs avec nos mains. Des obus fouillaient le cimetière, devenant de plus en plus nombreux [...]. La nuit était venue, nous étions une poignée, bien décidés [...]. Nous sommes de moins en moins ; nous nous replions sur les barricades, elles tiennent encore. Drapeau rouge en tête, les femmes étaient passées ; elles avaient leur barricade, place Blanche [...]. Les Batignolles, Montmartre étaient pris [par Versailles], tout se changeait en abattoir. La rage était si grande que les Versaillais tuèrent de leurs propres agents allant à leur rencontre. Alors s'allumèrent comme des torches les Tuileries[1], le Conseil d'État[2], la Légion d'Honneur[3], la Cour des Comptes[4] [...]. D'abord la tuerie de masse avait eu lieu quartier par quartier à l'entrée de l'armée régulière, puis [vint] la chasse au fédéré, dans les maisons, dans les ambulances, partout. »

Louise Michel, *La Commune*, 1898, Éditions La Découverte.

1. Ancien palais de Napoléon III.
2., 3., 4. Bâtiments abritant des institutions créées par Napoléon Bonaparte (voir doc. 4).

6 Les victimes de la répression

La répression est menée par les soldats versaillais puis par les conseils de guerre de l'armée.
10 à 20 000 Parisiens sont tués pendant les combats ; 5 à 10 000 Communards fuient la répression à l'étranger.

	Arrestations	Condamnations à mort (exécutions)	Travaux forcés	Déportation à régime sévère (Nouvelle-Calédonie)	Déportation simple (Nouvelle-Calédonie)
Hommes	34 952	87 (26)	231	1 157	3 400
Femmes	8191	8 (-)	19		28[1]
Enfants	538		55	5	1

Source : Jacques Rougerie, *Paris insurgé, la Commune de 1871*, Gallimard, 1995.

1. Dont Louise Michel, envoyée pour 7 ans en Nouvelle-Calédonie.

Étude L'affirmation de la République (1871-1879)

En 1873, la majorité monarchiste de la Chambre des députés renverse le républicain Thiers et place Mac Mahon à la présidence de la République en vue d'une restauration monarchique. La nature réelle du régime (monarchie ou république) est au cœur du débat parlementaire. Mais les républicains parviennent finalement à affirmer la République comme un régime parlementaire.

Comment la IIIe République réussit-t-elle à s'affirmer comme un régime parlementaire ?

1 Les divisions entre monarchistes

Illustration anonyme, vers 1871.

Les orléanistes (comte de Paris, à gauche), légitimistes (comte de Chambord, à droite) et bonapartistes (Napoléon III) se disputent le trône de France.

VOCABULAIRE

Légitimistes : p. 152.

Orléanistes : p. 152.

Régime parlementaire : régime dans lequel le pouvoir législatif (parlement) contrôle très étroitement le pouvoir exécutif (président et gouvernement).

CHRONOLOGIE

30 janvier 1875 Amendement Wallon qui établit la forme républicaine du régime et l'élection d'un président de la République.

Mars 1876 Victoire et majorité républicaines aux élections législatives.

Mai-oct. 1877 Mac Mahon dissout la Chambre. Nouvelle victoire législative républicaine.

Janv. 1879 Majorité républicaine au Sénat. Le républicain Jules Grévy succède au président Mac Mahon, démissionnaire.

Juillet 1879 Les Chambres quittent Versailles pour Paris.

Doc interactif
Manuel numérique

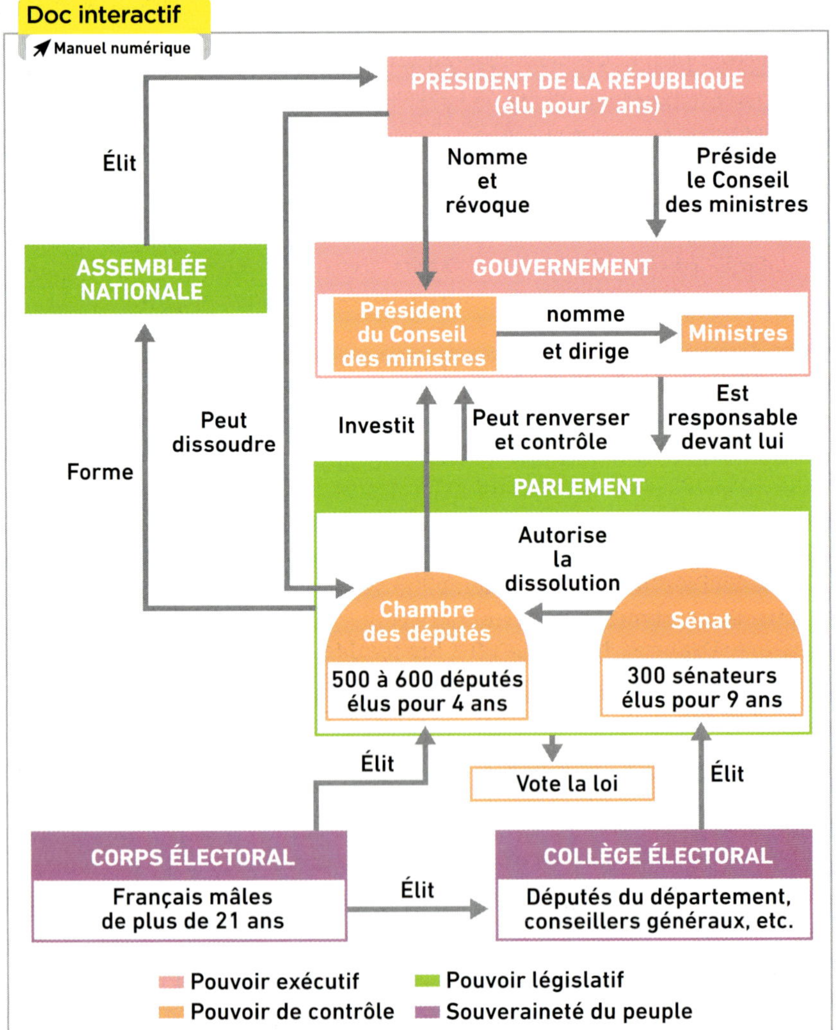

2 Les institutions de la IIIe République

Une série de lois constitutionnelles, votées entre 1871 et 1875 grâce au rapprochement entre monarchistes modérés (surtout des orléanistes) et républicains, donne naissance au régime de la IIIe République.

3 L'amendement Wallon

Caricature d'André Gill, parue en couverture de *L'Éclipse*, 6 mars 1875.

Le 30 janvier 1875, l'amendement déposé par le député républicain Henri Wallon est adopté de peu par la Chambre des députés. La Constitution républicaine, coiffée d'un bonnet phrygien et d'une couronne de laurier, triomphe grâce à l'accord populaire symbolisé par la poignée de main entre ouvriers et bourgeois.

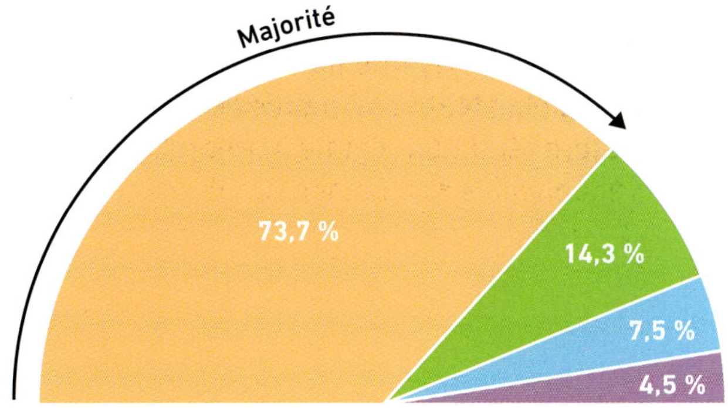

4 La Chambre des députés après les élections législatives des 20 février et 5 mars 1876

5 Discours électoral de Gambetta

Le 16 mai 1877, Mac Mahon renvoie le président du Conseil républicain Jules Simon, puis dissout la Chambre. Gambetta dirige la campagne législative des républicains.

« Messieurs, l'Europe entière assiste avec une sympathique anxiété qui nous honore à cette suprême épreuve de la démocratie républicaine et libérale pour établir en France un gouvernement pacifique au-dehors et progressiste au-dedans […]. Les peuples, comme les gouvernements, attendent avec impatience l'issue de la lutte, espérant que le dernier mot restera à la souveraineté nationale, à l'esprit de 89 […]. Ne croyez pas que quand ces millions de Français, paysans, ouvriers, bourgeois, électeurs de la libre terre française, auront fait leur choix […] il y ait personne, à quelque degré de l'échelle politique […] qu'il soit placé, qui puisse résister. Quand la France aura fait entendre sa voix souveraine, croyez-le bien, Messieurs, il faudra se soumettre ou se démettre ! *(Bravos et cris répétés : "Vive la République ! Vive Gambetta !")*. »

Discours de Gambetta à Lille, le 15 août 1877.

6 Un régime parlementaire

« L'Assemblée nationale, en m'élevant à la présidence de la République, m'a imposé de grands devoirs. Je m'appliquerai sans relâche à les accomplir, heureux si je puis, avec le concours sympathique du Sénat et de la Chambre des députés, ne pas rester au-dessous de ce que la France est en droit d'attendre de mes efforts et de mon dévouement *(à gauche "Très-bien !")*. Soumis avec sincérité à la grande loi du régime parlementaire, je n'entrerai jamais en lutte contre la volonté nationale, exprimée par ses organes constitutionnels *(vive approbation sur les mêmes bancs)*. Dans les projets de lois qu'il présentera au vote des Chambres et dans les questions soulevées par l'initiative parlementaire, le Gouvernement s'inspirera des besoins réels, des vœux certains du pays, d'un esprit de progrès et d'apaisement. »

Discours du président Jules Grévy au Sénat, 6 février 1879.

QUESTIONS

1. **Doc. 1** Présentez, décrivez et donnez le sens du document.
2. **Chronologie et doc. 3** Pourquoi l'amendement Wallon est-il un tournant constitutionnel et dans quel contexte a-t-il été voté ?
3. **Doc. 2** Comment s'exerce la souveraineté du peuple ? De quelles manières les chambres exercent-elles un contrôle étroit sur les principaux organes du pouvoir exécutif ?
4. **Doc. 4** Pourquoi ces élections législatives de 1876 sont-elles un moment charnière pour les républicains ?
5. **Doc. 5** Quels arguments Gambetta emploie-t-il pour valoriser les idées républicaines et attaquer Mac Mahon ?
6. **Doc. 6** Comment évolue le pouvoir du président de la République vis-à-vis du Parlement ?

Synthèse Montrez comment la IIIe République s'affirme comme un régime parlementaire : les difficultés et les premiers succès républicains (1871-1875) ; les victoires électorales ; les tensions et la victoire du Parlement (1877-1879).

Étude Les grandes lois républicaines

Grâce aux élections, les républicains ont des majorités de plus en plus larges au Sénat et à la Chambre des députés. Soucieux d'accomplir les promesses de la Révolution française, ils font adopter d'importantes lois qui étendent les libertés des Français dans divers domaines.

Comment de grandes lois libérales transforment-elles et renforcent-elles la IIIe République ?

CHRONOLOGIE

30 juin et 29 juillet 1881 Loi sur la liberté de réunion ; loi sur la liberté de la presse.

21 mars 1884 Loi Waldeck-Rousseau sur la liberté syndicale.

5 avril 1884 Loi sur les pouvoirs municipaux.

27 juillet 1884 Loi Naquet autorisant le divorce.

1er juillet 1901 Loi sur les associations.

VOCABULAIRE

Congrégation : ordre religieux ayant une vocation précise (santé, enseignement, soins aux pauvres et aux personnes âgées...).

Radical : aile gauche du mouvement républicain.

1 La liberté de réunion

a. La loi du 30 juin 1881

« **Art. 1** Les réunions publiques sont libres. Elles peuvent avoir lieu sans autorisation préalable [...].
Art. 2 Toute réunion publique sera précédée d'une déclaration indiquant le lieu, le jour, l'heure de la réunion [...]. La réunion ne peut avoir lieu qu'après un délai d'au moins vingt-quatre heures [après la déclaration].
Art. 3 Ce délai sera réduit à deux heures pour les réunions publiques électorales. »

b. Une réunion publique en 1885
Jean-François Raffaëlli, *Georges Clemenceau prononçant un discours au cirque Fernando*, huile sur toile, 205 x 243 cm, vers 1885 (Musée national du château de Versailles).

Le député radical Georges Clemenceau tient une réunion publique à Paris, au cours de la campagne pour les élections législatives de 1885.

2 La liberté de la presse

a. La pénétration de la presse dans les campagnes
Supplément illustré du *Petit Journal*, 19 janvier 1902.

Grâce à la loi de 1881, la presse, diffusée par abonnement ou à la criée par des camelots, gagne trois millions de lecteurs entre 1880 et 1914.

b. La loi du 29 juillet 1881

« **Art. 1** L'imprimerie et la librairie sont libres.
Art. 5 Tout journal et écrit périodique peut être publié sans autorisation préalable et sans dépôt de cautionnement[1]. »

1. L'autorisation préalable soumettait la publication à l'avis des autorités ; le cautionnement imposait le versement d'une somme de garantie parfois difficile à réunir.

3 La création des syndicats professionnels

« **Art. 2** Les syndicats ou associations professionnelles […] exerçant la même profession, des métiers similaires ou concourant à l'établissement de produits déterminés, pourront se constituer librement sans autorisation du gouvernement.
Art. 3 Les syndicats professionnels ont exclusivement pour objet l'étude et la défense des intérêts économiques, industriels, commerçants ou agricoles.
Art. 5 Les syndicats professionnels […] pourront librement se concerter pour l'étude et la défense de leurs intérêts […].
Art. 6 Les syndicats professionnels de patrons ou d'ouvriers […] pourront employer les sommes provenant de cotisations. »

Loi Waldeck-Rousseau, 21 mars 1884.

4 L'élection des maires

« Le maire […] est le gestionnaire de la commune, [qui] a besoin de la confiance de la population au milieu de laquelle il vit, dont il doit être le représentant sympathique et le guide naturel. Or il faut […] que ce maire soit l'élu de son conseil municipal […]. S'il y a pour toutes les populations de la France, une réforme à laquelle elles soient attachées, du fond de l'âme, c'est celle qui assurera la liberté et l'indépendance de la commune […] parce que pour le citoyen le plus humble comme pour le plus élevé, la commune […] c'est le berceau, le foyer et la tombe […]. Il est indispensable que celui qui doit être placé à la tête de la commune soit véritablement désigné par le suffrage de ses pairs, de ses amis, de ses concitoyens ; s'il n'est que l'agent imposé par le préfet, il n'est qu'un sujet d'opposition et de conflit avec la commune. »

Léon Gambetta, discours d'Avignon, 9 février 1876.

5 La liberté d'association

a. La loi de 1901

« **Titre I**

Art. 2 Les associations de personnes pourront se former librement sans autorisation ni déclaration préalable […].
Art. 3 Toute association fondée sur une cause ou en vue d'un objet illicite, contraire aux lois, aux bonnes mœurs, ou qui aurait pour but de porter atteinte à l'intégrité du territoire national et à la forme républicaine du gouvernement, est nulle et de nul effet […].

Titre III

Art. 13 Toute congrégation religieuse peut obtenir la reconnaissance légale par décret rendu sur avis conforme du Conseil d'État […]. La reconnaissance légale pourra être accordée à tout nouvel établissement congréganiste en vertu d'un décret en Conseil d'État. La dissolution de la congrégation ou la suppression de tout établissement ne peut être prononcée que par décret sur avis conforme du Conseil d'État.
Art. 16 Toute congrégation formée sans autorisation sera déclarée illicite. »

b. L'expulsion d'une congrégation non autorisée

Illustration parue dans *Le Petit journal*, 10 mai 1903.

Le gouvernement n'autorise l'existence que de 5 congrégations. Les autres sont interdites après un vote de la Chambre des députés en 1903 : 10 000 établissements congrégationnistes sont donc fermés.

QUESTIONS

1. **Doc. 1** En quoi la loi la liberté de réunion sert-elle la liberté d'expression et facilite-t-elle la vie politique ?
2. **Doc. 2** Qu'est-ce qui a permis une meilleure pénétration de la presse dans les campagnes françaises ?
3. **Doc. 3** Sur quelle autre liberté la loi libéralisant le syndicalisme s'appuie-t-elle ?
4. **Doc. 4** Par quel mécanisme le maire doit-il être élu et pour quelles raisons selon Gambetta ?
5. **Doc. 5** Est-ce que la liberté d'association est totale ? Justifiez votre réponse.

Synthèse Remplissez un tableau de synthèse montrant comment de grandes lois libérales transforment et renforcent la République.

Les lois libérales	Les changements au quotidien pour les Français	La défense des idées républicaines

Étude L'école au service de la République

Les républicains veulent rassembler les Français derrière les mêmes valeurs, issues de la Révolution française. Ministre de l'Instruction publique, le républicain Jules Ferry fait voter des lois qui réforment profondément l'école primaire publique.

Comment les valeurs de la République imprègnent-elles l'école ?

CHRONOLOGIE

16 juin 1881 Loi Ferry sur la gratuité de l'enseignement primaire public (pour les enfants de 6 à 13 ans).

28 mars 1882 Loi Ferry sur l'obligation scolaire dans les écoles primaires et la laïcité des programmes.

27 novembre 1883 Circulaire de Jules Ferry aux instituteurs.

30 octobre 1886 Loi Goblet confiant l'enseignement public exclusivement à un personnel laïc.

1 BIOGRAPHIE

Jules Ferry (1832-1893)

Avocat, il est l'un des fondateurs de la IIIe République. Plusieurs fois député, ministre de l'Instruction publique (entre 1879 et 1883) et président du Conseil (1880-1881 ; 1883-1885), il promeut la politique scolaire égalitaire de la République.

2 La laïcité à l'école

« La neutralité de l'école, la sécularisation de l'école […] c'est à mes yeux et aux yeux du gouvernement la conséquence de la sécularisation du pouvoir civil et de toutes les institutions sociales […] qui constitue le régime sous lequel nous vivons depuis 1789. Oui, 1789 a sécularisé toutes les institutions, et notamment la famille, puisqu'il a fait du mariage un contrat civil, relevant uniquement de la loi civile et totalement indépendant de la loi religieuse […]. Et je dis que la sécularisation des institutions devait nécessairement aboutir à la sécularisation de l'école publique. Il importe à ceux qui ont à cœur la tradition de 1789 que la direction des écoles, l'inspection des écoles n'appartiennent pas à des ministres du culte qui ont, sur des choses qui nous sont chères […], des opinions séparées des nôtres par un si profond abîme […]. Voilà pourquoi nous vous demandons de faire une loi qui établisse la neutralité confessionnelle des écoles [publiques]. »

Jules Ferry, discours à la Chambre des députés, 23 décembre 1880.

3 La loi Ferry de 1882

« **Art. 2** Les écoles primaires publiques vaqueront un jour par semaine, en outre du dimanche, afin de permettre aux parents de faire donner, s'ils le désirent, à leurs enfants, l'instruction religieuse, en dehors des édifices scolaires.

Art. 3 Sont abrogées les dispositions des articles 18 et 44 de la loi du 14 mars 1850, en ce qu'elles donnent aux ministres des cultes un droit d'inspection, de surveillance et de direction dans les écoles primaires publiques et privées.

Art. 4 L'instruction primaire est obligatoire pour les enfants des deux sexes âgés de six ans révolus à treize ans révolus ; elle peut être donnée soit dans les établissements d'instruction primaire ou secondaire, soit dans les écoles publiques ou libres, soit dans les familles, par le père de famille lui-même ou par toute personne qu'il aura choisie. »

4 Une salle de classe

Dessin de Francisque Poulbot, *L'Assiette au beurre*, 11 mai 1907.
« La République vous a donné le droit de vote... Enfants, aimez-la ! Elle a fait de vous des électeurs ! »

VOCABULAIRE

Laïcité : principe selon lequel l'espace public doit être religieusement neutre pour garantir la coexistence entre tous les croyants et non-croyants.

Sécularisation : transfert d'autorité du religieux vers le civil.

5 **La mairie et l'école publique d'Arcy-sur-Cure**

Une fois les lois scolaires votées, le budget de l'Instruction publique augmente considérablement, de manière à pouvoir équiper toutes les communes d'une école primaire publique.

6 Les effectifs de l'école primaire (1850-1906)

Années	Écoliers	Part dans l'école publique	Écolières	Part dans l'école publique
1850	1 794 000	88 %	1 529 000	70 %
1885	2 796 000	90 %	2 732 000	75 %
1906	2 727 000	90 %	2 724 000	75 %

Source : J.-P. Briand *et alii, L'Enseignement primaire et ses extensions (XIX*e*-XX*e *siècles)*, Économica, 1987.

7 Travaux d'élèves d'écoles primaires

Ces extraits présentent des exercices réalisés par des élèves des Hautes-Alpes en 1913 sur différents sujets de composition.

Sujet 1 : « L'enfant patriote »

« J'aime ma patrie de tout mon cœur. J'apprends bien son histoire et sa géographie. Je travaille courageusement à l'école pour obéir à la loi sur l'instruction et devenir un citoyen instruit. Je suis reconnaissant envers ma Patrie de tout ce qu'elle a fait pour me donner l'instruction et une vie agréable. Je veux me rendre fort et agile pour la défendre au besoin. »

Sujet 2 : « Liberté, Égalité, Fraternité »

« Il n'y a pas de plus belle devise que la devise républicaine : Liberté, Égalité, Fraternité. Elle signifie que les Français sont libres et égaux de par les lois, qu'ils doivent s'aimer, se respecter, s'entraider comme des frères. Il faudrait que la belle devise dont nous nous honorons fût celle du monde entier. »

Cité dans *TDC* n° 1 005, « École et nation », déc. 2010, © Canopé-CNDP.

QUESTIONS

1. **Doc. 3 et 7** Montrez que la liberté, l'égalité et la fraternité sont au cœur de l'école républicaine.
2. **Doc. 2** Quels arguments Ferry avance-t-il pour expliquer que sa politique laïque est inspirée de 1789 ?
3. **Chronologie, doc.3 et 6** Montrez que l'école de la IIIe République touche massivement les générations successives de Français.
4. **Doc. 4 et 7** Qu'est-ce qui indique dans ces documents que l'école sert la propagande républicaine ?
5. **Doc. 1 à 7** Montrez que l'école veut désormais unir la nation derrière la République.

Synthèse Montrez que les valeurs de la République imprègnent l'école : l'enseignement des idées de liberté, d'égalité et de fraternité ; l'importance de la laïcité ; la volonté d'unir la nation derrière la République.

Étude Rites et symboles républicains

Les républicains veulent enraciner les valeurs de la République dans le pays en les rendant visibles et compréhensibles par les Français. Dans ce but, ils développent toutes sortes d'illustrations et de manifestations.

Comment la République et ses idéaux deviennent-ils familiers aux Français ?

CHRONOLOGIE

14 février 1879 *La Marseillaise* redevient l'hymne national.

6 juillet 1880 Le 14 juillet est institué fête nationale.

14 juillet 1889 Célébration du centenaire de la Révolution française à l'occasion de l'Exposition universelle de Paris.

VOCABULAIRE

Allégorie : représentation d'un principe ou d'une idée par un être vivant.

Marianne est l'allégorie de la République, de la France et de la Liberté. Son buste est installé dans toutes les mairies et de nombreux lieux publics (écoles) sous la IIIe République.

◀ Buste de Marianne, sculpture de Jean-Antoine Injalbert, 1889.

Pièce de 1 franc de 1898 (argent). ▶

▲ Timbre de 1900.

▲ Une illustration de *La Marseillaise* sur un protège-cahier (vers 1900).

1 Des objets du quotidien

2 Un 14 juillet dans un village (début du XXe siècle)

Ce texte décrit la fête nationale dans un village du département des Deux-Sèvres, dans l'ouest de la France, au début du XXe siècle.

« Le 14 juillet, une grande cérémonie républicaine était célébrée dans la joie. Des jeux – au milieu desquels s'élevait un mât de cocagne[1] – étaient installés sur la place publique. Des compétitions, dont […] le concours de grimaces ou la course en sac, étaient organisées et faisaient l'objet de prix. Presque tous les enfants du bourg, de nombreux enfants de la campagne – même ceux des chouans[2] – prenaient part aux jeux et aux courses. Et, le soir, un banquet par souscriptions ne réunissait pas moins de cent convives, dans la grande salle de la mairie […]. Un discours était prononcé où l'on parlait invariablement de la Bastille. Tout le monde applaudissait de confiance. Une retraite aux flambeaux, un immense feu de joie auprès duquel, spontanément, on chantait *La Marseillaise*, un bal public, terminaient la fête. »

Roger Thabault, *Mon village, ses routes, son école*, Presses de la Fondation nationale des sciences politiques, 1993.

1. Poteau auquel il faut grimper pour décrocher les lots.
2. Descendants des Chouans, catholiques et monarchistes, qui avaient mené une guérilla contre le gouvernement révolutionnaire dans l'ouest de la France à la fin du XVIIIe siècle.

3 Une place et une statue pour la République dans Paris

Monument sculpté avec piédestal en pierre (15 mètres) et statue en bronze (9,5 mètres) par les frères Morice, 1883, place du Château-d'Eau (qui prend le nom de « place de la République » en 1879).

Doc interactif
Manuel numérique

Les plaques en bronze (bas-reliefs) du piédestal représentent les événements majeurs à l'origine de la République.

- **20 juin 1789 :** serment du Jeu de paume
- **14 juillet 1789 :** prise de la Bastille
- **4 août 1789 :** nuit du 4 août
- **14 juillet 1790 :** fête de la Fédération
- **11 juillet 1792 :** proclamation de la patrie en danger
- **20 septembre 1792 :** bataille de Valmy
- **21 septembre 1792 :** abolition de la royauté
- **29 juillet 1830 :** Trois Glorieuses
- **4 mars 1848 :** décret abolissant l'esclavage
- **4 septembre 1870 :** proclamation de la République
- **14 juillet 1880 :** première fête nationale

QUESTIONS

1. **Doc. 1** Quels éléments de la Révolution française voit-on sur ces objets du quotidien ?
2. **Doc. 2** Comment est-il question de la Révolution française et de la République lors de ces fêtes ?
3. **Doc. 3** Présentez et décrivez ce monument.
4. **Doc. 3** Quelles valeurs, quels principes, quelle période historique ce monument veut-il célébrer ?

Synthèse Montrez comment la République et ses idéaux deviennent familiers aux Français à travers les objets du quotidien, les monuments, les célébrations.

Point de passage

Des funérailles nationales pour Victor Hugo

En 1885, à la mort de Victor Hugo, poète, romancier et dramaturge considéré comme le plus important écrivain de son temps, la France républicaine entre en deuil. Les autorités organisent une cérémonie afin que tout le peuple républicain lui rende un dernier hommage. La « panthéonisation » de Victor Hugo est votée par les députés à 408 voix contre 3.

TÂCHE COMPLEXE

Votre journal vous a désigné(e) pour réaliser un reportage sur les funérailles de Victor Hugo. Vous acceptez et décidez de montrer à vos lecteurs comment la République organise les funérailles de l'écrivain.

CONSEILS

Vous pouvez :

– présenter les honneurs rendus par le régime à Victor Hugo ;

– montrer l'association des Français aux funérailles ;

– souligner que la République se célèbre elle-même au travers de Victor Hugo lors de cette cérémonie.

BOÎTE À OUTILS

- **Des vidéos**

Vidéo
Les funérailles de Victor Hugo
hatier-clic.fr/19h1013

Site web
Funérailles de Victor Hugo d'après des gravures, etc.
hatier-clic.fr/19h1014

- **Des émissions de radio à podcaster**

Audio
Les funérailles de Victor Hugo, une fête sacrée
hatier-clic.fr/19h1028

Audio
Victor Hugo, l'insurgé
hatier-clic.fr/19h1029

- **Un site Internet**

L'Histoire par l'image (plusieurs articles sur Victor Hugo) :

Site web
L'Histoire par l'image
hatier-clic.fr/19h1015

- **Un livre**

Sur le contexte républicain et les funérailles de Hugo : Vincent Duclert, *La République imaginée, 1870-1914*, Belin, 2010.

1 BIOGRAPHIE Victor Hugo (1802-1885)

D'abord monarchiste et conservateur, Hugo soutient la République à partir de 1849. Il s'exile après le coup d'État de Louis-Napoléon Bonaparte et critique avec virulence le Second Empire. Député sous deux républiques (1848, 1871) puis sénateur (1876-1885), il s'engage pour de grandes causes républicaines : le suffrage universel, l'instruction pour tous, la séparation des Églises et de l'État et l'amnistie des Communards. Il est considéré comme l'un des plus grands écrivains français (*Hernani*, 1830 ; *Les Misérables*, 1862 ; etc.).

CHRONOLOGIE

Septembre 1877 Obsèques nationales d'Adolphe Thiers.

Janvier 1883 Obsèques nationales de Léon Gambetta.

22 mai 1885 Décès de Victor Hugo.

2 La veillée funèbre sous l'Arc de triomphe

Dessin aquarellé de Georges-François Guiaud (Musée Carnavalet, Paris).

Le catafalque (l'estrade sur laquelle repose le cercueil) de l'écrivain est placé sous l'Arc de triomphe et veillé du 31 mai au 1er juin 1885.

3 Victor Hugo entre au Panthéon

Sous la Révolution française, le Panthéon accueille les dépouilles des personnages importants pour la patrie. Rendu ensuite à l'Église catholique, il redevient un lieu à la mémoire des grands hommes à partir des obsèques de Victor Hugo.

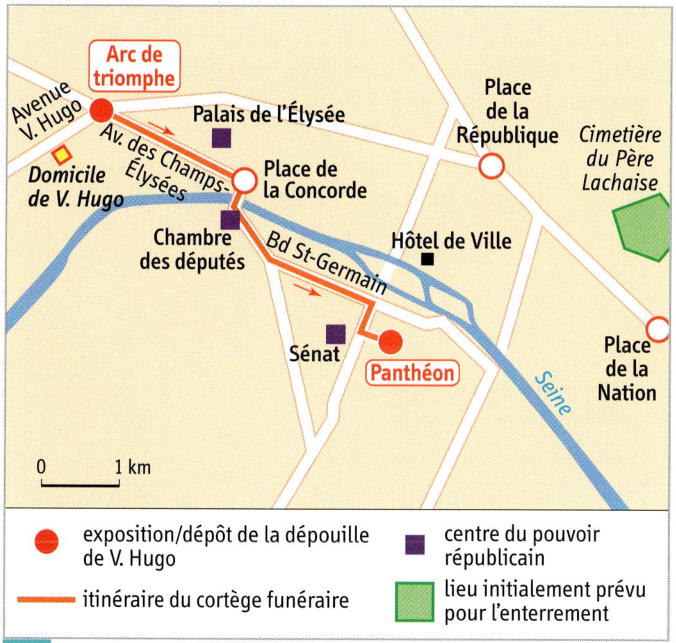

4 L'itinéraire du cortège funéraire (1er juin 1885)

5 Un témoin raconte

« Je viens d'assister aux funérailles de Victor Hugo, du haut d'une fenêtre donnant sur le boulevard Saint-Germain. C'était vraiment colossal [...]. Je suis ivre de tant de bruit, de foules, de couronnes portées, de costumes, de manifestations [...]. Ce qui m'a causé le plus d'impression, c'était, outre l'armée à pied et à cheval qui encadrait cet immense défilé, tant de couronnes aux mille fleurs jetées au pied d'un défunt. Un Himalaya ! Le corbillard où reposait Victor Hugo était celui des pauvres, triste et noir [...]. Le défilé, qui avait commencé à midi 40, s'est terminé à 6h20. Tout mon pays était là ! Tous les âges, toutes les corporations, toutes les associations étaient représentées. [...] À 8 heures du soir, j'ai été regarder de loin le Panthéon [...]. La croix du fronton a été enlevée. Derrière les colonnes, j'ai vu les tentures noires. Hugo mort a ouvert à lui seul les portes fermées du Panthéon. Mais il en a chassé Dieu ! »

Abbé Mugnier, *Journal (1879-1939)*.

6 L'hommage du pouvoir républicain

« Les représentants du peuple français, les délégués de nos communes, les ambassadeurs et les missionnaires de l'univers civilisé s'inclinent pieusement devant celui qui fut un souverain de la pensée, un proscrit pour le droit vaincu et la république trahie [...], le défenseur en titre de l'humanité dans notre siècle [...]. Nous pleurons l'homme qui finit mais nous acclamons l'apôtre impérissable [...] dont le verbe nous conduira à la conquête définitive de la liberté, de l'égalité et de la fraternité dans le monde [...]. Jaloux de demeurer exilé pour rendre sa protestation plus forte, [il trouva] enfin dans la République triomphante le refuge et le couronnement de sa vie [...]. Victor Hugo ira grandissant dans la mémoire des hommes, il leur apparaîtra de plus en plus comme le précurseur du règne de la justice et de l'humanité. »

Allocution de Charles Floquet, président de la Chambre des députés, en présence de l'ensemble des autorités républicaines, 1er juin 1885.

Étude

L'exclusion politique des femmes sous la IIIe République

Alors que l'Australie (1901) ou des pays scandinaves comme la Finlande (1906) ou la Norvège (1913) accordent le droit de vote aux femmes, la IIIe République, qui se prétend une démocratie exemplaire, prive les Françaises des droits politiques fondamentaux.

Comment la question de l'exclusion politique des femmes est-elle soulevée ?

CHRONOLOGIE

1876 Hubertine Auclert fonde l'association Le droit des femmes.

1882 Léon Richer et Maria Deraisme créent la Ligue française pour le droit des femmes (LFDF), dont Victor Hugo est président d'honneur.

1903 La Chambre des députés refuse d'accorder le droit de vote aux femmes.

1906 Première proposition de loi pour le vote des femmes aux élections locales, dont l'examen par le parlement est indéfiniment repoussé.

1909 Création de l'Union française pour le suffrage des femmes (15 000 membres).

1913 Une militante de la LFDF demande son inscription sur les listes électorales de Paris.

2 Une action spectaculaire de féministes (1908)

Illustration du *Petit journal*, 17 mai 1908.

Lors des élections municipales de 1908, Hubertine Auclert brise une urne pour protester contre l'interdiction du droit de vote aux femmes, une action inspirée de celles des suffragettes britanniques.

1 Contre le vote des femmes (1884)

Cet extrait défend des arguments très répandus dans les milieux politiques de la IIIe République, toutes tendances confondues.

« Destinée à la maternité, faite pour la vie de famille, la dignité de sa situation sera d'autant plus grande qu'elle n'ira point la compromettre dans les luttes du forum et dans les hasards de la vie publique. Elle oublierait fatalement ses devoirs de mère et ses devoirs d'épouse, si elle abandonnait le foyer pour courir à la tribune. Elle n'y apporterait pas d'ailleurs la modération de langage et la netteté des conceptions, qui sont indispensables dans les usages parlementaires. D'autre part, elle introduirait dans la famille un élément de dissolution, qui lui ferait perdre la légitime influence qu'exerce sur le père de famille la femme respectable, qui est l'honneur de la maison […]. On a donc parfaitement raison d'exclure de la vie politique les femmes et les personnes qui, par leur peu de maturité d'esprit, ne peuvent prendre une part intelligente à la conduite des affaires publiques. »

Émile Morlot, *De la capacité électorale*, thèse de droit, 1884.

3 BIOGRAPHIE

Hubertine Auclert (1848-1914)

Issue d'une famille républicaine et d'un milieu aisé de province, elle considère que l'égalité politique des femmes entraînera leur émancipation. Première à employer le mot « féministe », elle utilise différents moyens d'action pour faire connaître et aboutir le droit de vote pour les femmes : pétitions, lancement de titres de presse et de mouvements, mais aussi actions spectaculaires telles que la grève de l'impôt (1880). Hubertine Auclert se présente avec d'autres femmes aux élections législatives de 1910. Sa candidature est annulée.

VOCABULAIRE

Féministe : personne militant pour l'égalité entre les femmes et les hommes.

4 Pourquoi la femme doit voter

Carte postale, vers 1910.

Des féministes manifestent à Paris vers 1910 pour le droit de vote des femmes.

5 Les femmes et les élections

Issue d'une famille bourgeoise aisée et ayant eu une éducation soignée, la féministe Maria Deraismes (1828-1894) explique pourquoi elle ne peut pas se présenter aux élections législatives de 1881.

« Certes, depuis quinze ans, j'ai pris en main la cause des femmes, et j'ai fait revivre cette importante question ensevelie après la révolution de 1848. J'ai, en toute circonstance, demandé l'intégrité des droits féminins, aussi bien politiques que civils. Dès lors, le mouvement s'est généralisé, l'idée n'a cessé de marcher ; elle est même parvenue jusqu'aux Chambres. Mais, comme malgré les progrès accomplis dans les esprits et dans les consciences, rien n'est encore changé dans la loi, que le terme français, employé dans les codes et les constitutions, n'implique toujours pas celui de française et qu'il l'exclue même en plus d'un cas ; qu'en conséquence, ma candidature ne peut être qu'une candidature de protestation, dont le résultat immanquablement, même s'il y a succès est l'invalidation, je refuse. »

Maria Deraismes, lettre au journal *Le Rappel*, 1881.

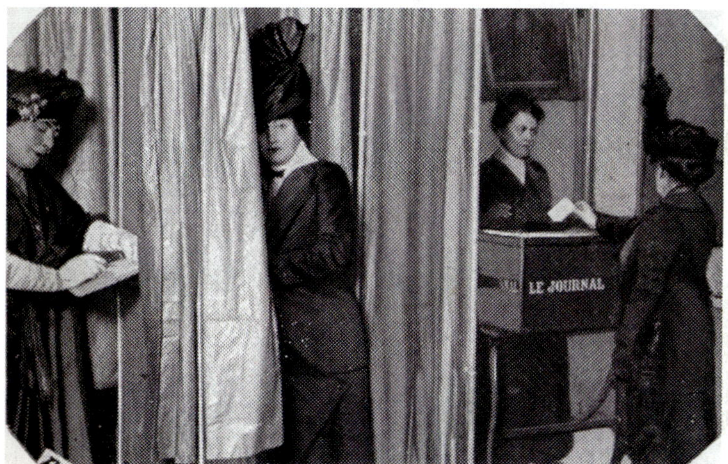

6 Un vote revendicatif

Carte postale, 1914.

Le 26 avril 1914, Valentine Thomson, directrice du journal féministe *La Vie féminine*, organise à Paris un vote féminin parallèle à l'occasion des élections législatives.

QUESTIONS

1. **Doc. 1** Pour quelles raisons les femmes ne doivent-elles pas voter selon l'auteur ?
2. **Doc. 4** Quels arguments sont avancés par les femmes pour obtenir le droit de vote ? Expliquez-les.
3. **Doc. 2, 3, 4 et 6** Quelles actions sont menées par les féministes ?
4. **Doc. 5** Quels sont les droits revendiqués par Maria Deraismes et pourquoi dit-elle que son élection ne sera pas validée si elle est élue ?

Synthèse Expliquez comment la question de l'exclusion politique des femmes est soulevée sous la IIIe République.

Pour vous aider, vous pouvez remplir au préalable un tableau de synthèse.

	Informations tirées des documents
Arguments contre le droit de vote féminin	**Doc. 1**
Arguments favorables au droit de vote féminin	**Doc. 4**
Des actions féministes et des déceptions politiques	**Chronologie, doc. 2, 3, 5, 6**

L'enracinement de la IIIe République (1870-1885)

Comment la IIIe République se met-elle progressivement en place ?

NOTION

Régime parlementaire : régime dans lequel le pouvoir législatif (parlement) contrôle très étroitement le pouvoir exécutif (gouvernement). Ce régime repose sur le principe de responsabilité politique des ministres devant le parlement qui a le droit de poser des questions aux ministres, de formuler des critiques et de renverser le gouvernement.

Adolphe Thiers (1797-1877)
D'abord monarchiste et favorable à des réformes libérales, il prend la tête du pouvoir exécutif en 1871. Il dirige la répression de la Commune, puis est nommé président de la République par l'Assemblée nationale conservatrice.

A Une République provisoire puis installée

1. Une naissance dans des circonstances difficiles

- **La IIIe République est proclamée à Paris** le 4 septembre 1870, le lendemain de la défaite de Napoléon III à Sedan face à la Prusse et à ses alliés. Le nouveau **gouvernement de Défense nationale** (le général Trochu, Léon Gambetta, Jules Ferry…) veut poursuivre la lutte depuis Tours, mais doit renoncer car les Allemands ont envahi une large partie du nord de la France et encerclent Paris.
- Les élections législatives de février 1871 donnent la **majorité aux monarchistes**, favorables à la paix et hostiles à la République. L'Assemblée nationale, installée à Bordeaux puis à Versailles, nomme le conservateur **Adolphe Thiers** chef du pouvoir exécutif.
- Dans Paris longtemps assiégée et affamée, le mécontentement éclate le 18 mars 1871, quand Thiers veut retirer les canons installés sur la butte Montmartre. L'insurrection débouche sur l'élection d'une **Commune de Paris**, dominée par l'extrême gauche républicaine et socialiste. La Commune veut établir une République sociale très ambitieuse dans sa lutte contre les inégalités. **Louise Michel** y participe activement. ▶ Point de passage, p. 154
- L'Assemblée conservatrice ne peut tolérer cette situation. Thiers négocie la paix avec le chancelier allemand Otto von Bismarck et signe **le 10 mai 1871 le traité de Francfort** qui ôte à la France l'Alsace-Moselle et lui inflige une lourde indemnité de guerre. Les mains libres, il peut retourner l'armée française contre **la Commune, écrasée lors de la Semaine sanglante** (21-28 mai 1871).

2. L'établissement du régime républicain

- Thiers est renversé en 1873 par l'Assemblée nationale qui désigne à la présidence de la République **le maréchal de Mac Mahon**, favorable aux monarchistes. Mais ces derniers, très divisés entre **légitimistes**, **orléanistes** et bonapartistes, ne parviennent pas à s'entendre sur les conditions du rétablissement monarchique.
- À l'Assemblée nationale, les républicains se rapprochent des orléanistes pour donner à la République des institutions : les **lois constitutionnelles de 1875** établissent les pouvoirs ainsi que les modes d'élection du président de la République et des deux Chambres. Ainsi constituée, la IIIe République respecte la **séparation des pouvoirs** entre un pouvoir exécutif (présidences de la République et du Conseil) et un pouvoir législatif (Chambre des députés, Sénat).

3. Le régime de la IIIe République

- **Une République démocratique**. La désignation à la tête des différents pouvoirs repose sur le **suffrage direct** (députés) ou indirect (sénateurs, président de la République) des Français. En 1884, une loi instaure le **suffrage universel direct** pour l'élection des conseils municipaux qui désignent ensuite les maires.
- **Une République parlementaire**. Les républicains remportent les élections de 1876, obligeant Mac Mahon à nommer un président du Conseil républicain. Mais Mac Mahon le pousse rapidement à la démission et dissout la Chambre. La crise de mai 1877 entre les républicains, emmenés par Gambetta, et le président se solde par la victoire électorale des premiers et la démission de Mac Mahon au début de l'année 1879. Son successeur, le républicain Jules Grévy, annonce qu'il ne dissoudra la Chambre sous aucun prétexte. La IIIe République devient un **régime parlementaire**.

VOCABULAIRE

Légitimisme : p. 152.
Orléanisme : p. 152.

- **Une République libérale.** À partir de 1879, les républicains dominent la présidence et les deux Chambres, puis remportent triomphalement les élections législatives de 1881. Ils peuvent faire voter de grandes lois libérales. Les **libertés de réunion et d'expression** favorisent l'essor du débat politique. La presse, qui couvre le territoire national, voit ses tirages exploser. La loi Waldeck-Rousseau (1884) permet la **constitution de syndicats ouvriers, agricoles ou patronaux**. En 1901, une importante **loi sur les associations** est votée mais sa mise en œuvre, notamment l'exclusion de nombreuses **congrégations**, suscite parfois des tensions.

B Une République qui unifie et qui exclut

1. La République enracine ses valeurs dans le pays

- **L'école permet d'inculquer les valeurs républicaines,** car elle touche des générations successives de Français. Le ministre de l'Instruction publique **Jules Ferry** fait voter en 1881-1882 des lois scolaires rendant **l'école primaire publique obligatoire et gratuite** pour les enfants de 6 à 13 ans, désormais **égaux devant l'instruction**. Les programmes sont centrés sur les progrès de la raison (sciences), la France (sa langue, sa géographie) et les apports de la Révolution française (histoire). Les personnels de l'école sont **laïcisés** (loi Goblet, 1886), mais les parents gardent la liberté de choisir l'enseignement privé et confessionnel pour leur enfant.
- La République diffuse ses valeurs de diverses façons. Villes et villages se couvrent de **places de la République**, comme celle inaugurée à Paris en 1879. **Marianne**, **allégorie** de la République, est présente sur les places, les timbres, et son buste orne toutes les mairies de France. Les républicains rétablissent ***La Marseillaise*** comme hymne national (1879), de grandes fêtes sont données en l'honneur de la Révolution et de la République : le **14 juillet** est jour de fête nationale depuis 1880, le **centenaire de la Révolution** française est fêté avec faste en 1889.
- Les **grands hommes de la patrie et de la République** sont honorés par des obsèques nationales, tels **Adolphe Thiers** ou **Victor Hugo** **panthéonisé** en 1885. Lors des funérailles de l'écrivain, le régime associe largement le peuple français à un hommage rappelant les valeurs de la République défendues par Hugo.

▶ Point de passage, p. 164

2. Des Français inégaux devant la République

- Des préjugés tenaces tiennent les **Françaises écartées du droit de vote**. L'accès à la pleine citoyenneté permettant l'usage des droits politiques est réservé aux hommes âgés d'au moins 21 ans. Plus de la moitié de la population française est ainsi écartée de la vie politique. Des militantes, soutenues par des hommes politiques comme Victor Hugo, s'organisent pour demander le droit de voter et d'être élues.
- Ces **féministes** **utilisent les libertés d'expression, de réunion et d'association** pour fonder des mouvements (l'Union française pour le suffrage des femmes regroupe 12 000 adhérentes en 1914 derrière Cécile Brunschvicg) ou des journaux (*La Fronde* ou *La Française*) portant leurs revendications.
- De manière **plus spectaculaire**, elles présentent leur candidature lors d'élections municipales ou législatives. Certaines, comme Hubertine Auclert en 1908, détruisent des urnes le jour des élections. En 1914, elles n'ont cependant toujours pas gain de cause.

VOCABULAIRE

Allégorie : p. 162.
Congrégation : p. 158.
Féminisme : p. 166.
Laïc (deux sens possibles) : qui se tient à l'écart de toute religion ou qui ne fait pas partie d'un clergé.
Panthéonisé : personne dont la dépouille est admise au Panthéon.

L'obélisque de Léon Gambetta (1888)

Après des obsèques nationales, un obélisque de 27 mètres de haut, surmonté d'une allégorie des Droits de l'homme, est érigé au carrousel du Louvre.

L'exclusion politique des femmes

Illustration d'Alfred le Petit, en couverture du journal *Les Contemporains*, n° 15, 1880.

« C'est le sexe barbu qui fit
les droits de l'homme ;
Hubertine, elle aussi, veut
les siens : est-ce à tort ?
Non morbleu ! cent fois non !
mais je crois, en somme,
Que les droits les plus sûrs
sont les droits du plus fort. »

Étude Les premières oppositions (1887-1894)

À partir de la fin des années 1880, les adversaires de la IIIe République se réorganisent et, à la faveur des libertés politiques accordées par le régime, profitent des mécontentements liés à la crise économique (« Grande dépression » de 1873 à 1896) et aux scandales qui touchent les républicains.

À quelles oppositions la République doit-elle faire face ?

CHRONOLOGIE

Décembre 1887 Scandale du trafic des décorations : démission du président Jules Grévy dont le gendre est impliqué.

Janvier 1889 Succès électoral à Paris du général Boulanger, qui refuse de marcher sur l'Élysée.

Octobre 1889 Succès républicain sur les boulangistes aux élections législatives.

Sept.-nov. 1892 Scandale de Panama.

9 décembre 1893 Attentat à la bombe de l'anarchiste Auguste Vaillant contre les députés.

12 déc. 1893-27 juillet 1894 Lois et répression contre les anarchistes.

24 juin 1894 Assassinat du président Sadi Carnot par un anarchiste.

VOCABULAIRE

Anarchisme : courant révolutionnaire selon lequel la liberté passe par le rejet de toute forme d'autorité (État, Église, patron).

2 Contre la IIIe République

« L'assaut de la République », dessin de Pépin paru dans *Le Grelot* n° 908, 2 septembre 1888.

1. L'extrême gauche radicale (sous les traits du député Henri Rochefort)
2. Les monarchistes et cléricaux
3. Les bonapartistes
4. Le général Boulanger

1 BIOGRAPHIE

Georges Boulanger (1837-1891)

Général de division, ministre de la Guerre en 1886-1887, Boulanger est très populaire dans l'armée. Ses positions agressives et imprudentes vis-à-vis de l'Allemagne entraînent son renvoi du gouvernement et sa mise à la retraite de l'armée. Il est aussitôt élu député dans plusieurs circonscriptions et rassemble derrière lui des monarchistes et des bonapartistes hostiles à la République, ainsi que des radicaux adversaires des républicains au pouvoir. Le pouvoir change les règles du scrutin en février 1889 (interdiction des candidatures multiples et obligation de déclarer au préalable sa candidature dans une seule circonscription) pour faire refluer le mouvement et contraint Boulanger à l'exil. Il se suicide en Belgique.

3 Le programme boulangiste

Triomphalement élu député de plusieurs circonscriptions lors d'élections législatives partielles en avril 1888, Boulanger expose son programme politique à la Chambre des députés.

« J'ai l'honneur de déposer sur le bureau de la Chambre des députés une proposition de résolution tendant à la révision des lois constitutionnelles [...]. Tiraillée par les partis, compromise par des querelles misérables, elle [la République] appelle un régime nouveau [...]. L'Église opportuniste[1] [...] a à peu près détenu le pouvoir pendant 12 ans. Ce parti a toujours considéré la République comme son bien [et] a réduit la République à n'être que le gouvernement d'un groupe [...]. Les élections de l'Aisne, de la Dordogne et du Nord n'ont point d'autre cause, bien qu'il s'y mêle un sentiment patriotique que je suis fier d'avoir provoqué [...]. La responsabilité des ministres devant la Chambre équivaut à l'absorption du pouvoir exécutif par le pouvoir législatif et l'avilissement du premier. Afin de soustraire le pays à cette fatalité des crises ministérielles [...], les fonctions ministérielles seront incompatibles avec les mandats électifs, et les ministres, tenus hors du Parlement, seront individuellement responsables devant le chef de l'État [qui] doit avoir le droit de s'opposer à la promulgation des lois dues à l'initiative parlementaire [...]. Je verrai sans inconvénient disparaître le Sénat, qui ne représente rien et ne sert à rien. »

Extraits du débat à la Chambre des députés, le 4 juin 1888.

1. Fait référence aux républicains partisans de réformes progressives, au pouvoir en France depuis 1879 et dirigés par Léon Gambetta puis Jules Ferry.

4 Le scandale de Panama (1892)

Le polémiste antisémite Édouard Drumont dénonce dans son journal le scandale des 104 députés « chéquards » ayant perçu des sommes provenant de la Compagnie de percement de l'isthme de Panama dirigée par l'ingénieur Ferdinand de Lesseps.

« Monsieur de Lesseps est un académicien, et l'illustre corps est peu soucieux de voir un de ses membres condamné pour abus de confiance […]. J'aurai à examiner les rapports de la Compagnie de Panama avec les entrepreneurs de la finance, et enfin le monde parlementaire […]. Pendant la période de Panama, la presse fut domestiquée […]. À qui Ch. de Lesseps faisait-il cette faveur[1] […] ? À toute une bande de vautours, à commencer par les administrateurs, les hommes politiques dont on payait ainsi le concours[2] […]. Voulait-on, par exemple, payer un ministre ? Sous un nom d'emprunt quelconque, par l'intermédiaire d'un établissement financier, on lui attribuait un nombre de parts représentant la somme promise […]. Arton [un homme de main] commanditait *La Presse* avec de l'argent du Panama. La dynastie de Lesseps et leurs serviteurs restent debout et narguent la justice et trouvent encore un appui dans les sphères gouvernementales. »

Micros (pseudonyme d'Édouard Drumont), *La Libre Parole*, 12-18 septembre 1892.

1. Sommes versées au titre de primes. Charles de Lesseps est le fils de Ferdinand de Lesseps, tous deux accusés de corruption.
2. Il s'agit d'obtenir le soutien de députés pour voter l'autorisation d'un emprunt en faveur de la compagnie de percement de l'isthme de Panama.

5 Un personnel républicain corrompu ?

Caricature d'Henri Meyer pour *Le Petit Journal illustré*, 7 janvier 1893.

Le banquier juif Jacques de Reinach, agent financier de la Compagnie du canal de Panama ayant payé des parlementaires pour qu'ils votent un emprunt en faveur de la construction du canal, « partage le gâteau » avec la famille de Lesseps et les autres accusés de corruption, tandis qu'un gendarme commence à arrêter les coupables.

6 Attentat anarchiste contre la Chambre des députés (9 décembre 1893)

Illustration de F. Lix pour *Le Petit Journal*, 23 décembre 1893.

L'anarchiste Auguste Vaillant lance une bombe dans l'hémicycle pour protester contre l'exécution d'un anarchiste, la misère sociale et la corruption parlementaire révélée par le scandale du Panama. Il est arrêté et exécuté le 5 février 1894.

QUESTIONS

1. **Doc. 1 et 3** Présentez l'auteur du discours. Quels sont les changements importants pour le régime imaginé dans son projet de révision constitutionnelle ?
2. **Doc. 2** Décrivez la caricature et donnez-en le sens.
3. **Doc. 4 et 5** Qui est impliqué dans le scandale de Panama et pourquoi cela affaiblit-il la République ?
4. **Doc. 6** À quel symbole de la IIIe République Vaillant s'attaque-t-il et pour quelles raisons ?
5. **Chronologie, doc. 1, 2 et 6** Comment la IIIe République résiste-t-elle finalement aux dangers boulangiste et anarchiste ?

Synthèse Reproduisez cette carte mentale sur les oppositions à la République parlementaire de 1887 à 1894 et remplacez les points d'interrogation par des informations tirées des documents.

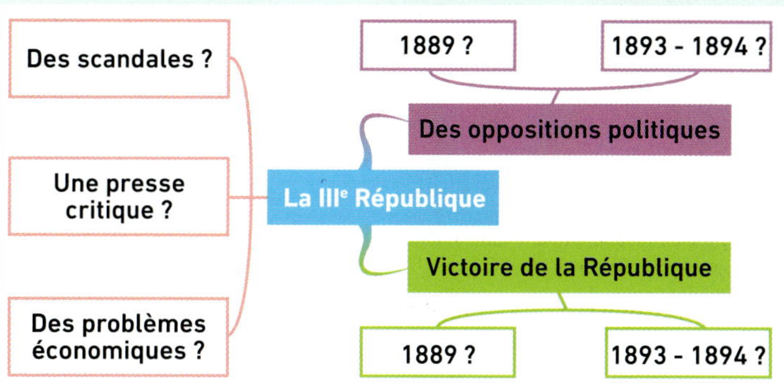

Étude L'affaire Dreyfus et l'antisémitisme

En 1894, le capitaine français Alfred Dreyfus, alsacien et juif, est condamné au bagne pour espionnage au profit de l'Allemagne. À partir de 1898, l'opinion se divise entre des dreyfusards, convaincus de son innocence, et des antidreyfusards, souvent antisémites et antirépublicains.

Comment l'antisémitisme s'affirme-t-il en France et met-il en danger la République ?

CHRONOLOGIE

Décembre 1894 Condamnation au bagne du capitaine Dreyfus, accusé d'avoir livré des renseignements militaires à l'Allemagne.

1896 Le lieutenant-colonel Picquart, chef du service de contre-espionnage, découvre l'innocence de Dreyfus et la culpabilité d'Esterhazy.

1898 Acquittement d'Esterhazy : publication de « J'accuse » par Zola dans *L'Aurore*. Naissance de l'Action française.

1899 Tentative de coup d'État (fév.) du poète nationaliste Paul Déroulède. Seconde condamnation de Dreyfus (août-sept.) qui est gracié par le président Loubet.

1901 Naissance du Parti radical (républicains dreyfusards).

1902 Victoire électorale des républicains du Bloc des gauches.

1906 Acquittement définitif de Dreyfus. Large victoire républicaine aux élections législatives.

Alfred Dreyfus

Vidéo Manuel numérique

1 « J'accuse » (13 janvier 1898)

Indigné par l'acquittement triomphal du commandant Esterhazy, suspecté d'avoir trahi à la place de Dreyfus, l'écrivain Émile Zola écrit une lettre ouverte au président de la République. Elle paraît en Une des 200 000 exemplaires de L'Aurore, *le journal du républicain Georges Clemenceau.*

« J'accuse le lieutenant-colonel du Paty de Clam[1] d'avoir été l'ouvrier diabolique de l'erreur judiciaire [...], d'avoir ensuite défendu son œuvre néfaste depuis trois ans, par les machinations les plus coupables.

J'accuse le général Mercier[2] de s'être rendu complice [...] d'une des plus grandes iniquités du siècle.

J'accuse le général Billot[3] d'avoir eu entre les mains les preuves certaines de l'innocence de Dreyfus et de les avoir étouffées [...] pour sauver l'état-major compromis.

J'accuse le général de Boisdeffre[4] de s'être rendu complice du même crime [...] sans doute par passion cléricale [...]. J'accuse les bureaux de la guerre d'avoir mené dans la presse, particulièrement dans *L'Éclair* et dans *L'Écho de Paris* une campagne abominable, pour égarer l'opinion et couvrir leur faute.

J'accuse enfin le premier conseil de guerre d'avoir violé le droit en condamnant un accusé sur une pièce restée secrète, et [...] le second conseil de guerre d'avoir couvert cette illégalité, par ordre [et d'avoir permis] d'acquitter sciemment un coupable.

En portant ces accusations, je n'ignore pas que je me mets sous le coup des articles de la loi sur la presse qui punit les délits de diffamation [...]. L'acte que j'accomplis ici n'est qu'un moyen révolutionnaire pour hâter l'explosion de la vérité et de la justice.

Je n'ai qu'une passion, celle de la lumière, au nom de l'humanité [...]. Qu'on ose donc me traduire en cour d'assises et que l'enquête ait lieu au grand jour ! »

Émile Zola, « J'accuse », *L'Aurore*, 13 janvier 1898.

1. Chargé de l'enquête et accusateur de Dreyfus. 2. Ministre de la Guerre en 1894, déclarant Dreyfus coupable avant même son procès. 3. Ministre de la Guerre en 1896, alerté de la probable culpabilité d'Esterhazy. 4. Chef de l'état-major en 1894.

2 L'antisémitisme des antidreyfusards

Raisons de l'antisémitisme développé par des grandes plumes antidreyfusardes (Barrès, Maurras, Daudet...)	**Par antijudaïsme chrétien** Judas Iscariote vend Jésus ; le peuple déicide (qui a tué Jésus Christ).	**Par anticapitalisme** Les juifs sont assimilés aux puissances d'argent et à l'argent en général.	**Par racisme à base pseudo-scientifique** Il existerait des différences biologiques entre des « races ».	**Par xénophobie** Le juif est d'origine étrangère et reste un étranger inassimilable.
Arguments expliquant la trahison et la culpabilité de Dreyfus que l'on trouve dans la presse antisémite	« Les 30 deniers de Judas » « La ruse de Judas »	« L'argent, toujours l'argent »	« Sa face est terreuse, aplatie et basse. » « Il n'est pas né pour vivre socialement. »	« Il ne peut pas être, n'est pas Français. » « Faux certificat de naissance » « Épave de ghetto »

Source : Agnese Silvestri, « La violence rhétorique dans tous ses états : contre Dreyfus et les dreyfusards », *Revue italienne d'études françaises*, n° 7, 2017.

3 L'affirmation de l'antisémitisme

a. « À propos de Judas Dreyfus », caricature de C. Chanteclair (pseudonyme de Lucien Emery), *La Libre Parole illustrée*, n° 70, 10 novembre 1894. Ce journal est dirigé par l'antisémite Drumont, auteur de *La France juive* en 1888.

b. Allégorie de Forain paru à la Une de *Psst... !*, 23 juillet 1898. Le dessinateur Caran d'Ache a créé en 1898 l'hebdomadaire *Psst !* pour la lutte antidreyfusarde.

4 Agitation antisémite et nationaliste dans le Doubs d'après un instituteur (printemps 1899)

« Quant à l'Affaire, j'ai été témoin de ses remous à Besançon, sans trop savoir de quoi il était question, lorsque les étudiants manifestaient le soir dans la rue, cassant avec leurs cannes et leurs gourdins les volets des magasins juifs en criant : "Conspuez Zola ! Conspuez Zola !". Un cordon d'agents protégeait la synagogue [...]. Au lendemain des manifestations estudiantines, dans la cour de notre école, certains parmi les grands élèves se saisissaient des petits Bloch ou Levy, les cognaient, les bousculaient au fond du préau, loin des maîtres qui se promenaient en évoquant probablement le cas Dreyfus [...]. Je n'ai pas oublié non plus un meeting au Kursaal bisontin[1] par les tenants de la Ligue des patriotes, lors de la révision du procès. Les hurlements, claquements de siège accueillent les orateurs (dont le député Lasies[2]), qui avaient placé sur le bureau un buste de Déroulède[3]. Chahut monstre, expulsion par la police. »

Cité dans Jacques et Mona Ozouf, *La République des instituteurs*, « Hautes Études », © Seuil/Gallimard, 1992, « Points Histoire », 2001.

1. Salle de spectacle et de réunion à Besançon. 2. Député antidreyfusard siégeant au « groupe antijuif » de la Chambre. 3. Paul Déroulède (1846-1914), poète nationaliste, antisémite et chef de la Ligue des patriotes, vient d'être arrêté pour avoir tenté de faire marcher un général sur l'Élysée.

5 Une opposition durable à la République

« La République, c'est le mal. La République est le gouvernement des juifs [...]. La République est le gouvernement des pédagogues protestants qui importent d'Allemagne, d'Angleterre et de Suisse un système d'éducation qui abrutit le cerveau des jeunes Français. La République est le gouvernement des francs-maçons, qui n'ont qu'une haine, l'Église, qu'un amour, les sinécures et le trésor public [...]. La République est le gouvernement de ces étrangers plus ou moins naturalisés [...]. Par ce régime et par ces hommes, l'Étranger fait tout ce qu'il veut parmi nous ; désorganisant nos armées [...], il réalise le système de division intérieure et de faillite extérieure [...]. Que le gouvernement du Roi soit le gouvernement naturel à notre nation, c'est ce qu'établissent les faits les plus simples. »

Affiche de l'Action française, 23 mars 1908.

VOCABULAIRE

Antisémitisme : haine envers les juifs prenant appui sur de pseudo-arguments religieux, raciaux ou économiques.

Dreyfusard / antidreyfusard : partisan / adversaire de l'innocence de Dreyfus.

QUESTIONS

1. **Chronologie et doc. 1** Précisez l'auteur et la nature du texte, puis expliquez l'action et les motivations de Zola.
2. **Doc. 2 et 3** Présentez et décrivez les deux documents puis expliquez-en le sens.
3. **Doc. 4** Contre qui manifestent les étudiants de Besançon ? Quelles en sont les conséquences ?
4. **Doc. 5** Quels sont les adversaires de l'Action française ? En quoi ce discours est-il dangereux pour la IIIe République ?

Synthèse Montrez comment l'antisémitisme s'affirme et met en danger la République : d'une affaire judiciaire à une affaire d'État ; des milieux antidreyfusards antisémites agressifs ; un difficile et fragile succès de la République et de la vérité.

Point de passage

La loi de séparation des Églises et de l'État : débats et mise en œuvre

L'affaire Dreyfus et la large victoire électorale des républicains en 1902 poussent ces derniers à franchir une nouvelle étape dans la politique de laïcisation déjà engagée avec l'école. La Chambre des députés débat à partir de 1905 d'une loi qui concerne notamment l'Église catholique, principale force religieuse du pays.

Pourquoi la loi de 1905 provoque-t-elle des tensions avec les catholiques ?

CHRONOLOGIE

Juin 1903 Le socialiste Aristide Briand est désigné rapporteur du projet de séparation des Églises et de l'État.

Juillet 1904 Loi interdisant aux congrégations religieuses d'enseigner (Émile Combes). Rupture des relations diplomatiques avec le Vatican.

1905 Débat (mars), vote (juill.) et promulgation (déc.) de la loi de séparation des Églises et de l'État.

1906 Condamnation de la loi par le pape. Querelle des inventaires.

VOCABULAIRE

Anticléricalisme : hostilité au clergé, très forte chez les républicains les plus radicaux (Combes, Clemenceau).

Association cultuelle : association (régie par la loi de 1901) composée de fidèles laïcs et d'ecclésiastiques.

Laïcisation : détachement vis-à-vis de la sphère religieuse.

1 Caricature d'Émile Combes dans un journal catholique

« Besogne du Vendredi saint. "C'est extraordinaire, plus je frotte, moins ça s'en va." », illustration d'Achille Lemot parue dans *Le Pèlerin*, 17 avril 1904.

« Tout ce que nous demandons à la religion [...], c'est de s'enfermer dans ses temples, de se limiter à l'instruction de ses fidèles et de se garder de toute immixtion dans le domaine civil et politique. »

Discours du président du Conseil Émile Combes à Tréguier, le 13 septembre 1903.

2 Aristide Briand défend la nécessité d'une séparation

L'Église catholique vit sous le régime du Concordat conclu entre le pape et Napoléon Ier en 1801.

« Que s'est-il passé dans ce pays depuis trente-quatre ans que la République vit en régime concordataire ? On peut dire que, pendant cette période [...] le budget de l'État s'est montré prodigue envers l'Église : les subventions des départements et des communes lui ont été données sans compter [...]. Comment s'est-elle [l'Église] comportée vis-à-vis de la République ? A-t-elle eu une attitude sympathique ou même gardé la neutralité ? La vérité, c'est que, pendant cette longue période de régime concordataire, dans toutes les circonstances graves et difficiles, aux heures critiques où son existence a été menacée, la République a vu le clergé se dresser contre elle en ennemi. Au 16 mai [1877], sous le boulangisme, et plus récemment encore, vous savez quelle a été l'attitude du clergé [...]. Il n'est pas de liberté dont jouisse ce pays qui n'ait dû être conquise sur les résistances acharnées de l'Église. La voilà, la vérité [...] ! J'ai eu l'occasion de m'expliquer sur le Concordat [...] : nommer des évêques, faire des évêques loyalement concordataires, sincèrement républicains, quelle illusion [...] ! Le Concordat, en fait, n'existe plus. »

Aristide Briand, intervention à la Chambre des députés, le 6 avril 1905.

3 La loi de 1905

Avant 1905 (régime concordataire)	Après 1905 (régime de séparation des Églises et de l'État)
Le gouvernement garantit la liberté de conscience et le libre exercice du culte.	Le gouvernement garantit la liberté de conscience et le libre exercice du culte.
Le clergé (évêques, curés) reçoit un traitement de l'État.	Le clergé ne reçoit plus de traitement de l'État.
L'État nomme les évêques, que le pape investit ensuite.	Le pape nomme et investit les évêques.
L'entretien des biens d'Église est à la charge des pouvoirs publics (État, départements, communes).	Les biens ecclésiastiques deviennent propriété de l'État et doivent faire l'objet d'un inventaire. L'entretien des édifices du culte passe à la charge de l'Église. Les fidèles peuvent s'organiser en associations cultuelles (gestion des édifices, traitement du clergé).

4 Hostilité d'un député catholique envers la séparation

Albert de Mun est l'un des principaux opposants à la loi de séparation lors des débats à la Chambre des députés.

« La loi de séparation, en rompant violemment les liens [entre] la France et l'Église catholique, a bouleversé toutes les conditions de notre vie religieuse ; sous l'inspiration d'hommes qui, à l'exemple de Bismarck[1], haïssent l'Église, elle a prétendu l'enfermer dans un régime nouveau, fondé sur la spoliation, où la liberté du culte, la propriété des biens paroissiaux sont soumises à la surveillance administrative la plus étroite et la plus jalouse : ce régime [...] contraire à toutes les traditions, elle l'a décrété sans prendre l'avis du pape, sans consulter les évêques [...]. Eh bien ! Nous voulons qu'ils le comprennent : nous voulons que, renouant les relations de la nation avec le Saint-Siège, ils se mettent d'accord avec lui sur l'organisation de l'Église de France [...]. D'autres lois humaines, et forgées par de plus redoutables mains que celles même de M. Clemenceau[2] et de M. Briand, sont tombées en morceaux devant le refus des consciences. »

Albert de Mun, *Combats d'hier et d'aujourd'hui. Contre la Séparation. De la rupture à la condamnation*, 1906.

1. Le chancelier allemand Otto von Bismarck avait mené un *Kulturkampf* pour ôter à l'Église l'état-civil et l'enseignement dans les États catholiques du sud du Reich.
2. Le radical et très anticlérical Georges Clemenceau est alors président du Conseil.

5 L'inventaire des biens de l'Église

Église d'Yssingeaux, Haute-Loire, avril 1906.

Des catholiques s'opposent à la confiscation des biens de l'Église dans 4 800 lieux de culte sur 63 200. Les forces de l'ordre sont alors obligées de forcer les portes des établissements religieux, où les fidèles se barricadent.

PARCOURS 1 : analyser des documents

1. **Chronologie et doc. 2** Qui prononce ce discours, à quelle occasion et quels sont ses arguments pour justifier la séparation ? À quels exemples récents fait-il allusion ?
2. **Doc. 3** Résumez ce qui change et ce qui ne change pas pour l'Église catholique en France entre le Concordat de 1801 et la séparation de 1905.
3. **Doc. 4** Quels sont les arguments du député catholique contre la séparation ?
4. **Doc. 1** Présentez et décrivez cette caricature. Que dénonce-t-elle ?
5. **Doc. 5** Qu'est-ce qui montre la volonté des catholiques de ne pas appliquer la loi de séparation et celle du pouvoir républicain de faire appliquer la loi ?

Synthèse Rédigez une courte synthèse sur l'Église et les catholiques face à la loi de 1905 : l'état d'esprit des républicains vis-à-vis de l'Église ; l'état d'esprit de l'Église vis-à-vis de la loi ; la violence de la séparation.

PARCOURS 2 : rédiger un texte argumenté

Rédigez un texte argumenté répondant à la problématique : Pourquoi la loi de 1905 provoque-t-elle des tensions avec les catholiques ? Évoquez les arguments des républicains partisans de la séparation (doc. 1 et 2), puis ceux des catholiques (doc. 4), et enfin le caractère parfois violent de la séparation (doc. 5).

Cours 2

Une République contestée mais consolidée (1885-1914)

Comment la IIIe République parvient-elle à s'implanter malgré les oppositions ?

NOTIONS

Antisémitisme : haine envers les juifs prenant appui sur de pseudo-arguments religieux, raciaux ou économiques.

Laïcité : principe selon lequel l'espace public doit être religieusement neutre pour garantir la coexistence de tous les croyants et non-croyants. Elle devient une valeur de la République à partir de 1905 car des républicains voient l'Église catholique comme une menace pour la République.

L'assassinat du président Carnot (24 juin 1894)
Supplément illustré du *Petit Journal*, 2 juillet 1894.

VOCABULAIRE

Anarchisme : p. 170.

Intellectuel : personne exerçant une profession intellectuelle, qui met le prestige de sa fonction au service de la cause qu'il défend.

Ligue : structure politique qui défend une cause en manifestant ou par voie de presse.

Nationalisme intégral : doctrine royaliste, catholique et nationaliste prônée par la Ligue d'Action française de Charles Maurras.

Parti radical : p. 158.

Sécularisation : voir p. 160.

A La montée des oppositions (1887-1894)

1. La crise boulangiste (1887-1889)

- Sur fond de **crise économique et sociale**, le général Boulanger rassemble de **nombreux mécontents du régime parlementaire**, de l'extrême gauche républicaine aux légitimistes et bonapartistes, en passant par la droite républicaine nationaliste. Les boulangistes remportent nettement quelques élections législatives partielles en 1888 et 1889. Certains craignent qu'ils commettent un coup d'État.
- Les boulangistes exigent la **revanche contre l'Allemagne** et la **transformation de la République parlementaire** par la dissolution de la Chambre des députés, la **révision de la Constitution** dans un sens plus favorable au pouvoir exécutif et l'**élection d'une Assemblée constituante**. Mais les républicains font bloc, remportent les élections législatives d'octobre 1889, et le gouvernement contraint Boulanger à l'exil. La menace est passée.

2. De nombreuses contestations (années 1890)

- **Le scandale de Panama (1892)** met en cause des députés corrompus en échange de leur soutien à la compagnie en charge de réaliser le canal de Panama. Il est révélé par le polémiste **antisémite** Édouard Drumont et entraîne la défaite de nombreux candidats sortants républicains aux élections législatives de 1893.
- **Dans l'extrême gauche** anarchiste, ces révélations s'ajoutent à l'exaspération devant la misère et les inégalités sociales, et le peu de réformes engagées pour y remédier. Les anarchistes se lancent dans **l'action violente** et **ciblent des symboles forts de la République** qu'ils veulent frapper au sommet : Auguste Vaillant lance une bombe en pleine séance de la Chambre des députés en 1893, et l'Italien Caserio assassine le président Sadi Carnot dans une rue de Lyon en 1894 pour avoir exécuté Vaillant. Le pouvoir riposte par des lois qui répriment les anarchistes et restreignent beaucoup leur liberté d'expression.

B L'affaire Dreyfus (1894-1906)

1. L'apogée des menaces contre la République

- En 1894, Alfred Dreyfus, un capitaine d'origine alsacienne et de confession juive, **mis en cause pour trahison au profit de l'Allemagne**, est jugé et condamné au bagne par les autorités militaires. Certains membres du service de contre-espionnage découvrent dès 1896 qu'il s'agit d'une **erreur judiciaire**.
- Au début de l'année 1898, l'écrivain **Émile Zola** donne une publicité considérable à cette affaire dans une lettre ouverte publiée dans *L'Aurore*, qui met en cause les autorités militaires et interpelle le président de la République, en tant que chef de l'État et des armées.

2. Divisions et hostilité envers la République

- Le **camp dreyfusard** compte des hommes politiques venus de la gauche socialiste et républicaine, mais aussi des intellectuels (Bernard Lazare, Charles Péguy...) qui, comme Zola, s'engagent pour l'innocence de Dreyfus et la révision de son procès. Tous sont partisans d'une république soucieuse avant tout de vérité et de justice.

- Au contraire, les **antidreyfusards** refusent la révision et pensent Dreyfus coupable, soit par antisémitisme, soit par respect de la chose jugée, soit par confiance aveugle envers les institutions militaires, garantes d'une possible revanche contre l'Allemagne. De nombreux chefs de **l'armée** et dignitaires de **l'Église catholique** rejoignent le camp antidreyfusard, aux côtés des **forces nationalistes** antiparlementaires.
- **L'antisémitisme** et **l'anti-républicanisme** se déchaînent dans la presse antidreyfusarde. La **Ligue d'Action française** se constitue en 1898 autour de Charles Maurras et d'un programme de « **nationalisme intégral** » et, en 1899, Paul Déroulède, chef de la Ligue des patriotes, tente de faire marcher des soldats sur l'Élysée lors des obsèques présidentielles de Félix Faure.

3. La victoire des dreyfusards

- Rejugé mais condamné avec des circonstances atténuantes par un tribunal militaire (1899), Dreyfus est finalement **gracié par le président de la République**. Il est réhabilité et réintègre l'armée en 1906.

Militaire prêtant serment devant un crucifix lors du procès de Zola

Dessin d'Achille Lemot paru dans *Le Pélerin*, n° 1 104, 27 février 1898.

C La IIIe République réagit et réforme

1. Les républicains au secours de la République menacée

- Grâce à la loi sur les associations (1901), les républicains dreyfusards forment le **Parti radical** (1901) en vue des élections législatives de 1902, qui voient une large victoire républicaine, amplifiée en 1906. Les radicaux dominent la Chambre et sont décidés à intensifier le **combat contre l'influence de l'Église catholique** hostile à la République lors de l'affaire Dreyfus.
- En 1904, le président du Conseil **Émile Combes** fait voter **l'interdiction d'enseigner aux congrégations non autorisées**, après quoi les relations diplomatiques avec le Vatican sont rompues.

2. La séparation des Églises et de l'État (1905)

- Les républicains radicaux et les socialistes veulent **mettre fin au Concordat** qui réglait les relations entre l'Église catholique et l'État depuis 1801. La préparation de la loi de séparation des Églises et de l'État est confiée au député socialiste **Aristide Briand**. Son texte, débattu et retouché par les députés, est voté en **juillet 1905**. Désormais, l'État ne nomme plus les évêques ni ne salarie aucun culte, les biens ecclésiastiques deviennent propriété de l'État et les Églises peuvent former des associations cultuelles pour gérer les édifices religieux. Selon une logique de **sécularisation**, la **laïcité** devient une valeur centrale de la République française.
▶ Point de passage, p. 174
- Si protestants et juifs ne s'opposent pas à la loi qui entre en vigueur en décembre 1905, **le pape la condamne** dans l'encyclique *Vehementer Nos* (fev. 1906). Il interdit aux catholiques de constituer des associations cultuelles : il craint qu'en leur sein les ecclésiastiques partagent le pouvoir de décision avec des fidèles laïcs majoritaires. Les catholiques français sont encouragés à s'opposer à la loi et à son application.
- Lorsque les autorités civiles entreprennent l'inventaire des biens de l'Église, des catholiques se retranchent dans les bâtiments religieux ou s'opposent à l'entrée des forces de l'ordre : c'est **la crise des inventaires** (1906). Ministre de l'Intérieur puis président du Conseil, Clemenceau recherche et obtient l'apaisement.

Georges Clemenceau (1841-1929)

Député, il siège à l'extrême gauche de la Chambre. En 1898, il s'engage avec son journal *L'Aurore* dans le dreyfusisme, et publie le « J'Accuse » de Zola. Il devient ministre de l'Intérieur puis président du Conseil (1906-1909), et se charge de faire appliquer la loi de 1905.

1 ANALYSE DE DOCUMENT

CONSIGNE **Après avoir présenté le document, vous montrerez comment se déroulent les funérailles de Victor Hugo. Vous pourrez mettre en avant l'hommage du peuple puis de la République au défunt.**

Document **Les funérailles de Victor Hugo**

« On peut dire que Paris n'a pas dormi l'autre nuit. Dès l'aube, les rues étaient sillonnées par des groupes sans nombre se hâtant vers les Champs-Élysées. Ici, ce sont des familles d'ouvriers, chargés comme pour un déménagement [...]. Plus loin, ce sont des groupes de provinciaux, errant un peu au hasard, demandant leur chemin [...]. Enfin, voici tous les sans-profession, les habiles, qui savent profiter de toutes les occasions, emportant des planches, des tréteaux, des tables, des échelles [...]. Dès quatre heures du matin, toutes les bonnes places sont prises dans les Champs-Élysées [...]. Dès six heures, les rares Parisiens qui dorment sont réveillés par des clairons qui sonnent le rappel des sociétés de gymnastique ; de toutes les gares sortent des pelotons de pompiers, drapeaux et musique en tête [...]. Aussi loin que l'œil peut s'étendre, la chaussée est couverte de masses noires, surmontées de-ci de-là d'immenses gerbes de fleurs. [...] Toutes les boutiques se ferment [...]. Peu à peu, on fait le vide autour du grand monument [...]. Du plateau de l'Arc de triomphe, le coup d'œil est féérique : sur les douze avenues s'étendent à perte de vue les délégations, les bannières, les couronnes [...]. Autour du catafalque, on a déposé des bancs pour les invités privilégiés. À gauche, le ministère au complet, M. Henri Brisson, président du Conseil en tête [...], les bureaux du Sénat et de la Chambre sont de ce côté aussi, et derrière se pressent les sénateurs et les députés, les conseillers municipaux. À droite étaient placés la famille, les amis et la presse [dont] M. Clemenceau, Alphonse Daudet et Zola.

Fin du discours de M. Royer [président républicain du Sénat] :

"... Gloire à ce puissant génie, dont le patriotisme et l'amour du bien illuminent toutes les œuvres !"

Fin du discours de M. Floquet [président républicain de la Chambre des députés] :

"[...] Nous pleurons l'homme qui finit, mais nous acclamons l'apôtre dont le verbe nous conduira à la conquête de la liberté, de l'égalité et de la fraternité dans le monde."

En arrivant place de la Concorde, nous trouvons la tête du cortège. Des escadrons de la garde républicaine à cheval [...]. À mesure que nous montons dans l'avenue, le spectacle change, voici des enfants des bataillons scolaires, la Société des gens de lettres, des chars chargés de couronnes, enfin le simple corbillard des pauvres qui, selon la volonté du grand mort, doit emporter son cercueil au milieu de cette pompe triomphale. Partout, des drapeaux, des bannières tricolores, c'est en vain que nous cherchons des bannières rouges [...]. »

Journaliste anonyme, *Le Matin*[1], 2 juin 1885.

1. *Le Matin*, fondé en 1884, est un grand quotidien parisien, de tendance républicaine modérée.

Coup de pouce !
N'hésitez pas à utiliser des informations contenues dans le chapitre 3 pour vous aider à analyser le document, notamment aux pages 96, 100 et 107.

Répondez aux questions suivantes pour vous aider à rédiger l'analyse du document.

Je présente le document

1. Présentez la nature, l'auteur, la source, la date du document. Dans quel contexte a-t-il été réalisé ?
2. Rappelez qui est le défunt.

J'analyse le document

3. **Première partie du développement**
Qu'est-ce qui montre l'hommage de tout un pays à Victor Hugo ?
(Les passages du texte surlignés en jaune doivent être utilisés.)
4. **Deuxième partie du développement**
Quelles formes prend l'hommage de la République à ce personnage ?
(Les passages du texte surlignés en vert doivent être utilisés.)

Je conclus

5. Concluez en quelques phrases : finalement, comment la France rend-elle hommage à Victor Hugo ?

2 ANALYSE DE DOCUMENTS

CONSIGNE **Après avoir présenté le document, vous réfléchirez à la position des républicains sur les relations entre l'État et les Églises au début du XXe siècle : un anticléricalisme important, une défense de la laïcité.**

Document 1 Discours du président du Conseil Émile Combes sur la religion

« Ce n'est pas à la religion que nous nous attaquons, c'est à ses ministres qui veulent s'en faire un instrument de domination ! La religion, en tant que sentiment inné du cœur de l'homme, échappe à notre prise, comme les autres sentiments. En tant que système de croyance, elle a droit à la liberté, qu'aucun de nous ne songe à lui dénier (et que) nous serions les premiers à défendre si, par un acte législatif ou par une mesure administrative, quelqu'un faisait mine de vouloir s'y introduire de force et s'y comporter en maître. Tout ce que nous demandons à la religion […], c'est de s'enfermer dans les temples, de se limiter à l'instruction de ses fidèles et de se garder de toute immixtion dans le domaine civil et politique […]. Aux yeux [de l'opinion publique], l'ennemi de la religion, ce n'est pas le Gouvernement qui veut la séparer radicalement de la politique […], c'est le ministre du culte, qui associe délibérément la politique à la religion, pour s'autoriser à mettre une main despotique à la fois sur la conscience et sur la volonté de la nation. »

Extrait d'un discours d'Émile Combes, à Tréguier, le 13 sept. 1903.

QUI EST ÉMILE COMBES ?

Il se destine d'abord à une carrière ecclésiastique avant de rompre brutalement avec l'Église et de suivre des études de médecine. Devenu président du Conseil en 1902, il mène une politique anticléricale qui provoque la rupture des relations diplomatiques avec le Vatican. Il démissionne en janvier 1905, avant le vote de la loi de séparation des Églises et de l'État proposée par Aristide Briand, loi plus modérée que le projet qu'il avait initialement imaginé.

Document 2 La loi de 1905

Lithographie anonyme, 1904 (Musée Jean Jaurès, Castres).

Répondez aux questions suivantes pour vous aider à rédiger l'analyse de documents.

Je présente les documents

1. Présentez la nature, les auteurs, les dates des documents.
2. À quel contexte renvoient-ils ?
3. Quelle est la position des deux auteurs sur la question religieuse ?

J'analyse les documents

4. **Doc. 1** Qui sont les « ministres » des religions attaqués par Émile Combes ? Que demande-t-il aux religions ? Pourquoi ?
5. **Doc. 2** Décrivez le document 2. Qui sont les personnages ? Que font-ils ? Comment sont-ils représentés et pourquoi ? Quel sens peut-on donner à ce document ?
6. **Doc. 1 et 2** À quelle religion Combes s'attaque-t-il particulièrement, de quelle manière et pourquoi ?
7. **Doc. 1 et 2** Finalement, comment peut-on appeler la forme de politique religieuse menée par le gouvernement d'Émile Combes ?
8. Synthétisez vos réponses en montrant d'abord les critiques émises à l'encontre de l'Église puis la solution de la laïcité.

Je conclus

9. Je conclus en quelques phrases : quelle est la position des républicains sur la relation entre l'État et les Églises au début du XXe siècle ?

Méthode
- Analyser la question
- Rédiger l'introduction
- Rédiger le développement
- Rédiger la conclusion

3 RÉPONDRE À UNE QUESTION PROBLÉMATISÉE

QUESTION Comment la République s'affirme-t-elle de 1870 à 1914 ?

Analyse de la question :
- **« L'affirmation »** a pour synonymes « installation », « établissement », « enracinement », « consolidation ». Cela suggère de réfléchir aux moyens utilisés pour s'affirmer, au projet d'affirmation mais aussi aux forces qui s'opposent à cette affirmation et aux éventuelles faiblesses de cette affirmation.
- **La « République »**, c'est non seulement un régime politique, mais aussi un ensemble de principes et de valeurs (ex. : liberté, égalité).
- **La période chronologique :** période d'affirmation de la IIIe République de 1870 à 1914. Cette période a vu la République faire face à de nombreuses forces d'opposition, de la Commune à l'Affaire Dreyfus.
- **Le sens du sujet :** il s'agira donc de se demander comment la République est parvenue à s'affirmer dans un contexte difficile.

Introduction

Partie I. Un combat pour installer un régime républicain (1870-1887)

A. La République est d'abord fragile

- Elle est proclamée dans un contexte de défaite militaire, d'occupation allemande et de conditions de paix (traité de Francfort, mai 1871) particulièrement difficiles.
- À cela s'ajoute une guerre civile (Commune, 1871).
- Enfin, les monarchistes sont majoritaires à l'Assemblée nationale et placent à la tête de la République Mac Mahon (1873), dans l'espoir d'une restauration monarchique.

B. Le régime républicain s'installe

- Les lois constitutionnelles (amendement Wallon, janvier 1875, président élu pour 7 ans).
- Une pratique parlementaire des institutions : crise de mai 1877, Léon Gambetta, Jules Grévy, régime parlementaire.
- Les républicains au pouvoir à partir de 1879 (présidence, Chambre des députés, Sénat).

C. Une installation rendue possible par le soutien des Français

- La République apporte des droits aux Français (réunion, presse) et la capacité d'élire leurs représentants nationaux (députés) ou municipaux (loi de 1884).
- Les républicains conquièrent le cœur et les suffrages des Français (victoires en 1876, 1877, triomphe électoral aux législatives de 1881) ; l'école républicaine (lois Ferry).
- Succès des funérailles nationales de Victor Hugo (1885).

Partie II. La République s'affirme en triomphant de ses adversaires (1887-vers 1900)

A. L'opposition boulangiste (1887-1889)

- Le regroupement des forces antirépublicaines derrière Boulanger le « général-Revanche ».
- Son programme : réduire le parlementarisme et affirmer le pouvoir exécutif.
- Réaction de la République, échec électoral des boulangistes (1889), fuite et suicide de Boulanger.

B. Faire face aux scandales et aux attentats

- Une République attaquée : scandale de Panama (1892), corruption.
- Les attentats anarchistes contre des figures du régime (président de la République, Chambre des députés) en 1893-1894.
- La répression et la victoire de la République (1894).

C. L'opposition antisémite et nationaliste

- Elle éclate lors de l'affaire Dreyfus (origine de l'affaire, accusations nationalistes et antisémites contre Dreyfus, condamnation).
- Les républicains dreyfusards se mobilisent (« J'Accuse »), s'organisent et triomphent.
- Mais maintien en France d'une opposition réunissant nationalisme et antisémitisme.

Partie III. Au début du XXe siècle, une République solidement établie en France

A. Une République familière aux Français

- Enracinement des valeurs républicaines (liberté, égalité, fraternité ; mérite) par des rites et symboles républicains (Marianne, sur des timbres, des pièces, un hymne).
- Par des célébrations de la République via la fête nationale (14 juillet).
- Par des dénominations (places, boulevards, avenues de la République) et monuments (statue de la République).

B. Une République qui affirme sa volonté réformatrice

- Poursuite de l'œuvre libérale (association, 1901) et laïque (séparation, 1905).
- Elle surmonte les tensions nées de ces réformes (crise des inventaires avec les catholiques, 1906).

C. Mais une république encore critiquée

- Le droit de vote n'est pas accordé aux Françaises (arguments contre le vote des femmes).
- Arguments des femmes favorables à leur droit de vote.
- Mobilisation des femmes mais sans succès (Hubertine Auclert, Union française pour le suffrage des femmes).

Conclusion

1. **Introduction** Rédigez l'introduction à l'aide des questions suivantes :
   - Quelle est la question ?
   - Quel est le cadre chronologique ? spatial ?
   - Quel est le contexte de la période ?
   - Comment questionner le sujet ? (Reprenez la question problématisée.)
2. **Développement** Rédigez les parties I, II et III à l'aide du plan, des informations fournies et de vos connaissances personnelles. La première phrase doit annoncer l'idée de la partie. Chaque sous-partie doit correspondre à un paragraphe et à une idée prouvée par au moins un exemple.
3. **Conclusion** Comment répondre à la question problématisée en une ou deux phrases ?

Méthode

▸ Rédiger une réponse à partir d'un plan

4 RÉPONDRE À UNE QUESTION PROBLÉMATISÉE

QUESTION À quelles oppositions dangereuses la IIIe République doit-elle faire face entre 1887 et 1914 ?

Introduction

Partie I. Réussite rapide face au boulangisme et à l'anarchisme

Partie II. La profonde opposition antisémite et nationaliste au temps de l'affaire Dreyfus

Partie III. L'opposition catholique autour de la loi de 1905

Conclusion

Répondez à la question problématisée à l'aide du plan détaillé et de vos connaissances personnelles.

Coup de pouce !

N'hésitez pas à utiliser des informations contenues dans les pages 170 à 177.
Faites d'abord un brouillon en écrivant toutes vos idées sur une feuille, puis en les organisant afin de les intégrer à chaque partie du plan. Vous pourrez rédiger au propre une fois que vous aurez suffisamment d'idées, de notions et d'exemples pour chacune des parties.
En conclusion : répondez à la question problématisée en quelques phrases synthétiques.

Révisions

La mise en œuvre du projet républicain (1870-1914)

COMPRENDRE LE CHAPITRE

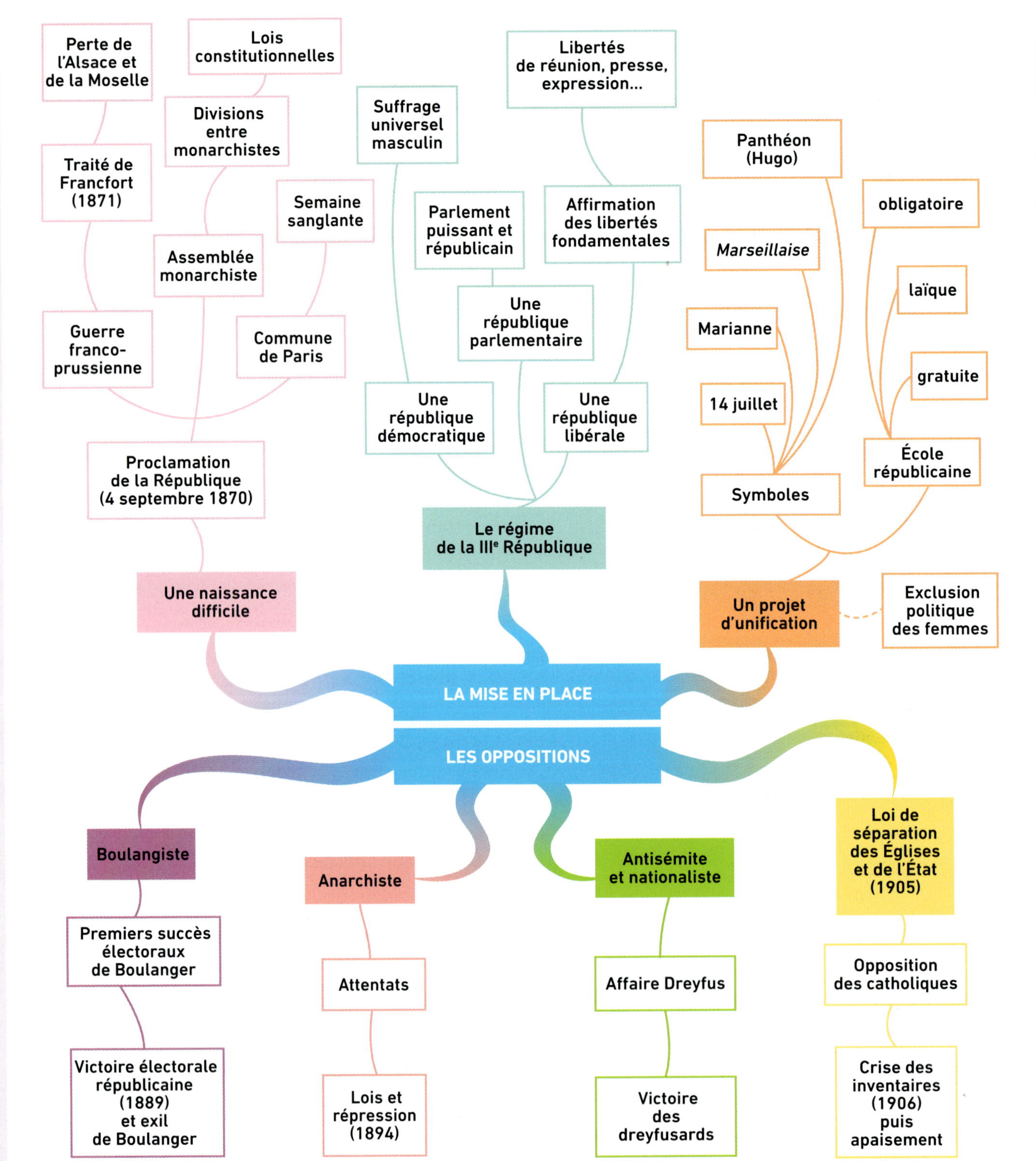

PERSONNAGES ESSENTIELS

Adolphe Thiers (1797-1877) est la tête du pouvoir exécutif à partir de février 1871. Il négocie les conditions de paix avec Bismarck (traité de Francfort, 10 mai 1871) et écrase la Commune de Paris lors de la semaine sanglante (21-28 mai 1871). → **Bio p. 168**

Institutrice, **Louise Michel** (1830-1905) participe à la Commune à Paris de mars à mai 1871 et combat sur les barricades contre les soldats « versaillais » lors de la Semaine sanglante, ce qui lui vaut d'être arrêtée et déportée en Nouvelle-Calédonie. → **Bio p. 154**

Opposant au Second Empire, **Léon Gambetta** (1838-1882) proclame la République le 4 septembre 1870 et fait partie du gouvernement républicain de Défense nationale. Chef de file des républicains, il occupe des postes importants dans la IIIe République tels que président de la Chambre des députés ou président du Conseil. → **Bio p. 152**

Jules Ferry (1832-1893) joue un grand rôle politique à partir de 1879 comme député, ministre de l'Instruction (lois sur l'école primaire, 1881-1882) et président du Conseil avec le vote de grandes lois de liberté (réunion, presse, syndicalisme). → **Bio p. 160**

Ministre de la guerre, **Georges Boulanger** (1837-1891) est limogé en 1887 mais il parvient à regrouper autour de lui tous les opposants au régime, favorables à une république plus autoritaire. Menacé d'arrestation, il s'enfuit en Belgique, où il se suicide en 1891. → **Bio p. 170**

DATES CLÉS

4 septembre 1870	Proclamation de la République par Gambetta
26 mars-28 mai 1871	Commune de Paris
30 janvier 1875	Amendement Wallon qui établit la forme républicaine du régime
1881-1882	Lois Ferry sur l'école primaire (gratuité, obligation, laïcité des programmes)
1er juin 1885	Funérailles nationales de Victor Hugo
1887-1889	Menace boulangiste
1894-1906	Affaire Dreyfus
1905	Loi de séparation des Églises et de l'État

NOTIONS À MAÎTRISER

Antisémitisme Haine envers les juifs en s'appuyant des pseudo-arguments religieux, raciaux ou économiques.

Féminisme Doctrine ou attitude politique fondée sur l'égalité des sexes et la volonté d'améliorer le statut des femmes.

Régime parlementaire Régime dans lequel le pouvoir législatif (parlement) contrôle très étroitement le pouvoir exécutif (gouvernement)

Ne pas confondre laïcité (principe selon lequel l'espace public doit être religieusement neutre pour garantir la coexistence de tous les croyants et non-croyants) et **anticléricalisme** (doctrine ou attitude marquée par l'hostilité envers le clergé).

RÉPONDRE ET MÉMORISER

1. Pourquoi la République est-elle dans une situation difficile en 1870-1871 ?
2. Qu'est-ce que la Commune de Paris ?
3. De quand date la loi sur la liberté de réunion ?
4. Quand ont lieu les funérailles nationales de Victor Hugo ?
5. Quand le 14 juillet devient-il la fête nationale ? Quelle est la principale menace pour la IIIe République en 1893-1894 ?
6. Pourquoi les femmes sont-elles exclues de la vie politique sous la IIIe République ?
7. Pourquoi la date du 13 janvier 1898 est-elle essentielle dans le cadre de l'affaire Dreyfus ?
8. Qu'est-ce qu'un antidreyfusard ?
9. Pourquoi y a-t-il des tensions entre l'Église catholique et l'État en 1905 ?

Mémorisation active

Mémocartes hatier-clic.fr/19h1016

7 Les permanences et les mutations de la société française jusqu'en 1914

Comment la société française évolue-t-elle entre 1870 et 1914 ?

1 La France industrialisée

Maurice Falliès, *Gare et usines à Saint-Denis*, huile sur toile, début du XXᵉ siècle (Musée de l'Île-de-France de Sceaux).

Le nord de Paris, notamment autour de la plaine Saint-Denis, devient au début du XXᵉ siècle un réservoir de main-d'œuvre pour l'agglomération parisienne. La concentration des usines (dont celles de gaz pour l'éclairage public) y est la plus importante de France.

DEUXIÈME PHASE D'INDUSTRIALISATION ET PROGRÈS TECHNIQUES

- 1870
- 1880
- 1884 Autorisation des syndicats
- 1889 Exposition universelle de Paris
- 1891 Fusillade de Fourmies
- 1893 Massacre d'Italiens à Aigues-Mortes
- 1895 Création de la CGT
- 1900 Exposition universelle de Paris
- 1903 Pierre et Marie Curie, prix Nobel de physique
- 1905 Création de la SFIO
- 1906 Charte d'Amiens
- 1911 Marie Curie, prix Nobel de chimie
- 1914

La famille Schneider à la tête du site industriel du Creusot

POINT DE PASSAGE p.188

POINT DE PASSAGE p.190

POINT DE PASSAGE p.194

POINT DE PASSAGE p.191

Doc interactif
Manuel numérique

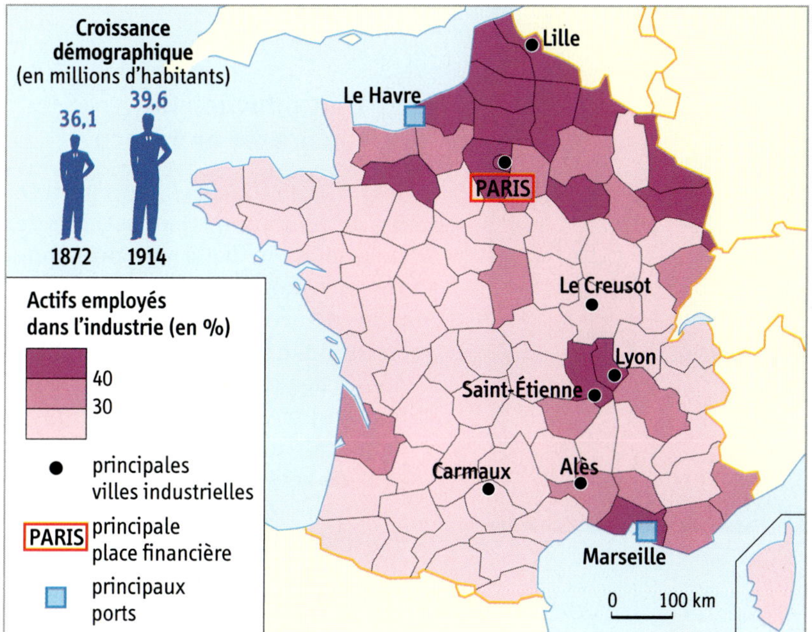

2 La France industrielle en 1914

3 Un moissonneur à la fin du XIXe siècle

Léon Lhermitte, *La Paye des moissonneurs*, huile sur toile, 272 x 215 cm, 1882 (Musée d'Orsay, Paris).

Malgré la modernisation industrielle qui touche le pays, la transformation des campagnes est lente : les petits exploitants, l'agriculture manuelle et la pauvreté dominent.

Étude Le temps des usines

À partir de 1870, l'industrialisation de la France s'accélère. La métallurgie connaît une forte augmentation tandis que le secteur automobile s'affirme. La concentration des machines et de la main-d'œuvre dans les usines s'accentue pour produire en masse.

Comment les usines permettent-elles d'accélérer l'industrialisation en France ?

1 Une chaîne de montage dans les usines Renault vers 1910

2 L'évolution de l'entreprise Renault

Créée en 1898, Renault est en 1914 le premier producteur automobile français.

	Nombre d'ouvriers	Nombre de voitures	Chiffre d'affaires (millions de francs)	Superficie des usines (m^2)
1898	6	6	-	300
1905	800	1 179	15,2	22 000
1910	3 200	5 100	49,3	59 970
1914	4 400	4 206	53,9	144 035

Source : Patrick Fridenson, *Histoire des usines Renault*, Le Seuil, 1972.

VOCABULAIRE

Haut-fourneau : four permettant de faire fondre le minerai de fer.

Laminoir : machine constituée de deux cylindres d'acier tournant en sens inverse, entre lesquels passent des masses de métal dont on veut réduire l'épaisseur.

Taylorisme : méthode d'organisation scientifique du travail mise au point par l'ingénieur étatsunien F.-W. Taylor au début du XXe siècle.

3 L'introduction du taylorisme en France

a. « [La] flânerie, caractérisée par la limitation systématique de la production, est à peu près universelle dans les usines [...] ; on peut assurer, sans crainte d'être contredit, qu'elle constitue le pire défaut de la classe ouvrière [...]. La disparition de cette flânerie provoquerait un tel abaissement du prix de revient, que nos marchés intérieurs et extérieurs seraient considérablement élargis. »

Frederick Winslow Taylor, *Principes d'organisation scientifique des usines*, 1911.

b. « La grève des Établissements Renault, provoquée par l'exploitation éhontée dont sont victimes les ouvriers de cette maison, a attiré l'attention sur le chronométrage. Son application aux usines Renault a démontré clairement à quelle situation intolérable, à quel labeur exténuant ce système devait conduire les travailleurs assez naïfs pour l'accepter. Dans l'exposé qu'a donné le journal *L'Auto*, de la fameuse méthode Taylor, les choses les plus monstrueuses ont été cyniquement divulguées ; l'ouvrier réduit à l'état de brute, à qui il est interdit de penser, de réfléchir ; à l'état de machine sans âme, produisant intensivement avec excès. »

Tract de la Fédération des ouvriers des métaux et similaires, Paris, 1913.

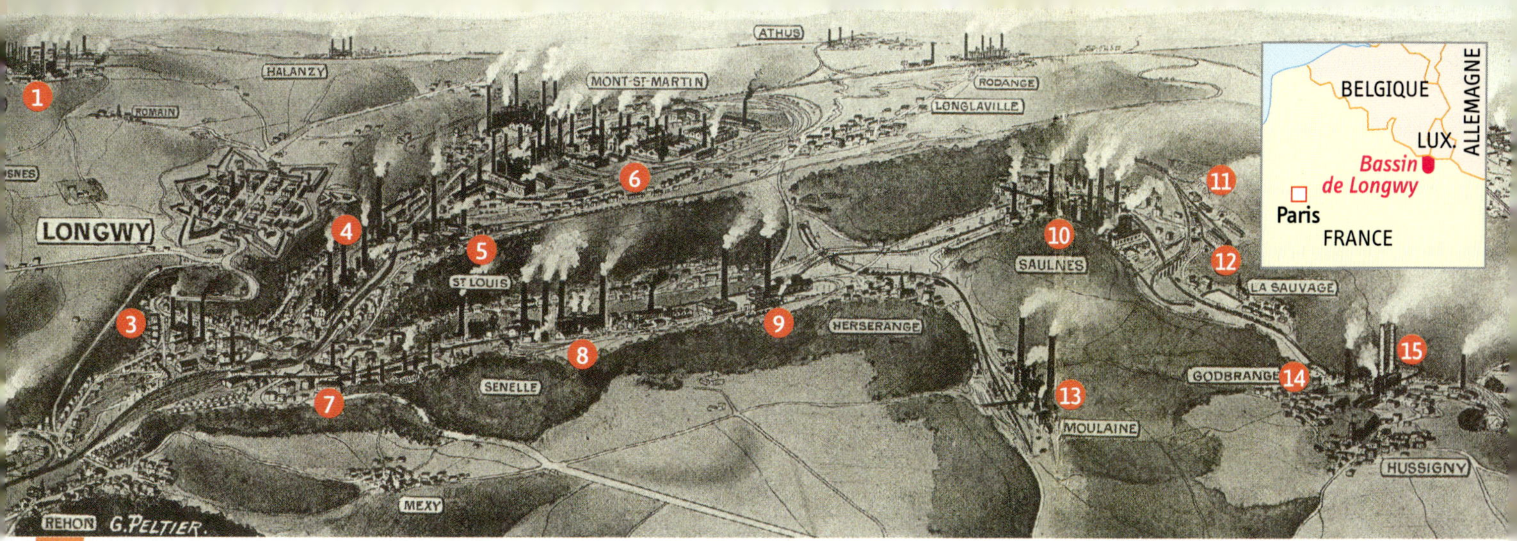

4 De vastes complexes industriels

G. Peltier, *Panorama du bassin minier et métallurgique de Longwy*, eau-forte, vers 1910 (Musée de la carte postale, Baud).

Le bassin de Longwy (Lorraine) se spécialise dans la sidérurgie à partir des années 1880 grâce à la présence de minerai de fer.

1. Hauts-fourneaux
2. Hauts-fourneaux
3. Ateliers de construction, usines à gaz, usines électriques
4. Hauts-fourneaux
5. Hauts-fourneaux
6. Aciéries de Longwy
7. Faïenceries de Longwy
8. Hauts-fourneaux et cimenteries
9. Aciéries et laminoirs
10. Hauts-fourneaux
11. Mines
12. Mines
13. Hauts-fourneaux et mines
14. Mines
15. Hauts-fourneaux

5 La modernisation du pays

« C'est demain, 10 février, que notre ville va être définitivement éclairée à la lumière électrique. Des essais ont eu lieu successivement la semaine dernière et ont donné de bons résultats : la lumière est nette et sans flottements. Les défectuosités de l'éclairage étaient jusque-là attribuées non seulement à l'usure rapide des lampes mais encore à la faiblesse des courants. Les machines dont dispose actuellement l'usine Bartissol représentent en totalité une force de 750 à 800 chevaux-vapeur. De plus, nous avons déjà annoncé que l'ancien député de Céret fait construire [...] sur les bords de la Têt [...] une usine électrique où il se propose d'employer la puissante chute d'eau de cette rivière. Par ce moyen, M. Bartissol pourra disposer d'une force de 2 500 chevaux-vapeur pour fournir la lumière à la ville de Perpignan et la force motrice aux tramways électriques et aux particuliers. »

Le Roussillon, 9 février 1898, dans *Perpignan à la Belle Époque*, service éducatif, Arch. dép. des Pyrénées-Orientales.

6 L'industrialisation de l'économie

PIB		Le poids de l'industrie française			
Année	Montant (milliards de francs)	**Période**	Production (milliards de francs)	Productivité (richesse produite par personne en milliers de francs)	Part de la population active employée dans l'industrie
1880	25,4	**1885-1894**	11	2 322	28 %
1900	32,8	**1895-1904**	12,9	2 187	30 %
1913	49,6	**1905-1913**	15,3	2 534	31,6 %

QUESTIONS

1. **Doc. 2** Quel lien peut-on faire entre l'essor des usines et les succès économiques de l'entreprise Renault ? Justifiez votre réponse.
2. **Doc. 1 et 3** Comment la production est-elle modernisée dans les usines Renault ?
3. **Doc. 4** Comment l'industrie marque-t-elle le paysage ?
4. **Doc. 5 et 6** Quels sont les résultats positifs de la modernisation industrielle du pays sous la IIIe République ?
5. **Doc. 3** Quelles sont les critiques émises à l'encontre de cette modernisation industrielle ?

Synthèse Montrez comment les usines permettent d'accélérer l'industrialisation en France :
– une affirmation des usines et des complexes industriels ;
– une modernisation de la production ;
– des résultats positifs et négatifs.

Point de passage

Le Creusot et la famille Schneider

Le Creusot est située au cœur d'un bassin houiller de Saône-et-Loire. Grâce à la dynastie industrielle Schneider, la ville devient à la fin du XIXe siècle le plus grand site sidérurgique de France. En 1870, la famille Schneider y emploie plus de 10 000 ouvriers, utilise 15 hauts-fourneaux, 30 marteaux-pilons, 85 machines à vapeur et produit 130 000 tonnes de fonte.

Comment les Schneider font-ils du Creusot le premier site industriel de France ?

CHRONOLOGIE

1838 Les établissements Schneider produisent leur première locomotive.

1870 Début de la production d'acier.

1875 Décès d'Eugène Ier, remplacé par son fils Henri.

1876 Construction du premier marteau-pilon à vapeur.

1895 Début de la production de matériel électrique.

1896 Mise en service d'une presse hydraulique de 10 000 tonnes, la plus puissante du monde.

1897 Début de la production d'artillerie pour l'armée française.

1898 Décès d'Henri, remplacé par son fils Eugène II.

1913 Le Creusot compte 36 000 habitants dont 11 000 travaillent dans les usines Schneider.

1 BIOGRAPHIE

Eugène Ier Schneider (1805-1875)

Né dans une famille bourgeoise, il rachète la fonderie du Creusot avec son frère Adolphe. Devenu directeur unique du Creusot en 1845, il profite des besoins en chemins de fer, bateaux en fer, charpentes métalliques pour développer son usine. Il étend son influence au monde politique (il est maire et député du Creusot à partir de 1866, proche de Napoléon III puis soutenu par la IIIe République) et bancaire (premier président de la Société générale). À sa mort en 1875, Le Creusot est le premier site industriel de France.

VOCABULAIRE

Paternalisme : manière de diriger avec une bienveillance autoritaire.

Vidéo
Manuel numérique

2 Le marteau-pilon à vapeur

Joseph Layraud, huile sur toile, 254 x 115 cm, 1889 (Écomusée de la communauté urbaine du Creusot, Montceau-les-Mines).

Le marteau-pilon est une imposante machine-outil de forge, haute de 21 mètres et pesant 100 tonnes. L'énorme bloc de fer est soulevé par la vapeur et retombe de tout son poids sur l'enclume. Cette toile a été réalisée pour l'Exposition universelle de Paris de 1889.

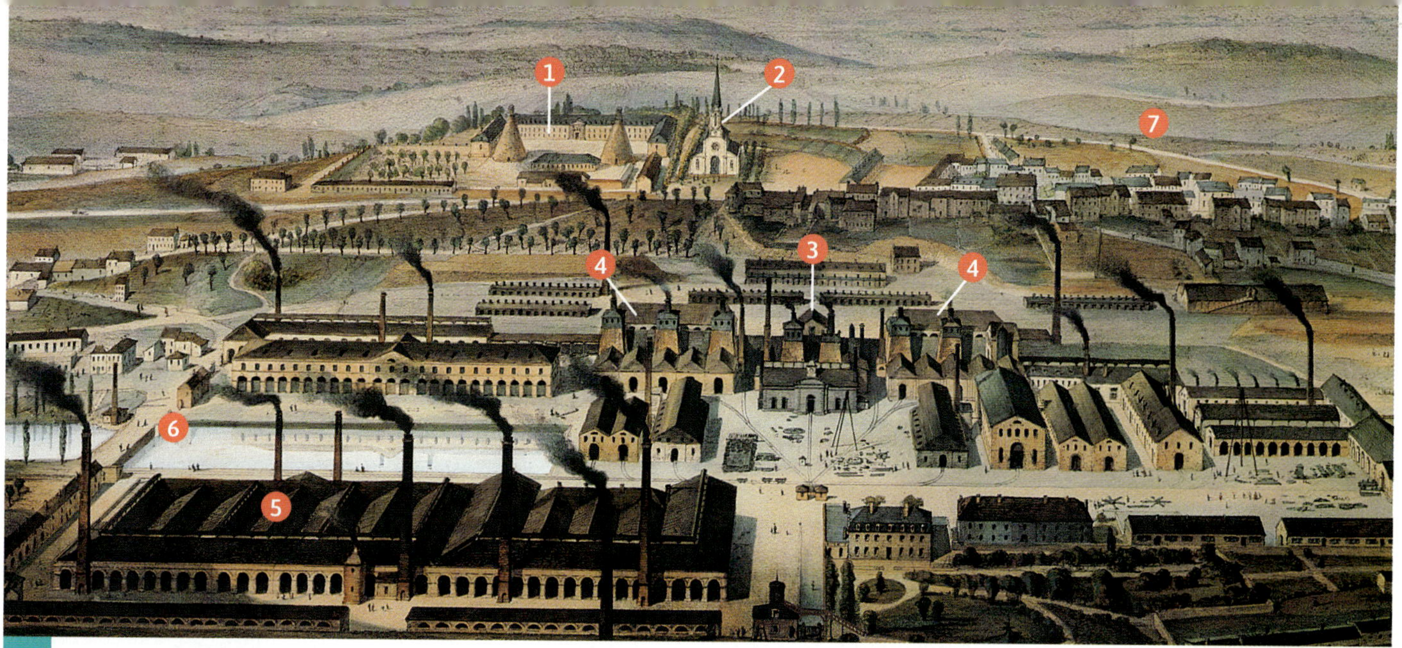

3 Vue du Creusot

Les Ateliers du Creusot et le château de la Verrerie, gravure coloriée, 1847 (Écomusée du Creusot).

Doc interactif — Manuel numérique

❶ Le château de la Verrerie, demeure des Schneider (ancienne cristallerie de Marie-Antoinette) ❷ L'église Saint-Laurent fondée par les Schneider ❸ Le premier bâtiment de l'usine du Creusot ❹ Les hauts-fourneaux ❺ La forge et les ateliers de construction (bâtiment principal) ❻ Le canal qui permet l'acheminement au Creusot du charbon et du fer (jusqu'à l'arrivée du chemin de fer en 1860) ❼ Les cités ouvrières, construites par les Schneider

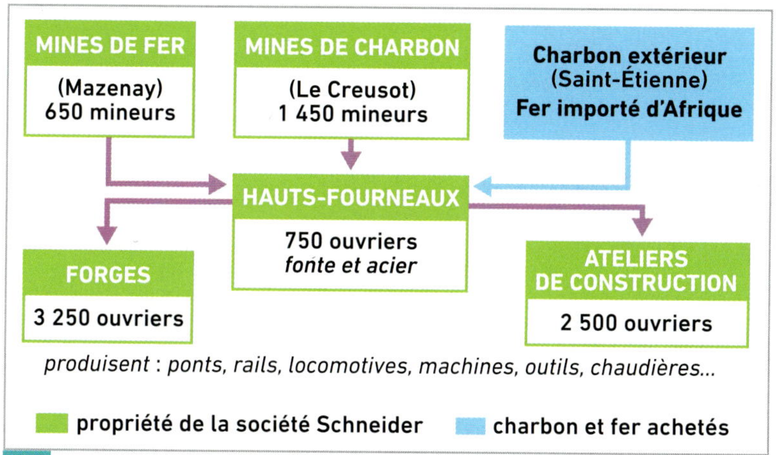

4 L'entreprise Schneider en 1870

5 Le paternalisme de la famille Schneider

« Être le père de vos ouvriers, voilà bien, Monsieur, la constante préoccupation de votre cœur. Toutes les œuvres de bienfaisance dont vous avez doté votre cité, en donnent un vivant et magnifique témoignage. L'enfant a ses écoles, le vieillard sa Maison de famille pour abriter ses infirmités ; les blessés et les malades trouveront ici l'Hôtel du bon Dieu, et, au chevet de leur lit de douleur, des anges consolateurs, pieuses auxiliaires de nos dévoués médecins. Cette pensée constante de votre vie, vouée au bien-être moral et matériel de votre grande famille ouvrière, vous l'avez recueillie, Monsieur, de votre illustre père, le grand génie qui a créé cette cité industrielle dont vous contribuez à maintenir et étendre la glorieuse renommée. »

J.-A. Burdy, adjoint au maire du Creusot, Discours adressé au maire Henri Schneider pour l'inauguration de l'Hôtel-Dieu, 15 septembre 1894.

PARCOURS 1 : analyser des documents

1. **Chronologie, doc. 1** Montrez la puissance et l'influence de la famille Schneider.
2. **Doc. 3 et 4** Quelles sont les différentes activités industrielles développées au Creusot ?
3. **Chronologie, doc. 1 et 2** Dans quelle mesure la réussite de la famille Schneider au Creusot repose-t-elle sur l'innovation ?
4. **Doc. 3 et 5** Pourquoi peut-on dire que Le Creusot est la ville des Schneider ?
5. **Doc. 3 et 5** Montrez que les Schneider font preuve de paternalisme au Creusot.

Synthèse Montrez comment Le Creusot s'impose comme le plus grand site industriel de France : des entrepreneurs novateurs et efficaces ; une ville modelée pour l'industrie et les ouvriers.

PARCOURS 2 : rédiger un paragraphe de synthèse

Vous rédigerez un texte argumenté répondant à la problématique. Vous pouvez vous aider du tableau suivant :

Une puissante famille industrielle	**Chronologie, doc. 1 et 5**
La réussite de leurs activités industrielles	**Chronologie, doc. 1 à 4**
Une ville façonnée par les Schneider	**Chronologie, doc. 3 et 5**

Point de passage

Les Expositions universelles de Paris de 1889 et 1900

TÂCHE COMPLEXE

Au début de l'année 2018, le gouvernement français annonce le retrait de la candidature de Paris pour l'Exposition universelle de 2025. Mais la mairie de Paris décide de proposer à nouveau la candidature de Paris pour l'Exposition universelle de 2030, Vous êtes chargé(e) de réaliser une plaidoirie en vous appuyant sur le succès des Expositions universelles de 1889 et de 1900 !

CONSEILS

Pour réaliser votre plaidoirie, vous pouvez relater ces deux Expositions universelles en montrant :

– qu'elles ont symbolisé le progrès technique de leur époque ;

– qu'elles ont permis à la France de diffuser une image positive ;

– même si elles ont été l'objet de quelques critiques minoritaires.

BOÎTE À OUTILS

Vous pouvez chercher des informations complémentaires :

- **sur l'Exposition de 1889**

Site web
hatier-clic.fr/19h1017

- **sur l'Exposition de 1900**

Vidéo
hatier-clic.fr/19h1018

À partir de 1851, les pays européens ainsi que les États-Unis accueillent régulièrement des expositions universelles. Ces grandes foires, organisées par les ministères de l'Industrie et du Commerce, sont l'occasion pour les nations de comparer leur puissance technique et industrielle.

1 L'Exposition de 1889

Gravure, XIXe siècle (Musée Carnavalet, Paris).

L'Exposition, qui célèbre le centenaire de la Révolution française, a lieu du 6 mai au 6 novembre, sur le Champ-de-Mars. La tour en fer, construite par l'ingénieur Gustave Eiffel, avec ses 300 mètres de hauteur, est à l'époque le plus haut bâtiment du monde.

2 Un pont roulant électrique exposé dans la galerie des machines (1889)

Gravure de Poyet parue dans *La Nature en 1889*, 1889.

3 Une critique de l'Exposition de 1889

« Hélas ! Il faut que la science en prenne son parti : elle n'a pas d'assez beaux yeux pour attirer 150 000 adorateurs par jour. [...] Interrogez les visiteurs à la fin de la journée : qu'ont-ils vu ? Que rapportent-ils de l'exposition ? Ils ont vu le Panorama Transatlantique, la rue du Caire avec ses âniers, les danseuses du ventre, le restaurant roumain, le palais des enfants, le bazar tunisien, les fontaines lumineuses et la tour illuminée par l'électricité. Ils ont regardé le décor, ils ne savent rien de la pièce. Le parc des attractions retient les neuf dixièmes du public ; on parcourt les galeries industrielles d'un pas distrait, ayant hâte de s'échapper au dehors. »

Victor Fournel, *Le Correspondant*, 25 juillet 1889.

4 Panorama de l'Exposition de 1900 Gravure, début du XXe siècle (Musée Carnavalet, Paris).

Doc interactif — Manuel numérique

L'Exposition universelle se déroule du 15 avril au 12 novembre 1900. Elle est aussi l'occasion d'utiliser la première ligne du Métropolitain inaugurée en juillet.

1 Porte monumentale (entrée principale de l'Exposition) 2 Avenue des Champs-Élysées 3 Grand-Palais et Petit-Palais (expositions artistiques) 4 Pont Alexandre-III 5 Gare des Invalides 6 Rue des Nations (palais des pays exposants) 7 Trocadéro et Colonies (exposition des richesses coloniales) 8 Vieux Paris (reconstitution de monuments et édifices parisiens) 9 Palais de la navigation 10 Château d'eau et Palais de l'électricité 11 Galerie des machines 12 Agriculture, salle des fêtes 13 Grande roue

5 Le succès de l'Exposition de 1900

Plus de 76 000 exposants présentent leurs innovations. Une place importante est alors donnée à l'électricité.

« Le XIXe siècle a été le grand siècle du progrès. Pour fêter les prodiges des arts, des sciences, de l'industrie et de l'agriculture, la France invita toutes les nations à participer à l'Exposition universelle qu'elle organisait à Paris. Toutes répondirent à cette invitation ; elles tenaient à comparer les progrès de leur industrie avec ceux des autres nations.

L'Exposition de 1900 fut une merveille. Le Champ-de-Mars avait son château d'eau et ses fontaines lumineuses qui, le soir, transformaient cette partie de l'Exposition en une véritable féerie, les quais de la rive gauche de la Seine étaient occupés par les palais des nations, chacun dans son architecture nationale. »

Jeanne Bouvier, *Mes mémoires*, 1936,

6 Une comparaison des deux expositions

L'anarchiste Georges Darien donne son avis sur l'Exposition universelle de 1900.

« Celle de 1889 avait donné, par sa structure d'ensemble, l'impression de quelque chose de nouveau ; d'une manifestation spontanée, par l'architecture, d'un état d'esprit audacieux et ferme, dédaigneux des vieilles formules et fatigué de toutes routines […]. L'impression que donne l'Exposition de 1900 est tout à fait différente. L'architecture qui avait tenté d'indiquer, avec du métal, les profondes préoccupations du monde, qui avait créé la solide et légère armature d'une existence non pas rajeunie, mais jeune, a complètement disparu. Elle a été remplacée par l'architecture du plâtras, de la fange crépie, de l'ordure peinte […]. Ce que ça dit, ce que ça hurle, toute cette architecture, c'est la banqueroute, c'est la fin, la mort, la destruction […]. Ce n'est pas vrai, tout ça, les façades de carton-pâte […] ; ça fait semblant d'exister, mais ça n'existe pas. »

Georges Darien, *La Belle France*, 1901.

Étude L'importance du monde rural et ses difficultés

Au début du XXᵉ siècle, la majorité de la population française est rurale et l'agriculture, qui emploie 43 % de la population active, reste le premier secteur d'activité. Si les progrès techniques arrivent dans les campagnes (mécanisation, engrais...), les transformations sont lentes et ne concernent que quelques régions. Beaucoup restent à l'écart du changement.

Quelle est la situation du monde rural entre 1870 et 1914 ?

1 L'introduction des engrais chimiques
Publicité, *Almanach agricole*, 1911 (Bibliothèque Forney, Paris).

2 L'exode rural dans le Morvan à la fin du XIXᵉ siècle

La population française est rurale à 69 % en 1870, à 56 % en 1914.

« La crise agricole[1] a entraîné le départ de nombreux journaliers, privés de travail dans les exploitations céréalières où la chute des revenus ne permettait plus d'employer une aussi abondante main-d'œuvre. L'outillage, qui a progressé, demande moins de bras. Même sur les exploitations à dominante herbagère où l'élevage est en bonne place, les besoins en journaliers sont moins grands. L'utilisation des faucheuses est de plus en plus défavorable à l'ouvrier agricole. Les transformations de l'agriculture, tout comme les crises, poussent à l'exode du monde du travail. Pour l'ensemble de ces migrants définitifs, journaliers, domestiques, petits exploitants, artisans de villages, il est certain que l'accroissement des moyens de transport mis à leur disposition, en particulier le chemin de fer, a facilité leur départ. »

Marcel Vigreux, *Paysans et notables du Morvan au XIXᵉ siècle*, Château-Chinon, 1987.

1. Grande dépression qui touche le monde agricole entre 1882 et 1896.

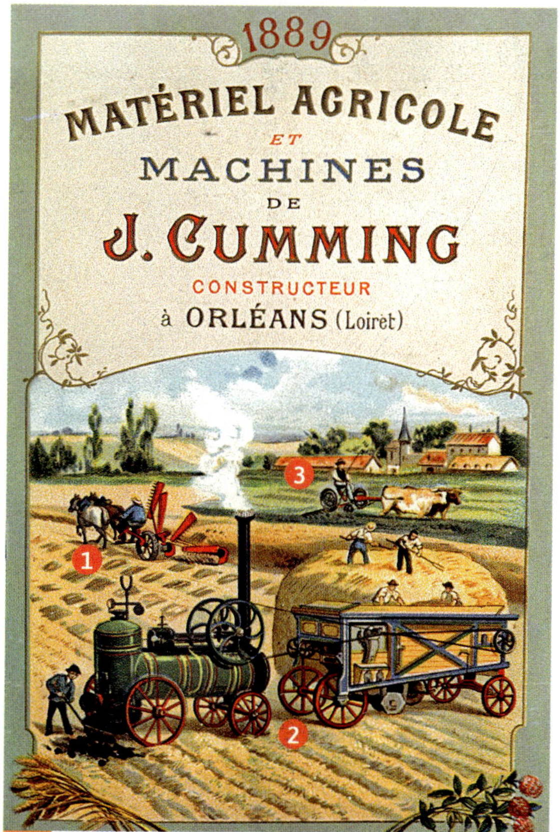

3 Vers la mécanisation de l'agriculture

Affiche publicitaire, 1889 (Bibliothèque Forney, Paris).

❶ Moissonneuse ❷ Batteuse à vapeur ❸ Faucheuse

4 Moissonneuses dans le Pas-de-Calais (années 1890)

5 Misère en Bretagne au début du XXe siècle

« Au pays Bigouden[1], la misère était encore le lot de bien des gens au début du siècle. C'était une calamité comme une autre et contre laquelle on ne pouvait pas grand-chose. Le moindre coup du destin suffisait à y faire tomber ceux qui étaient déjà en proie au diable sans le loger dans leur bourse ni le tirer par la queue, comme on dit en français. Le naufrage, l'invalidité, la maladie sur les hommes ou sur les bêtes, le feu dans la paille, une mauvaise récolte, un maître trop dur ou simplement les sept malchances quotidiennes vous jetaient pour un temps sur les routes, vous obligeaient à tendre la main au seuil des portes, la prière entre les dents et les yeux fermés sur votre humiliation. Quelquefois les hommes choisissaient de se pendre et il y avait toujours, dans l'appentis, une corde qui ne demandait que cela. Les femmes préféraient se noyer et il se trouvait toujours un puits dans leur cour ou un lavoir au bas de leur champ. Telle était la hantise de la misère. »

Pierre-Jackez Helias, *Le Cheval d'orgueil*, Plon, 1975.

1. Au sud-ouest de Quimper.

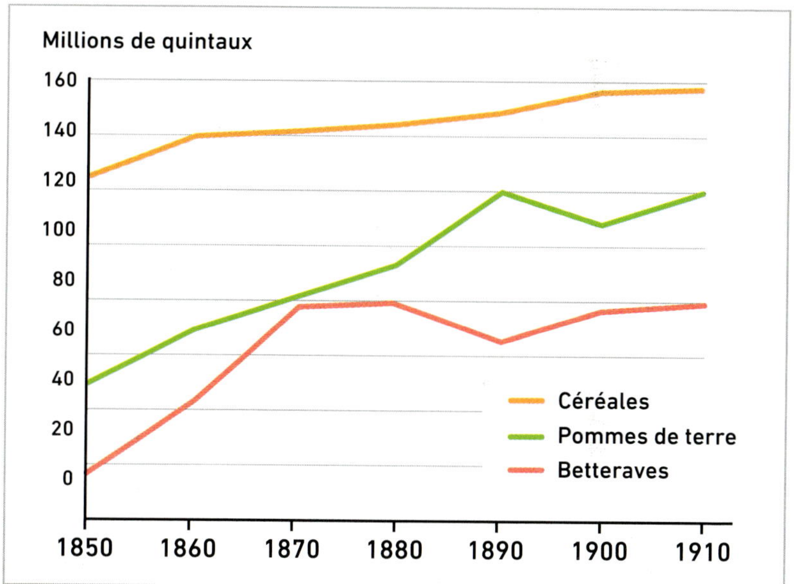

6 La croissance des productions

QUESTIONS

1. **Doc. 1 et 3** Comment l'agriculture se modernise-t-elle à la fin du XIXe siècle ?
2. **Doc. 2** Pourquoi le monde rural se dépeuple-t-il ?
3. **Doc. 4 et 5** Quels éléments soulignent l'archaïsme et la misère de nombreux paysans ?
4. **Doc. 2 et 6** Montrez que l'insécurité des revenus agricoles demeure malgré la modernisation en cours.

Synthèse Réalisez un tableau de synthèse montrant la situation du monde rural entre 1870 et 1914.

Des éléments de modernisation	
Une situation encore difficile	

Étude

La fusillade de Fourmies et la question ouvrière

Malgré l'existence de lois sociales, le mouvement ouvrier, de plus en plus structuré autour des syndicats et de différents partis socialistes, demande une amélioration des conditions de vie et de travail. Les grèves sont nombreuses (on en compte 1 309 en 1906) et la question de la pleine intégration sociale des ouvriers à la IIIe République est posée.

Comment améliorer les conditions de vie et de travail des ouvriers sous la IIIe République ?

VOCABULAIRE

Grève : cessation volontaire et collective du travail par les salariés en signe de protestation.

Internationale ouvrière : grande organisation internationale socialiste créée à Paris en 1889.

Loi sociale : loi visant à améliorer les conditions de vie et de travail.

Mouvement ouvrier : ensemble des associations syndicales et politiques au service de l'amélioration des conditions de vie et de travail des ouvriers.

Syndicat : association défendant des revendications professionnelles.

Point de passage

1 Les événements de Fourmies

1889 L'Internationale ouvrière appelle les ouvriers à faire grève et à manifester chaque 1er mai.

1891 Fourmies, dans le Nord, compte 16 000 habitants dont 75 % d'ouvriers travaillant dans des usines textiles.

- **20 avril** Les socialistes Hippolyte Culine et Paul Lafargue aident les ouvriers qui s'apprêtent à manifester à rédiger leurs revendications : la réunion de préparation prévoit la grève du 1er mai, la revendication de la journée de 8 heures et la création d'une caisse de retraite pour les ouvriers.
- **30 avril** À la demande de 32 patrons de Fourmies, le maire réclame un renfort de troupes au sous-préfet qui envoie deux compagnies de soldats.
- **1er mai** Quelques centaines d'ouvriers défilent en criant « *c'est les huit heures qu'il nous faut !* » et demandent la libération des grévistes emprisonnés dans la matinée. Après des tensions avec les manifestants, l'armée tire sur ordre du commandement : la fusillade fait 10 morts, dont 4 femmes et 1 enfant.
- **5 mai** Les députés votent à l'unanimité le versement d'une indemnité de 50 000 francs aux familles des victimes et les ouvriers reprennent progressivement le travail.
- **6 mai** Hippolyte Culine est condamné à 6 ans de prison pour incitation à l'émeute.

1903 Inauguration d'un monument aux morts à la mémoire des fusillés de Fourmies.

2 La fusillade de Fourmies du 1er mai 1891

« Après la fusillade du 1er mai 1891 », gravure tirée de *L'Illustration*, 9 mai 1891.

Le curé Margerin s'interpose pour faire cesser la fusillade. La IIIe République ne possède pas de forces de police destinées au maintien de l'ordre : c'est l'armée qui est chargée de s'opposer aux manifestations.

3 Le syndicalisme révolutionnaire

« La Confédération générale du travail[1] groupe en dehors de toute école politique tous les travailleurs conscients de la lutte à mener pour la disparition du patronat. Dans l'œuvre quotidienne, le syndicat poursuit l'accroissement du mieux-être des travailleurs par la réalisation d'améliorations immédiates telles que la diminution des heures de travail, l'augmentation des salaires, etc. Mais cette besogne n'est qu'un côté de l'œuvre du syndicalisme ; le syndicat prépare l'expropriation capitaliste : il propose comme moyen d'action la grève générale. Le syndicat n'a pas à se préoccuper des partis politiques qui, en dehors et à côté, peuvent poursuivre en toute liberté la transformation sociale. »

Extrait de la Charte d'Amiens, 1906.

1. La CGT est fondée en 1895.

4 Jean Jaurès dans une réunion politique à Carmaux

Lithographie, vers 1910 (Musée Jean Jaurès, Castres).

Jean Jaurès (1859-1914) est un professeur de philosophie qui prend conscience de la question ouvrière en 1892 à Carmaux lors d'une grève de mineurs. Il est élu député socialiste de Carmaux de 1892 à 1898, puis de 1902 à 1914. Il diffuse ses idées dans son journal *L'Humanité* (fondé en 1904) et dans la SFIO.

5 La création de la Section française de l'Internationale ouvrière (SFIO)

En 1905, les partis socialistes français se regroupent en un seul parti, la SFIO.

« Le Parti socialiste est un parti de classe qui a pour but de socialiser les moyens de production et d'échange, c'est-à-dire de transformer la société capitaliste en société collectiviste ou communiste, et, pour moyen, l'organisation économique ou politique du prolétariat. Par son but, son idéal, par les moyens qu'il emploie, le Parti socialiste, tout en poursuivant la réalisation des réformes immédiates revendiquées par la classe ouvrière, n'est pas un parti de réformes, mais un parti de lutte des classes et de révolution.
Le groupe socialiste au Parlement doit refuser au gouvernement tous les moyens qui assurent la domination de la bourgeoisie et son maintien au pouvoir, refuser en conséquence les crédits militaires, les crédits de conquête coloniale, les fonds secrets et l'ensemble du budget. »

Déclaration de la commission d'unification, 30 décembre 1904.

6 Les principales lois sociales en France

1874 Création de l'inspection du travail. Interdiction du travail des enfants de moins de 13 ans.
1884 Loi Waldeck-Rousseau autorisant la liberté syndicale, sauf aux fonctionnaires.
1892 Journée de travail réduite à 10 heures pour les 13-18 ans. Travail des femmes réduit à 11 heures et interdit la nuit.
1898 Responsabilité du patron en cas d'accident du travail et versement d'indemnités à l'accidenté.
1900 Journée de travail de 10 heures pour tous.
1905 Limitation du travail dans les mines à 8 heures par jour.
1906 Repos hebdomadaire obligatoire.
1910 Retraites ouvrières financées par les patrons, l'État et les ouvriers.
1913 Loi sur le repos des femmes en couches.

La fusillade de Fourmies du 1er mai 1891

1. **Doc. 1** Quelles sont les revendications des grévistes à Fourmies. Comment réagit une partie du patronat ?
2. **Doc. 1 et 2** Pourquoi y a-t-il une fusillade à Fourmies ? Comment se termine-t-elle ?
3. **Doc. 1** Pourquoi peut-on dire que l'attitude de la IIIe République est ambivalente à l'égard des ouvriers de Fourmies ?

QUESTIONS

1. **Doc. 3 et 5** Quels sont les objectifs communs et quotidiens de la CGT et de la SFIO ? Que veulent-ils faire disparaître à plus long terme ?
2. **Doc. 3, 4 et 5** Par quels moyens la CGT et la SFIO agissent-elles pour améliorer les conditions de vie et de travail des ouvriers ?
3. **Doc. 6** Dans quels domaines la condition ouvrière s'est-elle améliorée sous la IIIe République ?

Synthèse Montrez comment améliorer les conditions de vie et de travail des ouvriers : des revendications et des grèves ; le relais des syndicats et des partis ; des lois sociales.

Étude Les débuts de l'immigration

Entre 1870 et 1914, l'industrialisation entraîne un recours accru à la main-d'œuvre étrangère alors même que la croissance naturelle ralentit en France. Dans un contexte de crise économique et de poussée du nationalisme, la IIIe République est confrontée à la question de l'immigration et de la place des étrangers dans le pays.

Quelles sont la place et la perception des immigrés et des étrangers en France ?

VOCABULAIRE

Étranger : personne n'ayant pas la nationalité de son pays de résidence.

Immigration : flux d'étrangers s'installant dans un autre pays que celui dont ils sont originaires.

Xénophobie : hostilité à l'égard des étrangers.

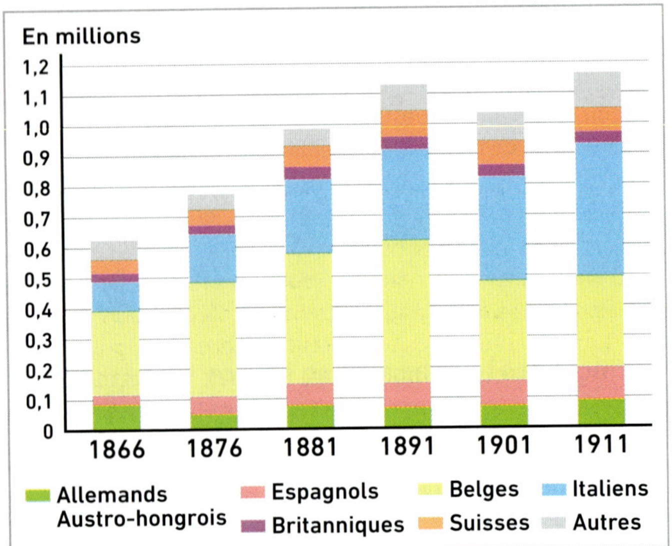

1 Les étrangers en France de 1866 à 1911

Les étrangers représentent 1,7 % de la population totale en 1866 et 2,8 % en 1914.

Doc interactif
Manuel numérique

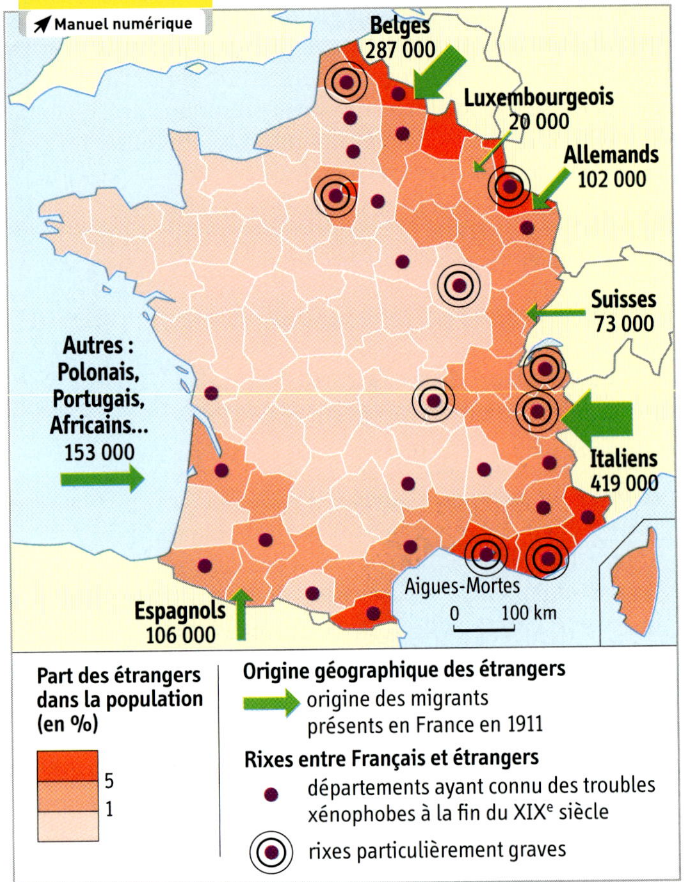

2 L'immigration étrangère en France en 1911

3 La République et la naturalisation

Le droit du sol, déjà instauré partiellement dans une loi de 1851, triomphe en 1889 pour répondre aux besoins en travailleurs et en futurs soldats.

« **Art. 8** Tout Français jouira des droits civils.

Sont Français :

1. Tout individu né d'un Français en France ou à l'étranger […] ;
2. Tout individu né en France de parents inconnus ou dont la nationalité est inconnue ;
3. Tout individu né en France d'un étranger qui lui-même y est né ;
4. Tout individu né en France d'un étranger et qui, à l'époque de sa majorité, est domicilié en France […] ;
5. Les étrangers naturalisés.

Peuvent être naturalisés :

1. Les étrangers ayant obtenu l'autorisation de fixer leur domicile en France […] ;
2. Les étrangers qui peuvent justifier d'une résidence non interrompue pendant dix années ;
3. Les étrangers admis à fixer leur domicile en France, après un an, s'ils ont rendu des services importants à la France, s'ils ont apporté des talents distingués ou s'ils y ont introduit soit une industrie, soit des inventions utiles, ou s'ils ont créé, soit des établissements industriels ou autres, soit des exploitations agricoles, ou s'ils ont été attachés, à un titre quelconque, au service militaire dans les colonies et les protectorats français.
4. L'étranger qui a épousé une Française, aussi après une année de domicile autorisé […]. »

Journal officiel, 28 juin 1889.

4 Xénophobie et massacre d'Italiens à Aigues-Mortes

Le 17 août 1893, à Aigues-Mortes dans le Gard, des Italiens employés dans les salines sont massacrés par des ouvriers français, révoltés par l'embauche d'étrangers en pleine crise économique. Le bilan officiel est de 8 morts et d'une cinquantaine de blessés, tous Italiens. C'est le plus grave incident de ce genre connu par la France.

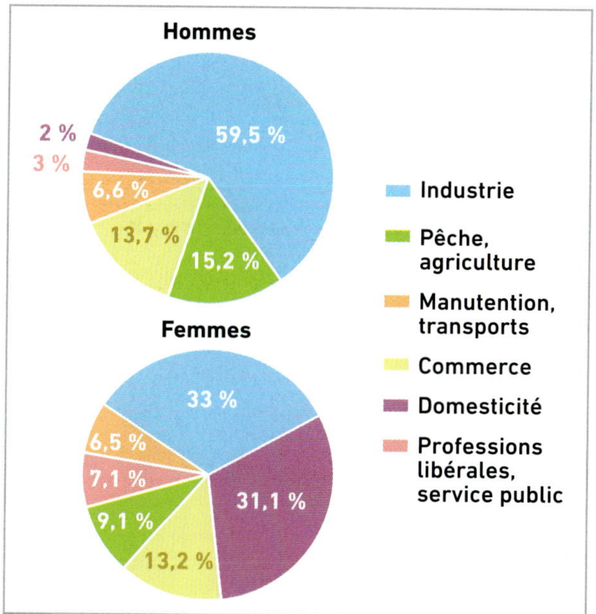

5 La répartition des étrangers par secteur d'activité en 1901

6 Un jugement sur la main-d'œuvre étrangère en 1914

« Depuis cinq ou dix ans environ, les mines manquant de main-d'œuvre locale pour leurs exploitations toujours grandissantes, on fait appel à un grand nombre d'étrangers venus parfois de loin. La Belgique, ce réservoir d'hommes pour nos entreprises agricoles et industrielles, apporta un formidable contingent. Ce n'était pas encore assez. Alors les compagnies s'adressèrent par-delà les monts, par-delà les mers, à toutes les races pauvres et malheureuses qui, à l'instar des lapins, ont multiplié leurs rejetons sans souci de possibilité de les nourrir. Et les Allemands, les Italiens, les Espagnols arrivèrent de leurs contrées sans fortune vers nos plaines du Nord et du Pas-de-Calais où la mine les dévora [...]. C'est un étonnement unanime dans les corons que la saleté de la plupart de ces étrangers, surtout des gens venus du Midi [...]. La venue de ces étrangers a coïncidé avec une recrudescence des rixes et des incidents de violence [...]. La police de la région minière devient une des plus difficiles qui soit à assumer. »

Alex Witt, « Les étrangers dans le Pays Noir », article paru dans le journal *Le Réveil du Nord*, mars 1914.

QUESTIONS

1. **Doc. 1** Comment évolue la part des étrangers en France ? Quelles sont les communautés les plus importantes ?
2. **Doc. 2 et 5** Où s'installent en priorité les étrangers en France ? Quels sont leurs principaux secteurs d'activité ?
3. **Doc. 6** Expliquez les raisons de l'essor de l'immigration en France.
4. **Doc. 2, 4 et 6** À quelles difficultés les immigrés peuvent-ils être confrontés ?
5. **Doc. 3** Montrez que la IIIe République favorise l'intégration des immigrés.

Synthèse Montrez la place et la perception des immigrés et des étrangers en France :
- de plus en plus d'immigration ;
- l'activité économique des immigrés ;
- la question de l'intégration des immigrés.

Étude L'évolution de la place des femmes

Considérées comme mineures et privées de droits civils et politiques depuis le Code civil de 1804, les Françaises jouent pourtant un rôle majeur. En 1914, outre les tâches ménagères, plus de 55 % d'entre elles effectuent un travail rémunéré. Mais malgré quelques progrès, la morale bourgeoise freine en grande partie les évolutions favorables aux femmes.

Quelle est la place des femmes dans la société française entre 1870 et 1914 ?

CHRONOLOGIE

1874 Le travail des femmes le dimanche et au fond de la mine est interdit.

1880 Création de collèges et de lycées publics de jeunes filles (loi Camille Sée).

1881 Les lois Jules Ferry rendent l'enseignement primaire obligatoire pour les garçons comme pour les filles.

1882 Le programme des écoles primaires publiques précise que « *grâce aux travaux manuels comme la couture, la maîtresse développera chez les filles les qualités sérieuses de la femme de ménage* ».

1884 Autorisation du divorce. Les femmes peuvent adhérer à un syndicat.

1892 Limitation de la journée de travail des femmes à 11 heures et interdiction du travail de nuit.

1900 La profession d'avocate est autorisée aux femmes (Jeanne Chauvin, première avocate).

1907 Une loi autorise les femmes mariées à disposer librement de leur salaire.

1909 Congé de maternité de huit semaines, mais sans salaire.

1 La place traditionnelle des femmes à la fin du XIXe siècle Gravure, XIXe siècle.

À la fin du XIXe siècle, 40,2 % des femmes actives travaillent dans l'agriculture, 27,3 % dans la domesticité, 22,5 % dans l'industrie textile, 5,1 % dans le commerce et 4,9 % dans d'autres secteurs d'activité.

2 Le travail des femmes à la mine

« Elle emplissait sa berline plus vite que lui, à petits coups de pelle réguliers et rapides ; elle la poussait ensuite jusqu'au plan incliné, d'une seule poussée lente, sans accros, passant à l'aise sous les roches basses. Lui, se massacrait, déraillait, restait en détresse [...]. Il fallut qu'elle lui montrât à écarter les jambes, à s'arc-bouter les pieds contre les bois, des deux côtés de la galerie, pour se donner des points d'appui solides. Le corps devait être penché, les bras raidis, de façon à pousser de tous les muscles, des épaules et des hanches. Pendant un voyage, il la suivit, la regarda filer, la croupe tendue, les poings si bas, qu'elle semblait trotter à quatre pattes [...]. Elle suait, haletait, craquait des jointures, mais sans une plainte, avec l'indifférence de l'habitude, comme si la commune misère était pour tous de vivre ainsi ployé. Et il ne parvenait pas à en faire autant. »

Émile Zola, *Germinal*, 1885.

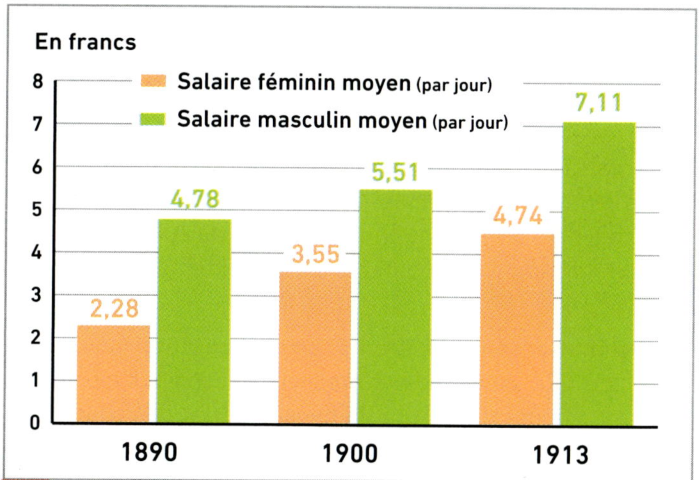

3 Des différences salariales (en francs)

4 Pour l'égalité de l'éducation des filles

« Réclamer l'égalité d'éducation pour toutes les classes, ce n'est que faire la moitié de l'œuvre. Cette égalité, je la revendique pour les deux sexes. Je sais que plus d'une femme me répond : mais à quoi bon toutes ces connaissances, tout ce savoir, toutes ces études ? À quoi bon ? Je pourrais répondre : à élever vos enfants, et ce serait une bonne réponse, mais comme elle est banale, j'aime mieux dire : à élever vos maris [...].

Aujourd'hui, il y a une lutte sourde, mais persistante, entre la société d'autrefois, l'Ancien Régime, avec son édifice de regrets, de croyances et d'institutions qui n'accepte pas la démocratie moderne, et la société qui procède de la Révolution française [...]. Or, dans ce combat, la femme ne peut pas être neutre ; les optimistes, qui ne veulent pas voir le fond des choses, peuvent se figurer que le rôle de la femme est nul, qu'elle ne prend pas part à la bataille, mais ils ne s'aperçoivent pas du secret et persistant appui qu'elle apporte à cette société qui s'en va et que nous voulons chasser sans retour [...]. C'est pour cela que l'Église veut retenir la femme, et c'est aussi pour cela qu'il faut que la démocratie la lui enlève ; il faut choisir, citoyens : il faut que la femme appartienne à la science ou qu'elle appartienne à l'Église. »

Discours de Jules Ferry, 1870, « Les lycées des jeunes filles », *La mémoire de l'humanité – Les grands événements de l'histoire des femmes*, Larousse, 1997.

5 BIOGRAPHIE

Marie Curie (1867-1934) : le plus grand scientifique est une femme !

Elle naît à Varsovie (Pologne) sous le nom de Maria Sklodowska. En 1891, elle immigre à Paris pour entreprendre des études en physique et mathématiques à la Sorbonne. Elle se marie en 1895 avec le scientifique Pierre Curie. Poursuivant ses études, elle est reçue première à l'agrégation de physique en 1896. Elle est la première à découvrir le polonium et le radium, deux éléments radioactifs. En 1903, elle soutient sa thèse intitulée « Recherches sur les substances radioactives » et obtient le prix Nobel de physique avec son mari pour la découverte de la radioactivité naturelle. En 1906, elle devient la première femme à enseigner à la Sorbonne, à la suite du décès de son mari, puis obtient en 1911 un nouveau prix Nobel en chimie. Elle décède en 1934 des suites de son exposition aux radiations. En 1995, ses cendres, ainsi que celles de Pierre Curie, sont transférées au Panthéon.

Vidéo
Manuel numérique

QUESTIONS

1. **Doc. 1** Quels sont les métiers prévus traditionnellement pour les femmes ?
2. **Doc. 1 et 2** Comparez les sentiments, traits distinctifs et formes de caractères valorisés chez les femmes dans le doc. 1 et la description de la femme du doc. 2.
3. **Doc. 2 et 5** La condition des femmes est-elle toujours inférieure à celle des hommes ? Justifiez votre réponse.
4. **Doc. 4** Pourquoi faut-il éduquer les filles comme les garçons selon Jules Ferry ?
5. **Chronologie et doc. 3** Montrez que la situation professionnelle, familiale, scolaire et sociale des femmes s'améliore. Quels éléments montrent que le combat pour l'égalité entre la femme et l'homme est toutefois inachevé ?

Synthèse Vous remplirez un tableau de synthèse montrant la place des femmes entre 1870 et 1914.

Une place traditionnelle	
Des évolutions	
Le maintien de discriminations	

Cours

La société française de 1870 à 1914

Comment la société française évolue-t-elle entre 1870 et 1914 ?

NOTIONS

Immigration : flux d'étrangers s'installant dans un autre pays que celui dont ils sont originaires.

Syndicalisme : fait de défendre des revendications professionnelles par le biais de syndicats. Les syndicats sont autorisés en France depuis 1884. Le syndicalisme qui se développe en France est un syndicalisme de revendication et d'opposition révolutionnaire qui rejette le capitalisme et souhaite un changement de société. Dans d'autres pays comme le Royaume-Uni, le syndicalisme accepte davantage le capitalisme et adopte une stratégie réformiste.

A Les transformations économiques

1. La poursuite de l'industrialisation

- **À partir des années 1870, la France entre dans la deuxième phase du processus d'industrialisation** grâce aux innovations dans la métallurgie, l'automobile, la chimie, mais aussi à l'utilisation de l'électricité et du pétrole. En 1914, le secteur industriel emploie 31,6 % des actifs et produit un tiers de la richesse nationale. Les grandes usines remplacent progressivement les petits ateliers, même si environ 85 % des ouvriers travaillent encore dans des établissements ne dépassant pas cinq salariés en 1914.
- **La famille Schneider fait du Creusot le premier complexe industriel de France,** structuré autour de mines de charbon, de fonderies, de vastes entrepôts en acier. Employant plus de 10 000 ouvriers en 1914 et produisant plus de 100 locomotives par an, la dynastie Schneider pratique une politique sociale **paternaliste** dans ses cités ouvrières. ▶ Point de passage, p. 188
- **En 1914, la France est la 4e puissance mondiale** (6 % de la production industrielle et 8 % du commerce mondial). Elle est le premier producteur mondial d'électricité, d'aluminium, de textiles synthétiques ou encore de pneumatiques en caoutchouc. Dans le secteur automobile, on assiste au début du **taylorisme** dans les usines Renault.

2. Les Expositions universelles, vitrines de l'industrialisation

- **Les Expositions universelles sont l'occasion pour les grandes puissances de se livrer à une compétition pacifique.** À Paris en 1889, la France exhibe fièrement la tour Eiffel, la plus haute du monde à l'époque (300 mètres). Plus de 32 millions de visiteurs découvrent les dernières innovations dans la galerie des machines. ▶ Point de passage, p. 190
- L'Exposition de 1900 attire 50 millions de visiteurs. Plus de 76 000 exposants y présentent leurs productions, notamment au sein du **Palais de l'électricité** illuminé par 5 000 ampoules. Le **Métropolitain**, inauguré en juillet 1900, confirme la modernité technologique française.
- Malgré les polémiques, ces **Expositions sont les vitrines du savoir-faire technique, architectural et artistique français**. Elles revêtent aussi un enjeu politique car le régime républicain s'y présente comme un modèle de civilisation pour le monde entier.

La Tour Eiffel à l'Exposition de 1889
Chromolithographie de Georges Garen, 1889.

3. Un monde rural important et en difficulté

- **La France reste un pays rural.** En 1914, elle compte encore 56 % de ruraux dont environ 8 millions d'agriculteurs qui produisent 40 % de la richesse nationale. Mais une minorité de grands exploitants spécialisés dans les céréales obtient des rendements élevés grâce à la mécanisation et aux engrais chimiques dans le Nord et le Bassin parisien. Dans l'Ouest et le Sud, l'agriculture reste dominée par de modestes exploitations familiales, polyvalentes et peu mécanisées. Les conditions de vie de la majorité des agriculteurs sont difficiles.
- **À la fin du XIXe siècle, la transformation du monde rural s'accélère.** L'attraction de la main-d'œuvre vers les villes industrielles et le désenclavement des campagnes grâce au chemin de fer accélèrent **l'exode rural** des plus pauvres. Pour s'attacher les voix du monde agricole, le régime républicain adopte des mesures protectionnistes réclamées par les premiers **syndicats** d'agriculteurs.

B Les transformations sociales

1. La question ouvrière

- **L'industrialisation bouleverse la société française.** Les ouvriers passent de plus de 3 millions dans les années 1870 à plus de 7 millions en 1914. Leurs conditions de vie et de travail sont difficiles. Dans les mines et les usines, les ouvriers réalisent des tâches dangereuses, répétitives et peu rémunératrices. Leur budget est en grande partie consommé pour se loger, manger et s'habiller.
- **Le mouvement ouvrier s'organise et revendique** la diminution du temps de travail et l'augmentation des salaires. En 1895 est fondée la **Confédération générale du travail (CGT)**, premier syndicat unitaire dont le message est diffusé par le journal *La Voix du Peuple*. En 1906, avec la Charte d'Amiens, la CGT se fixe comme objectif de renverser la société **capitaliste**. Pour faire aboutir leurs revendications, les ouvriers font des **grèves** (plus de 1 300 dans le pays en 1906). **Le 1er mai 1891, à Fourmies,** les soldats tirent dans la foule et tuent 10 grévistes qui réclament la journée de 8 heures. ▶ Point de passage, p. 194
- À partir de 1905, la **Section française de l'Internationale ouvrière (SFIO)** veut instaurer une République sociale, plus juste et plus égalitaire. Grâce à l'action de **Jean Jaurès** et au journal *L'Humanité*, le parti obtient 17 % des voix aux élections législatives de 1914. L'essor du **syndicalisme** et la poussée électorale donnent naissance à une série de **lois sociales** (1906 : journée de repos hebdomadaire obligatoire dans toutes les professions, 1910 : retraites ouvrières). Malgré ces avancées, les inégalités sociales demeurent très fortes.

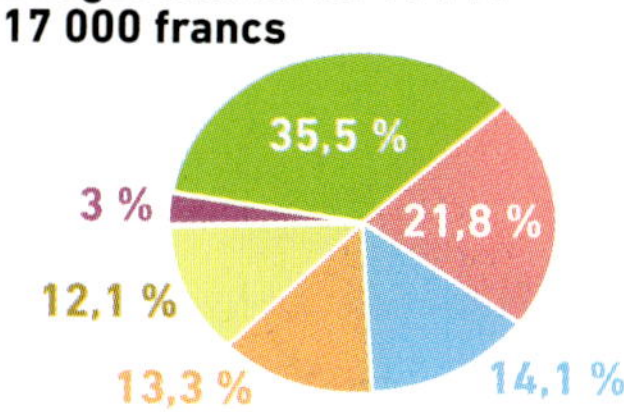

Les dépenses d'une famille bourgeoise

Par comparaison, le budget annuel d'une famille d'ouvrier mineur est de 2 500 francs, dont 52,5 % sont consacrés à la nourriture, 22,5 % à l'habillement, 9,2 % au chauffage, 9,4 % au logement et 6,4 % aux dépenses diverses.

2. La société française s'ouvre à l'immigration

- La France connaît une **croissance démographique ralentie** en raison d'une faible natalité (38,4 millions d'habitants en 1870 ; 39,6 millions en 1914). Pour faire face à une pénurie de main-d'œuvre, la IIIe République accueille davantage d'étrangers à partir des années 1870. Pour fixer cette main-d'œuvre sur le territoire, l'État assouplit les règles d'acquisition de la nationalité française **(loi de 1889)**.
- Cette **immigration** de proximité (Belges, Italiens, Espagnols...) est employée à 60 % dans **l'industrie**. Les patrons des bassins industriels recrutent des mineurs et des ouvriers étrangers, plus dociles et moins coûteux. Dans les années 1870, la France compte environ 800 000 étrangers. Ils sont environ 1,1 million en 1914, soit 2,8 % de la population.
- L'augmentation de l'immigration et la crise économique déclenchent des réactions **xénophobes** d'une partie des Français. En 1893, à **Aigues-Mortes**, une manifestation d'ouvriers agricoles contre la concurrence étrangère dégénère et des Italiens sont massacrés. L'intégration des étrangers se fait difficilement.

VOCABULAIRE

Capitalisme : organisation de l'économie qui repose sur la propriété privée des moyens de production et d'échange, la recherche du profit et la libre concurrence.

Paternalisme : p. 188.

Syndicat : p. 194.

Taylorisme : p. 186.

3. L'évolution de la place des femmes

- **En vertu du Code civil, les Françaises sont maintenues dans un statut de mineures et de citoyennes passives.** Entre 1870 et 1914, leur émancipation est freinée par une société patriarcale et misogyne. La IIIe République ne leur permet ni de participer aux élections, ni d'adhérer à un syndicat. Privées de droits économiques, sociaux et politiques, les femmes subissent également une pression sociale qui les contraint souvent à se conformer au stéréotype de la femme au foyer enfermée dans sa condition d'épouse et de mère.
- **Les femmes occupent pourtant une place croissante dans la vie économique.** Avec l'industrialisation, le besoin de main-d'œuvre entraîne l'augmentation de l'emploi salarié féminin. Pour compenser le faible niveau de rémunération de leurs maris ouvriers, de plus en plus de femmes travaillent à l'usine ou dans la mine. En 1914, le taux d'activité féminin atteint 55 %.

Ouvrières dans une usine textile de Strasbourg en 1910

1 ANALYSE DE DOCUMENT

CONSIGNE **Après avoir présenté le document, vous vous demanderez comment la situation des ouvriers est questionnée à l'Assemblée à la suite de la fusillade de Fourmies. Vous montrerez que l'auteur commence par rappeler l'héritage de la Révolution et de la République, puis les promesses non tenues par la République envers les ouvriers, avant de proposer une solution pour apaiser les tensions.**

Document Discours de Georges Clemenceau à la Chambre des députés (8 mai 1891)

Un débat parlementaire s'ouvre à la Chambre des députés. Clemenceau réclame une amnistie générale pour les grévistes de Fourmies : elle est repoussée par 294 voix contre 191.

« Ce que c'est : je vais vous le dire, si vous voulez bien me laisser parler. Oh ! J'attendais votre objection. Je savais bien que vous alliez me dire que la Révolution, faite il y a cent ans, a proclamé tous les droits et toutes les libertés. Je le sais, mais il y a une difficulté, c'est que quand ces droits et ces libertés ont été proclamés dans le monde, une partie seulement de la nation était à même de les pratiquer et d'en profiter immédiatement. Quant à l'autre partie de la nation, son état de culture ne lui permettait pas d'en faire usage dans le présent et différait de fait son émancipation effective. Et puis l'industrie est venue, la mangeuse d'hommes, l'implacable industrie, qui a pris les développements que l'on sait, attachant l'ouvrier à la machine [...]. Qu'a-t-on fait ensuite ? Les républicains se sont répandus partout, demandant le suffrage universel et disant aux anciens du champ et de l'usine : "C'est le pouvoir souverain que nous vous apportons ; vous serez les seuls détenteurs du pouvoir suprême, c'est vous qui gouvernerez ce pays. La République que nous vous demandons de faire, elle sera ce que vous la ferez ; elle s'occupera des questions sociales, dans la mesure et dans les conditions que vous fixerez [...]." Et qu'est-il arrivé ? Sommes-nous bien sûrs – et je suis le premier à me mettre en cause –, sommes-nous bien sûrs d'avoir fait tout ce qu'il fallait pour éviter les conflits, de nous être préoccupés comme nous l'aurions dû des questions si graves et si aiguës que soulève l'état social actuel, d'avoir eu toujours présentes devant nous les questions si troublantes, si impérieusement urgentes, que la vie pose quotidiennement pour tant d'hommes qui n'ont eu d'autre tort que de naître ? [...]. Assurément non [...] ! Il y a quelque part, sur le pavé de Fourmies, une tâche de sang innocent qu'il faut laver à tout prix [...] ! Écoutez-moi, je vous en conjure, élevez-vous plus haut, sortez de cette enceinte, de ce milieu parlementaire si énervant à tant d'égards [...]. Regardez par la fenêtre. Voyez ce peuple paisible qui travaille (vifs applaudissement à gauche), qui ne vous demande rien que de lui faire des conditions d'ordre et de paix lui permettant de travailler et de préparer le régime de justice qu'il entrevoit, qu'il prépare d'une volonté pacifique mais si tenace qu'elle est irrésistible. Donnez-lui les satisfactions morales qu'il réclame à bon droit, vous le savez bien. Non ! Vous n'êtes pas responsable de ce qui est arrivé ; non ! Je ne veux pas rejeter sur vous cette effroyable responsabilité ! Mais, réfléchissez ! Aujourd'hui, vous allez prendre une décision qui, devant l'histoire, vous fera porter un jour une lourde responsabilité. [...] Vous avez fait voter au Parlement de la République, qu'il était résolu à poursuivre la solution des problèmes sociaux. La première condition d'une telle œuvre c'est l'oubli, l'apaisement, l'amnistie. »

http://www2.assemblee-nationale.fr

Répondez aux questions suivantes pour vous aider à rédiger l'analyse du document.

J'identifie le document

1. Présentez le document : nature, auteur, source et date. Présentez rapidement le contexte politique, économique et social de cette période.

Je comprends le document

2. D'après Clemenceau, qu'ont proposé la Révolution et la République aux ouvriers ?
3. Qu'a réellement fait la République pour les ouvriers ?

Coup de pouce ! Vous devez utiliser le texte mais aussi vos connaissances personnelles pour expliquer ou critiquer le discours de Clemenceau.

4. Que s'est-il passé à Fourmies et que demande Clemenceau ?

Je rédige la conclusion à l'aide de mes connaissances personnelles

5. Finalement, Clemenceau a-t-il obtenu gain de cause à la suite de ce discours ?

2 ANALYSE DE DOCUMENT

CONSIGNE **Après avoir présenté le document, vous réfléchirez à l'importance de l'industrie au Creusot. Vous pourrez évoquer et expliquer les activités industrielles, la vie des ouvriers, puis l'importance et la réussite économique du Creusot.**

Document Les activités du Creusot

Deux orphelins, Julien et André font un tour de France, accompagnés de M. Gertal. Les voici près du Creusot.

« – Petit Julien […], nous sommes en face du Creusot, la plus grande usine de France et peut-être d'Europe. Il y a ici quantité de machines et de fourneaux, et plus de seize mille ouvriers qui travaillent nuit et jour pour donner à la France une partie du fer qu'elle emploie. […]

Le lendemain avant le jour, nos trois amis étaient debout […]. On se dirigea vers l'usine. […]

– Il y a trois grandes usines distinctes dans l'établissement du Creusot, dit le patron […] : fonderie, ateliers de construction et mines ; mais voyez-vous, ajouta-t-il en montrant des voies ferrées sur lesquelles passaient des locomotives et des wagons pleins de houille, chacune des parties de l'usine est reliée à l'autre par des chemins de fer ; c'est un va-et-vient perpétuel.

– Mais, dit Julien, c'est comme une ville, cette usine-là. Quel grand bruit cela fait ! Et puis tous ces mille feux qui passent devant les yeux, cela éblouit. Un peu plus, on aurait grand'peur.

– […] Petit Julien, vois, il y a là des enfants qui ne sont pas beaucoup plus âgés que toi et qui travaillent de tout leur cœur […].

– C'est vrai, dit le petit garçon en se redressant et en dominant son émotion. Comme ils sont courageux ! […]

– Examine en face de toi ces hautes tours de 15 à 20 mètres, dit M. Gertal : ce sont les hauts-fourneaux que nous voyions briller la nuit comme des brasiers. Il y en a une quinzaine au Creusot. […] C'est pour fondre le minerai de fer […].

On parcourut les ateliers de construction, où se font chaque année plus de cent locomotives, des quantités considérables de rails, des coques de bateaux à vapeur, des ponts en fer, des engins de toutes sortes pour les frégates et les vaisseaux de ligne.

– Voyons maintenant les mines de houille, dit M. Gertal.

– Des mines ? dit Julien. Il y a des mines aussi !

- Oui, mon enfant. […] Sous la terre où nous marchons, sous cette ville de travail où nous sommes, il y en a une autre non moins active, mais sombre comme la nuit. On y descend par dix puits différents […]. Cette ville souterraine renferme des rues, des places, des rails où roulent des chariots de charbon que les mineurs ont arraché à coups de pic et de pioche. C'est ce charbon qui alimentera les grands fourneaux que tu as vus, c'est lui qui mettra en mouvement ces machines qui sifflent, tournent et travaillent sans repos. »

G. Bruno, *Le Tour de la France par deux enfants*.

Répondez aux questions suivantes pour vous aider à rédiger l'analyse du document.

J'identifie le document

1. Présentez le document : nature, auteur, source et date. Présentez rapidement le contexte économique et social de cette période.

Je comprends le document

2. Quelles sont les activités économiques au Creusot et comment fonctionnent-elles ?
3. Quelle est la vie des ouvriers au Creusot ? *Vous devez utiliser le texte mais aussi vos connaissances personnelles pour mettre en perspective le document*
4. Quelle est l'importance et la réussite économique du Creusot ?

Je rédige la conclusion à l'aide de mes connaissances personnelles

5. Finalement, pourquoi le Creusot est-il un pôle industriel majeur à la fin du XIXe siècle ?

QUI EST G. BRUNO ?

(1833-1923)

G. Bruno est une femme de lettres française dont le vrai nom est Augustine Fouillée. Son plus grand succès est *Le Tour de la France par deux enfants*, publié en en 1877 et qui devient un livre de lecture courante à l'école pour les élèves du Cours Moyen. Bruno devient ainsi une spécialiste de l'instruction civique et morale de la jeunesse française.

Exercices BAC

Méthode

- Rédiger le développement
- Rédiger la conclusion

3 RÉPONDRE À UNE QUESTION PROBLÉMATISÉE

QUESTION Comment la France se transforme-t-elle économiquement entre 1870 et 1914 ?

Analyse de la question :
- **La période chronologique :** les débuts de la IIIe République entre 1870 et 1914.
- **L'espace concerné :** la France seulement.
- **Les transformations économiques :** il s'agira de réfléchir aux productions, à leur diffusion et à leur utilisation au temps de la deuxième phase d'industrialisation et de progrès techniques. L'industrialisation et ses conséquences sont évidemment à intégrer à la réflexion. Vous devrez ainsi montrer la lente transition d'une société à dominante agricole vers une société de plus en plus industrielle et commerciale. Mais il ne faudra pas oublier d'aborder aussi les formes de modernisation du monde rural.

Introduction

La France accélère sa transformation économique à partir des années 1870 sous l'effet de la deuxième phase d'industrialisation. Elle passe peu à peu d'une économie essentiellement agricole à une économie de plus en plus industrielle et commerciale.

Comment la France se transforme-t-elle économiquement entre 1870 et 1914 ?

Partie I. La poursuite de l'industrialisation

A. La modernisation industrielle

Métallurgie, pétrole, électricité, automobile, grandes entreprises, un grand succès industriel : Le Creusot...

B. Les expositions universelles : vitrines de l'industrialisation

Innovations, succès, image d'une France industrielle et moderne...

Partie II. Les transformations économiques du monde rural

La France connaît des formes de modernisation agricole. La mécanisation se diffuse dans les campagnes. De grands exploitants s'équipent de moissonneuses, de batteuses à vapeur ou de faucheuses permettant d'accroître les rendements en réduisant les coûts de production. Ces machines permettent aux propriétaires d'employer un nombre moins important d'ouvriers agricoles et donc de faire des économies salariales. L'élevage qui se répand permet aussi de réduire les coûts salariaux. Par ailleurs, les engrais chimiques, tel le sulfate d'ammoniaque produit par de grandes entreprises industrielles, permettent de fertiliser davantage les sols, d'accélérer les productions et d'enrichir les agriculteurs. Le surplus généré par ces productions est ensuite diffusé jusqu'aux villes grâce au chemin de fer. Toutes ces améliorations permettent de répondre à la forte demande alimentaire urbaine.

Mais cette modernisation agricole n'est pas généralisée à tout le pays. Le plus souvent, seuls de grands propriétaires terriens du Bassin parisien et des plaines du nord du pays ont les moyens économiques de s'équiper en machines agricoles et d'utiliser des engrais chimiques. Pour la majorité des paysans, la situation demeure difficile. La modernisation accentue même le chômage dans les campagnes et favorise l'exode rural. Les migrants utilisent d'ailleurs parfois le chemin de fer pour rejoindre la ville la plus proche. En Bretagne par exemple, la misère est fréquente et la dépendance aux aléas climatiques est encore majeure. Si le printemps ou l'été sont trop froids ou pluvieux, les récoltes seront réduites et la pauvreté importante, avec son lot de drames. Les transformations économiques du monde rural sont donc relatives.

Conclusion

1. **Partie I** Rédigez la partie I à l'aide des informations fournies et de vos connaissances personnelles.
2. **Partie II** Lisez la partie II et retrouvez sa structure (titres des sous-parties et exemples).
3. **Conclusion** Rédigez la conclusion en quelques lignes. Répondez d'une manière synthétique à la question problématisée.

Méthode

- Rédiger une réponse à partir d'un plan

4 RÉPONDRE À UNE QUESTION PROBLÉMATISÉE

QUESTION Quelle est la place des femmes dans la société française (1870-1914) ?

Introduction
Partie I. Une place traditionnelle
Partie II. Mais quelques changements économiques et sociaux
Partie III. Une volonté de changements politiques
Conclusion

Répondez à la question problématisée à l'aide du plan détaillé et de vos connaissances personnelles.

Coup de pouce !
N'hésitez pas à utiliser des informations tirées du chapitre 6 pour rédiger notamment la 3e partie : qu'il s'agisse par exemple d'informations portant sur Louise Michel, Hubertine Auclert ou sur les actions des mouvements féministes à la fin du XIXe siècle et au début du XXe siècle.

Méthode

- Rédiger une réponse à partir d'un plan

5 RÉPONDRE À UNE QUESTION PROBLÉMATISÉE

QUESTION Comment l'industrialisation transforme-t-elle la France de 1870 à 1914 ?

Introduction
Partie I. Industrialisation et progrès techniques
Partie II. Diffusion et affirmation de l'industrie dans le pays
Partie III. La question ouvrière et la place des immigrés en France
Conclusion

Répondez à la question problématisée à l'aide du plan détaillé et de vos connaissances personnelles.

Coup de pouce !
Vous devez mobiliser ici des connaissances qui portent à la fois sur la révolution industrielle en cours en France mais aussi sur les conséquences sociales de ces mutations économiques.

Méthode

- Rédiger une réponse à partir d'un plan

6 RÉPONDRE À UNE QUESTION PROBLÉMATISÉE

QUESTION Comment la société française se transforme-t-elle de 1870 à 1914 ?

Introduction
Partie I. Des ouvriers de plus en plus nombreux
Partie II. Une société française qui s'ouvre à l'immigration
Partie III. Une lente évolution de la place des femmes
Conclusion

Répondez à la question problématisée à l'aide du plan détaillé et de vos connaissances personnelles.

Coup de pouce !
Pour rédiger, n'hésitez pas à utiliser des connaissances précises, que vous pouvez retrouver dans les documents des pages Étude p. 194 à p. 199.

Révisions

Les permanences et les mutations de la société française jusqu'en 1914

COMPRENDRE LE CHAPITRE

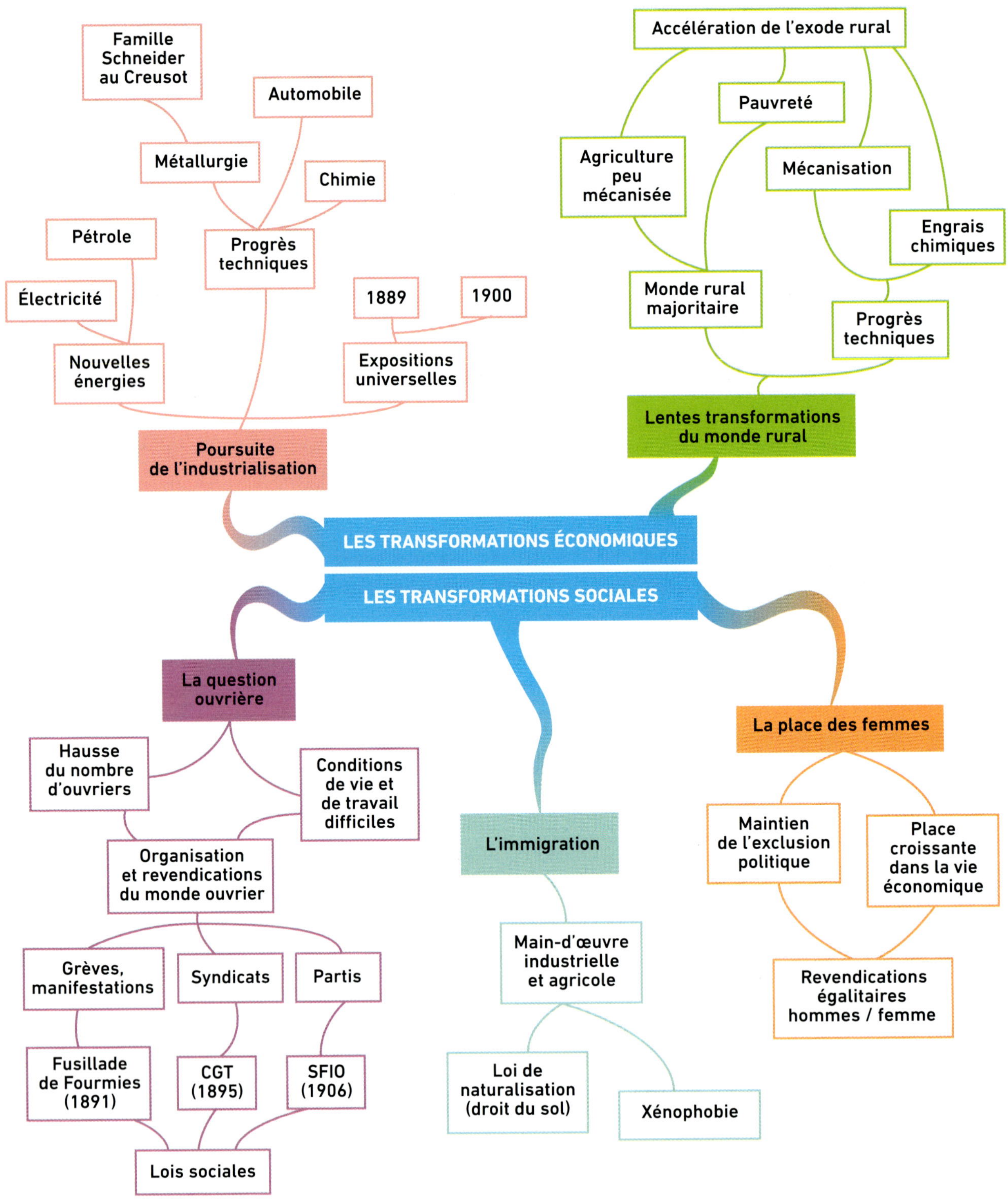

PERSONNAGES ESSENTIELS

Professeur de philosophie, **Jean Jaurès** (1859-1914) est député socialiste de Carmaux à partir de 1892. Il s'engage alors dans une critique radicale de la société en fondant le quotidien *L'Humanité* en 1904 et la SFIO en 1905.
→ p. 195

Industriel et politicien français, **Henri Schneider** (1840-1898) dirige l'entreprise métallurgique familiale du Creusot à partir de 1875. Il modernise le Creusot et propose une politique paternaliste à ses ouvriers. Il est maire du Creusot de 1871 à 1896.
→ p. 189

Née à Varsovie (Pologne) sous le nom de Maria Sklodowska, **Marie Curie** immigre à Paris en 1891. Poursuivant des études de physique et de mathématiques, elle devient le plus grand scientifique français en obtenant le prix Nobel à deux reprises (en 1903 en physique avec son mari, et en 1911 en chimie toute seule). → p. 199

Les paysans représentent 43 % des Français en 1914. La situation économique des paysans varie : des grands propriétaires agricoles du Bassin parisien aux simples ouvriers agricoles souvent confrontés à l'exode rural.

En 1914, **les immigrés** sont des étrangers surtout venus d'Italie, de Belgique et d'Espagne, et qui ont migré en France avant tout pour des raisons économiques. La IIIe République facilite leur naturalisation mais, dans un contexte de crise économique et de poussée nationaliste, ils sont parfois confrontés à la xénophobie.

DATES CLÉS

1884	Autorisation des syndicats
1889	Exposition universelle à Paris
1er mai 1891	Fusillade de Fourmies
1895	Création de la CGT
1900	Exposition universelle à Paris
1903	Massacre d'Italiens à Aigues-Mortes
1903	Pierre et Marie Curie, prix Nobel de physique
1905	Création de la SFIO

NOTIONS À MAÎTRISER

Immigration Flux d'étrangers s'installant dans un autre pays que celui dont ils sont originaires.

Mouvement ouvrier Désigne l'ensemble des organisations (partis, syndicats) chargées de défendre les intérêts politiques, économiques et sociaux des ouvriers.

Socialisme Courant politique qui se donne pour but de mettre fin aux injustices sociales et d'établir une société solidaire en proposant soit une alternative au capitalisme soit des mesures vivant à le réformer.

Syndicalisme Associations autorisées en France depuis 1884 et défendant des revendications professionnelles.

RÉPONDRE ET MÉMORISER

1. Qu'est-ce que le taylorisme ?
2. Quelle grande famille dirige les établissements industriels du Creusot ?
3. Donnez une définition de paternalisme.
4. Qu'est-ce qu'une exposition universelle ?
5. Grâce à quels progrès techniques le monde agricole se modernise-t-il ?
6. Qu'est-ce qu'une loi sociale ?
7. Que s'est-il passé le 1er mai 1891 à Fourmies et pourquoi ?
8. Qu'est-ce que la SFIO ?
9. En quelle année les collèges et lycées publics de jeunes filles sont-ils créés ?
10. Qu'est-ce que le capitalisme ?

Mémorisation active

Mémocartes
hatier-clic.fr/19h1019

8 Métropole et colonies

Quelle est la politique coloniale de la IIIe République entre 1870 et 1914 ?

1 La conquête du Tonkin Illustration de protège-cahier réalisée par Victor Poirson vers 1890.
La France tente de s'installer en Indochine depuis le milieu du XIXe siècle et au Tonkin depuis 1873. Elle y rencontre l'opposition de la Chine et de l'empereur d'Annam, notamment en 1884-1885 : ici, les troupes de l'amiral Courbet débarquent au Tonkin, au nord de l'Indochine, afin de le pacifier. En 1887, l'Union indochinoise est officiellement créée, mais les résistances sont nombreuses.

IIIe RÉPUBLIQUE

- 1830
- **1830-1847** Conquête de l'Algérie
- **1848** Création de trois départements en Algérie
- **1859** Prise de Saigon
- **Généralisation du code de l'indigénat aux autres colonies**
- 1870
- **1881** Code de l'indigénat (Algérie, Cochinchine)
- **1884-1885** Conférence de Berlin
- **1885** Débat entre Ferry et Clemenceau
- **1887**
- **1895** Création de l'AOF
- **1898** Fachoda
- 1900
- **1910** Création de l'AEF
- **1912** Protectorat français au Maroc
- **1914** Début de la Première Guerre mondiale

p.222 POINT DE PASSAGE

POINT DE PASSAGE p.218

p.224 POINT DE PASSAGE

Doc interactif
Manuel numérique

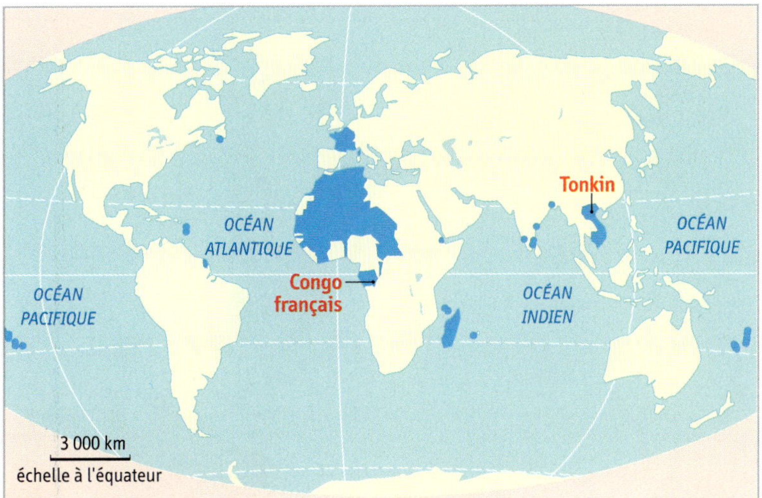

2 **L'empire colonial français en 1914**

3 **Une leçon de couture à Brazzaville (Congo français)**

Carte postale, 1913.

La « mission civilisatrice » fait partie des objectifs coloniaux annoncés par la IIIe République : les colonisateurs affirment avoir le devoir de civiliser les colonisés.

Étude Le second empire colonial

Pendant une grande partie du XIXe siècle, la France s'intéresse peu à la colonisation. L'Afrique est d'ailleurs un continent peu exploré. Mais entre 1870 et 1914, la France conquiert de vastes territoires et crée le second empire colonial au monde (48 millions d'habitants sur 11 millions de km² en 1914). Il contient des colonies et des protectorats.

Quelle est la réalité territoriale et démographique de l'empire colonial français ?

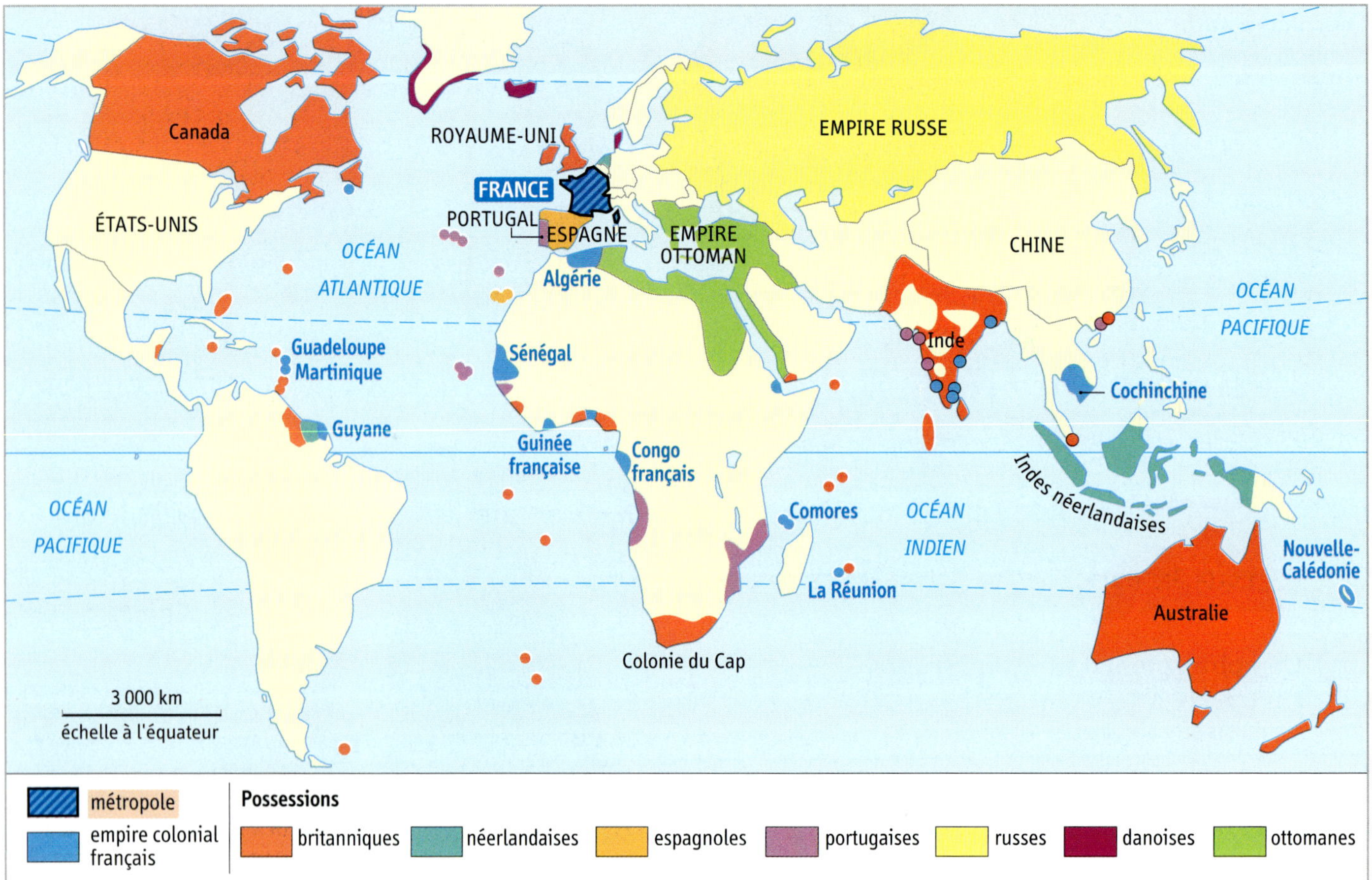

1 Les empires coloniaux en 1870

Doc interactif
Manuel numérique

2 La situation démographique de l'empire colonial français en 1914

Quelques territoires colonisés	Nombre de colonisés	Part des Européens dans la population en 1914
Indochine	16 millions	0,1 % (21 000 habitants)
Afrique occidentale française (AOF)	9,4 millions	0,2 % (20 000 habitants)
Maroc	4 millions	0,5 % (20 000 habitants)
Tunisie	1,8 million	7,9 % (150 000 habitants)
Algérie	4,5 millions	14,3 % (760 000 habitants)

Source : J.-F. Klein, P. Singaravélou, M.-A. de Suremain, *Atlas des empires coloniaux*, Éd. Autrement, 2012.

VOCABULAIRE

Colonie : territoire d'outre-mer conquis et placé sous la domination directe d'un pays étranger (la métropole).

Colonisation : son sens est double sous la IIIe République. Il peut signifier l'assujettissement d'un territoire et de sa population au service d'une métropole ou la mise en valeur d'un territoire et de sa population par la métropole.

Empire colonial : vaste unité politique expansionniste contenant plusieurs territoires colonisés par une métropole.

Métropole : pays auquel est rattaché un ou des territoires colonisés.

Protectorat : forme de colonisation dans laquelle un État renonce à une partie de sa souveraineté au profit d'un autre (la métropole).

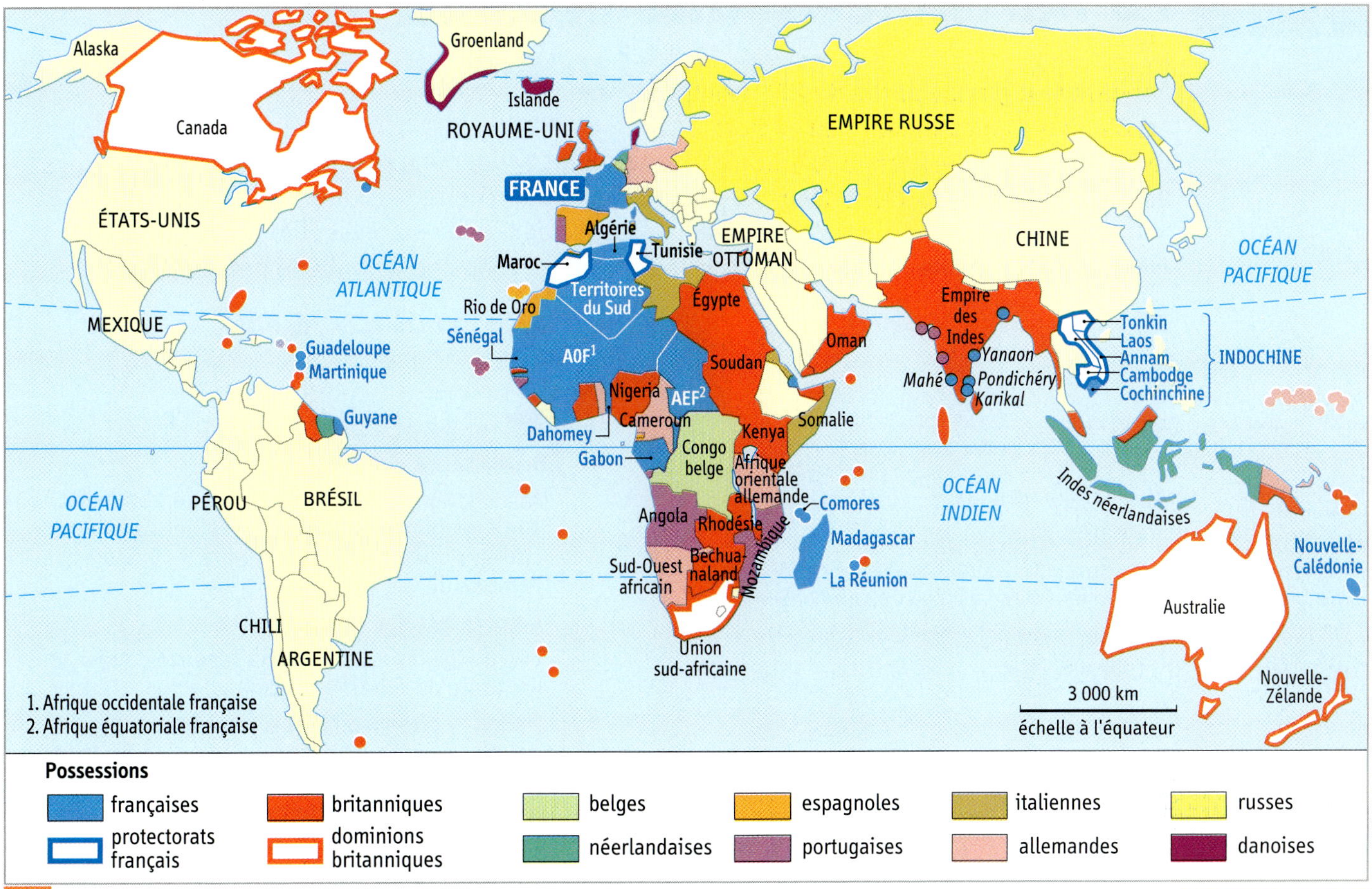

3 **Les colonies françaises et européennes en 1914**

Doc interactif
Manuel numérique

4 Colonies d'exploitation et colonies de peuplement

« Il y a deux catégories principales de colonies, lesquelles se distinguent par des caractères très tranchés : les colonies d'exploitation […], les colonies de peuplement […].
Dans les premières, le peuple colonisateur apporte seulement ses capitaux, sa direction politique et économique ; il ne cherche pas à remplacer la race indigène par une immigration de ses propres nationaux ; il respecte et conserve, autant que possible, l'organisation sociale des natifs.
Dans la seconde catégorie de colonies, au contraire, le peuple colonisateur cherche surtout à implanter sa race, à créer une société analogue ou même identique à celle de la mère patrie ; il absorbe toute la vie économique du pays, il s'approprie les terres, et peu à peu il évince complètement les natifs qui d'ailleurs, dans ce genre d'établissements sont peu nombreux, clairsemés et n'ont qu'un embryon de civilisation. »

Paul Leroy-Beaulieu, *De La Colonisation chez les peuples modernes*, 1874.

VOCABULAIRE

Colonie d'exploitation : territoire peuplé de peu de colons et utilisé dans un but essentiellement économique par la métropole.

Colonie de peuplement : territoire où s'installent de nombreux colons venus de métropole.

QUESTIONS

1. **Doc. 1 et 3** Quels sont les territoires sous domination française en 1870 et ceux intégrés à l'empire colonial français entre 1870 et 1914 ?
2. **Doc. 2** Quelle est la situation démographique des colonisateurs européens dans les territoires colonisés ?
3. **Doc. 2 et 3** Que nous apprend la mise en relation des informations démographiques du document 2 et des plages de couleur bleue du document 3 ?
4. **Doc. 2, 3 et 4** La domination des colonisateurs est-elle partout la même dans l'empire français ? Justifiez votre réponse.

Synthèse Montrez la réalité territoriale et démographique de l'empire colonial français de 1870 à 1914 :
- un empire peu étendu en 1870 ;
- un vaste empire en 1914 ;
- mais une présence et une domination françaises complexes.

Étude

La naissance d'une colonie de peuplement, l'Algérie

Le 5 juillet 1830, 35 000 soldats français débarquent à Alger en raison d'un différend diplomatique avec le Dey d'Alger. La colonisation du territoire n'est alors pas envisagée. Sous la monarchie de Juillet (1830-1848), la France décide de coloniser l'Algérie, nommée ainsi par les Français en 1839. Le territoire devient en 1848 une colonie de peuplement.

Comment se déroulent les débuts de la colonisation française en Algérie ?

CHRONOLOGIE

1830 Prise d'Alger par les Français.

1848 Départementalisation de l'Algérie.

1865 Les indigènes musulmans (2,1 millions) et juifs (35 000) ne peuvent pas être citoyens français (200 000 en Algérie).

1870 Décret Crémieux permettant l'assimilation des juifs (ils deviennent citoyens français).

Doc interactif
Manuel numérique

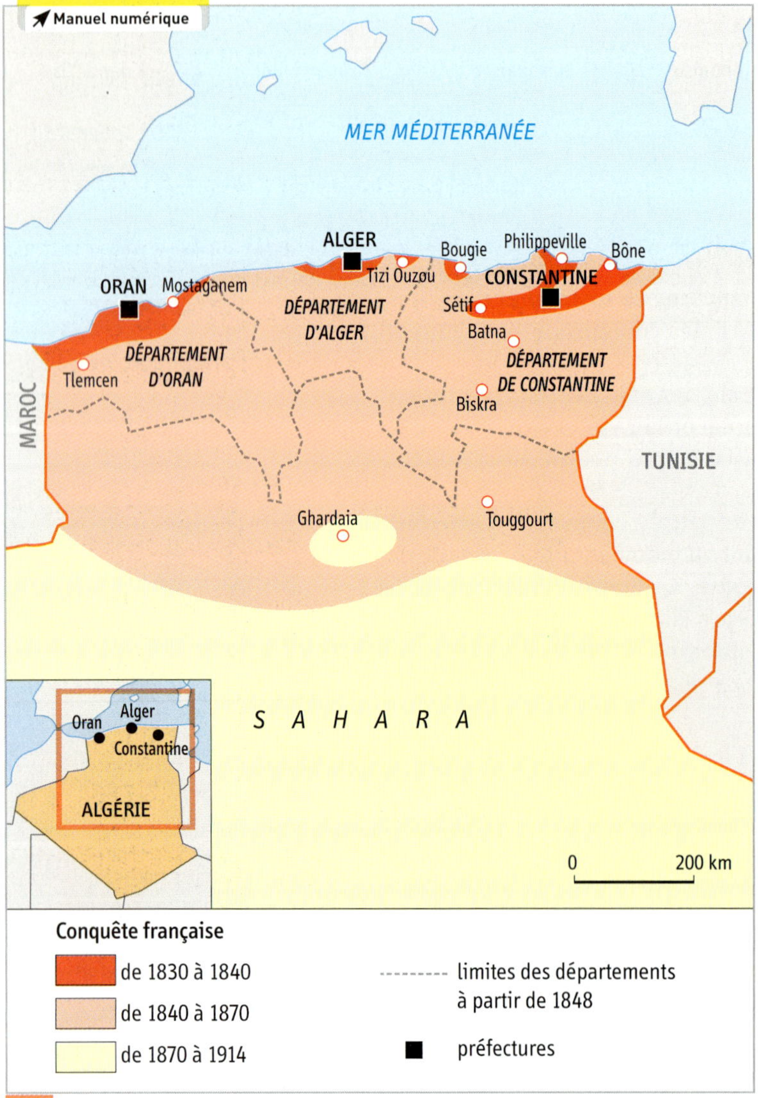

1 Conquête et assimilation partielle de l'Algérie

VOCABULAIRE

Assimilation : politique visant à intégrer un territoire à la République et à faire des colonisés de futurs citoyens quand ils auront adopté les valeurs et le mode de vie français.

Colonie de peuplement : p. 211.

Dey d'Alger : souverain de la régence d'Alger sous l'autorité du sultan ottoman.

***Djihad* :** « effort » en arabe. Le sens peut être double : effort que le musulman opère sur lui-même pour se purifier, ou effort demandé aux musulmans pour défendre le territoire de l'Islam menacé par les infidèles.

Indigène : statut né en Algérie. Désigne un individu colonisé qui est de nationalité française mais qui n'est pas citoyen français.

2 Une guerre sans merci

De 1840 à 1848, le maréchal Bugeaud livre une guerre d'une grande violence aux populations algériennes qui résistent à l'occupation française.

Lettre du 18 janvier 1843

« Les otages sont un moyen de plus, nous l'emploierons, mais je compte avant tout sur la guerre active et la destruction des récoltes et des vergers... Nous attaquerons aussi souvent que nous le pourrons pour empêcher Abd el-Kader[1] de faire des progrès et ruiner quelques-unes des tribus les plus hostiles ou les plus félonnes. »

Lettre du 24 janvier 1843

« J'espère qu'après votre heureuse razzia le temps vous aura permis de pousser en avant et de tomber sur ces populations que vous avez si souvent mises en fuite et que vous finirez par détruire, sinon par la force, du moins par la famine et les autres misères. »

Correspondance du maréchal Bugeaud.

1. Abd el-Kader (1808-1883) : chef religieux et militaire désigné par les tribus de l'Oranais pour lutter contre l'envahisseur français. Il se fait proclamer émir du *djihad* en 1832 et réussit à mobiliser plus de la moitié de l'Algérie.

3 La victoire militaire

Image d'Épinal, vers 1890.

L'émir Abd el-Kader obtient le soutien militaire du sultan du Maroc dans sa lutte contre les Français. Mais les victoires françaises obligent l'émir à se rendre en 1847. Il est ensuite exilé par la France : le premier temps de la conquête est achevé.

4 Une colonie de peuplement

« **Art. 3** Des colonies agricoles en Algérie seront fondées par des citoyens français [...]. Les colons cultivateurs [...] recevront de l'État, à titre gratuit, des concessions de terre d'une étendue de deux à dix hectares par famille [...] et les subventions nécessaires à leur établissement.
Les colons ouvriers d'art exécuteront [...] tous les travaux d'installation des familles [...].
Lorsque les colons ouvriers voudront se fixer [...], ils recevront, comme les premiers, [...] un lot à bâtir, un lot de terre et les aides nécessaires pour faciliter leur établissement. [...]
Art. 10 Les colons seront dirigés sur l'Algérie dans le plus bref délai possible. Les frais de route, de traversée, de transport des effets et du mobilier seront au compte de l'État [...].
Art. 11 Un règlement pourvoira à toutes les mesures de détail propres à assurer l'exécution du présent décret.
Art. 12 Les droits des colons, de leurs femmes, enfants et héritiers seront garantis par le règlement mentionné dans l'art. 11. »

Décret de l'Assemblée nationale, 19 septembre 1848.

5 Complainte des musulmans d'Algérie

« L'impôt s'abattit sur nous à coups répétés
Soixante écus par tête chaque fois
Apporte-les ou débrouille-toi.
Les gens ont dû vendre leurs arbres à fruits
Et même leurs vêtements
C'est pour eux une époque terrible.
La terre la plus fertile
A été vendue à vil prix
Son propriétaire ne la verra plus.
Il ne possède même plus une brebis
Il est indigent et souffre de la faim
C'est la volonté de Dieu, résignons-nous. »

Complainte chantée après la répression par l'armée coloniale de la révolte d'El-Mokrani[1], 1871.

1. Chef politique et religieux ayant proclamé un *djihad* en Kabylie afin de s'opposer à la politique d'assimilation de l'Algérie à la France.

QUESTIONS

1. **Doc. 1, 2 et 3** Par quelles étapes et quels moyens les Français parviennent-ils à conquérir l'Algérie ?
2. **Doc. 2, 3 et 5** Montrez la violence de la conquête et de la domination françaises.
3. **Chronologie, doc. 1 et 4** De quelle manière la France tente-t-elle d'assimiler une partie de l'Algérie ?
4. **Doc. 4** Qu'est-ce qui montre le soutien de l'État français à la colonisation de l'Algérie ?
5. **Chronologie et doc. 5** Qu'est-ce qui indique l'assujettissement des musulmans ?

Synthèse Montrez comment se déroulent les débuts de la colonisation en Algérie : l'Algérie est dominée progressivement... ; avec une grande violence... ; et par la mise en place d'une colonie de peuplement.

Étude Les conquêtes coloniales de la IIIe République

La IIIe République hérite d'un empire colonial. Elle décide de le conserver et même de multiplier les conquêtes. À partir des années 1880-1890, une véritable « course aux colonies » s'engage entre puissances européennes. Les conquêtes françaises se terminent en 1912.

Comment se sont déroulées les conquêtes coloniales ?

CHRONOLOGIE

- **1830-1847** Conquête de l'Algérie.
- **1887** Création de l'Union indochinoise.
- **1895** Création de l'Afrique occidentale française (AOF).
- **1896** Colonisation de Madagascar.
- **1910** Création de l'Afrique équatoriale française (AEF).
- **1912** Protectorat sur le Maroc.

Doc interactif
Manuel numérique

1 La conquête de l'Indochine

2 La prise de Hué, le 20 août 1883

« Alors la grande tuerie avait commencé. On avait fait des "feux de salves", deux et c'était plaisir de voir ces gerbes de balles, si facilement dirigeables, s'abattre sur eux deux fois par minute au commandement, d'une manière méthodique et sûre [...]. On en voyait d'absolument fous, qui se relevaient, pris d'un vertige de courir, comme des bêtes blessées [...] ; leurs chignons dénoués, leurs grands cheveux leur donnant des airs de femme. D'autres se jetaient à la nage dans la lagune [...]. On les tuait dans l'eau. Il y avait de très bons plongeurs qui restaient longtemps au fond ; on réussissait quand même à les attraper, quand ils mettaient la tête dehors pour prendre une gorgée d'air, comme des phoques. Et puis on s'amusait à compter les morts... cinquante à gauche, quatre-vingts à droite [...]. À peine neuf heures du matin, et déjà tout semblait fini ; [...] l'infanterie venait d'enlever là-bas le fort circulaire du sud, armé de plus de cent canons [...]. La déroute du roi d'Annam était achevée. »

Pierre Loti, « La prise du Tonkin vue de l'escadre », *Le Figaro*, 17 octobre 1883.

3 La prise du port de Hué

Imagerie Pellerin, fin XIXe siècle (BNF, Paris).

En 1883, les Français s'emparent du port de Hué et l'empereur d'Annam reconnaît le protectorat de la France sur l'Annam et le Tonkin. Mais il faut attendre 1885 pour que le protectorat soit totalement accepté.

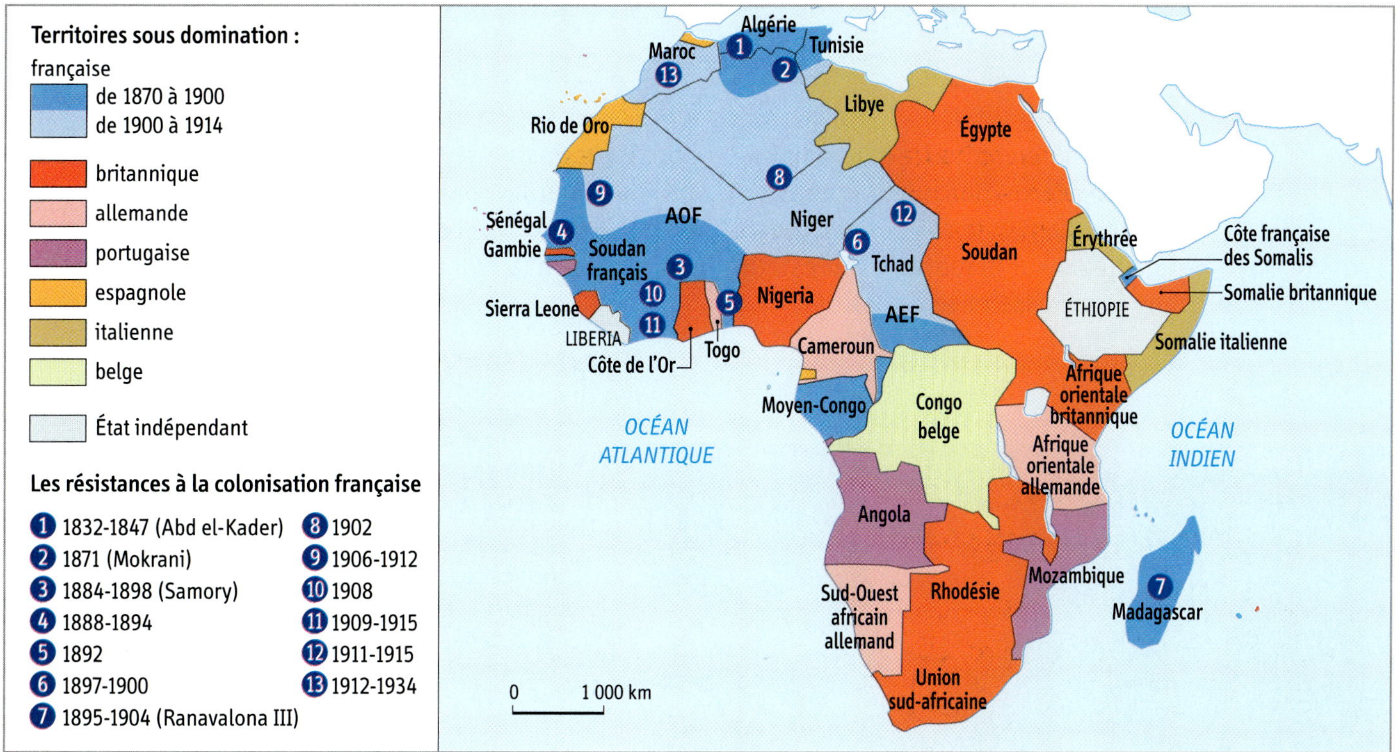

4 La conquête de l'Afrique française

5 La résistance à Madagascar

En 1894, la reine Ranavalona III refuse le protectorat français. En 1896, un corps expéditionnaire français s'empare de Madagascar qui devient une colonie. La capitale tombe mais les villages alentour refusent l'autorité française.

« Des actes de répression dans l'Imerina[1] eurent lieu le 5 mars 1896 : quatre unités mobiles de la compagnie Thévenin devaient cerner Manaritsoa qu'on prétendait être le refuge d'une bande de rebelles. Après le "cessez-le-feu", on continua à tirer et de charger à la baïonnette. La répression fut impitoyable [...].

En novembre, je partis à Ambatomanga. Les abords du village étaient jalonnés de piquets surmontés de têtes. Les exécutions se faisaient presque journellement. De fait, il n'arrivait à Ambatomanga que des gens qu'on prenait, soi-disant, les armes à la main, et à qui on coupait la tête, sans interrogatoire et sans aucune forme de procès [...]. Maintenant, on voyait dans tout le pays en insurrection, des chefs de bande entraînant la population. »

Calixte Savaron, *Mes Souvenirs à Madagascar, avant et après la conquête*, 1885-1898.

1. Région centrale de Madagascar, autour de la capitale Antananarivo.

6 BIOGRAPHIE

Ranavalona III (1861-1917)

Elle règne sur Madagascar de 1883 à 1897. Cette reine de la dynastie mérina naît dans une île sous influence britannique. Ranavalona est elle-même protestante. Mais en 1885, Madagascar devient de force un protectorat français. En 1895, les Français souhaitent transformer Madagascar en colonie : la reine résiste militairement à l'invasion française. Vaincue, elle abdique en 1897 et est envoyée en exil sur l'île de La Réunion, puis à Alger où elle meurt en 1917.

QUESTIONS

1. **Chronologie, doc. 1 et 5** Quelles sont les étapes de la conquête française en Indochine ? en Afrique ?
2. **Doc. 2, 3 et 5** Quels éléments soulignent la grande violence des conquêtes coloniales ?
3. **Doc. 2 et 5** Les soldats coloniaux respectent-ils les valeurs de la IIIe République ? Justifiez votre réponse.
4. **Doc. 1 à 6** Citez des chefs autochtones ou des puissances outre-mer tentant de résister à la colonisation française.
5. **Doc. 4 et 5** Justifiez cette affirmation : la conquête coloniale ne met pas fin aux conflits armés dans les territoires colonisés.

Synthèse Montrez comment se sont déroulées les conquêtes coloniales françaises :
– des conquêtes progressives ;
– des conquêtes violentes ;
– des résistances nombreuses.

Étude La colonisation en débat : Ferry face à Clemenceau

Les 28 et 30 juillet 1885, deux séances de la Chambre des députés à Paris sont consacrées à la question du financement d'une expédition coloniale contre Madagascar. Jules Ferry et Georges Clemenceau s'opposent dans un contexte de crise économique profonde depuis 1873 et de débat sur la manière de restaurer le prestige de la France mis à mal par la défaite de 1870 contre la Prusse et ses alliés.

Comment la politique coloniale de la IIIe République est-elle mise en débat ?

1 Une séance à la Chambre en 1885

Gravure, XIXe siècle.

L'évacuation de Lang Son au Tonkin par les troupes françaises (voir doc. 1 p. 208) provoque de violents débats à la Chambre des députés en mars 1885, et la démission de Jules Ferry du ministère des Affaires étrangères.

2 BIOGRAPHIE

Jules Ferry (1832-1893)

Député républicain et ancien président du Conseil, il est partisan de la politique coloniale française. Il a encouragé la mise en place du protectorat français en Tunisie en 1881 ainsi que la poursuite de la colonisation au Congo et en Indochine en 1883. Mais après la défaite française de Lang Son en Indochine face à la Chine, une coalition de députés de droite et de gauche menée notamment par Clemenceau provoque le renversement de son gouvernement en mars 1885. La prise de parole de Ferry en juillet 1885 sert en grande partie de justification de tout son engagement colonial.

3 La colonisation selon Jules Ferry (28 juillet 1885)

« Sur le terrain économique, je me suis permis de placer devant vous, […] les considérations qui justifient le besoin […] de débouchés. […] Pourquoi ? Parce qu'à côté, l'Allemagne se couvre de barrières, parce que au-delà de l'océan les États-Unis d'Amérique sont devenus protectionnistes à outrance. […]

Messieurs, il y a un second point, […] que je dois également aborder […] : c'est le côté humanitaire et civilisateur de la question. […] Messieurs, il faut parler plus haut et plus vrai ! Il faut dire ouvertement qu'en effet les races supérieures ont un droit vis-à-vis des races inférieures. […] Je répète qu'il y a pour les races supérieures un droit, parce qu'il y a un devoir pour elles. Elles ont le devoir de civiliser les races inférieures. […]

Un troisième, plus délicat, […] c'est le côté politique de la question. […] Je dis que la politique coloniale de la France, […] celle qui nous a fait aller, sous l'Empire, à Saigon, en Cochinchine, celle qui nous a conduits en Tunisie, celle qui nous a amenés à Madagascar, je dis que cette politique d'expansion coloniale s'est inspirée d'une vérité sur laquelle il faut appeler votre attention : à savoir qu'une marine comme la nôtre ne peut se passer, sur la surface des mers d'abris solides, de défenses, de centres de ravitaillement. […] Rayonner sans agir, sans se mêler aux affaires du monde, […] vivre de cette sorte, pour une grande nation, croyez-le bien, c'est abdiquer […]. »

Discours de Jules Ferry à la Chambre des députés, 28 juillet 1885.

4 BIOGRAPHIE

Georges Clemenceau (1841-1929)

Député de la gauche radicale, il s'oppose à Jules Ferry sur la politique coloniale. Il est en grande partie à l'origine de la chute de Ferry qu'il accuse de haute trahison envers la France en mars 1885 après la défaite de Lang Son. Il dénonce le coût des expéditions et souhaite une république plus morale et davantage tournée vers un réarmement national qui permettrait à la France de prendre sa revanche sur l'Allemagne. Il est partisan d'une politique orientée vers la France métropolitaine. Ennemi politique déclaré de Ferry, il prend la parole en juillet 1885, deux jours après le discours de son adversaire.

6 La IIIe République et la politique coloniale

« Le rocher de Sisyphe. La France repoussant le rocher de la politique coloniale sur lequel trône Jules Ferry entre le Tonkin et l'Annam », illustration d'Interim parue dans *Don Quichotte*, 10 juillet 1885.

Dans la mythologie grecque, les dieux condamnent Sisyphe à rouler éternellement au sommet d'une montagne un énorme rocher qui en redescend immédiatement, obligeant Sisyphe à le remonter encore.

5 La réponse de Georges Clemenceau (30 juillet 1885)

« Ah ! Si vous voulez des débouchés, cherchez dans cette voie du bon marché de la fabrication et du bas prix des transports. Or, lorsque vous dépensez une centaine de millions en expéditions guerrières, vous ne faites que charger le budget, grever le travail, diminuer le pouvoir d'achat du salaire ; vous augmentez les prix de la fabrication. […] Le travail est grevé par vos impôts de consommation. […]

Races supérieures, races inférieures, c'est bientôt dit ! Pour ma part, j'en rabats singulièrement depuis que j'ai vu des savants allemands démontrer scientifiquement que la France devait être vaincue dans la guerre franco-allemande parce que le Français est d'une race inférieure à l'Allemand. […] Je ne veux pas juger au fond la thèse qui a été apportée ici et qui n'est pas autre chose que la proclamation de la puissance de la force sur le droit. […] Mais n'essayons pas de revêtir la violence du nom hypocrite de civilisation. […] Mais nous dirons, nous, que lorsqu'une nation a éprouvé de graves, de très graves revers en Europe, lorsque sa frontière a été entamée, il convient peut-être, avant de la lancer dans des conquêtes lointaines […] de bien s'assurer qu'on a le pied solide chez soi. »

Discours de Georges Clemenceau à la Chambre des députés, 30 juillet 1885.

QUESTIONS

1. **Doc. 2 et 4** Présentez Jules Ferry et Georges Clemenceau.
2. **Doc. 3** Exposez les trois arguments de Ferry en faveur de la colonisation.
3. **Doc. 5** Comment Clemenceau répond-il aux arguments politiques de Ferry ?
4. **Doc. 3 et 5** Pourquoi Ferry et Clemenceau s'opposent-ils sur la question des races ?
5. **Doc. 5** Comment Clemenceau pense-t-il trouver des débouchés sans coloniser ?
6. **Doc. 1 à 6** La politique coloniale est-elle en accord avec les valeurs de la IIIe République ?

Synthèse Réalisez un tableau de synthèse montrant que la colonisation est mise en débat autour d'arguments économiques, culturels et politiques.
Vous pouvez vous inspirer du modèle suivant :

	Arguments économiques	Arguments culturels	Arguments politiques
Selon Ferry			
Selon Clemenceau			

Point de passage

Le code de l'indigénat : le règne de l'arbitraire

Depuis 1865, les indigènes sont différenciés des citoyens dans l'empire colonial français : les indigènes musulmans ont la nationalité française mais ne sont pas des citoyens. À partir de 1881, un code de l'indigénat, façonné en Algérie, discrimine juridiquement les indigènes en leur imposant un régime pénal différent. Il est diffusé à toutes les colonies à partir de 1887.

Quand et comment le code de l'indigénat permet-il la domination des colonisateurs au quotidien ?

VOCABULAIRE

Indigénat : statut des indigènes qui les soumet à un régime juridique, fiscal et politique d'infériorité.

Internement administratif : décision d'enfermer un individu en dehors de toute procédure judiciaire.

Statut personnel de l'indigène : désigne la situation de l'indigène qui est vu comme un croyant (musulman, juif...) par le colonisateur. Ce statut personnel enferme l'indigène dans le droit civil et pénal lié à sa religion, différent du droit civil et pénal français.

1 Extrait du code de l'indigénat algérien

a. Loi du 28 juin 1881

« **Art. 1** La répression, par voie disciplinaire, des infractions spéciales à l'indigénat appartient désormais, dans les communes mixtes[1] du territoire civil, aux administrateurs de ces communes. »

b. Loi du 21 décembre 1897

« **Art. 2** Les infractions spéciales à l'Indigénat sont punies de simples peines de police[2] – toutefois si l'administrateur le juge utile ou si le contrevenant le demande, l'amende ou l'emprisonnement peuvent être remplacés par des prestations en nature imposées au condamné et devant consister en travaux d'entretien ou d'amélioration des voies de communication, fontaines ou puits d'usage public [...]. »

1. Communes peuplées d'Européens et de musulmans mais dirigées par des Européens.
2. Internement, séquestre des biens, amende.

Causes d'internement administratif d'indigènes (1889-1914, départements de Constantine et d'Alger)

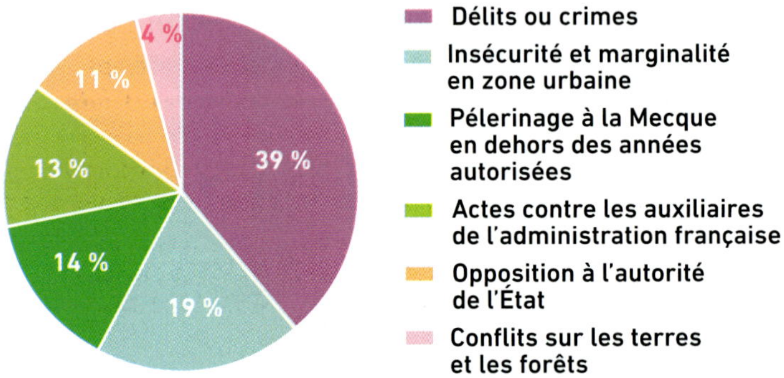

Source : Sylvie Thénault, *Violence ordinaire dans l'Algérie coloniale. Camps, internements, assignations à résidence*, Odile Jacob, 2012.

2 L'internement administratif en Algérie

3 Punitions imposées en vertu du régime pénal de l'indigénat en Algérie

Départements d'Alger et de Constantine	Nombre de punitions imposées	Nombre de journées de travail infligées
1898-1904	143 404	142 328
1904-1910	150 982	453 250
Total	**294 386**	**595 578**

Source : Sylvie Thénault, *op. cit.*

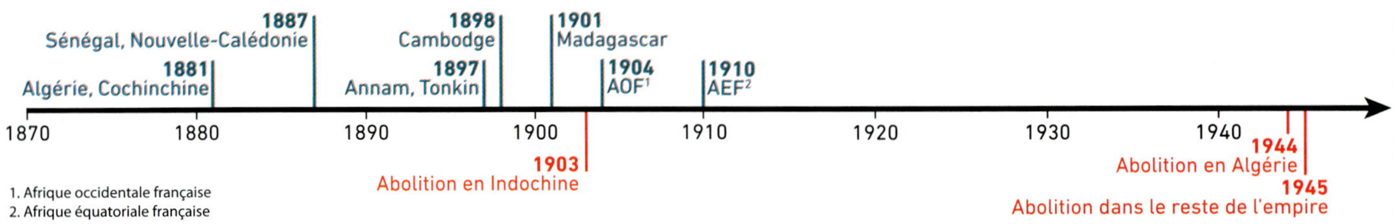

4 La diffusion du code de l'indigénat dans l'empire colonial français

5 Prisonniers musulmans dans la cour du fort de l'île Sainte-Marguerite, au large de Cannes, vers 1870-1880

Photographie de Jean Giletta, v. 1870-1880 (Archives départementales des Alpes-Maritimes).

Lors de le répression des révoltes kabyles de 1870 et 1882, des chefs musulmans sont exilés et internés sans aucune justification juridique et sans aucune durée de peine officielle.

6 La critique du code de l'indigénat en métropole par le député Albin Rozet

« Le projet de loi que M. Albin Rozet vient de déposer à la Chambre pose à nouveau devant la conscience nationale une des plus graves questions que notre pays ait à résoudre dans son domaine d'outre-mer. C'est celle du régime qui convient aux indigènes algériens [...]. Cet arbitraire s'exerce au moyen de trois institutions. Le permis de voyage : aucun indigène ne peut quitter sa commune s'il n'en a d'abord obtenu l'autorisation. Les pouvoirs disciplinaires de commune mixte [...] : le même homme décide la poursuite, l'instruit et prononce la sentence. Et il opère à huit clos, dans son cabinet. Pratiquement rien n'empêche donc un administrateur de faire venir un indigène et de lui dire : "Je te condamne à tant", sans plus d'explications et sans plus de cérémonie. Au besoin, avec la menace de la poursuite pour refus de témoigner, il peut faire parler les témoins dans le sens qu'il veut. [...] La troisième institution est l'internement administratif. Il est prononcé par simple décision du gouverneur général. [...]

Ce régime a eu sa raison d'être au lendemain de la conquête. Ne comptons-nous que sur la terreur pour régner sur nos sujets ? [...]

[Albin Rozet] s'élève contre l'arbitraire. Pour le faire disparaître, [...] il demande que la connaissance de ces crimes et de ces délits soit rendue aux tribunaux ordinaires [...]. Le régime auquel nous soumettons les indigènes algériens est étouffant. »

Article paru dans *Le Temps*, 22 février 1909.

PARCOURS 1 : analyser des documents

1. **Doc. 1, 3, 5 et 6** Quel pouvoir le code de l'indigénat donne-t-il aux administrateurs civils sur les colonisés ?
2. **Doc. 2** Pour quels faits les indigènes peuvent-ils être punis de la sorte par les administrateurs ?
3. **Doc. 4** Montrez que le code de l'indigénat connaît une diffusion relative dans l'empire colonial français.
4. **Doc. 6** Pourquoi d'après vous, le journaliste du *Temps* écrit-il que le code de l'indigénat a « eu sa raison d'être au lendemain de la conquête » ?
5. **Doc. 1 et 6** Pourquoi peut-on dire qu'il s'agit d'un pouvoir arbitraire en désaccord avec les valeurs de la IIIe République ?

Synthèse Rédigez une courte synthèse sur le code de l'indigénat dans les sociétés coloniales : naissance et diffusion ; un régime pénal différent ; une remise en cause.

PARCOURS 2 : rédiger un texte argumenté

Rédigez un texte argumenté répondant à la problématique : quand et comment le code de l'indigénat permet-il la domination des colonisateurs au quotidien ? Pour vous aider, vous pouvez réaliser le tableau ci-dessous.

Arguments	Informations tirées des documents
I. Un pouvoir judiciaire d'exception...	**Doc. 1, 4, 6**
II. ... donnant lieu à de nombreuses sentences	**Doc. 2, 3, 5**
III. Un code critiqué et peu à peu aboli	**Doc. 4, 6**

Étude Des sociétés coloniales hiérarchisées

Des populations variées vivent au sein de l'empire colonial français et sont en relation au quotidien. Selon la logique coloniale, les empires hiérarchisent les populations, en excluent certaines et en incorporent d'autres en maintenant toujours la domination de la métropole.

Comment les sociétés coloniales sont-elles hiérarchisées ?

VOCABULAIRE

Acculturation : processus par lequel un individu adopte une culture étrangère (mode de vie, langue...), ce qui peut l'amener à abandonner sa propre culture.

« Évolués » : indigènes ayant été scolarisés et vivant à la manière européenne.

Indigène : voir p. 212.

Travail forcé : exploitation de force du travail d'une personne pour une durée limitée. C'est théoriquement différent de l'esclavage qui est l'exploitation de la personne elle-même, niée en tant qu'être humain et pour une durée indéterminée.

1 Élites colonisatrices et élites colonisées au Maroc

En 1912, le sultan Moulay Youssef accepte de signer un protectorat avec la France. Il règne alors aux côtés de Lyautey, résident-général français du Maroc qui s'occupe des finances, des affaires étrangères et du maintien de l'ordre dans le pays.

2 L'acculturation des colonisés : un mariage catholique au Dahomey en 1905

Dessin de Louis Sabattier d'après une photographie de Chantard, paru dans *L'Illustration*, 9 septembre 1905.

Les « évolués » sont une minorité parmi les indigènes (0,5 % de la population en AOF en 1914). La scolarisation des indigènes est limitée par la France mais elle donne la possibilité à quelques élèves de devenir de futures élites autochtones.

3 Colonisateurs, colonisées et métis en Indochine

« De la part de l'homme, l'union avec l'Annamite provient de son désir de se procurer des plaisirs peu coûteux [...], une compagne ou plutôt une servante qui le soignera, ainsi que son intérieur, et, s'il est colon[1] ou commerçant, une femme avisée qui lui sera très utile comme intermédiaire avec les indigènes [...]. De la part de la femme, l'union vient du désir de se procurer une existence meilleure, avec un peu d'argent. Quelquefois, elle obéit à ses parents [...].

En général les métis sont le produit d'une sélection du point de vue physique. Les pères sont dans la force de l'âge, exempts de tares physiques qui auraient rendu impossible leur entrée dans l'armée ou leur séjour dans la colonie. Comme on le pense bien, les femmes indigènes choisies comme compagnes sont en grande partie bien portantes, bien faites et agréables, sans cela le choix de l'Européen ne se serait pas porté sur elles [...].

Les métis élevés à la française, bien qu'habiles de leurs mains, ne veulent pas être ouvriers. Ils recherchent le fonctionnarisme et le travail de bureau. »

Lieutenant-Colonel Bonifacy, « Les Métis franco-tonkinois », *Bulletin et mémoires de la Société d'Anthropologie de Paris*, Série VI, tome 1, 1910.

1. Exploitant agricole.

4 Hiérarchisation et ségrégation

« À l'époque [vers 1910] Bandiagara[1] était l'une des plus importantes villes. La ville abritait en effet une administration militaire comprenant dix officiers et sous-officiers français, et une administration civile comprenant un commandant de cercle, un adjoint et six ou sept agents civils français. C'est dire l'importance de la présence française dans la ville [...]. Les Blancs avaient leur quartier d'habitation sur la rive gauche du Yaamé, et les indigènes de Bandiagara sur la rive droite. [Dans] le quartier des Blancs, n'y vivaient que les Blancs eux-mêmes et leurs principaux auxiliaires indigènes : les gardes de cercle (agent chargés de la police) et les tirailleurs (militaires indigènes). Quant aux fonctionnaires civils indigènes et au personnel domestique des Blancs (boys, cuisiniers et autres), ils devaient impérativement regagner chaque soir la ville indigène sur la rive droite du Yaamé. »

Amadou Hampâté Bâ (1901-1991), *Amkoullel, l'enfant peul*, © Actes Sud, 1991.

1. Ville au sud du Mali.

5 Le travail forcé au Dahomey vers 1900

Pour remplacer l'esclavage, les colonisateurs imposent parfois le travail forcé aux indigènes.

6 Une dénonciation des sociétés coloniales

« Mieux vaut violence ? », illustration de M. Steydlé parue dans *L'Assiette au beurre*, 1911.

QUESTIONS

1. **Doc. 4** Combien de Français sont présents dans la ville de Bandiagara et quelles sont leurs fonctions ?
2. **Doc. 4** Pourquoi dès lors les Français ont-ils besoin d'auxiliaires indigènes pour maintenir l'ordre dans la ville ?
3. **Doc. 1, 2, 3 et 4** Comment l'État colonial crée-t-il des auxiliaires de la colonisation ?
4. **Doc. 1, 2, 3 et 6** Montrez qu'une entente est possible entre colonisateurs et colonisés.
5. **Doc. 6** Présentez et décrivez l'image, puis montrez comment est dénoncée la hiérarchie des sociétés coloniales.
6. **Doc. 4, 5 et 6** Montrez que les indigènes sont majoritairement dominés et mis à l'écart par l'ordre colonial français.

Synthèse Rédigez un texte argumenté répondant à la question suivante : comment les sociétés coloniales sont-elles hiérarchisées ?
- au sommet : des Français ;
- à leurs côtés : des élites et auxiliaires autochtones ;
- une majorité d'indigènes fortement dominés et séparés.

Point de passage

Saigon, une ville coloniale

En 1859, un corps expéditionnaire français s'empare de la ville de Saigon, alors aux mains de l'empereur d'Annam. Située en Cochinchine, la ville devient la perle de l'Indochine française.

TÂCHE COMPLEXE

Vous êtes journaliste dans un quotidien métropolitain. Votre rédaction vous demande de réaliser un reportage sur la ville coloniale de Saigon. Vous proposez donc un article illustré rendant compte de la vie quotidienne dans la capitale de l'Indochine.

CONSEILS

Pour réaliser votre reportage, vous pouvez montrer :

– que Saigon est un pôle économique et politique majeur ;

– que la ville se veut à l'image de la France moderne ;

– qu'elle connaît une importante hiérarchisation et ségrégation entre populations.

Proposez des illustrations à votre rédaction pour enrichir votre article.

BOÎTE À OUTILS

Vous pouvez chercher des documents complémentaires, notamment dans la revue *L'Histoire*, « Le Vietnam depuis 2 000 ans », *Les collections n° 62*, mars 2014.

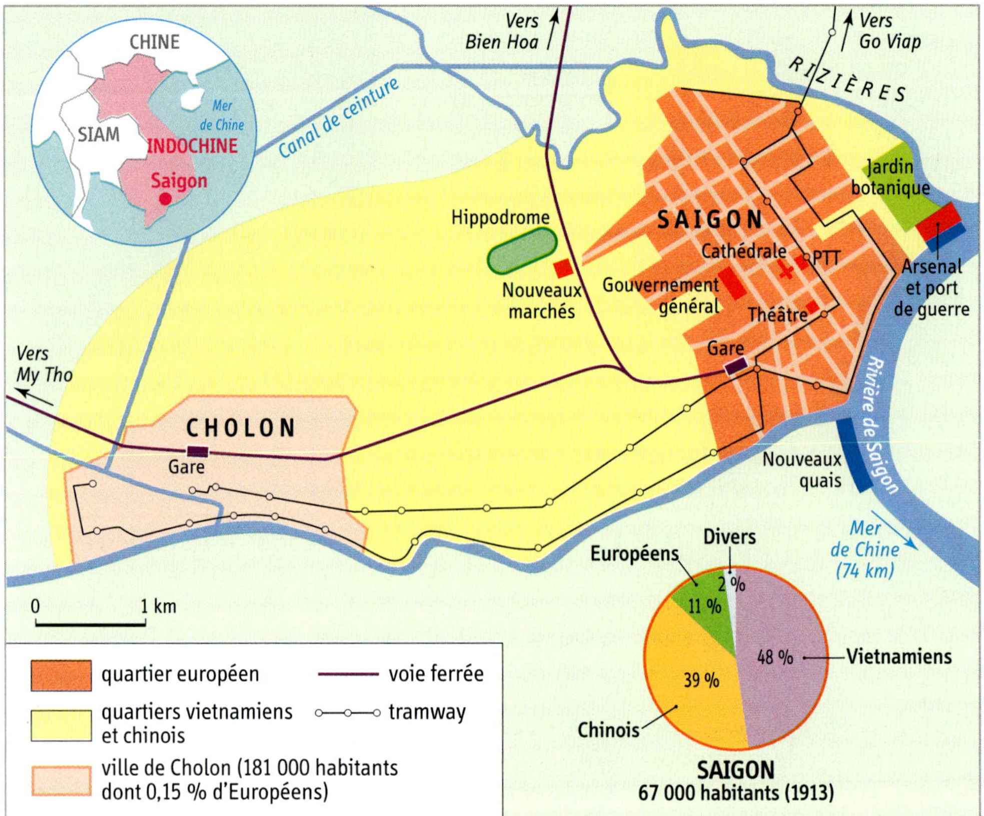

1 La ville de Saigon en 1913

La population de Saigon double entre 1898 et 1913, passant de 33 000 à 67 000 habitants.

2 Un pôle économique

a. « Cholon est le principal centre commercial du riz ; c'est là que se trouvent les plus grandes usines à décortiquer. Cette ville, qui possède 122 000 habitants, presque tous Chinois (160 Européens seulement en 1898) est située à environ 5 kilomètres de Saigon, à laquelle elle est reliée par un canal, toujours sillonné de bateaux et de sampans[1], et par deux tramways à vapeur ».

La Quinzaine coloniale (organe de presse du lobby colonial français), 10 mai 1901.

b. « Le mouvement du port de Saigon est à ce point remarquable que les limites du port de commerce ont été insuffisantes à contenir la flotte commerciale et qu'il a fallu autoriser les débarquements exceptionnels en dehors de cette enceinte pour satisfaire toutes les convenances commerciales. Quatre-vingts navires se trouvaient, vers la fin de mars, échelonnés sur la rivière et cent vingt mille tonnes de riz sortaient pendant le mois de la colonie, dont vingt mille tonnes à destination de la France et cent mille vers l'étranger. »

La Quinzaine coloniale, 23 mai 1907.

1. Bateau asiatique à fond plat.

3 **Des espaces « d'entre-soi » blancs**
Le champ de courses de Saigon, carte postale colorisée, 1914.

4 **Exportations et importations à partir du port de Saigon (en millions de francs)**

	Exportations (essentiellement du riz et du caoutchouc)	Importations (matières premières et produits manufacturés)
1898	106 (dont 22 % vers la France)	54 (dont 42 % de France)
1904	119 (dont 27 % vers la France)	104 (dont 39 % de France)
1911	125 (dont 28 % vers la France)	131 (dont 41 % de France)

Source : Henri Brenier, *Essai d'atlas statistique de l'Indochine*, 1914.

5 **Une petite France en Indochine**

« Au nouveau théâtre de Saigon, une merveille d'architecture inaugurée cette année, on a donné ces jours derniers la première représentation de *La Navarraise*, le poignant drame lyrique de Massenet. Succès énorme. Nos braves soldats, de retour de la campagne de Chine, ont ainsi pris contact avec un peu de France en applaudissant avec enthousiasme l'œuvre du maître. On s'accorde à Saigon à féliciter chaleureusement les directeurs du nouveau théâtre, qui ont su faire de la capitale de la Cochinchine un véritable centre d'art… à 4 000 lieues de Paris. »

Le Figaro, 24 décembre 1900.

6 **Un pousse-pousse au début du XXe siècle**
Carte postale, vers 1900.

Les Indochinois sont fréquemment employés à des tâches de soumission par lesquelles le colon blanc signifie sa domination.

Point de passage

Le choc des impérialismes : Fachoda et le Maroc

À la suite de la conférence de Berlin de 1884-1885, le partage de l'Afrique et de l'Asie s'avère très inégal entre puissances européennes. Les impérialismes s'entrechoquent pendant la colonisation et les risques de guerres entre Européens sont nombreux.

Comment la colonisation provoque-t-elle des tensions entre les empires européens ?

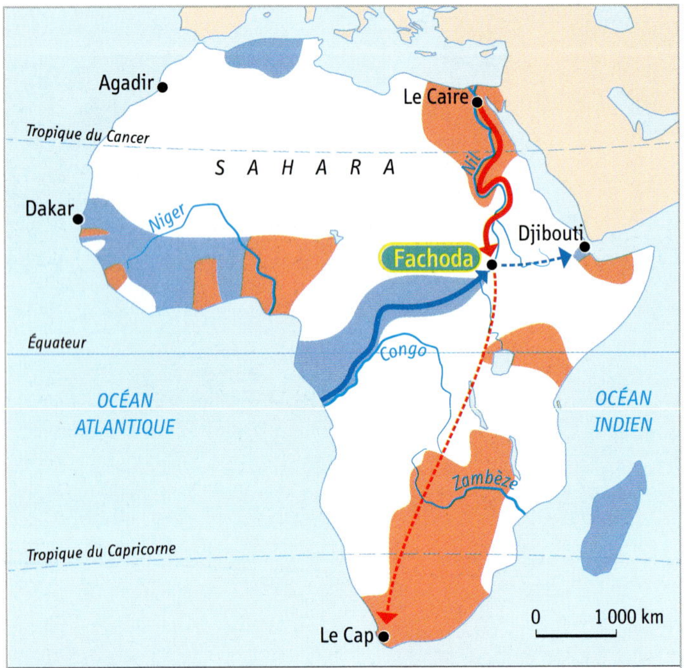

1 Le choc des impérialismes en Afrique

2 Le point de vue du général britannique

« Je les informai sans retard, télégraphia Kitchener à son Gouvernement, que la présence à Fachoda et dans la vallée du Nil d'une troupe française était regardée comme une violation directe des droits de l'Égypte et de la Grande-Bretagne et que, suivant mes instructions, je devais protester, dans les termes les plus énergiques, contre l'occupation de Fachoda et l'érection du drapeau français [...]. M. Marchand me répondit que [...] les instructions de son gouvernement étaient précises [...]. Il devait attendre des ordres pour une action [...]. Je lui demandais s'il était prêt – par ordre du Gouvernement français – à résister. Les troupes anglo-égyptiennes, il ne l'ignorait pas, étaient de beaucoup supérieures aux siennes propres. M. Marchand me répondit [...] que lui et ses compagnons mourraient à leur poste. Il me demanda de permettre que la question de son départ de Fachoda fût soumise à son Gouvernement. »

Jules Cocheris, *Situation internationale de l'Égypte et du Soudan* (d'après une lettre de Kitchener de 1898), 1903.

VOCABULAIRE

Impérialisme : action consistant à mettre des territoires sous domination militaire, politique, économique, et culturelle.

3 L'incident de Fachoda dans l'imagerie d'Épinal

Imagerie Pellerin, vers 1898.

4 Les rivalités au Maroc

« Au Maroc, seuls les Français seraient choisis par le Sultan pour construire les voies ferrées et pour exploiter les mines. Le Maroc est aujourd'hui un des rares pays où l'Allemagne bénéficie d'une libre concurrence pour son commerce et le dommage qu'elle subirait du fait de la position privilégiée de la France serait considérable. Mais ce qui serait encore plus grave, c'est le préjudice que subirait le prestige de l'Allemagne si nous acceptions sans mot dire que la France y possède des droits supérieurs aux nôtres. L'Allemagne doit protester contre l'intention de la France de s'approprier le Maroc. »

Friedrich Von Holstein (diplomate allemand), 3 juin 1904.

5 À qui le Maroc ?

Carte postale d'Assus, 1906. 1 Alphonse XIII d'Espagne, 2 Édouard VII d'Angleterre, 3 Guillaume II d'Allemagne et 4 Marianne poursuivant le sultan du Maroc.

Les Allemands sont bien implantés économiquement au Maroc depuis les années 1890. Les Espagnols y sont très présents démographiquement. Mais les Français obtiennent le soutien des Italiens, des Espagnols et des Britanniques (Entente cordiale signée en 1904). L'échec français de Fachoda permet d'obtenir le soutien britannique au Maroc.

6 La crise d'Agadir

Une de *L'Illustration*, 16 septembre 1911. « Un petit bateau devant une vieille forteresse marocaine : c'est le croiseur allemand *Berlin* qui menace la paix en Europe. »

Le traité d'Algésiras de 1905 confie à la France le pouvoir de police dans 8 villes marocaines. Mais en 1911, la France déploie ses soldats dans d'autres villes. Les Allemands tentent de réagir mais, isolés, finissent par accepter le protectorat français sur le Maroc en échanges de compensations au Cameroun et de la préservation de ses intérêts économiques au Maroc.

PARCOURS 1 : analyser des documents

1 **Doc. 1** Pourquoi Fachoda est-elle au cœur des ambitions coloniales françaises et britanniques ?

2 **Doc. 2 et 3** Quels récits cette image d'Épinal française d'un côté et le général britannique Kitchener de l'autre donnent-ils de l'incident de Fachoda ?

3 **Doc. 1, 2 et 3** Quel est le rôle de la politique et de la diplomatie dans l'incident de Fachoda ?

4 **Doc. 4 et 5** Pourquoi et comment certains pays européens sont-ils en tension au sujet de la colonisation du Maroc ?

5 **Doc. 4 et 6** Comment la crise entre la France et l'Allemagne au Maroc est-elle finalement résolue ?

6 **Doc. 1, 5 et 6** Quel est le lien entre l'échec français de Fachoda et le succès français au Maroc ?

Synthèse Dans un tableau de synthèse, montrez comment la colonisation provoque des tensions entre les empires européens.

Au temps de l'incident de Fachoda	
Lors de la crise du Maroc	

PARCOURS 2 : rédiger un texte argumenté

Rédigez un texte argumenté répondant à la problématique : comment la colonisation provoque-t-elle des tensions entre les empires européens ? Vous pouvez suivre le plan suivant :

1. Des ambitions coloniales européennes ... (**doc. 1, 4, 5**)
2. ... qui donnent lieu à des rivalités à Fachoda ... (**doc. 1, 2, 3**)
3. ... et au Maroc (**doc. 1, 4, 5, 6**)

Cours

Métropole et colonies

Quelle est la politique coloniale de la IIIe République entre 1870 et 1914 ?

A De nombreuses conquêtes

1. La relance des conquêtes

- En 1870, **la IIIe République** hérite de **colonies** telles que l'Algérie (colonisée à partir de 1830 et transformée en départements en 1848), le Sénégal, les Antilles, l'île de La Réunion, la Cochinchine, le Cambodge et quelques comptoirs indiens.
- La IIIe République accepte son rôle de **métropole** en développant la théorie de la **mission civilisatrice** mais aussi en tenant compte de l'intérêt économique et politique de la colonisation (discours de Jules Ferry de 1885) : elle devient une **république coloniale**. Pour les républicains favorables à la colonisation, il s'agit d'apporter outre-mer la civilisation. Ils ne voient pas la contradiction entre les idéaux de la République (liberté, égalité, fraternité) et la soumission des **indigènes** à la puissance française.
- L'expansion coloniale s'accélère à partir des années 1880-1890 : la Tunisie (1881), toute l'Indochine (1887), Madagascar (1896), l'Afrique occidentale française (1895) sont intégrés à l'empire : c'est **la « course aux colonies »**. L'expansion s'achève avec la mise en place du **protectorat** sur le Maroc (1912).
- **La conquête est violente :** de 1870 à 1914, la France participe à une quarantaine de conflits en Afrique. La pacification des territoires colonisés n'est jamais totalement réalisée. Les résistances à l'**impérialisme** sont nombreuses.

2. Le deuxième empire colonial mondial

- En 1870, l'empire colonial français réunit 5,5 millions d'habitants sur près d'1 million de km^2. En 1914, ce sont désormais 48 millions d'habitants qui vivent sur 11 millions de km^2. La France possède le **deuxième empire colonial** derrière celui du Royaume-Uni.
- Tous les territoires colonisés n'ont pas le même statut : certains sont des **colonies** (Algérie, Madagascar...), d'autres sont des **protectorats** (Tunisie, Maroc...). L'Algérie est une **colonie de peuplement** (plus de 500 000 colons en 1914). Tous les autres territoires sont des **colonies d'exploitation**.
- **Les Français y sont très minoritaires** (en 1913 : 0,1 % de la population en Indochine, 0,2 % en AOF, et au maximum 14,3 % en Algérie). Les territoires coloniaux sont donc **sous-administrés**. Le manque de fonctionnaires favorise les arrangements locaux entre colons et indigènes et l'usage d'une violence arbitraire.

B Des sociétés coloniales hiérarchisées

1. La domination coloniale

- La domination est **violente** : les populations indigènes sont dépossédées de leur pleine souveraineté. Le **code de l'indigénat**, mis en place en Algérie en 1881, établit un régime pénal d'exception qui maintient les colonisés dans une situation d'infériorité. La République refuse la citoyenneté aux indigènes, les maintenant dans un statut de sujets. Ce code est **diffusé aux autres colonies à partir de 1887**, mais disparaît parfois rapidement (dès 1903 en Indochine). ▶ Point de passage, p. 218
- La domination est aussi **économique**. Les **matières premières** (coton, arachides...) sont importées par la métropole où elles sont transformées puis exportées en partie vers l'empire, perçu comme un débouché naturel pour les productions métro-

NOTIONS

Mission civilisatrice : théorie selon laquelle des races supérieures doivent civiliser des races inférieures. La colonisation est ainsi montrée comme un progrès mené par un peuple plus avancé. Cette doctrine devient la politique officielle de la IIIe République à partir du discours de Jules Ferry du 28 juillet 1885.

Impérialisme : terme apparu au Royaume-Uni dans les années 1880 pour désigner l'impérialisme colonial, c'est-à-dire l'action de mettre des territoires sous domination militaire, politique, économique et culturelle. Mais l'impérialisme peut aussi désigner une domination seulement économique ou culturelle d'un pays sur un autre.

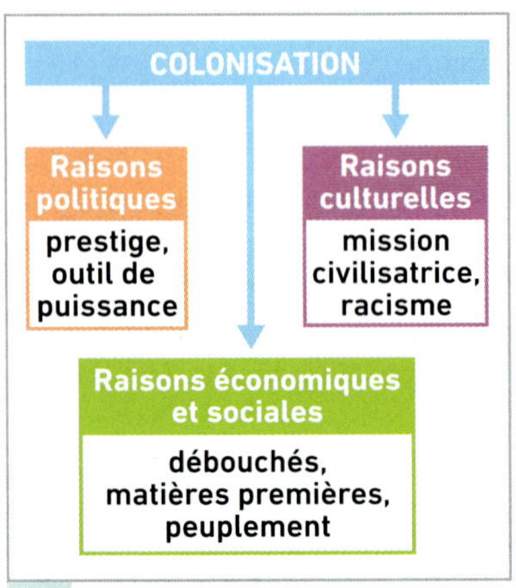

Les raisons de la colonisation

VOCABULAIRE

Colonie : p. 210.
Colonie de peuplement : p. 210.
Colonie d'exploitation : p. 210.
Indigènes : p. 212.
Métropole : p. 210.
Protectorat : p. 210.

politaines. Des infrastructures modernes (voies ferrées, routes, ports) sont construites au service avant tout des intérêts économiques des colons et de la métropole. Le **travail forcé** est régulièrement employé et des **impôts élevés** sont exigés.

- La domination est enfin **culturelle**. L'école valorise la culture française et sert la propagande coloniale. La République diffuse un **discours raciste** qui discrimine les indigènes. Au quotidien, la violence psychologique est extrême : pour devenir citoyen français, un indigène musulman doit renoncer à l'islam.

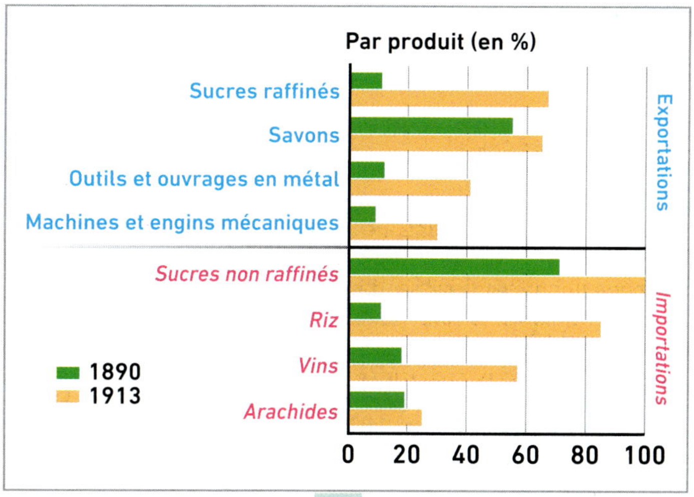

La part de l'empire colonial français dans le commerce extérieur

2. La rencontre coloniale

- Certains indigènes bénéficient de la colonisation et fréquentent au quotidien des **colons** : c'est le cas des **élites colonisées** dans les protectorats, à l'exemple des relations de proximité qu'entretiennent le sultan Moulay Youssef et le résident-général français Lyautey au Maroc.
- Des indigènes connaissent une **ascension sociale** : certains deviennent des soldats (tirailleurs sénégalais...), d'autres des instituteurs instruits dans des écoles privées chrétiennes ou publiques. Mais ces **« évolués »** sont peu nombreux (5 % d'enfants musulmans scolarisés en Algérie en 1914) car l'école n'a pour mission que d'instruire une minorité d'indigènes qui deviendront ensuite des auxiliaires de la colonisation.
- Le **métissage** est parfois important (des dizaines de milliers en Indochine en 1914). Mais le racisme et la ségrégation empêchent une réelle cohabitation entre colons et indigènes. Ainsi, à **Saigon en Indochine**, le quartier européen est séparé des quartiers vietnamiens et chinois. ▶ Point de passage, p. 222

C Les tensions entre les puissances coloniales

1. La France face à ses rivales

- Les puissances coloniales européennes se livrent à une véritable compétition. En **Asie**, les tensions sont fortes entre le Royaume-Uni et la France au sujet de l'Indochine et de l'Inde : elles s'apaisent cependant en 1896 quand les deux métropoles signent un traité de reconnaissance mutuelle de leurs territoires.
- En **Afrique**, la « course aux colonies » des années 1880-1890, encadrée par la **conférence de Berlin** de 1884-1885, voit Français et Britanniques s'opposer à **Fachoda** en 1898. La mission Marchand, venue du Congo, a pour objectif d'étendre l'influence française en Afrique selon un axe ouest-est. Mais les Britanniques, venus du Soudan, tentent d'imposer leur autorité selon un axe nord-sud. Le point de rencontre se trouve à Fachoda, sur le Haut-Nil. La mission française est obligée d'évacuer, en échange de compensations à Madagascar, au Tchad et au Maroc.

▶ Point de passage, p. 224

La conférence de Berlin

Caricature de Draner parue dans *L'Illustration*, 3 janvier 1885.

« À chacun sa part si l'on est bien sage ! »

2. Au bord de la guerre

- Au **Maroc**, les tensions sont fortes entre la France et l'Allemagne. La France peut bénéficier du soutien britannique dans le cadre de l'Entente cordiale signée entre les deux pays en 1904. Au contraire, l'Allemagne est isolée diplomatiquement. Finalement, après deux crises en 1905 et 1911, elle accepte le **protectorat français sur le Maroc en 1912**, en échange de compensations.

1 ANALYSE DE DOCUMENTS

CONSIGNE **Après avoir présenté les documents, vous montrerez comment se déroule l'expansion coloniale française. Vous pourrez démontrer que cette expansion se fonde sur un discours infériorisant autrui, sur la volonté d'appliquer une mission civilisatrice européenne, et qu'elle provoque une compétition et des tensions entre puissances.**

Document 1 Discours à l'occasion d'un banquet commémorant l'abolition de l'esclavage (18 mai 1879)

« Messieurs,

[…] Le moment est venu de faire remarquer à l'Europe qu'elle a à côté d'elle l'Afrique […]. La Méditerranée est un lac de civilisation ; ce n'est certes pas pour rien que la Méditerranée a sur l'un de ses bords le vieil univers et sur l'autre l'univers ignoré, c'est-à-dire d'un côté toute la civilisation et de l'autre toute la barbarie […]. Est-ce que vous ne voyez pas le barrage ? Il est là, devant vous, ce bloc de sable et de cendre, ce monceau inerte et passif qui, depuis six mille ans, fait obstacle à la marche universelle […], l'Afrique. Quelle terre que cette Afrique ! L'Asie a son histoire, l'Amérique a son histoire, l'Australie elle-même a son histoire; l'Afrique n'a pas d'histoire […]. Déjà les deux peuples colonisateurs, qui sont deux grands peuples libres, la France et l'Angleterre, ont saisi l'Afrique; la France la tient par l'ouest et par le nord ; l'Angleterre la tient par l'est et par le midi […]. Cette Afrique farouche n'a que deux aspects : peuplée, c'est la barbarie ; déserte, c'est la sauvagerie ; mais elle ne se dérobe plus ; les lieux réputés inhabitables sont des climats possibles ; on trouve partout des fleuves navigables ; des forêts se dressent, de vastes branchages encombrent çà et là l'horizon […] ; on voit les points où germeront des villes ; on devine les communications ; des chaînes de montagnes se dessinent ; des cols, des passages, des détroits sont praticables ; cet univers, qui effrayait les Romains, attire les Français […]. Au dix-neuvième siècle, le blanc a fait du noir un homme ; au vingtième siècle, l'Europe fera de l'Afrique un monde *(Applaudissements)* […]. Rendre la vieille Afrique maniable à la civilisation, tel est le problème. L'Europe le résoudra. Allez, Peuples ! Emparez-vous de cette terre. Prenez-la. À qui ? À personne. Prenez cette terre à Dieu. Dieu donne la terre aux hommes, Dieu offre l'Afrique à l'Europe. Prenez-la. Où les rois apporteraient la guerre, apportez la concorde. Prenez-la, non pour le canon, mais pour la charrue ; non pour le sabre, mais pour le commerce ; non pour la bataille, mais pour l'industrie ; non pour la conquête, mais pour la fraternité. *(Applaudissements prolongés)* Versez votre trop-plein dans cette Afrique, et du même coup résolvez vos questions sociales, changez vos prolétaires en propriétaires. Allez, faites ! Faites des routes, faites des ports, faites des villes ; croissez, cultivez, colonisez, multipliez. »

Victor Hugo, *Actes et Paroles*, 1875.

Document 2 « Le Petit chaperon rouge »

Supplément illustré du *Petit Journal*, 20 novembre 1898 (BNF, Paris).

« Mère-grand, comme vous avez de grandes dents !
C'est pour mieux manger ta galette mon enfant ! »

Répondez aux questions suivantes pour vous aider à rédiger l'analyse de documents.

J'identifie les documents

1. Présentez les documents : natures, auteurs, sources et dates. Présentez rapidement le contexte colonial de cette période.

Je comprends les documents

2. **Doc. 1** Selon quel discours infériorisant de l'Afrique la colonisation est-elle justifiée ?
3. **Doc. 1** Comment l'auteur tente-t-il de justifier la colonisation par une mission civilisatrice européenne ?
4. **Doc. 2** Décrivez et donnez le sens du document.

Coup de pouce ! Le mot « Albion », gravé sur le bouclier, désigne le Royaume-Uni. « Albion » était l'une des appellations utilisées par les Romains pour nommer par les îles britanniques au Ier siècle.

5. **Doc. 1 et 2** Comment la colonisation provoque-t-elle une compétition et des tensions entre puissances ?

Je rédige la conclusion à l'aide de mes connaissances personnelles

6. Finalement, comment se déroule l'expansion coloniale française sous la IIIe République ? Répondez en deux ou trois phrases en suivant l'ordre de votre développement.

2 ANALYSE DE DOCUMENTS

CONSIGNE **Après avoir présenté les documents, vous réfléchirez au rapport entre la colonisation et les valeurs républicaines françaises. Vous pourrez présenter d'abord l'existence d'un discours valorisant la colonisation, puis sa contradiction avec une réalité coloniale violente et arbitraire.**

Document 1 **La « mission civilisatrice »**

Couverture d'un cahier scolaire, dessin de G. Daschner, vers 1900.

Document 2 **Liste des infractions spécifiques au code de l'indigénat en Algérie**

Cette loi, relative aux pouvoirs disciplinaires des administrateurs des communes mixtes, est un renouvellement partiel de la première loi sur l'indigénat de 1881.

« **Art. 1** Les administrateurs des communes mixtes du territoire civil de l'Algérie conserveront pendant sept ans, à partir de la promulgation de la présente loi, à l'égard des indigènes musulmans non naturalisés habitant ces circonscriptions, les pouvoirs de répression, par voie disciplinaire, des infractions spéciales à l'indigénat énumérées au tableau annexe à la présente loi.

Art. 2 Les infractions spéciales à l'Indigénat sont punies des peines de simple police – toutefois, si l'administrateur le juge utile ou si le contrevenant le demande, l'amende ou l'emprisonnement peuvent être remplacés par des prestations en nature imposées au condamné et devant consister en travaux d'entretien ou d'amélioration des voies de communication, fontaines ou puits d'usage public [...].

Tableau annexe

1. Propos tenus en public contre la France et son gouvernement.

2. Refus ou inexécution des services de patrouille ou de garde prescrits par l'autorité ; abandon d'un poste ou négligence dans les mêmes services. [...]

6. Retard prolongé et non justifié dans le paiement des impôts [...].

[...]

13. Défaut pour tout indigène de se munir d'un passeport, permis de voyage, carte de sûreté ou livret d'ouvrier régulièrement visé lorsqu'il se rend dans un arrondissement autre que celui de son domicile. [...]

17. Refus ou négligence de faire les travaux, le service ou de prêter le secours dont ils auraient été requis dans les circonstances d'accidents, cas d'insurrection, brigandage, pillage, flagrant délit, clameur publique ou exécution judiciaire.

18. Réunion sans autorisation pour *ziara* ou *zerda* (pèlerinage, repas public) – réunion sans autorisation de plus de 25 personnes du sexe masculin ; coups de feu, sans autorisation, dans une fête par exemple : un mariage, une naissance, une circoncision.

19. Ouverture de tout établissement religieux sans autorisation.

[...]

21. Négligence ou refus d'envoyer un enfant d'âge scolaire à l'école primaire, quand l'école est située à moins de 3 km et qu'il n'est pas présenté d'excuse valable. [...]

25. Refus de fournir les renseignements demandés par les agents de l'autorité administrative ou judiciaire dans l'exercice de leurs fonctions ; faux renseignements donnés à ces mêmes agents. »

Loi du 21 décembre 1897.

Répondez aux questions suivantes pour vous aider à rédiger l'analyse de documents.

J'identifie les documents

1. Présentez les documents. Présentez rapidement le contexte colonial de cette période.

Je comprends les documents

2. **Doc. 1** Décrivez le document et donnez-en le sens.
3. **Doc. 1 et 2** Trouvez des éléments indiquant que la IIIe République tente de proposer un discours valorisant la colonisation.
4. **Doc. 2** Au contraire, montrez que ce discours est en contradiction avec une réalité coloniale violente et arbitraire.

Je rédige la conclusion à l'aide de mes connaissances personnelles

5. Finalement, montrez que le discours officiel proposé par la IIIe République est en tension avec la réalité coloniale.

Méthode
- Analyser la question
- Rédiger l'introduction
- Rédiger le développement

3 RÉPONDRE À UNE QUESTION PROBLÉMATISÉE

QUESTION Quelle est la politique coloniale de la IIIe République ?

Analyse de la question :
- **La période chronologique :** 1870-1914.
- **L'espace concerné :** la métropole (avec notamment les débats sur la colonisation) et l'empire colonial français pour voir comment cette politique coloniale est appliquée.
- **La « politique coloniale » :** il s'agit d'étudier à la fois les objectifs affichés par la métropole et comment cette politique est mise en œuvre dans les territoires colonisés.

Introduction

Partie I. Les fondements de la politique coloniale de la IIIe République

A. Une « mission civilisatrice »

Définition de « mission civilisatrice », Jules Ferry en 1885, des exemples d'application de cette « mission civilisatrice » (politique scolaire...).

B. Le racisme

Argumentaire de Clemenceau face à Ferry en 1885, déshumanisation des colonisés...

C. L'impérialisme

Domination économique, culturelle, politique de la métropole sur les territoires colonisés.

Partie II. Une grande expansion territoriale

A. L'Asie

Difficile conquête progressive et violente de l'Indochine, présence des Français en Inde.

B. L'Afrique subsaharienne

Difficile conquête de l'AOF et de l'AEF, forte résistance des colonisés (Ranavalona III à Madagascar).

C. L'Afrique du Nord

Difficiles conquêtes de l'Algérie, de la Tunisie en 1881, du Maroc en 1912 et résistance des colonisés.

Partie III. Une politique locale entre violence et échanges

A. Une violence quotidienne

Code de l'indigénat instauré en 1881 et diffusé à partir de 1887, punitions pour les indigènes, arbitraire de l'internement administratif, des sociétés coloniales très hiérarchisées et violentes...

B. Une politique d'échanges

La ville coloniale de Saigon, échanges économiques, métissage...

C. Une rencontre limitée

Entente entre les élites coloniales et des élites colonisées : Lyautey et Moulay Youssef au Maroc ; une minorité de colonisés acculturés et nommés « évolués » par les colonisateurs, forte ségrégation raciale, sociale et spatiale...

Conclusion

Finalement, la politique coloniale de la IIIe République est face à une contradiction entre un objectif affiché de « mission civilisatrice » et une réalité très violente fondée essentiellement sur le racisme et l'impérialisme. La France est parvenue à se constituer le deuxième empire colonial au monde mais l'ordre est difficilement maintenu au quotidien.

1. Introduction Rédigez l'introduction (présentez le sujet puis son cadre chronologique et spatial, expliquez le sens du sujet et posez la question problématisée).

2. Partie I, II, III Rédigez les trois parties en utilisant les informations fournies ainsi que vos connaissances personnelles.

La première phrase doit annoncer l'idée de la partie. Chaque sous-partie doit correspondre à un paragraphe et à une idée prouvée par au moins un exemple.

Méthode
- Analyser la question
- Rédiger le développement

4 RÉPONDRE À UNE QUESTION PROBLÉMATISÉE

QUESTION Comment fonctionnent les sociétés coloniales dans l'empire français de 1870 à 1914 ?

Analyse de la question :
- **La période chronologique :** les débuts de la IIIe République, de 1870 à 1914.
- **L'espace concerné :** l'empire colonial français en s'intéressant particulièrement au quotidien des colonisateurs et des colonisés.
- **Les « sociétés coloniales » :** il s'agit d'étudier les hiérarchies et les relations entre les individus vivant dans l'empire colonial français : les colonisateurs et les colonisés.

Introduction

L'empire colonial français est le deuxième au monde derrière l'empire colonial britannique entre 1870 et 1914. Plus de 48 millions d'habitants y vivent en 1914. Mais les colonisateurs sont en minorité : de 0,1 % de la population en Indochine à 14,3 % en Algérie. Cette situation paradoxale de domination politique mais d'infériorité numérique des colonisateurs crée des sociétés coloniales au fonctionnement particulier. Comment fonctionnent les sociétés coloniales dans l'empire français de 1870 à 1914 ?

Partie I. Une « pacification » sans fin des sociétés coloniales

A. Conquêtes et affrontements

En Asie et en Afrique, violence des militaires...

B. Résistances à la conquête

Algérie, révoltes nombreuses, Ranavalona III, pas de réelle pacification par les colonisateurs...

Partie II. Une violence quotidienne

A. Une infériorisation des colonisés

Code de l'indigénat de 1881 diffusé à partir de 1887, racisme...

B. L'exploitation des colonisés

Travail forcé, exportations de matières premières...

Partie III. Mais une rencontre coloniale possible

A. Des sociétés en contact

Saigon : ville coloniale, mais les contacts sont réduits par la ségrégation...

B. Des échanges culturels et humains

Métissage, acculturation, une minorité d'« évolués » colonisés...

Conclusion

En somme, les sociétés coloniales connaissent un fonctionnement particulier, profondément inégal et arbitraire. Mais cette réalité quotidienne laisse des possibilités de contacts et d'échanges entre colonisateurs et colonisés, notamment pour permettre à l'État colonial de fonctionner grâce à l'utilisation d'auxiliaires locaux de la colonisation.

Partie I, II, III Rédigez les trois parties en vous appuyant sur les informations fournies et sur vos connaissances personnelles.
– La première phrase doit annoncer l'idée générale de la partie.
– Chaque sous-partie doit correspondre à un paragraphe et à une idée prouvée par au moins un exemple.
– L'idée de la sous-partie doit apparaître au début du paragraphe (1re ou 2e phrase).

Métropole et colonies

COMPRENDRE LE CHAPITRE

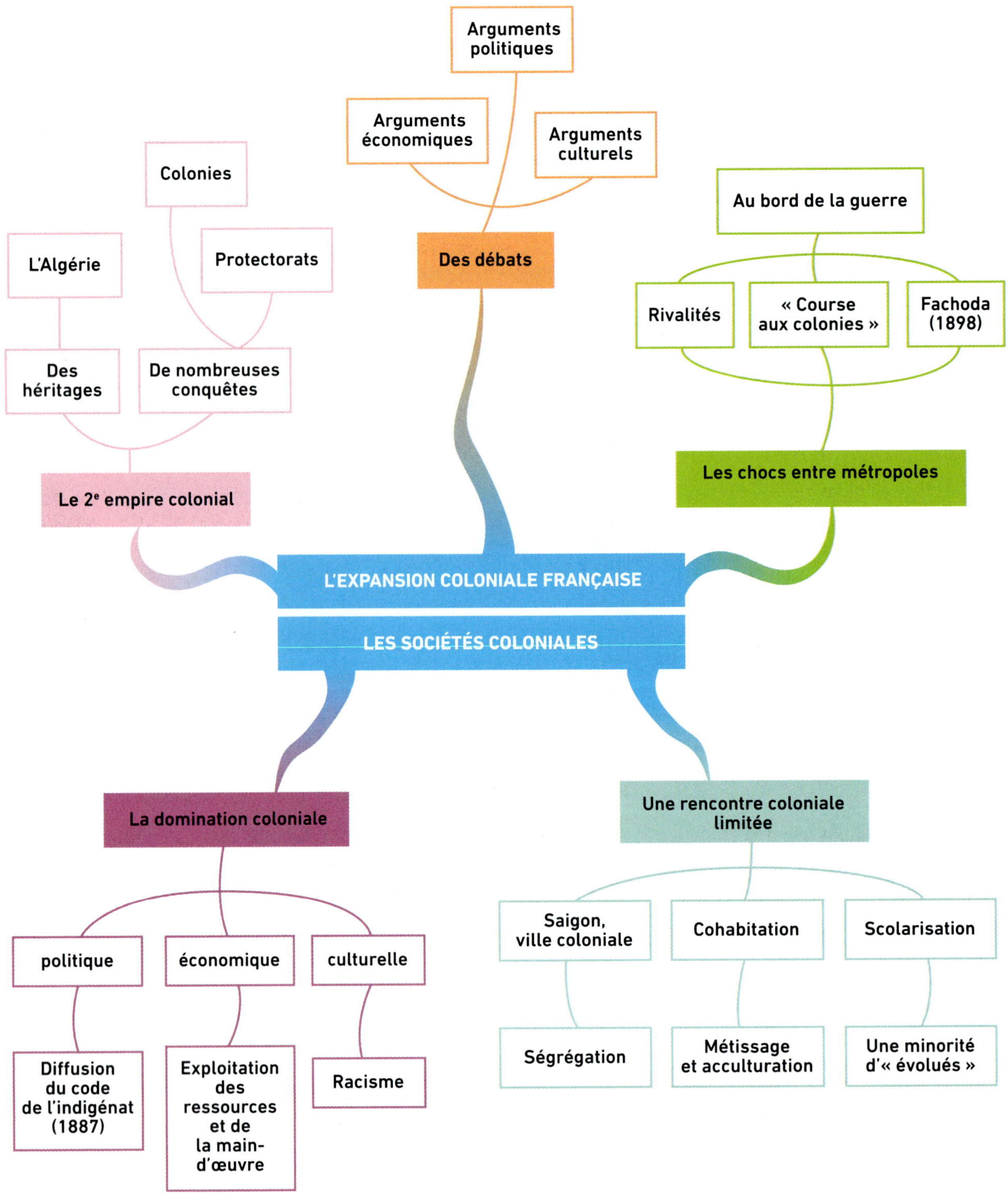

PERSONNAGES ESSENTIELS

Jules Ferry (1832-1893) est un homme politique français influençant fortement la politique coloniale de la métropole. Il est partisan de la mission civilisatrice de la IIIe République. → **Bio p. 216**

Georges Clemenceau (1841-1929) est un homme politique français qui dénonce le coût des expéditions coloniales et le fondement raciste de la colonisation. → **Bio p. 217**

Hubert Lyautey (1854-1934) est un militaire français et résident-général du Maroc à partir de 1912. Il symbolise le désir d'appliquer la mission civilisatrice de la IIIe République dans ce protectorat mais il ne répugne pas à utiliser la violence pour imposer l'autorité française. → **p. 220**

Ranavalona III (1861-1917) est reine de Madagascar de 1883 à 1897. Elle s'oppose à la colonisation française avant d'être vaincue et exilée sur l'île de La Réunion puis à Alger où elle décède en 1917. → **Bio p. 215**

Les colonisés sont dominés par la métropole qui contrôle le territoire dans lequel ils vivent. Leur infériorisation par les colonisateurs peut être variable, de la majorité des indigènes exploités et rabaissés à la minorité d'« évolués » acculturés et intégrés partiellement au système colonial.

DATES CLÉS

1830-1847	Conquête de l'Algérie
1848	Organisation de l'Algérie en trois départements
1859	Prise de Saigon par les Français
1881	Création du code de l'indigénat en Algérie et Cochinchine
1885	Débat entre Ferry et Clemenceau
1887	Début de la diffusion du code de l'indigénat aux autres territoires colonisés
1898	Incident de Fachoda entre la France et le Royaume-Uni
1912	Protectorat français sur le Maroc

NOTIONS À MAÎTRISER

Colonisation Son sens est double sous la IIIe République. Il peut signifier l'assujettissement d'un territoire et de sa population au service d'une métropole ou la mise en valeur d'un territoire et de sa population par la métropole. C'est le premier sens qui s'impose peu à peu.

Empire colonial Vaste unité politique expansionniste contenant plusieurs territoires colonisés par une métropole.

Impérialisme Terme apparu au Royaume-Uni dans les années 1880 pour désigner l'action visant à mettre des territoires sous domination militaire, politique, économique et culturelle. Mais l'impérialisme peut aussi désigner une domination seulement économique ou culturelle d'un pays sur un autre.

Mission civilisatrice Théorie selon laquelle des races supérieures doivent civiliser des races inférieures. Cette doctrine devient la politique officielle de la IIIe République, notamment sous l'influence de Jules Ferry.

RÉPONDRE ET MÉMORISER

1. Qu'est-ce qu'une colonie ?
2. Qu'est-ce qu'une métropole ?
3. Quelle est la différence entre colonie d'exploitation et colonie de peuplement ?
4. Qu'est-ce que le code de l'indigénat ?
5. Quelles sont les causes de la colonisation ?
6. Pourquoi le code de l'indigénat est-il peu à peu dénoncé ?
7. Pourquoi les Français et les Britanniques s'opposent-ils à Fachoda ?
8. Comment la France parvient-elle à coloniser le Maroc ?
9. Qu'est-ce qui fait de Saigon une « petite France » en Indochine ?
10. Pourquoi peut-on dire que la IIIe République développe un double discours dans ses colonies ?

Mémorisation active

Mémocartes hatier-clic.fr/19h1020

9 La Première Guerre mondiale, un embrasement mondial

Comment un conflit localisé s'est-il transformé en une guerre européenne puis mondiale ?

1 Un assaut dans les Flandres (nord de la France) en 1917

Assemblage photographique de douze clichés réalisés par Frank Hurley, photographe de guerre pour l'*Australian Imperial Force*, pendant l'entraînement des troupes australiennes à l'automne 1917 dans les Flandres (National Gallery of Victoria, Melbourne).

Cette composition, qui porte le nom de *The Raid*, a été présentée dans une grande exposition populaire à Londres en mai 1918.

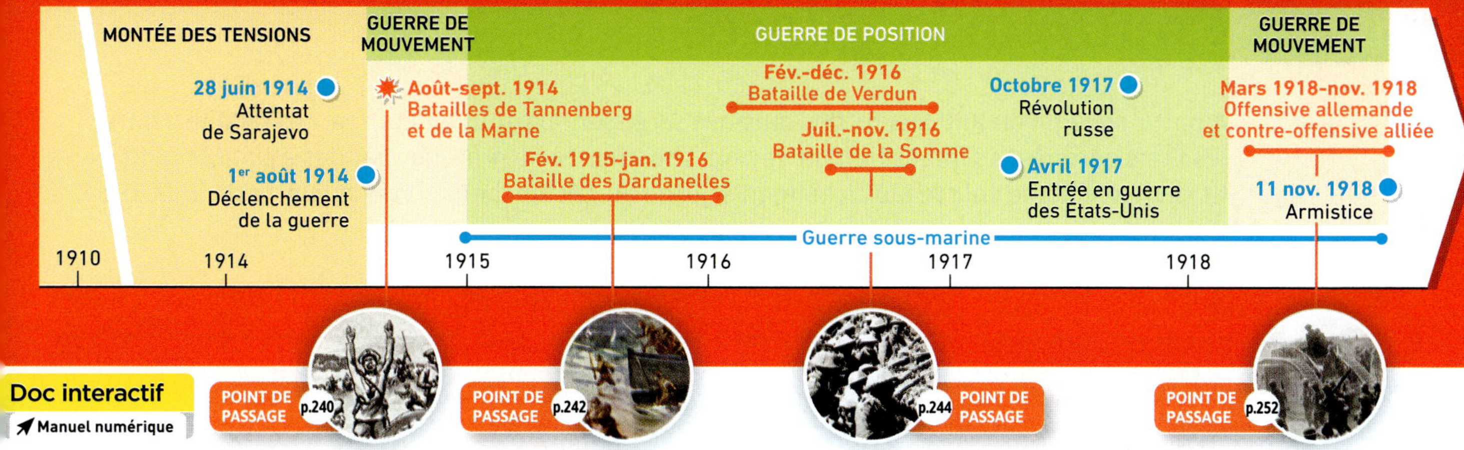

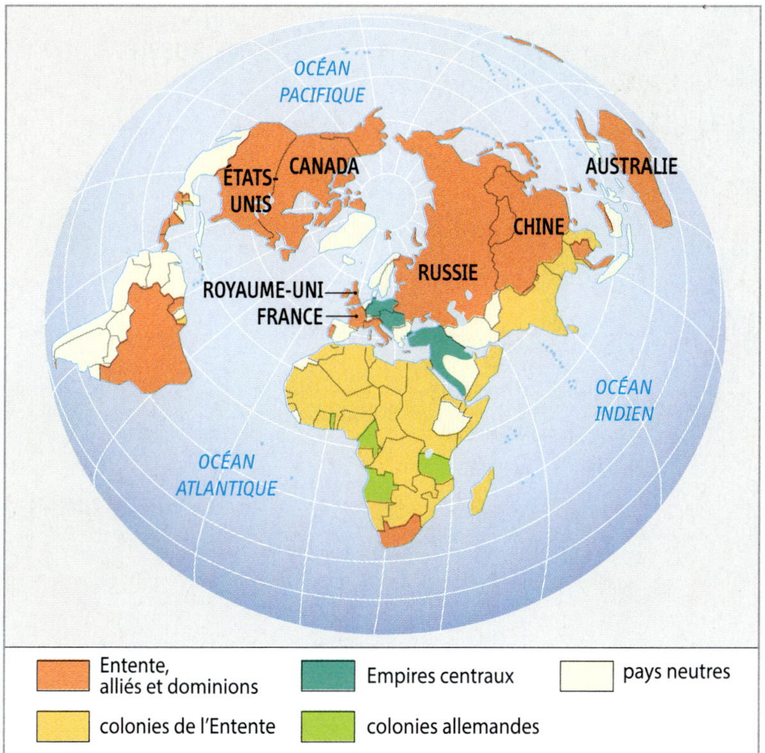

2 Une guerre à l'échelle mondiale (1917)

3 Un soldat de l'armée coloniale britannique

Illustration tirée de G. F. MacMunn, *Armies of India*, 1911 (National Army Museum, Londres).

Environ 1,3 million de soldats indiens ont participé au conflit en Europe et au Moyen-Orient, dont 800 000 soldats. Parmi eux, 90 000 ont combattu en France. Au total, 75 000 soldats indiens ont été tués durant la Première Guerre mondiale.

Étude Pourquoi la guerre ?

À partir de la fin du XIXe siècle, des tensions surgissent partout en Europe. Les rivalités entre les États européens s'intensifient et ceux-ci cherchent à se protéger par des alliances défensives. Ils se livrent à une course aux armements, jusqu'au déclenchement de la guerre en août 1914.

Pourquoi et comment s'est déclenchée la Première Guerre mondiale ?

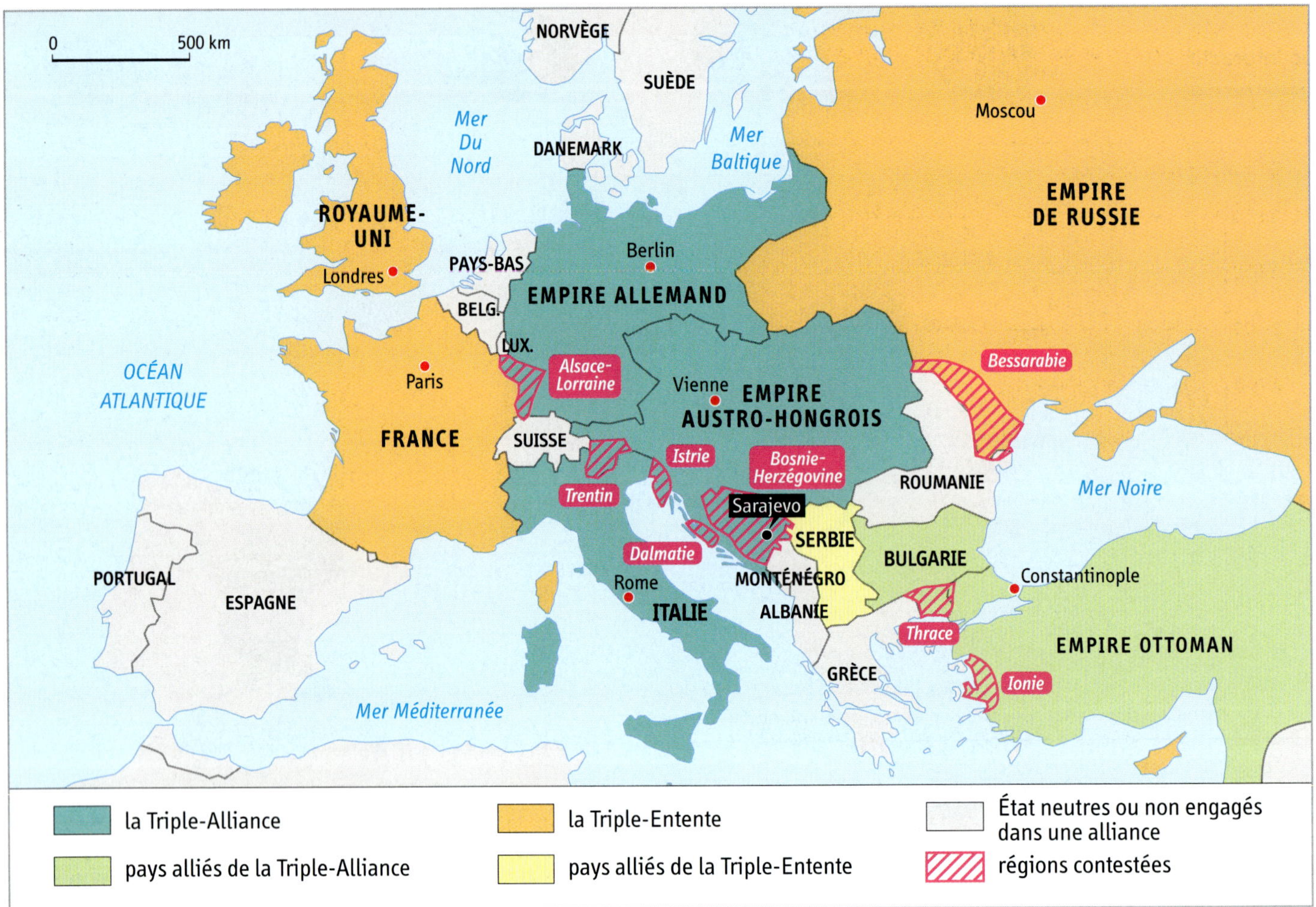

1 L'Europe en 1914

2 La situation internationale vue d'Allemagne

« La Triplice[1] a été conclue en tant qu'alliance défensive. Si l'un des trois contractants est attaqué, les deux autres doivent intervenir à ses côtés. De la sorte, sans être soi-même attaqué, on sera entraîné dans une guerre dont peut-être le pays n'aura pas envie et qu'il ne comprendra pas.

Comme la Triplice, la Triple-Entente[2] se présente sous la forme d'un accord défensif. Mais tandis que l'idée défensive domine expressément le traité de la Triplice, celui de la Triple-Entente présente de fortes tendances offensives […].

La Russie a le désir compréhensible d'écraser l'Autriche pour imposer l'hégémonie slave en Europe et, par le moyen de la Serbie, d'ouvrir la route vers la mer Adriatique. L'Autriche n'a qu'un intérêt défensif à s'y opposer.

La France souhaite recouvrer les provinces perdues et prendre sa revanche des défaites de 1870. L'Allemagne ne veut que défendre sa propriété.

L'Angleterre cherche à se débarrasser, avec l'aide de ses alliés, du cauchemar de la puissance maritime allemande. L'Allemagne ne pense pas à la destruction de la flotte anglaise : là encore elle ne veut que se défendre […].

Si la guerre éclate, il n'est pas douteux que tout son poids retombera sur les épaules de l'Allemagne, entourée de trois côtés par ses adversaires. »

Extrait d'un rapport officiel du général von Moltke, chef de l'état-major allemand, décembre 1912.

1. Alliance entre l'Allemagne, l'Autriche-Hongrie et l'Italie.
2. Alliance entre la France, la Russie et le Royaume-Uni.

3 Les exportations de l'Angleterre et de l'Allemagne

En millions de francs-or

	1890	1900	1913
Royaume-Uni	8,2	8,9	16
Allemagne	4,1	5,8	12,3

Source : René Girault, *Histoire des relations internationales contemporaines*, Tome 1 : *Diplomatie européenne. Nations et impérialismes*. 1871-1914, Masson/A. Colin, 1995.

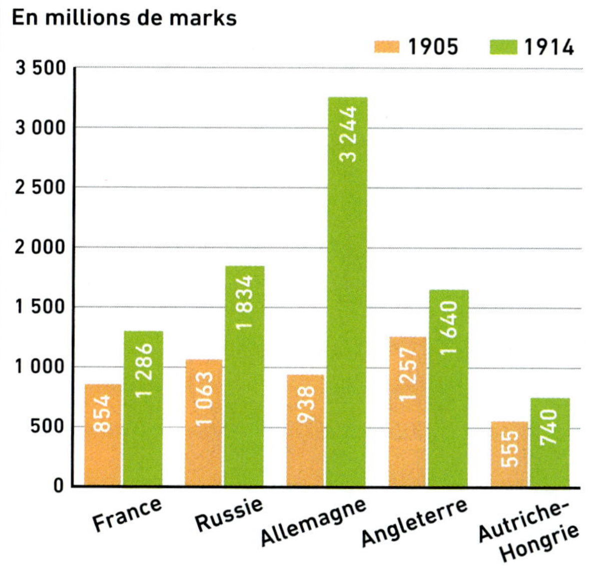

Source : Jacques Weber, *Le Siècle d'Albion. L'empire britannique au XIXe siècle. 1815-1914*, Les Indes savantes, 2011.

4 La course aux armements

5 L'attentat de Sarajevo

Supplément illustré du *Petit Journal*, n° 1 234, dimanche 12 juillet 1914.

Le 28 juin 1914, l'archiduc François-Ferdinand de Habsbourg, héritier du trône d'Autriche-Hongrie, ainsi que sa femme sont assassinés à Sarajevo par un étudiant nationaliste serbe. L'Autriche-Hongrie entre en conflit avec la Serbie, alliée de la Russie.

6 Mobilisation et déclarations de guerre

28 juillet 1914 L'Autriche-Hongrie déclare la guerre à la Serbie.
30 juillet Mobilisation en Russie, alliée de la Serbie.
1er août L'Allemagne déclare la guerre à la Russie. Mobilisation en France, alliée de la Russie. Mobilisation en Allemagne.
3 août L'Allemagne déclare la guerre à la France.
4 août Le Royaume-Uni déclare la guerre à l'Allemagne.
5 août L'Autriche-Hongrie déclare la guerre à la Russie.

VOCABULAIRE

Alliance défensive : alliance qui fonctionne en cas d'attaque ennemie contre un des États membres. Si un pays est attaqué, ses alliés entrent en guerre à ses côtés.

Mobilisation : mise sur le pied de guerre des forces militaires d'un pays.

QUESTIONS

1. **Doc. 1** Identifiez les pays des deux alliances.
2. **Doc. 2** D'après ce texte, qu'est-ce qui oppose la France et le Royaume-Uni à l'Allemagne ? Expliquez « entourée de trois côtés par ses adversaires ».
3. **Doc. 3** Pourquoi l'évolution commerciale des deux pays peut-elle être un facteur de tension ?
4. **Doc. 1** Quelles sont les régions contestées et qui opposent-elles ?
5. **Doc. 1 et 5** Expliquez l'assassinat de Sarajevo, ses causes et ses conséquences à l'aide des deux documents.
6. **Doc. 1 et 6** Expliquez comment l'attentat de Sarajevo a pu se transformer en conflit européen.

Synthèse Rédigez une courte synthèse sur le déclenchement de la guerre en y intégrant les facteurs de tension, l'événement déclencheur, l'engrenage des alliances.

Étude L'Europe et la Méditerranée en guerre

Entre 1914 et 1917, des États rejoignent les deux camps qui s'affrontent. De nouveaux fronts apparaissent en Europe mais aussi au Moyen-Orient. La guerre n'est pas seulement terrestre, elle est aussi aérienne et maritime.

Quels sont les espaces de conflits et les formes de la guerre en Europe et en Méditerranée entre 1914 et 1917 ?

1 L'Europe et la Méditerranée en guerre (1914-1917)

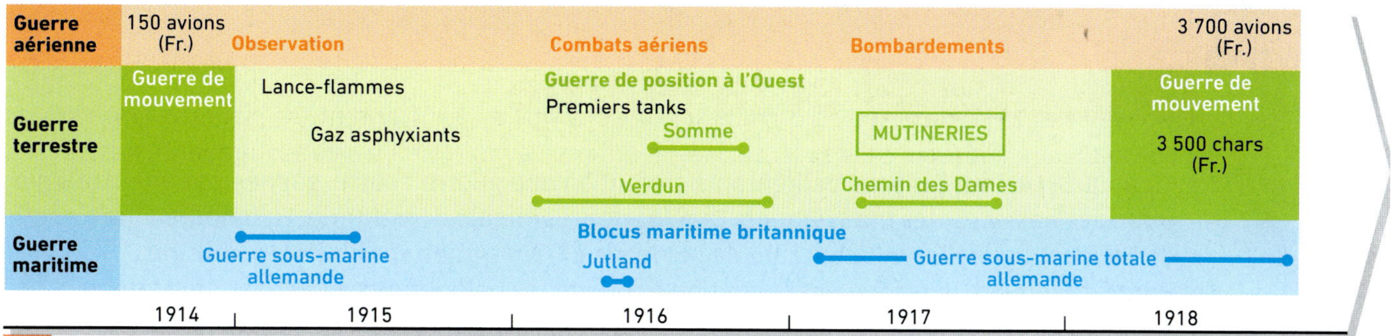

2 Les phases et les formes de la Première Guerre mondiale

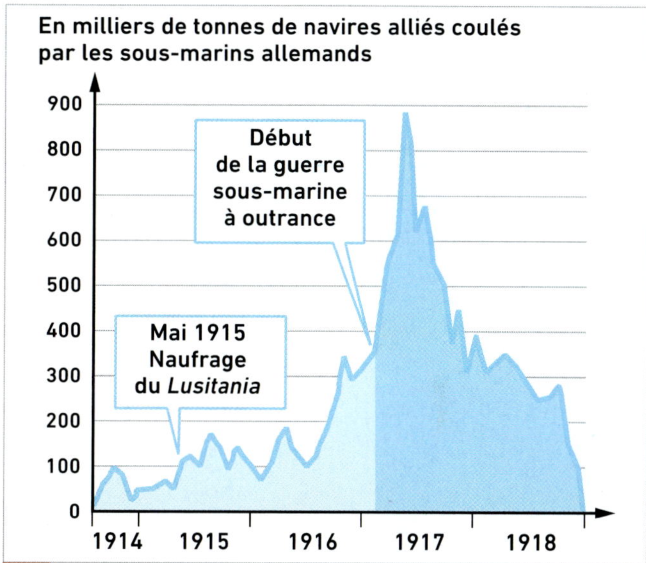

3 La guerre sous-marine allemande

4 Le ralliement des pays extra-européens aux Alliés

Août 1914 Japon
Avril 1917 États-Unis, Cuba, Panama
Août 1917 Chine
Octobre 1917 Brésil
Avril 1918 Guatemala
Mai 1918 Nicaragua, Costa Rica
Juillet 1918 Haïti, Honduras

QUESTIONS

1. **Doc. 1 et 4** Quels sont les deux camps en août 1914 ? Par quels pays sont-ils rejoints après août 1914 ?
2. **Doc. 1 et 2** Quelles sont les phases de la guerre à l'Ouest de 1914 à 1917 ? sur le front est ?
3. **Doc. 1** Quels autres fronts sont ouverts à partir de 1915 en Europe ? au Moyen-Orient ?
4. **Doc. 1, 2 et 3** En quoi les mers et les océans jouent-ils un rôle majeur de 1914 à 1917 ?
5. **Doc. 1 à 4** Montrez que la guerre s'intensifie et se mondialise à partir de 1917.

Synthèse Décrivez la guerre en Europe et en Méditerranée de 1914 à 1917 : la guerre de mouvement en 1914 ; les fronts de 1915 à 1917 ; la guerre maritime de 1914 à 1917.

Point de passage

1914 : Tannenberg et la Marne

En août 1914, tous les pays belligérants croient en une guerre courte, gagnée par une stratégie offensive basée sur les mouvements rapides des régiments d'infanterie. La bataille de Tannenberg à l'Est et la bataille de la Marne à l'Ouest mettent fin à cette illusion. Progressivement, le front devient continu et oblige les belligérants à changer de stratégie.

En quoi les batailles de Tannenberg et de la Marne marquent-elles l'échec d'une guerre rapide et de mouvement ?

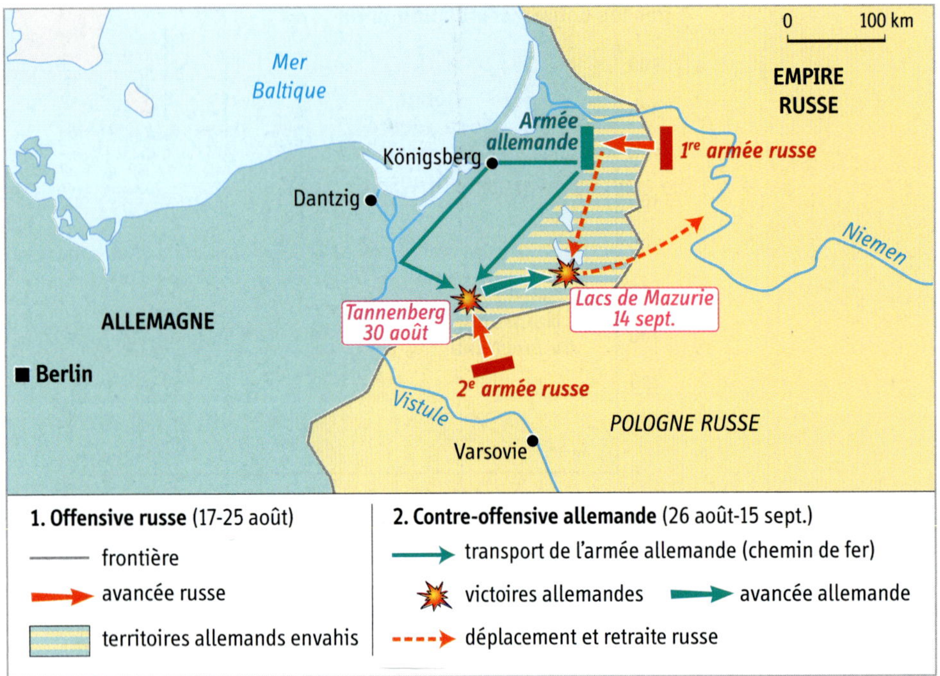

1 **Tannenberg et le front de l'Est (26 août-15 septembre 1914)**

2 **Une carte postale allemande de 1914**

« Destruction de 3 corps d'armée russe à Tannenberg et conquête de 516 canons le 30 août 1914 ».

3 Hindenburg vainqueur à Tannenberg

« En Prusse orientale, la hâte de nos alliés russes fut sans doute due à la nécessité d'atteindre immédiatement l'Allemagne sur son territoire national, pour alléger l'énorme pression que l'armée allemande exerçait sur le théâtre occidental. Du 17 au 21 août, l'armée russe, pénétrant de 150 km en territoire ennemi, répandit la panique parmi les populations qui commencèrent un exode en masse vers Berlin. Contre elle, le colonel-général Hindenburg[1], aujourd'hui maréchal, opposa des forces appuyées par de l'artillerie lourde[2] transportée rapidement des forteresses voisines par voies de chemin de fer. Il étreignit la 2e armée russe en l'enveloppant. Après un combat acharné, les Russes allaient battre en retraite mais 90 000[3] restèrent prisonniers.

La victoire remportée par Hindenburg avait été brillante d'un point de vue tactique [...]. Elle eut aussi un résultat stratégique qui fut d'obliger les Russes à évacuer promptement tout le territoire envahi. »

« Que fait la Russie, que fera-t-elle ? » *Les Cahiers de la guerre. Pourquoi nous serons vainqueurs*, n° 5, 1914.

1. Paul von Hindenburg (1847-1934), commandant de l'armée allemande (8e armée) lors de la bataille de Tannenberg.
2. Les canons.
3. Il y eut plus de 30 000 Russes tués ou blessés, 92 000 prisonniers et 500 canons gagnés.

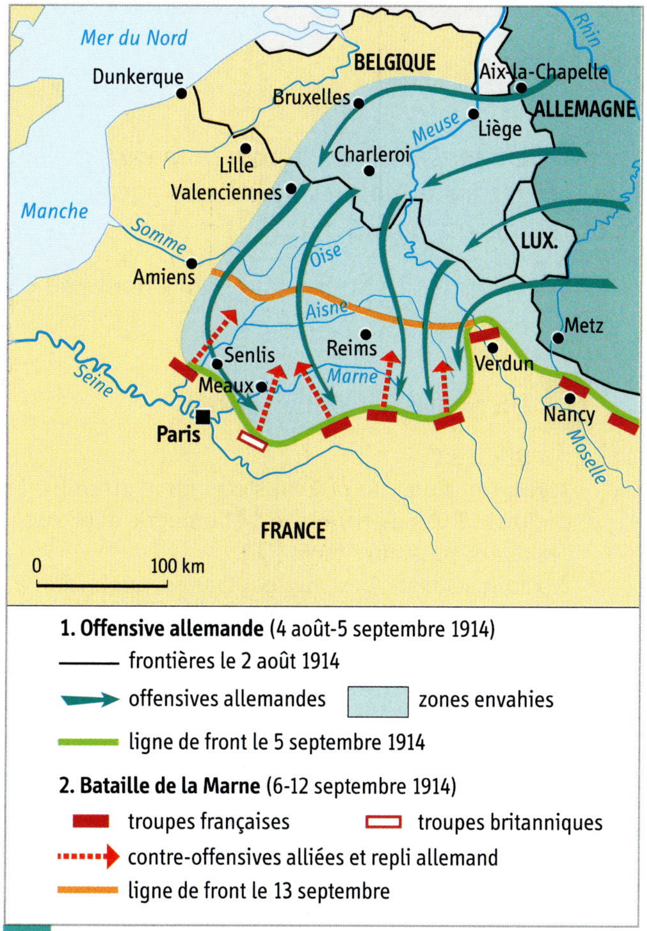

4 La bataille de la Marne (5-12 sept. 1914)

5 La ruée allemande en août 1914

6 Joffre[1] et la contre-offensive française

« L'armée d'invasion descendait vers le sud ; son aile droite allait trouver Paris sur son chemin [...] mais dans cette situation embarrassante pour nous, [les Allemands] commirent une grave erreur d'appréciation. Ils ne soupçonnèrent pas la manœuvre habile de notre général en chef, Joffre, et attribuèrent notre rapide recul à une démoralisation complète. Le 5 septembre, une fois nos lignes renforcées en prélevant des unités de l'Est et faisant appel à des corps de réserves, voyant l'ennemi engagé, Joffre prend le parti de passer à l'offensive. Ainsi commence, le 6 septembre, la bataille de la Marne. [...] Les Allemands, déconcertés par notre assaut général qu'ils n'avaient pas prévu, et au prix de pertes françaises considérables[2], opèrent une retraite générale le 9 septembre. Mais nos troupes, harassées par trois semaines de marches et de combats ininterrompus, ne sont plus en état de transformer la défaite en désastre [...]. »

« La victoire de la Marne », *L'Illustration*, 9 janvier 1915.

1. Joseph Joffre (1852-1931), commandant en chef de l'armée française en 1914. 2. 105 000 morts français, 8 000 britaniques, 84 000 allemands du 5 au 12 septembre.

7 Vers la guerre des tranchées

À la suite du recul allemand, le front de l'Ouest se fixe peu à peu dans des tranchées.

« Lundi 12 octobre 1914

C'est beaucoup d'être exposé des journées entières à une canonnade violente, se tapissant au fond de ces tranchées sans pouvoir riposter. C'est beaucoup de rester aux aguets des journées et des journées sur le même terrain artificiellement fortifié, ne pouvant pas avancer et ne devant pas reculer. La guerre ne se fait pas comme au temps jadis. Maintenant on fait la guerre surtout couché, on se lève pour courir un peu, puis on se terre bien vite, en prenant de multiples précautions pour que rien ne dépasse. Maintenant on reste 10 jours dans la même tranchée, on y dort, on y brave la pluie, le soleil, le froid, la soif, et quelquefois on y meurt. »

Victor Guillemin, ingénieur mobilisé le 1er août à 34 ans, *Carnets de guerre*, 1914-1918.

PARCOURS 1 : analyser des documents

Choisissez une des batailles et répondez aux questions suivantes.

1. Situez la bataille dans l'espace et le temps. Présentez les camps qui s'affrontent.
2. Décrivez et expliquez l'offensive et la contre-offensive.
3. Quel est le bilan de la bataille ?

Synthèse Décrivez la bataille et son bilan.

PARCOURS 2 : rédiger un texte à partir d'une consigne

Pour chacune des batailles, présentez les adversaires, les stratégies employées par chacun des adversaires, le bilan de la bataille.

Point de passage

1915 : l'offensive des Dardanelles

En 1915, les Alliés décident de lancer une offensive dans les Dardanelles pour prendre le contrôle des détroits reliant la mer Noire à la Méditerranée. Mais les opérations navales et le débarquement sont des échecs. Les Alliés se retirent en janvier 1916.

En quoi la bataille des Dardanelles est-elle une opération militaire d'un genre nouveau ?

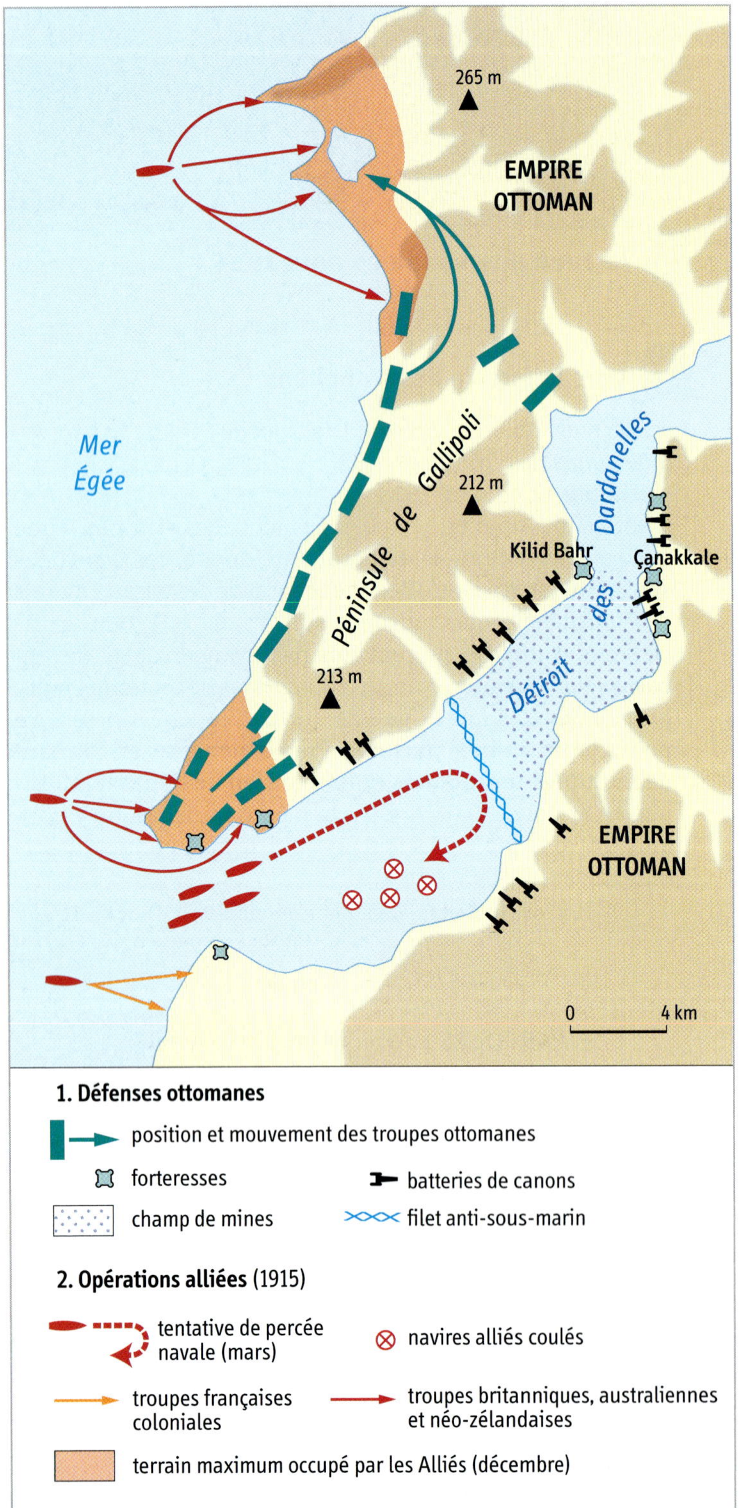

1 La bataille des Dardanelles

2 Un nouveau front en Orient

« SECRET

1. Russie. Nous ne pouvons pas nous attendre à ce que la Russie envahisse l'Allemagne avec succès avant plusieurs mois [...].

2. Front Ouest. Les lignes franco-anglaises à l'Ouest sont très fortes et ne peuvent pas être inversées. Nous sommes plus forts qu'au début de la guerre et les Allemands ont des forces moins importantes [...]. Prendre quelques divisions pour les envoyer à Gallipoli[1] ne nous affaiblirait pas dangereusement.

3. Le seul point où l'initiative peut être saisie et maintenue, se situe en Orient. Avec la coopération militaire et navale appropriée et avec les forces disponibles, nous pouvons nous assurer de prendre Constantinople d'ici la fin mars et de capturer ou de détruire toutes les forces turques en Europe. Cela éliminera la Turquie en tant que facteur militaire [et ouvrira les détroits aux Russes]. »

Arguments de Winston Churchill, Premier Lord de l'Amirauté, pour débattre devant le Conseil de guerre du 26 février 1915.

1. Presqu'île des Dardanelles.

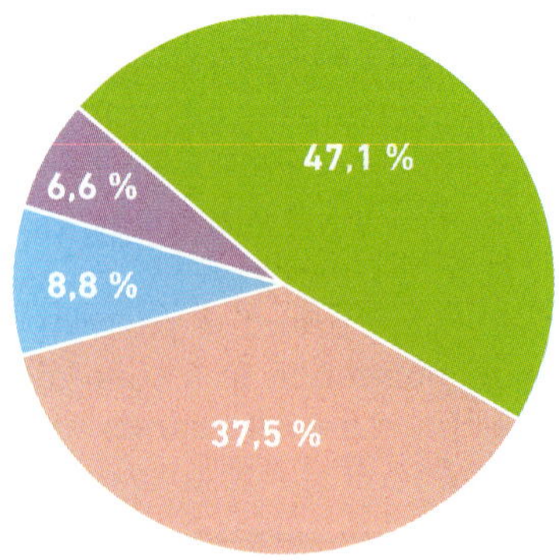

1. Morts, disparus, blessés, prisonniers.

Source : Jay Winter, *La Première Guerre mondiale, l'éclatement d'un monde*, Albin Michel, 1990.

3 Les pertes des Dardanelles

4 Le débarquement terrestre des Australiens sur la presqu'île de Gallipoli (1915)

Lithographie de E. S. Hodgson, 1915.

Ne pouvant pénétrer le détroit des Dardanelles, les Alliés sont contraints de débarquer sur la péninsule de Gallipoli, opération militaire d'un genre nouveau.

5 Des conditions de combat terribles

Les soldats alliés débarquent sur les plages. Mais ils sont exposés aux tirs des Turcs installés sur les collines.

a. « Il y a des milliers de morts sur le terrain, ces morts sont des légionnaires, des Anglais ou Australiens, des Zouaves[1] ou des Sénégalais. Les milliers de cadavres qui pourrissent en plein air, à quelques mètres des tranchées, vont amener une épidémie de choléra. Il est impossible d'enterrer les morts car les Turcs descendent avec une impitoyable précision tout ce qui s'expose. Ce n'est pas une guerre, c'est une boucherie. »

Témoignage d'un légionnaire paru en Suisse dans *La Revue*, 25 juin 1915.

b. « Des postes de secours sont improvisés en plein air, sous la toile de tente, à tous les carrefours. Ils grouillent d'une humanité désolante, criant, réclamant des secours et de l'eau. On les transporte à bord des navires sur rade qui n'ont eux-mêmes ni médecins, ni médicaments. »

Capitaine Feuille, *Face aux Turcs. Gallipoli*, 1915.

c. « J'ai participé à beaucoup d'autres combats un peu partout dans le monde. Nulle part, je dis bien nulle part, je n'ai vu les cadres et les hommes souffrir de la guerre comme sur cette presqu'île de Gallipoli. Souffrance de toutes sortes, dévorés par la vermine, condamnés à boire une eau infecte, à vivre au milieu des cadavres, guerre impitoyable de jour et de nuit. Là, il n'était pas question de repli stratégique, car derrière, à droite et à gauche, était la mer, toujours la mer. »

Caporal Mézig, *Carnet personnel*.

1. Soldats algériens de l'armée française.

6 L'abandon et l'échec de l'opération

« Depuis hier, il ne se trouve plus à l'exception des prisonniers aucun soldat anglais ou français aux Dardanelles. Au bout du compte, il n'est pas de grande importance qu'on ait pris 30 ou 50 mitrailleuses, 2 000 ou 3 000 boîtes de conserves et qu'on se soit emparé d'un canon de campagne de plus ou de moins. Le seul fait qui importe est celui-ci : l'entreprise des Dardanelles commencée avec un si grand appareil et soutenue avec des pertes si cruelles pour l'assaillant est définitivement terminée, et elle se termine par une honteuse défaite qui est on ne peut plus humiliante pour la superbe Albion[1] et terriblement décourageante pour ses alliés ou plutôt les troupes étrangères attelées à son char de guerre. »

Journaliste turc du *Llyod Ottomar*, 10 janvier 1916.

1. L'Angleterre.

PARCOURS 1 : analyser des documents

1. **Doc. 1 et 2** Où se déroule la bataille des Dardanelles ? Quel intérêt cette région représente-t-elle pour les Alliés ?
2. **Doc. 3 et 5** D'où viennent les soldats qui participent au combat ?
3. **Doc. 1** Quelle est la première phase de la bataille et les difficultés rencontrées ?
4. **Doc. 4 et 5** Décrivez la situation des soldats lors de la deuxième phase.
5. **Doc. 3 et 6** Quel est le bilan de la bataille ?

Synthèse Identifiez les lieux et les éléments qui font passer les opérations militaires d'une guerre de mouvement à une guerre de position.

PARCOURS 2 : rédiger un texte à partir d'un plan

Montrez que la bataille des Dardanelles est un échec important pour les Alliés :
1. un nouveau front (situation, raisons, acteurs) ;
2. les deux phases de la bataille et les difficultés rencontrées ;
3. le bilan de la bataille (matériel, humain, politique).

Point de passage

1916 : la bataille de la Somme

Sur le front occidental, depuis la fin de l'année 1914, les Allemands et les Alliés se font face dans des tranchées. En 1916, sur la Somme, les Britaniques et les Français cherchent à percer le front. Cette bataille, qui a massivement recours à l'artillerie, est la plus meurtrière du conflit.

TÂCHE COMPLEXE

Le musée de l'Armée à Paris prépare une exposition sur les grandes batailles de la Première Guerre mondiale. Une salle est consacrée à la bataille de la Somme. Le musée vous charge d'écrire un texte d'une vingtaine de lignes sur la bataille, avec deux ou trois intertitres, qui sera exposé à l'entrée de la salle.

CONSEILS

Vous pouvez :

– présenter la bataille : le front, les armées en présence, les raisons de l'offensive ;

– indiquer quels sont les moyens mis en œuvre pour l'emporter et la façon de combattre ;

– faire un bilan humain, territorial et matériel de la bataille.

BOÎTE À OUTILS

- **Vidéos**

Vidéo
La Bataille de la Somme de la Grande Guerre
hatier-clic.fr/19h1021

Vidéo
Battle Detectives, Battle of The Somme
hatier-clic.fr/19h1022

1 Une bataille de matériel

Vallée de Fricourt-Mametz, août 1916.

De 25 juin au 1er juillet 1916 à l'aube, 1 437 canons britanniques installés tous les 18 mètres martèlent jour et nuit les positions allemandes en projetant 1 508 652 obus.

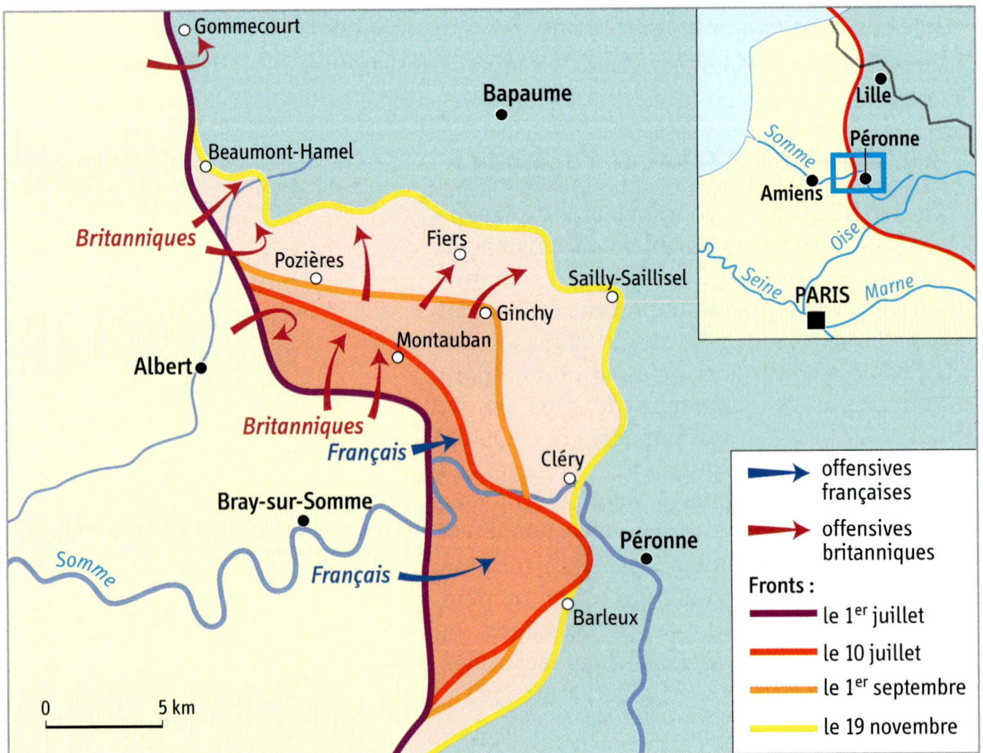

2 La bataille de la Somme

Le 1er juillet 1916, l'offensive fait 137 000 morts et blessés.

3 Ouvrir et percer le front à l'Ouest

« **1.** J'ai l'honneur de vous informer que j'ai participé hier à une conférence près d'Amiens, présidée par M. Poincaré, président de la République, à laquelle assistaient également M. Briand, les généraux Joffre, Castelnau et Foch, et le ministre français de la Guerre.
2. Au cours de cette discussion, M. Poincaré m'a informé qu'il s'était récemment rendu à Verdun et que, selon les trois généraux de haut rang présents sur place (Pétain, Nivelle et [illisible]), Verdun[1] serait pris par l'ennemi, à moins qu'une action rapide ne permette de soulager la pression sur ce secteur du front [...].
3. Dans ces circonstances, je me prépare à participer à des opérations offensives avec les Français, afin de diminuer la pression sur Verdun et vous adjure de recommander que toutes les divisions [britanniques] disponibles soient déplacées vers la France afin de soutenir les opérations futures. Le général Joffre m'a assuré que tous les efforts seraient faits pour soutenir l'offensive britannique, avec toutes les divisions et les canons disponibles français. »

Lettre secrète du général Douglas Haig, commandant en chef des armées britanniques à William Robertson, chef de l'état-major impérial général, le 1er juin 1916.

1. Bataille de Verdun en Lorraine (21 février-18 décembre 1916).

4 Soldats britaniques dans les tranchées

Les troupes britanniques attendent des ordres pour attaquer dans des tranchées près de Ginchy, le 25 septembre 1916.

5 Une bataille destructrice

« Les tranchées allemandes, profondes, ingénieusement bâties, renforcées avec du ciment et de l'acier, élargies dans un réseau démesuré, ont été bouleversées, comblées, anéanties en quelques heures sous les coups incessants de l'artillerie française. Sous une telle avalanche de métal et d'explosifs, la tranchée cesse d'être une défense et devient une prison qui est une tombe. Les entonnoirs[1], ouverts par les obus, se suivent sans interruption dans toutes les directions à la distance de deux ou trois mètres l'un de l'autre. Notre artillerie a bombardé les positions allemandes pendant 36 heures, cinq ou six millions de projectiles y ont été lancés.

Le matériel énorme continue à arriver au front dans un flot inépuisable par les chemins de fer, les canaux, les convois de chariot à traction animale et automobile. Il faut aussi faire l'éloge de notre merveilleuse aviation qui a conquis la suprématie absolue du ciel et qui a paralysé l'aviation de l'adversaire, qui sème la mort dans les lignes ennemies et accompagne l'avance de l'infanterie en guidant d'une façon infaillible le tir des puissantes batteries françaises. »

Lettre d'un poilu réunionnais publiée dans *Le Progrès*, 6 octobre 1916.

1. Vastes trous formés par l'impact des obus.

6 Le bilan humain de la bataille de la Somme

	Armée allemande	Armée britannique	Armée française	Total belligérants
Morts et disparus	170 100	206 282	66 688	443 070
Blessés	267 222	213 372	135 879	616 473
Total	437 322	419 654	202 567	1 059 543

Source : Alain Denizot, *La Bataille de la Somme*, Perrin, 2002.

Étude L'implication des empires coloniaux

Pendant la guerre, les colonies fournissent des denrées alimentaires et des hommes aux métropoles pour combattre sur le front et travailler dans les usines de guerre. Les colonies sont par ailleurs des lieux d'affrontements entre les Alliés et l'Allemagne.

Quels rôles les colonies jouent-elles dans la Première Guerre mondiale ?

Vidéo
Les troupes coloniales et la Première Guerre mondiale
hatier-clic.fr/19h1023

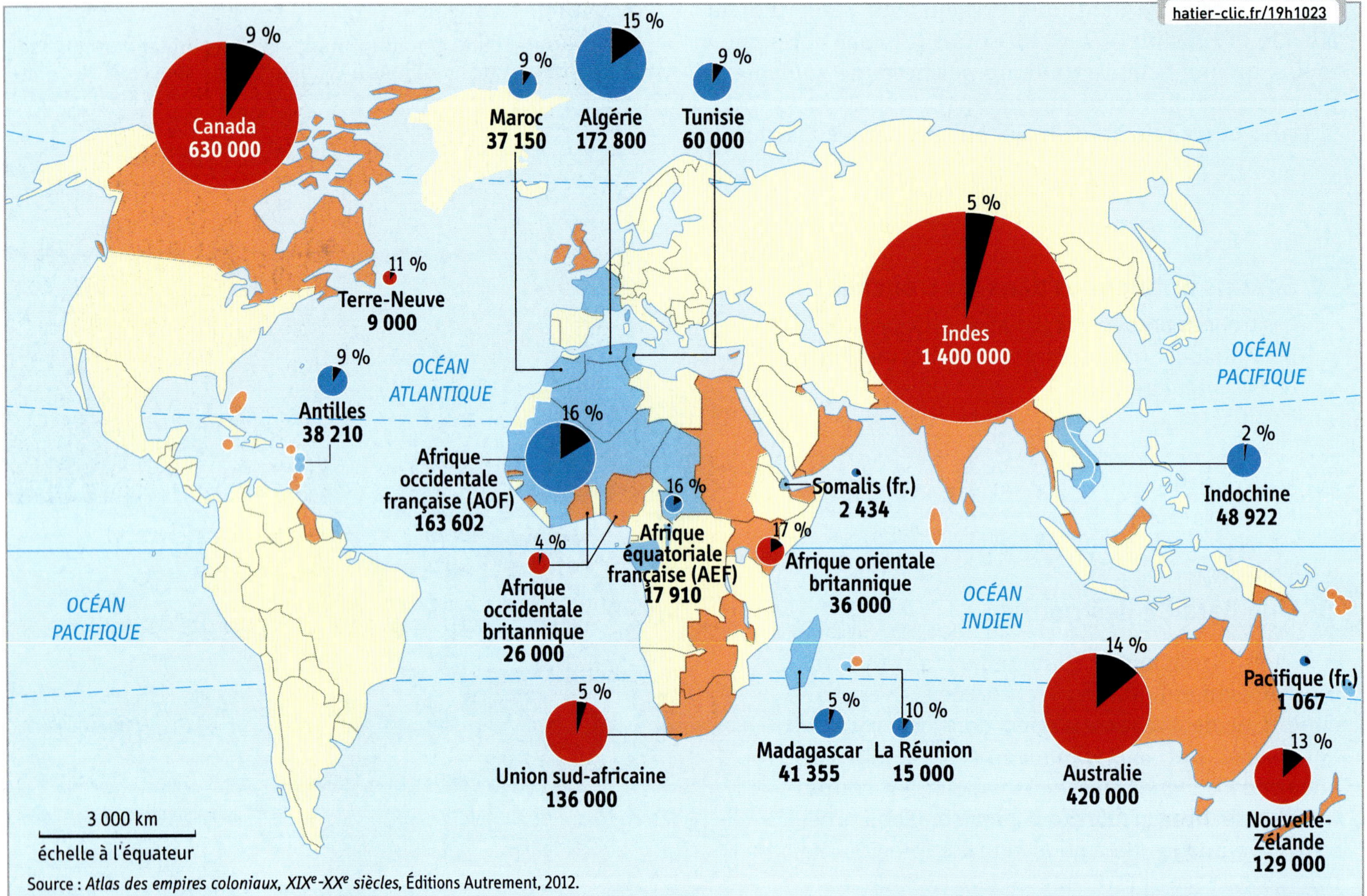

Source : *Atlas des empires coloniaux, XIXe-XXe siècles*, Éditions Autrement, 2012.

	Effectifs incorporés	Effectifs décédés
France métropolitaine	8 300 000	1 380 000
Empire français	583 450	73 150
Royaume-Uni	6 700 000	702 000
Empire britannique	2 751 000	210 000

1 Le recrutement des soldats dans les empires coloniaux

2 Les résistances au recrutement

« Ces populations qui, au mois d'août 1914, alors que nous pouvions craindre une incursion des Allemands sur notre territoire, nous ont donné des preuves de loyalisme, manifestent pour le service à l'extérieur du Dahomey une répugnance pour le moins aussi forte que celle des indigènes des autres parties de la colonie [...]. Un recrutement complémentaire important dans les cercles du Haut et du Moyen-Dahomey, ne pourrait être obtenu que par des moyens coercitifs. [...] Je relève partout un sentiment de réelle inquiétude dû aux mœurs paisibles et timides des habitants, répugnant au service des armes qui présente de trop grands risques, qui plus est dans un pays lointain d'où l'on ne revient sans doute jamais, l'opposition de bon nombre de notables, les fuites de jeunes gens, les paniques et quelquefois les mutilations volontaires. »

Rapport de Charles Nouffard, lieutenant-gouverneur du Dahomey, sur les campagnes de recrutement de tirailleurs, 2e et 3e trimestres 1915.

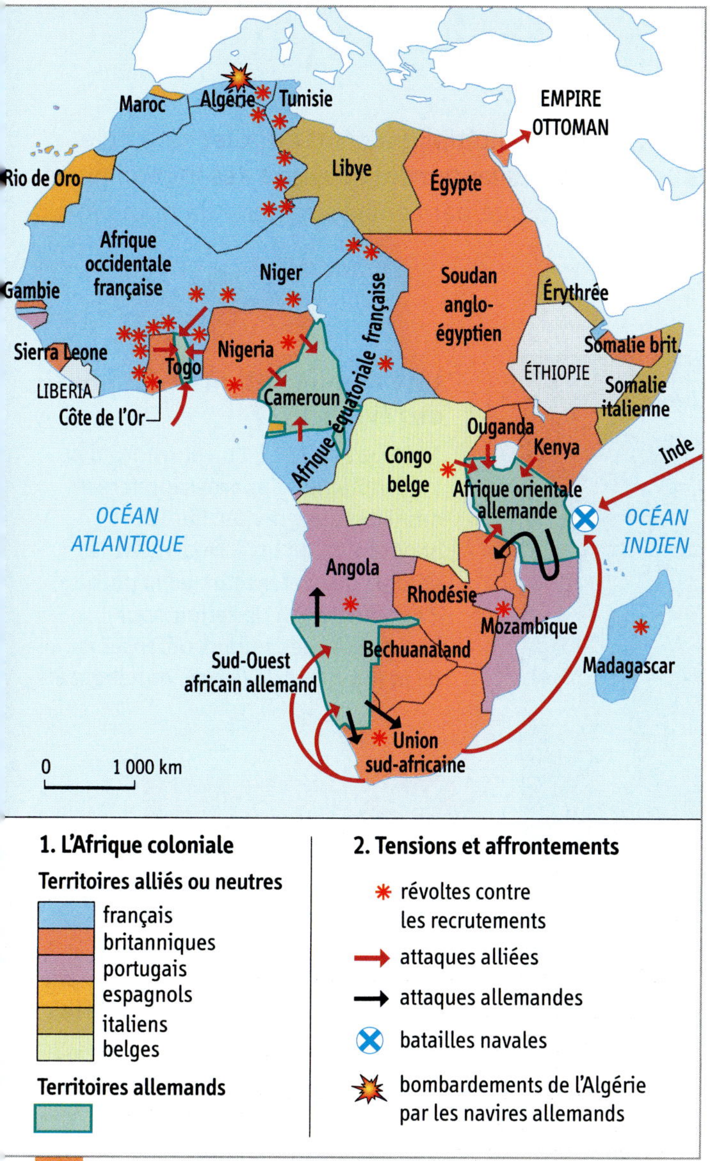

3 Le continent africain dans la Première Guerre mondiale

Doc interactif
Manuel numérique

4 Une tranchée tenue par des tirailleurs sénégalais à Verdun en 1916

5 Le point de vue d'un vietnamien sur la guerre

« Pour nous, indigènes, ce serait une grave erreur que de croire que nos compatriotes annamites[1], tirailleurs ou ouvriers, qui ont risqué leur vie dans les plaines de Champagne ou sous les murs de Verdun, qui ont combattu en Grèce ou en Serbie, qui ont fabriqué de la poudre ou construit des avions, auront été assez payés par les quelques dizaines de piastres[2] qu'ils ont reçues, ou par la maigre pension de retraite qu'ils ont obtenue des pouvoirs publics. Ils ont acquis là-bas un titre de reconnaissance de la patrie française. Cette gloire que des milliers et des milliers de tirailleurs et d'ouvriers, gens frustres mais dévoués, ont payé de leur vie, rejaillit sur tous les Annamites d'Indochine. Mais ce serait vraiment trop bon marché si nous étions quittes. »

Tribune indigène, bi-hebdomadaire vietnamien publié en Cochinchine (lu par la classe moyenne annamite, partisane de réformes qui protège ses intérêts), 12 septembre 1918.

1. De l'Annam, nom donné au Vietnam.
2. Monnaie utilisée en Indochine.

6 Les souscriptions aux emprunts d'État

Indice 100 en 1915

	1915	1916	1917	1918
Colonies françaises	100	118	127	384
France	100	73	74	155

Source : Marc Michel, *L'Afrique dans l'engrenage de la Grande Guerre (1914-1918)*, Karthala, 2014.

QUESTIONS

1. **Doc. 1 et 4** Quelles colonies britanniques et françaises ont donné le plus de soldats et pourquoi ? Selon vous, pourquoi l'Allemagne n'a-t-elle pas utilisé de soldats des colonies ?
2. **Doc. 2** D'après ce texte, comment s'exprime l'opposition au recrutement ?
3. **Doc. 3** Où se situent les affrontements guerriers en Afrique et qui opposent-ils ?
4. **Doc. 5** À quelles tâches ont été utilisés les Vietnamiens ? Quels avantages tiraient les soldats recrutés? Que sous-entend la fin du texte ?
5. **Doc. 6** Comment évoluent les souscriptions d'État dans les colonies par rapport à la France ?

Synthèse Comment les empires coloniaux sont-ils impliqués dans la Première Guerre mondiale ?

Étude L'effondrement de la Russie (1917)

En Russie, au début de l'année 1917, les manifestations se multiplient contre la vie chère et la guerre. En février, une révolution renverse le tsar et un gouvernement provisoire se met en place. Quelques mois plus tard, en octobre, le parti bolchevik dirigé par Lénine s'empare du pouvoir.

Quel est l'impact des révolutions russes sur la Première Guerre mondiale ?

1 Une manifestation de femmes en février 1917

Au début de 1917, l'hiver est froid et les problèmes d'approvisionnement des villes s'aggravent. Sur les banderoles, on lit : « *Nourrissez les enfants des défenseurs de la patrie* », « *Augmentation de ration pour les familles des soldats défenseurs de la liberté et de la paix nationale* ».

VOCABULAIRE

Parti bolchevique : parti fondé par Lénine en 1912, favorable à une révolution immédiate.

Soviets (« conseils » en Russe) : assemblées composées d'ouvriers, de paysans, de soldats acquis aux idées révolutionnaires.

2 Les deux révolutions russes

	Février 1917	Octobre 1917
Qui ?	Femmes, ouvriers et soldats	Bolcheviks
Pourquoi ?	Hausse des prix et pénuries Guerre	Hausse des prix et pénurie Continuation de la guerre
Comment ?	Grèves, manifestations, mutineries et désertions de soldats Mouvement spontané	Coup d'État organisé par Lénine et Trotski (24 au 25 octobre) Mouvement organisé et encadré
Où ?	Petrograd (Saint-Pétersbourg)	Petrograd
Conséquences ?	Abdication du tsar Nicolas II Gouvernement provisoire dirigé par Kerenski Désordre, affaiblissement de l'État	Gouvernement bolchevik Signature de l'armistice puis de la paix de Brest-Litovsk avec l'Allemagne (mars 1918)

3 Les révolutions vues de France

a. Après février 1917

« Le monde entier était stupéfait, pétrifié de cette révolution, de cet écroulement de l'immense empire séculaire des tsars. Ces événements eurent leur répercussion sur le front français. Un vent de révolte souffla sur presque tous les régiments, des soldats chantaient et, à la fin, des applaudissements frénétiques éclataient auxquels se mêlaient les cris "Paix ou Révolution !", "À bas la guerre !", "Permission, permission !" »

Carnets de guerre de Louis Barthas, tonnelier, 1914-1918, © Éditions La Découverte, 2013.

b. Après octobre 1917

« Lénine et Trotski, les responsables de la défaillance russe : les traîtres commençaient hier les négociations d'armistice[1] […]. Ce qui nous occupe, le risque militaire immédiat du front oriental dégarni et des divisions allemandes alors libres d'accabler à l'Occident, les alliés du peuple russe. [Si la paix est signée] nous aurons à en subir le choc. »

Étienne Fournol, « *La défaillance russe* », éditorial du *Petit journal*, 3 décembre 1917.

1. Convention signée entre des pays en guerre pour suspendre les combats.

4 BIOGRAPHIE

Lénine (1870-1924), l'homme de la révolution d'Octobre

Vladimir Ilitch Oulianov est le fils d'un inspecteur d'école. Après ses études de droit, il étudie la doctrine de Karl Marx et devient socialiste sous le pseudonyme de Lénine. Selon lui, la révolution socialiste est possible en Russie si elle est conduite par un petit groupe de révolutionnaires professionnels et si elle obtient le soutien des ouvriers et des paysans. Exilé à partir de 1907, il crée le parti bolchevik en 1912 et s'oppose à la guerre. Après la révolution de février 1917, il rentre en Russie et publie ses *Thèses d'avril* qui s'opposent à toute collaboration avec le gouvernement provisoire de Kerenski. Il prépare la révolution bolchevique qui a lieu en octobre 1917. Il prend ensuite la tête du gouvernement et dirige le pays jusqu'à sa mort en 1924.

5 Lénine devant les délégués des soviets de la Russie réunis à Pétrograd (novembre 1917)

Vladimir Serov, huile sur toile, 1962 (Musée d'État, Moscou).

6 Les premiers décrets de Lénine

a. Le décret sur la paix (26 octobre 1917)

« Le gouvernement ouvrier et paysan issu de la révolution du 24-25 octobre et s'appuyant sur les soviets des députés ouvriers, soldats et paysans invite tous les peuples en guerre et leurs gouvernements à entamer immédiatement des pourparlers en vue d'une paix démocratique et équitable. Le gouvernement considère comme une paix équitable ou démocratique, comme le désire l'écrasante majorité des classes ouvrières et travailleuses épuisées, tourmentées et martyrisées par la guerre dans tous les pays en guerre, une paix immédiate sans annexion et sans indemnité [...]. Le gouvernement provisoire ouvriers et paysans de Russie s'adresse plus spécialement aux ouvriers conscients des trois plus grands États participants à la guerre actuelle, aux ouvriers d'Angleterre, de France et d'Allemagne. »

b. Le décret sur la terre (26 octobre 1917)

« La grande propriété foncière est abolie immédiatement sans aucune indemnité. Les domaines des propriétaires fonciers, ainsi que toutes les terres des nobles, des monastères de l'Église sont mis à la disposition des soviets paysans [...]. Les terres des simples paysans ne sont pas confisquées. »

Décrets signés par Vladimir Oulianov Lénine, président du Conseil des commissaires du peuple, D. R.

QUESTIONS

1. **Doc. 1 et 2** Quelles sont les causes et les formes du mécontentement de la population ? Quelle en est la conséquence politique ?
2. **Doc. 2, 4 et 5** Comment Lénine parvient-il au pouvoir ? Comment le tableau de Serov le présente-t-il ?
3. **Doc. 2 et 6** De qui le gouvernement bolchevik se dit-il le représentant ? Quelles sont les conséquences immédiates de la révolution bolchevique sur la guerre et sur les terres ?
4. **Doc. 3** En quoi les révolutions russes peuvent-elles gêner la France dans sa guerre contre l'Allemagne ?

Synthèse Quel est l'impact de la Première Guerre mondiale sur les révolutions russes et l'impact des révolutions russes sur le conflit ?

Étude 1917 : l'entrée en guerre des États-Unis

En février 1917, l'Allemagne engage une guerre sous-marine à outrance, empêchant les navires américains d'approvisionner les Britanniques. Les États-Unis déclarent la guerre à l'Allemagne le 6 avril 1917.

Quelles sont les causes et les conséquences de l'entrée en guerre des États-Unis ?

Vidéo
hatier-clic.fr/19h1024

1 Le torpillage du paquebot *Lusitania* en 1915

Dessin de L. Métivet paru dans l'hebdomadaire satirique *Le Rire rouge*, 22 mai 1915. « Bulletin de victoire – Triomphe naval – plusieurs centaines femmes et enfants hors de combat – conquis innombrables sympathies américaines. »

En mai 1915, le torpillage du paquebot transatlantique britannique *Lusitania* en provenance des États-Unis fait 1 198 morts dont 128 Américains. Face à l'émotion de l'opinion américaine, et pour éviter une guerre avec les États-Unis, les Allemands mettent fin momentanément à leur guerre sous-marine contre les navires marchands.

VOCABULAIRE

Guerre sous-marine à outrance : guerre qui consiste, à l'aide de sous-marins, à couler tout navire marchand, quelle que soit sa nationalité, qui aborde les côtes britanniques et celles de ses alliés.

2 Une manœuvre allemande contre les États-Unis en 1917

« Nous avons l'intention d'inaugurer la guerre sous-marine à outrance le 1er février. En dépit de cela, nous désirons que les États-Unis restent neutres, et si nous n'y réussissons pas, nous proposons une alliance au Mexique […]. Nous accorderons notre appui financier au Mexique, qui aura à reconquérir les territoires du Nouveau-Mexique, du Texas et de l'Arizona. »

Télégramme secret et crypté de Zimmermann, ministre allemand des Affaires étrangères, à l'ambassadeur du Mexique le 16 janvier 1917 et intercepté par les Britanniques qui le remettent au président Wilson le 23 février.

3 Les buts de guerre américains

« La guerre actuelle de l'Allemagne contre le commerce est une guerre contre l'humanité ; c'est une guerre contre toutes les nations. Des navires américains ont été coulés et des vies américaines ont été perdues dans des circonstances qui nous ont profondément remués. Mais les navires et les citoyens d'autres nations neutres et amies ont été coulés et précipités dans les flots de la même manière. Je recommande au Congrès d'accepter officiellement la proposition de belligérant[1] qui lui est ainsi imposée et de prendre des mesures immédiates pour exercer toute sa puissance et employer toutes ses ressources afin de terminer la guerre. Ce que cela implique est clair : la coopération et l'entente les plus complètes avec les gouvernements en guerre contre l'Allemagne, et l'ouverture des crédits financiers les plus larges ainsi que la mobilisation de toutes les ressources matérielles du pays. La neutralité n'est plus ni possible, ni désirable quand il y va de la paix du monde et de la liberté des peuples. Et la menace pour la paix et la liberté gît dans l'existence de gouvernements autocratiques[2] […]. La démocratie doit être en sûreté dans le monde. »

Discours du président Woodrow Wilson au Congrès américain, le 2 avril 1917.

1. De pays en guerre. 2. Autoritaires.

4 Les soldats américains débarquent à Saint-Nazaire

Les premiers soldats américains débarquent en juin 1917 à Saint-Nazaire près de Nantes. Mais c'est de mars à novembre 1918 que les débarquements vont être massifs.

5 Recruter des soldats pour l'Europe

Affiche de James Montgomery Flagg, 1917.

L'armée américaine est peu nombreuse. Le gouvernement fait alors appel à des volontaires. Puis en mars 1918, il impose la conscription, le service militaire obligatoire.

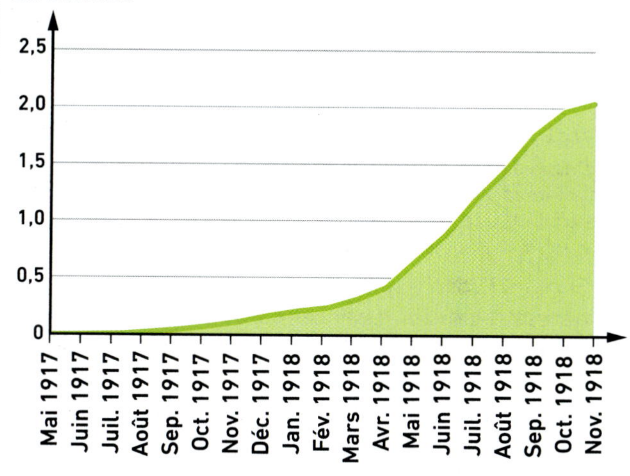

Source : Richard A.Rinaldi, *The US Army in World War 1. Orders of battle*, © Richard A. Rinaldi, 2005.

6 Nombre de soldats américains en Europe

QUESTIONS

1. **Doc. 1, 2 et 3** Quelles menaces l'Allemagne fait-elle peser sur les États-Unis en 1917 ?
2. **Doc. 3** Quels sont les objectifs de l'entrée en guerre annoncés par le président Wilson ?
3. **Doc. 3 et 4** Par quels moyens Wilson veut-il s'engager dans la guerre ?
4. **Doc. 4, 5 et 6** Décrivez l'engagement militaire des Américains.

Synthèse Faites un schéma sur les causes et les conséquences de l'entrée en guerre des États-Unis.

Point de passage

Mars 1918 : la dernière offensive allemande

En mars 1918, le commandement allemand rapatrie les troupes du front oriental et lance une grande offensive à l'Ouest : c'est le retour de la guerre de mouvement. Mais à partir de juillet, les Alliés, sous le commandement en chef du maréchal Foch, lancent leur contre-offensive.

Comment la reprise de la guerre de mouvement mène-t-elle à la fin du conflit ?

VOCABULAIRE

Armistice : convention signée entre des pays en guerre pour suspendre les combats.

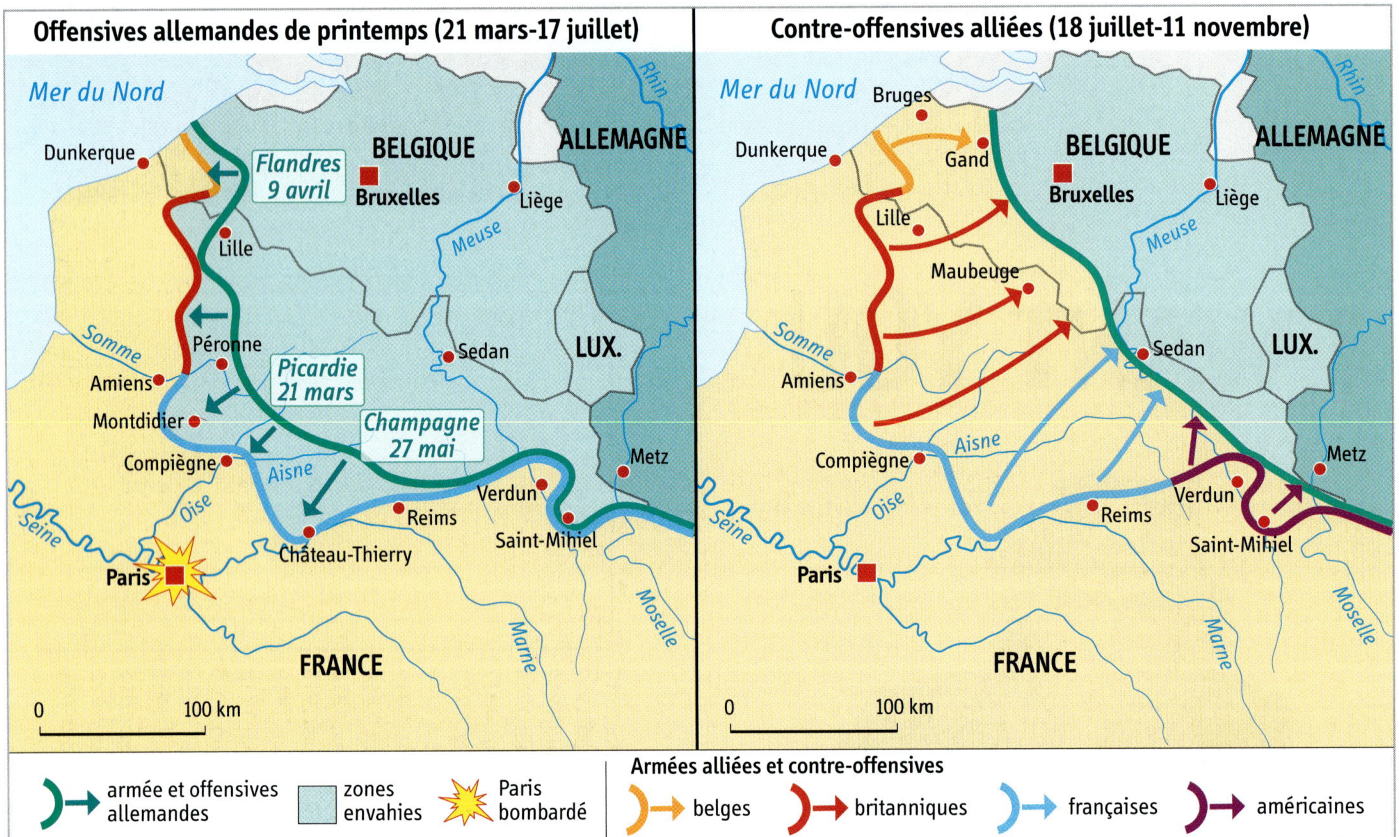

1 **Offensives et contre-offensives de 1918**

2 Les premiers succès allemands

« À l'aube, nous sommes toujours terrés. À midi, l'assaut nous frappe. Il y a de nombreuses pertes. Le lieutenant W. demande des volontaires pour aller chercher de l'aide au QG. J'y vais en emmenant avec moi un garçon gravement touché à la tête. Nous traversons une zone balayée par les rafales de mitrailleuses. Le garçon souffre énormément. "*Ils arrivent !*" me crie-t-il. Il a raison. La première vague est presque sur nous. "*Debout ! Et enlève ton casque !*" L'Allemand qui se trouve devant moi lève son fusil et vise. Pendant 10 secondes, nous restons ainsi. Puis il nous fait signe d'approcher [...]. Nous partons vers l'arrière de la ligne allemande, croisant des vagues d'hommes qui avancent par vagues successives. D'autres prisonniers nous rejoignent. Quelle foule ! Des centaines, peut-être des milliers de Français et d'Anglais. Une longue colonne s'étend devant et derrière nous, sur la route [...]. Nous entrons en Allemagne. L'aventure est au bout du chemin. Désormais, nous sommes prisonniers. »

Alfred Grosch, soldat britannique capturé à La Fère au début de l'offensive Ludendorff, le 21 mars 1918, cité dans R.-G. Grant, *1914-1918. L'Encyclopédie de la Grande Guerre*, Flammarion, 2013.

3 Le nouveau rôle des tanks

Tanks anglais Mark V et fantassins néo-zélandais lors de la prise de Grévilliers le 25 août 1918.
En 1918, l'armée française aligne 3 000 chars, les Britanniques 5 000, et les Allemands moins de 100 chars lourds.

4 L'armée allemande submergée

Le haut-commandement allemand informe le Reichstag qu'il n'est plus possible de gagner la guerre.

« En peu de jours, la situation s'est modifiée de fond en comble. […] Deux facteurs ont avant tout déterminé de façon décisive ce résultat. Les tanks d'abord. L'ennemi les a engagés en nombre, en masses considérables et inattendues pour nous[1]. Ils ont percé, ouvert la voie à l'infanterie, sont apparus sur les arrières de nos troupes, provoquant des paniques locales et disloquant la conduite des opérations. Nous n'étions pas en mesure d'opposer semblables masses de tanks allemands.
Deuxième facteur : la question des renforts qui est devenue décisive. Nos bataillons sont tombés de 800 hommes en avril à 540 en septembre […]. Les pertes dans les batailles en cours dépassent les prévisions. L'ennemi, grâce à l'aide américaine, est en mesure de combler les siennes[2] […]. Nous pourrons infliger à l'ennemi des pertes lourdes, laisser derrière nous des paysages désertiques, même en agissant ainsi, nous ne pourrons plus gagner la partie. »

Discours du Major von den Bussche, porte-parole du général Ludendorff, au Reichstag, 2 octobre 1918.

1. En juillet et août, 1 000 tanks alliés participent à l'assaut.
2. L'armée allemande a perdu 700 000 hommes depuis le 21 mars quand chaque mois débarquent en France 150 000 soldats américains.

5 La signature de l'armistice à Rethondes le 11 novembre 1918

Peinture anonyme, vers 1920.

Le 9 novembre 1918, l'empereur Guillaume II abdique et, le 11 novembre, le nouveau gouvernement allemand signe l'armistice.
❶ Le maréchal Foch ❷ Le général Weygand
❸ Les amiraux britanniques ❹ La délégation allemande

PARCOURS 1 : analyser des documents

1. **Doc. 1 et 2** Selon vous, pourquoi les Allemands lancent-ils une grande offensive en mars 1918 ? Situez et décrivez l'offensive allemande.
2. **Doc. 2** Décrivez le chemin parcouru par Alfred Grosch pendant l'offensive allemande.
3. **Doc. 3 et 4** Présentez le texte. Quelles sont les raisons de l'échec allemand selon von der Bussche ?
4. **Doc. 5** Quand, où et par qui est signé l'armistice ?

Synthèse Racontez et expliquez la fin de la guerre à l'Ouest.

PARCOURS 2 : rédiger un texte argumenté

Comment la guerre prend-t-elle fin à l'Ouest ?

Introduction : La situation sur le front ouest depuis 1915
1. L'offensive allemande
2. La contre-offensive alliée

Conclusion : Résumez en trois phrases la fin de la guerre à l'Ouest.

Un embrasement mondial (1914-1918)

Comment un conflit localisé s'est-il transformé en une guerre européenne puis mondiale ?

A 1914 : la guerre en Europe

1. Le déclenchement de la guerre

- À partir de la fin du XIXe siècle, les **relations se tendent entre les grandes puissances européennes** : rivalités coloniales entre la France, l'Angleterre et l'Allemagne ; rivalités commerciales entre l'Allemagne et l'Angleterre ; rivalités territoriales. Dans la crainte d'affrontements, les États d'Europe cherchent à se protéger en constituant de **grandes alliances défensives**. Ils augmentent aussi leurs **dépenses d'armement**.
- Les **Balkans** sont un important foyer de tension. Le 28 juin 1914, un Serbe de Bosnie assassine François-Ferdinand, l'héritier de l'Empire d'Autriche, à **Sarajevo**. L'attentat met le feu aux poudres. Le 28 juillet, l'Autriche déclare la guerre à la Serbie. Entre le 30 juillet et le 5 août, l'engrenage des alliances mène à **une guerre généralisée opposant les puissances centrales** (l'Autriche-Hongrie et l'Allemagne) **à l'Entente** (la France, la Russie, le Royaume-Uni et la Serbie).

2. L'échec de la guerre de mouvement

- Le plan de l'Allemagne, appelé **plan Schlieffen**, prévoit d'écraser la France en passant par la Belgique, avant de se retourner contre la Russie. Suivant ce plan, dès le mois d'août 1914, **l'Allemagne envahit la Belgique neutre puis le nord de la France**. Mais l'offensive est stoppée par la contre-offensive française menée par le général Joffre sur **la Marne** (5-12 septembre 1914). En décembre 1914, les deux armées **se stabilisent le long d'un front** qui court de la mer du Nord à la Suisse. La **guerre de position** succède à la **guerre de mouvement**.

▶ Point de passage, p. 240

- À l'est de l'Europe, les armées russes pénètrent en Prusse orientale, mais elles sont battues à **Tannenberg** par l'armée allemande commandée par Hindenburg (26-29 août 1914). Elles commencent alors à reculer.

▶ Point de passage, p. 240

B 1915-1917 : la mondialisation du conflit

1. La guerre s'enlise à l'Ouest

- **Sur le front occidental**, les troupes sont enterrées face à face dans des **tranchées** séparées par un espace, le *no man's land*, où se livrent tous les engagements. **L'artillerie se développe considérablement** et des **armes nouvelles** très meurtrières sont créées, comme les lance-flammes et les gaz asphyxiants. **Les avions** sont de plus en plus utilisés, d'abord pour observer les tranchées ennemies, puis pour bombarder l'adversaire. Ils se livrent à des combats aériens.
- Les **grandes offensives** pour percer le front se soldent par des **échecs**, à **Verdun** (1916), sur la **Somme** (1916) et le **Chemin des Dames** (1917). L'usage massif de l'artillerie lourde et les assauts de l'infanterie sont terriblement meurtriers, faisant environ 440 000 morts sur la Somme et 310 000 à Verdun.

▶ Point de passage, p. 244

NOTIONS

Guerre de mouvement : stratégie selon laquelle chaque armée tente d'emporter la victoire par des offensives rapides en rase campagne, ce qui rend le front très mobile.

Guerre de position : elle est caractérisée par une très longue immobilité du front et par la nécessité d'enlever des positions ennemies fortifiées. Elle s'étend sur le front ouest de novembre 1914 au printemps 1918.

VOCABULAIRE

Alliance défensive : voir p. 237.

Artillerie : ensemble des matériels de guerre comprenant les canons et leurs obus.

Entente : pays qui appartiennent à la Triple-Entente (France, Royaume-Uni, Russie).

Front : zone d'affrontements et de combats entre deux armées ennemies.

Tranchées : lignes fortifiées creusées dans la terre.

Le départ des soldats français (août 1914)

2. Les nouveaux fronts et l'appel aux colonies

- Avec le prolongement de la guerre, chaque camp se trouve **de nouveaux alliés** en 1914 et 1915. L'Empire ottoman et la Bulgarie se rangent du côté des puissances centrales, alors que l'Italie rejoint les **Alliés**. **De nouveaux fronts** s'ouvrent dans les Balkans, le nord de l'Italie et, hors d'Europe, au Moyen-Orient et en Afrique.
- Les puissances de l'Entente font appel aux **soldats des colonies et des dominions** (Indiens, Africains, Australiens, Néo-Zélandais, Canadiens) qui sont conduits par bateau sur les différents théâtres d'opération.

3. Une guerre aussi maritime

- Pour bloquer le ravitaillement de l'Allemagne par la mer, les **Alliés** organisent un **blocus** de l'Allemagne en mer du Nord. Les Allemands répliquent en coulant avec leurs sous-marins des navires militaires, marchands ou civils (*Lusitania*, mai 1915). En 1917, dans le but d'asphyxier l'adversaire, ils se lancent dans **la guerre sous-marine à outrance** et leurs **U-boote** (noms des sous-marins) coulent tous les navires marchands, quels qu'ils soient, qui se dirigent vers les côtes britanniques.
- En 1915, les Alliés débarquent dans **les Dardanelles** pour essayer de prendre le contrôle des détroits. Mais l'opération échoue face à la résistance des Turcs.

▶ Point de passage, p. 242

Source : *Guerres et Histoire*, n° 18, avril 2014.

Les dégâts de l'artillerie

C 1917-1918 : le tournant et la fin de la guerre

1. Les révolutions russes

- En **Russie**, les grèves et les manifestations se multiplient au début de l'année 1917 pour demander la paix et du pain. **En février, une révolution renverse le tsar Nicolas II.** Mais le nouveau gouvernement provisoire, dirigé par Kerenski, continue la guerre.
- En octobre, le petit **parti bolchevik dirigé par Lénine** profite du mécontentement pour prendre le pouvoir par un coup d'État. Il signe un **armistice** en décembre 1917 et **la paix de Brest-Litovsk** avec l'Allemagne en mars 1918.

2. L'entrée en guerre des États-Unis

- Jusqu'en 1917, les États-Unis sont neutres. Ils participent cependant au conflit en ravitaillant les Britanniques et en leur livrant des armes. Mais à partir de février 1917, les navires marchands américains sont **les premières victimes de la guerre sous-marine à outrance** menée par les Allemands. **Le 6 avril 1917, le président Wilson déclare la guerre à l'Allemagne.**
- Les États-Unis livrent beaucoup de **matériel militaire aux Alliés**. Les soldats américains débarquent progressivement sur le continent à partir de juin 1917 et sont plus de **deux millions sur le sol européen** en novembre 1918.

3. La victoire des Alliés

- **En mars 1918, les Allemands,** renforcés par l'arrivée des troupes du front russe, **lancent une grande offensive qui les mènent jusqu'à la Marne**. Mais leur armée est épuisée. Inversement, les Alliés, sous le commandement du maréchal français Foch, bénéficient du renfort des **soldats américains** et disposent **de plus en plus de chars et d'avions** qui leur donnent une supériorité sur l'adversaire. L'armée allemande recule à partir de juillet 1918 face à la contre-offensive alliée.

▶ Point de passage, p. 252

- Durant l'automne, mis en grande difficulté sur leurs fronts respectifs, **la Bulgarie, l'Empire ottoman, l'Autriche-Hongrie capitulent. En Allemagne**, les **mutineries** dans l'armée et les manifestations dans les villes **forcent l'empereur Guillaume II à abdiquer** le 9 novembre, et la République est proclamée. **Le 11 novembre 1918, le gouvernement provisoire allemand signe l'armistice à Rethondes.**

VOCABULAIRE

Alliés : pays qui appartiennent à la Triple-Entente ou qui la rejoignent au cours de la guerre.

Armistice : p. 252.

Blocus maritime : fait d'empêcher tout ravitaillement d'un pays ennemi en rendant impossible l'accès des navires à ses côtes et ses ports.

Dominion : colonie britannique qui a obtenu le droit de se gouverner elle-même tout en reconnaissant la reine d'Angleterre comme souveraine.

Guerre sous-marine à outrance : voir p. 250.

Mutinerie : révolte collective contre l'autorité militaire qui se manifeste par le refus de partir au combat.

Exercices BAC

1 ANALYSE DE DOCUMENTS

CONSIGNE **Après avoir présenté les documents, montrez comment se caractérise la guerre des tranchées sur le front français et quelles en sont les conséquences sur les combattants et le territoire.**

Document 1 La prise d'une tranchée

« Nous avons pris la côte des Éparges, presque sans coup férir. Mais nous marchions sur une terre bouleversée, calcinée, puante, semée de débris de fils de fer, de piquets, de vêtements hachés et sanglants, de paquets de chair humaine. À cinq heures, le bombardement allemand commençait. Jusqu'à minuit, les gros calibres : 150, 210 et 305. Pendant le même temps, des mitrailleuses qui tiraient de flanc combinaient leurs effets avec ceux de l'artillerie. De minuit à 6 heures, bombardement moins intense. Mais, dès 6 heures, la danse a recommencé, épileptique jusqu'à 9 heures ; et à 9 heures, l'infanterie allemande attaquait. Nous avons reçu des grenades, des bombes, un tas d'engins infernaux qui affolent nos hommes. Je me suis lancé en avant, le revolver à la main. J'en ai tué trois à bout portant. Deux caporaux m'avaient suivi : ils ont été tués tous les deux. Nous avons perdu les tranchées conquises. Mais le soir, à 4 heures, nous y retournions et les occupions de nouveau. Nous y restions malgré les contre-attaques. Nous y restions malgré le bombardement incessant et formidable […].
Cette guerre est ignoble ; j'ai été pendant 4 jours souillé de terre, de sang, de cervelle. J'ai reçu au travers de la figure des paquets d'entrailles, et sur une main, une langue, à quoi l'arrière-gorge était rattachée. Je suis écœuré, saoul d'horreurs. Je sais que je resterai ; il faut que je reste. J'accepte la responsabilité qui m'échoit. »

Lettre du sous-lieutenant Maurice Genevoix, écrivain, 25 ans, à Paul Dupuy, son ami directeur de l'École normale supérieure, 23 février 1915, D. R.

Coup de pouce !
La bataille des Eparges, dans la Meuse, s'est déroulée du 17 février au 7 avril 1915 et a fait côté français 1 306 morts, 765 disparus et 4 031 blessés.

Ce numéro contient en supplément le Tableau d'Honneur de la Guerre (planches 25 à 28)

L'ILLUSTRATION

Prix du Numéro : Un Franc. SAMEDI 24 AVRIL 1915 73e Année. — N° 3764.

AUX EPARGES

Un Allemand vient d'être retrouvé vivant, parmi les morts, dans ce qui fut une tranchée.

A gauche, un buste semble émerger du sol boueux : c'est un de nos soldats debout dans un boyau et dont les épaules sont couvertes d'une peau de mouton taillée en chasuble.

Phot. J. C. — Voir les autres photographies et l'article, pages 414, 415 et 416.

Document 2 Après l'attaque

« AUX ÉPARGES. Un Allemand vient d'être retrouvé vivant, parmi les morts, dans ce qui fut une tranchée. », *L'Illustration*, 24 avril 1915.

Répondez aux questions suivantes pour vous aider à rédiger l'analyse de documents.

Je présente les documents

1. Présentez les documents. Quel est le contexte militaire sur le front ouest à cette époque ?
2. **Doc. 2** D'après vous, pourquoi ce document a-t-il été publié sans être censuré ?

J'analyse les documents

3. **Doc. 1 et 2** En quoi consiste la « guerre de tranchées » ?
4. **Doc. 1 et 2** Quelles sont les conséquences de cette guerre sur les combattants et sur le territoire ?

Je conclus

5. Je conclus en répondant à la consigne par une courte réponse.

2 ANALYSE DE DOCUMENT

CONSIGNE Présentez le document et montrez en quoi il témoigne de la participation des colonies françaises à la Grande Guerre. Vous vous demanderez s'il rend compte du point de vue des colonisés.

Document **La participation des colonies françaises à la Grande Guerre**

« Ce que nous devons à nos colonies », affiche de Victor Prouvé, 45,5 x 66 cm, 1918 (Bibliothèque municipale de Rouen).

QUI EST VICTOR PROUVÉ ?

(1858-1943)

Victor Prouvé est un peintre, sculpteur et graveur français.
En 1888, il découvre la Tunisie qui l'a beaucoup influencé.
Sur cette affiche, il représente un spahi. Il s'agit d'un soldat des corps de cavalerie indigène de l'armée française en Afrique du Nord.

Répondez aux questions suivantes pour vous aider à rédiger l'analyse du document.

Je présente les documents

1. Présentez l'affiche : date, contexte. Comment celle-ci est-elle organisée ?

J'analyse le document

2. À l'aide du document, rappelez l'étendue du domaine colonial français.
3. Selon ce document et d'après vos connaissances, quel a été l'apport des colonies à la victoire française ?
4. Cette affiche rend-elle totalement compte de l'attitude et du point de vue des colonisés pendant la guerre ? Justifiez.

Je conclus

5. Concluez sur la participation des colonisés à la Grande Guerre.

3 ANALYSE DE DOCUMENT

CONSIGNE Après avoir présenté le document et son auteur, vous montrerez comment la guerre se transforme sur le front français en 1914.

Pour répondre à la question, vous pouvez suivre le plan suivant :
Partie I. La bataille de la Marne
Partie II. Le passage à une guerre de position et ses conséquences territoriales
Partie III. Une nouvelle économie de guerre

Document Vers une nouvelle forme de guerre

« La victoire de la Marne et la rude campagne de deux mois qui l'avait suivie avaient arrêté l'invasion la plus formidable dont la France, qui en a tant vues, aient jamais subi jusque-là les horreurs ; elle l'avait forcé à reculer, l'avait clouée au sol, mais laissait aux mains de l'ennemi pour un temps dont nous ne pouvions mesurer la durée, une riche portion de notre territoire […].
Mais il n'en restait pas moins qu'en cette fin d'année 1914, les Allemands dont le plan reposait sur une mise hors de cause foudroyante des armées françaises, venaient de perdre tout espoir de gagner la guerre. J'en avais bien la nette impression […].
Faute de mieux, les Allemands s'enterraient devant nous dans un système défensif qui allait chaque jour se perfectionnant. Il s'agissait pour nous d'attaquer cette immense forteresse, de rejeter l'ennemi dans la guerre de rase campagne et de lui imposer notre volonté.
Une terrible guerre naissait à laquelle il allait falloir s'adapter au plus vite. La création d'un matériel puissant d'artillerie s'imposait, doté de stocks de munitions devant l'importance desquels l'imagination reculait. À la fin de 1915, l'artillerie de campagne était plus que doublée […], l'artillerie lourde de tous calibres développée dans de grandioses proportions […] bien que dix de nos départements fussent aux mains de l'ennemi et avec eux notre bassin métallurgique de l'Est, nos mines de charbon du Nord. »

Maréchal Joffre (commandant en chef des armées en 1914, *Mémoires*, Plon, 1932.

4 RÉPONDRE À UNE QUESTION PROBLÉMATISÉE

QUESTION Comment la guerre devient-elle mondiale à partir de 1915 ?

Plan proposé
I. Les fronts se multiplient sur terre et sur mer
II. Les colonies sont concernées par la guerre
III. Des pays extra-européens entrent en guerre

À l'aide du plan, des informations et de vos connaissances personnelles, répondez à la question problématisée.

INFORMATIONS

- Les Français et les Britanniques recrutent des troupes coloniales et les acheminent sur les champs de bataille européens.
- Les troupes coloniales françaises viennent d'Afrique du Nord et d'Afrique équatoriale
- Soldats venant des Antilles, de La Réunion, de Nouvelle-Calédonie.
- Les Britanniques mettent aussi à contribution leurs colonies (Inde, « réservoir » d'hommes) et leurs dominions (Canada, Australie, Nouvelle-Zélande et Afrique du Sud).
- Les colonies allemandes africaines sont des zones de combat dont les Alliés tentent de s'emparer jusqu'en novembre 1918.
- Le front de l'Ouest est encore une zone de combat (Verdun, Somme…).
- Le front de l'Est jusqu'en 1917 (Russie).
- Les Balkans, le nord de l'Italie.
- Bataille des Dardanelles (1915).
- Prise en tenailles par les Alliés de l'Empire ottoman (Caucase, Mésopotamie, Égypte).
- Blocus maritime pour empêcher les navires allemands et leurs alliés de quitter leurs ports.
- Guerre sous-marine allemande à outrance à partir de 1917 (mer du Nord, Atlantique, Méditerranée) contre tous les navires dont ceux qui transportent les troupes coloniales alliées.
- Le Japon s'engage aux côtés des Alliés (contre les possessions allemandes en Chine).
- Entrée en guerre de la Chine aux côtés des Alliés en 1917.
- Entrée en guerre des États-Unis en avril 1917 (liberté de circulation, liberté du commerce).
- Entraînent de nombreux États d'Amérique latine (Cuba, Panama, Brésil).

Méthode

- Rédiger des sous-parties
- Rédiger la conclusion

5 RÉPONDRE À UNE QUESTION PROBLÉMATISÉE

QUESTION Quelles sont les grandes phases de la guerre en Europe de l'Ouest entre 1914 et 1918 ?

Introduction

La guerre en Europe est déclenchée durant l'été 1914. Elle oppose les puissances centrales – l'Autriche-Hongrie et l'Allemagne – aux puissances de l'Entente – la France, la Russie, le Royaume-Uni et la Serbie. Dans les années qui suivent, d'autres pays vont rejoindre les alliances et la guerre devient mondiale. Néanmoins, le front européen reste le principal théâtre d'opération du conflit.

Quelles sont les grandes phases de la guerre en Europe de l'Ouest de 1914 à 1918 ?

Partie I. L'échec d'une guerre courte (1914)

A. Le plan de l'Allemagne, appelé plan Schlieffen, prévoit d'écraser la France en passant par la Belgique puis de se retourner contre la Russie à l'Est, pour ne pas avoir à faire la guerre sur deux fronts à la fois. Ainsi dès le mois d'août 1914, les armées allemandes envahissent la Belgique neutre, puis le nord de la France, mais cherchent à contourner Paris par l'est pour éviter un long siège.

B. **La bataille de la Marne et la fixation du front** → *paragraphe à rédiger*

Partie II. Une longue guerre de position (1915-1917)

A. À partir de la fin de 1914, la guerre de position succède à la guerre de mouvement. Les troupes sont face à face dans les tranchées. Elles sont séparées par un espace dans lequel se livrent tous les engagements. L'armement s'adapte avec les mortiers et des grenades au tir courbe, les lance-flammes et les gaz asphyxiants ; de part et d'autre, on s'observe avec des ballons et des avions qui finissent par combattre dans les airs et bombarder les tranchées.

B. Les offensives pour percer ce front de 1915 à 1917 se soldent par des échecs, à Verdun (1916), sur la Somme (1916) → *paragraphe à rédiger sur la bataille de la Somme*

C. À l'ouest, la guerre est aussi maritime. Dès le début de la guerre, les navires britanniques organisent le blocus de l'Allemagne en mer du Nord de façon à empêcher son approvisionnement et à la pousser à la paix. Les Allemands réagissent en coulant des navires alliés. En février 1917, ils commencent une guerre maritime « à outrance » qui consiste à couler tout navire, même neutre, qui s'approche des côtes britanniques.

Partie III. Le tournant et la fin de la guerre (1917-1918)

A. En 1917, deux événements majeurs entraînent des changements sur le front ouest. En Russie, les bolcheviks s'emparent du pouvoir en octobre 1917 et engagent aussitôt des négociations avec l'Allemagne, qui aboutissent à un armistice puis à la paix de Brest-Litovsk. Ainsi, les Allemands peuvent déplacer leurs troupes du front oriental vers le front occidental. Par ailleurs, les Américains déclarent la guerre à l'Allemagne en avril 1917. Dès juin, ils débarquent en France pour appuyer les armées franco-britanniques.

B. En mars 1918, les Allemands lancent une grande offensive pour l'emporter avant l'arrivée des Américains → *paragraphe à rédiger sur l'offensive et la contre-offensive de 1918*

Conclusion

Ainsi, la guerre en Europe de l'Ouest a connu trois phases. → *conclusion à compléter*

1. Rédigez ou complétez les paragraphes concernant : la bataille de la Marne ; la bataille de la Somme ; l'offensive et la contre-offensive de 1918.
2. Complétez la conclusion en quelques phrases.

La Première Guerre mondiale, un embrasement mondial

COMPRENDRE LE CHAPITRE

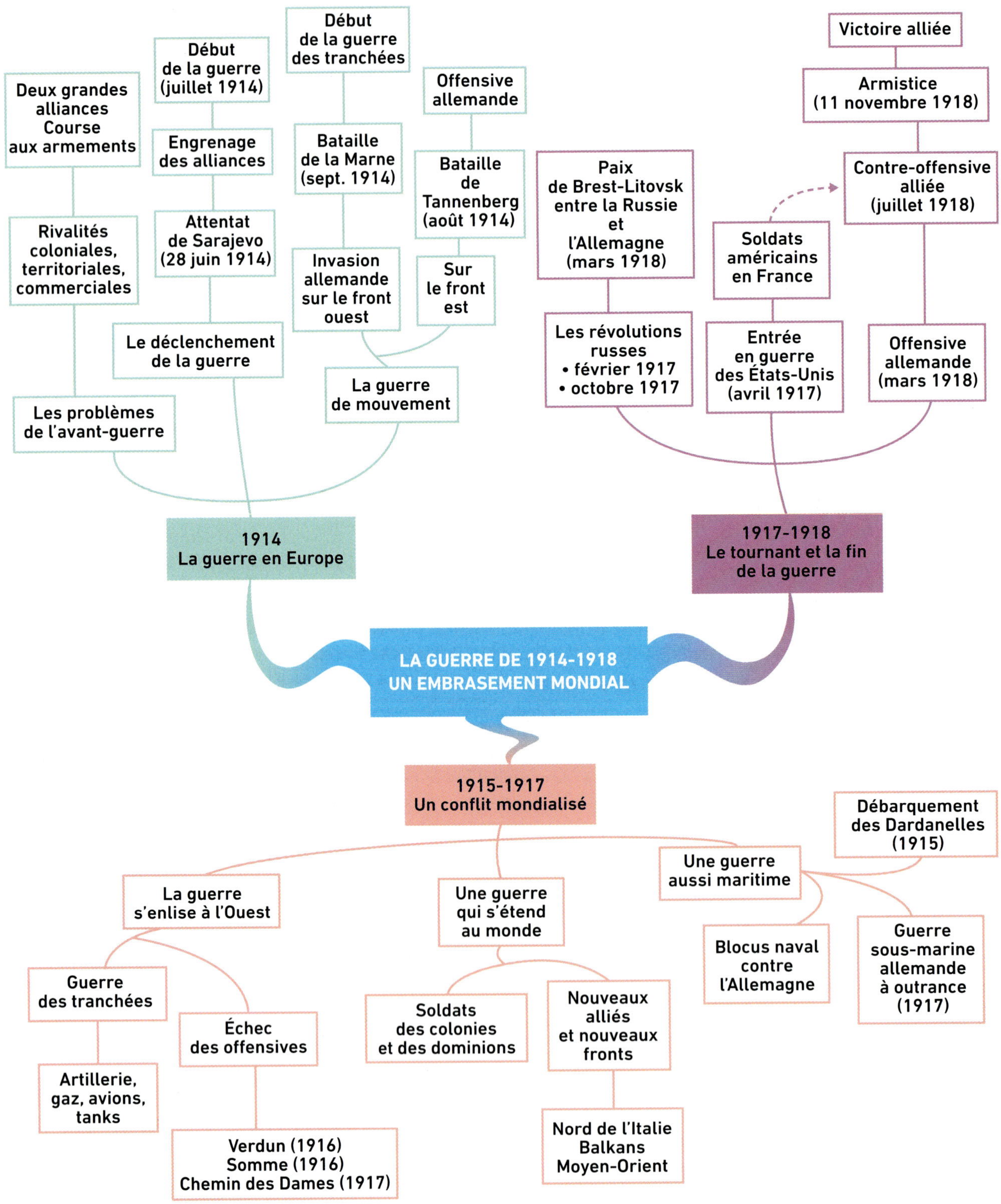

PERSONNAGES ESSENTIELS

Joseph Joffre (1852-1931), général et commandant en chef de l'armée française de 1914 à 1916, est le principal artisan de la victoire de la bataille de la Marne en septembre 1914. → **p. 241**

Paul Von Hindenburg (1847-1934) remporte la victoire contre les Russes à Tannenberg en 1914, puis est commandant en chef de l'armée allemande de 1916 à 1918. → **p. 240**

Philippe Pétain (1856-1951) organise la défense de Verdun en 1916 puis devient commandant en chef des armées françaises de mai 1917 jusqu'à la fin de la guerre.

John Joseph Pershing (1860-1948), général, est commandant de l'armée américaine en France en 1917 et 1918.

Vladimir Ilitch Oulianov dit **Lénine** (1870-1924) dirige la révolution bolchevique d'octobre 1917. Il est ensuite le chef du gouvernement bolchevique jusqu'à sa mort. → **bio p. 249**

Ferdinand Foch (1851-1929) est le commandant en chef des forces alliées sur le front ouest à partir du printemps 1918.
→ **p. 252**

DATES CLÉS

26-29 août 1914	Bataille de Tannenberg
5-12 septembre 1914	Bataille de la Marne
1915	Bataille des Dardanelles
1916	Bataille de la Somme
Avril 1917	Entrée en guerre des États-Unis
Octobre 1917	Révolution bolchevique en Russie
Décembre 1917	Armistice entre la Russie et l'Allemagne
Mars 1918	Offensive allemande sur le front ouest
11 novembre 1918	Signature de l'armistice à Rethondes par le gouvernement allemand

NOTIONS À MAÎTRISER

Guerre de mouvement Stratégie selon laquelle chaque armée tente d'emporter la victoire par des déplacements rapides, ce qui rend le front très mobile.

Guerre de position Elle est caractérisée par une très longue immobilité du front et par des attaques menées à partir de positions fortifiées : forts, tranchées. Elle s'étend sur le front ouest de novembre 1914 au printemps 1918.

Ne pas confondre « blocus naval » et « guerre sous-marine à outrance » : le blocus naval est la surveillance des côtes par les navires alliés pour empêcher l'approvisionnement de l'Allemagne et des puissances centrales. La guerre sous-marine à outrance déclenchée par les Allemands est la guerre menée par les sous-marins allemands à partir de 1917 pour couler tout navire qui approvisionne les pays de l'Entente (Angleterre, France, Italie...) ou qui achemine des troupes vers ces pays.

RÉPONDRE ET MÉMORISER

1. Quelles sont les deux grandes alliances qui s'opposent en Europe à la veille de la guerre et quels en sont les membres ?
2. Quel général est à l'origine de la victoire française dans la bataille de la Marne ?
3. Quel est le nom de la bataille qui, en 1914, a vu les troupes allemandes stopper les troupes russes sur le front est ?
4. Comment se nomment les deux phases de la guerre à l'Ouest entre 1914 et 1917 ?
5. Quelles sont les troupes qui participent à la bataille de la Somme en 1916 ?
6. Quels sont les deux grands changements concernant les deux alliances en 1917 ?
7. Quelle arme nouvelle va se montrer déterminante dans la contre-offensive alliée de 1918 ?
8. Comment s'appelle le commandant des forces alliées lors de la contre-offensive de 1918 sur le front ouest ?
9. Combien y-a-t-il de soldats américains sur le sol français en novembre 1918 ?
10. Quelle est la date précise de l'armistice qui signe la fin de la Première Guerre mondiale ?

Mémorisation active

Mémocartes
hatier-clic.fr/19h1025

10 Les sociétés en guerre

Comment les civils sont-ils impliqués dans la Première Guerre mondiale ?

1 **Ouvrières dans une usine de remplissage d'obus en Angleterre vers 1916 (Chilwell, près de Nottingham)**
Pendant le conflit, près de 2 millions d'obus ont été remplis d'explosifs dans l'usine de Chilwell. Confrontée à la pénurie de main-d'œuvre masculine, l'usine emploie une grande majorité de femmes. Dans tous les pays belligérants, les femmes deviennent un soutien indispensable à l'effort de guerre dans l'industrie d'armement. Elles sont appelées les « munitionnettes ».

Vidéo
Manuel numérique

- **28 juillet 1914** Début de la Première Guerre mondiale
- **6 août 1914** « Appel aux femmes françaises » de Viviani
- **Fin 1914** Petites Curies
- **24 avril 1915** Début du génocide des Arméniens
- **24 mai 1915** La Triple Entente dénonce des « crimes contre l'humanité et la civilisation »
- **1916** Marie Curie sur le front
- **Février-octobre 1917** Révolutions russes
- **Avril 1917** Char Renault FT
- **Mai-décembre** Grèves de l'année 1917
- **Octobre 1918** Apogée de l'épidémie de grippe espagnole
- **11 novembre 1918** Armistice

1914 1915 1916 1917 1918 1919

POINT DE PASSAGE p.273

POINT DE PASSAGE p.267

POINT DE PASSAGE p.269

Doc interactif
Manuel numérique

2 **Une file d'attente à Noyon (Oise), mars 1917**

Durant la guerre, les populations souffrent du manque de produits alimentaires et de charbon lié à la baisse de la production. En 1917, la situation se dégrade. Des femmes font ici la queue devant la charcuterie Emery et la boucherie Ducellier à Noyon. La viande devient rare et il vaut mieux arriver avant que les étals ne soient vides.

Étude La mobilisation de l'arrière

La Première Guerre mondiale nécessite de produire de plus en plus d'armes pour obtenir la victoire. Dans ces conditions, la mobilisation des civils à l'arrière devient un enjeu fondamental.

Comment les États mobilisent-ils les civils durant la guerre ?

1 Travailleurs chinois dans une usine d'armement française (1917)

De nombreux travailleurs des colonies sont employés dans les usines d'armement françaises. Mais la France enrôle aussi près de 40 000 volontaires chinois, recrutés dans les campagnes de Shandong (nord-est de la Chine) et acheminés par bateau.

2 La mobilisation de Renault

« Vers le 8 ou 9 août 1914, Renault[1] a été appelé chez le ministre de la Guerre[2] qu'il a trouvé dans une agitation très grande, serrant sa tête entre ses mains et disant : "Il nous faut des obus, il nous faut des obus."

Il envoya Renault chez le colonel R qui lui dit : "Des obus, ah ! c'est maintenant qu'on s'aperçoit qu'il faut des obus ? Mais cela ne me regarde pas" et le renvoie chez le général Mangin. Le général Mangin demande : "Vous pouvez faire des obus ?" Renault déclare qu'il ne sait pas, qu'il n'en a jamais vu. Le général en prend un sur sa cheminée, lui montre : "En voilà un : est-ce de l'embouti[3] ? Mais parbleu, vous voyez bien que c'est de l'embouti." »

Lettre de Louis Renault à Albert Thomas, 31 décembre 1918.

1. Louis Renault parle de lui à la 3e personne.
2. Alexandre Millerand.
3. Plaque de métal travaillée au marteau.

3 La production des usines Renault

Production	1914	1918
Voitures Camions Chars d'assaut (tanks) Moteurs d'avions Obus (75 et 155)	1 484 174 0 0 0	553 1 793 750 5 000 2 000 000
Superficie des usines	11,5 ha	34 ha
Effectifs Pourcentage de femmes	6 300 3,8 %	22 500 31,6 %
Bénéfices (indice) Chiffre d'affaires (indice)	100 100	366 170

Source : Patrick Fridenson, *Histoire des usines Renault*, Le Seuil, 1972.

VOCABULAIRE

Arrière : territoire et sa population en dehors des zones de combat dans un pays en guerre.

Censure : action d'interdire tout ou partie d'une information.

Propagande : ensemble des moyens exercés sur l'opinion pour l'amener à accepter et adopter certaines idées.

4 Les emprunts d'État
Affiche de 1916.

6 Censure et propagande

a. La loi sur la presse (5 juillet 1914)

« **Art. 1er** Il est interdit de publier […] des informations et renseignements autres que ceux qui seraient communiqués par le gouvernement et le commandement sur les points suivants : les mouvements de troupes, les pertes militaires, les effectifs, les renseignements stratégiques, et en général, toute information ou article concernant les opérations militaires ou diplomatiques de nature à favoriser l'ennemi et à exercer une influence fâcheuse sur l'esprit de l'armée et des populations.

Art. 2 Toute infraction aux dispositions de l'article précédent sera punie d'un emprisonnement de un à cinq ans et d'une amende de 1 000 à 5 000 francs. »

b. Le « bourrage de crâne »

« Leur artillerie lourde est comme eux, elle n'est que bluff. Leurs projectiles ont très peu d'efficacité […]. Et tous les éclats vous font simplement des bleus. »

Lettre du front publiée dans *Le Matin*, 15 septembre 1914.

« À part cinq minutes par mois, le danger est très minime, même dans les situations critiques. Je ne sais comment je me passerai de cette vie quand la guerre sera finie. Les blessures ou la mort c'est l'exception ».

Lettre de soldat publiée dans *Le Petit Parisien*, 22 mai 1915.

5 Les sciences sollicitées par l'effort de guerre

« Dans la Grande Guerre, premier conflit total après la révolution industrielle, l'importance des sciences ne se mesure pas seulement à l'aune des innovations techniques. Les scientifiques ont en effet participé "*activement à la guerre, chacun à sa façon, chacun selon ses moyens*", comme y invitait le sociologue Émile Durkheim, lui-même trop âgé pour combattre : en élaborant des gaz de combat dans des laboratoires, en théorisant […] les névroses de guerre, en collaborant avec les états-majors. […]

Il est manifeste que, de 1914 à 1918, des mutations techniques d'importance sont intervenues avec l'emploi massif des chars, des avions, des sous-marins, des gaz ou des explosifs. […]

La capacité à orchestrer une production de masse et son organisation scientifique, alors que la taylorisation[1] était marginale en 1914 dans l'industrie européenne, devint partout le critère d'efficacité. Dès 1915, la pénurie d'explosifs montra que la victoire reviendrait au camp qui maîtriserait la production industrielle à très grande échelle. »

Anne Rasmussen, *L'Histoire*, Les Collections n° 61, octobre-décembre 2013.

1. La division et spécialisation des tâches dans les usines.

Le char Renault FT
(Musée de l'Armée, Paris).
C'est le premier char moderne, avec tourelle pivotante, produit à partir d'avril 1917. Utilisé pour la première fois en mai 1918, il est plus maniable et plus rapide que les premiers chars.

QUESTIONS

1. **Doc. 1** Comment expliquer la présence de travailleurs chinois en France ?
2. **Doc. 2 et 3** À l'aide du tableau, montrez que Renault opère une reconversion industrielle. Quels sont les autres changements dans l'entreprise durant cette période ?
3. **Doc. 2** Quel rôle joue l'État dans la reconversion industrielle de Renault ?
4. **Doc. 5** Comment les scientifiques sont-ils mobilisés ? Quelles nouvelles méthodes de travail la guerre entraîne-t-elle dans les usines ?
5. **Doc. 4** Quel est le but de cette affiche ? Comment cherche-t-elle à convaincre ?
6. **Doc. 6** Pour quelles raisons l'État censure-t-il la presse ? Comment peuvent s'expliquer les mensonges des journaux ?

Synthèse Décrivez et expliquez comment l'État mobilise les civils dans la guerre.

Étude Le nouveau rôle des femmes

Après le départ des hommes au front, les femmes sont appelées à les remplacer dans les champs, l'industrie, les services. Beaucoup travaillent dans les usines d'armement : on les appelle les munitionnettes. D'autres s'engagent comme infirmières.

Comment la mobilisation des femmes modifie-t-elle leur place dans la société ?

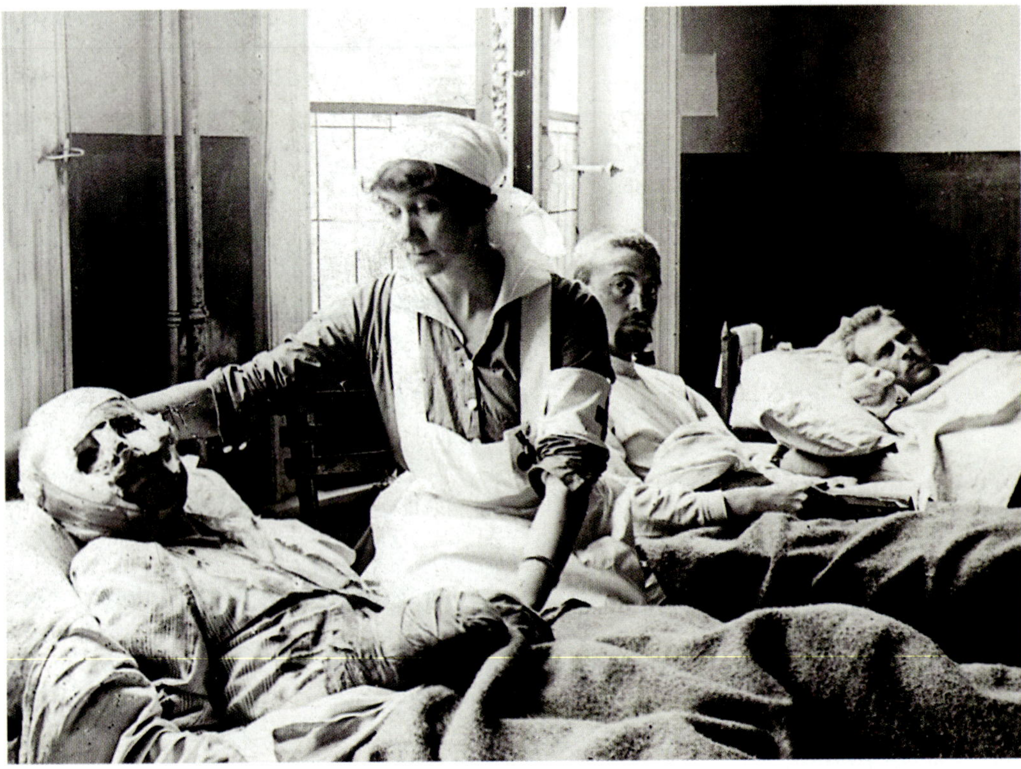

1 Une infirmière de la Croix-Rouge en 1914

En France, en 1914, 100 000 infirmières dont 70 000 bénévoles travaillent sous la tutelle de la Croix-Rouge. Elles sont mobilisées dans les diverses unités de soin et parfois comme ambulancières sur le front.

2 L'« Appel aux femmes françaises »

« Aux Femmes françaises !
[...] Le départ pour l'armée de tous ceux qui peuvent porter les armes laisse les travaux des champs interrompus : la moisson est inachevée, le temps des vendanges est proche.

Au nom du gouvernement de la République, au nom de la Nation tout entière groupée derrière lui, je fais appel à votre vaillance, à celle des enfants que leur âge seul et non leur courage dérobe au combat. Je vous demande de maintenir l'activité des campagnes, de terminer les récoltes de l'année, de préparer celles de l'année prochaine. Vous ne pouvez pas rendre à la patrie un plus grand service. [...]
Il faut sauvegarder votre subsistance, l'approvisionnement des populations urbaines et surtout l'approvisionnement de ceux qui défendent à la frontière, avec l'indépendance du pays, la civilisation et le droit. Debout donc, femmes françaises, jeunes enfants, filles et fils de la patrie ! [...]
Debout, à l'action, au labeur ! Il y aura, demain, de la gloire pour tout le monde.
Vive la République ! Vive la France ! »

Discours de René Viviani, président du Conseil, placardé sur toutes les mairies de France le 6 août 1914.

3 Les conditions de travail des femmes

« Les hommes sont partis en masse et cependant les récoltes ont été ramassées, les terres labourées, les administrations fonctionnent, les tramways marchent, le métro n'est pas interrompu. Tout va. C'est un miracle. Vive les Françaises ! Leurs maris sont au front, elles veulent toutes travailler et elles sont tellement héroïques qu'elles donnent leur sang au plus vil prix.

Que de misère il couvre, ce beau mot d'héroïsme. Partout on a baissé les salaires. Regardez les ouvrières qui travaillent pour l'armée. Elles gagneront 0,15 franc-0,20 franc de l'heure. Les chemises des soldats payées par l'Intendance 0,55 franc pièce sont payées à l'ouvrière 0,20 franc. Les intermédiaires amassent des fortunes. Demain ou après-demain, il faudra bien que la paix revienne. La nécessité sera encore plus implacable pour les femmes *Il leur faudra lutter pour conquérir leur pain* [coupé par la censure]. »

Marcelle Capy (femme socialiste et féministe), *Une voix de femme dans la mêlée*, avril 1916,

Point de passage

4 BIOGRAPHIE

Marie Curie (1867-1934) dans la guerre

Première femme à obtenir le prix Nobel, et par deux fois, Marie Curie met son travail scientifique au service de l'effort de guerre.
En 1914, elle est membre de l'Institut du radium et applique ses recherches au soin des blessés au front.
Elle participe à la conception de voitures équipées d'appareils de radiologie, surnommées les « Petites Curies », présentes sur les différents fronts, afin de limiter les déplacements des blessés.
Les appareils permettent de visualiser les balles et les éclats d'obus dans le corps des soldats, leur évitant souvent l'amputation.
Marie Curie parcourt elle-même le front avec sa fille, radiographiant des milliers de blessés. Elle forme des jeunes filles au maniement des appareils de radiologie.

5 Marie Curie explique sa mobilisation

« Depuis la découverte des rayons X, en 1895, les méthodes de la radiologie ont été appliquées avec succès sous la forme de radio-diagnostic et de radiothérapie [...]. Il était à prévoir que la radiologie serait d'un secours puissant pour l'examen des blessés de guerre. [...] Ayant voulu, comme tant d'autres, me mettre au service de la Défense nationale [...], je me suis presque aussitôt orientée du côté de la radiologie, m'efforçant de contribuer à l'organisation des services radiologiques notoirement insuffisants au début de la guerre. »

Marie Curie, *La Radiologie et la Guerre*, Librairie Felix Alcan, 1921.

6 Marie Curie dans une voiture radiologique (« Petite Curie ») en octobre 1917

7 Marie Curie explique l'intérêt de la radiologie

« Quels sont donc les services que l'on pouvait attendre, pendant la guerre, de l'examen radiologique d'un blessé ou d'un malade ? Voici la réponse à cette question.
La présence d'un corps étranger – balle, éclat d'obus – peut être constatée, en général très facilement, à l'aide des rayons X. On peut donc s'assurer si le projectile est effectivement resté dans le corps. Ayant résolu ce premier point, on peut aller plus loin et préciser très exactement la position du projectile, au moyen de méthodes spécialement étudiées dans ce but. Le chirurgien peut alors procéder à l'extraction du projectile avec de grandes chances de succès [...].
L'examen radiologique est également très utile dans le cas de fractures osseuses. Il permet de se rendre compte de l'aspect de la fracture, d'effectuer une réduction et d'en suivre les progrès, — de reconnaître la présence d'esquilles, d'examiner l'état des articulations, de surveiller la formation normale ou anormale de la matière osseuse.
Enfin, on peut se servir des rayons X au cours même des opérations, pour guider à chaque instant l'action du chirurgien. On dit alors que l'opération est effectuée *sous le contrôle des rayons*. »

Marie Curie, *La Radiologie et la guerre*, Librairie Félix Alcan, 1921.

QUESTIONS

1. **Doc. 2** Présentez le texte. Quelle est la principale préoccupation de Viviani ?
2. **Doc. 1 et 3** Dans quels domaines nouveaux les femmes travaillent-elles ?
3. **Doc. 3** Que dénonce le texte ? Que peuvent signifier les deux dernières phrases ?
4. **Doc. 4 à 7** Comment Marie Curie agit-elle durant la guerre ? D'après son témoignage **(doc. 5)**, quelles sont ses motivations ?

Synthèse Expliquez le rôle joué par les femmes durant la Première Guerre mondiale.

Marie Curie dans la guerre

1. **Doc. 4** Présentez Marie Curie.
2. **Doc. 7** Quelles sont les trois utilités de la radiologie selon Marie Curie ?
3. **Doc. 4 à 7** Quel a été l'apport de Marie Curie dans la guerre ?
4. **Doc. 5** Comment Marie Curie justifie-t-elle sa mobilisation pendant la guerre ?

Étude Les souffrances des civils

Les civils – hommes, femmes, enfants – sont aussi victimes de la guerre. Ils souffrent de la séparation ou de la mort de leurs proches, mais aussi des bombardements près des fronts, des pénuries, et parfois de l'occupation. En 1917, les conditions de vie et de travail de plus en plus difficiles provoquent de grandes grèves dans les pays belligérants.

Quelles ont été les souffrances des civils pendant la Première Guerre mondiale et comment s'expliquent les grandes grèves de 1917 ?

1 Reims sous les obus

Couverture d'un fascicule hebdomadaire de la collection « Patrie », 1917.

Reims, non loin du front et ville symbole, a connu 1 051 jours de bombardements. Elle a été détruite à 80 % par l'artillerie allemande.

2 La faim et la misère en Allemagne

« Ma mère parlait du "blocus sauvage". Les rations ont diminué rapidement. Je sais que des permissionnaires, rentrant chez eux, étaient épouvantés par l'aspect physique de leur famille. La faim faisait maudire l'Angleterre ; la mortalité infantile s'accrut, ma mère et moi-même avons enterré plusieurs de mes camarades d'école […].

Et ceci explique en grande partie la violence des grèves de 1917 ; l'ouvrier allemand avait faim et il se désespérait de ne pouvoir nourrir sa famille. Lorsque la guerre se termina, nous étions le champ d'action idéal pour la grippe espagnole qui fit des ravages terribles en Allemagne. »

Témoignage d'un Berlinois, cité dans Fernand Gambiez et Maurice Suire, *Histoire de la Première Guerre mondiale*, tome 2, Fayard, 1968.

3 La vie à Roubaix, une ville occupée

Roubaix est occupé par les Allemands du 3 août 1914 au 17 octobre 1918.

« **8 janvier 1915** : La question du manque de pain commence à devenir sérieuse.
1er juillet 1915 : 200 des principaux notables de Roubaix (élus municipaux industriels, clergé, magistrature, gros négociants, etc.) ont été convoqués à la Kommandantur[1] ; 100 partent pour l'Allemagne pour ne pas vouloir travailler, faire travailler, ou inciter à travailler pour la confection des sacs de sable pour les tranchées allemandes. […]
6 avril 1916 : Hier au soir on a emmené 2 à 300 hommes, jeunes gens et jeunes filles de force pour les faire travailler du côté de Valenciennes à couper du bois sans doute pour les tranchées.
11 avril 1916 : On a vu partir environ 700 hommes et femmes, on dit qu'ils vont en Saxe.
23 juin 1916 : Le gouvernement allemand réclame environ 40 millions de francs, imposition de guerre aux trois villes Lille, Roubaix, Tourcoing ; les trois villes refusent énergiquement, étant déjà obligées de verser quotidiennement de très grosses sommes pour l'entretien des armées allemandes.
29 janvier 1917 : La pénurie de charbon, le pain noir, les pommes de terre très chères font une grande misère partout.
30 mai 1917 : Le blé se paie maintenant 10 F. le kg, c'est-à-dire à peu près 50 fois sa valeur en temps de paix. »

Journal de David Hirsch, commerçant à Roubaix, rédigé du 1er août 1914 au 31 août 1918, publié dans Annette Becker, *Journaux de combattants et civils de la France du Nord dans la Grande Guerre*, Presses universitaires du Septentrion, 1998.

1. Siège du commandement allemand.

4 Le deuil (1915)

Les parents du soldat Noël et du caporal Girodet se recueillent sur la tombe de leurs enfants (Chambry, Seine-et-Marne).

VOCABULAIRE

Pénurie : manque de ce qui est nécessaire.

Point de passage

5 Une grève à Lyon

« Les ouvrières de la cartoucherie Valence, au nombre de 950, ont pris prétexte hier soir d'une modification des salaires pour cesser le travail et rester les bras croisés dans les ateliers. En présence de cette attitude, le directeur les a autorisées à sortir à minuit 30. La sortie s'est effectuée tranquillement mais un groupement s'est formé plus loin et une manifestation comprenant environ 500 femmes s'est produite rue de Valence. Actuellement, la grève continue.

Le directeur aidé du syndicat s'efforce de faire reprendre le travail. La grève a pour prétexte des questions de salaires, mais a pour cause réelle la lassitude, l'énervement, les difficultés de vie, les privations, notamment celles de charbon. Le mauvais esprit continue à régner chez le personnel féminin. »

Télégramme chiffré secret du Gouverneur militaire de Lyon au ministère de l'Intérieur à Paris, le 13 mai 1917.

6 La grève des « midinettes » à Paris (mai 1917)

Manifestation, place Vendôme à Paris, 18 mai 1917.

Les « midinettes parisiennes », ouvrières de la couture, se mettent en grève le 11 mai 1917 pour obtenir le samedi après-midi libre et payé ainsi qu'une indemnité journalière de « vie chère ».

QUESTIONS

1. **Doc. 1** Pourquoi Reims est-elle la cible des bombardements des Allemands ? Selon vous, comment la ville est-elle bombardée ?
2. **Doc. 2** Quelle est la principale cause des pénuries en Allemagne ? Quelles en sont les conséquences ?
3. **Doc. 3** Quelle est la situation particulière de Roubaix pendant la guerre ? Quels sont les principaux problèmes évoqués dans le texte ?
4. **Doc. 4** Pourquoi cette tombe est-elle dans un champ ? Comment les femmes montrent-elles leur deuil ?
5. **Doc. 5** Quelles sont les causes des grèves à Lyon ? Pourquoi le ministère de l'Intérieur s'y intéresse-t-il ?

Synthèse Décrivez et expliquez les difficultés des civils pendant la guerre.

Les grèves de l'année 1917

1. Quelle est la situation sur le front ouest à l'époque des grèves ?
2. **Doc. 6** À quel secteur de l'économie les établissements en grève appartiennent-ils ?
3. **Doc. 5** Comment et pourquoi les ouvrières font-elles grève à Lyon ?
4. **Doc. 5** Montrez que les grèves de Lyon font peur au gouvernement. Pourquoi ?

Étude Le génocide des Arméniens

Les Arméniens sont un peuple chrétien vivant dans l'est de l'Empire ottoman, en Perse et dans le Caucase. Ils commencent à être persécutés et massacrés à la fin du XIXe siècle. En 1915, peu après l'entrée en guerre, le gouvernement nationaliste des Jeunes-Turcs donne l'ordre de tous les exterminer.

Comment le génocide des Arméniens de l'Empire ottoman a-t-il été mis en œuvre ?

A Les prémices d'un génocide

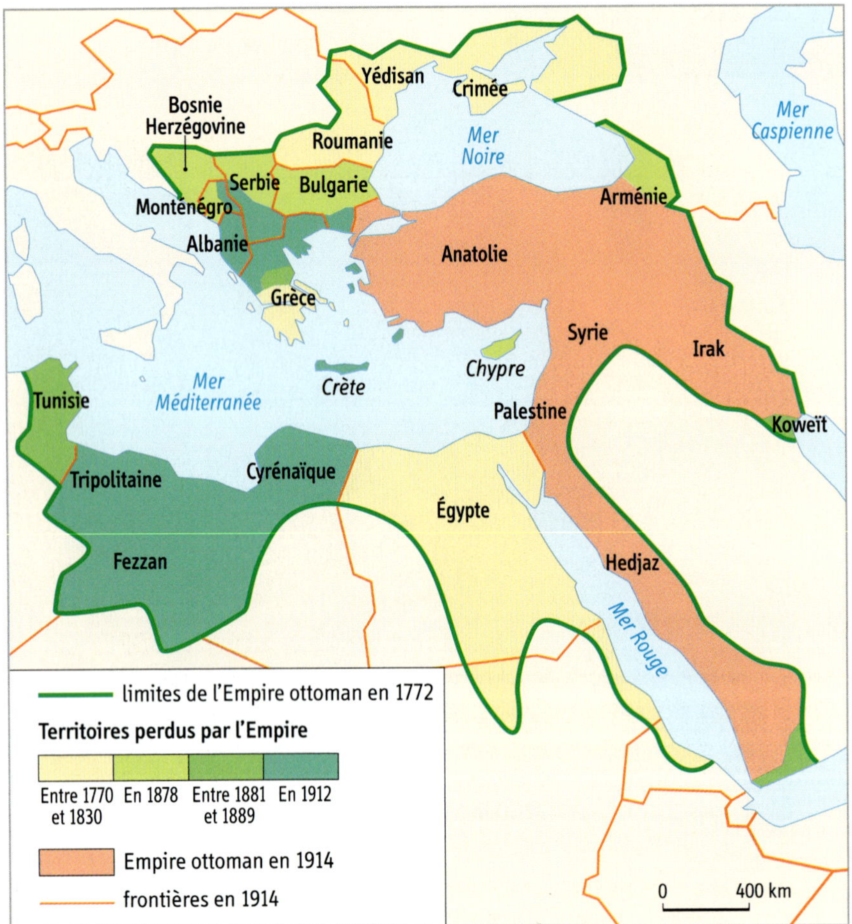

1 Les pertes territoriales de l'Empire ottoman

L'hostilité à l'égard des Arméniens est liée au déclin de l'Empire ottoman. Le pouvoir craint qu'ils prennent à leur tour leur indépendance.

CHRONOLOGIE

1877-1878 Guerre russo-turque.

1895-1896 Massacres d'environ 200 000 Arméniens sous le règne du sultan Abdülhamid II.

1908 Les Jeunes-Turcs (Comité Union et Progrès), nationalistes, voulant assurer l'homogénéité ethnique des régions turques, prennent le pouvoir (tout en maintenant le sultanat ottoman).

1909 Massacres de 20 000 à 30 000 Arméniens à Adana et en Cilicie.

1912-1913 L'Empire ottoman perd les Balkans.

Octobre 1914 Entrée en guerre de l'Empire ottoman au côté des puissances centrales.

Avril 1915 Début du génocide des Arméniens.

VOCABULAIRE

Génocide : extermination systématique et programmée d'un groupe humain en raison de son appartenance ethnique, de sa nationalité ou de sa religion.

2 La diffusion d'une idéologie raciste

« Dans l'Empire ottoman de la fin du XIXe, l'idée que les Arméniens sont des ennemis de l'intérieur se forge peu à peu. On les accuse de prendre des noms musulmans pour épouser des musulmanes et souiller le "sang ottoman". Parallèlement, se développe le mythe d'une pureté ottomane reposant à la fois sur l'ethnie (les Turcs) et la religion (l'islam). […]

Dans *Trois façons de faire de la politique* (1904), l'idéologue turc Yusuf Akçura[1] insiste sur la nécessité d'une unité organique, voire raciale, de la société, il évoque une "nation politique turque basée sur la race". Avec d'autres, il popularise les concepts de "sélection naturelle" et de "lutte pour la survie". […] Il s'agit de purifier la nation turque considérée comme opprimée par les éléments chrétiens de l'Empire. »

Entretien avec Hamit Bozarslan, « Au nom de la science », *L'Histoire*, n° 408, « Arméniens. Le premier génocide du XXe siècle », février 2015.

1. Membre du mouvement des Jeunes-Turcs qui prend le pouvoir en 1908.

3 Les massacres de 1895-1896

« En 1875 Abdülhamid[1] était monté sur le trône de Turquie, […], il haïssait les Arméniens, qu'il regardait comme la cause des interventions continuelles des Puissances dans les affaires de la Turquie.
Le 30 septembre 1895, un cortège d'Arméniens parcourut les rues de Constantinople, pour remettre au Grand Vizir[2] une pétition relatant les revendications des Arméniens[3]. […] Une rixe se produisit, la police s'en mêla, beaucoup d'Arméniens furent tués. […]
Cette échauffourée fut nommée "révolte" par le sultan qui donna aussitôt le signal de la répression. Alors, dans chaque ville et village arméniens, une populace armée et commandée par la police […] se rua sur la malheureuse population arménienne désarmée et la massacra sans pitié. Les troupes régulières turques maintinrent l'ordre, c'est-à-dire qu'elles veillèrent à ce que le "travail" ne fut pas interrompu. […]
Une proclamation des autorités a été conservée ; elle dit : "Tous les enfants de Mahomet devront faire leur devoir et tuer tous les Arméniens, piller et brûler leurs maisons. Personne ne doit être épargné, c'est l'ordre du Sultan. Tous ceux qui n'obéiront pas à ce manifeste seront regardés comme Arméniens et tués." »

Fridtjof Nansen (diplomate norvégien, prix Nobel de la paix en 1922), *L'Arménie et le Proche-Orient*, traduit par Arne Omtvedt, 1928, D. R.

1. Le sultan ottoman.
2. Le Premier ministre.
3. La suppression des taxes auxquelles ils sont soumis.

Le Petit Journal
Le Petit Journal CHAQUE JOUR – 6 PAGES – 5 CENTIMES
Administration : 61, rue Lafayette
Les manuscrits ne sont pas rendus
5 CENTIMES SUPPLÉMENT ILLUSTRÉ 5 CENTIMES
Le Petit Journal agricole, 5 cent. — La Mode du Petit Journal, 10 cent.
Le Petit Journal illustré de la Jeunesse, 10 cent.
On s'abonne sans frais dans tous les bureaux de poste
ABONNEMENTS
Vingtième Année
DIMANCHE 2 MAI 1909
MASSACRES DE CHRETIENS EN TURQUIE

4 Les massacres d'Adana (avril 1909)

Supplément illustré du *Petit Journal*, 2 mai 1909.

Les massacres d'avril 1909 ont été perpétrés par des Turcs contre les Arméniens de la ville d'Adana puis dans toute la Cilicie. Ils ont fait de 20 000 à 30 000 victimes arméniennes.

5 Des intellectuels français se mobilisent pour dénoncer les massacres (1900)

« Les grands massacres de 1894, 1895, 1896, exécutés par les ordres du sultan Abdülhamid et qui firent plus de trois cent mille victimes commencent à peine à être connus en Europe dans tous leurs détails […].

Depuis lors, l'extermination méthodique de la race arménienne se poursuit par des moyens plus lents, mais aussi sûrs ; et en présence de l'universelle lâcheté, l'auteur des premiers crimes médite de parfaire son œuvre […].

Avec le concours d'illustres collaborateurs français et étrangers, nous dénoncerons les atrocités commises et rappellerons à l'Europe, sans nous lasser, qu'elle a, de par les traités, des droits à exercer contre le Grand Assassin, des devoirs à remplir envers les victimes de sa folie. »

Article de la rédaction de *Pro Armenia*, n° 1, 25 novembre 1900.

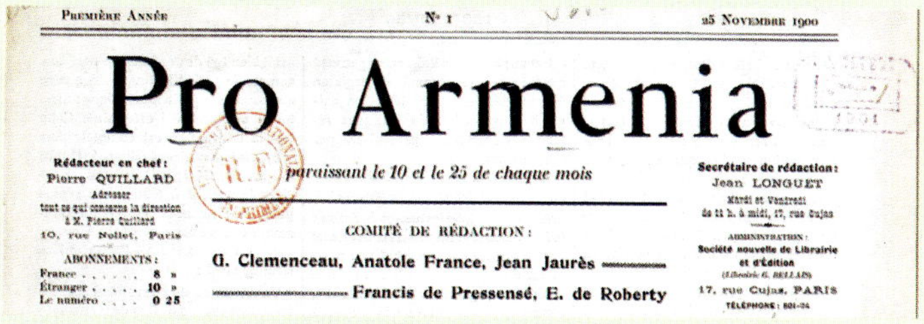
PREMIÈRE ANNÉE N° 1 25 NOVEMBRE 1900
Pro Armenia
paraissant le 10 et le 25 de chaque mois
Rédacteur en chef : Pierre QUILLARD
Adresser tout ce qui concerne la direction à M. Pierre Quillard 10, rue Nollet, Paris
ABONNEMENTS : France . . . 8 » Étranger . . . 10 » Le numéro . . . 0 25
COMITÉ DE RÉDACTION : G. Clemenceau, Anatole France, Jean Jaurès Francis de Pressensé, E. de Roberty
Secrétaire de rédaction : Jean LONGUET
Mardi et Vendredi de 11 h. à midi, 17, rue Cujas
ADMINISTRATION : Société nouvelle de Librairie et d'Édition (Librairie G. BELLAIS) 17, rue Cujas, PARIS
TÉLÉPHONE : 801-24

Une du premier numéro de la revue *Pro Armenia* (25 novembre 1900), avec au comité de rédaction Georges Clemenceau, Anatole France, Jean Jaurès.

QUESTIONS

1. **Doc. 1** Pourquoi le repli ottoman met-il en danger les Arméniens ?
2. **Doc. 3** Montrez que l'État coordonne le massacre des Arméniens en 1895-1896.
3. **Doc. 2** Dans l'idéologie qui se développe au début du siècle dans le mouvement des Jeunes-Turcs, pourquoi les Arméniens sont-ils des ennemis ?
4. **Doc. 5** D'après l'article, quel est l'écho en Europe des massacres de la fin du XIXe siècle ? Qui sont les personnalités dénonçant les massacres ?
5. **Doc. 4** Que montre cette illustration sur les formes du massacre ?

Synthèse Décrivez les premiers massacres, ce qui les explique, et leurs retentissements internationaux.

B Le génocide de 1915

1 Un ordre d'extermination

« Il a été précédemment communiqué que le gouvernement a décidé d'exterminer tous les Arméniens habitant en Turquie. Ceux qui s'opposeront à cet ordre ne pourront plus faire partie de l'administration. Sans égard pour les femmes, les enfants, les infirmes, quelque tragiques que puissent être les moyens de l'extermination, sans écouter les sentiments de la conscience, il faut mettre fin à leur existence. »

Télégramme de Talaat Pacha (ministre de l'Intérieur du CUP) envoyé au gouverneur de la province d'Alep, 25 septembre 1915.

VOCABULAIRE

Comité Union et Progrès (CUP) : parti des Jeunes-Turcs qui accède au pouvoir en 1908, aux mains de Talaat Pacha, Enver Pacha et Djemal Pacha de 1913 à octobre 1918.

1. Situation et contexte
- l'Empire ottoman
- région de peuplement arménien
- défaite militaire ottomane en 1915

2. L'extermination
- principaux lieux de massacre et de rassemblement
- routes de la déportation
- principaux camps de concentration du désert syrien
- fuite d'Arméniens

2 Le génocide des Arméniens en 1915-1916

3 Un témoignage sur les massacres

« Notre caravane comptait 3 000 personnes. Après six jours de marche elle arriva à Dalbadan-Gumuchkaneh ; au cours de ce voyage, les Turcs nous avaient pillés [...]. Nous fûmes emprisonnés dans une écurie où les chefs des "tchétas"[1] vinrent nous tourmenter par tous les moyens : les femmes furent fouillées et plusieurs violées.

Le lendemain nous nous mîmes en route, et chaque jour, marchant pendant dix heures, affamés, en loques, nous arrivâmes à Erzinghian, où une scène horrible s'offrit à nos yeux ; la terre était jonchée de têtes coupées, de membres humains épars, de chevelures de femmes [...]. Pendant des journées entières, nous continuâmes notre marche en longeant l'Euphrate, dont les eaux lentement charriaient des cadavres humains [...]. Il nous était défendu de nous désaltérer. La rivière coulait tout près de nous mais malheur à celle qui se penchait pour étancher sa soif ! La balle d'un gendarme la terrassait aussitôt. »

Témoignage de Nvart Mahokian en 1920, dans *Témoignages inédits sur les atrocités turques*, Société des dames arméniennes, 1920.

1. Détenus libérés des prisons, à la solde du gouvernement.

4 Convoi d'Arméniens à Kharpout (1915)

Hommes arméniens conduits vers un lieu d'exécution hors de la ville de Kharpout (mars-juin 1915).

5 Cadavres d'Arméniens (1915)

Photographie prise en 1915 par l'Église arménienne et transmise à Henri Morgenthau, alors ambassadeur des États-Unis à Constantinople.

6 Estimation du génocide de 1915

Arméniens de l'Empire ottoman en 1914	1 800 0000
Assassinés sur place	600 000
Morts en cours de déportation	600 000
Réfugiés dans le Caucase russe	200 000
Survivants - qui ont pu rester chez eux - enfermés dans des camps ou cachés - placés dans des maisons turques ou orphelinats	 150 000 150 000 100 000

Source : L'Histoire, n° 187, avril 1995.

Point de passage

7 Déclaration des pays de la Triple Entente du 24 mai 1915

« Le 24 mai 1915

Depuis un mois environ, la population kurde et turque de l'Arménie procède de connivence et souvent avec l'aide des autorités ottomanes à des massacres des Arméniens. De tels massacres ont eu lieu vers la mi-avril à Erzeroum, Derichun, Eguine, Akn, Bitlis, Mouch, Sassoun, Zeitoun et dans toute la Cilicie ; les habitants d'une centaine de villages aux environs de Van ont été tous assassinés ; dans la ville même, le quartier arménien est assiégé par les Kurdes. En même temps, à Constantinople, le gouvernement ottoman sévit contre la population arménienne inoffensive.

En présence de ces nouveaux crimes de la Turquie contre l'humanité et la civilisation, les gouvernements alliés font savoir publiquement à la Sublime-Porte[1] qu'ils tiendront personnellement responsables desdits crimes tous les membres du gouvernement ottoman ainsi que ceux de ses agents qui se trouveraient impliqués dans de pareils massacres. »

Archives du ministère des Affaires étrangères, Guerre 1914-1918, *Turquie*, tome 887, folio 127.

1. Nom français de la porte monumentale du palais du Grand Vizir à Constantinople, qui désignait aussi le gouvernement ottoman.

QUESTIONS

1. **Doc. 1** Montrez que l'ordre donné par Talaat Pacha est en rapport avec l'idéologie de son parti (voir doc. 2 p. 270).
2. **Doc. 2 et 3** Situez sur la carte les lieux cités dans le texte. D'après le témoignage, par qui et comment ont été tués les Arméniens ?
3. **Doc. 4 et 5** Ces photographies sont-elles des preuves ? Justifiez.
4. **Doc. 6** Selon ces estimations, quel est le pourcentage d'Arméniens tués ? Comment certains d'entre eux ont-ils échappé à la mort ?
5. **Doc. 7** Comment les pays de la Triple Entente réagissent-ils aux massacres en 1915 ?

Synthèse À l'aide de la définition p. 272, expliquez pourquoi on peut parler d'un génocide.

La déclaration des pays de la Triple Entente du 24 mai 1915

1. Présentez le texte (auteurs, destinataires, date...).
2. D'après le texte, qui sont les auteurs des massacres ? Quelle expression qualifie les massacres ?
3. De quoi les pays de l'Entente menacent-ils les responsables du génocide ?
4. Pourquoi les menaces de la Triple Entente sont-elles inefficaces ?

Les sociétés en guerre

Comment les civils sont-ils impliqués dans la Première Guerre mondiale ?

NOTIONS

Guerre totale : guerre au cours de laquelle l'État cherche à mobiliser non seulement les soldats mais aussi tous les moyens dont il dispose : industrie, finance, économie, science et donc l'ensemble de la société.

Génocide : terme inventé par le juriste polonais Raphael Lemkin en 1943 et créé à partir du grec *genos*, « race, peuple, groupe », et du verbe latin *caedere*, « tuer ». Adopté par l'Organisation des Nations unies (ONU) en 1945, il consiste donc en une élimination intentionnelle et programmée de populations civiles « dans l'intention de détruire, tout ou en partie, un groupe national, ethnique, racial ou religieux » (Convention des Nations unies).

A Les civils acteurs de la guerre

1. La mobilisation de l'arrière

- La Première Guerre mondiale est avant tout une **guerre industrielle**. Les **États** doivent organiser la **production de plus en plus massive d'armes**, et leur transport jusqu'au front. Ils passent commande aux **industriels**, comme Renault, Citroën ou Schneider en France, **qui se reconvertissent dans l'armement**. Ils font également venir des **travailleurs des colonies** et acheminent jusqu'au front la nourriture pour les combattants.
- Les États ont besoin d'importants moyens pour **financer l'effort de guerre**. Ils augmentent les impôts et lancent de grands **emprunts nationaux** auprès de leur population. Les Alliés **empruntent aussi auprès des États-Unis**.
- **Les ingénieurs et les scientifiques** inventent des **armes toujours plus efficaces** : les gaz toxiques, le lance-flamme, la mitrailleuse, les premiers tanks (en 1916). Ils font progresser l'artillerie, l'aviation et la marine (sous-marins). **La médecine** fait aussi de grands progrès pour soigner les blessés du front : nouveaux antiseptiques, amélioration de la transfusion sanguine, des greffes, de la chirurgie faciale, création de prothèses.
- **Pour maintenir le moral de l'arrière** et garder le secret sur les opérations militaires, **les États censurent** la presse, contrôlent le courrier en provenance du front, diffusent de faux communiqués militaires, développent la **propagande**. Les civils, soumis à ce qu'on appelle alors le **« bourrage de crâne »**, sont donc relativement ignorants de la situation sur le front.
- Ainsi **toute la société est mobilisée** dans la guerre et non seulement le front. C'est pourquoi on parle parfois de **guerre totale**.

2. Le nouveau rôle des femmes

- En 1913, les femmes sont déjà nombreuses dans les usines. Mais à partir de 1914, elles **remplacent les hommes dans les secteurs qu'ils occupaient** comme l'industrie métallurgique et mécanique, puis l'industrie d'armement où on les surnomme les **munitionnettes**. Elles obtiennent des postes **avec plus de responsabilités**. Dans les campagnes, elles prennent en charge **les exploitations agricoles**. Certaines participent aussi à la guerre comme **infirmières** bénévoles à la Croix-Rouge, dans des unités de soin ou dans des ambulances sur le front (70 000 bénévoles en France en 1914). **Marie Curie** met au point les camions de radiologie qui permettent de radiographier les blessés sur le front (les « Petites Curies »). ▶ Point de passage, p. 267 Enfin, des **marraines de guerre** apportent un soutien psychologique à des soldats du front en leur écrivant des lettres et en leur envoyant des cadeaux.
- **Après la guerre,** les hommes reprennent leurs postes. Si les femmes obtiennent **le droit de vote** au Royaume-Uni (1918), en Allemagne (1918) et aux États-Unis (1920), en France elle doivent se contenter d'accéder plus facilement aux études supérieures. Dans les grandes villes, elles adoptent des **modes de vie plus libres**, s'habillent avec des robes plus courtes et se coiffent à la « garçonne ».

Carte postale pour une marraine de guerre (1916)

B Les civils victimes de la guerre

1. Les souffrances des civils

- Les civils ont beaucoup souffert de **l'éloignement et de la mort** de leurs parents partis au combat (600 000 veuves de guerre en France en 1918). Mais eux-mêmes ne sont pas à l'abri des combats. **Les villes proches du front sont bombardées** par l'artillerie allemande et l'aviation (en France, Reims, Lens...). À la fin de la guerre, des canons d'une portée de 130 km tirent sur Paris (les « Canons de Paris »). Les Allemands envoient aussi des **zeppelins**, puis des avions bombarder Londres et Paris en 1917 et 1918 : ils ne font que quelques centaines de morts mais terrifient les populations.
- **Les civils connaissent également les pénuries** alimentaires, de charbon et de biens de première nécessité. Elles sont dues à la reconversion des industries en usines d'armement, à l'occupation de certaines régions productrices, au manque de main-d'œuvre. Les conditions de vie sont **particulièrement difficiles en Allemagne** où le **blocus naval** empêche toutes les importations maritimes.
- **La situation est critique dans les régions occupées** en Belgique, au nord de la France, en Serbie... En plus des frais d'occupation, les civils subissent des **réquisitions** toujours plus nombreuses et les travaux forcés sur le front ou en Allemagne. Des femmes sont victimes de viols.
- En **1917, de grandes grèves éclatent à l'arrière**. Elles sont dues à la lassitude, aux faibles salaires alors que les prix augmentent, et à la longueur des semaines de travail. À Paris, la première grande grève est celle des « midinettes » (les couturières) en mai, qui demandent une augmentation de salaire. En France, on passe ainsi de 17 grèves en 1914 à plus de 700 grèves et 300 000 grévistes en 1917.

▶ Point de passage, p. 269

2. Le génocide arménien

- Les **Arméniens** sont **un peuple chrétien habitant l'est de l'Empire ottoman**, le Caucase et la Perse. À la fin du XIXe siècle, après de nombreuses pertes territoriales, les Ottomans craignent que les Arméniens cherchent à leur tour à se détacher de l'Empire. En **1895-1896**, le sultan Abdülhamid II **fait massacrer par son armée près de 200 000 Arméniens**. En **1909**, un nouveau massacre commis par les Turcs **fait plus 30 000 morts à Adana et dans ses environs**.
- **Les Jeunes-Turcs du Comité Union et Progrès (CUP)** s'emparent du pouvoir en 1908. Ils sont nationalistes et partisans de la turquification de l'Anatolie, c'est-à-dire de son homogénéité ethnique (turque) et religieuse (l'islam). **La Première Guerre mondiale leur donne l'occasion** de mettre en œuvre leur projet de « purification ». Après les premières défaites contre la Russie, le gouvernement Jeunes-Turcs, dirigé par Talaat Pacha, Enver Pacha et Djemal Pacha, accuse les Arméniens d'en être responsables et **organise leur extermination en 1915**. Les hommes sont presque tous exécutés près des villes et des villages. Les femmes et les enfants sont massacrés durant les longues marches qui les conduisent vers les camps de concentration du désert syrien (camp de Deir-ez-Zor). **Les deux tiers de la population arménienne** de l'Empire ottoman disparaissent (environ 1,3 million de personnes sur 2 millions). Les rescapés quittent le pays à partir de 1915, formant la diaspora arménienne.
- **Dès le 24 mai 1915, les pays de l'Entente condamnent ce « crime contre l'humanité ».** ▶ Point de passage, p. 273

Après la guerre, les responsables sont jugés et condamnés par le nouveau gouvernement turc mais, en 1923, **Mustapha Kemal amnistie tous les crimes commis pendant le conflit**. La **qualification de génocide**, rejetée par la Turquie, est reconnue par le Parlement européen en 1987 et par la France en 2001.

Mémorial du génocide des Arméniens

Tzitzernakaperd (colline des hirondelles). Ce mémorial, dédié aux victimes du génocide arménien perpétré en 1915 par le gouvernement Jeunes-Turcs, est construit en 1967 sur une des collines de la capitale actuelle de l'Arménie, Erevan.

VOCABULAIRE

Censure : p. 264.

Emprunt national : emprunt lancé par un État auprès de sa population afin de financer la guerre et de mobiliser l'ensemble de la société.

Mouvement des Jeunes-Turcs : p. 272.

Munitionnettes : surnom donné aux femmes travaillant dans l'industrie d'armement pendant la Première Guerre mondiale.

Pénurie : p. 268.

Propagande : p. 264.

Réquisition : opération par laquelle l'autorité exige une prestation d'activité ou la fourniture d'un bien.

Zeppelin : ballon dirigeable rigide, fabriqué par la société allemande Zeppelin.

1 ANALYSE DE DOCUMENTS

CONSIGNE Après avoir présenté les documents, vous décrirez les conditions de travail et de vie des femmes pendant la guerre.

Document 1 Le travail féminin dans les usines de guerre

Marcelle Capy se fait embaucher de manière volontaire pendant quelques semaines dans une usine d'obus, afin d'y décrire les conditions de travail.

« L'ouvrière, toujours debout, saisit l'obus, le porte sur l'appareil dont elle soulève la partie supérieure. L'engin en place, elle abaisse cette partie, vérifie les dimensions (c'est le but de l'opération), relève la cloche, prend l'obus et le déplace à gauche. Chaque obus pèse 7 kg. En temps de production normale, 2 500 obus passent en 11 heures entre ses mains. Comme elle doit soulever deux fois chaque engin, elle soupèse par jour 35 000 kg.

Au bout de trois quarts d'heure, je me suis avouée vaincue. J'ai vu ma compagne, toute frêle, toute jeune, toute gentille, dans son grand tablier noir, poursuivre sa besogne. Elle est à la cloche depuis un an. 900 000 obus sont passés entre ses doigts, elle a dû soulever un fardeau de 7 000 000 de kg [soit 7 000 tonnes]. Arrivée fraîche et forte à l'usine, elle a perdu ses belles couleurs, elle n'est plus qu'une mince fillette épuisée. Je la regarde avec stupeur et ces mots résonnent dans ma tête : 35 000 kg. »

Témoignage de la journaliste féministe et pacifiste Marcelle Capy, publié dans la revue *La Voix des Femmes*, entre novembre 1917 et janvier 1918.

Document 2 Les grèves de l'année 1917

Manifestation des couturières à Paris (avenue du Maine) en mai 1917, aquarelle de Félix Brard, mai 1917.

Sur les banderoles on peut lire :
« liberté, égalité, fraternité »,
« Nous voulons la semaine anglaise » (le samedi après-midi libre et payé),
« Nous les aurons nos 20 ronds » (indemnité de vie chère).

2 ANALYSE DE DOCUMENT

CONSIGNE **Après avoir présenté le document, vous montrerez comment il rend compte du génocide des Arméniens.**

Document Le génocide des Arméniens

« Le mouvement anti-arménien de grande envergure commença assez inopinément en avril 1915. Certains faits arrivés sur le théâtre de la guerre dit caucasien, faits qu'on ne saurait nier, ont fourni très à propos au gouvernement turc le prétexte pour se ruer d'abord, comme des fauves déchaînés, sur les Arméniens des six "vilayets"[1] orientaux ou arméniens proprement dits et de faire table rase d'une façon sanglante, sans aucune distinction entre hommes, femmes et enfants. C'est ce qu'on a appelé ensuite "le rétablissement de l'ordre dans la zone de guerre par des mesures militaires, rendues nécessaires par la connivence avec l'ennemi, la trahison et le concours armé de la population". [...]
Dès le commencement, les persécutions visaient aussi les femmes et les enfants et s'appliquaient sans aucune distinction à toute la population de plusieurs centaines de mille âmes des six vilayets orientaux, et se caractérisaient par de telles bestialités et de telles cruautés qu'on n'en peut en donner aucun exemple dans toute l'histoire humaine [...].
Mais ce ne fut pas tout, malheureusement ! Le gouvernement turc est allé plus loin, bien plus loin. Car il visait le peuple arménien tout entier, et non seulement en Arménie, mais partout où il habitait, en Anatolie et dans la capitale. [...]
Par une série d'articles officieux dans les journaux du "Comité" jeune-turc, le gouvernement de Talaat et d'Enver Pacha tâchait de persuader la population que tous les Arméniens étaient des conspirateurs dangereux, soutenus par l'or russe et anglais. [...]
[À Constantinople], tous les jours, vers le soir, après avoir réuni tous les pauvres malheureux amenés pendant la journée aux différents "karakols[2]", tous étaient chargés de quelques couvertures et petits paquets seulement comme uniques bagages pour un lugubre voyage de plusieurs mois ! [...]
En général, les déportés étaient transportés par de longues étapes à pied, mille fois brutalisés et violés en route, jusqu'à la frontière des territoires de population arabe ; et là-bas, dans la montagne aride, sans ressources, sans abris autres que de misérables petites tentes sales et froides, sans vivres, [...] ils attendaient la mort lente, mais presque certaine. Mais toujours, sans exception, les hommes furent séparés des femmes et enfants et transportés dans une autre contrée[3] ; ce fut la caractéristique de ce système des déportations qui devaient détruire la racine même de la force de ce peuple, en brisant tous les liens de famille ! Ainsi disparaissait peu à peu une très grande partie du peuple arménien.
C'étaient alors "les personnes transportées ailleurs", comme les nommait joliment le titre de la "loi provisoire" qui donnait plein pouvoir de disposer de leurs meilleures fermes au gouvernement du Comité Union et Progrès. [...]
Car, par cette méthode, le but principal, la turquisation forcée du pays, habité jusqu'alors par une population de races différentes, était pleinement réalisable. [...]
Le petit nombre de ceux qui arrivaient, en dépit de toutes leurs souffrances, aux lieux de destination, dans ces "colonies", c'est-à-dire dans les camps de concentration, étaient décimés par le paludisme, le typhus et la famine. »

Harry Stuermer[4], *Deux ans de guerre à Constantinople*, 1917.

1. Provinces de l'Empire ottoman qui étaient majoritairement peuplées d'Arméniens.
2. Postes de police.
3. Les hommes étaient en fait séparés pour être assassinés.
4. Journaliste allemand, correspondant de la *Kölner Gazette* dans l'Empire ottoman. Son journal refusant de publier ses articles sur le génocide arménien, il écrit en 1917 un ouvrage intitulé *Deux ans de guerre à Constantinople*.

Répondez aux questions suivantes pour vous aider à rédiger l'analyse du document.

Je présente le texte

1. Présentez le document. Quel est le contexte politique à cette époque dans l'Empire ottoman ?

J'analyse le texte

2. Comment les Arméniens sont-ils exterminés ?
3. Comment le gouvernement turc justifie-t-il sa politique de massacres ?
4. D'après l'auteur, quels sont les véritables objectifs du gouvernement turc ?
5. Quels sont les sentiments de l'auteur vis-à-vis des massacres ?

J'établis le lien entre le texte et une notion

6. En réutilisant la définition p. 274 et en vous appuyant sur les différents aspects présents dans le texte, montrez en quoi le massacre des Arméniens est un génocide (on pourra évoquer l'idée de massacres planifiés qui visent une population de civils dans son entier pour des motifs nationaux, ethniques ou religieux).

Méthode
- Réaliser le plan d'une partie
- Rédiger des parties
- Rédiger la conclusion

3 RÉPONDRE À UNE QUESTION PROBLÉMATISÉE

QUESTION Quelles ont été les souffrances des civils durant la Première Guerre mondiale ?

Analyse de la question : - Les souffrances concernent uniquement les civils, c'est-à-dire les non combattants.
- Les souffrances peuvent être physiques et/ou psychologiques.

Introduction

La Première Guerre mondiale a duré de 1914 à 1918. Jamais une guerre n'a encore été si meurtrière. Plus de huit millions de soldats ont été tués et beaucoup sont revenus blessés. Mais les civils – femmes, hommes et enfants – ont aussi beaucoup souffert : moralement par le départ des êtres chers, physiquement par les difficultés de la vie à l'arrière, et aussi parce qu'ils ont été la cible de violences extrêmes. Quelles ont été les souffrances des civils pendant la Première Guerre mondiale ?

Partie I. Les souffrances des civils sont d'abord psychologiques

Beaucoup de familles sont endeuillées par la perte d'un parent au front dès 1914. Les veuves, habillées de noir, sont de plus en plus nombreuses et il y a de plus en plus d'invalides dans les rues à mesure que les années passent.

De plus, la séparation est pesante. Les familles souffrent de l'absence du père, du mari, du fils. Certes, on s'écrit et à partir de 1915, les permissions permettent aux soldats de rentrer ; mais lors de ces retours, les échanges sont difficiles. Comme le montre Erich Maria Remarque dans son roman « À l'ouest rien de nouveau » paru en 1929, les combattants ne souhaitent pas parler de leur guerre que les civils ont du mal à comprendre.

L'éloignement est aussi une souffrance pour les travailleurs des colonies ou les étrangers, qui ont quitté leur pays pour venir travailler en France.

Partie II. Les conditions de vie à l'arrière sont par ailleurs difficiles
Partie III. Des civils ont été l'objet de violences extrêmes
Conclusion

INFORMATIONS CLASSÉES

I. Souffrances psychologiques	II. Des conditions de vie difficiles	III. Les victimes de violence
• Beaucoup de familles sont endeuillées. • Les veuves, habillées de noir, sont de plus en plus nombreuses. • L'éloignement est une souffrance pour les travailleurs des colonies ou les étrangers. • De plus en plus d'invalides sont visibles dans les rues à mesure que les années passent. • De plus, la séparation est pesante. • Les permissions permettent aux soldats de rentrer ; mais lors de ces retours les échanges sont difficiles.	• Pénuries de nourriture, de charbon pour se chauffer, et de produits de première nécessité (savon, etc.), car manque de main-d'œuvre, occupation, reconversion des industries. • Forte hausse des prix. • Rationnement dans certaines villes. • La situation en Allemagne est dramatique à cause du blocus britannique. • Les conditions de travail sont de plus en plus dures. • Grèves de 1917. • Les populations des régions occupées sont dans une situation difficile (frais d'occupation, réquisitions fréquentes, corvées, déportations en Allemagne). • En 1918, grippe espagnole (plus d'un million de morts en Europe).	• Atteindre le moral de l'arrière. • Les canons ont des portées de plus en plus longues. • Ainsi, les villes proches des fronts sont bombardées (Lens, Reims). • Paris bombardée par les « canons de Paris ». • Premiers bombardements aériens à partir de 1916, par les zeppelins ou par avions (quelques milliers de morts). • Génocide des Arméniens dans l'Empire ottoman par le gouvernement des Jeunes-Turcs : – les hommes sont rassemblés et exécutés à l'écart des villes et des villages ; – les femmes et les enfants sont déportés et tués dans de longues marches à pied jusqu'au désert syrien ; – les 2/3 de la population arménienne disparaissent (1,3 million de personnes).

1. L'introduction et la partie I sont rédigées. Quel est le plan de cette partie ?
2. Rédigez les parties II et III à l'aide des informations du tableau et d'autres connaissances personnelles si nécessaire. Chaque partie doit être rédigée avec des sous-parties (2 à 4 sous-parties maximum par partie).
3. Rédigez la conclusion.

Méthode
- Analyser le sujet
- Construire un plan
- Rédiger la réponse

4 RÉPONDRE À UNE QUESTION PROBLÉMATISÉE

QUESTION **Comment l'arrière est-il mobilisé durant la Première Guerre mondiale ?**

ÉTAPE 1 Analyser le sujet

Deux notions à analyser

- **L'arrière** est la zone à l'arrière des combats dans un pays en guerre, et la population qui y vit (les civils).
- **Mobiliser :** mettre au service de la guerre. « Comment l'arrière est-il mobilisé ? » signifie : « Comment l'arrière est-il mis au service de la guerre ? »

La période et l'espace concernés

- **La Première Guerre mondiale** : 1914-1918 ; l'espace étudié n'est pas précisé, donc des exemples peuvent être pris dans tous les pays en guerre.

ÉTAPE 2 Mobiliser ses connaissances

Faites la liste des informations sur le sujet, par exemple :

– La reconversion des industries de guerre (Renault).
– Les emprunts nationaux.
– La mobilisation des femmes (appel de Viviani, travail des femmes dans l'industrie de guerre, comme infirmières, postes à responsabilités).
– Les travailleurs des colonies et les étrangers.
– La mobilisation des scientifiques (Marie Curie) et des médecins.
– Les progrès scientifiques, les nouvelles armes.
– Le taylorisme dans les usines.
– Le rôle de la propagande : censure, contrôle du courrier, « bourrage de crâne ».
– Propagande dans les écoles (auprès des enfants).
– Soutenir les soldats au front : marraines de guerre.

ÉTAPE 3 Classer ses connaissances dans un plan

Vous pouvez classer les informations dans le plan proposé (d'autres plans sont possibles) à l'aide d'un tableau

Partie I. L'État met en place une économie de guerre	**Partie II.** Les civils sont mobilisés de diverses façons	**Partie III.** La propagande pour maintenir le moral de l'arrière

ÉTAPE 4 Rédiger (sans brouillon)

Rédigez ensuite votre réponse à la question

- Une **introduction** qui explique le sujet, éclaire les mots compliqués.
  La problématique reprend la question posée.
- Un **développement** en parties et sous-parties (si les parties sont longues).
  On saute une ligne entre chaque partie, on va à la ligne pour chaque sous-partie.
- La **conclusion** répond à la problématique et peut ouvrir sur la suite.

Les sociétés en guerre

COMPRENDRE LE CHAPITRE

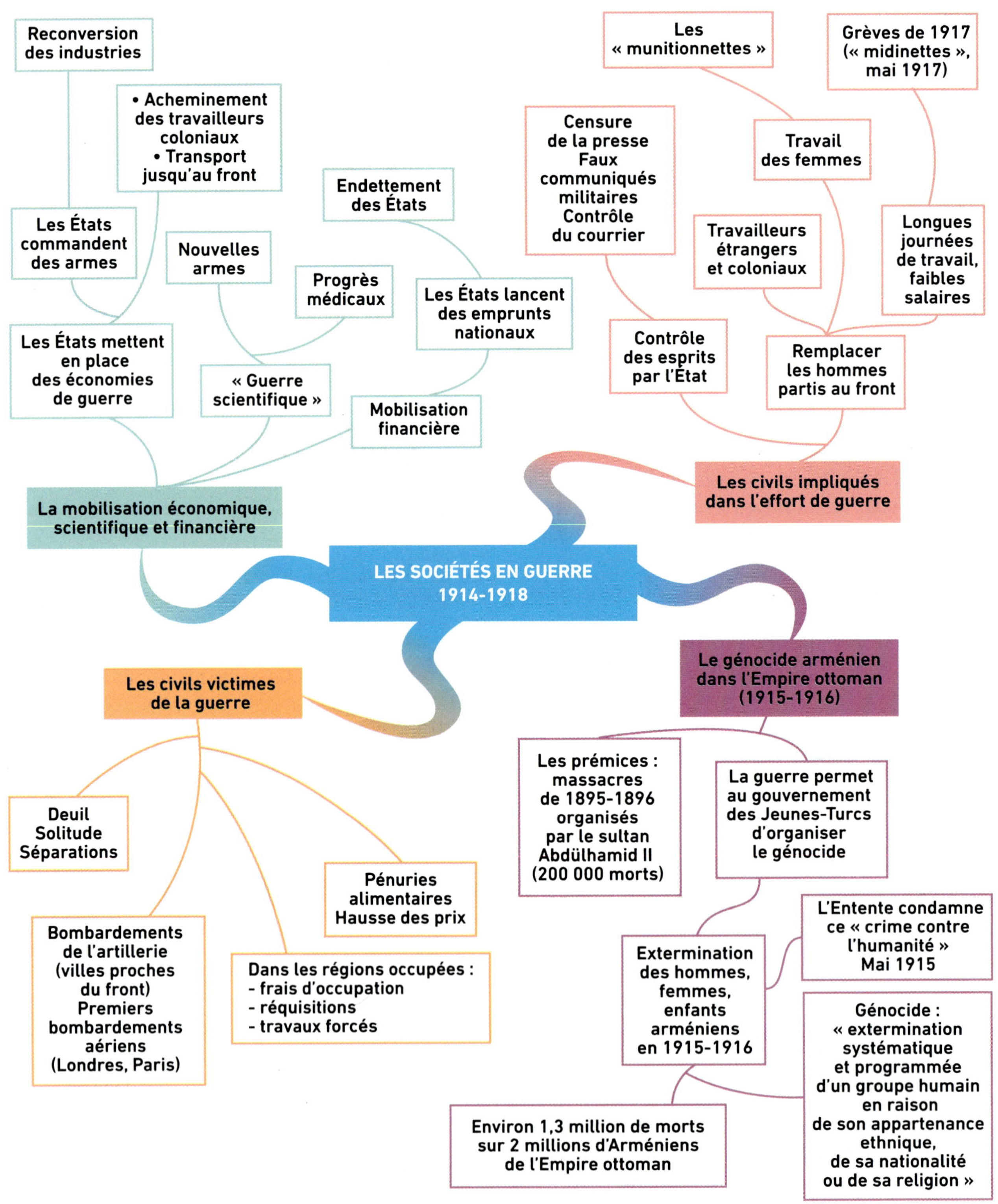

PERSONNAGES ESSENTIELS

Talaat Pacha (1874-1921), membre du gouvernement des Jeunes-Turcs, est un des responsables du génocide des Arméniens en 1915, avec Djemal Pacha et Enver Pacha, deux autres dirigeants du parti des Jeunes-Turcs. → **p. 272**

Marie Curie (1867-1934) met son travail scientifique au service de l'effort de guerre, en participant à la conception de voitures équipées d'appareils de radiologie pour faciliter l'opération des blessés sur le front. → **Bio p. 267**

René Viviani (1863-1925), président du Conseil et ministre des Affaires étrangères en 1914, est l'auteur du discours sur l'appel à la mobilisation des femmes du 6 août 1914. → **p. 266**

Alexandre Millerand (1859-1943), ministre de la Guerre en 1914 et 1915, exprime la volonté du commandant en chef des armées, le général Joffre, durant tout son mandat.

DATES CLÉS

1895-1896	Massacres d'environ 200 000 Arméniens dans l'Empire ottoman sous le sultan Abdülhamid II
7 août 1914	Appel aux femmes françaises de Viviani
Avril 1915	Début du génocide arménien
24 mai 1915	Déclaration de la Triple Entente dénonçant « le crime de la Turquie contre l'humanité et la civilisation » (concernant les Arméniens)
1916	Marie Curie sur le front avec les « Petites Curies », voitures disposant d'appareils de radiologie
Mai-décembre 1917	Grèves en France

NOTIONS À MAÎTRISER

Guerre totale Guerre au cours de laquelle l'État cherche à mobiliser non seulement les soldats mais aussi tous les moyens dont il dispose : finance, économie, science, et donc l'ensemble de la société. Ce concept, utilisé pour la première fois à l'issue de la Première Guerre mondiale, a été défini par l'historien J.-B. Duroselle dans *La Grande guerre des Français, 1914-1918* (Perrin, 1994).

Génocide Terme inventé par le juriste polonais Raphael Lemkin en 1943 et créé à partir du grec *genos*, « race, peuple, groupe », et du verbe latin *caedere*, « tuer ». Adopté par l'Organisation des Nations unies (ONU) en 1948, il consiste donc en une élimination intentionnelle et programmée de populations civiles « dans l'intention de détruire, tout ou en partie, un groupe national, ethnique, racial ou religieux » (Convention des Nations unies).

Ne pas confondre « front » et « arrière » : le front est la zone où se situent les combats. L'arrière est le territoire situé en dehors des zones de combat dans un pays en guerre.

RÉPONDRE ET MÉMORISER

1. Qu'est-ce qu'un emprunt national ?
2. Comment appelle-t-on en France les femmes qui travaillent dans l'industrie d'armement ?
3. Que signifie l'expression « bourrage de crâne » inventée par des soldats en 1914 ?
4. Qu'est-ce qu'un zeppelin ?
5. Comment Marie Curie a-t-elle contribué à l'effort de guerre ?
6. Pourquoi les pénuries alimentaires sont-elles plus importantes en Allemagne qu'en France pendant la guerre ?
7. Pendant la guerre, en quelle année ont eu lieu les grandes grèves en France ?
8. Au XIXe siècle, quand ont eu lieu les premiers massacres de masse d'Arméniens et sous quel sultan ?
9. Comment s'appelle le parti politique à l'origine du génocide arménien de 1915 ?
10. En 1915, comment les pays de l'Entente qualifient-ils le génocide des Arméniens ?

Mémorisation active

Mémocartes hatier-clic.fr/19h1026

11 Sortir de la guerre

Comment les pays belligérants sortent-ils de la guerre et cherchent-ils à reconstruire la paix ?

1 L'ossuaire de Douaumont

Conçu en 1918, l'ossuaire de Douaumont est inauguré en août 1932. Monument à la mémoire des soldats morts à Verdun, il abrite les restes de 130 000 soldats inconnus français et allemands. Le cimetière rassemble les tombes de 16 142 soldats français.

- **8 janvier 1918** 14 points de Wilson
- **11 novembre 1918** Armistice
- **28 juin 1919** Traité de Versailles
- **Juin 1919-août 1920** Traités de paix
- **Septembre 1919** Prise de Fiume par les *arditi*
- **Janvier 1920** Naissance de la SDN
- **11 novembre 1920** Inhumation du soldat inconnu à Paris
- **Juillet 1922** Création du passeport Nansen
- **11 novembre 1922** 11 novembre devient jour férié
- **Juillet 1923** Traité de Lausanne
- **Décembre 1922** Naissance de l'URSS
- **1917-oct. 1922** Guerre civile russe

1918

Doc interactif
Manuel numérique

POINT DE PASSAGE p.288

p.294 POINT DE PASSAGE

p.293 POINT DE PASSAGE

2 Les États d'Europe en 1923

3 Le Conseil des Quatre à la conférence de la Paix de Paris en mai 1919

Le Conseil des Quatre est le nom donné aux dirigeants des quatre grands pays alliés après la fin de la Première Guerre mondiale à la conférence de la Paix de Paris.
1 David Lloyd George (Royaume-Uni), 2 Vittorio Orlando (Italie), 3 Georges Clemenceau (France), 4 Woodrow Wilson (États-Unis) sont les principaux architectes des traités de paix qui seront signés par les puissances belligérantes.

Étude

Le bilan de la Grande Guerre

Le bilan de la Première Guerre mondiale est dramatique. Jamais un conflit n'a fait autant de victimes ni autant de destructions matérielles. Affaiblie économiquement et humainement, l'Europe est désormais concurrencée par les États-Unis et doute d'elle-même.

Quel est le bilan humain, matériel, financier et moral de la guerre ?

1 Participation et pertes militaires pendant la Grande Guerre

	Mobilisés (en millions)	Morts et disparus (en millions)	Blessés (en millions)	Morts et blessés (en % des mobilisés)
Russie	18,1	1,8	4,9	37 %
France et colonies	7,9	1,4	4,2	71 %
Royaume-Uni et colonies	8,9	0,908	2	34 %
Italie	5,6	0,578	0,947	27 %
États-Unis	4,2	0,114	0,234	8 %
Allemagne	13,2	2	4,2	47 %
Autriche-Hongrie	9	1,1	3,6	52 %
Total[1]	**73,6**	**9,4**	**21,3**	**42 %**

1. Le total prend en compte tous les pays belligérants du conflit.

Source : S. Audoin-Rouzeau et J.-J. Becker (dir.), *L'Encyclopédie de la Grande Guerre, 1914-1918*, Bayard, 2004.

2 Un invalide de guerre France, 1918.

Le nombre d'invalides (aveugles, gazés, amputés, handicapés) est considérable. Pouvant difficilement reprendre une activité normale, beaucoup recevront une pension de l'État.

3 La crise de l'esprit

« Nous autres, civilisations, nous savons maintenant que nous sommes mortelles [...].
Nous sentons qu'une civilisation a la même fragilité qu'une vie [...].
Les grandes vertus des peuples allemands ont engendré plus de maux que l'oisiveté jamais n'a créé de vices. Nous avons vu, de nos yeux vu, le travail consciencieux, l'instruction la plus solide, la discipline et l'application les plus sérieuses, adaptés à d'épouvantables desseins [...].
Il y a des milliers de jeunes écrivains et artistes qui sont morts. Il y a l'illusion perdue d'une culture européenne et la démonstration de l'impuissance de la connaissance à sauver quoi que ce soit ; il y a la science, atteinte mortellement dans ses ambitions morales, et comme déshonorée par la cruauté de ses applications. »

Paul Valéry, *La Crise de l'esprit, Première lettre* (première publication en anglais dans l'hebdomadaire londonien *Athenæus*), 1919.

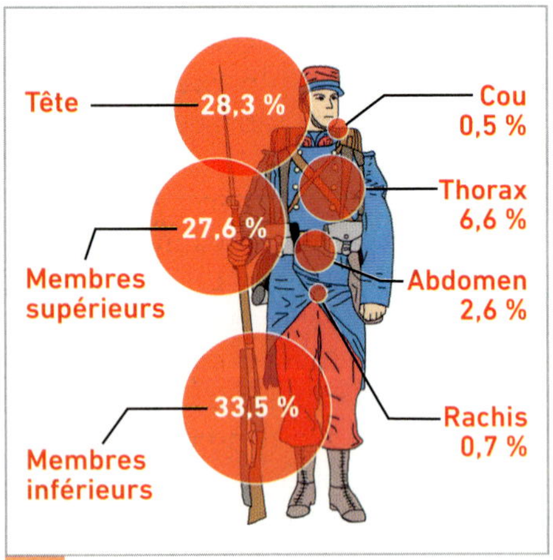

4 La localisation des blessures

Sur un échantillon de 37 620 blessés de trois hôpitaux ordinaires d'évacuation du secteur de Verdun.

5 Les ruines de la guerre

« Un voyage à travers les régions dévastées de la France est plus impressionnant pour les yeux et l'imagination qu'on ne peut le dire […]. L'horreur et la désolation apparaissent avec une grandeur effroyable […]. Sur des kilomètres et des kilomètres, rien ne subsiste, nul bâtiment ne peut être habité. »

John Maynard Keynes (économiste britannique), *Les Conséquences économiques de la paix*, NRF, 1919, traduction Paul Franck, 1920.

6 Lens à la fin de la guerre Pas-de-Calais, août 1919.

Les destructions spectaculaires qui ont touché la ville de Lens font d'elle une « ville martyre » au sortir de la guerre.

7 Le déclin de l'Europe

« Il n'est douteux pour personne que l'Europe, qui régissait le monde jusque vers la fin du XIXe siècle, perde sa suprématie au profit d'autres pays ; nous assistons au déplacement du centre de gravité du monde hors d'Europe ; nous voyons sa fortune passer aux mains des peuples de l'Amérique et de l'Asie. […]

En décimant ses multitudes d'hommes, vastes réserves de vie où puisait le monde entier ; en gaspillant ses richesses matérielles, précieux patrimoine gagné par le travail des générations ; en détournant pendant plusieurs années les esprits et les bras du labeur productif vers la destruction barbare ; en éveillant par cet abandon les initiatives latentes ou endormies de ses rivaux, la guerre n'aura-t-elle pas porté un coup fatal à l'hégémonie de l'Europe sur le monde ? […]

Dépeuplée et appauvrie, l'Europe sera-t-elle apte à maintenir sur le monde le faisceau de liens économiques qui compose sa fortune privilégiée ? Sera-t-elle toujours la grande banque qui fournissait des capitaux aux régions neuves ? Comme puissances capitalistes, le Japon et surtout les États-Unis sont devenus ses rivaux […].

On peut donc dire que nous assistons au déclin de l'Europe. »

Albert Demangeon, *Le Déclin de l'Europe*, Payot, 1920.

8 Les dettes interalliées (en millions de dollars)

Emprunteurs \ Prêteurs	États-Unis	Royaume-Uni	France	Total
France	2 425	1 950	0	4 375
Royaume-Uni	4 000	0	0	4 000
Russie	190	2 600	800	3 590
Italie	1 375	1 950	175	3 500
Belgique	280	450	450	1 180
Autres pays	70	305	400	775
TOTAL	**8 340**	**7 255**	**1 825**	**17 420**

Source : Pierre-Cyrille Hautcœur, *La Crise de 1929*, La Découverte, 2009.

QUESTIONS

1. **Doc. 1, 2 et 4** Citez les pays dans lesquels le bilan humain est le plus dramatique et expliquez pourquoi. Quelles peuvent être les conséquences du grand nombre de morts et de blessés dans l'après-guerre ?
2. **Doc. 5** Quelles sont les régions évoquées par Keynes ?
3. **Doc. 6** Pourquoi Lens a-t-elle été particulièrement touchée par les destructions ? Selon vous, quel(s) type(s) d'arme(s) est à l'origine de ces destructions ?
4. **Doc. 8** Qui sont les deux principaux emprunteurs et prêteurs pendant la guerre ? Qu'est-ce qui peut l'expliquer ?
5. **Doc. 6, 7 et 8** Comment s'explique le transfert de puissance de l'Europe vers les États-Unis ?
6. **Doc. 3** Pourquoi l'auteur doute-t-il de la civilisation européenne ?

Synthèse Quelles sont les conséquences humaines, matérielles, économiques et morales du conflit ?

Étude Les Quatorze points de Wilson et la naissance de la SDN

En janvier 1918, le président américain Woodrow Wilson présente quatorze points pour rétablir la paix dans le monde. Issue de ce programme, la Société des Nations (SDN) naît le 10 janvier 1920. Cette organisation internationale a pour but de maintenir la paix dans le monde et de résoudre les problèmes de l'après-guerre.

Comment les États cherchent-ils à mettre en place un nouvel ordre international après la guerre ?

1 Le président Wilson tendant un rameau d'olivier à la colombe de la paix

Dessin du journal humoristique britannique *Punch*, mars 1919.

Inspirateur de la Société des Nations, Wilson offre à la colombe de la paix une branche cassée d'olivier pourvue de ses rameaux, figurant les nations.

2 Les Quatorze points

« C'est donc le programme de la paix du monde qui constitue notre programme. Et ce programme, le seul possible selon nous, est le suivant :

1° Des conventions de paix, préparées au grand jour ; après quoi il n'y aura plus d'ententes particulières et secrètes d'aucune sorte entre les nations [...].

2° Liberté absolue de la navigation sur mer, en dehors des eaux territoriales [...].

3° Suppression, autant que possible, de toutes les barrières économiques [...].

4° Échange de garanties suffisantes que les armements de chaque pays seront réduits au minimum compatible avec la sécurité intérieure.

5° Arrangement librement débattu, dans un esprit large et absolument impartial, de toutes les revendications coloniales [...].

8° Le territoire français tout entier devra être libéré et les régions envahies devront être restaurées [...].

9° Une rectification des frontières italiennes devra être opérée conformément aux données clairement perceptibles du principe des nationalités [...].

13° Un État polonais indépendant devra être créé, qui comprendra les territoires habités par des populations indiscutablement polonaises [...].

14° Il faut qu'une société des nations soit constituée en vertu de conventions formelles ayant pour objet d'offrir des garanties mutuelles d'indépendance politique et d'intégrité territoriale aux petits comme aux grands États. »

Woodrow Wilson, discours au Congrès des États-Unis, 8 janvier 1918.

3 Le pacte de la SDN

« Les hautes parties contractantes, considérant que, pour développer la coopération entre les nations et pour leur garantir la paix et la sûreté, il importe d'accepter certaines obligations de ne pas recourir à la guerre, [...] adoptent le présent pacte qui institue la Société des Nations. [...]

Article 8

1. Les membres de la Société reconnaissent que le maintien de la paix exige la réduction des armements nationaux au minimum compatible avec la sécurité nationale et avec l'exécution des obligations internationales imposée par une action commune. [...]

Article 12

1. Tous les membres de la Société conviennent que, s'il s'élève entre eux un différend susceptible d'entraîner une rupture, ils le soumettront soit à la procédure de l'arbitrage, soit à l'examen du Conseil. [...]

Article 16

1. Si un membre de la Société recourt à la guerre [...], il est *ipso facto* considéré comme ayant commis un acte de guerre contre tous les autres membres de la Société. Ceux-ci s'engagent à rompre immédiatement avec lui toutes relations commerciales ou financières [...]. »

Préambule du traité de Versailles, 28 juin 1919.

4 Jean Monnet juge la SDN

« Le traité de Versailles laissait en suspens nombre de problèmes, et les vainqueurs s'en étaient remis, notamment sur des questions territoriales comme la Sarre[1], la Haute-Silésie[1], ou sur le sort de minorités et de réfugiés, à l'arbitrage de la Société des Nations qui, de ce fait, n'était pas seulement chargée d'éviter de nouveaux conflits, mais avait à liquider les désordres de la guerre. [...] Si l'Organisation[2] que nous mîmes sur pied et qui fonctionne à Genève sans grands changements jusqu'en 1939 n'eut pas toujours la force de ses intentions, en 1919 je ne pensais pas aux faiblesses d'un système qui allait aux limites des possibilités de l'époque. J'y voyais, au contraire, un progrès considérable puisque nous nous préparions à changer les rapports entre les peuples. »

Jean Monnet, *Mémoires*, Fayard, 1976.

1. Territoires disputés entre les États.
2. La SDN.

ASSEMBLÉE GÉNÉRALE
- 48 membres en 1920
- siège une fois par an

CONSEIL
- 4 puis 5 membres permanents
- 4 puis 6 puis 9 membres élus par l'Assemblée
- vote à l'unanimité sur les questions liées au maintien de la paix

SECRÉTARIAT
- 1 secrétaire général et des fonctionnaires internationaux
- prépare les documents présentés au Conseil et à l'Assemblée

PRINCIPAUX ORGANISMES LIÉS À LA SDN
- Cour permanente de justice internationale
- Organisation de la Santé
- Organisation internationale du travail
- Commission des mandats
- Commission des réfugiés (passeport Nansen)

5 La SDN dans les années 1920

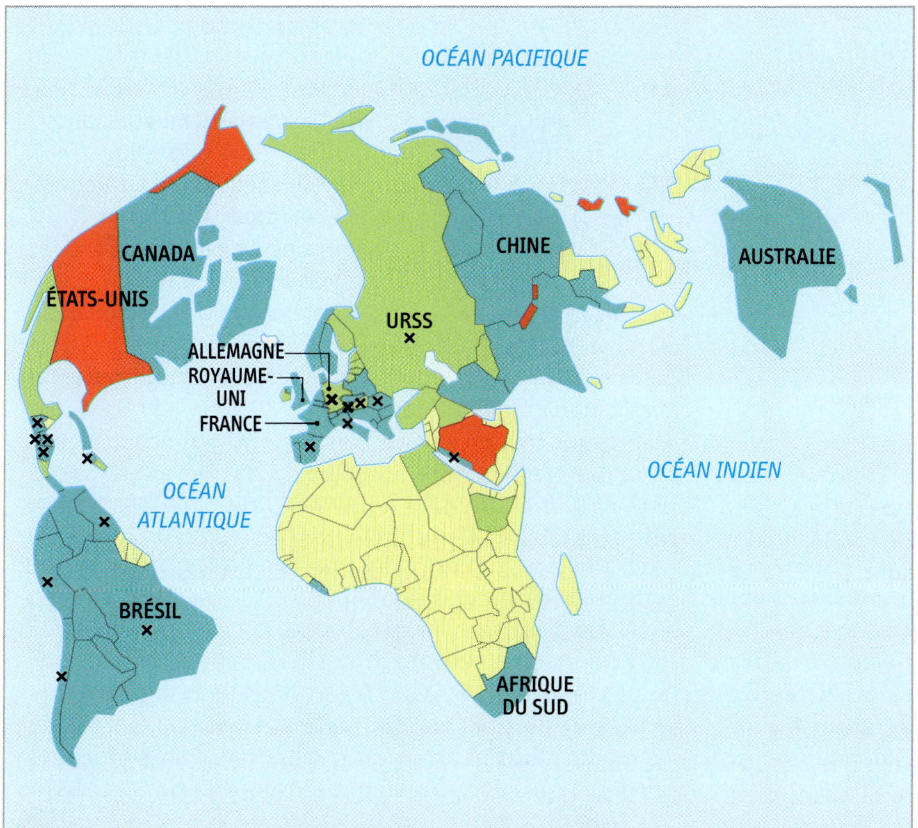

- États membres de la SDN en 1920
- États devenus membres après 1920
- États non membres
- × États démissionnaires ou exclus
- colonies des États membres ou territoires sous mandat

6 Les membres de la SDN (années 1920-1930)

Le Sénat américain refuse de ratifier le traité de Versailles, jugé trop contraignant, et les États-Unis n'adhèrent donc pas à la SDN.

VOCABULAIRE

Organisation internationale : association d'États souverains ayant pour but de mener des actions communes.

QUESTIONS

1. **Doc. 1 et 2** À qui s'adresse Wilson et quel est son objectif ?
2. **Doc. 2** Sur quelle idée s'appuient les articles 8, 9, 13 ? Expliquez la prudence de Wilson concernant les peuples colonisés dans l'article 5.
3. **Doc. 2 et 3** Quels sont les points communs entre les Quatorze points de Wilson et le pacte de la SDN ?
4. **Doc. 3, 4, 5 et 6** Par quels moyens la SDN peut-elle maintenir la paix ? Quelles sont ses faiblesses ?
5. **Doc. 4** Pour Jean Monnet, quels ont été les progrès apportés par la SDN ?

Synthèse Comment les États cherchent-ils à mettre en place un nouvel ordre international ? Montrez-en les limites.

Point de passage

Les traités de paix (1919-1923)

Les traités de paix conclus au terme de la conférence de la Paix de Paris changent profondément la physionomie de l'Europe et du Moyen-Orient. Les très lourdes sanctions imposées à l'Allemagne ainsi que le redécoupage des frontières en Europe et au Moyen-Orient sont à l'origine de nouvelles tensions.

Quelles sont les conséquences des traités de paix pour l'Europe et le Moyen-Orient ?

A Le traité de Versailles et le sort de l'Allemagne vaincue (28 juin 1919)

1 La signature du traité de Versailles (28 juin 1919)
William Orpen, *Signature du traité de paix par la délégation allemande le 28 juin 1919 dans la galerie des Glaces*, huile sur toile, détail, 1921 (Imperial War Museum, Londres).

1. Le représentant allemand
2. Georges Clemenceau (président du Conseil français)
3. Woodrow Wilson (président des États-Unis)
4. David Lloyd George (Premier ministre britannique)
5. Vittorio Orlando (président du Conseil italien)

2 Le traité de Versailles

« **Art. 42 et 43** Il est interdit à l'Allemagne de maintenir ou de construire des fortifications soit sur la rive gauche du Rhin, soit sur la rive droite, sur 50 kilomètres à l'est de ce fleuve […]. L'entretien ou le rassemblement de forces armées sont interdits dans cette zone […].

Art. 51 Les territoires cédés à l'Allemagne en vertu des préliminaires de paix signés à Versailles le 26 février 1871 sont réintégrés dans la souveraineté française […].

Art. 87 L'Allemagne reconnaît l'indépendance de la Pologne et renonce à tout droit sur les territoires qui lui sont attribués.

Art. 119 L'Allemagne renonce, en faveur des principales puissances alliées et associées, à tous ses droits et titres sur ses possessions d'outre-mer.

Art. 160 […] La totalité des effectifs de l'armée des États qui constituent l'Allemagne ne devra pas dépasser cent mille hommes […] et sera exclusivement destinée au maintien de l'ordre sur le territoire et à la police des frontières […].

Art. 171 Sont interdits la fabrication et l'importation en Allemagne des chars, blindés, tanks.

Art. 198 Les forces armées allemandes ne pourront comprendre aucune aviation.

Art. 231 Les gouvernements alliés et associés déclarent et l'Allemagne reconnaît que l'Allemagne et ses alliés sont responsables, pour les avoir causés, de toutes les pertes et de tous les dommages subis par les gouvernements alliés et associés et leurs nationaux en conséquence de la guerre, qui leur a été imposée par l'agression de l'Allemagne et de ses alliés.

Art. 232 […] Les gouvernements alliés et associés exigent que soient réparés tous les dommages causés à la population civile de chacune des puissances alliées […].

Art. 428 À titre de garantie d'exécution par l'Allemagne du présent traité, les territoires allemands situés à l'ouest du Rhin […] seront occupés par les troupes des puissances alliées […]. »

Traité de Versailles (extraits), 28 juin 1919.

3 Clemenceau justifie les exigences françaises

Clemenceau répond au président Wilson qui demande un traité de paix plus conciliant pour l'Allemagne.

« L'Amérique n'a pas vu cette guerre de près pendant les trois premières années ; nous, pendant ce temps, nous avons perdu un million et demi d'hommes. [...]

Nos épreuves ont créé dans ce pays un sentiment profond des réparations qui nous sont dues ; et il ne s'agit pas seulement de réparations matérielles : le besoin de réparations morales n'est pas moins grand [...].

Vous cherchez à faire justice aux Allemands. Ne croyez pas qu'ils nous pardonneront ; ils ne chercheront que l'occasion d'une revanche, rien ne détruira la rage de ceux qui ont voulu établir sur le monde leur domination et qui se sont crus si près de réussir. »

Conseil des Quatre de la conférence de la Paix de Paris, séance du 28 mars 1919, textes cités par Pierre Renouvin, *Le Traité de Versailles*, Flammarion, 1969.

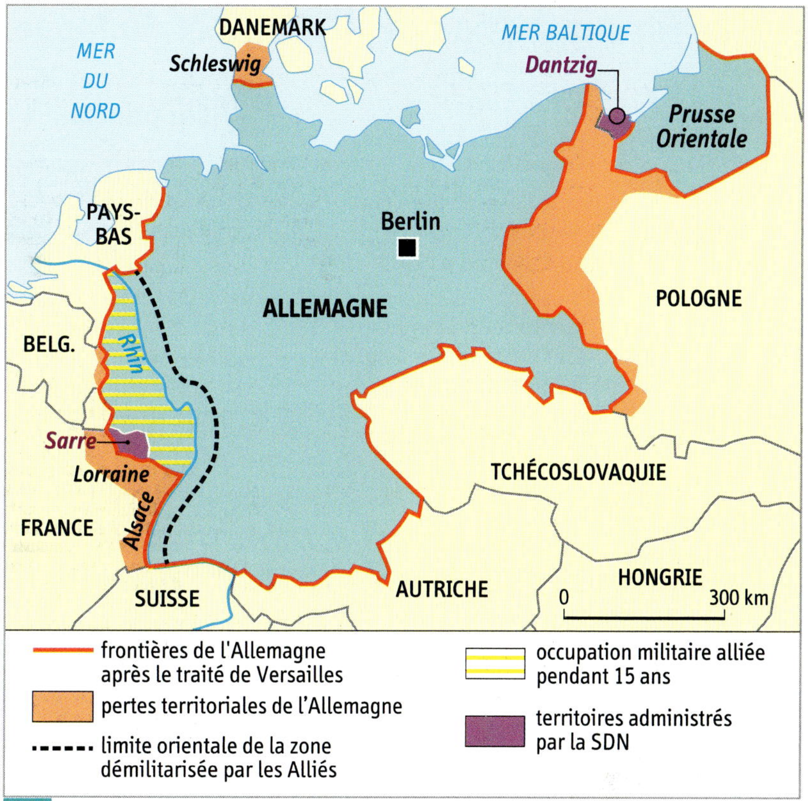

4 Les nouvelles frontières de l'Allemagne

5 Un traité très critiqué

a. « La campagne accomplie pour faire payer par l'Allemagne les dépenses de guerre nous semble avoir été un des actes les plus graves de folie politique dont nos hommes d'État aient jamais été responsables. [...] L'examen scientifique des capacités de paiement de l'Allemagne fut écarté dès le début [...]. La position financière de la France et de l'Italie était si mauvaise qu'il était impossible de faire entendre raison à ces pays au sujet de l'indemnité allemande. »

John Maynard Keynes, *Les Conséquences économiques de la paix*, NRF, 1919, traduction Paul Franck, 1920.

b. « Jamais n'a été infligée à un peuple, avec plus de brutalité, une paix aussi accablante et aussi ignominieuse qu'au peuple allemand la paix honteuse de Versailles. Une paix dictée comme celle de Versailles, est aussi peu une vraie paix qu'il n'y a transfert de propriété quand un brigand renverse à terre un malheureux et le contraint ensuite à lui remettre son porte-monnaie.

La paix de Versailles nous a ravi plus de soixante-dix mille kilomètres carrés et plus de sept millions d'habitants. [...] Pour garder le géant enchaîné, on a mis deux sbires à ses flancs, la Pologne et la Tchécoslovaquie, qui ont reçu le droit, conservé aussi par les États vainqueurs, d'augmenter librement leurs forces militaires, tandis que notre armée était réduite à n'être qu'une force de police. »

Bernhard von Bülow, *Mémoires du Chancelier Prince de Bülow : 1909-1919, La Grande Guerre et la Débâcle*, t. 3, trad. Henri Bloch et Paul Roques, Plon, 1931.

PARCOURS 1 : analyser des documents

1. **Doc. 1** Qui sont les principaux signataires du traité de Versailles ?
2. **Doc. 2** Classez les articles du traité de Versailles en trois ou quatre domaines.
3. **Doc. 2 et 4** À quel(s) article(s) du traité correspond chaque élément de la carte ?
4. **Doc. 3** Qu'est-ce qui justifie l'intransigeance de la France sur le traité de Versailles ?
5. **Doc. 5** Quelle est la critique de Keynes sur le traité ? Selon von Bülow, l'Allemagne est mise en danger par le traité. Pourquoi ?

Synthèse Expliquez pourquoi le traité de Versailles a été perçu comme une humiliation par les Allemands.

PARCOURS 2 : rédiger un texte argumenté

Analysez le traité de paix signé par l'Allemagne à Versailles et les critiques qui lui sont faites :
- présentez le traité et la position de la France **(doc. 1, 2 et 3)** ;
- décrivez les principales dispositions du traité de Versailles (à classer en trois ou quatre domaines) **(doc. 2 et 4)** ;
- expliquez les critiques à l'égard du traité **(doc. 5)**.

B La recomposition de l'Europe et du Moyen-Orient

VOCABULAIRE

Mandats : territoires de l'ancien Empire ottoman et des anciennes colonies allemandes confiés par la SDN à la France et au Royaume-Uni.

Terres irrédentes : territoires de langue italienne extérieurs à l'Italie et que celle-ci voudrait rattacher à son territoire.

1 Les principaux traités de paix (1919-1923)

28 juin 1919 Traité de Versailles avec l'Allemagne.
10 septembre 1919 Traité de Saint-Germain-en-Laye avec l'Autriche : consacre la dislocation de l'Autriche-Hongrie en sept États.
27 novembre 1919 Traité de Neuilly avec la Bulgarie qui doit céder des territoires à ses voisins.
4 juin 1920 Traité de Trianon avec la Hongrie : fixe les frontières de la nouvelle Hongrie.
10 août 1920 Traité de Sèvres avec l'Empire ottoman réduit à ses territoires turcs.
4 juillet 1923 Traité de Lausanne avec la Turquie dont le territoire est agrandi (remplace celui de Sèvres).

Doc interactif
Manuel numérique

2 L'Europe et le Moyen-Orient en 1923

3 Les prétentions italiennes balayées

En avril 1919, à la conférence de Paris, le président américain Wilson et le président du Conseil italien Orlando s'opposent sur la question des terres irrédentes que l'Italie voudrait rattacher à son territoire.

« M. Wilson a lancé une déclaration publique qui était une sommation hautaine à l'Italie de renoncer partiellement à ses prétentions sur Fiume et l'Adriatique. Le procédé cassant du président est hautement blâmé par la presse parisienne. Quant à M. Orlando, il a répondu par l'annonce du départ immédiat des délégués italiens. Beaucoup de nos confrères espèrent cependant qu'un terrain de transaction se trouvera entre l'Italie, qui veut s'établir solidement sur la côte adriatique, et les populations serbo-yougoslaves, devenues un puissant État[1] dont M. Wilson a pris la cause en main, en exigeant qu'elles aient sur l'Adriatique un débouché sûr et stable. »

La Croix, 25 avril 1919.

1. Le royaume de Yougoslavie.

4 D'Annunzio et l'aventure de Fiume

Le poète nationaliste italien Gabriele D'Annunzio 1 entre triomphalement à Fiume le 12 septembre 1919 avec les *arditi*, groupe de volontaires italiens. Il y reste jusqu'en décembre 1920.

5 BIOGRAPHIE

Mustapha Kemal (1881-1938)

Le général Mustapha Kemal prend la tête de l'armée turque en 1920 et mène la lutte contre les Grecs. Après sa victoire et la signature du traité de Lausanne (1923), il proclame la République dont il devient le président. Il déplace la capitale d'Istanbul à Ankara, inscrit la laïcité dans la Constitution et donne le droit de vote aux femmes.

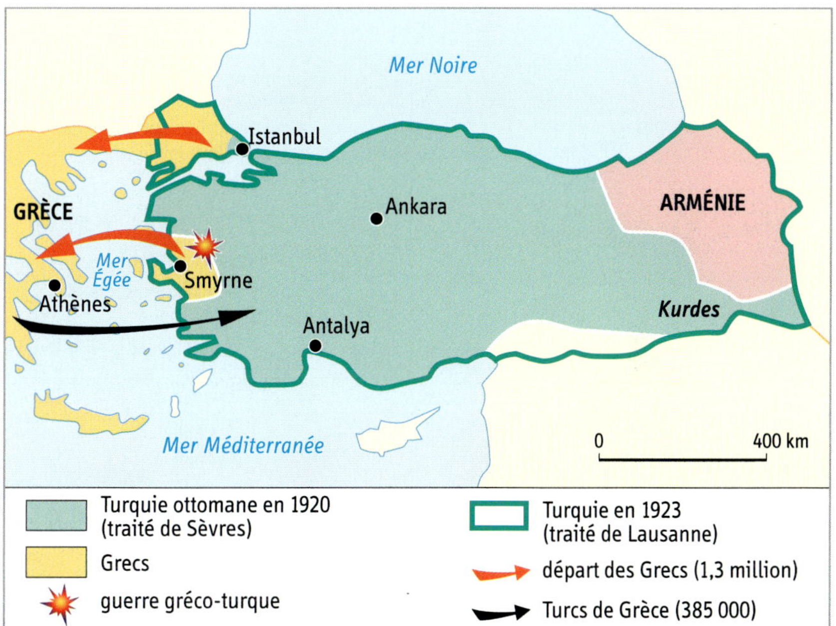

6 La Turquie en 1920 et 1923

Doc interactif
Manuel numérique

PARCOURS 1 : analyser des documents

1. **Doc. 1 et 2** Quels sont les principaux changements territoriaux en Europe issus des traités de paix ? ceux qui découlent de la révolution en Russie ?
2. **Doc. 1 et 2** Quels sont les changements au Moyen-Orient ?
3. **Doc. 1 et 2** Quelles sont les puissances d'Europe renforcées par les traités de paix ? celles qui sont affaiblies ?
4. **Doc. 3 à 6** Présentez et expliquez ces deux conflits internationaux relatifs aux traités de paix.

Synthèse Montrez que les traités de paix transforment l'Europe et le Moyen-Orient mais qu'ils créent de nouvelles tensions.

PARCOURS 2 : réaliser une synthèse de documents

Montrez que les traités de paix redessinent les frontières de l'Europe et du Moyen-Orient mais qu'ils font naître de nouvelles tensions :
– décrivez les changements territoriaux **(doc. 1 et 2)** ;
– puis les nouvelles tensions qu'ils suscitent **(doc. 2 à 6)**.

Étude La guerre civile en Russie (1917-1922) et le passeport Nansen

Entre 1917 et 1922, la Russie bascule dans la guerre civile. L'Armée rouge bolchevique lutte contre les Blancs, les armées étrangères et les nationalités qui réclament leur indépendance. La victoire bolchevique en 1922 pousse près de d'un million et demi de Russes blancs à l'exil. Ces derniers devenant apatrides, la Société des Nations (SDN) leur fournit un moyen de se déplacer et une protection juridique : le passeport Nansen.

Dans quelles circonstances un droit international des réfugiés apparaît-il ?

CHRONOLOGIE

Février 1918 Création de l'Armée rouge.

Nov. 1918 Intervention des forces armées étrangères pour soutenir les armées blanches.

Mars 1920 Retrait des forces armées étrangères.

1920-1922 Invasion et reconquête par l'Armée rouge de républiques un temps indépendantes (Ukraine, Arménie, Géorgie, pays d'Asie centrale).

Décembre 1922 Naissance de l'Union des républiques socialistes soviétiques (URSS).

1922 Exil d'environ un million et demi Russes blancs.

1 BIOGRAPHIE

Léon Trotski (1879-1940)

Principal acteur de la révolution d'octobre 1917 avec Lénine, il réorganise en février 1918 l'Armée rouge. Il rend le service militaire obligatoire et rassemble jusqu'à 5 millions d'hommes, bien encadrés et disciplinés.

2 La guerre civile russe (1917-1922)

3 Terreur blanche contre terreur rouge

a. « On entourait un morceau de chair humaine ensanglantée qui gisait à terre. Le malheureux respirait à peine. [...] Cet homme martyrisé, qui perdait tout son sang et s'évanouissait à chaque instant, raconta, d'une voix faible et pâteuse, les tortures infligées par les brigades de répression et les tribunaux militaires de l'armée blanche. On l'avait condamné à la pendaison, puis on avait commué la peine, décidé de lui couper un bras et une jambe et de l'envoyer, ainsi mutilé, dans le camp des partisans pour les épouvanter. »

Boris Pasternak, *Docteur Jivago*, Gallimard, 1958.

b. « Afin de protéger la République soviétique contre ses ennemis de classe, nous devons isoler ceux-ci dans des camps de concentration. Toutes les personnes impliquées dans des organisations de gardes blancs, dans des complots ou des rebellions doivent être fusillées. »

Décret du conseil des Commissaires du peuple, 5 septembre 1918.

VOCABULAIRE

Apatride : se dit d'une personne qu'aucun État ne reconnaît comme son ressortissant.

Blancs/Rouges : les deux termes opposent les partisans de l'ancien régime tsariste et les communistes.

Réfugié : depuis le XIXe siècle, est considéré comme réfugié tout individu contraint de quitter son pays en période de trouble.

4 L'exil des Russes blancs en France
Le Petit Journal, 6 mars 1922.

Point de passage

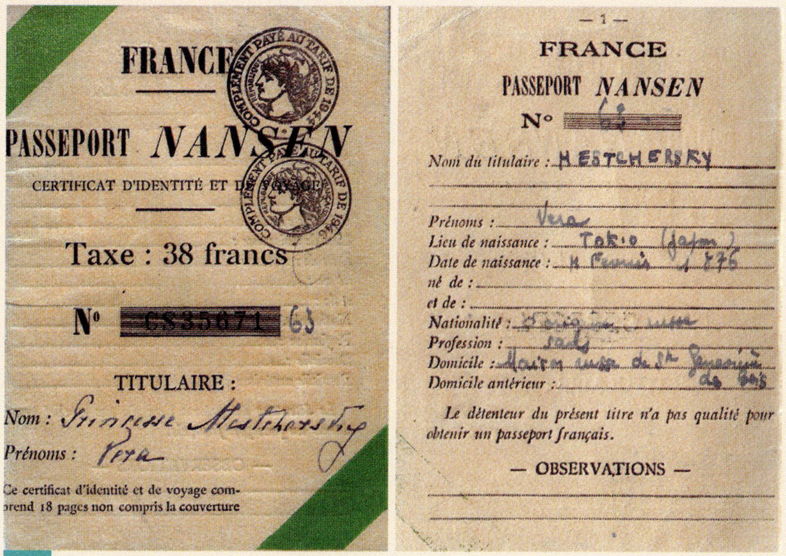

5 Le passeport Nansen

Fridtjof Nansen, Haut-Commissaire pour les réfugiés de la SDN, imagine en 1921 le « passeport Nansen ». Il permet à des centaines de milliers de réfugiés apatrides de passer les frontières et d'obtenir un statut juridique protecteur.

6 Un passeport pour les apatrides

« À partir de 1917 les demandeurs d'asile sont surtout des Russes. Ils seront désignés comme "apatrides" lorsque le gouvernement soviétique les aura déchus, par décret, de leur nationalité en décembre 1922. […] On doit à la SDN une première élaboration du statut des réfugiés, la confirmation du droit d'asile et le fameux "passeport Nansen". En effet, une réponse à la situation des apatrides sera l'établissement d'un document d'identité qui leur garantit un minimum de protection. Le réfugié franchissant les frontières ne se trouve plus dans une position illégale, puisqu'il est censé recevoir la protection de la loi internationale. Des réserves s'imposent toutefois : comme le montrent de nombreux témoignages, le réfugié subit souvent les effets de la mauvaise volonté de certains États balkaniques […]. Parfois le sauf-conduit de la SDN aura même pour effet de le faire repousser vers la frontière. »

Georges Coudry, « Notes sur le "passeport Nansen" », *Matériaux pour l'histoire de notre temps*, n° 44, 1996, D. R.

QUESTIONS

1. Rappelez la situation politique de la Russie à la fin de 1917.
2. **Doc. 1, 2 et 3** Décrivez et expliquez la guerre civile de 1917 à 1922.
3. **Chronologie** Comment s'achève la guerre civile pour les Russes blancs ?
4. **Doc. 5 et 6** Présentez le passeport Nansen et expliquez son utilité. D'après le texte, quelle en est la limite ?

Synthèse Expliquez l'émigration russe après la guerre et le rôle du passeport Nansen.

Le passeport Nansen et le statut des apatrides

Après avoir présenté et expliqué l'émigration russe, montrez l'intérêt du passeport Nansen pour les réfugiés. Expliquez-en les limites.

– La situation des réfugiés russes **(chronologie, doc. 2 à 4)**.

– L'intérêt du passeport Nansen **(doc. 4 à 6)**.

– Un passeport international pas toujours bien accepté **(doc. 6)**.

Point de passage

Le soldat inconnu et les enjeux de la mémoire

Le 11 novembre 1920, un soldat inconnu, symbolisant les soldats morts pour la patrie, est inhumé sous l'Arc de Triomphe à Paris. Dans les années 1920, dans les pays qui ont participé à la guerre, on édifie des monuments à la mémoire des soldats tués et, en France, chaque commune construit son propre monument aux morts.

Comment commémore-t-on les morts de la Première Guerre mondiale en France ?

1 Le soldat inconnu, symbole national

« Morts anonymes ! Obscurs soldats qui ont pourtant donné leur vie à l'épopée sublime ! Que ferons-nous pour eux dont la tombe ne sera jamais fleurie par une main familière ? C'est à eux que la patrie reconnaissante doit une réparation éclatante et la consécration d'un immortel hommage. En transportant au Panthéon l'humble bière[1] où repose un soldat inconnu, la France honorera ses grands soldats. Elle dressera à jamais, devant les siècles futurs, l'image du citoyen tombé pour la patrie. »

Exposé des motifs de la proposition de loi du député André Paisant, 12 septembre 1919.

1. Un cercueil.

VOCABULAIRE

Mémoire nationale : récit dominant qui réduit la diversité des souvenirs particuliers et les englobe dans une mémoire commune à la nation.

Pacifisme : doctrine qui consiste à rechercher la paix entre les nations, à rejeter la guerre.

2 Le soldat inconnu à l'Arc de Triomphe (8 novembre 1920)

Alors que la gauche défend l'entrée au Panthéon du soldat inconnu, la droite conservatrice, qui considère ce monument comme un temple républicain, lui préfère l'Arc de Triomphe. Le 8 novembre 1920, le président du Conseil Georges Leygues présente au parlement une solution adoptée à l'unanimité.

« Le 11 novembre est l'anniversaire de la victoire […]. En transportant la dépouille du soldat inconnu à l'Arc de Triomphe, de la montagne sacrée[1] où depuis des siècles s'élaborent les génies divers qui ont donné à la France tant de grandeur et d'éclat, nous irons vers le monument qui symbolise non pas seulement un homme ou un régime, quel que soit le rayonnement qu'ils aient laissé dans l'histoire, mais encore le dévouement à la patrie, l'esprit de sacrifice et l'héroïsme en ce qu'ils ont de plus noble et de plus pur. »

Journal officiel de la République française. Débats parlementaires, chambre des députés, séance du 8 novembre 1920.

1. Nom donné au Panthéon.

3 Le transport du corps à l'Arc de Triomphe

L'Illustration, n° 4 055, 20 novembre 1920.

Le cercueil du soldat inconnu, monté sur un canon recouvert d'un drapeau tricolore, part du Panthéon pour rejoindre l'Arc de Triomphe.

4 L'inhumation du soldat inconnu en 1921

Le cercueil du soldat, déposé le 11 novembre 1920 dans la chapelle de l'Arc de Triomphe, est finalement inhumé sous le monument le 28 janvier 1921. En 1923, on lui ajoute une flamme éternelle.

5 Discours d'inauguration d'un monument aux morts

« Nous sommes les enfants de la France. Notre pays est riche, si riche que ses voisins rapaces songeaient à nous le ravir […]. Nous pensons aux tranchées boueuses et sanglantes, à la grêle des balles, aux rafales d'obus, à l'enfer du front. Ô chers disparus, nous nous prosternons devant votre héroïsme […]. N'y a-t-il pas des hommes inconséquents ou pusillanimes[1] qui semblent douter du courage de nos regrettés défunts en les assimilant simplement à d'innocentes victimes, à des agneaux bêlants conduits à la tuerie par des bouchers sanguinaires ? Nous protestons avec la plus grande énergie contre un semblable outrage à la mémoire de ceux qui sont morts pour nous […]. Pères regrettés, nous faisons le serment de continuer dans la paix et le travail l'œuvre que vous avez commencée dans la guerre et nous nous inclinons devant le monument où vos noms sont gravés en caractères indélébiles pour servir de leçon et d'exemple à la postérité. »

Discours lu par un enfant et écrit par son instituteur, Paul Lejeune, ancien combattant, lors de l'inauguration du monument aux morts de la commune de L'Étoile dans la Somme, 17 juillet 1921.

1. Craintifs.

6 À Bar-sur-Aube : monument patriotique et discours pacifiste

Sur le monument, on peut lire « Bar-sur-Aube à ses morts glorieux ». Lors de l'inauguration du monument, en 1921, Maurice Véchin, délégué de l'Association républicaine des anciens combattants (ARAC), proche du Parti communiste français, prononce ces paroles :

« Qu'il me soit permis de saluer la mémoire des jeunes gens de Bar-sur-Aube, victimes de la démence chauvine déchaînée en 1914 […]. Au nom de l'ARAC de Bar-sur-Aube, je crie bien haut : guerre à la guerre. »

PARCOURS 1 : analyser des documents

1. **Doc. 1 à 4** Comment et pourquoi l'État rend-il honneur à un soldat inconnu ?
2. **Doc. 1 à 6, doc. p. 282 et 297** Quelles sont les différentes façons de commémorer les morts ?
3. **Doc. 5** Quelle image ce discours donne-t-il des soldats tués et de la guerre ?
4. **Doc. 5 et 6** Montrez qu'il existe deux types de discours sur la guerre et les combattants.

Synthèse Comment commémore-t-on les morts à la sortie de la guerre ?

PARCOURS 2 : compléter un plan

Complétez un plan sur les commémorations de la Première Guerre mondiale en y plaçant les informations nécessaires, puis en réalisant des sous-parties.
Vous pouvez suivre le plan suivant :

1. Les différentes façons de commémorer les morts : le soldat inconnu, les bâtiments...

2. Le contenu des discours de commémoration : concernant les combattants, la guerre, la patrie...

Sortir de la guerre

Comment les pays belligérants sortent-ils de la guerre et cherchent-ils à construire la paix ?

NOTION

Mémoire nationale : la mémoire individuelle est l'ensemble des souvenirs qui résultent de l'expérience des individus. La mémoire nationale est le récit dominant qui réduit la diversité des souvenirs particuliers et les englobe dans une mémoire commune à la nation.

VOCABULAIRE

Apatride : p. 292.

Blancs/Rouges : p. 292.

Diktat : mot allemand signifiant « chose dictée, imposée » ; il désigne le traité de Versailles que l'Allemagne a dû signer sans avoir la possibilité de négocier.

Droit des peuples à disposer d'eux-mêmes : principe, évoqué pour la première fois par le président américain Wilson en janvier 1918, selon lequel c'est le peuple qui doit choisir l'État dans lequel il veut vivre.

Pacifisme : p. 294.

Réfugié : p. 292.

Réparations : paiements et transferts de biens et d'équipements que l'Allemagne et les empires centraux sont contraints d'effectuer en vertu des traités de paix.

Terres irrédentes : p. 290.

Traité de paix : traité qui proclame la fin d'une guerre et contient souvent des contreparties réciproques pour les anciens belligérants. Il se distingue d'un armistice qui est un simple arrêt des combats.

Sécurité collective : système dans lequel les États répondent collectivement aux atteintes à la paix.

Victoire mutilée : expression utilisée par le poète italien Gabriele D'Annunzio pour évoquer le sentiment de trahison ressenti par l'Italie au lendemain des traités de paix de 1919.

A Le bilan de la Première Guerre mondiale

1. Un bilan humain d'une ampleur inédite

- La guerre a fait **9,4 millions de morts** parmi les **soldats**. Les pays les plus touchés sont la Russie, l'Allemagne et la France. Il faut y ajouter la mort de **10 millions de civils** à cause des famines, des maladies et du génocide arménien, sans compter les victimes de la grippe espagnole en 1918-1919. **20 millions d'anciens soldats sont blessés**, avec parmi eux de nombreux invalides.
- La guerre a provoqué une **chute brutale de la natalité**, créant des **classes d'âge creuses** (moins nombreuses).

2. Un désastre matériel et financier

- La violence de la guerre a fait des **dégâts matériels considérables dans les zones de combats**. La France du Nord et de l'Est, l'Italie du Nord-Est, la Russie européenne ont connu les plus importantes destructions. En Europe, **la production industrielle a baissé** de 40 % entre 1913 et 1918 et la production de blé a diminué d'1/5e.
- Pour financer l'effort de guerre, les États européens se sont **fortement endettés** auprès de leur population ainsi que des États-Unis. À la fin du conflit, **les dépenses sont très importantes** pour reconstruire le pays, pensionner les veuves et les invalides... Jusqu'en 1920, on assiste à une très **forte augmentation des prix** liée à l'émission massive de monnaie.

3. Le déclin de l'Europe

- **Les États-Unis sortent renforcés du conflit.** Ils ont accru leur production grâce aux achats des Alliés, développé leur commerce en Amérique latine et sont devenus les créanciers de l'Europe. **Le Japon** a aussi étendu son commerce en Asie. **Dans les colonies qui ont participé à la guerre, les premières voix contre la domination européenne** commencent à s'élever.
- La violence de la guerre a entraîné un **traumatisme moral** parmi les Européens. Certains commencent à **douter de la civilisation européenne** et de sa grandeur.

B Entre volonté de paix et tensions

1. Wilson et la création de la SDN

- Dans son discours du 8 janvier 1918 devant le Congrès des États-Unis, **le président Woodrow Wilson présente un programme en quatorze points** destiné à faire naître un monde en paix. Il y évoque notamment le **droit des peuples européens à disposer d'eux-mêmes** et la nécessité de créer une Société des Nations.
- La **SDN** naît officiellement le 10 janvier 1920 : elle réunit **des États désireux d'empêcher toute nouvelle guerre** et attachés aux principes de la **sécurité collective**. Mais elle est tout de suite affaiblie par le refus des États-Unis d'y adhérer. Par ailleurs, elle ne dispose pas de force armée pour faire appliquer ses décisions.

2. Les traités de paix redessinent l'Europe

- La **conférence de la Paix** s'ouvre à Paris le 18 janvier 1919. Les puissances victorieuses y rédigent les **traités de paix**. Elles cherchent à satisfaire leurs intérêts nationaux tout en s'appuyant sur les Quatorze points de Wilson.

- Le **traité de Versailles affaiblit l'Allemagne**. Celle-ci perd une partie de son territoire et ses colonies, doit limiter son armée à 100 000 hommes et est condamnée à payer aux Alliés de lourdes **réparations**. La Rhénanie est démilitarisée et occupée par les Alliés. Les Allemands, humiliés, considèrent ce traité comme un « **diktat** ». ▶ Point de passage, p. 288
- **Les autres traités entraînent le démembrement des grands empires.** L'Empire austro-hongrois est divisé en plusieurs États selon le principe des nationalités. Mais les territoires arabes détachés de l'Empire ottoman sont confiés par la SDN sous forme de mandats à la France et au Royaume-Uni. ▶ Point de passage, p. 290
- **Les traités de paix sont à l'origine de nouvelles tensions.** Les Turcs et les Grecs se font une longue guerre qui s'achève par le **départ de 1,4 million de Grecs d'Anatolie** (1919-1922) ; les Italiens parlent de **victoire mutilée** et revendiquent les **terres irrédentes** (Fiume, Dalmatie) qui ne leur ont pas été données par les traités ; les Polonais repoussent leurs frontières vers l'est.

L'Allemagne conduite à la guillotine
Caricature allemande de Thomas-Theodor Heine parue dans *Simplicissimus*, 3 juin 1919.

3. La guerre civile en Russie et l'exil des Russes blancs

- Après la révolution russe, la **Russie bascule dans la guerre civile**. Le gouvernement bolchevique affronte les Russes **blancs**, les armées de plusieurs pays étrangers qui craignent le communisme, et certaines nationalités de Russie qui veulent leur indépendance (Georgiens, Ukrainiens, Arméniens). Mais l'Armée **rouge**, organisée par Léon Trotski, finit par l'emporter. **En 1922, la Russie se transforme en État fédéral en devenant l'Union des républiques socialistes soviétiques (URSS)**.
- La victoire des communistes (bolcheviks) marque **le début de l'exil pour 1,5 million de Russes**. Devenus **apatrides** après un décret soviétique de décembre 1922, ils n'ont pas de statut légal et ils peuvent difficilement se déplacer. **La SDN crée alors le « passeport Nansen »** qui leur permet de passer les frontières et leur donne une protection juridique internationale. Ce passeport sera accordé à d'autres **réfugiés**, comme les Arméniens. ▶ Point de passage, p. 293

C Les mémoires de la Grande Guerre

1. Les cimetières militaires, le soldat inconnu

- Après l'armistice, les soldats morts sont regroupés dans **de grands cimetières militaires nationaux** bien entretenus, près des anciennes zones de combat. Seuls un cinquième des morts français seront récupérés par leurs familles.
- **En France et au Royaume-Uni, l'État décide de rendre honneur à un soldat inconnu** représentant les morts non identifiés. Le 11 novembre 1920, l'Angleterre le dépose dans l'abbaye de Westminster à Londres tandis que la France l'inhume sous l'Arc de Triomphe à Paris. ▶ Point de passage, p. 294
- En 1922, **le 11 novembre** devient un **jour férié en France, en Belgique et aux États-Unis**, et la date de la commémoration de la victoire et de la paix.

Le mémorial britannique de Thiepval dans la Somme (1928-1932)
Il a été construit par le gouvernement britannique. Les noms de 72 244 soldats disparus sont inscrits sur les piliers de l'arc.

2. Mémoriaux et monuments aux morts

- Dans les années 1920 et 1930, des **mémoriaux** sont édifiés sur les lieux de bataille et dans les pays qui ont participé à la guerre (Ossuaire de Douaumont, Victory Monument à Chicago...). **En France, chaque commune fait aussi construire un monument aux morts**, sur lequel sont inscrits les noms des soldats de la commune qui ont été tués. On s'y rend en procession lors des cérémonies du 11 novembre, on y dépose des gerbes, on y tient des discours.
- Monuments et cérémonies permettent de **rendre hommage aux morts mais aussi de glorifier la patrie** pour laquelle les soldats ont donné leur vie. **La guerre y est parfois dénoncée** dans des discours **pacifistes**, mais rarement.

1 ANALYSE DE DOCUMENT

CONSIGNE **Présentez le document et expliquez la position britannique sur la paix avec l'Allemagne. Dans quelle mesure le traité de Versailles du 28 juin 1919 suit-il ces recommandations ?**

Document La position britannique sur la paix avec l'Allemagne

« Si nous sommes sages, nous offrirons à l'Allemagne une paix qui, en même temps qu'elle sera juste, sera, pour tout homme sensé, préférable à l'alternative du bolchevisme [...] ; dès que l'Allemagne aura accepté nos conditions, particulièrement les réparations, nous lui ouvrirons l'accès aux matières premières et aux marchés du monde, à égalité avec nous, et nous ferons tout notre possible pour rendre le peuple allemand capable de se remettre sur ses jambes. Nous ne pouvons à la fois l'estropier et nous attendre à être payés [...].

À tous points de vue, par conséquent, il me semble que nous devons nous efforcer d'établir le règlement de la paix comme si nous étions des arbitres impartiaux, oublieux des passions de la guerre. Ce règlement devra avoir trois buts : avant tout, il doit rendre justice aux Alliés, en tenant compte de la responsabilité et des méthodes de guerre ; ensuite, il doit être tel qu'un gouvernement allemand conscient de ses responsabilités puisse le signer en estimant qu'il pourra remplir les obligations auxquelles il souscrit ; enfin, ce règlement ne devra renfermer aucune clause qui soit de nature à provoquer de nouvelles guerres, et il devra offrir une alternative au bolchevisme, parce qu'il se recommandera à l'opinion des gens raisonnables comme une solution équitable du problème européen.

Je crois enfin que, jusqu'à ce que l'autorité et l'efficacité de la Société des Nations aient été démontrées, l'empire britannique et les États-Unis devraient donner à la France une garantie contre la possibilité d'une nouvelle agression allemande. La France a des raisons particulières de demander une telle garantie : en un demi-siècle, elle a été deux fois attaquée et deux fois envahie par l'Allemagne. »

Extrait d'un mémorandum de David Lloyd George, 25 mars 1919, cité par Pierre Renouvin, Le Traité de Versailles, D. R.

QUI EST DAVID LLOYD GEORGE ?

(1863-1945)

David Lloyd George est le Premier ministre britannique à partir de 1916. En 1919, il représente le Royaume-Uni à la conférence de la Paix de Paris en 1919 et au traité de Versailles où il se heurte à la fois au président du Conseil français Georges Clemenceau et au président américain Woodrow Wilson.
Lloyd George veut punir l'Allemagne politiquement et économiquement, mais sans aller comme le souhaiterait Clemenceau jusqu'à anéantir sa puissance.

Répondez aux questions suivantes pour vous aider à rédiger l'analyse du document.

Je présente le document

1. Présentez le document en insistant sur la date, l'auteur et le contexte.

J'analyse le document

2. Sur quelles bases la paix avec l'Allemagne doit-elle être conclue d'après Llyod George ?
3. Comment le Premier ministre britannique justifie-t-il sa position ?
4. Dans quelle mesure le traité de Versailles a-t-il suivi ces recommandations ?

Je conclus

5. Répondez à la consigne en deux ou trois phrases.

2 ANALYSE DE DOCUMENTS

CONSIGNE Après avoir présenté les documents, vous décrirez les sentiments des anciens combattants vis-à-vis de la guerre. Vous expliquerez de quelle manière le gouvernement français a voulu faire perdurer la mémoire de celle-ci.

Document 1 **Le regret et la peur de l'oubli**

« C'est fini… La vie va reprendre son cours heureux. Les souvenirs atroces qui nous tourmentent encore s'apaiseront, on oubliera, et le temps viendra peut-être où, confrontant la guerre et notre jeunesse passée, nous aurons un soupir de regret en pensant à ces années-là. […]

Je me souviens de nos soirées bruyantes, […] je leur disais : "un jour viendra où nous nous retrouverons, où nous parlerons de nos copains, des tranchées, de nos misères et de nos rigolade…" Et nous dirons avec un sourire "C'était le bon temps !" […]

On oubliera. Les voiles du deuil, comme des feuilles mortes, tomberont. L'image du soldat disparu s'effacera lentement dans le cœur consolé de ceux qu'il aimait tant. Et tous les morts mourront pour la deuxième fois. Non, votre martyre n'est pas fini, mes camarades, et le fer vous blessera encore, quand la bêche du paysan fouillera votre tombe. Les maisons renaîtront sous leurs toits rouges, les ruines redeviendront des villes et les tranchées des champs, les soldats victorieux et las rentreront chez eux. Mais vous ne rentrerez jamais […].

Mes morts, mes pauvres morts, c'est maintenant que vous allez souffrir, sans croix pour vous garder, sans cœur où vous blottir. Je crois vous voir rôder, avec des gestes qui tâtonnent, et chercher dans la nuit éternelle tous ces vivants ingrats qui déjà vous oublient. »

Roland Dorgelès, *Les Croix de bois*, 1919,

Document 2 **Le soldat inconnu célébré**

Supplément illustré du *Petit Journal*, 6 février 1921.

« Ceux qui pieusement, sont morts pour la Patrie, ont droit qu'à leur tombeau la foule vienne et prie ! »

QUI EST ROLAND DORGELÈS ?

(1885-1973)

Roland Dorgelès est journaliste de formation. Pendant la guerre, il combat dans les tranchées et il est décoré de la Croix de guerre. En 1919, il publie le roman qui le rend célèbre, *Les Croix de bois*, inspiré de son expérience de guerre, pour lequel il reçoit le prix Femina. Il publie ensuite de nombreux livres.

Répondez aux questions suivantes pour vous aider à rédiger l'analyse de documents.

Je présente les documents

1. Présentez les deux documents en insistant sur l'auteur du document 1 et le contexte dans lequel s'inscrit le document 2.

J'analyse les documents

2. **Doc. 1** Expliquez le sentiment de regret exprimé par Dorgelès lorsqu'il repense aux années passées au front.
3. **Doc. 1 et 2** Quelle inquiétude commune est évoquée par les deux documents ? Justifiez.
4. **Doc. 2** De quelle manière le gouvernement français a-t-il choisi de répondre à cette inquiétude d'après le document 2 et vos connaissances ?

Je conclus

5. En deux phrases, indiquez quelle est la principale peur des anciens combattants et la réponse de l'État à cette peur.

Méthode
- Rédiger l'introduction
- Rédiger les parties du développement
- Rédiger la conclusion

3 RÉPONDRE À UNE QUESTION PROBLÉMATISÉE

QUESTION Dans quel état la France se trouve-t-elle au sortir de la Première Guerre mondiale ?

Analyse de la question :
- Le sujet porte sur la France uniquement ; la sortie des années de guerre correspond aux années 1918-1919 et au début des années 1920.
- Il faut revenir sur la lourdeur du bilan humain de la guerre et la difficulté des sociétés à se réjouir au moment de l'armistice.
- Il faut également évoquer le besoin de commémoration qui se fait jour, sous diverses formes au lendemain de la guerre, en insistant sur le sens qu'il revêt.

Partie I. Une France atteinte : un bilan matériel, humain et moral très lourd

A. Des pertes importantes
- Parmi les militaires (morts, invalides)
- Parmi les civils, classes d'âge creuses, grippe espagnole

B. Un lourd bilan matériel et financier
- Les destructions
- L'endettement, l'inflation de l'après-guerre

C. Le traumatisme moral
- La souffrance
- La crise de l'esprit
- Le sentiment d'un déclin…

Partie II. Une France revancharde : « L'Allemagne paiera » (Clemenceau)

Face à un bilan matériel et humain très lourd, l'esprit en France est revanchard.

Le choix de la date et du lieu de la signature du traité de paix avec l'Allemagne n'est pas anodin : c'est dans la galerie des Glaces en janvier 1871 que la naissance de l'Empire allemand a été proclamée, et c'est un 28 juin que l'archiduc François-Ferdinand a été assassiné à Sarajevo.

Le traité de Versailles en lui-même témoigne bien de la volonté de revanche qui anime alors la France. Le président du Conseil français, Georges Clemenceau, a dû cependant accepter de faire des compromis pour satisfaire les États-Unis de Woodrow Wilson et le Royaume-Uni de David Lloyd George, plus cléments envers l'Allemagne. Ainsi, si la France n'a pu par exemple obtenir l'annexion de la Sarre et de Landau, elle obtient néanmoins la réintégration de l'Alsace et de la Lorraine, la réduction de l'armée allemande à 100 000 hommes et le paiement par l'Allemagne de très lourdes réparations. L'Allemagne est en outre reconnue, dans le traité de Versailles, responsable de la guerre.

Ainsi, lorsque le 28 juin 1919, dans la galerie des Glaces du château de Versailles, les représentants allemands sont contraints de signer un traité qu'ils n'ont pas pu négocier, la France tient sa revanche. Une revanche qui ne saurait toutefois atténuer totalement la peine d'un pays en deuil.

Partie III. Le besoin de commémorer

La crainte de l'oubli ; le soldat inconnu ; le jour férié ; les monuments ; les discours de commémoration ; la naissance du pacifisme…

1. Rédigez l'introduction.
2. La partie II est déjà rédigée : quel est le sens de chaque sous-partie ?
3. Rédigez les parties I et III à l'aide des éléments fournis et de vos connaissances. Pour chaque partie, respectez un plan en deux ou trois sous-parties.
4. Rédigez la conclusion.

Méthode

- Rédiger une réponse à partir d'un plan

4 RÉPONDRE À UNE QUESTION PROBLÉMATISÉE

QUESTION Quel rôle la Première Guerre mondiale a-t-elle joué dans la mise en place d'un nouvel ordre européen après 1918 ?

Analyse de la question :
- Il faut revenir sur le bilan matériel, moral et humain de la guerre en se demandant de quelle manière il a influencé la rédaction des traités de paix et la volonté de mettre en place un nouvel ordre européen.
- Il faut également évoquer les limites du système mis en place pour garantir la sécurité collective dans les années 1920.

Introduction

Partie I. Un bilan très lourd

A. Un bilan humain d'une ampleur inédite

B. Un bilan matériel très lourd près des zones de combat

C. Le bilan moral : une Europe qui doute d'elle-même

Partie II. Pour en finir avec la guerre : les traités de paix

A. Des traités de paix inspirés par les Quatorze points de Wilson

B. Les traités redessinent l'Europe

C. Des traités à l'origine de nouvelles tensions

Partie III. Pour en finir avec la guerre : la Société des Nations

A. Une organisation évoquée par Wilson et souhaitée par les Européens

B. Une organisation dont les institutions doivent permettre de garantir la paix

C. Une organisation imparfaite

Conclusion

Rédigez la réponse à la question problématisée. Vous pouvez vous appuyer sur le plan fourni.

5 RÉALISER UN EXPOSÉ ORAL EN S'APPUYANT SUR DES RESSOURCES NUMÉRIQUES

SUJET D'EXPOSÉ Les monuments aux morts dans les communes de France

Travail de groupe à partir de ressources numériques → Méthode p. 310

Vous devez présenter devant la classe **un exposé sur les monuments aux morts et leur signification**.

Pour cela, sélectionnez **à partir du site www.centenaire.org** (dossier « Les monuments aux morts de la Grande Guerre ») quelques monuments aux morts et rédigez pour chacun d'entre eux une notice regroupant les informations suivantes :

- La localisation du monument : par rapport à la mairie, à l'église, à l'école, aux axes de communications, aux autres espaces importants de la commune.
- La description du monument : forme du monument ; matériaux ; symboles utilisés ; attitude des personnages visibles, s'il y en a ; inscriptions ; type de classement utilisé pour évoquer les morts.
- Vous présenterez votre exposé à l'aide d'un diaporama évoquant, avec des photographies, des types de monuments différents.

Révisions Sortir de la guerre

COMPRENDRE LE CHAPITRE

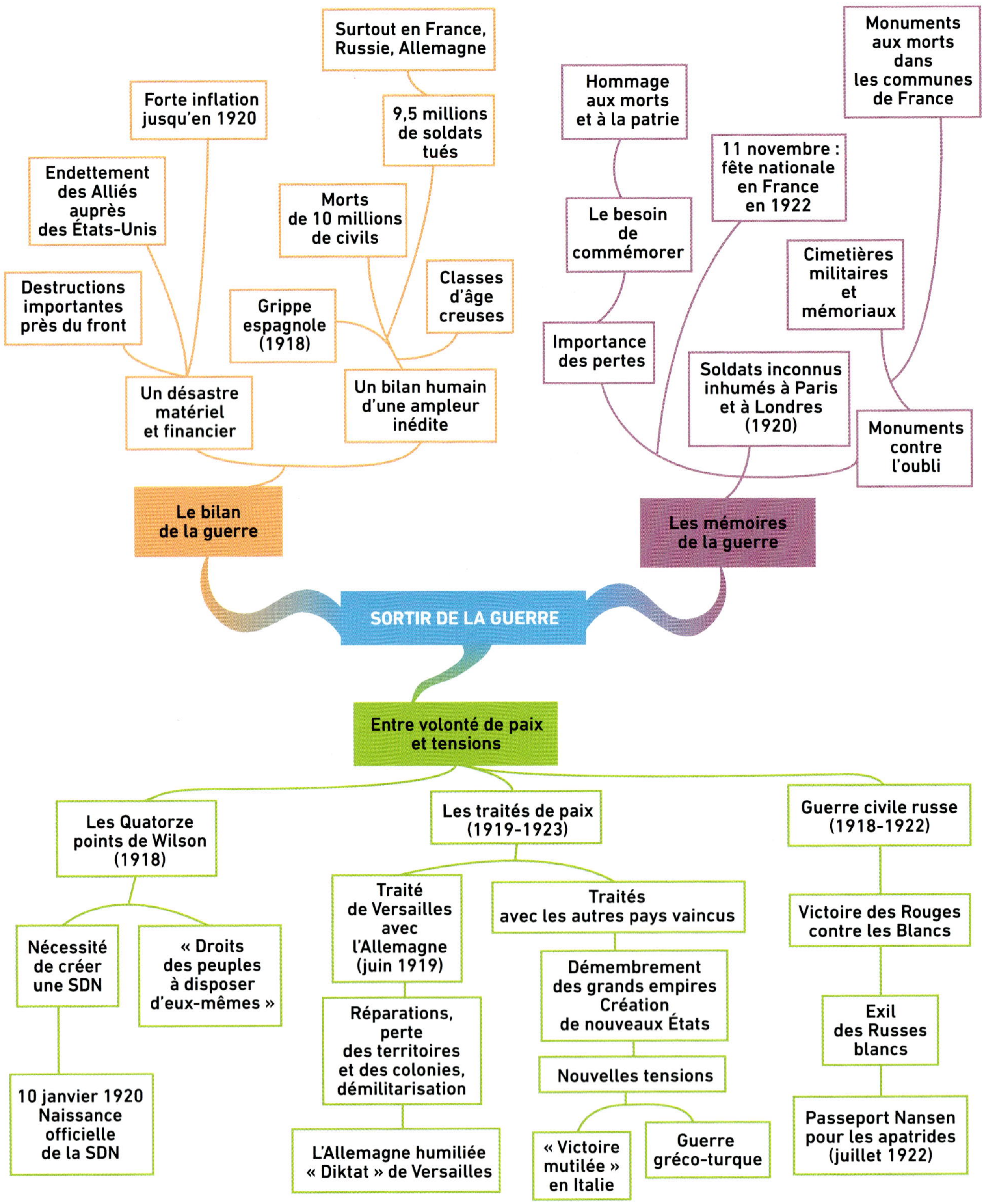

PERSONNAGES ESSENTIELS

Georges Clemenceau (1841-1929), président du Conseil français entre 1917 et 1920, joue un rôle déterminant dans la rédaction du traité de Versailles (1919).
→ p. 288

Woodrow Wilson (1856-1924), président des États-Unis entre 1913 et 1921, est à l'origine du discours en 14 points qui influence la rédaction des traités de paix de l'après-guerre.
→ p. 286

Léon Trotski (1879-1940) est un des principaux acteurs de la révolution bolchevique de 1917. Il fonde l'Armée rouge qui combat les Russes blancs pendant la guerre civile russe de 1918 à 1922.
→ bio p. 292

Mustafa Kemal (1881-1938) fonde la République de Turquie en 1922, et en devient le premier président de 1923 à 1938.
→ bio p. 291

Gabriele D'Annunzio (1863-1938), écrivain italien, occupe la ville de Fiume avec ses partisans en 1919 et 1920.
→ p. 291

DATES CLÉS

8 janvier 1918	Quatorze points de Wilson
11 novembre 1918	Armistice
1918-1922	Guerre civile russe
1919-1923	Traités de paix
Juin 1919	Traité de Versailles
Janvier 1920	Naissance de la SDN
1919-1922	Guerre gréco-turque
11 novembre 1920	Inhumation du soldat inconnu
1922	Création du passeport Nansen
Décembre 1922	Naissance de l'URSS

NOTIONS À MAÎTRISER

Mémoire La **mémoire individuelle** est l'ensemble des souvenirs qui résultent de l'expérience des individus ; la **mémoire nationale** est le récit dominant qui réduit la diversité des souvenirs particuliers et les englobe dans une mémoire commune à la nation.

« Droit des peuples à disposer d'eux-mêmes » Principe selon lequel tout peuple a le droit de choisir son propre gouvernement. Évoqué pour la première fois par le président américain Wilson en janvier 1918, ce principe est réaffirmé après la Seconde Guerre mondiale dans la Charte des Nations unies.

Pacifisme Doctrine qui consiste à rechercher la paix entre les nations, par la négociation et le désarmement. On appelle aussi pacifisme la doctrine qui consiste à refuser la guerre et tout recours à la violence.

Ne pas confondre « mémoire » et « histoire » : la mémoire individuelle ou collective est le reflet de l'expérience particulière des individus, elle est donc subjective, contrairement à l'histoire qui, en se basant sur des sources diverses, tend à l'objectivité.

RÉPONDRE ET MÉMORISER

1. Combien de soldats sont morts durant la Grande Guerre ?
2. Auprès de quel pays les puissances européennes se sont-elles massivement endettées durant la guerre ?
3. Qu'est-ce que la sécurité collective ?
4. Qui est à l'origine de l'idée d'un « droit des peuples à disposer d'eux-mêmes » ?
5. Quelle est la région allemande démilitarisée par le traité de Versailles ?
6. Quels sont les traités de paix de l'après-guerre signés par l'Autriche et la Hongrie ?
7. Que sont les « terres irrédentes » ?
8. Pour quelles populations le passeport Nansen est-il mis en place en 1922 ?
9. Qui s'oppose lors de la guerre civile russe ?
10. Quand le soldat inconnu est-il inhumé sous l'Arc de triomphe à Paris ?

Mémorisation active

Mémocartes
hatier-clic.fr/19h1027

FAIRE UNE FICHE DE RÉVISION

1 Qu'est-ce qu'une fiche de révision ?

- La fiche de révision est **un concentré** de ce qui a été fait en classe, un plan détaillé du cours.
- Si cinq pages de cours sont résumées en cinq fiches, cela ne sert à rien.
  Il ne faut pas recopier le cours, il faut le synthétiser.
- **On rédige ses propres fiches**, car c'est ainsi qu'on s'approprie les connaissances (il ne sert à rien de recopier les fiches de quelqu'un d'autre).

2 Pourquoi faire une fiche de révision ?

- En faisant une fiche, on **comprend et on apprend son cours** et le sens général de celui-ci.
- Une fois réalisée, la fiche permet de **se remémorer les points essentiels** du cours.

3 Quel support choisir pour faire ses fiches ?

- On choisit une **fiche cartonnée** suffisamment grande pour ne pas multiplier les fiches.
- On choisit une fiche perforée pour pouvoir la mettre dans un classeur.
- Toutes les fiches doivent avoir le même format.
- Les fiches sont **numérotées** pour pouvoir s'y retrouver.

4 Que noter sur ses fiches ?

- La fiche doit être faite **une fois le chapitre terminé** quand on a bien compris le sens général du cours.
- On indique **le titre du chapitre, la problématique sous forme de question, le titre des parties, le titre des sous-parties** (s'il y en a).
- Dans chaque sous-partie, les **principales idées** sont énumérées avec des tirets ou des points.
- On note les **informations importantes** : événements principaux et leurs dates, personnages importants, notions et définitions importantes. **Pas d'exemples inutiles**, uniquement ceux qui aident à comprendre le cours, et sans les détailler.
- Pour gagner de la place, on utilise des **abréviations et des symboles** comme des flèches.

5 Une fiche propre et bien tenue

- La fiche doit être **propre et bien tenue** pour donner envie de la lire et pour pouvoir bien exercer sa mémoire photographique.
- Le titre du chapitre est centré, les **titres** des parties et des sous-parties (s'il y en a) sont **soulignés** ou écrits dans une couleur.
- On souligne ou surligne au Stabilo® ce qui a le plus d'importance.

6 Plusieurs types de fiches possibles

Pour un chapitre, on peut faire trois types fiches :
1. PREMIER TYPE Une première fiche avec **le plan du cours**.
2. SECOND TYPE Des fiches avec **le plan et le cours synthétisé**.
3. TROISIÈME TYPE Une fiche finale avec **définitions, notions, citations**.

7 Comment réviser avec ses fiches ?

- Les fiches doivent être **relues fréquemment** et sur des temps très courts (5 minutes le soir). Elles sont à revoir avant le contrôle.
- Les fiches sont un accompagnement, **elles ne suffisent pas pour un contrôle** ou une composition.

Un exemple de fiche

La fiche est numérotée

Titre de la fiche

Titre des parties

Titre des sous-parties

Tiret devant les idées

Pas de phrases

Événements importants soulignés

Utilisation de symboles

Personnages importants soulignés

Dates des périodes

Dates des événements importants

1

La Révolution française

Quels sont les changements politiques, économiques et sociaux en France de 1789 à 1804 ?

I. La nouvelle France (1789-1792)

A. Le bouleversement de 1789

- Réunion des états généraux (mai 1789).
- Assemblée nationale constituante (députés du tiers état).
- Prise de la Bastille (14 juillet 1789), Louis XVI accepte la nouvelle Assemblée.
- Abolition des privilèges (nuit du 4 août 1789) par le nouvelle Assemblée et Déclaration des droits de l'homme et du citoyen (26 août 1789).

B. L'Assemblée nationale crée une nouvelle France

- Constitution : monarchie constitutionnelle (un roi et une Assemblée élue au suffrage censitaire).
- Réorganisation de la France : confiscation des biens du clergé, Constitution civile du clergé, départements, réforme de la justice, égalité devant l'impôt.

C. 1792 : le roi est renversé

- Déclaration de guerre à l'Autriche (avril 1792) qui est rejointe par la Prusse.
- Prise des Tuileries par les sans-culottes et les fédérés (10 août 1792), arrestation du roi (chute de la monarchie le 10 août 1792).

II. La Première République (1792-1799)

A. Les débuts de la République

- Élection de la Convention au suffrage universel masculin.
- Proclamation la République (22 septembre 1792), exécution de Louis XVI (janvier 1793).

→ Coalition des rois européens contre la France.

- Soulèvement des Vendéens contre la République

B. La Terreur (septembre 1793-juillet 1794)

- Les députés montagnards de la Convention prennent le pouvoir et nomment un Comité de salut public pour gouverner (avec Robespierre)
- Levée en masse des soldats, arrestation des suspects, fermeture d'églises, maximum des prix → ennemis repoussés
- Fin de la Terreur (Robespierre guillotiné, 28 juillet 1794)

C. Le Directoire (1795-1799)

- Création d'une nouvelle république par la Convention : le Directoire
- Retour du suffrage censitaire, inégalités, insécurité
- Coup d'État de Bonaparte du 9 novembre 1799

III. Le Consulat (1799-1804)

A. En 1799 : Bonaparte Premier consul

- Détient le pouvoir.

B. L'œuvre du Consulat

- Maintien des principaux acquis de la Révolution (égalité des droits)
- Accord religieux avec le pape (Concordat de 1801)
- Des bases nouvelles : préfet, franc, légion d'honneur, lycées, Code civil (1804)

C. Bonaparte se fait sacrer empereur

- Sacre de Napoléon Ier, 2 décembre 1804

RÉALISER UNE CARTE MENTALE

- La carte mentale permet de **hiérarchiser, de classer et de synthétiser** les informations sur un sujet donné.
- Réaliser **une carte mentale** permet de comprendre son cours et d'en visualiser les points essentiels. Elle est très utile à ceux qui ont une mémoire visuelle.
- La carte mentale du cours peut être réalisée ainsi :
  - – Titre du chapitre au centre
  - – Les principales branches > les titres des parties
  - – Les branches secondaires > les titres des sous-parties
  - – Les petites branches > les idées de chaque sous-partie
  - – Les dernières branches > les informations liées à chaque idée de chaque sous-partie

Exemple : La nation en révolution (1789-1792)

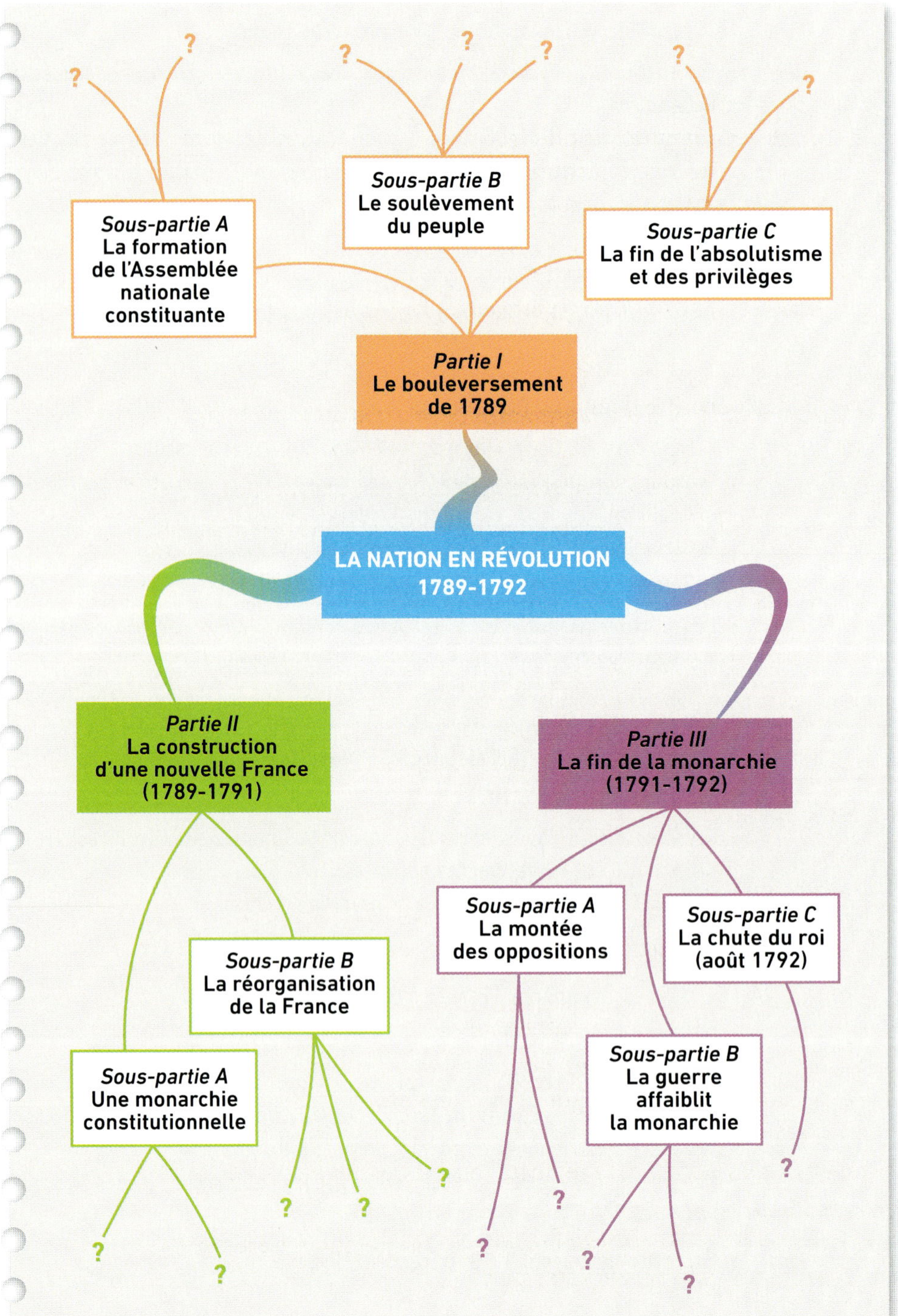

IDENTIFIER UN DOCUMENT HISTORIQUE

Lorsqu'on analyse un document, on commence toujours par l'identifier (ou le présenter).

ÉTAPE 1 Reconnaître un document historique

Définition

Document historique (du latin *documentum*, un enseignement) :
toute trace laissée par les humains qui nous donne des renseignements sur leur passé.

Deux types de documents :

- Le **document source** est le document écrit ou réalisé à l'époque des faits dont il est question.
- Le **document « produit de la recherche »** ou « **d'historien** » est le document réalisé à une époque éloignée des faits, grâce à des travaux de recherche (textes, croquis, schéma, statistiques...).

ÉTAPE 2 Définir la nature du document

- **Les textes** (ou documents écrits) :
  - extraits de lois, traités, rapports (textes officiels) ;
  - pièces de théâtre, romans, textes philosophiques (textes littéraires) ;
  - discours, proclamations, manifestes (textes politiques) ;
  - articles de presse ;
  - témoignages (journaux, mémoires, interviews...).
- **Les images** (ou documents iconographiques) : affiche, caricature, photo, gravure, dessin, peinture.
- **Les statistiques :**
  - les graphiques (courbes, barres...) et diagrammes circulaires ou semi-circulaires ;
  - les tableaux statistiques.
- **Les cartes historiques** : sur une époque, un thème particulier du passé...
- **Les schémas** : schéma de causalité, organigramme (qui présente une organisation)...

ÉTAPE 3 Présenter le document

On donne :

1. La nature du document
Type de texte, d'image, graphique, tableau statistique, carte, schéma... ?

2. La source du document
D'où le document est-il extrait ?

3. La date du document
- Quel est son siècle, quelle est sa date exacte ?
- Le document est-il contemporain ou proche des événements décrits (document source), beaucoup plus tardif (document d'historien actuel) ?

4. L'auteur du document
Donner des précisions sur l'auteur si vous le connaissez.

5. Le destinataire du document (si nécessaire)
Est-il destiné à un large public, une assemblée, un particulier... ?

6. Le contexte du document
Que se passe-t-il au moment où est réalisé le document, et qui peut ainsi l'éclairer ?

7. Le point de vue de l'auteur (si nécessaire)
Est-il partial ou est-il neutre ? Toujours garder un esprit critique sur le document qui ne correspond pas toujours à la vérité historique !

ANALYSER UN DOCUMENT AVEC UNE CONSIGNE (et sans questions)

Le document à analyser est précédé d'une consigne pour l'analyse du document.
Il n'est pas accompagné de questions. Cependant, la consigne présente souvent le plan à suivre.

ÉTAPE 1 Lire le sujet, le document, la consigne

- Lire ou observer (pour une image) le document.
- Identifier le document (auteur, date, contexte...).
- Lire la consigne posée, qui permet d'orienter l'analyse du document.

ÉTAPE 2 Le travail avant de rédiger (au brouillon)

1. Sur le document, **souligner de couleurs différentes les grandes idées** permettant de répondre à la consigne.
2. Élaborer **un plan en deux ou trois parties respectant la consigne reprenant les principales idées du document.**
3. Pour chaque partie, il faudra inclure :
   - **les idées et citations du document ;**
   - **les connaissances personnelles** nécessaires pour éclairer le document ou le critiquer.

ÉTAPE 3 La rédaction

- Une **courte introduction** présentant (ou identifiant) le(s) document(s) et fixant la problématique.
- Les **parties incluant les idées ainsi que les citations du document et des connaissances personnelles.**
- Une **courte conclusion** donnant une réponse à la problématique posée.

Exemple d'analyse de document

CONSIGNE Après avoir présenté le document, vous montrerez son intérêt pour comprendre la manière dont Napoléon entend imposer durablement la domination française en Europe.

Document Lettre de Napoléon Ier à son frère Jérôme, roi de Westphalie, 15 novembre 1807

« Mon frère, vous trouverez ci-joint la Constitution de votre royaume. [...] Vous devez la suivre fidèlement. Le bonheur de vos peuples m'importe, non seulement par l'influence qu'il peut avoir sur votre gloire et la mienne, mais aussi sous le point de vue du système général de l'Europe. [...]
Ce que désirent avec impatience les peuples d'Allemagne, c'est que les individus qui ne sont point nobles et qui ont des talents aient un égal droit à votre considération et aux emplois ; c'est que toute espèce de servage et de liens intermédiaires entre le souverain et la dernière classe du peuple soit entièrement abolie.
Les bienfaits du Code Napoléon, la publicité des procédures, l'établissement des jurys, seront autant de caractères distincts de votre monarchie. Et s'il faut vous dire ma pensée tout entière, je compte plus sur leurs effets, pour l'extension et l'affermissement de votre monarchie, que sur les résultats des plus grandes victoires. Il faut que vos peuples jouissent d'une liberté, d'une égalité, d'un bien-être inconnus aux peuples de la Germanie, et que ce gouvernement libéral produise, d'une manière ou d'une autre, les changements les plus salutaires au système de la Confédération [du Rhin] et à la puissance de votre monarchie. Cette manière de gouverner sera une barrière plus puissante, pour vous séparer de la Prusse, que l'Elbe, que les places fortes et que la protection de la France.
Quel peuple voudrait retourner sous le gouvernement arbitraire prussien, quand il aura goûté les bienfaits d'une administration sage et libérale ? Les peuples d'Allemagne, ceux de France, d'Italie, d'Espagne désirent l'égalité et veulent des idées libérales. [...]
Soyez roi constitutionnel. [...] Vous vous trouverez avoir une force d'opinion et un ascendant naturel sur vos voisins qui sont rois absolus. »

Napoléon Bonaparte, Correspondance générale publiée par la Fondation Napoléon, T. VII, Fayard, 2010.

Proposition de plan :

I. L'Empire napoléonien en 1807

II. Exporter les idées révolutionnaires dans le royaume de Westphalie…

III. … pour s'assurer de la fidélité des populations sous domination française

INTRODUCTION

Présentation du document

Problématique

Le document proposé est une lettre écrite en 1807 par Napoléon, empereur des Français, à son frère cadet Jérôme à qui il vient de confier l'administration du royaume de Westphalie, situé en Allemagne. Comme l'indique la première phrase de la lettre, Napoléon envoie à Jérôme le texte de la Constitution que son frère doit mettre en oeuvre en Westphalie. Ce texte nous permet de comprendre comment Napoléon pense s'attacher les populations passées sous domination française en Europe.

Idée de la partie = 1re phrase

Information du texte

Connaissances personnelles

• Sous l'Empire, Napoléon continue la politique de conquête et d'occupation commencée sous le Directoire.

Le 2 décembre 1805, à Austerlitz, il remporte une victoire décisive contre les austro-russes. Cette victoire lui permet de créer la Confédération du Rhin qui regroupe des États d'Allemagne placés sous la protection de Napoléon, avec parmi eux le royaume de Westphalie. En 1807, « les peuples d'Allemagne, ceux de France, ceux d'Italie, d'Espagne » sont sous la domination française. Ils sont devenus des États vassaux, soumis à la France. L'empereur place à leur tête des hommes fidèles ou des membres de sa famille comme ici son frère dans le royaume de Westphalie.

Le royaume de Westphalie appartenait auparavant en partie à la Prusse. Napoléon se méfie donc fortement de cette dernière, soupçonnée de vouloir récupérer les territoires perdus.

Idée de la partie

Information du texte

Connaissances personnelles

• Si la conquête permet à Napoléon de dominer une partie de l'Europe, il s'agit pour lui d'y étendre les acquis de la Révolution.

« Ce que désirent avec impatience les peuples d'Allemagne, c'est que les individus qui ne sont point nobles et qui ont des talents aient un égal droit à votre considération et aux emplois. » L'égalité est donc proclamée dans le royaume de Westphalie et « toute espèce de servage » abolie. Il faut aussi faire profiter les populations de Westphalie des « bienfaits du Code Napoléon ». Promulgué en 1804 sous le nom de Code civil, ce texte établit des règles juridiques claires entre les individus selon le principe de l'égalité devant loi. Il est diffusé dans de nombreux territoires sous domination française, dont le royaume de Westphalie ou encore ceux d'Italie et de Naples.

Le royaume de Westphalie ne doit plus non plus être dirigé par un roi absolu, comme il l'était à l'époque de la domination de la Prusse. « Soyez un roi constitutionnel » dit-il à son frère. « Il faut que vos peuples jouissent d'une liberté, d'une égalité, d'un bien-être inconnus aux peuples de la Germanie. » Il envoie donc à son frère le texte de la Constitution qu'il souhaite voir appliquée dans le royaume.

Idée de la partie

Information du texte

• Mais si Napoléon cherche à établir les nouveaux principes de liberté et d'égalité, c'est aussi parce qu'il pense que c'est le meilleur moyen de maintenir la domination française.

Répandre les idées de la Révolution, c'est assurer le « bonheur de la population » de manière à créer une « barrière entre la Westphalie et la Prusse plus puissante que des places fortes ou que la protection de la France ». Si les peuples jouissent de la liberté et de l'égalité, ils n'auront plus aucune envie de retrouver « l'arbitraire prussien ». L'empereur le dit : « je compte plus sur leurs effets, pour l'extension et l'affermissement de votre monarchie, que sur les résultats des plus grandes victoires. » Cette politique a pour objectif de renforcer la gloire de l'empereur, comme il le dit lui-même, mais aussi d'attacher la population de la Westphalie à la France et de consolider l'empire napoléonien.

CONCLUSION

Résumé

Ouverture

Ainsi Napoléon cherche à étendre les acquis de la Révolution dans les pays occupés pour assurer le bonheur du peuple, mais aussi pour que celui-ci accepte de rester vassal de la France. Pourtant, malgré les réformes, l'occupation française va vite devenir insupportable aux Espagnols comme aux Allemands et favoriser leur éveil national.

FAIRE UNE RECHERCHE SUR INTERNET EN HISTOIRE

ÉTAPE 1 Choisir un outil de recherche

- Un **moteur de recherche** : Google (le plus connu) mais aussi Yahoo, Bing, Qwant....
- Un **métamoteur** : Polymeta, Ixquick. Il interroge plusieurs moteurs de recherche ainsi que certains grands sites et donne ainsi plus d'informations qu'un moteur de recherche.

ÉTAPE 2 Rechercher l'information

Prendre du temps pour réfléchir à la recherche afin de bien choisir ses mots clés : *qu'est-ce que je recherche ?*

- Saisir un groupe de mots clés plutôt qu'un mot unique. Plusieurs mots bien choisis permettent d'affiner le nombre de résultats.
  Exemple : *réchauffement climatique + France*
- Pour chercher une expression précise, mettre les mots entre guillemets.
- Pour une image, chercher dans la rubrique « Image » du moteur de recherche.

ÉTAPE 3 Valider l'information

On trouve de tout sur Internet, et beaucoup de sites ne sont pas fiables : ils peuvent donner de fausses ou de mauvaises informations.

- Rechercher qui est l'auteur du site (un particulier, un organisme officiel, un professionnel), l'objectif du site (propagande, vente...), le type de site (blog...).
- Valider les sites les plus fiables possibles : éviter les particuliers, les blogs, les organismes tendancieux et peu sûrs...
- Conserver ou noter la source du site.

ÉTAPE 4 Sélectionner l'information choisie

- Sélectionner les pages choisies dans « Mes favoris », ou faire un tirage papier sur l'imprimante pour pouvoir lire sur feuille. Garder l'adresse du site.
- Puis : Copier/coller les passages sélectionnés vers un traitement de texte (Word...) ou recopier ces passages au brouillon ou les entourer (souligner) sur le tirage papier qui a été fait.

ÉTAPE 5 Traiter les informations

Il est essentiel de bien comprendre ce que l'on a sélectionné !

- Barrer ou réécrire les phrases complexes.
- Supprimer les passages inutiles et hors-sujet.
- Si des passages sont recopiés sur une feuille : ne pas oublier guillemets, nom du site, date.

Les grands sites d'Histoire sur Internet

Accéder à ces sites sur un moteur de recherche :

1. « Imago Mundi », encyclopédie en ligne. Très utile pour les biographies.
2. « Herodote », des articles simples, pratiques, agréables (images) en utilisant la barre de recherche.
3. « Bibliothèque numérique mondiale » mise en ligne par l'Unesco, avec un curseur pour se déplacer dans les siècles et les continents.
4. « Clio photo », banque d'images historiques classées par thèmes pour agrémenter un exposé.
5. Site de l'INA (Institut national de l'audiovisuel) pour les productions télévisées et radiophoniques françaises.
6. « L'Histoire par l'image » : histoire de France (images commentées) à travers des collections de musées et d'images d'archives.

PRÉPARER ET PRÉSENTER UN EXPOSÉ

ÉTAPE 1 Préparer l'exposé

Collecter les informations

- Ne pas se limiter à une seule source d'informations.
- Livres : CDI, bibliothèques.
- **Croiser les informations** de plusieurs sites Internet (pas un seul).

Sélectionner les informations

- Choisir les informations utiles et **en rapport avec le sujet.**
- Vous devez **avoir compris les informations que vous sélectionnez et donc pouvoir les reformuler avec vos propres mots**.
- **Ne pas multiplier les noms propres, les dates** : il faut faire des choix (quelques noms, quelques dates, les plus importants) pour ne pas endormir ou perdre l'auditoire.

Trouver les documents illustrant le sujet

- Pour que vos camarades puissent écouter et comprendre l'exposé, **l'accompagner de quelques documents, de préférence visuels**.
- **Les documents doivent être peu nombreux et bien répartis** durant l'exposé (un document par partie par exemple).
- Il faut donner un **titre au document**, indiquer son **auteur**, sa **source**. Bien le comprendre pour pouvoir l'analyser rapidement en classe.

Réaliser l'exposé à l'écrit

- Organiser les informations sélectionnées dans **un plan** en deux ou trois parties, avec deux à trois sous-parties par partie. Les parties doivent être équilibrées.
- **Ne rédigez pas votre exposé**. Faites la liste des informations, notez les noms propres, chiffres importants, les événements importants.
- **Vous pouvez rédiger l'introduction, la conclusion, ainsi que les transitions** entre les parties qui permettent de ne pas perdre le fil directeur à l'oral.

S'organiser

- Écrire l'introduction et la conclusion sur des feuilles à part.
- Utilisez des feuilles simples, **écrites sur le recto seulement**.
- **Numérotez les feuilles** pour vous y retrouver.
- **Soulignez les titres des parties et des sous-parties.** Surlignez les idées principales de chaque sous-partie au Stabilo®.

Se partager les rôles, s'entraîner

Si l'exposé est en équipe : se partager la prise de parole (par exemple, chacun une partie). Chacun doit s'exprimer à l'oral.

S'entraîner à haute voix et chronométrer le temps qui ne doit pas dépasser celui demandé par l'enseignant (10 à 20 minutes).

ÉTAPE 2 Faire l'exposé à l'oral

Écrire au tableau le plan et les mots clés

- **Écrire au tableau le titre et le plan de l'exposé** (seulement les titres des parties et des sous-parties !).
- Au cours de l'exposé, écrire au tableau **les noms propres** (de personnages, de lieux) et, si nécessaire, les dates et les chiffres clés (attention, les sélectionner : il en faut peu !).

Commenter les documents

- **Bien répartir les documents durant l'exposé** (un ou deux par partie par exemple).
- Projetés ou lus, **présentez et commentez le document** (éviter les documents purement illustratifs).
- Montrez le document et **appuyez-vous sur lui lorsque vous le commentez** (pointez du doigt les détails, etc.).

S'exprimer à l'oral

- Restez de préférence debout, regardez tout votre auditoire.
- Parlez suffisamment fort. Variez les intonations pour capter l'attention de la classe : **répétez, ralentissez pour les idées principales à noter**.
- **Ne pas lire l'exposé** : c'est pourquoi vous ne devez pas le rédiger, pour ne pas être tenté(e) de le lire. **Mais appuyez- vous sur vos notes en permanence** pour ne pas oublier des informations ou le fil directeur de votre exposé. En revanche, vous pouvez lire l'introduction et la conclusion.
- **N'utilisez que des mots et des phrases compréhensibles** par vos camarades. Il faut donc avoir bien compris ce que vous dites !
- **Faites des phrases correctes**, sans fautes de français. **Surveillez vos tics de langage** : « alors », « euh », « bon », « ben » ; évitez le langage familier : « super, truc et machin » !

LA FORME DE LA COMPOSITION

ÉTAPE 1 L'introduction (10-15 lignes)

- **Présenter et éclairer le sujet** et ses bornes chronologiques.
- Poser la **problématique** sous forme d'une question unique.
- Présenter le **plan du développement**.

ÉTAPE 2 Le développement (4 pages environ)

- Il est composé de **deux ou trois parties** (pas plus).
- Chaque partie est composée de **deux à quatre sous-parties**.
Une sous-partie correspond à une idée et à un paragraphe.
- Les parties sont reliées par **une transition** qui résume la partie précédente et introduit l'idée de la partie suivante. Elle ne comporte pas de questions.

ÉTAPE 3 La conclusion (10-15 lignes)

- C'est une réponse à la problématique posée en introduction. Elle **résume le développement**.
- Elle peut s'achever par une ouverture qui élargit le sujet par une idée nouvelle.

INTRODUCTION
- Présentation du sujet
À la ligne
- Problématique
À la ligne
- Indication du plan

Je saute une ligne

PREMIÈRE PARTIE : UN THÈME
- Sous-partie 1 = une idée = un paragraphe avec alinéa
- Sous-partie 2 = une deuxième idée = un nouveau paragraphe avec alinéa
- Sous-partie 3 = une troisième idée = un nouveau paragraphe
Pas obligatoire !

Je saute une ligne

Transition
- Elle résume la première partie.
- Elle introduit l'idée de la deuxième partie.

Je saute une ligne

DEUXIÈME PARTIE : UN THÈME
- Sous-partie 1 = une idée = un paragraphe avec alinéa
- Sous-partie 2 = une nouvelle idée = un paragraphe avec alinéa
- Sous-partie 3 (si nécessaire !) = une troisième idée

Je saute une ligne

CONCLUSION
- Résumé du développement = réponse à la problématique
- Ouverture qui élargit le sujet par une idée nouvelle
Pas obligatoire !

RÉDIGER UNE COMPOSITION : LES ÉTAPES À SUIVRE

SUJET La monarchie constitutionnelle en France (1789-1791)

Une composition comporte un sujet sans question.

ÉTAPE 1 Analyser le sujet

- **Je me pose des questions sur le sujet.**
- **Je me pose des questions sur la période chronologique et l'espace concerné.**
- **Je choisis une problématique** à laquelle ma composition va répondre.

> Qu'est-ce qu'une monarchie constitutionnelle ?
> Les débuts de la Révolution en France : période durant laquelle le roi partage son pouvoir avec une Assemblée élue.
> Pourquoi la monarchie constitutionnelle s'est-elle effondrée en 1792, alors qu'elle a apporté de profonds changements à la France ?

ÉTAPE 2 Mobiliser ses connaissances sur le sujet et les classer dans un plan

Mobiliser ses connaissances

J'établis au brouillon la liste des principales connaissances liées au sujet ainsi que des événements et leurs dates.

Classer les connaissances dans un plan

Je classe mes connaissances dans un plan en deux ou trois parties comprenant des sous-parties.

ÉTAPE 3 Rédiger la composition

L'introduction

- Je rédige l'introduction au brouillon ou directement au propre.
- Je recopie mon introduction au propre, si je l'ai faite au brouillon.

L'introduction comprend la présentation du sujet, la problématique, l'annonce du plan.

Le développement

- Je rédige mon développement directement au propre (pas de temps pour un brouillon !).
- Je m'appuie en permanence sur mon plan et sur les connaissances qui ont été listées et classées au brouillon (voir étape 2).
- En rédigeant, je respecte les règles formelles.

Je saute une ligne à la fin de chaque partie, je vais à la ligne pour chaque sous-partie, je fais des transitions entre les parties.

- La rédaction exige des connaissances précises : lexique choisi, précision des lieux, des événements et des dates.

La conclusion

- Il suffit d'avoir bien en tête son développement puisque la conclusion répond à la problématique en résumant le développement.
- Une ouverture achève la conclusion mais n'est pas obligatoire. Une mauvaise ouverture, qui conclut définitivement le devoir, peut donner une mauvaise image de celui-ci.

ÉTAPE 4 Relire sa composition

Je relis ma composition pour corriger les erreurs de détail et l'orthographe.

UN EXEMPLE DE COMPOSITION

SUJET La monarchie constitutionnelle en France (1789-1791)

Plan proposé

Introduction

Partie I. La naissance de la monarchie constitutionnelle (1789)
- **A.** La naissance de l'Assemblée constituante
- **B.** La prise de la Bastille renforce l'Assemblée
- **C.** Le soulèvement des campagnes entraîne l'abolition des privilèges

Transition

Partie II. La nouvelle France (1789-1791)
- **A.** La Déclaration des droits de l'homme et du citoyen
- **B.** La nouvelle Constitution
- **C.** La réorganisation de la France

Transition

Partie III. L'effondrement du régime (1791-1792)
- **A.** La naissance d'une opposition
- **B.** La déclaration de guerre affaiblit Louis XVI
- **C.** Le manifeste de Brunswick entraîne la prise des Tuileries

Conclusion

Composition rédigée

INTRODUCTION

Présentation du sujet

À la veille de la Révolution, la France est dirigée par le roi Louis XVI qui dispose du pouvoir absolu. En 1789, il décide de réunir les représentants des trois ordres (clergé, noblesse, tiers état), les états généraux, pour résoudre les problèmes financiers du pays. Mais les députés du tiers état attendent de profondes réformes et vont s'emparer du pouvoir législatif et imposer au roi une monarchie constitutionnelle, c'est-à-dire une monarchie limitée par une constitution.

Problématique

Pourquoi la monarchie constitutionnelle s'est-elle effondrée en 1792 alors qu'elle a apporté de profonds changements à la France ?

Annonce du plan

Nous montrerons d'abord comment est née la monarchie constitutionnelle (I), puis les changements importants qui ont été apportés à la France durant cette période (II) pour expliquer enfin la disparition de ce régime en 1792 (III).

PREMIÈRE PARTIE

Sous partie 1 = une idée = 1 paragraphe

La séance d'ouverture des états généraux a lieu le 5 mai 1789 à Versailles. D'emblée, les députés du tiers état sont déçus par le discours du roi qui n'annonce aucune réforme importante. Réunis dans la salle du Jeu de paume, ils jurent de ne pas se séparer avant d'avoir rédigé une constitution.

Sous-partie 2

Le peuple de Paris s'inquiète lorsque Louis XVI regroupe des troupes autour de Paris et de Versailles parce qu'ils pensent que le roi veut disperser la nouvelle Assemblée. Le 14 juillet 1789, des artisans, des ouvriers ainsi que des soldats du roi assiègent et prennent la forteresse de la Bastille. Dès lors, le roi n'ose plus s'opposer à l'Assemblée. À Paris et dans les villes de province, les révolutionnaires s'emparent du pouvoir et créent des Gardes nationales, c'est-à-dire des milices chargées de défendre les nouvelles municipalités.

Sous-partie 3

Dans les campagnes, c'est la Grande Peur. Les paysans, craignant l'arrivée de brigands, s'arment et attaquent les châteaux de leurs seigneurs. De nombreux nobles et bourgeois craignent pour leurs propriétés. Afin de mettre fin au soulèvement, l'Assemblée vote l'abolition des privilèges dans la nuit du 4 août.

TRANSITION
La partie 1 est résumée, la partie 2 est introduite.

Ainsi la monarchie absolue a été remplacée par la monarchie constitutionnelle, en 1789, à la suite d'une révolution. L'Assemblée nationale construit dès lors une France nouvelle.

DEUXIÈME PARTIE

Les événements importants sont datés

Lexique savant et précis de l'historien

Les mots compliqués sont expliqués

Le 24 août 1789, l'Assemblée nationale vote la Déclaration des droits de l'homme et du citoyen qui fixe les nouveaux principes : souveraineté de la nation, égalités des droits, libertés.

Les députés rédigent aussi la Constitution qui est définitivement adoptée en 1791. Le peuple est souverain mais il partage le pouvoir entre le roi et une Assemblée élue au suffrage censitaire, c'est-à-dire par les citoyens disposant d'une certaine richesse. Le roi dispose du pouvoir exécutif (de gouverner) et peut mettre son veto sur une loi de l'Assemblée. L'Assemblée rédige et vote les lois.

L'Assemblée réorganise aussi la France. Elle confisque et vend les biens du clergé, répartit les impôts entre tous, crée les départements et les communes, supprime les douanes intérieures. Elle réorganise l'Église par la Constitution civile du clergé. Le 14 juillet 1790, les représentants des Gardes nationaux des provinces se réunissent à Paris sur le Champ-de-Mars pour fêter le nouveau régime. On y acclame « le roi et la nation ».

TRANSITION

Sous la monarchie constitutionnelle, la France a été transformée. La population semble apprécier le nouveau régime et les changements en cours. Pourtant, un an plus tard, le régime s'effondre.

TROISIÈME PARTIE

Des noms propres et des dates précises

Dans chaque sous-partie, respect de l'ordre chronologique

Dès 1790, une opposition apparaît. Des nobles émigrent. Des prêtres refusent de prêter serment sur la Constitution civile du clergé (les « prêtres réfractaires »). Louis XVI montre aussi son opposition au régime. Dans la nuit du 20 au 21 juin 1791, il fuit la capitale. Mais il est reconnu à Varennes et reconduit aux Tuileries. Désormais, le peuple se méfie de lui.

En avril 1792, la France déclare la guerre à l'Autriche. Les Autrichiens et leurs alliés prussiens passent les frontières. La patrie est en danger ! Les Gardes nationaux de provinces, appelés fédérés, arrivent à Paris pour défendre la capitale. Or le roi est le commandant en chef des armées et on le pense responsable des défaites.

En juillet 1792, Brunswick, le commandant des troupes ennemies, menace les Parisiens s'ils font outrage au roi. Ce « manifeste de Brunswick » met le feu aux poudres. Le 10 août 1792, les sans-culottes parisiens et les fédérés prennent d'assaut le palais des Tuileries où vit le roi et ils le font emprisonner. C'est la fin de la monarchie constitutionnelle.

CONCLUSION

Réponse à la problématique

Ouverture possible

La monarchie constitutionnelle est donc née en 1789, quand les députés du tiers état se sont déclarés Assemblée nationale constituante. L'Assemblée a fixé de nouveaux principes, rédigé une constitution et réorganisé la France. Mais à partir de 1791, le peuple soupçonne le roi de vouloir rétablir son pouvoir absolu.

Le 10 août 1792, il renverse la monarchie et met donc fin à la monarchie constitutionnelle. Une nouvelle période s'ouvre alors, celle de la République qui va durer sept ans, mais qui va s'avérer être une période de grande désordre politique.

IIe Reich : nom donné à l'Empire allemand proclamé en 1871.

Acculturation : processus par lequel un individu adopte une culture étrangère (mode de vie, langue…), ce qui peut l'amener à abandonner sa propre culture.

Action : titre représentant une fraction du capital d'une société anonyme, cessible et négociable.

Allégorie : représentation d'un principe ou d'une idée par un être vivant.

Alliance défensive : alliance qui fonctionne en cas d'attaque ennemie contre un des États membres. Si un pays est attaqué, ses alliés entrent en guerre à ses côtés.

Alliés : pays qui appartiennent à la Triple-Entente ou qui la rejoignent au cours de la guerre.

Anarchisme : courant révolutionnaire selon lequel la liberté passe par le rejet de toute forme d'autorité (État, Église, patron).

Anticléricalisme : hostilité au clergé, très forte chez les républicains les plus radicaux (Combes, Clemenceau).

Antisémitisme : haine envers les juifs prenant appui sur de pseudo arguments religieux, raciaux ou économiques.

Apatride : se dit d'une personne qu'aucun État ne reconnaît comme son ressortissant.

Armistice : convention signée entre des pays en guerre pour suspendre les combats.

Arrière : territoire et sa population en dehors des zones de combat dans un pays en guerre.

Artillerie : ensemble des matériels de guerre comprenant les canons et leurs obus.

Assemblée nationale : assemblée représentant la nation entière.

Assemblée nationale constituante : assemblée chargée de rédiger une constitution.

Assimilation : politique visant à intégrer un territoire à la République et à faire des colonisés de futurs citoyens quand ils auront adopté les valeurs et le mode de vie français.

Association cultuelle : association (régie par la loi de 1901) composée de fidèles laïcs et d'ecclésiastiques.

Ateliers nationaux : organisation destinée à fournir du travail aux chômeurs. L'État organise, fournit et paie le travail dans de grands chantiers.

Blancs/Rouges : les deux termes opposent les partisans de l'ancien régime tsariste et les communistes.

Blocus continental : politique qui consiste à isoler l'Angleterre entre 1806 et 1814, en l'empêchant de commercer avec les États du continent européen.

Blocus maritime : fait d'empêcher tout ravitaillement d'un pays ennemi en rendant impossible l'accès des navires à ses côtes et ses ports.

Bourgeoisie : catégorie sociale possédant une certaine fortune et ne travaillant pas de ses mains. Elle s'étend de la grande bourgeoisie conquérante (grands patrons, banquiers…) à la moyenne et petite bourgeoisie (petits patrons, boutiquiers, fonctionnaires…).

***Burschenschaft* :** en Allemagne, association d'étudiants libéraux dont la première est créée en 1815 (elle adopte les couleurs noir, rouge et or).

Cahier de doléances : registre dans lequel les représentants élus aux états généraux consignent les vœux et les réclamations des Français.

Candidature officielle : pratique politique consistant pour le gouvernement, dans le cadre d'élections libres, à favoriser la campagne électorale de certains candidats jugés fidèles à la politique gouvernementale.

Capitalisme : organisation de l'économie qui repose sur la propriété privée des moyens de production et d'échange, la recherche du profit et la libre concurrence.

***Carbonari* :** membres d'une société secrète combattant pour la liberté et l'unité italienne.

Censure : action d'interdire tout ou partie d'une information.

Cent-Jours : reprise temporaire du pouvoir par Napoléon Ier, du 20 mars au 22 juin 1815.

Chancelier : Premier ministre de la Prusse puis de l'Allemagne unifiée.

Charte : ce terme, utilisé sous l'Ancien Régime pour évoquer un privilège accordé par le roi, désigne la Constitution de 1814.

« Chemises rouges » : nom donné aux volontaires qui s'engagent sous la conduite de Garibaldi pour l'unité et la libération du territoire italien.

Club : association dont les membres se réunissent régulièrement pour débattre de sujets politiques.

Coalition : réunion momentanée de personnes dans l'intérêt commun.

Code civil : recueil de règles qui déterminent les relations entre les individus.

Colonie : territoire d'outre-mer conquis et placé sous la domination directe d'un pays étranger (la métropole).

Colonie d'exploitation : territoire peuplé de peu de colons et utilisé dans un but essentiellement économique par la métropole.

Colonie de peuplement : territoire où s'installent de nombreux colons venus de métropole.

Colonisation : son sens est double sous la IIIe République. Il peut signifier l'assujettissement d'un territoire et de sa population au service d'une métropole ou la mise en valeur d'un territoire et de sa population par la métropole.

Comité de salut public : gouvernement nommé par la Convention pour prendre des mesures rapides face aux dangers qui menacent la République.

Comité Union et Progrès (CUP) : parti des Jeunes-Turcs qui accède au pouvoir en 1908, aux mains de Talaat Pacha, Enver Pacha et Djemal Pacha de 1913 à octobre 1918.

Commune de Paris : gouvernement révolutionnaire et populaire dirigeant de manière autonome la ville de Paris de mars à mai 1871, et guidé par un idéal de république sociale, anticléricale et libertaire.

Concert européen : système diplomatique mis en place lors du congrès de Vienne et visant à garantir la stabilité de l'Europe en préservant l'entente et l'équilibre entre les grandes puissances.

Concordat : accord entre un État et le pape.

Confédération d'Allemagne du Nord : remplace la Confédération germanique en 1867. Placée sous la présidence du roi de Prusse, elle réunit cet État au royaume de Saxe et à 21 autres États plus petits.

Congrégation : ordre religieux ayant une vocation précise (santé, enseignement, soins aux pauvres et aux personnes âgées...).

Conscrit : personne qui fait un service militaire obligatoire.

Conservatisme : désigne une politique favorable au maintien de l'ordre existant.

Constitution : texte qui définit et organise les pouvoirs au sein d'un régime politique.

Coup d'État : renversement par la violence et de manière illégale d'un pouvoir légitime.

Déchristianisation : politique qui, pendant la Terreur, a pour but de supprimer le christianisme de la vie quotidienne en France.

Déficit budgétaire : budget de l'État dans lequel les dépenses sont supérieures aux recettes.

Démocratie illibérale : régime politique associant suffrage universel et restriction des libertés.

Dey d'Alger : souverain de la régence d'Alger sous l'autorité du sultan ottoman.

Dictature : régime politique dans lequel tous les pouvoirs sont aux mains d'un individu, d'un groupe de personnes, d'un parti politique.

***Diktat* :** mot allemand signifiant « chose dictée, imposée » ; il désigne le traité de Versailles que l'Allemagne a dû signer sans avoir la possibilité de négocier.

***Djihad* :** « effort » en arabe. Le sens peut être double : effort que le musulman opère sur lui-même pour se purifier, ou effort demandé aux musulmans pour défendre le territoire de l'Islam menacé par les infidèles.

Dominion : colonie britannique qui a obtenu le droit de se gouverner elle-même tout en reconnaissant la reine d'Angleterre comme souverain(e).

Dreyfusard/antidreyfusard : partisan/adversaire de l'innocence de Dreyfus.

Droit des peuples à disposer d'eux-mêmes : principe, évoqué pour la première fois par le président américain Wilson en janvier 1918, selon lequel c'est le peuple qui doit choisir l'État dans lequel il veut vivre.

Empire colonial : vaste unité politique expansionniste contenant plusieurs territoires colonisés par une métropole.

Emprunt national : emprunt lancé par un État auprès de sa population afin de financer la guerre et de mobiliser l'ensemble de la société.

Entente : pays qui appartiennent à la Triple-Entente (France, Royaume-Uni, Russie).

État multinational : État regroupant à l'intérieur de ses frontières des peuples de différentes nationalités.

État-nation : État indépendant dont les habitants appartiennent à la même nation.

États généraux : assemblée convoquée par le roi qui réunit les trois ordres du royaume (noblesse, clergé, tiers état).

Étranger : personne n'ayant pas la nationalité de son pays de résidence.

« Évolués » : indigènes ayant été scolarisés et vivant à la manière européenne.

Exode rural : mouvement de départ définitif d'habitants des campagnes vers les villes.

Fédérés (Révolution) : Gardes nationaux des villes de provinces.

Fédérés : synonyme de Communard, partisan et défenseur de la Commune de Paris.

Féministe : personne militant pour l'égalité entre les femmes et les hommes.

Front : zone d'affrontements et de combats entre deux armées ennemies.

Garde nationale : groupement de citoyens bénévoles chargés de maintenir l'ordre dans Paris après la formation de la nouvelle municipalité.

Génocide : extermination systématique et programmée d'un groupe humain en raison de son appartenance ethnique, de sa nationalité ou de sa religion.

Gouvernement de Défense nationale : gouvernement provisoire composé de républicains (Ferry, Gambetta...) déterminés à poursuivre la guerre contre la Prusse et ses alliés allemands.

Grande Armée : nom donné à l'armée de Napoléon Ier de 1804 à 1815.

Grève : cessation volontaire et collective du travail par des salariés.

Guérilla : forme de guerre marquée par des actions de harcèlement et d'embuscade.

Guerre sous-marine à outrance : guerre qui consiste, à l'aide de sous-marins, à couler tout navire marchand, quelle que soit sa nationalité, qui aborde les côtes britanniques et celles de ses alliés.

Haut-fourneau : four permettant de faire fondre le minerai de fer.

Houille : type de charbon particulièrement efficace comme combustible.

Immigration : flux d'étrangers s'installant dans un autre pays que celui dont ils sont originaires.

Impérialisme : action consistant à mettre des territoires sous domination militaire, politique, économique et culturelle.

Indigénat : statut des indigènes qui les soumet à un régime juridique, fiscal et politique d'infériorité.

Indigène : statut né en Algérie. Désigne un individu colonisé qui est de nationalité française mais qui n'est pas citoyen français.

Intellectuel : personne exerçant une profession intellectuelle, qui met le prestige de sa fonction au service de la cause qu'il défend.

Internationale ouvrière : grande organisation internationale socialiste créée à Paris en 1889.

Internement administratif : décision d'enfermer un individu en dehors de toute procédure judiciaire.

Statut personnel de l'indigène : désigne la situation de l'indigène qui est vu comme un croyant (musulman, juif...) par le colonisateur. Ce statut personnel enferme l'indigène dans le droit civil et pénal lié à sa religion, différent du droit civil et pénal français.

Jacobins : nom donné aux membres du club des Jacobins puis aux nostalgiques de la République de 1793.

Jeune Italie : journal et mouvement républicain italien, nationaliste et indépendantiste fondé en 1831 par Mazzini à Marseille (ses couleurs sont le blanc, le rouge et le vert).

Laïc : qui se tient à l'écart de toute religion ou qui ne fait pas partie d'un clergé.

Laïcisation : détachement vis-à-vis de la sphère religieuse.

Laïcité : principe selon lequel l'epace publique doit être religieusement neutre pour garantir la coexistance entre tous les croyants et les non-croyants.

Laminoir : machine constituée de deux cylindres d'acier tournant en sens inverse, entre lesquels passent des masses de métal dont on veut réduire l'épaisseur.

Légitimistes : partisans de la restauration de la dynastie des Bourbons à la tête du pays.

Levée en masse : décret qui instaure une obligation militaire exceptionnelle pour tous les hommes célibataires de 18 à 25 ans.

Libéralisme économique : système économique fondé sur la faiblesse ou l'absence de droits de douane aux frontières et sur la limitation des règles imposées aux entrepreneurs sur le marché national.

Libéraux : monarchistes partisans de l'application stricte des principes de 1789 mais pas de la démocratie ou de la république.

Ligue : structure politique qui défend une cause en manifestant ou par voie de presse.

Loi de sûreté générale : loi qui permet de condamner sans procès toute personne ayant déjà fait l'objet d'une condamnation politique depuis 1848.

Loi sociale : loi visant à améliorer les conditions de vie et de travail.

Mandats : territoires de l'ancien Empire ottoman et des anciennes colonies allemandes confiés par la SDN à la France et au Royaume-Uni.

Mécanisation : remplacement du travail manuel par des machines.

Mémoire nationale : récit dominant qui réduit la diversité des souvenirs particuliers et les englobe dans une mémoire commune à la nation.

Métropole : pays auquel est rattaché un ou des territoires colonisés.

Mobilisation : mise sur le pied de guerre des forces militaires d'un pays.

Monarchie constitutionnelle : monarchie limitée par une constitution.

Monarchie libérale : système politique dans lequel le souverain respecte les libertés individuelles. Il s'agit généralement d'une monarchie constitutionnelle et parlementaire.

Montagnards : groupe politique de la Convention favorable à la République et proche des sans-culottes, qui s'empare du pouvoir en avril 1793.

Mouvement libéral : mouvement de lutte des libéraux contre le pouvoir absolu, pour l'adoption d'une constitution et la conquête des libertés individuelles (presse, opinion, culte...).

Mouvement national : mouvement de lutte de patriotes pour l'indépendance vis-à-vis d'une domination étrangère ou pour l'unification d'une nation.

Mouvement ouvrier : ensemble des associations syndicales et politiques au service de l'amélioration des conditions de vie et de travail des ouvriers.

Munitionnettes : surnom donné aux femmes travaillant dans l'industrie d'armement pendant la Première Guerre mondiale.

Mutinerie : révolte collective contre l'autorité militaire qui se manifeste par le refus de partir au combat.

Nation : peuple qui a la conscience d'être uni par une histoire, une langue et une culture communes.

Nationalisme intégral : doctrine royaliste, catholique et nationaliste prônée par la Ligue d'Action française de Charles Maurras.

Organisation internationale : association d'États souverains ayant pour but de mener des actions communes.

Orléanisme : courant politique royaliste partisan de la dynastie des Orléans et du maintien des droits et libertés accordés sous la Révolution.

Pacifisme : doctrine qui consiste à rechercher la paix entre les nations, à rejeter la guerre.

Pangermanisme : projet visant à regrouper toutes les populations d'origine germanique et de langue allemande dans un seul État, d'abord la Prusse puis l'Allemagne.

Panthéonisé : personne dont la dépouille est admise au Panthéon.

Parti bolchevique : parti fondé par Lénine en 1912, favorable à une révolution immédiate.

Parti de l'Ordre : députés et partisans d'une politique conservatrice et répressive contre les défenseurs d'une république sociale.

Partisan : combattant n'appartenant pas à une armée régulière et luttant pour un idéal national, politique, religieux.

Paternalisme : manière de diriger avec une bienveillance autoritaire.

Patriote : celui ou celle qui se bat pour sa patrie.

Paupérisme : état de grande pauvreté.

Pénurie : manque de ce qui est nécessaire.

Petite Allemagne : projet d'union des populations allemandes autour de la Prusse. Elle s'oppose à la Grande Allemagne, projet d'union élargie autour de l'Autriche, ajoutant aux territoires allemands l'ensemble de l'Empire d'Autriche, y compris les populations non allemandes.

Philhellénisme : mouvement d'opinion favorable à la lutte pour l'indépendance des Grecs dans les années 1820.

Plébiscite : vote par « oui » ou par « non » à une question posée par le pouvoir. Il s'agit d'une forme de démocratie directe.

Population active : partie de la population d'un pays qui travaille dans un secteur d'activité ou qui recherche un emploi.

Population rurale : population qui vit à la campagne ou dans des villages de moins de 2 000 habitants agglomérés.

Populisme : pratique politique qui privilégie la relation directe entre le dirigeant et le peuple tandis qu'il réduit les pouvoirs des corps intermédiaires et de la presse.

Préfet : fonctionnaire nommé à la tête du département (à la place des anciennes assemblées élues).

Présidence de la République : institution créée par la IIe République. Le président de la République possède le pouvoir exécutif et son mandat de 4 ans n'est pas renouvelable.

Président du Conseil : Premier ministre.

Propagande : ensemble des moyens exercés sur l'opinion pour l'amener à accepter et adopter certaines idées.

Proscription : mesure de bannissement prise à l'encontre d'opposants politiques.

Protectorat : forme de colonisation dans laquelle un État renonce à une partie de sa souveraineté au profit d'un autre (la métropole).

Radical : aile gauche du mouvement républicain.

Réfugié : depuis le XIXe siècle, est considéré comme réfugié tout individu contraint de quitter son pays en période de trouble.

Régime autoritaire : régime politique caractérisé par le refus de tolérer une opposition politique.

Régime parlementaire : régime dans lequel le pouvoir législatif (parlement) contrôle très étroitement le pouvoir exécutif (président et gouvernement).

Réparations : paiements et transferts de biens et d'équipements que l'Allemagne et les empires centraux sont contraints d'effectuer en vertu des traités de paix.

République démocratique : gouvernement du peuple par le peuple et sans souverain.

République démocratique et sociale : forme de république fondée sur le suffrage universel et sur l'octroi à la population d'un certain nombre de droits sociaux, tel que le droit au travail.

Réquisition : opération par laquelle l'autorité exige une prestation d'activité ou la fourniture d'un bien.

Restauration : régime politique en France de 1814 à 1830 (en-dehors des Cent-Jours) qui désigne non seulement le retour des Bourbons au pouvoir mais aussi la volonté de revenir à la monarchie de droit divin, tout en conservant certains acquis de la Révolution française.

***Risorgimento* :** « renaissance » ou « résurrection ». Nom donné au mouvement national italien du XIXe siècle dont l'objectif est de réaliser l'unité de l'Italie.

Romantisme : mouvement culturel fortement imprégné de christianisme qui s'épanouit dans la première moitié du XIXe siècle en cherchant à faire triompher les passions, la sensibilité, les libertés plutôt que la raison.

Saint-simonisme : mouvement de pensée qui préconise l'avènement d'une société industrielle en favorisant le développement de la production, de la circulation des hommes ou des marchandises et en confiant une place politique importante aux forces productives du pays.

Salariat : mode de rémunération du travail par le paiement d'un salaire.

Sans-culotte : habitant du petit peuple des villes. Il porte le pantalon et non la culotte, contrairement aux nobles et aux bourgeois.

Sécularisation : transfert d'autorité du religieux vers le civil.

Sécurité collective : système dans lequel les États répondent collectivement aux atteintes à la paix.

Semaine sanglante : nom donné à la semaine du 21 au 28 au mai 1871, au cours de laquelle les troupes versaillaises reprennent Paris et répriment les Communards, exécutés ou jugés sommairement.

Sénatus-consulte : loi émanant du Sénat.

Sentiment national : sentiment d'appartenir à une nation.

Socialisme : ensemble des doctrines critiquant les inégalités sociales nées des transformations industrielles.

Soviets (« conseils » en Russe) : assemblées composées d'ouvriers, de paysans, de soldats acquis aux idées révolutionnaires.

Suffrage censitaire : système électoral dans lequel le droit de vote est réservé aux citoyens les plus riches, en fonction du cens, c'est-à-dire du montant de leurs impôts.

Suffrage universel masculin : vote accessible à tous les hommes sans condition de fortune ou autres restrictions. En 1848, il concerne tous les hommes à partir de 21 ans.

Syndicat : association défendant des revendications professionnelles.

Taylorisme : méthode d'organisation scientifique du travail mise au point par l'ingénieur étatsunien F.-W. Taylor au début du XXe siècle.

Terres irrédentes : territoires de langue italienne extérieurs à l'Italie et que celle-ci voudrait rattacher à son territoire.

Traité de paix : traité qui proclame la fin d'une guerre et contient souvent des contreparties réciproques pour les anciens belligérants. Il se distingue d'un armistice qui est un simple arrêt des combats.

Tranchées : lignes fortifiées creusées dans la terre.

Travail forcé : exploitation de force du travail d'une personne pour une durée limitée. C'est théoriquement différent de l'esclavage qui est l'exploitation de la personne elle-même, niée en tant qu'être humain et pour une durée indéterminée.

Ultras : terme désignant les « ultraroyalistes » qui souhaitent un retour à la monarchie absolue et refusent la Charte de 1814.

Urbanisme : science de l'organisation spatiale des villes.

Usine : établissement industriel où s'effectue la transformation de matières premières en produits industriels à l'aide de machines.

Victoire mutilée : expression utilisée par le poète italien Gabriele D'Annunzio pour évoquer le sentiment de trahison ressenti par l'Italie au lendemain des traités de paix de 1919.

Xénophobie : hostilité à l'égard des étrangers.

Zeppelin : ballon dirigeable rigide, fabriqué par la société allemande Zeppelin.

***Zollverein* :** « union douanière » en allemand. Union économique initiée par la Prusse qui regroupe peu à peu tous les États allemands.

CRÉDITS

Couverture : Avant-garde des femmes allant à Versailles : Coll. Kharbine-Tapabor ; photo Bernard Dupont ; Portrait de l'écrivain George Sand : ph© Josse/Leemage ; La Greve des mineurs du Pas-de-Calais. : Coll. Kharbine-Tapabor ; Place de la République, Paris, **2013** : ph© Bertrand Rieger/Hemis ; Indochine. Colon sur un pousse-pousse : Coll. Kharbine-Tapabor ; « Combat aérien » L'avion ennemi s'abattant en flammes : ph© Josse/Leemage.

Intérieur : **4** ph © Josse / Leemage ; **5**-h ph © De Agostini Picture Lib. / G. Dagli Orti / AKG ; **5**-b ph © Musée Carnavalet / Roger-Viollet ; **6** ph © PA Archive / Roger-Viollet ; **12**-h ph © Agence Bulloz / RMN ; **12**-bg ph © Tal / Rue des Archives ; **12**-bd ph © Roger-Viollet ; **13**-h ph © Daniel Arnaudet / RMN ; **13**-b ph © Bibliothèque de Bréra / Archives Hatier ; **14** ph © Jérome da Cunha / Akg-Images ; **15**-h ph © Musée Carnavalet / Roger-Viollet ; **15**-b ph © Bibliothèque Nationale, Paris / Bridgeman Images ; **16** ph © Josse / Leemage ; **17** ph © Giraudon / Bridgeman Art Library ; **19**-g ph © Bulloz / RMN ; **19**-d Coll. Bibliothèque nationale de France ; **20** Coll. Bibliothèque nationale de France ; **21** ph © Archives Hatier ; **22** ph © Giraudon / The Bridgeman Art Library ; **23**-h ph © Giraudon / The Bridgeman Art Library ; **23**-b ph © Giraudon / The Bridgeman Art Library ; **24** ph © Musée Carnavalet / Roger-Viollet ; **25** ph © The National Gallery, London / AKG ; **26** ph © Josse / Leemage ; **27**-h Coll. Bibliothèque nationale de France ; **27**-b ph © Musée Carnavalet / Roger-Viollet ; **28** Coll. Bibliothèque nationale de France. ; **29**-h Coll. Bibliothèque nationale de France. ; **29**-b ph © Tal / Rue des Archives ; **31** ph © The Granger Coll. / Rue des Archives ; **32**-h ph © Roger-Viollet ; **32**-b ph © Isadora / Leemage ; **33**-hg ph © BPK / RMN ; **33**-hd ph © Gérard Blot / RMN ; **33**-bg ph © Musée Carnavalet / Roger-Viollet ; **33**-bd ph © Château de Versailles, Dist. RMN-Grand Palais ; **34** ph © Bridgeman Images / Leemage ; **35**-h ph © RMN-Grand Palais / Agence Bulloz ; **35**-b ph © Josse / Leemage ; **36** ph © Musée Carnavalet / Roger-Viollet ; **37**-h ph © The Art Archive / M. Charmet / Picture Desk ; **37**-b ph © Tallandier / Rue des archives ; **38** ph © Hervé Lewandowski / RMN ; **39** ph © André Martin / RMN ; **40**-h ph © Agence Bulloz / RMN ; **40**-b ph © Josse / Leemage ; **41** ph © INRP / Musée National de l'Education, Rouen ; **42** ph © RMN (Château de Versailles) ; **44** ph © Tal / Rue des Archives ; **45** ph © Bibliothèque de Bréra / Archives Hatier ; **46** ph © Aisa / Leemage ; **47** ph © Musée de l'Armée, Dist. RMN ; **48**-h ph © Lauros / Giraudon / The Bridgeman Art Library ; **48**-b ph © Archives Hatier ; **49** ph © Art Collection / Alamy / Hemis ; **50** ph © Josse / Leemage ; **51** ph © Tal / Rue des Archives ; **55**-g ph © Jérome da Cunha / Akg-Images ; **55**-mg ph © BPK / RMN ; **55**-md ph © Roger-Viollet ; **55**-d ph © André Martin / RMN ; **56** ph © Musée Carnavalet / Roger-Viollet ; **57**-hg Royal Collection Trust © Her Majesty Queen Elizabeth II, **2019** / Bridgeman ; **57**-hm ph © Bridgeman Images / Leemage ; **57**-hd ph © Bridgeman ; **57**-b ph © Aisa / Leemage ; **58** ph © Bridgeman / Leemage ; **59**-h ph © Roger-Viollet ; **59**-b ph © Musée Carnavalet / Roger-Viollet ; **60**-h ph © Bridgeman ; **60**-b ph © Selva / Leemage ; **61** ph © Bridgeman ; **62** ph © Deagostini / Leemage ; **63**-h ph © Musée Carnavalet / Roger-Viollet ; **63**-b Coll. Kharbine-Tapabor ; **64** ph © Musée national du château de Versailles / RMN ; **65**-h ph © Bridgeman / Leemage ; **65**-b ph © Bridgeman / Leemage ; **66**-h ph © UIG / Leemage ; **66**-b Royal Collection Trust © Her Majesty Queen Elizabeth II, **2019** / Bridgeman ; **67** ph © UIG / Leemage ; **68** ph © Bridgeman Images / Leemage ; **69** ph © DeAgostini / Leemage ; **70** Coll. UNamur - Bibliothèque Universitaire Moretus Plantin (Namur) ; **71** ph © Archives Charmet / Bridgeman ; **72** ph © AKG ; **73** ph © Coll. privée / Bridgeman ; **74** ph © Akg-Images ; **75**-h ph © Musée Carnavalet / Roger-Viollet ; **75**-b ph © Washington DC National Gallery of Art / Album / AKG ; **76** ph © MEPL / Bridgeman ; **77**-h Coll. Grob / Kharbine-Tapabor ; **77**-b ph © Archives Charmet / Bridgeman ; **78** ph © Josse / Leemage ; **79** ph © Musée de la Vie Romantique / Roger-Viollet ; **83**-g ph © Deagostini / Leemage ; **83**-m Royal Collection Trust © Her Majesty Queen Elizabeth II, **2019** / Bridgeman ; **83**-d ph © MEPL / Bridgeman ; **84** ph © Bibliotheque Nationale, Paris / Archives Charmet / Bridgeman ; **85**-hg ph © Petit Palais / Roger-Viollet ; **85**-hm ph © Josse / Leemage ; **85**-hd Coll. Jean Vigne / Kharbine-Tapabor ; **85**-b ph © Agence Bulloz / RMN ; **86**-h ph © Petit Palais / Roger-Viollet ; **86**-m ph © Josse / Leemage ; **86**-b ph © Petit Palais / Roger-Viollet ; **87** ph © Josse / Leemage ; **88** ph © Josse / Leemage ; **89** ph © Musée Carnavalet / Roger-Viollet ; **90** © Deutsches Historisches Museum ; **91** Coll. Jean Vigne / Kharbine-Tapabor ; **92** ph © ARJ / Photo**12** ; **94** ph © DeAgostini Picture Library / Scala ; **95** ph © Jean Vigne / Kharbine-Tapabor ; **96** ph © Domaine de Compiègne / RMN ; **97** ph © Musée Carnavalet / Roger-Viollet ; **98** ph © BnF, Dist. RMN ; **99** ph © BnF, Dist. RMN ; **100** ph © Bibliothèque Nationale / Bridgeman Images ; **101**-h ph © Musée Carnavalet / Roger-Viollet ; **101**-b ph © Stadtische Kunsthalle, Mannheim, Germany / Bridgeman ; **107**-hg ph © Josse / Leemage ; **107**-hm Coll. Jean Vigne / Kharbine-Tapabor ; **107**-hd ph © Josse / Leemage ; **107**-bd ph © Adoc-photos ; **108** ph © Daniel Arnaudet / RMN ; **109**-hg ph © Gérard Blot / RMN ; **109**-hm ph © Purix Verlag Volker Christen / Bridgeman ; **109**-hd ph © Josse / Leemage ; **109**-b ph © DeAgostini / Leemage ; **110** Coll. Archives municipales de Petit-Quevilly ; **111** ph © De Agostini Picture Lib. / G. Dagli Orti / AKG ; **113** Coll. Bibliothèque nationale de France ; **114**-h ph © Gérard Blot / RMN ; **114**-b ph © Bianchetti / Leemage ; **115** ph © Gérard Blot / RMN ; **117** ph © Hervé Champollion / AKG ; **118** ph © Purix Verlag Volker Christen / Bridgeman ; **119**-g ph © Josse / Leemage ; **119**-dh ph © Charles Marville / Musée Carnavalet / Roger-Viollet ; **119**-db ph © Mario Fourmy ; **121** ph © Josse / Leemage ; **123**-h Coll. Bibliothèque nationale de France ; **123**-b Coll. Bibliothèque nationale de France ; **124** Coll. British Library / Kharbine-Tapabor ; **129**-hg ph © Purix Verlag Volker Christen / Bridgeman ; **129**-hd ph © De Agostini Picture Lib. / G. Dagli Orti / AKG ; **129**-bg ph © Bianchetti / Leemage ; **129**-bd ph © Bridgeman Images / Leemage ; **130** ph © BPK / RMN ; **131**-hg ph © Cameraphoto / Akg-Images ; **131**-hd ph © BPK, Berlin, Dist. RMN ; **131**-b ph © Daniel Arnaudet / RMN ; **132** ph © Fototeca / Leemage ; **133** ph © Cameraphoto / Akg-Images ; **134** ph © De Agostini Picture Lib. / A. Dagli Orti / AKG ; **135**-h ph © Albert Harlingue / Roger-Viollet ; **135**-b ph © Fototeca Gilardi / Leemage ; **137**-h ph © BPArne Psille / BPK, dist. RMN ; **137**-b ph © Dietmar Katz / BPK, dist. RMN ; **139** ph © AKG ; **140** ph © BPK, Berlin, Dist. RMN ; **141** ph © Mary Evans / Rue des Archives ; **142**-h ph © Cameraphoto / Akg-Images ; **142**-b ph © De Agostini Picture Library / Bridgeman ; **143** ph © Musée Carnavalet / Roger-Viollet ; **145** ph © Caricadoc / Leemage ; **149**-hg ph © Cameraphoto / Akg-Images ; **149**-hm ph © DeAgostini Picture Library / Scala ; **149**-hd ph © Dietmar Katz / BPK, dist. RMN ; **149**-mb ph © SZ Photo / Scherl / Bridgeman ; **149**-bg ph © Luisa Ricciarini / Leemage ; **150** ph © Musée Carnavalet / Roger-Viollet ; **151**-hg ph © adoc-photos ; **151**-hm ph © Maisons de Victor Hugo / Roger-Viollet ; **151**-hd Coll. Kharbine-Tapabor ; **151**-b ph © Laurent Lecat / AKG ; **152**-h ph © ARJ / Photo**12** ; **152**-b Coll. Bibliothèque nationale de France ; **153** Coll. Kharbine-Tapabor ; **154**-h ph © adoc-photos ; **154**-m ph © BHVP / Roger-Viollet ; **154**-b ph © Costa / Leemage ; **155** ph © I.Andréani / Musée d'Art et d'Histoire, Saint-Denis ; **156** Coll. IM / Kharbine-Tapabor ; **157** Coll. Kharbine-Tapabor ; **158**-g ph © Bridgeman / Leemage ; **158**-d Coll. Kharbine-Tapabor ; **159** Coll. Kharbine-Tapabor ; **160**-h ph © Harlingue / Roger-Viollet ; **160**-b Coll. Kharbine-Tapabor ; **161** ph © ND / Roger Viollet ; **162**-g ph © Gusman / Leemage ; photo de Patrice Cartier ; **162**-mg © Monnaie de Paris ; **162**-md © La Poste ; **162**-d Coll. IM / Kharbine-Tapabor ; **163** ph © Roger-Viollet ; **164**-h ph © Maisons de Victor Hugo / Roger-Viollet ; **164**-b ph © Musée Carnavalet / Roger-Viollet ; **165** ph © Maisons de Victor Hugo / Roger-Viollet ; **166**-g Coll. Kharbine-Tapabor ; **166**-d ph © Selva / Leemage ; **167**-h Coll. Kharbine-Tapabor ; **167**-b Coll. IM / Kharbine-Tapabor ; **168** ph © Hervé Lewandowski / RMN ; **169**-h ph © Neurdein / Roger-Viollet ; **169**-b ph © Bibliothèque Marguerite Durand / Roger-Viollet ; **170**-h ph © World History Archive / AKG ; **170**-b ph © Caricadoc / Bridgeman ; **171**-h Coll. Kharbine-Tapabor ; **171**-b ph © Selva / Leemage ; **172** Coll. Kharbine-Tapabor ; **173**-g ph © Selva / Leemage ; **173**-d Coll. Kharbine-Tapabor ; **174**-h Coll. Kharbine-Tapabor ; **174**-m Coll. Kharbine-Tapabor ; **174**-b ph © Adoc-photos ; **175** Coll. Kharbine-Tapabor ; **176** ph © Selva / Leemage ; **177**-h Coll. Kharbine-Tapabor ; **177**-b ph © adoc-photos ; **179** Coll. Ville de Castres (Tarn), Centre national et musée Jean Jaurès ; **183**-hg ph © Hervé Lewandowski / RMN ; **183**-bg ph © adoc-photos ; **183**-d ph © Harlingue / Roger-Viollet ; **184** ph © Collection musée de l'Ile-de-France, château de Sceaux ; cliché P. Lemaitre ; **185**-hg ph © AKG ; **185**-hmg ph © Luisa Ricciarini / Leemage ; **185**-hmd Coll. Kharbine-Tapabor ; **185**-hd ph © Musée Carnavalet / Roger-Viollet ; **185**-b ph © Bridgeman Images / Leemage ; **186** Coll. Kharbine-Tapabor ; **187** Coll. Musée de la carte postale, Baud (**56**) ; **188**-h ph © AKG ; **188**-m © BnF ; **188**-b ph © AKG ; **189** ph © Josse / Leemage ; **190**-h ph © Luisa Ricciarini / Leemage ; **190**-m ph © Luisa Ricciarini / Leemage ; **190**-b ph © Neurdein frères / Roger-Viollet ; **191** ph © Musée Carnavalet / Roger-Viollet ; **192** ph © Bibliothèque Forney / Roger-Viollet ; **193**-g ph © CCI / Bridgeman ; **193**-d Coll. NBL / Kharbine-Tapabor ; **194** Coll. Kharbine-Tapabor ; **195** ph © Tallandier / Rue des Archives ; **197** ph © Costa / Leemage ; **198** ph © Archives Charmet / Bridgeman Images ; **199** ph © W. F. Meggers Collection / Cosmos ; **200** Coll. NB / Kharbine Tapabor ; **201** Coll. Jewish Memories / Kharbine-Tapabor ; **203** ph © Gusman / Leemage ; **207**-hg ph © PVDE / Bridgeman ; **207**-hd ph © W. F. Meggers Collection / Cosmos ; **207**-md Coll. NBL / Kharbine-Tapabor ; **207**-bg © Communauté urbaine du Creusot Montceau, dépôt D.S.-A.A.R. ; ph. D. Busseuil ; **207**-bd ph © Costa / Leemage ; **208** Coll. IM / Kharbine-Tapabor ; **209**-hg Coll. IM / Kharbine-Tapabor ; **209**-hm Coll. Archives départementales des Alpes-Maritimes, **10** Fi **1196**, cliché Jean Gilletta ; **209**-hd Coll. IM / Kharbine-Tapabor ; ill. Assus ; **209**-b Coll. IM / Kharbine-Tapabor ; **213** Coll. Kharbine-Tapabor ; **214** ph © H.Rouyer / Musée de l'Image ; **215** ph © Adoc-photos ; **216**-g ph © Roger-Viollet ; **216**-d ph © Harlingue / Roger-Viollet ; **217**-h ph © Bob Thomas / Popperfoto / Getty Images ; **217**-b Coll. Dixmier / Kharbine-Tapabor ; **218** Coll. Archives départementales des Alpes-Maritimes, **10** Fi **1196**, cliché Jean Gilletta ; **219** Coll. Archives départementales des Alpes-Maritimes, **10** Fi **1196**, cliché Jean Gilletta ; **220**-h ph © Roger-Viollet ; **220**-b Coll. Kharbine-Tapabor ; dessin de Louis Sabattier ; **221**-h ph © Roger-Viollet ; **221**-b Coll. Kharbine-Tapabor ; ill. M. Steydlé. ; **222** Coll. IM / Kharbine-Tapabor ; **223**-h Coll. IM / Kharbine-Tapabor ; **223**-b Coll. Kharbine-Tapabor ; **224**-h Coll. IM / Kharbine-Tapabor ; ill. Assus ; **224**-b ph © Photo **12** ; **225**-h Coll. IM / Kharbine-Tapabor ; ill. Assus ; **225**-b Coll. Kharbine-Tapabor ; Ph. Andre Morizet ; **227** Coll. Kharbine-Tapabor ; **228** ph © Selva / Leemage ; **229** ph © Collection privée / Archives Charmet / Bridgeman Giraudon ; **233**-hg ph © Harlingue / Roger-Viollet ; **233**-hm ph © Bob Thomas / Popperfoto / Getty Images ; **233**-hd ph © Roger-Viollet ; **233**-bg ph © Adoc-photos ; **233**-bd Coll. Kharbine-Tapabor ; **234** ph © National Gallery of Victoria, Melbourne / Bridgeman ; **235**-hg Coll. Museum Weißenfels - Schloss Neu-Augustusburg ; **235**-hmg ph © Peter Newark Military Pictures / Bridgeman ; **235**-hmd ph © PA Archive / Roger-Viollet ; **235**-hg ph © **2**nd Lt. T K Aitken/ IWM / Getty Images ; **235**-b ph © National Army Museum, London / Bridgeman Images ; **237** ph © Archives Snark / Photo**12** ; **240**-h Coll. Museum Weißenfels - Schloss Neu-Augustusburg ; **240**-m ph © Prismatic Pictures / Bridgeman ; **240**-b Coll. Museum Weißenfels - Schloss Neu-Augustusburg ; **241**-h ph © Tallandier / Bridgeman ; **241**-b ph © Alinari / Roger-Viollet ; **242** ph © Peter Newark Military Pictures / Bridgeman ; **243** ph © Peter Newark Military Pictures / Bridgeman ; **244**-h ph © PA Archive / Roger-Viollet ; **244**-b ph © BPK, Berlin, Dist. RMN ; **245** ph © PA Archive / Roger-Viollet ; **247** ph © Albert Samama-Chikli / Défense / ECPAD ; **248** ph © Photo by Fine Art Images / Heritage Images / Getty-Images ; **249**-g ph © Selva / Leemage ; **249**-d ph © Fine Art Images / Leemage ; Vladimir Alexandrovich Serov © Adagp, Paris, **2019** ; **250** Coll. Kharbine-Tapabor ; **251**-h ph © Danieu / Défense / ECPAD ; **251**-b ph © PVDE / Bridgeman ; **252** ph © **2**nd Lt. T K Aitken/ IWM / Getty Images ; **253**-h ph © **2**nd Lt. T K Aitken/ IWM / Getty Images ; **253**-b ph © BPK, Berlin, Dist. RMN ; **254** ph © Archives Larousse, Paris / Bridgeman ; **256** © L'Illustration ; **257** Coll. Bibliothèque municipale de Rouen ; **261**-hg ph © Alinari / Roger-Viollet ; **261**-hd ph © Prismatic Pictures / Bridgeman ; **261**-bg ph © Selva / Leemage ; **261**-bd ph © Roger-Viollet ; **262** Coll. Imperial War Museum ; **263**-hg ph © Pictures from History / Bridgeman ; **263**-hm ph © Heritage Images / Leemage ; **263**-hd ph © Maurice-Louis Branger / Roger-Viollet ; **263**-b ph © Neurdein / Roger-Viollet ; **264** ph © Roger-Viollet ; **265**-g ph © The Granger Collection, NYC / Rue des Archives ; **265**-d ph © Anne-Sylvaine Marre-Noël / Musée de l'Armée, Dist. RMN-Grand Palais ; **266** ph © Granger NYC / Rue des Archives ; **267**-h ph © Excelsior – L'Equipe / Roger-Viollet ; **267**-b ph © Heritage Images / Leemage ; **268** Doc. « Reims sous les bombes », **1917**. Fascicule hebdomadaire n°**22** de la collection « Patrie », F. Rouff éditeur, Paris. ; **269**-h ph © Maurice-Louis Branger / Roger-Viollet ; **269**-b ph © Maurice-Louis Branger / Roger-Viollet ; **271**-h Coll. Kharbine-Tapabor ; **271**-b Coll. Bibliothèque nationale de France ; **272** ph © Tallandier / Rue des Archives ; **273**-g ph © Institut de la Mémoire Arménienne / Gamma-Rapho ; **273**-d ph © Pictures from History / Bridgeman ; **274** ph © Galerie Bilderwelt / Bridgeman ; **275** ph © Patrick Allard / REA ; **276** ph © Musée Carnavalet / Roger-Viollet ; **281**-hg ph © Tallandier / Rue des Archives ; **281**-hd ph © Heritage Images / Leemage ; **281**-bg ph © Albert Harlingue / Roger-Viollet ; **281**-bd ph © Coll. Sirot-Angel / Leemage ; **282** ph © Arnaud Chicurel / Hemis ; **283**-hg ph © Ullstein Bild / Akg-Images ; **283**-hm ph © Jean Stracchi ; **283**-hd © Maison russe – Centre d'archives ; ph. Musée national de l'histoire de l'immigration - Palais de la Porte Dorée, Paris ; **283**-b ph © PA Archive / Roger-Viollet ; **284** ph © Underwood Archives / Leemage ; **285** ph © Mary Evans / Sipa ; **286** ph © Universal History Archive / UIG / Bridgeman ; **288** ph © Ullstein Bild / Akg-Images ; **291**-h ph © Betti Luigi / Archivi Alinari, Firenze / Roger-Viollet ; **291**-b ph © Roger-Viollet ; **292** ph © Underwood Archives / Leemage ; **293**-h Coll. Bibliothèque nationale de France ; **293**-b © Maison russe – Centre d'archives ; ph. Musée national de l'histoire de l'immigration - Palais de la Porte Dorée, Paris ; **294**-h ph © Jean Stracchi ; **294**-b © L'Illustration ; **295**-g ph © Roger-Viollet ; **295**-d ph © Jean Stracchi ; **297**-h ph © Dietmar Katz / BPK, Berlin, Dist. RMN ; **297**-b ph © Olivier Leclercq / Hemis ; **298** ph © Heritage Images / Leemage ; **299** Coll. Kharbine-Tapabor ; **303**-hg ph © PA Archive / Roger-Viollet ; **303**-hmg ph © Bridgeman ; **303**-hmd ph © Underwood Archives / Leemage ; **303**-hd ph © Roger-Viollet ; **303**-bd ph © Ullstein Bild / Roger-Viollet ; D.R. : Malgré nos efforts, il nous a été impossible de joindre certains photographes ou leurs ayants droit, ainsi que les éditeurs ou leurs ayants droit pour certains documents, afin de solliciter l'autorisation de reproduction, mais nous avons réservé en notre comptabilité des droits usuels ;

Édition : Aude Marot ; **Assistante d'édition :** Typhaine Gilles ; **Maquette :** Massimo Miola ; **Mise en pages :** Al'Solo ; **Iconographie :** Marthe Pilven / Hatier Illustration ; **Cartographie :** Noël Meunier et Jean-Pierre Crivellari ; **Infographie :** Orou Mama

Achevé d'imprimer par NIIAG en Italie. Dépôt légal n° 05392-2/02 - Août 2019